夏学同人 著

明亡

明亡清兴
百年史

中国文史出版社

图书在版编目（CIP）数据

明殇：明亡清兴百年史 / 夏学同人著 . -- 北京：
中国文史出版社，2024.3

ISBN 978-7-5205-4654-6

Ⅰ . ①明… Ⅱ . ①夏… Ⅲ . ①中国历史—研究—明清
时代 Ⅳ . ① K248.07

中国国家版本馆 CIP 数据核字（2024）第 078508 号

责任编辑：戴小璇

出版发行：中国文史出版社

社　　址： 北京市海淀区西八里庄路 69 号院　邮编：100142

电　　话： 010-81136606　81136602　81136603（发行部）

传　　真： 010-81136655

印　　装： 北京温林源印刷有限公司

经　　销： 全国新华书店

开　　本： 787mm×1092mm　1/16

印　　张： 32.75

字　　数： 484 千字

版　　次： 2024 年 8 月北京第 1 版

印　　次： 2024 年 8 月第 1 次印刷

定　　价： 88.00 元

序

明朝亡于何时？

聚讼纷纭。

最流行的答案自然是崇祯十七年（1644）三月十九日，也就是李自成攻陷北京、崇祯皇帝朱由检在煤山歪脖子树"自挂东南枝"那一天。

但不是还有南明么？

南明虽然是流亡朝廷，但政权纷繁，最公允的说法是，南明亡于永历十六年（清康熙元年，1662）四月十五，也就是永历帝朱由榔被吴三桂缢杀那一天。

皇帝（正朔）没了，王朝自然也就亡了。

但奉大明正朔的人还在，所以答案也未必那么毫无争议。

清康熙三年（1664）八月，夔东十三家最终被清廷消灭，李来亨举家自焚。夔东十三家虽为李自成余部，但后期奉明为正朔，遵永历年号，也因此，夔东十三家的覆灭被视作明朝在大陆的抵抗结束。

也是在1664年，郑成功之子、延平郡王郑经迎明宗室宁靖王朱术桂到台湾监军，仍以永历纪年。永历三十七年（清康熙二十二年，1683）六七月间，施琅攻占澎湖，承袭了延平郡王的郑经之子郑克塽决意降清，朱术桂自缢殉国。

至此，明朝算是亡透了，用夏学同人先生的话说就是：最后的华夏衣冠。

《明殇——明亡清兴百年史》这本书是写明亡清兴的。关于这个主题，不仅史料文献多如牛毛，这些年也出版了无数本同主题作品。

但我是不相信这世上有真正意义上的"题无剩义"，学术在发展，史料在不断发现，跨学科研究在不断推进，学术旨趣在变化，读者的阅读品味在升级，怎么会有"题无剩义"呢？

我想，夏学同人先生写《明殇——明亡清兴百年史》这本书的初衷也是追求自己的独特讲法，如他所说，梳理出"完整、清晰、中肯、准确"的脉络。

所谓完整，就像之前所说，明亡清兴是一个长时段的历史，尤其是明亡，大部分作品都写到崇祯朝灭亡为止，或专门写南明史，更何况，《明殇》一直写到夔东十三家和台湾，完成了一个"连续"的历史叙述。

所谓清晰，明季历史是出名的线索复杂，清军入关前有大清、农民军、明朝这三大势力，农民军分李自成和张献忠这两大支，清朝有个建州女真—后金—大清的政权"升级"，长城外还有游走于明清之间的蒙古人。

清军入关后就更乱了，南明政权"城头变幻大王旗"，灭了一个再来一个，宗室之间内斗不断；农民军死了李自成和张献忠"还有后来人"，孙可望、李定国这一支后来还成了南明的第一主力；清朝那边则盛行"反复横跳"，归顺的明朝将领纷纷起兵。

所谓中肯，这段历史中，那么多的"汉奸"，还有先做汉奸后反正的，怎么去客观评述；明亡清兴，如何跳出单纯的"明朝中心主义"，对后金—清朝的崛起有一个平视理性的态度；对李自成的农民军，如何跳出阶级立场，如何在"闯贼"与"起义军"之间做一个平衡。

所谓准确，史料汗牛充栋，有些还是互相冲突的，如何把握；还有无数的野史和民间传说，不能不信，也不能尽信，这极其考验作者史料辨析功力和体现作者趣味。

完整、清晰、中肯、准确，这是每一个历史写作者的追求，但没有人可以声称"完全做到了"。每一个研究者、写作者都在这条求索的路上，风尘仆仆，素衣化缁；但也无所谓孤独，如果在路上碰见了彼此，会心一笑聊几句天就此挥别，便胜却人间无数。

我在这条路上碰见了夏学同人兄，和他聊了这些话。

张明扬

2023 年 12 月 11 日

序篇　嬗变之痛

一

八十年光敢自期，镜中久已发成丝。

谁令归蹋京廛路，又见新开史局时。

旧吏仅存多不识，残编重对只成悲。

免朝愈觉君恩厚，闲看中庭木影移。

这首诗名为《开局》，是南宋爱国诗人陆游晚年之作。陆游生于两宋之交，出生刚两岁时（1127年），曾经强盛繁华的北宋就被女真族的金国灭亡了。他成年后，目睹国祚半灭、外族侵扰、举朝偏安之状，曾上疏献策抗金，甚至投身军旅上阵杀敌。暮暮年老之时，他回望走过的数十年，历史仍然在按它自己的节奏走下去，新局接着旧局，新人替代旧人，从未停歇过，似乎没有任何人能改变什么，一股悲凉沧桑之感油然心头。

四百多年后，历史似乎做了一个小小的轮回，或者说更像滚滚前行的车轮偶然碾过了大小相同的两颗石子。从1583年起，东北苦寒之地的女真族逐渐再度兴起，再次建立了金国。几十年后，金国变为大清，逐步蚕食大明朝的领土，然后入关占据北京，夺取了北中国大部分土地，汉族大帝国再次偏安于江南。不久之后，清军继续南下，逐步征服整个中国。1683年，台湾明郑政权投降，大清一统天下，最后的华夏衣冠彻底消失。这个过程前后正好一百年。北方少数民族再一次消灭了汉族主体大王朝，不知多少明人和当年的陆游一样，心有戚戚焉。

不过历史不会太过顾及个人"残编重对只成悲"的沉重和无奈。这次明亡清兴的剧本中，无数人头落地、家国隳败残破，是明王朝注定的结局，却是清王朝登上历史舞台中央的开局。而且，这剧本看似老套，剧情却别出心裁，与以往大不相同。

说它老套，是因为明亡清兴本质上只是一个王朝取代另一个王朝，与之前上千年的朝代更替看起来并无区别。和以往灭亡的朝代一样，明朝的君权专制、内部斗争、制度偏废、贪污腐败、苛捐杂税，让王朝的积弊越来越深重，亡国是迟早之事，即使不亡于清，也必亡于其他。

说它新颖，是因为中国社会到明朝末期，已经到了时代重大变革的关口，政治理念、思想文化、经济生产已经到了产生某种突破的前夜。如果顺利突破，中国的近现代史将是完全不同的另一番景象，中国可能会比西方更早一步跨入现代国家的行列。但这时，中国历史上最具特点的少数民族征服者来了，他们不仅野蛮暴力，还对汉族传统思想文化有了深入的研究和更多的要求，他们成功地实现了对汉族王朝物质和精神方面的双重摧残，当然同时也注定了他们不可能再有转型为世界强国的机会。于是，这个剧本以一个王朝的悲剧为结局，又启动了另一个王朝的悲剧的开局，中国的命运由此彻底改变。

为避免情节单调，明清大嬗变的剧本中还加入了农民起义的宏大而精彩的内容。从 1627 年起，西北地区发生了大大小小一系列农民起义，之后逐渐发展出李自成、张献忠这样的主要反政府势力。他们横扫天下，气势如虹，短短十几年内建立了大顺、大西两个与明、清分庭抗礼的政权。其中李自成指挥百万大军攻克北京，逼死崇祯皇帝，名义上暂时打垮了大明王朝，差一点就继承了中国大统。

其后的南明时期，几大主要政治势力及各地方势力相互纠缠、争斗不休，在历史舞台上竞相精彩演出，直至大清朝一统天下，尘埃落定。

在这个过程中，王侯将相、名儒大家、军民百姓各有其令人无限感慨、有时甚至不可思议的表现。

　　明朝中后期的几位皇帝都有其鲜明特色：喜好意识形态和神秘主义、擅长权术操控的嘉靖，贪财好货、长期怠政、横征暴敛的万历，醉心于木匠活、对朝政不闻不问的天启，勤奋节俭却刚愎猜忌、怯于担责的崇祯，视王朝衰亡为饮酒看戏的弘光，以及胆小怯懦、一辈子逃亡流浪的永历等。作为帝国最高决策者，他们的心态和做事风格受到历史阶段的局限，同时他们也直接影响了王朝兴衰的进程和结果。

　　官僚士大夫是明朝衰亡过程中最具影响力的群体，在明末时期扮演了极其重要的角色。和以往朝代相比，他们的表现极具特色。面临亡国灭朝的危机时，他们中出现了一大批舍生忘死的忠勇之士，这类文天祥式的人物在数量上超过了历朝历代；同时，也出现了一大批遇事推诿塞责、专好争权夺利、遇敌望风而降、降而复叛、叛而又降的无耻小人。两类极端人物往往同朝为官，有的是师生亲友，有的是清流名士，他们的思想和言行如此天差地别，但又相互羼杂其中，有时甚至同时体现在一个人身上，这无疑让明清更替之际更添加了不少戏剧化元素。

　　乡绅百姓的表现也极富戏剧化。清军入关后，北方的大多数民众基本上波澜不惊，对改朝换代漠然视之，要剃发、要易服，按规矩办就是。南方的民众开始阶段也很平静，地方官绅带头投降，草民百姓跟随便是。但清廷剃发易服令一下，南方民众却瞬间炸了锅，突然发起无数次波澜壮阔的抗清起义。面对清军的血腥屠杀，普通民众不惜以命相搏，毫不退缩，其壮烈程度世所罕见。

　　这些，就是明清兴亡史最与众不同之处。这些特点相互交错、纠葛不清，不把这些脉络理清，找到表象之后隐藏的东西，就无法看清楚明清更替的全貌，更无法了解这次嬗变更替对于中国历史乃至当下的特殊意义。

二

　　明朝的衰亡，在政治体制、制度措施、内部斗争、贪污腐败方面也有它的特点，但从宏观上看与以往朝代性质上并无太大差别。最具特色、最具深远影响的还是明末"党争"和思想文化方面的剧变和碰撞。以此为出发点做一些分析，可以更清楚地看到帝王将相、官绅平民在其中的具体表现和事件成因。

明朝时期，中国儒家思想的发展达到了新的高度。我们一般觉得中国两千年帝制社会都是儒家思想居主导地位，实际上自西汉董仲舒提出"罢黜百家，独尊儒术"之后，魏、晋、南北朝、隋、唐、五代十国等大多数朝代都是多种思想并存，儒家并未达到"独尊"的程度，有时甚至很不被重视。宋朝儒家程朱理学开始培育发展，到了明朝才真正登峰造极，思想全面归于"正统"，儒家伦理价值几乎达到"制度化"的境界，掌握了道德和"正义"的话语权。也正因为如此，明朝出现了很多"名节死士"，比如大批为进谏受廷杖甚至丢掉性命的官员；辽东战场中杀身成仁的张铨、何廷魁、高邦佐等；面对阉党酷刑迫害宁死不屈的杨涟、左光斗、魏大中等；李自成攻陷北京时，自杀殉国的数十名官员；南明时期史可法、左懋第、夏允彝、黄道周、朱大典、万元吉、袁继咸、何腾蛟等一大批视死如归的抗清志士，这类英勇而悲壮的人物在明末比比皆是，数量远超以往各个朝代。

到明朝中后期，一些官僚士大夫以正统儒家思想为标榜，基于相互认同的政治理念和行动方式，政治上有一定的觉醒，行动上空前团结。他们意图推行一些政治改革，调整社会政治权力结构，对社会做一些改良，有时就必然会与专制君权以及依附于其上的私权发生直接的冲突。一些类似现代政党的政治派别就产生了，如东林党和后来一脉相承的复社，他们具备了现代政党的部分特征。万历中后期（1600年前后）发生的"国本之争"，万历帝明神宗废太子、立福王的企图在东林党的长期抵制下终未能实现，即为官僚集团改革派与君权斗争的一个典型例子。自此以后，这类斗争日趋表面化、激烈化，这是以往朝代没有过的现象。当然，随着后期东林—复社的党派特征越来越明显，他们采取的方式方法也出现了很多为世诟病之处，有时甚至为达目的不择手段，客观上加重了"党争"，加剧了政权内部的撕裂，对明朝灭亡也负有重要责任。

另一方面，在儒家正统思想登峰造极时，一种极端利己主义思想也在快速形成和发展。嘉靖时期，极为擅长政治操弄的皇帝朱厚熜，利用所谓意识形态的变革和道教神秘主义的手段，打压仗义执言的官员，大肆提拔和表彰寡廉鲜耻、厚黑投机、唯君权是尊的宵小之辈；在内阁重臣中制造矛盾，让他们互相攻讦告发、自相坑害残杀。嘉靖在位四十六年，成功培育出一批坚守极端利己主义思想的小人，他们很多人身居高位，依然疯狂攫取权力、唯利是图、偷奸耍滑、卑劣无耻，明朝世风由此急转直下。天启年间气焰熏天、坏事干尽的魏忠贤及其阉党，其思想和心理根源也可以说来源于此。乃至明朝灭亡的最后时刻，大批官员依然无比热衷于争权夺利，遇事推诿塞责，置国家存亡于不顾，追其思想根源也正是源起于此。

儒家正统和极端利己主义就像一枚硬币的两面，看似针锋相对，实则融为一体。它除了造就一批英雄和一批小人之外，还造就了一大批无法以英雄或小人来定义的、让史书都无法评价的人物。清流名士中如钱谦益，本是东林魁首、文人表率，清军刚到南京城下，就率先代表弘光朝廷投降。之后归隐乡里，又秘密参与抗清活动。龚鼎孳、陈名夏、周钟等都是著名的学问大家，大顺来了降大顺，大清来了降大清，视名节如儿戏一般。官员中如马士英，弘光朝贪腐无度的首辅，搞垮了国家之后，却积极参加抗清斗争，直到被俘处死也未投降。阉党分子杨维垣，长期依附魏忠贤，与东林党斗争，南京陷落时却携全家殉国。数朝元老级官员朱大典，历来以贪腐出名，清军进攻浙江时率部下坚守金华，城破时把全家聚于火药库，引爆火药全家殉难。武将中以姜瓖、李成栋、金声桓等最为典型。大同总兵姜瓖在李自成东征时不战而降，之后又叛顺降清，过了几年又反正归明，与清军战斗至死。李成栋在清军南下时降清，为清军攻城略地立下汗马功劳，他大肆屠杀江南汉人，嘉定三屠就出自他的手笔。后来也突然反正归明，对永历朝廷忠心耿耿，反攻清军时战死。金声桓原是左良玉部将，降清后替清军攻下江西，立下大功，后也反正抗清，清军攻破南昌城时投水而死。以上只是部分代表，其他类似的人物数不胜数，他们反反复复、昨是今非、今非明是，让人眼花缭乱，无从定论。洪承畴、孔有德等一批死心塌地的投降派，反而让人觉得最正常不过。

这就是明朝所独有的特点——儒家正统思想达到了极致，政治思想开始觉醒；同时极端利己主义盛行，机会主义、现实主义盛行，所有正统思想又可以被随意踩在脚下。而且，这些所谓正统或极端的思想，在现实中并不能清楚地分为"正派"和"反派"，也不能简单地以此定义"君子"和"小人"，因为它们往往相互掺杂其中，同生共长，难以分割。这种思想文化的混乱、道德标准的迷失，让明朝根本无法一致对外，无法解决任何重大问题，一旦有强大外力侵入，亡国的命运就已然注定。

三

明朝很快遇到了强大的外力，而且这个外力来得很不是时候。

前面说过，明朝的政治思想已经发展到了很高的程度，出现了东林—复社一类具有现代政党雏形的改革派，出现了一大批优秀的思想家，他们抨击君权，呼吁"平权"，朴素的民主思想已经体现出来。以黄宗羲为代表，他批判专制君权是"以我之大私为天下之大公"，提出应当"不以一己之利为利，而使天下受其利；不以一己之害为害，而使天下释其害"，应以"天下之法"取代"一家之法"。他的民主、民权、法制的观念，在那个年代不啻发动了一场思想上的革命，他的思想高度和社会影响力毫不逊色于同时代的欧洲启蒙思想家。而且，明末学者流行结社讲学，出版业、商品经济高度发展，思想精英的先进理念传播极快极广，已经逐渐深入人心。可以说，明末政治思想的觉醒已如黑夜里的一点微弱曙光悄悄升起。

伴随着这种政治思想的变化，明朝的社会体系也在悄悄发生改变。过去两千年来的君权专制制度下，一直以来社会大体上只分为两级：统治者和被统治者，或者说专制政体和民间社会。上层统治者包括帝王将相、官僚士大夫等群体，他们与下层民众基本隔绝。到了明朝，乡绅作为一个中间层的群体，开始在社会中发挥重要作用。他们主要由退休致仕官员、知识分子组成，因为儒家思想的发展和朴素民主思想的发展，他们与专制君权保持了一定距离，反而与下层民众的联系日渐紧密，在乡村社区中逐渐扮演精神文化领导者的角色。他们在普通民众中的影响力如此之大，以至于在政府缺位的时候，仍能够组织并带领民众深度介入民族战争中。比如清军下江南时，江阴、嘉定、昆山等很多地方的大型抗清起义，都是在地方政府已失效的情况下，由陈明遇、闫应元、侯峒曾等乡绅或低级官员带领，动辄会聚数万乃至数十万平民百姓，与清军殊死抗争。这说明乡绅和民众已经在政治意识方面逐渐取得了一致性，两者已结成一定程度上的利益共同体。尽管以往朝代也有乡绅群体，但基本是游离于民众之外，更多是依附于专制皇权。清代继承了明朝的乡绅体系，但反抗性缺失，更多是充当统治者与被统治者之间的润滑剂。而明代的这个社会结构变化是与众不同的，假以时日，有可能演变出新型的地方治理、民主管理的初级模式，这对中国政治体制和社会体系的近代化变革有极其重要的意义。可以说，到明朝中后期，中国历史已经走到了新旧交替的重要关口。

可惜这一切，被清朝的强力介入打断了。

我们不能说如果是李自成或者张献忠推翻了明朝，建立了新的朝代，就能确保中国先进思想的持续发展，就能保证中国尽早跨入现代国家行列，但清朝的进攻确实让中国社会的内部矛盾焦点急遽转化到民族矛盾之上，而内部矛盾变革却正是中国社会启蒙思想的内生动力。

作为推翻明朝的强大外力，清朝征服者极具特色。其一，他们人口不多，政治体制、经济生产较为落后，因此对外掠夺成为其获取财富的主要方式之一，也由此培育出极为强悍的军事武力。在明、后金—清冲突的前期，尽管明朝有庞大的军队，有大量的火炮火器，但往往在后金—清军机动性极高的骑兵快速冲袭下不堪一击。后期进攻中原时，通过大量招降明军，清军的规模迅速扩大，火器装备也得以大幅提升，军事实力更加强大。其二，他们对招揽人才具有令人佩服的开放心态。早在努尔哈赤时代，他们就尽力招降明朝官员将领，大方地给予其高官厚禄。在吞并明朝的整个过程中，他们继续发扬这个优良传统。先后投降的汉官将领，如范文程、孔有德、洪承畴、吴三桂等，都为清朝夺取整个中国作出了巨大贡献。虽然后来对一些汉人降将有些轻视和猜忌，但总体上的用人格局比明朝高出太多。其三，他们对中国汉族主体文化有深刻的研究，并运用于他们征服和统治的过程中。也许正是在降清汉官的帮助下，他们明白了要以少数民族统治汉族为主体的庞大帝国，除了武力征服，还必须从文化上进行打击，从肉体和精神的层面进行双重控制，才能稳固这个新的政权。于是，在南京弘光朝廷投降后不久，清廷再次下达最为严厉的剃发易服令，意图从精神上击碎大汉族的传统文化优越感，由此引发了江南乃至全国此起彼伏、异常激烈的抗清运动，而清廷始终不为所动、在所不惜。这种情况在中国以前的少数民族征服者中从未出现过，是清朝征服者所独有的特点。之后，即便已实现统一全国，清廷仍奉行强力打压一切异端思想的政策，大搞文字狱，如哭庙案、南山集案、吕留良案等，大肆屠杀文人学者，篡改历史记录，要求一切社会思想以朝廷的导向为导向。

通过几十年的残酷镇压和精神压迫，反对派及其思想主张被逐渐消灭，官僚士大夫、乡绅、平民重新聚集于专制君权的严格控制之下，明末民主政治思想及社会体系变革的萌芽被清除殆尽，那数千年以来沉沉黑暗中的一点微光终被湮灭。

由此，中国历史错失了突破和转型的良机。这才是明清嬗变真正之痛。

四

本书《明殇——明亡清兴百年史》并不是一部明清思想史，也无意在此领域标新立异、独树一帜。只是如果不搞清楚那个时期政治、社会及思想文化的背景，当看到那些各具鲜明特色的人物和事件时，难免令人眼花缭乱，不明所以。当然，搞清楚这个背景，也绝不是三言两语所能够说清的，笔者所能做的，也只是对此背景提供一个大概的框架，再对那段历史中的各种人物和事件作一个粗略的脉络梳理，通过人物和事件，再回头对那个特殊年代的方方面面作一些思考。这样，对明清鼎革之际的全貌或许能有一个相对清晰的认识。

明亡清兴是中国历史的重要转折点，其间的过程和人物也极为复杂，清代及以后对这个阶段的研究很多，各类史料记载、专题著作可谓汗牛充栋、数不胜数。也正因为如此，对历史研究者和爱好者来说，一方面是资料丰富，便于收集查阅；一方面则是面对的资料过于驳杂纷乱，很多史料和文献在时间、地点、人物、观点等方面大有出入，甚至完全矛盾，有些则是真假难辨，对学习了解那段历史无疑增添了很多困难。比如袁崇焕之死，崇祯中了皇太极反间计的说法记录在《清实录》中，流传甚广，但仔细研究会发现这种说法几乎没有什么合理的支撑佐证。对张献忠"屠蜀"的记载更加离谱，清修官方《明史》上记载他在四川杀了六亿多人，而当时明末全国人口总数也就六千多万。这些都属于比较容易判断的，还有很多人物和事件所谓的"真相"就极难判断了。比如对东林党、史可法、钱谦益、何腾蛟的一些描述和评价，历来都存在极大的争议，各位专家学者都有自己的视角和判断，没有谁能够完全证明自己的看法绝对正确。

其实，再进一步，这涉及"历史有无真相"的传统问题，这是另一个专题，我们不在此讨论。对于明清交替的这段历史，由于它的极具特点，由于它对中国历史发展所具有的特殊意义，我们尽量地去探索一些相对接近真相的史实，尽力排除掉一些明显不符合逻辑的东西，能做到这一点已实属不易。本书所试图去做的，也就是在极为繁杂的资料中，对明清嬗变的过程作一些梳理和描述。笔者水平有限，并不想也没有能力告诉读者"这就是真相"，所希望的只是尽力把这段复杂历史的主要脉络，以相对简洁而适当的方式展示出来，每个人心中的"真相"还是靠每个人自己去判断吧。当然，历史故事的描述中，总是无法避免地带有笔者一些主观意识，这点还望众位读者谅解。如果对读者形成了一定的不当引导，甚至误导，笔者先在此提前致歉。有心的读者可以再去查阅相关史料文献，以找到自己认为更合理、更科学的解释。

在写作过程中，笔者还尽力去做到以下两点：

一是把本书定义为一本历史通俗读物，避免过于专业化，同时也避免使用过于简略的漫画式笔法。原因是：如果走历史考证的道路，势必引用大量的历史原文资料，行文重点落脚在史实考证上，这对于史学研究者或许会有一定价值，但对于一般史学爱好者来说却未免阅读负担过重，反而难以把握这段历史的总体脉络。但叙述又不能过于简略，对于一些重要事件和人物，又不得不略为多费笔墨交代前因后果。当下有些历史读物喜欢大量采用网络语言、漫画式写法，追求快速轻松的阅读效果。这本来也无可厚非，但在一些重要问题上一笔带过，往往会让来不及阅读大量史料的读者产生误解和误判，这对历史文化的传播也是不利的。

二是尽量少去预设某些立场，影响读者的独立判断。明清更替的历史，涉及国家、民族、思想、文化的内容太多，极易被预设立场。如明末清初史料中，有大量记载出自东林—复社人士之手，其党派立场是相当明显的，很多时候明显地有失公允客观。近现代的立场分歧更大。比如按一般的价值观看，洪承畴是明末清初最大的"汉奸"之一，但孙中山却对他大为褒赞，为他赋诗一首："五族争大节，华夏生光辉。生灵不涂炭，功高谁不知。满回中原日，汉戚存多时。文裹韬略策，安裔换清衣。"这是当时民族融合的政治立场的需要。再如对史可法的研究和评价，在清代史料中有褒有贬。到二十世纪上半叶，在"驱除鞑虏，恢复中华"以及抗战爆发的背景下，史可法成为与文天祥齐名的民族英雄。但到了1966年，他却突然被判定为"镇压农民起义的刽子手"，一直到"文革"结束，这种以"阶级斗争"观念为基础的判断依然广泛存在。时至今日，仍有一些史学家以完全的"阶级斗争史"的思路来描述这段历史，有意贬低史可法之类正统官员的历史作用。笔者认为，相比这些治史观念，陈寅恪先生所说的对历史的"了解之同情"，应该更为妥当吧。

最后说明一点：笔者的史学功底有限，文字能力也有限，即使悬梁刺股，所描述的内容仍有诸多缺陷，有些关键点至今也吃不准。就把写作当作学习的过程吧，把批评当作进步的动力！欢迎各位专家学者、读者给予更多的批评和指正，笔者当虚心受之。

感谢冯筱岑、张浩基、何刚、何江涛、陈滔等几位亲人朋友对写作和出版此书给予的帮助，感谢资深历史作家张明扬老师为本书作序。尤其感谢历史学者董建中老师给出了大量、极为细致的专业修改意见，让我获益匪浅！感谢编辑戴小璇老师对出版本书付出的心血和劳动！

夏学同人

2024 年 1 月 16 日

目
录

第
一
篇

辽东大患

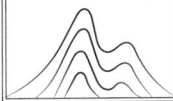

第一节　后金崛起

一

公元 1583 年，即明万历十一年，对大明朝来说，是十分平常甚至平淡的一年。大明朝著名的首辅大学士张居正于一年前去世，在他领导下的十年政治经济改革初见成效，举国上下正处在一种近乎国泰民安的状态。此时，在帝国遥远的东北方向——当时称为辽东——的土地上，发生了一件不起眼的"小事"，一个二十四岁的女真族青年努尔哈赤，带着几十个人组织了一个很小的武装团伙，宣布"起兵"，开始攻击其他的一些小部落。这件事对庞大的明帝国来说，确实是一件微不足道的小事。但谁也没有想到，这件小事却成为了一连串暴风骤雨、无数人头落地、最终改朝换代、江山易主的起始点。

事情的起因还得从明朝建国以来，中原汉族帝国与东北地区女真族的关系讲起。

1368 年，太祖朱元璋建立明朝，元朝残余势力被打回北方蒙古，分裂为多个部落。明朝本土区域则划分为十三个省，先以南京为首都，后迁都北京，南京作为"留都"，此即明朝本土的"两京十三省"。明朝直接管理两京十三省，对东北、西北、西南等少数民族地区则通常采取册封当地首领、土司的方式，要求他们承认明朝廷中央政府的地位，让他们负责管理当地，同时履行为明朝戍边、治安等职责。对朝鲜、东南亚一些国家则采用朝贡制度，视他们为大明王朝的藩属国。

东北地区则因元朝的覆灭，各部族失去中央朝廷控制，分裂为建州女真、海西女真、东海女真（野人女真）等几个大的部族，各部族内部又分为大大小小很多部落，也有汉人、蒙古人、朝鲜族人等杂居其中。

　　明朝建国后，将辽东地区（主要为今天辽宁省的大致范围）划归山东省管辖，设立辽东都司和众多卫所。辽东之外的大片地区则由少数民族各自的部落首领管辖。明永乐七年（1409 年），明朝在帝国最东北端、今黑龙江下游与恒衮河口汇合处的特林地区（今俄罗斯尼古拉耶夫斯克）设立奴儿干都司，任命当地少数民族头领为都司官员，管辖西起鄂嫩河，东至库页岛，北达外兴安岭，南到日本海和图们江上游的广大地区。明朝对奴儿干都司总体上采取"羁縻"政策，一方面用政治压力和军事手段控制该地区，随时抽调当地部落参与作战；一方面又以经济和物质利益拉拢抚慰。

　　明朝中期以后，朝廷军事实力明显不如立国初期，对辽东地区的控制也有所减弱，奴儿干都司的实际管理功能逐步丧失，东北少数民族部落各自为政，经常为地盘和势力相互争斗，有的开始不断与辽东明朝边军产生冲突，有的发展为直接的战争。嘉靖末年，明朝边军和辽东少数民族部落的战争已成为常态。

　　从嘉靖末年至万历年间，辽东明军中逐渐成长起一个影响力巨大的军事指挥官——李成梁。他坚定地执行"羁縻"政策，一方面拉拢一些"忠于"明朝的部落，武力打压一些不听话的部落；一方面纵容甚至挑起部落之间的

图 1-1　明朝中后期版图

矛盾冲突，让他们互相攻伐，明朝则坐收渔翁之利，以便掌控全局。他的所作所为对辽东局势的变化，乃至后来明亡清兴的进程都产生了极为深远的影响。

李成梁，生于1526年（嘉靖五年），明朝辽东铁岭卫人，嘉靖末年、隆庆年间参加对鞑靼辛爱部、土蛮、建州女真等部的战争并立军功，逐步由低级军官提拔为辽东代理总兵官、都督同知。随着战功不断积累，他被内阁首辅张居正推荐提拔为镇守辽东总兵官，总辖辽东兵马。李成梁骁勇善战，对辽东部落推崇武力压服和拉拢分化政策，镇守辽东三十余年间征战杀敌无数，战功赫赫，是名副其实的"镇守辽东第一人"，连后来清朝人都赞他是"两百年来前所未有之武功"，与同时期的另一名将戚继光并称"东南戚继光，东北李成梁"。李成梁在自己晋升发展的过程中，不断培养提拔其子侄、亲属、部下任辽东各部军官，李氏家族逐渐掌控了辽东明军几乎所有的实权，后世称之为"辽东军功集团"。

当时，在建州女真诸部中，王杲的势力最强。明朝曾封王杲为建州右卫指挥使，但他并不安分，仗着自己部落实力增强，不断骚扰劫掠明朝辖地。1574年（万历二年），王杲率部进犯辽阳、沈阳。李成梁率六万优势兵力一举击败王杲部，王杲逃脱。次年，王杲再次出兵犯边，又被李成梁所败。他逃走投奔海西女真哈达部首领王台，王台担心被明朝报复，将王杲绑缚献给明朝，王杲的儿子阿台逃脱。王杲被押送至北京，同年八月被万历帝下令寸磔处死。

在打击王杲的过程中，有建州女真族的父子俩为明军的胜利作出了贡献，父亲叫觉昌安，任建州左卫都指挥；儿子叫塔克世，任建州左卫指挥。他们忠于明朝，与李成梁关系很好，史称李成梁同他们"有香火之情"[1]。但他们与王杲又有姻亲关系，即塔克世娶了王杲的女儿喜塔拉氏，而王杲的儿子阿台又娶了塔克世的侄女为妻（即觉昌安的孙女）。姻亲关系有点乱，但这在当时少数民族部落中也是常事。虽然王杲和觉昌安两家互有姻亲关系，但在政治

---

[1] 《明神宗实录》第580卷，"台湾中央研究院"历史语言研究所校勘本，1962。

和军事斗争方面，觉昌安父子忠诚地遵从明朝号令，支持明军打击王杲势力。这背后当然也存在王杲势大欺人、觉昌安父子与他关系并不好的因素。

塔克世与王杲女儿喜塔拉氏育有三子一女，长子努尔哈赤，三子舒尔哈齐，四子雅尔哈齐和一个女儿。努尔哈赤1559年（嘉靖三十八年）生于建州左卫的赫图阿拉城。他十岁那年，母亲不幸病逝。继母那拉氏为人刻薄，经常虐待他，而父亲又常常偏听偏信，令努尔哈赤小小年纪就饱经世态炎凉。他曾到外祖父王杲家暂住，王杲善待他，但不久后王杲即被明朝抓获处死，这在他心里埋下了不满的种子①。

努尔哈赤十八岁那年（1577年），娶本部佟佳氏为妻，随后自立门户，但从父亲那里得到的家产支持非常少。他主要靠采集松子、木耳、蘑菇、人参等，拿到马市与汉人、蒙古人、朝鲜人做交易，以此谋生养家。其中一段时间，努尔哈赤曾投身李成梁麾下，积极参与各项战斗，作战十分英勇，"每战必先登，屡立战功"②。

时间来到这个本来很平淡的年份，1583年（万历十一年）。二月，李成梁发兵攻打王杲之子阿台所在的古勒寨，觉昌安、塔克世以及归附明朝的图伦城主尼堪外兰等部落首领也随同前往。阿台率部据城顽强抵抗，明军久攻不下，官兵死伤不少。觉昌安的孙女是阿台的妻子，当时也在寨内。为避免自己的孙女死于战火，觉昌安主动与儿子塔克世一道进入寨子，打算劝降阿台。这时，尼堪外兰因攻城不利，被李成梁严厉训斥。尼堪外兰情急之下，到古勒寨下喊话谎称谁杀了阿台，谁就可以做此城之主。城内守兵信以为真，果然将阿台杀了，出城投降。而李成梁恼怒城内守兵之前的抵抗，下令屠城，把城内二千二百余人全部杀死。混乱中，已在城内的觉昌安、塔克世父子逃脱不及，被明军误杀。

---

① 有一些史料记载王杲山寨被破时，十五岁的努尔哈赤正好在山寨居住，也被俘虏。他冲出人群，抱住李成梁的腿求死。李成梁动了恻隐之心，不但不杀努尔哈赤，还收他为自己侍从，像养子一样待他。这类记载大多没有适当的佐证材料，与努尔哈赤后续的成长历程也有矛盾，人为炮制演义的可能性较大。

② 彭孙贻《山中见闻录》第一卷。

努尔哈赤惊闻自己父、祖被明军所杀，悲痛气愤万分，立即去找明朝边吏质问。李成梁也知道了此事，指示边吏回复致歉，说明是误杀，退还觉昌安、塔克世的遗体。作为补偿，赏努尔哈赤敕书三十道、马三十匹，任命他继承父、祖的职衔为建州左卫都督指挥使。

努尔哈赤虽然内心愤恨，却也没有别的办法，他自身力量还很弱小，根本不能与明朝抗衡。于是他把仇恨转移到图伦城主尼堪外兰的身上，认为是后者引导明军屠城，才导致自己父、祖被杀。于是，在古勒寨屠城事件的三个月后，即1583年（万历十一年）五月，努尔哈赤以祖父和父亲所遗的十三副甲胄宣布起兵，带领跟随他的数十人，准备进攻图伦城，向尼堪外兰复仇。

这件对大明帝国来说微不足道的"小事"，却标志着努尔哈赤这位大明帝国的掘墓人、大清帝国最初的奠基人，从此悄无声息地登上了历史舞台。当时，他年仅二十四岁。

二

此前，明朝方面李成梁等人曾打算扶持比较"听话"的尼堪外兰为建州女真大头领，而后者也就顺势以建州"国主"自居，时常欺压其他一些部落，引起了这些部落的不满。努尔哈赤起兵得正是时候，一些心有不满的部落人员积极加入了努尔哈赤的队伍，一起进攻图伦城。

图伦城很快被攻破，尼堪外兰逃走，躲藏到其他部落中。努尔哈赤则不断跟踪追击，打击那些收容和帮助尼堪外兰的部落。他屡战屡胜，同时一路收编敌人降兵，壮大自己队伍。不久后，尼堪外兰逃到明朝地盘中。努尔哈赤追至，向明朝边吏索要尼堪外兰。明朝方面见尼堪外兰疲于奔命，势力已衰，决定放弃他，把他孤身留在城墙外，任由努尔哈赤部众将其绑走。不久后尼堪外兰即被努尔哈赤处死。

努尔哈赤名义上已经报了仇，但他征服各部落的脚步并未停止。随着他势力一天天壮大，归附他的部落越来越多；对于不服从他的部落，他坚决地予以武力征服。据传努尔哈赤从小聪明勇敢，因经常在马市交易，熟悉汉人、女真人、蒙古人、朝鲜人等人的生活习惯和思维方式，通晓蒙古语和一定的汉语，喜欢看《三国演义》和《水浒传》，自谓通谋略。在实战中，他的确英勇果断，又善用计谋。几年下来，他征服了建州女真的大部分部落，队伍发展到上万人，实力大为增强。

明辽东总兵李成梁这个阶段也在不断地征战之中，先后数次击退鞑靼速巴亥、炒花、拱兔等蒙古诸部对明朝边境的骚扰，重创海西女真叶赫等部。但在此过程中，他从未对努尔哈赤动过手，传说他们私下还保持着很好的关系，努尔哈赤也正是利用这个时间段抓紧扩张发展①。李成梁这样做的原因，主要是不认为努尔哈赤是敌对力量，没有必要去打击他们，相反可以利用他们来管理约束其他小部落。而努尔哈赤确实表现出忠于明朝的良好态度，他曾多次进京朝贡，还主动申请参加明朝抗倭援朝的军事行动②。在李成梁等人的麻痹大意和纵容之下，努尔哈赤进展神速，1588 年（万历十六年）他击败了建州女真最后一个对手完颜部，统一了建州女真。1595 年（万历二十三年），努尔哈赤还因"忠顺好学，看边效力"被明朝封为龙虎将军。

1591 年（万历十九年）十一月，李成梁因贪财谋利、纵容部下虚报战功等被言官弹劾，随即被免职，背后的原因与明朝廷忌惮李氏家族在辽东的势力过于膨胀有关。之后的十年内，明朝换了八个辽东主帅，朝廷对辽东边防的控制力大为减弱。1601 年（万历二十九年）朝廷重新起用李成梁任辽东总指挥官，他此时已七十六岁高龄，自此又接着镇守辽东八年。这个阶段他已年老体弱，不复当年神勇，李氏家族在辽东明军中的影响力也大为减弱，他对努尔哈赤的扩张更是睁一只眼，闭一只眼。1608 年李成梁再次被解职，1615 年卒于北京。

---

① 有传说李成梁曾收养努尔哈赤作为侍从，甚至有传说收为义子。经后世多位史家考证，努尔哈赤年轻时在李成梁军中参加过战斗确有其事，但收养一事基本可以确定是后世炮制的野史。在努尔哈赤所部实力逐渐增强后，必然得到李成梁更多的关注。有其祖父觉昌安、父亲塔克世与李成梁的渊源，李成梁后来和努尔哈赤建立和保持很好的私人关系也不足为奇。

② 努尔哈赤曾于 1592 年主动申请参加明朝出兵朝鲜抗击日本侵略的行动，但朝鲜担心请建州女真参战会引狼入室，明朝方面也担心努尔哈赤会借此机会扩大自己的势力和地盘，拒绝了他的申请。

李成梁早期对努尔哈赤的纵容，明朝辽东地区的频繁换帅，以及后期李成梁因年老倦怠而对努尔哈赤的进一步纵容，这诸多的因素，都有助于努尔哈赤的势力进一步扩张。1601 年至 1613 年，努尔哈赤先后征服了海西女真四部中的哈达、辉发、乌拉三部，仅剩下一个勉力支撑的叶赫部。

与此同时，努尔哈赤把手伸向了蒙古诸部。

明初元朝残余势力被打回北方蒙古，分裂为很多个部落。在明朝人的眼中，元朝已经灭亡，而在蒙古人眼中却并非如此，因为成吉思汗家族的"北元"政权还存在，只是已经没有实力控制所有的蒙古部落了。到明朝中后期，蒙古逐渐形成了漠西（卫拉特蒙古）、漠北（喀尔喀蒙古）、漠南三大部，每大部中又分为大大小小很多互不统属但可能存在联盟关系的部落。1604 年（万历三十二年），年仅十二岁的林丹汗继承蒙古汗位。他名义上是蒙古各部的共主，但实际上只控制着游牧于辽河流域的察哈尔一部。随着年龄的增长，林丹汗的勃勃雄心逐渐展露出来，为重建蒙古大汗的权威，他拉拢亲近的部落，武力打压"离心离德"的蒙古部落，有时也领兵袭扰明边。短短几年时间，林丹汗的势力范围得到极大扩张，成为让蒙古诸部、明朝和努尔哈赤都刮目相看的新兴势力。

夹在建州女真和林丹汗之间的众多蒙古部落与这两股强大势力都有矛盾和冲突。而相比林丹汗，努尔哈赤对待这些蒙古部落更加擅长拉拢、示好、抚慰。不久之后，一些蒙古部落决定交好建州女真，以制衡林丹汗。1612 年（万历四十年），蒙古科尔沁部遣使请求与努尔哈赤联姻结盟。努尔哈赤欣然应允，娶了科尔沁贝勒明安的女儿博尔济吉特氏为妻，随后又让代善、莽古尔泰、皇太极等几个儿子分别娶了几位蒙古贝勒之女为妻。之后的几年内，努尔哈赤家族与蒙古部落密集联姻，双方的关系愈加紧密。建州女真与蒙古部落的紧密结合，让东北一带明朝、女真、蒙古三方的力量对比发生了悄然的变化，明朝一家独大的局势即将被打破。

1615 年（万历四十三年），努尔哈赤创建八旗军制。按满员计算，每旗应有二十五个牛录，每个牛录三百人，每旗则为七千五百人，八旗共计约六万人。

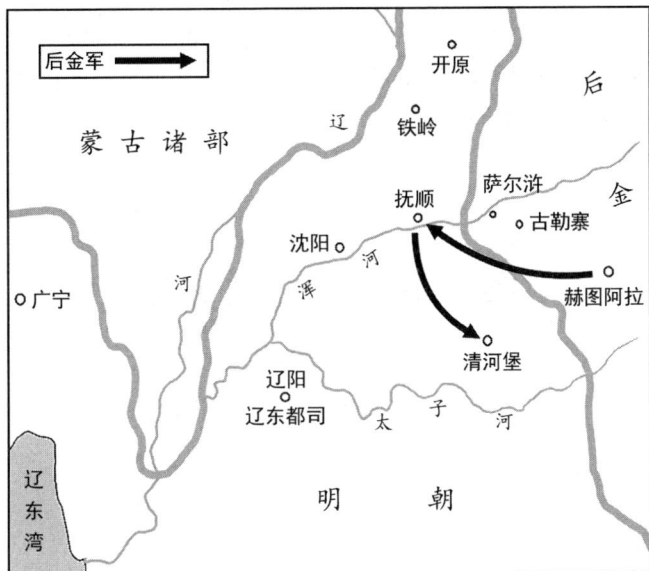

图 1-2　抚清之战

1616 年（万历四十四年），也就是李成梁去世的第二年，五十七岁的努尔哈赤认为时机已成熟，在赫图阿拉城宣布立国，称"覆育列国英明汗"，国号"大金"（史称后金），年号天命。

1618 年（万历四十六年，天命三年）四月十三日，努尔哈赤正式对大明宣战，发布檄文诏告对明朝的"七大恨"，指责明朝欺压虐待女真族等，他祖父和父亲被明朝杀害是其中的重要一"恨"。第二天，后金军就突袭抚顺城，只进攻了一次，明朝守将李永芳就率属下千余户投降了。李永芳投降后得到了后金优待和高官厚禄，还娶了努尔哈赤的孙女为妻。从此之后，招降明军将领成了努尔哈赤对付辽东明军的一个重要手段。在日后与明军的战争中，李永芳发挥其所长，帮助努尔哈赤招降明军将领，在幕后安排和布置大批的间谍细作，为后金夺取辽东立下汗马功劳。跟随李永芳投降的还有一个辽东生员叫范文程，此人后来成为清朝最重要的谋士之一，在清朝吞并明朝的过程中发挥了很大的作用。

后金军接着攻下清河等地。抚顺和清河距明朝沈阳、辽阳等重镇仅数十到百余公里，这对明朝辽东都司所在地辽阳构成了近距离的严重威胁。直到此时，明王朝才突然惊觉：原先看起来可以随意使唤和控制的家犬，竟然是一头强壮凶猛且善于伪装的豺狼，正在向自己亮出獠牙和利爪。

第二节　萨尔浒之战

一

抚顺等地相继失陷，派去的援军也被击溃，万历帝朱翊钧才感到了事态的严重性。经朝廷会议后，决定派兵部左侍郎杨镐为辽东经略，准备出兵大举进攻后金。由于缺兵缺饷，明廷一方面筹集粮饷，一方面从川、甘、浙、闽等省抽调兵力，又通知依附明朝的海西女真叶赫部和朝鲜出兵策应，准备了大半年，大部分部队才到达沈阳地区。

统帅杨镐是个以文统武的老官员，他以前的作战经历大体胜负参半，看不出什么雄才大略。他曾在1597年（万历二十五年）作为经理朝鲜巡抚，率部在朝鲜击败侵朝日军，但不久后又被日军反击打得落花流水。明朝廷之所以选择他作为此次出征的总指挥，一是与其他类似级别官员相比，杨镐毕竟有出兵朝鲜的经验，对辽东一带比较熟悉；二是他和李成梁家族有深交，尤其在援朝战争时和李成梁第五子李如梅交情极深，由他出马，对统筹调动辽东军功集团的力量应有所帮助。朝廷同时还任命李成梁次子李如柏为杨镐手下一名总兵，也明显带有尽量调动李氏辽东军功集团的意味。

杨镐所构想的作战方针是：以集结的二十万兵马，号称四十七万，分兵四路推进，会师于赫图阿拉，一举歼灭后金军[1]。事实上，即使是按二十万兵

---

[1]　明军兵力20万的数据大多来自清朝方面的记录，有夸大后金方面以少胜多的嫌疑。较为可靠的是明军8.8万余人，另有朝鲜军1.3万人，叶赫军2000余人，合计10.5万余人。见阎崇年《清朝开国史》上卷，309页，中华书局，2014。

马的数字看，也带有不少虚夸的成分。实际的兵员人数应该是十万出头，如果分兵四路，平均计算的话，每路兵马大约在两万五千人到三万人。

后金方面，努尔哈赤做了极为充分的准备。他一方面厉兵秣马准备战斗，一方面派出间谍刺探明军情报，快速而准确地掌握了明军的动向和分兵四路的作战意图，从而制定了"凭尔几路来，我只一路去"的集中全部兵力、各个击破的反击策略，把主要兵力集中于赫图阿拉附近，准备迎战。后金军在四年前编立八旗军时，已有兵员约六万人，此时的人数应在十万左右。

1619 年（万历四十七年，天命四年）二月二十五日，四路明军按令分头出发，约定三月初二日会攻赫图阿拉。按官方公开的兵员数字计，明西路军六万人由山海关总兵杜松率领，沿浑河出抚顺关；南路军六万人由总兵李如柏率领，往清河出鸦鹘关；北路军四万人由总兵马林率领，先到开原会合叶赫部兵，然后出三岔儿堡向南进攻；东路军四万人由总兵刘綎率领，会合朝鲜兵，出宽奠口向北进攻。杨镐则坐镇沈阳。

明军出发前几日天降大雪，道路行进困难，四路军行动迟速不一。二月二十九日，后金侦得明东路军刘綎部的先头部队到达宽奠。努尔哈赤判断，明军的主攻方向应该在西面，于是仅派出五百人袭扰阻截东路军，大部队暂时按兵不动。再侦得明西路军杜松部已出抚顺关，其他两路军则极为迟缓，这样杜松部就显得孤立突出，遂决定集中主要兵力先打杜松部。

三月初一日，杜松部到达萨尔浒（今辽宁抚顺东大伙房水库附近）。杜松是名猛将，但有勇无谋，贪功冒进，到浑河后分兵为三部，亲率一部急进攻打吉林崖，第二部主要兵力在萨尔浒山扎营，第三部辎重车营则因来不及渡河留在河对岸扎营。杜松的再次分兵，让其每一支部队的人数都更为减少。努尔哈赤则亲率四万五千余人，以绝对优势的兵力先进攻萨尔浒的明军大营。明军居高临下，巨炮火铳齐发；八旗兵仰面进攻，万矢如雨，萨尔浒山头立时杀声震天，血肉横飞。下午时分，明军抵挡不住后金军的冲杀，萨尔浒大营被攻破，明军四散溃逃，死伤无数。攻下明军大营后，后金军立刻驰援吉林崖。正在进攻吉林崖的明军听说萨尔浒大营被破，军心动摇，再加之被山上山下后金军夹攻，立时大乱。激战中主将杜松矢尽力竭，坠马而死，总兵王宣、赵梦麟阵亡，明军尸横遍野，血流成河，明西路军全军覆没。

初二日，明北路军马林部到达尚间崖（在萨尔浒北三十余里处），得知杜松军战败，不敢前进，挖壕筑垒采取守势。努尔哈赤在歼灭杜松部后，快马加鞭转锋北上，及时赶到尚间崖，对明军发起攻击。努尔哈赤到现场后仔细观察地形和明军阵营，指挥后金军从两面冲击明军营寨。尽管明军有火铳火炮，八旗兵仅有冷兵器，但八旗骑兵行进极为迅速，明军士兵放完一次枪炮后，来不及再次装填弹药而敌人已冲到眼前。在八旗骑兵的快速冲击下，明军营寨被冲破，大量士兵被斩杀。总兵马林在战事开始不久就带着数人逃走。协助明军的叶赫部两千人见局势不妙，也掉头就跑。北路明军被歼灭。

东路军刘綎部虽先头部队已到达宽奠，但因山路崎岖，积雪深厚，大部队行进困难，也不知西、北两路军已被歼灭，仍继续艰难北进。三月初三日，

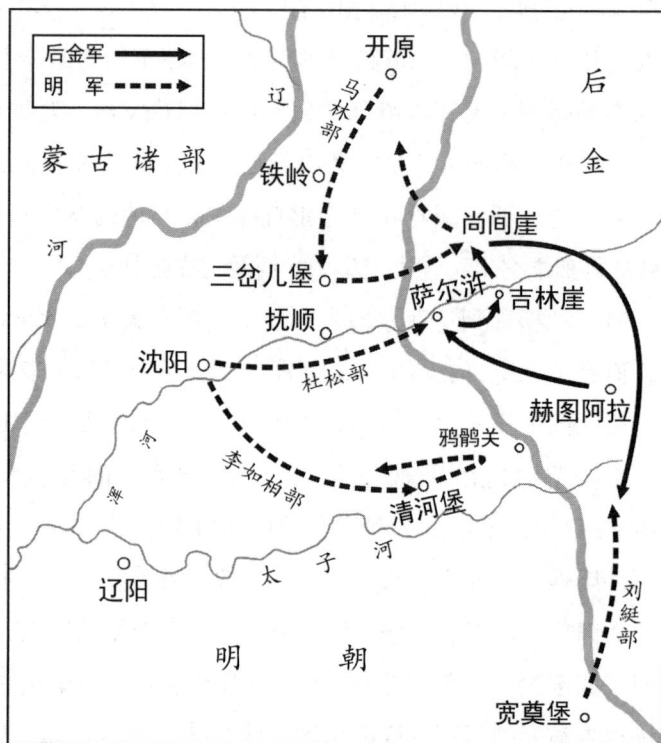

图1-3 萨尔浒之战

努尔哈赤在赫图阿拉城南设下埋伏，派几个明军降卒赶到刘綎营中，手持缴获的杜松令箭拜见刘綎，诈称杜松部已到赫图阿拉，请刘綎加速进军。刘綎信以为真，下令卸下辎重，轻装速进。次日，刘綎部进入伏击圈，遭到八旗兵猛烈攻击。刘綎率部英勇抵抗，他"面中一刀，截去半颊，犹左右冲突，手歼数十人而死"。东路明军被全部歼灭。

在后金军围歼刘綎部的同时，努尔哈赤的次子代善率一支八旗骑兵包围了就在不远处的一万三千名朝鲜兵。在八旗骑兵的猛烈冲击下，手持大量火铳的朝鲜兵同样无法抵挡。不久后，走投无路的朝鲜都元帅姜弘立率全体官兵投降。之后姜弘立一直在后金政权就任高官，为后金夺取辽东和征服朝鲜出策献力。

杨镐坐镇沈阳，三月初五日听说杜松、马林部战败，急忙传令刘綎和李如柏撤回。他还不知道刘綎那时已经殉国。李如柏部一直行动极其迟缓，当时刚走到清河堡东的虎拦岗，接令后慌忙回撤。二十几名后金哨探看到明军后撤，在山上吹起进攻号角，明军以为后金主力来袭，惊恐溃散，自相践踏，死伤一千余人，余部仓皇逃回沈阳。

至此，后金自建国以来与明军最大规模的一次战役，以明军的惨败告终，史称萨尔浒之战。

二

萨尔浒之战明军将领战死三百余人，士兵死亡四万五千八百余人，骡马损失两万八千余匹，元气大伤。战后，杨镐被下狱，十年后（崇祯二年，1629）被处决。李如柏因行军极为迟缓，未遇敌而自溃败，被弹劾回京，坊间盛传他与努尔哈赤勾结才致战役失败。战后两年（天启元年，1621），李如柏无法忍受世人非议，在家中自杀。

总体上看，明朝萨尔浒之战惨遭失败有多方面的原因：

其一，明朝战略上存在重大失误，根源则在于财政。以当时后金强力崛起之势，再加上结盟蒙古部落，后金的政治、军事实力已极为强大，明朝在此区域已呈战略颓势，双方的争斗绝不可能是一朝一夕之事。而明朝中枢居然还幻想着一举荡平后金，原因可能是对后金实力认识不清，但更实际的原因却是明朝的财政已陷入极大的困境，军费的严重短缺，根本无法支持与后金展开持久战，只能寄希望于速战速决。据统计，到1612年（万历四十年）时，明朝军费支出已占财政总支出的97.25%，而没有一个国家能够长期支撑如此大比例的国防支出。杨镐本来打算采取的是更为符合实际的稳扎稳打的策略，但在朝廷的一再催战之下，他也别无选择。

其二，分兵战术是个严重失误。分兵战术要求将帅一心，各支部队相互之间有很高的信任度，信息沟通快捷顺畅，反应敏捷，能够灵活机动地默契配合。而杨镐除对李如柏比较信任之外，和战力最强的杜松和刘綖反而有些积怨，各总兵之间也缺乏足够的信息交流和协同，因此明军事实上根本不具备分兵协作的基础。这种缺乏协同的分兵，只会导致每支部队在面对八旗兵主力时都是悬殊极大的弱势兵力，最终逃脱不了被对手——歼灭的命运。

其三，明军过度迷信火器。在以往与蒙古部落和犯边流寇的战斗中，大量的火器往往是明军的制胜法宝。在这次征伐后金的战役中，四路明军都装配了大量火炮火铳，因此刘綖、杜松等将领出战前都信心满满，认为击败后金不在话下。但此时的八旗兵已是编制严密规范、训练有素、纪律严明的正规军队，远非一般的蒙古部落可比。在实战中，八旗兵用由厚木板包裹着牛皮和铁皮的楯车抵挡住明军的第一轮火器攻击，随后八旗骑兵发起极为快速的冲击，明军士兵往往还来不及重新装填弹药就被斩杀。萨尔浒战役之后，明军也逐渐认识到，己方即使有充足的火器，在野战中也根本不是八旗兵的对手。

其四，李氏辽东军功集团已然没落。辽东地区的明军将士以当地辽人为主，李成梁在辽东深耕多年，李氏家族对辽人、辽军有很强的影响力。但明朝廷后来对李氏家族的日益强大有所忌惮，才有了李成梁的两次被免职，李氏家族也多次被朝廷或明或暗地打压。到萨尔浒战役时，朝廷起用杨镐和李如柏，也是希望借用他们在辽东的影响力，统筹当地军力击败后金。可惜为时已晚，李如柏多年来所喜好的只有饮酒嬉戏，李氏家族在辽东的影响力已消失殆尽，当年十分强势的李氏辽东军功集团已不复存在，军心松懈懒散，民心无所依附，如何能与强大的后金政权相抗衡？

其五，后金军情报战的能力远远领先于明军。在萨尔浒战役发生之前，明军对后金的兵力部署、实力如何一无所知，对天气的突然变化也毫无准备；战役过程中，各路明军之间的信息和情报交流更是迟钝滞后。相比之下，后金的情报工作则做得十分深入。他们提前派出了大量的间谍细作，收买明朝高官将领，套取各类情报，因此努尔哈赤对明军部署、领军将领、行军路线等了如指掌，以此制定了"凭尔几路来，我只一路去"的最佳应对策略，从而奠定了战役胜利的基础。从这个意义上来说，李如柏是不是叛徒，已经不重要了。

萨尔浒之战是后金和明朝兴衰史上的重大转折点，对后金的崛起有十分重要的战略意义。此战之后，明朝和后金互换了位置，明朝由曾经的主宰和进攻转为防御，后金则由防御转为进攻。不久之后，明朝的沈阳、辽阳、广宁等重镇相继失守。明朝在战略上陷入完全的被动，于是大幅增加国内赋税以补贴辽东军事开支，国内矛盾也因此而更加激化。数年之后西北地区爆发了大规模的农民起义，明朝陷入了更深重的内忧外患之中。

第三节 开铁之战和沈辽大战

一

萨尔浒大战之后，"天命汗"努尔哈赤召集八旗诸贝勒、大臣开会，商讨新的战争策略，"四大贝勒"的大贝勒代善、二贝勒阿敏、三贝勒莽古尔泰、四贝勒皇太极和投降的朝鲜都元帅姜弘立等人都参与研究讨论，初步确定等待时机攻取护卫辽阳和沈阳的两个重镇——开原和铁岭。

明朝方面，五十七岁的万历帝似乎已经感觉到生命终点即将来临，二十八年不上朝的他依然称病不出，不与臣工商讨国事，也不批答奏章。因为长期以来不理会官员补缺之事，朝廷大量官员岗位空缺，连中央六部的主官都不全。幸好在首辅大学士方从哲等人的推动下，最终确定了起用原任御史熊廷弼取代杨镐，经略辽东。

熊廷弼，湖北江夏人，万历二十六年进士，满腹经纶，有胆有识，能文能武，缺点是脾气暴躁，性格刚烈，得罪了不少官员。1608年他以御史职巡按辽东，后来因党争案被免职还家。1619年萨尔浒战后，朝廷觉得熊廷弼毕竟熟悉辽东事务，于当年六月任命他为兵部右侍郎兼右佥都御史，取代杨镐经略辽东。

熊廷弼出关之前，朝廷已召回李如柏，任其弟李如桢为新的总兵官，镇守铁岭。李如桢虽然是名将李成梁的第三子，但从未带兵打过仗，不知兵法。而开原则由萨尔浒战中的败军之将、喜欢舞文弄墨而缺乏将才的原总兵马林镇守。

努尔哈赤看到明朝在萨尔浒战后三个月都没有大的动作，认为机不可失，遂于1619年六月初十日率四万大军出发，六月十六日抵达开原城下，当天即

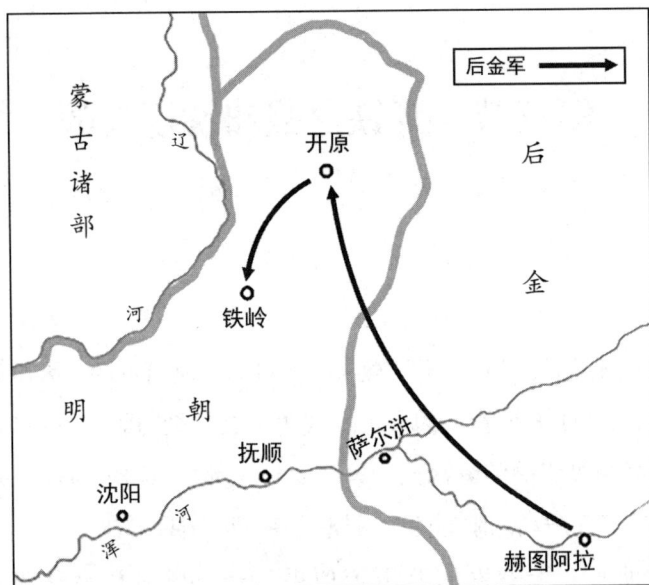

图 1-4 开铁之战

攻陷开原，守城总兵马林和大批官兵被杀。因明朝军民拼死守城，杀红眼的后金军破城后大肆屠戮，六七万军民被屠杀殆尽。

七月二十五日，努尔哈赤再统兵五六万人，围攻铁岭。此前李如桢已被改派驻沈阳，铁岭由参将丁碧等领兵防守。而丁碧之前已被后金收买，他当天即开门引后金军入城，城内四千余名明朝官兵被杀，铁岭失陷。而李如桢的一支部队距铁岭仅十四五里，闻攻城讯后不发兵救援，反而趁乱纵兵去割了已经战死的后金兵的一百多颗首级回来报功。战后李如桢被弹劾入狱论死，1631 年（崇祯四年）被免死充军。

攻陷铁岭的次月，努尔哈赤挥师叶赫部。作为海西女真四部最后一个"幸存者"，叶赫部在后金的多次打击下实力已大不如前。面对八旗兵的猛烈攻击，叶赫部虽顽强抵抗，奈何实力不济，也无法期盼刚刚大败的明军前来救援，最终被后金军彻底击败。征服叶赫部，意味着努尔哈赤已经基本完成对女真各部的统一，后金政权更加稳固和强大。

二

七月二十九日熊廷弼抵达辽阳上任，此时开原、铁岭已落入努尔哈赤手中，他看到的是一片残破凋敝的景象：官兵死伤无数，城郭被毁，缺粮缺饷，饥民遍地，军民全无斗志。随后熊廷弼抓紧整饬军务，筹措粮饷，修缮城池，任用贤能，激励士气，调整布防，几个月下来成效显著。后续明金之间又发生一系列小规模战斗，努尔哈赤均未占到便宜。

时间进入 1620 年（万历四十八年），明朝政局发生了重大变化。七月二十一日，万历帝朱翊钧病死。其长子朱常洛于八月初一日即皇帝位，即明光宗。但他在九月初一日就因"红丸案"病死，在位仅一个月。朱常洛十六岁的长子朱由校即皇帝位，即天启皇帝。

一年之内历经三个皇帝，明廷内部一片混乱，党争更加激烈，庙堂之上的斗争不可避免地牵连到手握兵权的边将。熊廷弼因性情刚直，得罪了一些人，成为一批朝臣的攻讦对象。他被罢免了辽东经略职务，由不懂军事的袁应泰取而代之。

努尔哈赤最善于捕捉战争机会。1621年（天启元年）三月十三日，他率大军进攻沈阳，拉开了明金沈辽大战的序幕。

沈阳是明朝在辽东的重镇，是辽东的咽喉，辽阳城的屏藩。当时沈阳由辽东总兵官贺世贤镇守。贺世贤是一员猛将，可惜多勇寡谋，在攻城战打得十分激烈时，被后金兵诱出城外遭到伏击，身中十四箭而死。八旗兵顺势攻占沈阳，城内六七万军民被屠杀。

沈阳城激战刚结束，城外浑河边的野战打响。明总兵官童仲揆、陈策等带领川、浙兵援救沈阳，在浑河遭遇后金军，展开激战。川、浙兵作战异常勇猛，以一万多兵力激战数倍于己的敌人，其中从四川石砫调来援辽的女土官秦良玉及其兄秦邦屏也极为英勇。最后寡不敌众，川、浙兵战败，童仲揆、陈策、秦邦屏等将领战死。后明廷奖赏幸存的川、浙兵，据《明熹宗实录》记载："卒痛哭阶前，不愿领赏，但愿为主将报仇！"

攻陷沈阳后的第五天，努尔哈赤亲率大军进攻辽阳。

辽阳是明朝辽东的首府，是东北地区政治、经济、军事和文化的中心，城区比沈阳大两倍多，城墙高大，城防坚固。辽东经略袁应泰、巡按御史张铨率军驻守辽阳。三月十八日，辽阳攻守战开始，双方在城外、城墙边展开

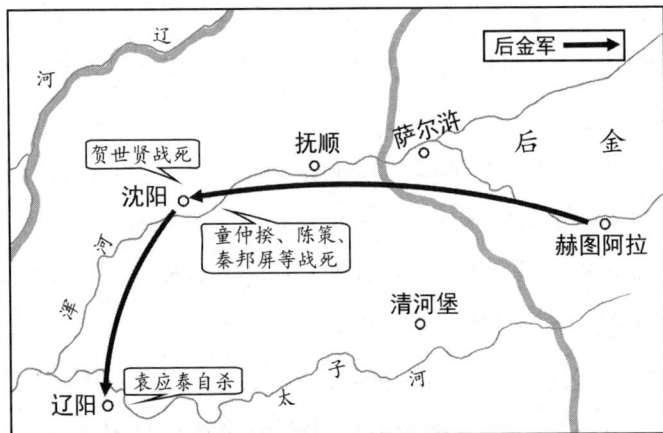

图1-5 沈辽之战

激烈厮杀，连续激战四天。明军拼死抵抗，但统帅袁应泰不擅长用兵，他安排的挖城壕注水、督兵出城作战等战术都未取得效果。更严重的是，他不听张铨劝阻，招收了大量降兵，其中混入很多后金细作。城内居民中本来也有很多后金奸细，如李永芳的儿女亲家等数十家都与后金暗通款曲，袁应泰也未甄别防范。二十一日，在城内奸细的里应外合之下，辽阳被攻陷。袁应泰看大势已去，自缢而死，张铨被俘不屈而死，辽阳居民大多投降。

沈辽之战，明朝彻底丢失辽东，从此只能收缩于辽西沿辽东湾的狭长区域。努尔哈赤则在攻陷辽阳的当天，决定迁都辽阳，确立其在辽东地区的全面统治。

第四节　努尔哈赤兵败宁远城

一

沈辽失陷，明朝举国震动，朝廷上下惊惶失措。天启帝朱由校是个几乎没有受过系统教育的"白丁"，除酷爱做木匠活儿之外一无所长。天启帝继统不久，就重用太监魏忠贤，国是奏章都交给他决断批复。魏忠贤权势日盛，在他身边逐渐聚集了一批卑劣之徒，形成了势力强大的阉党。明末的党争在万历时期已经比较严重，此时阉党与东林党的斗争愈演愈烈。这样的天朝中枢面对沈辽战败自然拿不出什么应对良策。

在实在无人可用的情况下，朝廷又想起第二次被免职回家的熊廷弼，只能再次起用他为辽东经略。同时任命王化贞为广宁巡抚，受熊廷弼节制。按朝廷安排，熊经略于1621年（天启元年）七月到山海关，带兵五千坐镇该处；王巡抚则统兵十四万镇守广宁。

王化贞不懂军事，又刚愎自用，好说大话，和熊廷弼不对脾气。兵部尚书张鹤鸣是王化贞后台，而张鹤鸣又投靠了阉党。以阉党作风，张鹤鸣对熊廷弼采取打压态势，而对王化贞所有奏请则无有不从。熊廷弼本想采取的是稳扎稳打的守势，寻机反攻，这基本符合当时的形势；王化贞则妄自尊大，妄想主动进攻，一举荡平后金。经抚意见不合，但重兵在王化贞手上，且随时得到兵部尚书支持，熊经略对此毫无办法。

王化贞虽一无是处，但他担任巡抚后做了一件事，对后期明金战局产生了重大影响。1621年（天启元年）六月，王巡抚派游击毛文龙率二百人渡海绕道后金后方，袭取镇江堡（今辽宁省丹东市附近）。后金军对此毫无防备，镇江堡被毛文龙顺利攻占，连努尔哈赤的妻弟佟养真都被生擒。消息传回北京，朝野上下激动不已，遍赞此役为"镇江大捷"，毛文龙成为名噪一时的"将星"。随着后金的大力反攻，毛文龙退至朝鲜铁山，再退入临近铁山的皮岛（鸭绿江出海口东侧的一座小岛）。在此过程中，不满后金统治的辽人纷纷来投，毛文龙的队伍日益壮大，几年后达到了数万人之多。这支部队因为在鸭绿江以东，被习惯称之为"东江军"。毛文龙以皮岛为基地，不断袭扰后金后方，朝鲜也在暗中向东江军提供粮饷补给。东江军的存在，虽然不至于对后金造成太大的威胁，但后金一旦要向西大举出兵，就不得不顾及后方的安

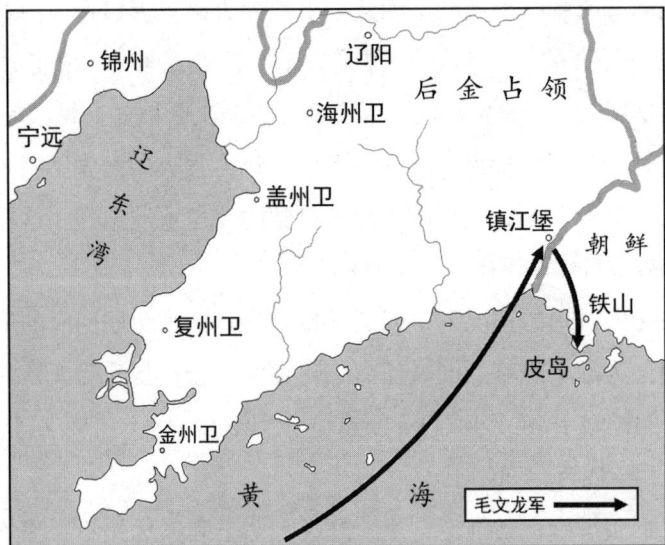

图1-6　毛文龙进占皮岛

全，这始终让努尔哈赤如芒刺在背。明朝廷认识到东江军对后金的战略牵制作用，不久后拔擢毛文龙为平辽总兵，对这支部队也表示出充分的重视。

1622 年（天启二年）正月，努尔哈赤率大军渡过辽河西进，攻占西平堡，逼近广宁。广宁是明朝辽西军事重镇，是辽东和辽西之间的要冲，西通明朝，北临蒙古。二十二日，在西平堡战败的参将孙得功逃回广宁城。孙得功之前已经暗降后金，西平堡之败也是他故意为之。孙进城后，到处散布敌兵快到广宁的流言，以致人心惶惶，街巷混乱，士兵缒城而逃，广宁很快变成一座空城。王化贞看情势不妙，带数人狼狈而逃。广宁被叛将孙得功等控制，两天后交到努尔哈赤手中。

王化贞逃至大凌河，遇到熊廷弼，不禁失声痛哭，然后建议固守宁远、前屯。熊廷弼此时犯了心胸狭隘、幸灾乐祸的毛病，他冷笑着说"为时晚矣"，认为关外已经无法再守，遂带领溃兵和数十万难民撤回山海关内，一路上把宁远、宁前诸屯堡包括粮食储备付之一炬。

熊廷弼轻易放弃宁远等地，客观上让后金占领广宁后，又轻松攻取了义州、锦州、大凌河等四十余座城堡，把大批金银、粮食、军器、牛马等运回

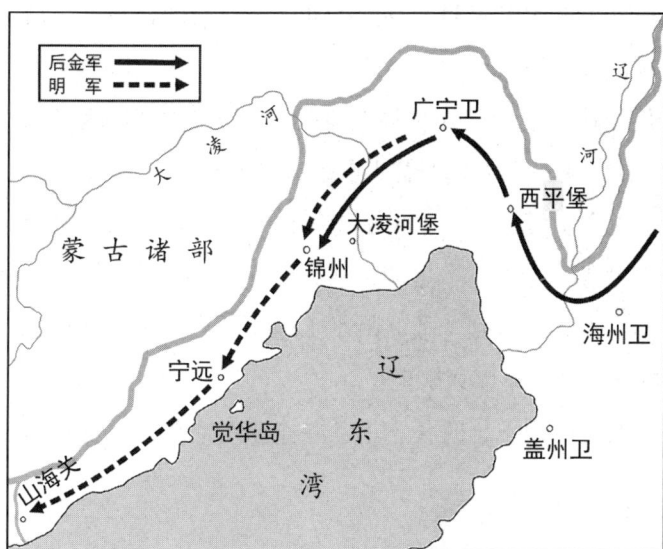

图 1-7　广宁之战

辽阳，人口驱赶到河东为奴。几天后后金军放火烧毁广宁，然后全军返回辽阳。

熊、王回京后，二月十三日，王化贞被捕入狱，熊廷弼革职听候处理。王化贞丢失广宁是首罪，虽有阉党支持，最终难逃一死，十年后（崇祯五年，1632）被斩首。熊廷弼也自知有罪：广宁危机时没有及时救援；王化贞逃跑时，没有留下坚守，反而带大批难民逃回关内，把山海关直接暴露在后金军面前，这在明朝是"弃地"重罪，必被处死。为延迟判刑，熊廷弼承诺向魏忠贤行贿四万两银子，结果又没有履约，惹恼了魏忠贤。而东林党骨干杨涟、左光斗等怜惜熊廷弼是个难得的人才，替他说情申辩。此时正值阉党和东林党斗争最激烈的时候，魏忠贤使了一招移花接木，诬陷熊廷弼贿赂杨涟、左光斗等人，把杨涟等六位东林党领袖逮捕入狱，残酷折磨致死。熊廷弼则于1625年（天启五年）八月被斩首，传首九边[①]，其长子被逼自杀，熊家落得一个极为悲惨的下场。

二

广宁失守自然再次引起明朝举国震动，选任新的辽东经略成了朝廷最大的难题。面对辽东方面巨大的军事压力，兵部尚书张鹤鸣等宁愿辞职回家也不敢去辽东任经略。最后王在晋被会推为辽东经略，想辞职但天启帝不准，只好于当年（1622）三月中旬硬着头皮去山海关赴任。

王在晋也是个不懂军事的人，他打算以金银收买蒙古诸部合击后金，同时在山海关外再修一道长三十里的边墙，派四万人驻守。可是这样大量的增兵增饷，明朝根本无法做到，战略战术上也不符合实际。此时，明末时期两个十分卓越的战略家、军事家出现了。

一个是王在晋的属下、时任宁前兵备佥事的袁崇焕，他反对王在晋的想

---

① 九边：即辽东、蓟州、宣府、大同、山西（太原）、延绥（榆林）、固原、宁夏、甘肃九个重要边镇，合称"九边"。

法，但后者不听。一个是大学士孙承宗，他曾任天启帝的讲官，广宁兵败后摄理兵部，主管辽东，此时自请赴辽东考察调研。孙承宗考察后也否定了王在晋的想法，他认为当前最恰当的策略，应当是稳扎稳打，坚守宁远等城池屯堡，安抚辽人民心，尽量用好当地将领士兵，"以辽人守辽土"，然后徐图恢复。回京汇报后，天启帝调王在晋去了南京，由孙承宗接任辽东经略。

在孙承宗领导下，袁崇焕、满桂、祖大寿等将领负责修筑宁远城。两年后（1624）工程完工，宁远成为关外一重镇，兵民逐渐达到五万余人。宁远城的设计和修筑有所创新，据说采用了一些西方新式筑城法，城墙上还安装了十一门最新式的葡萄牙红夷大炮，炮位、角度、射程等经过精确计算。孙承宗、袁崇焕心里清楚，明军如果能坚守宁远城，宁远和山海关就能形成相互呼应的一道坚实防线。在此基础上，明朝可以向锦州、松山、杏山等屯堡逐步增兵驻守，将控制范围向辽东渐次推进。

而此时，明廷内部阉党和东林党的斗争已到了白热化的程度，对辽东前线产生了很大的影响。阉党围攻东林党官员，东林党首辅叶向高、次辅韩爌、吏部尚书赵南星等先后被迫去职，阉党骨干顾秉谦、魏广微等掌握朝廷重权，魏忠贤事实上独揽了宫廷内外大权。孙承宗曾为帝师，又手握兵权，在朝中德高望重，魏忠贤很想让他依附自己，命人向他馈送金银。但孙承宗刚正不阿，拒绝依附阉党。魏忠贤因此大恨之，不断给天启帝进谗言，污蔑孙承宗，以致皇帝逐渐疏远了孙承宗。1625 年（天启五年）十月，孙承宗遭弹劾去职，由阉党分子、时任兵部尚书的高第接任辽东经略。

高第也十分惧怕接任这个岗位，他甚至找到魏忠贤"叩头乞免"。被魏忠贤驳回后，他只得惶惧不安地去山海关赴任。到山海关之后，他下令撤锦州、右屯、大凌河等屯堡，打算弃守孙承宗、袁崇焕经营几年的全部关外疆土，退保山海关。袁崇焕拒绝执行他的指令，自请镇守宁远城。高第倒也没有为难袁崇焕，只是撤了其他各屯堡，抛弃粮食十余万石，留下宁前道袁崇焕、总兵满桂、参将祖大寿等率一万余名官兵孤守宁远。朝廷对高第的决定也没有提出什么异议，可能是暗怀一种心态：且看袁崇焕的孤军坚守是否能取得一定效果。

三

广宁之战后的这两三年内，努尔哈赤没有再大举发兵进攻明军，他当时的主要精力在于继续整合蒙古的力量，这为袁崇焕修筑宁远城留下了难得的时间窗口。努尔哈赤继续采取笼络、分化、打压、联姻等手段加强与蒙古诸部的关系，帮助科尔沁等部抵御林丹汗的征讨，与喀尔喀五部成功实现会盟。1626 年（天命十一年，天启六年），努尔哈赤册封了一批蒙古部落首领，他的身份正在向女真和蒙古的"共主"转化。

1626 年（天命十一年，天启六年）正月，天命汗努尔哈赤亲率十三万大军往征宁远。

正月二十四日，后金军开始猛攻宁远城，楯车、云梯、步骑齐上，万箭齐发；明军用矢石、火铳、红夷大炮还击。袁崇焕"以城护炮，以炮卫城"的策略取得了出乎意料的效果。据说红夷大炮的射程最远可达三公里，按《明季北略》描述，"从城上击，周而不停。每炮必中，糜烂可数里"，后金军的牛皮楯车也根本无法抵挡，八旗兵被大量杀伤。努尔哈赤显然也没有估计到明军的新式火炮威力如此巨大，一时间计无所出，只能命令士兵舍命强攻。一些后金士兵冒死突入到城墙下，用斧铲挖凿冻土城墙，城墙居然被凿开高二丈多的大洞三四处。眼看后金军就要攻入城内，危急关头，袁崇焕身先士卒，指挥士兵用芦花、火药装填棉被，点燃后扔下城墙，后金兵立刻被烧成一片，"火星所及，无不糜烂"，后金兵惨叫之声不绝于耳。这个新发明的武器从此被称为"万人敌"。攻城从清晨到深夜，后金军没有任何进展，反倒在城下堆满了尸体。

二十五日战斗继续，明军红夷大炮和"万人敌"依然发挥很好的作用，后金军寸步未进。二十六日的激烈战斗中，明军发炮击中后金一个重要头目①，后金军停止大规模攻城，开始逐步撤退。这一仗，明军保住了宁远城，

---

① 有传闻是大炮击中了努尔哈赤，以致他受重伤后不治而死。但此传说缺乏充分依据，具体击中的是谁已无从考证。史料记载，努尔哈赤回沈阳后，还进行了一系列巡视、会见大臣、接见外国使臣等活动，并无受重伤的迹象。

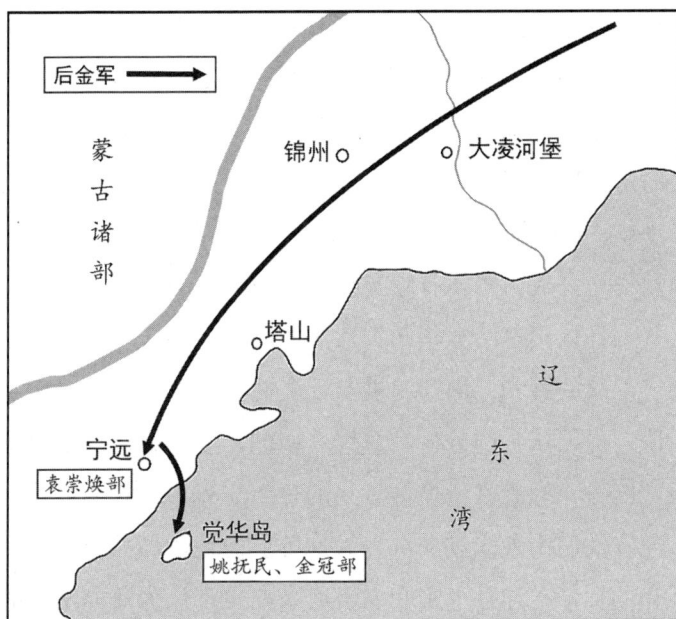

图 1-8　宁远之战和觉华岛之战

守住了关宁防线，也是自 1618 年抚顺失陷以来明朝对后金取得的第一场大胜仗，史称"宁远大捷"。当时袁崇焕四十二岁，努尔哈赤六十八岁。努尔哈赤遭到用兵四十四年以来的最大惨败。

当日，努尔哈赤见攻城无望，气急败坏，在宁远城外只留下少量兵马佯装攻城，派主力骑兵快速转攻明军储存粮草的基地觉华岛。

觉华岛是在辽东湾中的一座小岛，距大陆岸边十八里，距宁远三十里，长期作为辽东明军的粮草储存基地，派有重兵和水师把守。宁远之战前，参将祖大寿是岛上守将，因宁远事关重大，袁崇焕把祖大寿调到宁远，觉华岛由参将姚抚民、水师游击金冠镇守。

宁远之战正值正月隆冬时节，海面冰封，从岸边履冰可以直达岛上。为防后金进攻，姚抚民等率军开凿一条长十五里的冰壕，以阻挡敌人骑兵来犯。然而，因天气极寒，凿开的冰壕很快又合拢，很多士兵手指冻掉，也未能顺利完工。

二十六日，后金将领率满蒙骑兵数万人，从冰面上疾驰进攻觉华岛。守岛明军拼死抵抗，奈何明军大多是水手，军械不足，战力不足，根本抵挡不住后金骑兵，金冠、姚抚民等都先后英勇战死。后金军屠杀了七千多名明军和七千多名岛上商民，烧毁八万多石粮草和二千余艘船只，明朝关外的这个后勤补给基地被彻底摧毁。

宁远和觉华岛大战，明朝有胜有败，较为恰当的做法应当是以宁远大捷激励军队士气，且认真总结觉华岛失败的原因。但朝廷以胜掩败，奏报中大大宣扬宁远守卫战的胜利，满朝都被宁远大捷的气氛所笼罩，而对觉华岛的失败避而不谈，更无认真的分析和总结。诚然，宁远大捷缘于孙承宗、袁崇焕的数年经营准备，缘于袁崇焕等官兵的舍生忘死，缘于用人得当、指挥有方、布局合理以及使用最先进的红夷大炮等。但觉华岛兵败，明军指挥官也负有不可推卸的责任，连孙承宗和袁崇焕事前也都认为海面结冰的话，只要凿开冰壕就可以阻敌，没有想到极端天气导致的意外，没有制定详尽有效的防守方案，也没有应对突发危机的预案。觉华岛之败，朝廷、兵部、总督、经略、巡抚以至总兵，都未从整体上进行反思，没有从战略上进行总结。因此，宁远大捷注定只是给明朝廷打的一剂暂时的强心针而已。

宁远之战后，后金军退回沈阳，天命汗努尔哈赤于战后七个月（1626年8月十一日）病死，终年六十八岁。九月初一，四贝勒皇太极举行登极大典，继承汗位。

第五节　皇太极袭扰明朝

一

努尔哈赤在世时，有十六个儿子和两个亲近的侄子，共十八人。其中最有希望继位的是深受他信任和器重的"四大贝勒"，即大贝勒二子代善、二贝勒侄子阿敏、三贝勒五子莽古尔泰、四贝勒八子皇太极。另有"四小贝勒"：阿济格、多尔衮、多铎、济尔哈朗。其中阿敏和济尔哈朗是舒尔哈齐之子，属于旁支，不能争位；莽古尔泰有勇无谋、名声不好，也没有争位条件；四小贝勒年纪小，努尔哈赤死时，阿济格二十二岁，多尔衮十五岁，多铎十三岁，也较难争位。因此，继位斗争主要在代善和皇太极之间展开。

四大贝勒跟随父亲天命汗征战多年，都早已成长为军事上独当一面的大将，但在政治上，皇太极明显比另外三大贝勒技高一筹。阿敏和莽古尔泰因自身原因无法争位，对于大贝勒代善，皇太极则采取了明捧暗打的策略，利用甚至制造机会让代善不断出错，让努尔哈赤逐步失去对代善的信任；而他自身却一直在努力塑造智勇双全的形象，和其他皇族大臣保持良好关系。努尔哈赤死后，经诸贝勒议定，由皇太极继承汗位。1626年（天启六年）九月初一日，皇太极举行登极大典，定次年为天聪元年。

登极之后，皇太极逐步使用政治手段打压其他三大贝勒，逐渐废除努尔哈赤制定的八个和硕贝勒共议国政的制度，把后金的军国大权抓在了手里。

相比其父努尔哈赤，皇太极具有更强的侵略性、更高明的谋略。他在位的十七年期间，发动了七次绕道直接侵入明朝内地的战争、三次在关外和明朝的大战，战争中不断使用议和、劝降、战争相交替的手段。其间先后收服蒙古、征服朝鲜，为日后吞并整个大明朝打下了极深的基础。

1627年（天启七年，天聪元年）正月，皇太极为消除进攻明朝的后顾之忧，派二贝勒阿敏东征朝鲜。阿敏一个月之内就占领了平壤，逼迫朝鲜国王李倧求和，发誓与后金结为友邦。五月，皇太极就发动了登极以来对明朝的第一次关外大战——宁锦之战。

此时的辽东，后金已占据辽河以东的绝大部分地区，辽河以西则还在明军控制之下。辽河以西通常被称作"辽西"，是一条狭长的区域，从东北到西南分别是锦州、宁远、山海关三个主要城池，锦州到宁远约八十公里，宁远再到山海关约一百一十公里。皇太极要沿辽西攻入关内，须先经过锦州，再到宁远，再到山海关。

1627年（天启七年，天聪元年）五月十二日，皇太极亲率数万大军围住

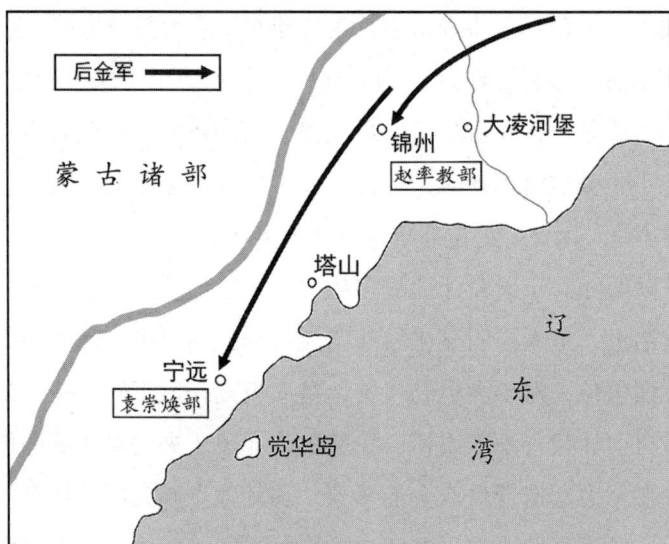

图 1-9　宁锦之战

锦州，展开激烈的攻城战。明总兵赵率教贯彻宁远守城战的经验，以红夷大炮凭城坚守，后金军久攻不下，兵员损失较大。之后的几天，双方一边打，一边互派使者议和。此前，已经提拔为辽东巡抚的袁崇焕向朝廷奏报了"守为正着，战为奇着，款为旁着"的策略，得到朝廷认可，以此开始了明金之间边打边谈的一种"新常态"。

锦州攻守战中，谈是手段，打是真着。奈何锦州城久攻不下，后金军粮草缺乏，士气低落。二十八日，皇太极改变策略，留一部分军队围困锦州，亲自率大部队进攻宁远。宁远由袁崇焕坐镇指挥，总兵满桂、副将祖大寿、尤世威等一批猛将镇守，城坚炮利，士气高昂。明军采取城上大炮轰击、城下步骑出战的方式。面对明军这种大炮和步骑相配合的战法，后金军毫无破解之法，士兵伤亡惨重却始终无法接近城下，只能于次日撤离，退向锦州。

后金退到锦州之后，连续几天继续攻城，均未得逞，反而死伤无数。六月初五日，皇太极撤军回沈阳，他即汗位以来和明朝的第一次大战以失败告终。

宁锦大捷的消息传到北京，明朝廷举朝相庆。魏忠贤借机宣扬监军太监的功劳，他自己因"运筹帷幄"获头功，功劳簿上大批太监紧随其后，宁锦大捷的总指挥袁崇焕仅列第八十六位。同时，阉党反而攻讦袁崇焕不及时救援锦州，导致他被免职回家，赵率教、祖大寿等一批主力大将也被调整。

之后不久，明朝政局发生了重大变化。这年（1627）八月二十二日，天启帝朱由校因病驾崩，年仅二十二岁，是明朝寿命最短的皇帝。朱由校十七岁的弟弟朱由检即皇帝位，定次年为崇祯元年。天启帝留给朱由检的，是一个财政空虚、宦官当权、战争不断、天灾连年的大明朝。

就在皇位更替的这一年，陕西因为连年饥荒、民穷赋重，爆发了农民起义，并迅速发展壮大，大明朝陷入了名副其实的内忧外患之中。

二

崇祯皇帝朱由检和他的"白丁"兄长完全不同，他内心怀有强烈的重振朝纲的信念，对阉党的危害也颇有认识。即位后不久，他通过试探、确认，开始启动"倒魏"行动。当年（1627）的十一月初六日夜，魏忠贤被逼在旅社中上吊自尽。随后崇祯钦定"逆案"，扫除阉党，虽然未能除恶务尽，但确实对阉党造成了沉重打击。

1628年（崇祯元年）四月，崇祯起复袁崇焕为兵部尚书兼右副都御史，督师蓟辽，兼督登莱、天津军务。袁崇焕此次所任的"督师"，地位极高，可以说是明朝武将有史以来的最高官职，可见崇祯对他寄望之深。

七月十四日，崇祯在平台召见刚刚到京赴任的袁崇焕，问计辽东边事。袁崇焕答道："倘皇上能给臣便宜行事之权，五年而辽东外患可平，全辽可复。"崇祯闻言大喜，承诺如果能五年平辽，一定不吝封赏。会议间隙，兵科给事中许誉卿私下请教袁崇焕具体的平辽方略，袁崇焕答道："聊慰圣心耳！"许誉卿大惊，提醒袁崇焕当今皇上圣明认真，不可糊弄，否则将来按期责功，无法交代。袁崇焕才知道自己严重失言，不禁"怃然自失"。

会议继续，为挽回自己的失言，袁崇焕赶紧做了一些补充，提出一系列要求，包括户部、兵部要保证粮饷和兵员，朝廷各级官员要内外一心等，隐含的意思是五年平辽的前提是有足够的兵马粮饷，且朝廷中枢不能对他掣肘。

崇祯一一应允。

按理说，袁崇焕在辽东前线多年，对辽东局势的认识已十分深刻。他的战略思想和孙承宗一脉相承，知道对付后金不可能急于求成，只能是稳扎稳打，徐图恢复。而这次轻言"五年平辽"，显然和他自己的基本方略自相抵牾，实在是吊诡莫名。分析起来，一方面可能是他确实对崇祯的风格不了解，单纯地只是想"聊慰圣心"，把皇上忽悠好，回到辽东再具体事具体办；另一方面更有可能的是，他对朝廷中枢的掣肘极为介意，担心在朝廷大臣的干预和非议下，自己的决策难以推行，最后落得个不好的结果，毕竟熊廷弼被处死和自己被免职的前车之鉴就在那里。为此，他不惜口出狂言，只为得到皇帝的直接支持，以换得自己"便宜行事"之权。他没有想到的是，他这次的轻言平辽，为自己的悲惨结局埋下了伏笔。

在他自找的"五年平辽"的政治目标的巨大压力下，袁崇焕变得焦虑起来。为争取时间尽快实现这个目标，他所考虑的第一步是集中辽东地区所有的兵权、事权、财权。而推行这第一步的首个障碍，就是毛文龙的皮岛东江军。

毛文龙驻守皮岛以后，手下兵将逐步扩展到三万多人，再加上先后来投的辽人难民，岛上人口大约有二十万之众。为维持这个庞大群体的生活用度，毛文龙一方面持续向朝廷索要巨额粮饷，甚至不惜虚报战功以争取更多的补给；一方面与各种海商、海盗联络，把皮岛做成东北海域著名的贸易中心，这就免不了让皮岛逐渐变成了一个龙蛇混杂之地。皮岛的这套系统基本不受明朝廷的控制，毛氏家族及其部属也在其中上下其手。这些情况或多或少地传回了北京，朝野上下不少人对此也颇有微词。

而对袁崇焕来说，皮岛消耗了大量军饷，其相对独立性决定了毛文龙不可能完全听从袁崇焕的节制，这才是袁督师最为介意的方面。袁崇焕在离京赴辽东之前，就对大学士钱龙锡说过："恢复当自东江始。文龙可用则用之，不可用则去之。"

袁崇焕首先下令，一切运往皮岛的钱粮货物都必须经觉华岛中转，把东江军的钱粮控制在自己手里。1629年（崇祯二年）五月二十五日，袁崇焕率部乘船从宁远出发，几天后到达旅顺附近的双岛，毛文龙率手下三千余人从皮岛赶来此处与他会面。六月初三至初四日，袁崇焕与毛文龙连续密谈两日，其间袁崇焕隐晦地劝毛文龙辞职还乡，但毛文龙不肯放弃手中大权，拒绝了袁崇焕的提议。六月初五，袁崇焕召见东江军将领，突然当众斥责毛文龙目无王法、国法不容。不待毛文龙分辩，袁崇焕便公布了毛文龙十二条当斩之罪，包括专制一方，兵马钱粮不受文臣核查；杀戮降人难民冒功；侵盗军粮；擅开马市，私通外夷等。随后下令绑缚毛文龙，请出尚方宝剑，将毛文龙立时斩首。东江军众将惊惧莫名，相顾失色，无一人敢动。

处死毛文龙之后，袁崇焕改编东江军，把东江军分为四协，分别由毛文龙之子毛承祚、副将陈继盛、参将徐敷奏、游击刘兴祚统辖。袁崇焕自认为安排妥当，但东江军将领确实无一人能有毛文龙的权威，且不少将领心下都明白毛文龙所谓的十二项罪状大多都是军队通病，并非必死之罪，对袁崇焕的雷霆手段内心十分不服，由此也埋下了东江军今后分崩离析的祸根。

不久后，崇祯收到袁崇焕处斩毛文龙的奏疏，大为震惊。但事已至此，考虑到辽东还需依仗袁崇焕，只得违心地下诏褒奖袁督师，列数毛文龙的"罪状"，内心却给袁崇焕这次的先斩后奏记上了一笔账。如果将来"五年平辽"可以实现，那么这些都可以一笔勾销，否则就必须旧账新账一起算了。

三

后金方面，皇太极甫一上位就遭遇宁锦之败，不仅面子上过不去，对各部贵族也难以交代。于是他认真分析形势，积极为下一次行动做准备。

一向"亲明反金"的朝鲜，已经在1627年初被阿敏率领的八旗军征服，订立了城下之盟，虽然没有完全按后金的要求断绝与明朝的宗藩关系，但接受了向后金进贡以及禁止发展军事力量的要求，相当于被解除了武装。当时在进攻朝鲜的途中，阿敏还分兵进击驻铁山一带的东江军，大败东江军。毛文龙率残部退回皮岛，东江军在朝鲜半岛上的地盘全部丢失。这时，皇太极听说毛文龙被袁崇焕所杀，不由得心头大喜，知道朝鲜、皮岛在短时间内都再无能力对自己的后方构成威胁，那么大举进攻明朝的计划又可以再次实施了。

问题是如何进攻？从努尔哈赤的宁远之败，到皇太极的宁锦之败，袁崇焕"凭坚城以用大炮"的策略给皇太极造成了一定的心理阴影。以八旗兵目前的战术战法，再次进攻宁锦十有八九会得到同样的结果。于是，皇太极决定改变进军路线，绕道蒙古，突袭明朝。

此前，漠南蒙古诸部，尤其是游牧于蓟镇边外的喀喇沁部已经归附后金，这是皇太极可以采取这样绕道突袭行动的前提。果然，在皇太极率大军深入蒙古地域时，不但未受到任何部落骚扰，反而有更多的蒙古部落加入了后金大军。

1629 年（天聪三年，崇祯二年）十月下旬，皇太极率十万满蒙联军从喜峰口方向突破长城隘口，进入蓟镇一带，直逼明朝京师，开始了第一次绕道侵袭明朝的战争，史称"己巳之变"。

十月二十九日，袁崇焕得到皇太极破寨入边的消息，大为震惊。他深知自己作为蓟辽督师，后金不管从哪个方向进攻明朝，都和自己脱不了干系。尤其是明朝边军主力都在关宁锦一带，蓟镇守卫薄弱，后金军很快将直逼京城。于是他当日即命令时任山海关总兵的赵率教立即出兵救援，自己率关宁军主力紧随而来。

十一月初四日，赵率教带领四千人马赶到遵化，在这里遭到努尔哈赤第十二子阿济格所率八旗兵的伏击。赵率教力战身亡，四千明军全军覆没。

遵化距离北京仅二三百里，败讯传来，朝廷上下一片恐慌。这时崇祯想到了退休在家的孙承宗，任命他为兵部尚书兼中极殿大学士，驻守通州。同时召集京畿附近各支军队紧急赴京勤王，以袁崇焕为勤王总指挥。

袁崇焕此时也已赶到京畿一带。按孙承宗的建议，关宁军应该可以在蓟州—通州一线阻击后金军，避免八旗兵突入京城附近，但袁崇焕采取的却是一路跟随敌军的战术，一直到京城脚下才展开正面阻击战。袁崇焕如此做的原因，很有可能是心里明白，如果没有城上大炮配合而直接和八旗骑兵野战的话，关宁军失败的可能性很大，也只有凭京师的坚城大炮才会有所胜算。他这种无法为外人道的隐衷，不可避免地引起了朝野上下的猜疑。

十一月十七日晚，袁崇焕率军抵达北京城广渠门外，后金军随之即来。随后几天内，关宁军与后金军在北京城外展开大战。袁崇焕在广渠门外亲自指挥战斗，在城上红夷大炮的配合下，暂时打败了后金军。而在城北德胜门指挥战斗的总兵满桂，却因城上火炮配合不当，被大炮误伤。

关宁军在城外激战，北京城内却流言四起，纷纷传说袁崇焕是故意将后金军引来，胁迫朝廷订立城下之盟。后来有史料记载，皇太极在广渠门战败之后，趁北京居民人心惶惶、谣言纷飞之际，搞了一个"反间计"，故意放走俘虏的两个太监，带回袁崇焕与皇太极密谋的假消息。事后看，无论当时反间计是否真的存在，都说明京师臣民在惶惧困惑中，对袁崇焕及其关宁军的信任已经动摇，这种猜忌和疑惑当然也传到了崇祯那里。十一月二十三日，崇祯平台召见袁崇焕、满桂、祖大寿等将领，对他们给予勉励。当袁崇焕提出连日激战，希望能让关宁军进城休整时，崇祯却一口拒绝。足见崇祯已对袁崇焕有了戒心。

十二月初一日，崇祯再次在平台召见朝臣和袁崇焕等人。崇祯突然向袁崇焕提出三个问题：为何擅杀毛文龙？为何敌兵能够长驱直入围攻北京？为何城上大炮会击伤满桂？袁崇焕没料到崇祯会把这三件事情联系起来一起发问，尤其是满桂乃是被大炮误伤，绝无故意击伤之理。他一时语塞，竟无言以对。崇祯认为袁崇焕是默认了，随即下令将他逮捕入狱，听候处置。旁边的祖大寿见状大为惊惧，"战栗失措"。

袁崇焕被捕，让京城内各种流言更加甚嚣尘上，市民皆把辽兵骂作奸细，一些市民甚至用砖石砸死砸伤了祖大寿手下几个士兵。祖大寿又惊又怒，与副总兵何可纲一商量，带领所部一万五千辽兵离京出关，打算返回宁远。兵部得知此事后，知道事关重大，恳请狱中的袁崇焕写了手书，派人追到山海关外，递交祖大寿。祖大寿手捧袁崇焕手书，全军痛哭。考虑到如果辽兵立功，对赦免袁崇焕可能有所帮助，祖大寿最终同意率军返回关内。他们掉头与沿途的后金军展开激战，先后收复了永平、滦州、迁安、遵化四城。

那边皇太极得到袁崇焕被捕入狱的消息，甚觉心喜。而北京城毕竟城防坚固，久攻不下，明朝各路勤王军队也已逐渐靠近北京，于是率后金主力部队满载抢掠的物资撤离北京，于次年（1630）三月回到沈阳。

崇祯将袁崇焕下狱，开始并未决定非杀不可，说的是"功罪难掩，暂解任

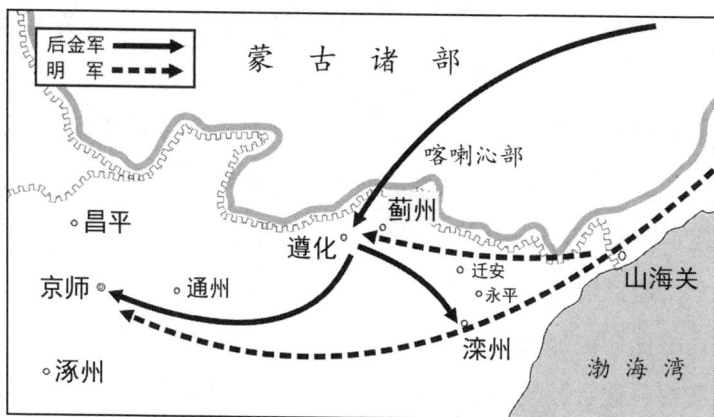

图 1-10　皇太极第一次绕道袭扰明朝

听勘"。但此时朝臣的党派内斗又发挥了很坏的作用，部分大臣利用此事件，上疏攻讦袁崇焕，顺带攻击钱龙锡等人。他们把提出"五年平辽"、擅杀毛文龙、引后金军围攻京师、秘密与后金议和等联系起来，认为这些都是袁崇焕早已计划好的阴谋，目的是吓阻朝廷再战，逼迫朝廷签订城下之盟，要求以叛国罪严惩袁崇焕。崇祯看到奏疏后，怒火中烧。1630年（崇祯三年）八月十六日，崇祯下令以寸磔之刑处死袁崇焕。袁崇焕被押赴西市刑场时，口赋绝命诗一首："一生事业总成空，半世功名在梦中。死后不愁无勇将，忠魂依旧守辽东。"

　　当时京师市民不明真相，以为袁崇焕确实是里通后金的奸细，纷纷买从他身上割下的肉来吃，甚至买他的骨头来砸碎扔掉，以泄心头之愤。可叹披肝沥胆、忠心报国、打败后金两代大汗的名将就此惨死京城。这一大冤案，直到清朝修《明史》时才真相大白[1]。崇祯朝廷如此"君子尽去，而小人独

---

[1]　袁崇焕是否死于皇太极反间计是明末一大悬案，各类当时的明朝史料其实都未提及反间计，包括当时在袁崇焕军中任职方司的余大成写的《剖肝录》等，以及崇祯与朝臣的召对记录，都未提及反间计。反间计的唯一来源是由《满文老档》衍生出来的《清实录》，有很大可能是后人杜撰出来，以附会皇太极的英明伟大。总体上看，袁崇焕之死源于崇祯的疑心和愤怒更为可靠一些，而当时的朝廷党争，包括梁廷栋、温体仁等极力污蔑袁崇焕，连同打击首辅钱龙锡，进一步推动崇祯的猜疑和不满，应该才是崇焕之死最重要的原因。而不管原因真相如何，崇祯自毁长城都是确凿无疑的。见姚念慈《定鼎中原之路》中的相关分析，三联书店，2018，第一章第六节。

存"，国家危难之时竟然自毁长城，正如《明史·袁崇焕传》的评论："自崇焕死，边事益无人，明亡征决矣！"

第六节　大清立国

一

皇太极绕道袭扰明朝成功，让他认识到：一、避开关宁锦防线，绕道进攻明朝的策略是可行的；二、明朝京师被围，朝廷上下手足无措慌忙应对，以及袁崇焕被捕下狱，可见明朝廷内政之混乱、军力部署调动之左右失据，更增加了他继续寻机进攻明朝的信心和决心。

另一方面，皇太极总结两次进攻宁远失败的教训，认为明军使用最先进的红夷大炮也是关键因素之一，因此派人抓紧研制新式大炮。

火药是中国四大发明之一，中国火枪火炮的运用在很长时间内都领先于世界。据统计，从1618年（万历四十六年）至1620年（万历四十八年）的三年之间，明朝发往辽东前线的各式火炮有两万多门，数量不可谓不多。但当时的老式火炮因为射程短、装填弹药慢，往往发射一炮后来不及装第二发弹药，后金骑兵已经冲到眼前，因此战斗中发挥的实际效果很有限。在萨尔浒之战中，有火炮火铳的明军不敌仅有冷兵器的后金军，火炮火铳装填速度慢就是重要原因之一。

十六世纪中叶（嘉靖中期），欧洲科学技术迅速发展，英国、法国、西班牙、葡萄牙等国先后制造出新式铸铁前装式滑膛炮。万历年间，耶稣会传教士利玛窦把新式火炮技术带入中国。和利玛窦交往密切的徐光启和李之藻派人到澳门买回英国新式大炮，称其为"红夷大炮"。崇祯年间，朝廷一方面继续购买欧洲大炮，一方面让德国传教士汤若望等仿制红夷大炮，明军装备的红夷大炮数量迅速增加。1626年袁崇焕在宁远城安设了十一门红夷大炮，在打退努尔哈赤的战斗中发挥了巨大作用。

皇太极利用俘虏的明军炮手，抓紧仿制红夷大炮。1631 年第一批四十门大炮造成，为避讳用"夷"字，改为"红衣大炮"。这一批大炮很快就被用于围攻大凌河堡的战斗。

"己巳之变"后，崇祯再次起用七十高龄的孙承宗督师山海关，命祖大寿及副将何可纲等修建和驻守大凌河堡。大凌河堡在锦州以东约三十公里处，是锦州的前哨。

1631 年（崇祯四年，天聪五年）七月，皇太极率大军携红衣大炮，往攻大凌河堡。

后金军的策略是：挖壕沟围困大凌河堡，一方面围点打援，一方面劝降大凌河堡守将祖大寿。围困大凌河堡从八月初开始，持续了八十三天。皇太极尽管手里已有红衣大炮，但并没有一味强攻大凌河堡，而是利用八旗兵的野战优势，重点打击来救援的明军。明军派来的多批援军均被打败，总共被歼四万多人，损失极为惨重。大凌河堡内弹尽粮绝，甚至人争相食。在皇太极多番劝降之下，祖大寿看突围无望，决定投降，随后干了一件人神共愤、

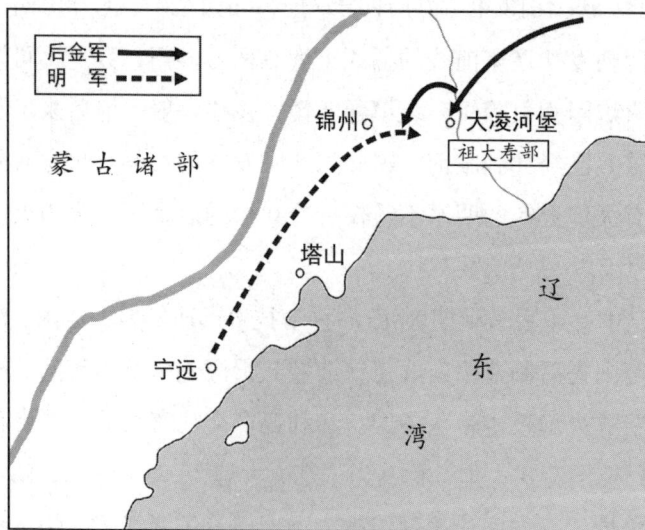

图 1-11　大凌河之战

匪夷所思的事：大凌河堡内各级官员都同意祖大寿的投降意见，唯独副将何可纲反对。祖大寿为向后金表明心迹，居然命人把多年来跟随他冲锋陷阵、生死与共的何可纲推出城外斩首。何可纲面色不变，不发一言，含笑而死。城内饿极的兵民争抢何可纲之肉而食。

祖大寿随后率副将刘天禄、张存仁、祖泽润、祖泽洪、祖可法等一大批将领和官员投降。投降后的祖大寿向皇太极献计，说他可以亲自潜回锦州做内应，里应外合拿下锦州。皇太极同意了他的提议，但祖大寿到锦州之后，来了一个"拖"字诀，并未按约定献城，反而同城内明军共同守城。皇太极看锦州已经无法唾手可得，于十一月初九日下令毁掉大凌河堡，带着大量战利品撤回沈阳。

大凌河之战是皇太极即位以来在关外和明军打的第二场大战，收获颇丰：一是缴获大量火炮和弹药、人口、牛马等战利品；二是收降了一批能征惯战的骁将，其中包括祖氏的几个子侄和张存仁等，后来都成为清朝高官大将，在后期吞并明朝的过程中发挥了很大作用；三是靠围点打援消灭了关外明军四万多有生力量；四是虽然放回了祖大寿，但实际上已经动摇了他的决心，也让明朝廷对他多少产生了一丝疑虑，在明朝君臣关系之间埋下了一颗雷。

二

皇太极在不断侵袭明朝、打击和消耗明朝军事力量的同时，坚决贯彻努尔哈赤时代开始的"满蒙一体"的国策，加强对蒙古诸部的联姻、分化和征讨，尤其是联合已归附自己的蒙古部落对抗漠南蒙古察哈尔部林丹汗。1628年（崇祯元年，天聪二年）和1632年（崇祯五年，天聪六年），皇太极两次亲征察哈尔部。林丹汗闻风逃遁，第二次更是逃到青海一带。在这个过程中，皇太极号召科尔沁、喀喇沁、喀尔喀等诸部随同远征，他自己作为蒙古诸部"盟主"的地位逐渐树立了起来。

在第二次征伐林丹汗的回程途中，皇太极率满蒙联军第二次突破长城隘口袭扰明朝，深入大同、宣府、张家口等地，大肆劫掠，满载而归。

1634年（崇祯七年，天聪八年）五月至九月，后金第三次绕道进攻明朝河北、山西等地，杀掠无数。此时西北李自成等农民起义军也正是势力大涨、震动关中的时候，明朝陷入左支右绌、两线作战的严重窘境。这一年的夏秋之交，林丹汗身患天花，死于甘肃大草滩，在广阔的蒙古草原之上，再无人能与皇太极匹敌。

1635年（崇祯八年，天聪九年）二月，为整合越来越多的归附的蒙古部落，皇太极正式编立八旗蒙古。同月，皇太极即命努尔哈赤第十四子、时年二十三岁的多尔衮为统兵元帅，率满蒙大军第三次远征察哈尔余部。四月，林丹汗之子额哲在走投无路之下投降后金，并献上了元朝的传国玉玺"制诰之宝"。成吉思汗黄金家族的蒙古帝国、元朝、北元至此正式覆亡。

七月，多尔衮在凯旋途中，第四次破寨进攻明朝河北、山西等地，这一次比上次更加深入明朝内地。

九月，皇太极将治下的女真族各个部落合并定名为满洲，从此满洲的名称出现在中国和世界史册上。这代表着女真族已经不再是简单的部落集合体，而是一个包含了各部女真、部分蒙古族、汉人、朝鲜人等在内的一个新兴民族。

1636年（崇祯九年，天聪十年）三月，漠南蒙古十六部、四十九个贵族王公齐聚盛京，承认皇太极继承蒙古大汗的汗统。自皇太极始，后来大清帝国的皇帝都一直兼有蒙古大汗的汗位。四月十一日，皇太极在盛京称皇帝，改国号为"大清"，即日起改元"崇德"。

两个月后，崇德帝皇太极派兵第五次绕道袭扰明朝，直打到河北涿州、北京周边房山、昌平、顺义、平谷等地，依然大肆杀掠，满载而归。回师出关时在木板上刻写"百官免送"，嘲笑明朝之无能。

这一年的十二月初二日，皇太极亲率十二万大军再次征伐朝鲜。早在1627年（天启七年，天聪元年）初，皇太极已命阿敏统大军攻克平壤，朝鲜投降。投降后的朝鲜被禁止发展军事力量，但并没有正式意义上地臣服后金，与明朝仍然保持一定的暗中往来，包括从粮饷方面持续支持皮岛明军等。皇太极对朝鲜这样的做法一直十分不满，这次征伐即毫不手软，很快攻陷了王京及朝鲜国王大臣藏身的江华岛，朝鲜宗室妃嫔全部被俘。次年（1637）正月三十日，朝鲜国王李倧率群臣投降，签订投降条款，其中最重要的有三条：不再使用明朝国号，断绝与明朝的宗藩关系；奉大清为正朔，用大清年号；大清如征伐明朝，朝鲜须出兵相助。

征服朝鲜后，皇太极班师回朝，命代善之子硕讬率一部分军队进攻皮岛明军。在1629年（崇祯二年）六月袁崇焕诛杀毛文龙之后，皮岛明军的管理一度十分混乱，内讧和兵变不止。毛文龙原部将孔有德、耿仲明、尚可喜等先后率部众、战舰，携带大量火炮火器投降了后金。这次进攻皮岛，皇太极就是让孔有德等统五十余艘战舰主攻。在清军猛烈攻击下，1637年（崇祯十年，崇德二年）四月初八日，皮岛被攻陷，明军被消灭殆尽。明朝在辽东沿海的防线土崩瓦解不复存在。从此以后，大清再无后顾之忧，东北至北方蒙古一带的政治军事格局已彻底改变。

1638年（崇祯十一年，崇德三年）八月，皇太极命和硕睿亲王多尔衮为大将军，从青山关（今河北省抚宁境内）、密云一线第六次进攻明朝，同时命济尔哈朗、多铎等率军袭扰山海关一线，分散明军兵力。崇祯急调各路兵马勤王，包括辽东前锋总兵祖大寿、宣大总督卢象升、山东总兵刘泽清、陕西三边总督洪承畴、陕西巡抚孙传庭等。清军兵锋强盛，连续攻陷涿州、定州等地。十一月初九日清军围攻高阳县。辞官回乡的原大学士、兵部尚书、督师孙承宗家在高阳县，他已七十六岁高龄，仍率全家儿孙和乡民登城守御，城破后拒不降清，自杀身死，其子孙妇孺五十余人也不屈而死。

宣大总督卢象升是当时一员名将，江苏宜兴人，天启二年进士。虽然是文士，但懂兵略，善骑射，自己募兵训练，部队号称“天雄军”。他和农民军多次战斗，总是身先士卒、冲锋陷阵，经常出奇制胜，被农民军称为“卢阎王”，避之唯恐不及。清军第六次进攻明朝时，他率部在河北一带与清军激战。因时任大学士、掌兵部事杨嗣昌、监军太监高起潜与卢象升不和，对他处处掣肘，令他无法调动大部兵马。十二月，卢象升率仅有的五千将士，在河北巨鹿贾庄与十数倍于己的清军主力激战，被清军重重包围，而杨嗣昌、高起潜拥兵不救。象升喝令将士“刃必见血，人必带伤，马必喘汗”，一马当先奋勇杀敌，最终寡不敌众，身中三刀四箭而死，年仅三十九岁，部下全军覆没。

清军随后自河北转战山东，次年（1639）正月，攻陷济南，大肆抢掠。二月，多尔衮率军满载劫掠的大批金银财宝，驱赶着俘获的数十万人畜，经天津卫渡河东归，附近明军不敢追击。三月，清军回到盛京沈阳。

第七节　松锦大战

一

在后金—清不断袭扰明朝的过程中，接受招降的和主动来降的明军将领越来越多，其中有三个人非常重要：孔有德、耿仲明、尚可喜。这三人都是后来南明时期大名鼎鼎的人物。

前文说到，1629 年（崇祯二年）蓟辽督师袁崇焕亲上皮岛先斩后奏杀了毛文龙，本以为自己能够制服毛文龙的手下，没想到其中一些人坚决不听袁督师号令，叛离皮岛，其中包括跟随毛文龙多年的孔有德和耿仲明。孔、耿二人率部从皮岛渡海到山东登州，投奔了登莱巡抚孙元化。孙元化是研制红夷大炮的专家，曾于 1626 年跟随袁崇焕在宁远城炮轰努尔哈赤，后调到山东任登莱巡抚，在登州研发制造欧式大炮。孙元化收留了孔、耿二人，任命孔有德为骑兵参将，耿仲明驻守登州。孙元化能够收留任用从皮岛叛逃出来的官兵，也是当时明朝中央控制力减弱、兵权分散的一种表现。

1631 年（崇祯四年）大凌河之战时，孙元化命孔有德带兵四千余人从陆路前往救援。孔有德所率部众均为辽人，自"己巳之变"袁崇焕被传为后金奸细后，辽人普遍受到内地民众的歧视和排斥。孔有德部走到直隶河间府吴桥县时，当地居民闭门罢市，孔军无法得到正常补给。饥寒交迫之下，一名士兵偷了当地居民的一只鸡。当地居民上门理论，孔有德严厉处罚了该名士兵，不料因此引发了哗变。反叛士兵大肆烧杀抢掠，孔有德也无力制止，也没有了退路。在部众拥立之下，孔有德只得下决心反叛，率叛军掉头打回登莱。这次事件史称"吴桥兵变"。

孔有德的部队装配有大量的新式火铳火炮，本是孙元化着力打造的一支新式火器部队，战力十分强悍。1632年（崇祯五年）正月初三日，在登州城内的老战友耿仲明的里应外合下，孔有德叛军攻陷登州。孙元化被叛军俘虏，自杀未遂。孔有德感激他的收留之恩，一个月之后就把他放走。孙元化回到北京后努力想说服朝廷招安叛军，但反倒被人诬陷为通匪造反，于当年七月被崇祯下令处死。孙元化在火器火炮研究制造方面有惊世才学，当年在宁远城正是他精准的设计部署，才让袁崇焕"以城护炮，以炮卫城"的策略得以有效实施，斩获宁远大捷；他在登州一直在研发制造新式红夷大炮和各种火器，为明军的火器革新打下了很好的基础。不料因吴桥兵变，孙元化被崇祯处死，明军拥有先进火器兵团的梦想从此化为泡影。

随后，明朝廷派总兵吴襄率关宁辽军前往山东镇压叛军。吴襄的夫人是祖大寿的妹妹，吴襄之子、即祖大寿的外甥也参加了这次战斗，即今后大名鼎鼎的吴三桂。当时协调山东境内平叛事宜的总指挥是山东巡抚朱大典，此人也是南明时期一个著名人物。

在关宁军的猛烈攻击下，孔、耿二人屡被击败，于1633年二月率一万多人弃城登船，渡海到辽东投降了皇太极。离开登州时，孔有德特意将大批有经验的新式火炮制作工匠和一批红夷大炮带走。皇太极对他们的归附极为重视，尤其是他们带来的舰队、红夷大炮和熟练工匠，正好解了后金的燃眉之急。皇太极让他们自成一军，保持建制，号称"天佑军"。

毛文龙的另一名手下尚可喜，在毛被杀后留在皮岛，但新任皮岛总兵沈世魁对他极不信任。尚可喜担心被沈总兵寻机镇压，于1634年二月率所属数千户渡海投降后金，也受到皇太极热烈欢迎，把他的部队命名为"天助军"。

1636年大清帝国成立时，孔有德被封为恭顺王，耿仲明封为怀顺王，尚可喜封为智顺王。这"三顺王"为后来清朝征服明朝立下了汗马功劳。

大凌河之战和六次绕道袭扰明朝内地期间，清朝通过招降明朝将领，储备了更多的人才和兵员，劫获了大量人口和财物，国势大盛。而明朝方面，大批高官将领或被杀，或投降，人才损失惨重；山西、河北、山东、京畿等地惨遭多次劫掠，民不聊生；1637年（崇祯十年）前后，李自成、张献忠等领导的农民军已经发展到川、晋、陕、楚、豫、鲁等地。明朝内忧外患，国力大衰。

而投降清朝的一些原明朝官员将领，似乎比满人更急于征服明朝，他们也许认为有朝一日灭掉明朝，自己才能从"叛徒"身份摇身一变为开国功臣。1640年（崇祯十三年，崇德五年）正月，在大凌河战役中投降、后任清朝都察院参政的祖可法、张存仁等建议继续进攻明朝。四月，皇太极出兵围困锦州，拉开了"松锦大战"的序幕。

二

1640年（崇祯十三年，崇德五年）四月，皇太极派多尔衮、多铎等围困锦州，调来八旗汉军携带红衣大炮在城外布阵。他一方面不断发信劝降城内明军将领，一方面布置惯用的围点打援策略。开始阶段，锦州围而不死，锦州总兵祖大寿、团练总兵吴三桂等在锦州外围和清军多次战斗，互有杀伤。

此前，原在西北任三边总督的洪承畴，因对农民军作战有功，升任蓟辽总督。1641年正月，洪承畴率大同总兵王朴、已升为宁远总兵的吴三桂、辽东总兵王廷臣、东协总兵曹变蛟、援剿总兵白广恩等十三万人马前后来到宁远驻兵。三月，清军在锦州城外挖壕严密围城。四月，恭顺王孔有德、智顺王尚可喜等各率本部兵马协助围城。五月，洪承畴亲率六万兵马督军进援，余部渐次跟进。五月十七日，双方激战于杏山，明军小胜。

松山、杏山、塔山是锦州南部的三个卫所，再往南就是宁远。五月到七月之间，明清双方就在松山、杏山之间不断发生战斗，明军小有胜利。七月底，洪承畴把大军驻扎在松山。八月初二日，明军分兵两路同时进攻围住锦州东西二门的清军，城内祖大寿也率军突围，明军攻势凶猛，清军拼死抵御。城内明军当日没有突围成功，而清军也损失惨重。部下建议洪承畴趁势再次出击，但洪承畴不听，只是继续按照他的计划与清军对峙。

皇太极在沈阳得到明军势力较为强盛的消息，大为着急。八月十五日，他亲率大军从沈阳出发，赶往锦州。当时他流鼻血不止，仍坚持骑马飞奔，在马上用木碗盛着鼻血。连奔三日，到达锦州。之后立即召开作战会议，并现场观察明军大营。考察之后，皇太极决定，在锦州到南海角之间挖三道大壕沟，切断明军松山、杏山之间的联系，又在重要道路上设下伏兵。这样一来，明军松山主力被围，道路被截断，后续将无法互援。

二十日，明清两军列阵大战，清军另一支部队夺取了不远处明军储存粮草的笔架山。洪承畴见情况不妙，将几万兵马收缩到松山城内，明军由强势变为被包围。次日，洪承畴召开会议，共谋对策，最后决定各路总兵分为两路，于初更时分向南突围。

当晚，总兵王朴因为过于害怕，没到约定时间就率部先逃，人喊马嘶引起营内大乱。唐通、马科、吴三桂、白广恩、李辅明等部一看情况不对，也争先逃窜，各部明军人马拥挤，自相践踏，出门又遇到伏兵，被打得溃不成军，死伤无数。洪承畴、曹变蛟、王廷臣等突围未成功，退回松山城。吴三桂、王朴等拼死逃回杏山、塔山等地，但路上连遭清军伏击，兵马损失殆尽。

洪承畴等两万余人被围困松山城，多次突围未果，粮草逐渐断绝。几个月后，1642年（崇祯十五年，崇德七年）二月十八日，松山城副将夏承德秘密联系清军投降，里应外合之下，清军攻下松山城，活捉了洪承畴，巡抚丘名仰，总兵王廷臣、曹变蛟、祖大乐，游击祖大名、祖大成等。清军在城内大肆搜杀，最终丘名仰、王廷臣、曹变蛟等被杀。

洪承畴被押送到沈阳。皇太极派人劝降他，都被他痛骂而回。后来皇太极亲自出马劝说，洪承畴终于跪地投降。此时崇祯帝收到的塘报说洪承畴已殉国，下令表彰，并在北京为其修建忠烈祠，后来才知道洪总督已降清了，弄得非常尴尬。

此时锦州守将祖大寿也已弹尽粮绝。祖大寿在十一年前的大凌河之战其实已经降了皇太极，或者称为"诈降"亦可，后来他继续为明朝效力。这一次，祖大寿又在锦州被围近两年，内无粮草，外无救兵，实在是走投无路，

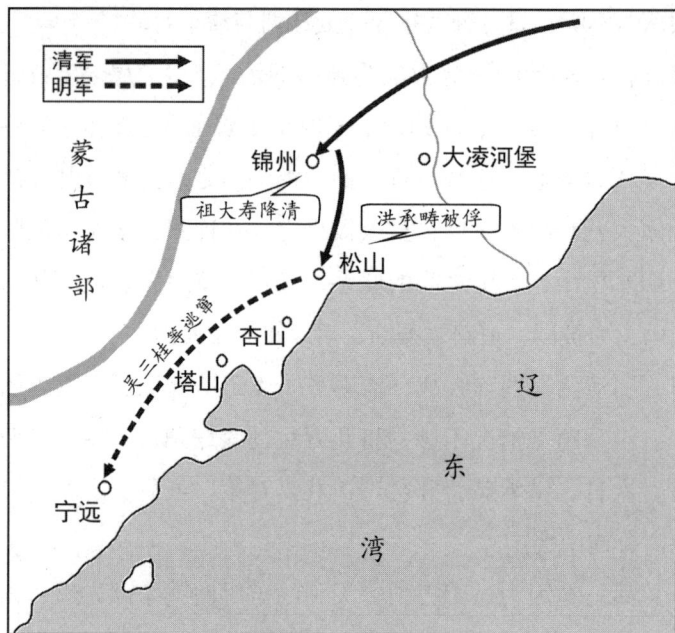

图 1-12　松锦大战

遂于三月初十日率众出城投降。这一次他再也没有了"诈降"的机会。

四月，清军攻占塔山堡、杏山堡，明军关宁锦防线的北段彻底崩溃。

松锦大战，是明、清在关外的最后一次重大战役。此战，明朝十三万主力损失殆尽。之前，辽东曾经的重要统帅孙承宗、熊廷弼、袁崇焕以及实力大将杜松、刘𬘩、满桂、贺世贤、罗一贯、赵率教、何可纲等都已死去，只剩下一个祖大寿终于也降了清。明朝在辽东已无人可用，对清朝再无还手之力。

松锦大战的几个月之后，即 1642 年（崇祯十五年，崇德七年）十月，皇太极又发动了第七次、也是他最后一次绕道袭扰明朝的战争。皇太极命主力兵马从河北界岭口绕道攻明，派另一路兵马靠近宁远，牵制宁远明军回援。同时命祖大寿写劝降信给他外甥、时任宁远总兵的吴三桂。吴三桂不从，但也无力出兵对战。清军主力随后攻入河北、山东，共攻克三府、十八州、六十七县，掠杀无数。八个月后，于 1643 年五月满载战利品而归。

虚弱已极的大明朝，已经到了崩溃的前夜。

第二篇

亡国病根

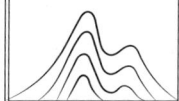

第一节　从嘉靖到天启

一

一个人生命垂危，可能来源于很多外部因素，比如病毒、外伤、工作生活压力等，但起决定性作用的往往是内因，比如没有好的生活习惯、不锻炼身体、思想上麻痹大意、精神上长期压抑等，导致身体丧失活力机能，一旦遇到风寒伤病，便毫无抵抗能力。国家也是如此。

明朝后期，外患越来越严重，来自东北后金—清的军事侵扰日渐猛烈，尤其是后期皇太极在关外打的几次大仗，和七次绕道袭扰明朝内地河北、山西、山东等地的战争，清军居然可以绕着明朝首都耀武扬威，对明朝百姓肆意掠杀。一个偌大的明帝国被欺辱成这样，也是闻所未闻了。但这个根源，仍然在于明朝内部长期以来的严重积弊，让这个曾经强大的帝国内朽外溃，病入膏肓。

这个病根还得从更早的时间说起。

公元 1521 年四月，年仅十四岁的兴献王之子朱厚熜即大明皇帝位，年号嘉靖。一个多月前，前任皇帝明武宗朱厚照病死，年仅三十岁。朱厚照在位十六年，最大的爱好是荒淫嬉戏，朝政长期由大宦官刘瑾等奸恶之徒把持，以致吏治混乱、内乱不止。武宗死时无子，也无亲弟，首辅杨廷和等认为武宗的堂兄弟朱厚熜天资聪颖，又符合兄终弟及的皇家伦序，于是迅速把他接到北京，作为帝国新的继承人。嘉靖朝初期，果然焕发了生机，杨廷和等一干大臣要拨乱反正、整顿朝纲的建议都得到批准，武宗时期祸乱朝政的一批太监、佞臣被处置，朝政恢复了正常。然而，让杨廷和等人没有想到的是，这位聪明绝顶的新皇帝，有自己独特的思想和喜好，且做事手法高明而阴狠。

他擅长操弄权术，热衷于礼法变革，沉湎道教，把朝臣玩弄于股掌之上，大明朝的世风由此急剧变坏，对后续天启、崇祯年间的士风民风都产生了极其恶劣且深刻的影响，可以说，明朝亡国的思想文化根源正来源于此。

刚刚登极的第三天，嘉靖即下令派人到家乡湖广安陆州（今湖北钟祥市）接母妃蒋氏来京，并要求礼部商议自己生父兴献王的封号。这就是著名的"大礼仪"事件的开端。本来朱厚熜做了皇帝，从法理上说清楚皇位继承以及自己和父母的关系，也是件正常的事，但事情后续的变化超出了所有人的想象。

杨廷和及礼部等官员按汉代、宋代类似案例，提出的意见是朱厚熜应该过继给武宗之父、孝宗朱祐樘为子，应称朱祐樘为父，称自己亲生父母为叔父、叔母。朱厚熜见奏后大怒，说亲生父母哪能说改就改，发回再议。但朝臣们坚持原有意见再次上疏，朱厚熜则把奏章扣下，留中不发。如此双方僵持了两个多月。有个叫张璁的低级官员看到了发迹的机会，决定出手，搞一把政治投机。他递交了一份《正典礼第一疏》，提出礼的本质是人之情，尤其是父母子女之情，如果没有这个人情，会违背孝道，礼也不能称之为礼了。他以此为嘉靖提供理论依据，抨击杨廷和等不懂礼的核心要义。

由此双方展开了激烈的理论斗争，朱厚熜甚至以退位相威胁。最终皇太后张氏（武宗之母）、杨廷和等败下阵来，同意称兴献王为兴献帝，王妃蒋氏为兴献后。之后不久，嘉靖又在琢磨给兴献帝、后的封号再加一个"皇"字。再之后，又想把"献皇帝"前面限制性的"本生"两字去掉，也就是说，没有当过皇帝的兴献王的封号要和前代皇帝的完全一样。这个斗争过程中，张璁和他的一批志同道合的"战友"，包括桂萼、方献夫、席书等边缘化的官员，积极充当嘉靖的理论战士，完全顺着嘉靖的意思来搜集理论依据，攻击杨廷和等"当权派"。斗争持续了几年，最后，杨廷和被批准退休，一批重臣被迫辞职，而张璁、桂萼、席书等投机者如愿以偿获得提拔重用，张璁当了首辅，席书当了礼部尚书。

现代人看这种为抠字眼而斗得你死我活的行为可能会觉得无法理解，颇觉无聊，但在嘉靖看来，这对掌握道德话语权至关重要，而且还可以打击那些自以为是的大臣，拉拢顺从自己的官员，是一举多得的大好事。从此，他开始以礼教革新的领导者自居，接着更正郊祭礼仪，重修孔庙祭典，编写《明伦大典》。他对具体政务不太感兴趣，而对礼教这些意识形态方面的东西极为热衷。他发现"务虚"远比"务实"要好，务虚对于驾驭群臣、抬高自己的权威有更大的好处。

君主专制时代到了明朝，儒家文化发展到了新的高度。汉朝董仲舒提出"罢黜百家，独尊儒术"，儒学兴旺一时，但其实后续的大多数朝代儒教并未一统天下，包括两晋、南北朝、隋、唐、五代等，佛教、道教等很发达，儒教根本谈不上独尊。到宋代儒学复兴，出了程颐、朱熹等一批大师，理论层次得以大幅提升。之后再被蒙元打断。到了明朝，程朱理学开花结果，儒家的整套思想和礼仪制度成为笼罩一切的权威。而这个权威，正掌握在擅长经学研读的官僚士大夫集团手上，它代表着意识形态层面最高的"真理"和"正义"，即使国家君主有无上的权力，也不能违背它们。官僚士大夫首先自己认同和遵从儒家思想，由此也培养出一大批忠君爱国、视名节为生命的官员文人，如被朱棣所杀的方孝孺，嘉靖年间的杨廷和、海瑞以及宁遭廷杖也要和嘉靖作对的一百多名官员，还有天启年间的杨涟、左光斗、魏大中等，南明时期的史可法、黄道周等，以至于明代为正义和名节而死的人物远超以往所有朝代。同时，他们也以此要求君主，限制君主为所欲为的权力，即使君主（如朱棣）使用手里的生杀大权进行镇压，也会让他在道德层面遭受无声的审判。正如黄仁宇先生对明代的评价："朝廷的主动部分实为百官臣僚之集团而不是君主。"[1]

年轻而聪明绝顶的嘉靖，正是在"大礼仪"事件中清楚地看到了这一点，因此才无比热衷于礼教变革，要通过变革剥夺官僚士大夫的道德话语权，把真正的权力掌握在自己手里。

为充分实现这个目的，除礼教变革运动外，他还打出一整套"组合拳"。他十分崇信道教，长期躲在西苑万寿宫设斋醮，让大臣进献"青词"。青词是

---

[1]　黄仁宇《中国大历史》，生活·读书·新知三联书店，2007。

道教祭神的一种特殊表文，文体繁复，内容晦涩难懂。嘉靖经常用青词的只言片语从宫中发出谕旨，让群臣费尽心机猜度圣意，他则暗暗观察看谁最能符合自己的心意。严嵩及其子严世蕃是编写和解读青词的高手，因此深获嘉靖信任。利用礼教的话语权和道教的神秘主义，嘉靖大搞个人崇拜。凡是对他礼教改革、道教的神迹和"祥瑞"以及他本人的圣明贤能不吝笔墨歌功颂德的，大都提拔重用，反之则疏远打压。在他的提倡和鼓励下，嘉靖一朝阿谀奉承、溜须拍马、甚至无耻下流的表文及人员层出不穷、数不胜数，堪称历代之最。这个过程中，大量的被贬斥、致仕、边缘化、甚至犯罪的低层官员利用这个机会得以一步登天、升官发财。

此外，嘉靖在统御群臣过程中还要尽各种阴谋手段，纵容乃至鼓励大臣内斗，让他们起起落落、人人惶惧不安，其目的是向大臣们传达一个信息：顺我者昌，逆我者亡。比如最早因准确拍马而发迹的张璁，嘉靖也让他三起四落，半分不敢得意忘形。同时培养了另一个善揣圣意者夏言，作为张璁的竞争对手。扶持夏言当了首辅后，又培养另一个竞争者严嵩，且暗自鼓励他们互相陷害，最终杀了夏言。严嵩上位后，马上又提拔一个强手徐阶，纵容徐阶诬陷搞倒严嵩，最终严嵩落得了个饿死他乡、儿子被斩首的凄惨下场①。

如此种种，不一而足。嘉靖在位的四十五年中，他紧抓道德领域话语权，严酷打击反对者，坚持不懈地公然表彰寡廉鲜耻，公然奖励卑劣人格，成功地把朝廷中枢清理得再无正人君子，遍地皆是猥琐小人。所有人都明白了要油滑世故，要厚黑投机，要自私自利，要不择手段，而不必再去坚守孔孟之道。正是从嘉靖朝开始，士风、民风急速转向堕落，这种价值观延续到天启、崇祯、弘光年间，直至明朝灭亡。明末官场的一个独特现象——无论面对国家大事还是内忧外患，很多重要人物都坚持个人利益至上、遇事推诿塞责、毫无廉耻、数典忘祖、疯狂贪腐、勇于作恶、耻于为善，为了个人或党派利

---

① 对严嵩父子巨贪的指控缺乏确凿的证据，在万历年间就有很多人认为严氏父子巨贪的说法不实，因为抄家的时候怎么也找不出那么巨额的财产，很有可能是徐阶等人的有意构陷。但清修《明史》中一定要把严嵩纳入《奸臣传》，其中有很大可能是为嘉靖遮掩，达到宣导"只反贪官，不反皇帝"的目的。李洁非先生在《龙床·明六帝纪》中对此做了较为深刻的分析。

益不惜一切，这正是明朝灭亡在思想文化方面的重要根源，而作此大恶的元凶，正是这位"聪明绝顶"的嘉靖皇帝。

二

嘉靖之后的隆庆帝在位仅短短六年，无所作为。1572 年六月初十日，不满十岁的万历帝明神宗朱翊钧即位，此后他在位四十八年，是明代在位时间最长的皇帝。

朱翊钧在位的前十年，因为年龄尚小，朝廷大小事务由内阁首辅张居正主持。张居正展开了一系列政治和经济改革。政治上，他推行"考成法"，对各级官吏严格考核，打击懒政怠政和玩忽职守；经济上，一是进行全国土地重新清亩丈量，修订土地鱼鳞册；二是推行"一条鞭法"，合并赋役和杂项税赋，按亩计征，简化征税流程，减少可能被各级官吏利用贪腐的征税环节。张居正这十年的改革卓有成效，正德、嘉靖年间的一些积弊被割除，政治趋于清明高效，经济生产得以恢复发展，大明朝北无虏患，东南倭寇已基本敉平，出现了"万历中兴"的景象。

1582 年（万历十年）六月，张居正病死，终年五十七岁。随着朱翊钧成年亲政，朝廷形势逐渐出现了变化。张居正在辅政期间，虽然励精图治，但也因大权独揽、任用私人、对反对派打击报复，而得罪了不少人；且作风铺张奢华，朝中与其龃龉者不乏其人。他死后，反对派开始参劾他的各种问题，清算张居正的呼声越来越高。亲政后的万历也开始反思个中种种问题，尤其对张首辅的奢华浪费惊诧不已，此前他一直认为张居正跟自己一样以勤俭节约为荣。终于，1584 年（万历十二年）八月，他在都察院的奏疏中批示道，"张居正诬蔑亲藩，侵夺王坟府第，箝制言官，蔽塞朕聪……专权乱政"，本当断棺戮尸，念效劳有年，姑且加恩宽免。张府遂被抄家，一些家眷因为来不及退出被封闭于张府，饿死了十余口人。张居正八十岁的老母还是在首辅大学士申时行的请求下，才留下一所空宅和十顷田地。

打倒了张居正，万历以为自己终于可以独立自主、一展抱负，振兴大明朝。他没有意识到的是，没有了张居正，他必须独自面对重新夺回道德话语权的官僚士大夫集团对他的限制和压制，也必须独自面对朝臣之间愈演愈烈的相互倾轧和逐渐形成的党争。

这一系列的变化先从皇帝后宫开始。万历有一次偶然宠幸了一名宫女王氏，没想到一次成功，生了皇长子朱常洛。但他真正一直心有所属的是淑嫔郑氏。他内心不想认宫女王氏和她的儿子，迫于皇太后的压力，把王氏纳为妃，但对王氏母子一直极为冷淡，反而不断晋升郑氏为贵妃、皇贵妃。后来郑氏也生了个儿子，即皇三子朱常洵，万历爱屋及乌，很喜欢朱常洵。按王朝规制，皇长子七八岁就要出阁读书，之后择机晋封太子，其他皇子成年后封王就藩。因万历的这种感情偏好以及郑贵妃的要求，他迟迟不安排长子朱常洛出阁读书，也不立太子，他心里从一开始就想立三子朱常洵为太子，进而其母郑贵妃也能晋为皇后。

万历这种违背祖制的做法遭到了朝廷百官的群体攻击。面对成百上千封要求依祖制立太子的奏章，万历采取了消极怠工的办法，对群臣予以无声的抵抗。他逐渐沉迷于酒色，不理朝政，身体也每况愈下。他开始不上朝，不召见大臣，这种情况居然持续了近三十年直至他驾崩，当年曾打算中兴明朝的那个年轻皇帝已经消失不见了。

而朝臣对他的抨击和立储的要求并未停止，这个过程逐渐演变成万历年间最大的政治事件，史称"国本之争"。直到1601年（万历二十九年）十月，万历帝迫于压力，终于立朱常洛为皇太子，封三子朱常洵为福王、五子朱常浩为瑞王、六子朱常润为惠王、七子朱常瀛为桂王。而在福王就藩的问题上，万历坚持要给福王四万顷庄田，为此事又与朝臣争执七八年之久，直到1614年（万历四十二年）福王才就藩洛阳。

国本之争还引出了"明末三大案"。1615年（万历四十三年）五月初四日，一个叫张差的人闯入太子宫，挥棍乱击太子朱常洛。事件震惊朝野，是报复还是栽赃陷害，莫衷一是，最终将张差定为疯汉处死而糊涂了结。此即"梃击案"。1620年（万历四十八年）七月，万历帝驾崩，朱常洛即位为光宗，福王之母郑贵妃送给新皇帝八名美女，朱常洛因此纵情欢娱，很快就重病缠身。情急之下服用一种红色药丸，结果一命呜呼，在位仅一个月。此即"红丸案"。光宗去世后，他宠幸的西宫李选侍在心腹太监李进忠（后改名为魏忠贤）协助下占据乾清宫，把皇长子朱由校牢牢控制在手里，意图要挟朝廷封自己为皇后，掌握后宫实权。在大臣杨涟、左光斗、太监王安等人的努力下，朱由校被抢回，李选侍被迫移出乾清宫。此即"移宫案"。

国本之争前后持续了近二十年，朝臣与皇帝之间、朝臣与后宫之间、朝臣与朝臣之间都产生了极为复杂激烈的斗争。山头林立的官僚士大夫集团更加四分五裂，官员们以同乡、同榜等为脉络结成不同"党派"，如浙党、齐党、楚党、昆党等。党派之间常互相倾轧、争权夺利。围绕国本之争，前后共逼退申时行等四位首辅、十余名部级官员，涉及中央及地方官员三百多人，其中一百多人被罢官、解职、充军发配。万历年间的"党争"、明末三大案以及随之而来的朝政混乱由此扩展开来，其巨大影响力一直延续到南明弘光时期。

1594 年（万历二十二年），任吏部文选司郎中的顾宪成因忤逆圣意，被革职回乡。顾宪成是学问大家，著名对联"风声雨声读书声，声声入耳；家事国事天下事，事事关心"就是他的手笔。他回到家乡无锡以后，同弟弟顾允成倡议维修东林书院，邀请高攀龙等儒学名士一起开坛讲学，内容涉及经学、时政等方面。很快，东林书院声名远播，前来交流学习者络绎不绝，其中不乏朝廷高官和各地名流。1604 年（万历三十二年）十月，顾宪成与顾允成、高攀龙、安希范、刘元珍、钱一本、薛敷教、叶茂才（时称东林八君子）等人，发起东林大会，制定《东林会约》，"东林党"逐渐成形，并迅速成为明末政坛上势力最强大的一个党派。东林党与当时其他党派有所不同，他们的目标不再是单纯地追求财富和利益，他们有相同或接近的政治理念和社会理念，希望对政治和社会做一些有效改良。当然，为了实现他们的目标，他们也会运用各种手段去争夺和维护权力，有些手段也难登大雅之堂。在国本之争中，东林党发挥了重要作用，前面提到的杨涟、左光斗等人，都是东林党骨干。

朝廷内部天天忙于"党争"，国家内外也陆续发生了一些重大变故。从1589 年（万历十七年）起，发生了三次大的征战，号称"万历三大征"。首先是 1589 年播州（今贵州省遵义地区）土司杨应龙叛乱，朝廷派兵平叛，一直到 1600 年才平息。其次是 1592 年（万历二十年）哱拜和哱承恩父子在宁夏银川叛乱，朝廷派李成梁之子李如松出兵平息了叛乱。同年，朝鲜被日本侵略，王京陷落，朝鲜国王紧急向明朝求救，万历派兵援朝抗倭，一直打了七年，最后日本因丰臣秀吉去世而撤兵，战争才结束。战争消耗了大量钱粮，这些军费基本都由内帑和太仓库拨付。战争结束后，内帑尚有结余，但已所剩无几，同时各地还有救灾和军饷的大笔支出。为保证内帑和国库进项，万历开始增设各种苛捐杂税，派出大批太监到各地征收矿税。同时他贪财好货的本性也表现了出来，他大肆收受和索要金银财物，拼命搜罗奇珍异宝。在他的示范效应下，各级官吏疯狂贪污，矿监税使横征暴敛、大饱私囊，百姓负担极为沉重，很多地方民不聊生，怨气沸腾，由此引发了全国各地大大小小数十次民变。

1583 年（万历十一年）努尔哈赤在辽东起兵，1616 年建立后金，1618 年公开反明，次年在萨尔浒大战中大败明军。万历认识到辽东形势严峻，决定增兵增饷，但此时国库已空虚，只得连续三年先后三次增赋，共得银五百二十万两。之后这项加派就被固定下来，成为常赋，称为"辽饷"。辽饷的加派，进一步加重了百姓负担，为后来大规模的农民起义埋下了伏笔。

到万历后期，朝廷党争愈演愈烈，朝政混乱不堪；皇帝二十多年不上朝，以致大量官员退休致仕后无人顶替，到 1617 年（万历四十五年）前后，部院堂官十缺六七，六科只剩下四个人，十三道只剩下五人，政府处于半停摆状态；同时内有民变不断，外有辽东战争，内忧外患并起；长年消耗以致国库空虚，而百姓则负担沉重、无以为生。万历朝方方面面的问题日积月累，已经极其严重，且找不到解决良策，说"明亡于万历"，此言非虚也。

三

1620 年（万历四十八年）明神宗朱翊钧驾崩，太子朱常洛即位仅一个月就因纵欲过度、服食红丸而死，朱常洛的长子朱由校在毫无任何准备的状态下，即位成为明代第十五任皇帝，年号天启。因为谁也没想到其父朱常洛的"皇帝之旅"如此短暂，而且朱常洛也像他父亲嘉靖一样对自己的儿子寡淡无情，因此对这位十五岁的少年朱由校从未安排过任何的教育培训计划，天启可以说是史上罕见的"文盲皇帝"。这位文盲皇帝对国家政事不感兴趣，也没能力去感兴趣，唯独对木匠活儿情有独钟。据说他的木工作品有非常高的水平和创意，非一般能工巧匠可比，可惜没有具体作品流传下来，但他有一样东西留下来了，那就是中国历史上最为黑暗残酷的"阉祸"年代。

天启在宫中关系最好的有两个人：一是乳母客氏。朱由校对客氏感情深重，封她为奉圣夫人，与她形影不离，甚至传出与客氏有"淫宠"关系的绯闻。但朱由校对此不管不顾，客氏也因此在后宫飞扬跋扈、权势熏天。二是随身陪伴朱由校的老太监魏忠贤。魏忠贤本身也没什么文化，外表憨厚，但工于心计。他看出客氏对皇上的重要性，遂设法勾结客氏，与客氏成了"对食"①。两人联手后，天启对他们更加信任，任命大字不识的魏忠贤为司礼监秉笔太监，天启三年又命他掌管东厂，任命魏忠贤的侄儿为锦衣卫指挥佥事。外廷奏疏递到魏忠贤手里，魏忠贤专拣皇上玩得高兴的时候请示，朱由校就总是说"我知道了，你们用心去办"，然后接着玩乐。就这样，魏忠贤逐渐把控了王朝最高决策大权，宫廷内外各种宵小也就趋之若鹜，以魏公公为核心，逐渐形成了一个政治帮派——阉党。

天启上台的头三年，朝中势力仍以东林党为主。因为在"移宫案"中，东林党骨干杨涟、左光斗等为扶持朱由校即位立了大功，天启也就比较信任东林党人，东林党风头正盛，朝政运行基本正常。1621年（天启元年）努尔哈赤发动沈辽之战，攻占沈阳、辽阳，明总兵尤世功、贺世贤等战死，经略袁应泰自杀，明廷再次起用熊廷弼为辽东经略，派游击毛文龙袭占镇江。这些操作都基本正常。但东林党和皇帝的蜜月期注定不能维持多久，因为东林党的根本理念是对政治和社会的改良，对党派手中掌握的权力也极为看重，这就必然会触动君主的无上权力，以及紧紧依附于皇权的宦官、后宫各色人

---

① "对食"是宫中太监和宫女之间默认的一种类似夫妻的关系。

等的利益。事实果然如此，东林党大臣开始不断向天启提出要勤勉从政、体国爱民的要求。而阉党则希望君权可以不受任何限制，这样自己才可以从中获得最大利益。和东林党相比，文盲皇帝朱由校当然更加喜欢阉党。在天启的默许下，魏忠贤挤走并害死了当年救出朱由校的大太监王安，阉党权势得以进一步巩固，而东林党则被逐渐疏远。

权势不断上升的魏忠贤、客氏等人愈加嚣张跋扈，外廷文武百官中一大批寡廉鲜耻、心狠手辣之徒，如崔呈秀、魏广微、周应秋、许显纯等，纷纷主动攀附魏党。他们以魏忠贤为核心，无耻献媚，称他为"九千岁"乃至"九千九百岁"，自认是其干儿子、干孙子，自诩是其"五虎""五彪""十狗""十孩儿""四十孙"等。他们结成死党，而陆续投身于这些人门下的卑劣小人，更是数不胜数。上至内阁、各部，下至各地总督、巡抚、总兵，逐渐遍布其死党。阉党的宗旨就是谋取利益，因此大肆排斥异己、驱逐良臣、争夺权力，朝廷上下一时间乌烟瘴气。

1622年（天启二年）正月，努尔哈赤攻占广宁，熊廷弼和王化贞放弃锦州、宁远等重镇，带着难民撤回山海关内。回到北京后，熊、王二人被判死刑。熊廷弼为了脱罪，承诺向魏忠贤贿赂四万两银子，后来却没有兑现承诺，魏忠贤大怒，誓要杀了熊廷弼。熊廷弼并非东林党人，但杨涟、左光斗等惜其是个难得的人才，替他分辩说情，这一点也惹恼了魏忠贤。1624年（天启四年）六月，杨涟上疏弹劾魏忠贤二十四大罪，结果天启并未予以理会。魏忠贤对杨涟等东林党人恨之入骨，遂诬陷熊廷弼通过汪文言向杨涟、左光斗等人行贿。次年五、六月，他将杨涟、左光斗、袁化中、魏大中、周朝瑞、顾大章六人（史称"东林六君子"）逮捕入狱，严刑拷打，残酷折磨致死。熊廷弼也被杀，传首九边。魏忠贤趁势排挤罢免东林重臣，捣毁各地东林书院，利用手里的锦衣卫和东厂特权，大肆捕杀东林党人，很多相关的平民百姓也被迫害杀害，阉党一时间气焰熏天，百姓人人自危又敢怒不敢言。大明朝进入了最黑暗恐怖的年代。

而天启对阉党采取的是不闻不问、纵容包庇的态度，只顾自己玩乐，这更加鼓励了阉党进一步的胡作非为、祸乱朝纲。阉党势力无处不在、异常强大，以致各地总督、巡抚、总兵等高官武将或为趋炎附势，或为自保免祸，纷纷投效阉党，为魏忠贤歌功颂德，为他修建"生祠"。这事连袁崇焕都未能免俗，也修建了座生祠；皮岛总兵毛文龙也托关系巴结上魏忠贤，自称是其干儿子。

朝政黑暗混乱至此，面对如狼似虎的后金军焉能不败？虽然期间有孙承宗、熊廷弼、袁崇焕等能人短暂镇守辽东，取得了两次宁远大捷，但他们先后或被免，或被杀，辽东地盘最终丢失殆尽。大明朝亡国之象已昭然于天下。

1627年（天启七年），陕西爆发了农民起义，瞬间即星火燎原，势不可当。大明朝内忧外患并起，帝国大厦已摇摇欲坠。

第二节　崇祯——还债者

一

也许冥冥之中自有天意。熹宗朱由校开启了这个最为黑暗肮脏的年代，总是会有一股力量以某种方式让它戛然而止，不再为祸人间。1627年（天启七年）八月，年仅二十二岁的朱由校因一次落水后染病，居然一病不起，一命呜呼了。其弟十七岁的朱由检即位，年号崇祯。自嘉靖皇帝起始的世风隳坏，到万历的党争、贪腐、苛捐杂税、外敌侵扰，以及天启的阉祸、边患、民变，这一切都突然压在了朱由检这个年轻人头上。他所接手的，确实是一个无法收拾的烂摊子。

明光宗朱常洛生了七个儿子，活下来的只有两个，一个是老大朱由校，一个是五弟朱由检。朱由检生于1610年（万历三十八年）十二月，母亲刘氏。朱常洛跟他父亲万历帝朱翊钧是一丘之貉，对妻子儿子都薄情寡恩，以致刘氏二十二岁就抑郁而死，当时朱由检年仅四岁。可怜的小朱由检被朱常洛交给西宫李选侍抚养，就是后来"移宫案"中赖在乾清宫不走的李选侍。当时东宫还有一个李选侍，为了区别，西宫的就叫作西李，东宫的叫作东李。西李为人颐指气使、刁钻刻薄，朱由检在她那里生活很不幸福，但朱常洛偏偏就喜欢西李。所幸后来几年朱由检又被交给东李抚养，而东李是个仁慈善良的女性，对朱由检很关心，他在那里再次找到了母爱。可是朱常洛不喜欢东李，服侍东李的太监徐应元是魏忠贤死党，狗仗人势，对东李冷漠欺辱。东李性格内向，只是忍气吞声，终于几年后也郁郁而死。小朱由检再度失去母爱，内心极为悲痛，心中充满了对魏忠贤等人的仇恨。

常年生活在冷漠孤寂之中，两度失去母爱关怀，让朱由检从小养成了谨慎多疑、不相信任何人、随时防备戒惧的性格，这也是他后来执政过程中决策频频失误的重要根源之一。

皇兄突然驾崩，十七岁的朱由检意外地当了大明朝第十六任皇帝。当时魏氏阉党完全控制着宫廷内外，朱由检内心中的疑惧远远大于欣喜，甚至入宫时都自带干粮，不敢食用宫内食物，生怕遭到魏阉谋害。

魏忠贤没有找一个更为年幼的、易于控制的皇族子弟来继承皇位，而是把朱由检接到宫里，也属无奈之举。一则天启有遗旨，从血统上看除朱由检外也别无他选；二则尽管阉党权势熏天，毕竟朝廷内外还有很多"敌人"，阉党不敢冒天下之大不韪公然"谋逆"，也只能接受这个结果。

新皇即位了，阉党则在加紧行动。首先是试探新皇帝的态度。九月初一日，魏忠贤提出辞去东厂总督职位，朱由检不同意；之后阉党骨干分子兵部尚书崔呈秀、工部尚书李养德、太仆寺少卿陈殷、延绥巡抚朱童蒙等试探性辞职，朱由检一概不同意；阉党分子试探性要求严查"东林余孽"，朱由检也以刚刚登极、需要熟悉情况为由不同意。唯一同意的是魏忠贤的"对食"客氏搬出宫中、迁回私宅的请求。因为朱由校已死，乳母客氏确实无理由继续留在宫中，因此这次同意顺理成章。朱由检的这些模糊操作，一是暂时迷惑了阉党，二是客氏出宫看起来事小，实则有效剪除了魏忠贤在宫里的重要合作方。对于一个十七岁的少年来说，头脑如此清醒，办事如此有分寸感，实属不易。

阉党的反对派也没闲着，他们嗅出了政治空气的微妙变化，开始逐步尝试弹劾魏忠贤及其骨干。其中工部主事陆澄源、兵部主事钱元悫、刑部员外郎史躬盛等人的弹劾奏疏写得十分尖锐，列举魏忠贤及其阉党祸乱朝廷、贪赃枉法、迫害忠良、残害百姓、颠乱君臣名分、修建生祠等罪状。朱由检观察到火候差不多了，先罢免了崔呈秀职务，顺势于十一月初一日批准魏忠贤的再次辞职，命他去凤阳看管皇陵。不久下发敕书，表明要为受魏忠贤迫害的人士平反昭雪，并宣布魏忠贤的各项罪状。

魏忠贤并没有清醒地认识到此时的政治局势已经彻底改变，在离京时居然满载四十多车金银财宝，带着一千多人前呼后拥出发。十一月初六日车队南行至阜城县南关，在旅馆中过夜。这时他得到消息，皇帝已派兵来抓捕他。他知道自己这次必死无疑，深夜中在旅馆房间里上吊而死，祸国殃民的一代巨宦就此谢幕。

消灭魏忠贤后，崇祯快刀斩乱麻，把客氏押到浣衣局杖杀，崔呈秀畏罪自杀。之后崇祯钦定"阉党逆案"，列出阉党骨干包括所谓的"五虎""五彪"及其他骨干共三百一十五人，排名前列的处死，其他的或充军发配，或削籍为民，召回各地的镇守太监，销毁阉党为污蔑东林党而编写的《三朝要典》，下令为天启末年东林党冤狱平反。惨遭阉党迫害的一批东林党人的子弟，纷纷上疏要求为自己的父兄平反，如杨涟之子杨之易、魏大中之子魏学濂、黄尊素之子黄宗羲等，都是其中的积极分子。崇祯对他们的要求给予支持，不少冤狱都得以平反。

借着扫除阉党的东风，崇祯初年士林风气随之一振，东南苏浙一带学者文人结社讲学之风趁势蓬勃发展，各种学社如雨后春笋一般纷纷冒出头来。这股风气从天启后期逐渐开始，此时更加兴旺发达。一些学社由名儒大家创立，各地学子文人纷纷加入，其中不少骨干是东林大家的子侄。杨廷枢、张溥、张采、周钟、吴应箕等名流在常熟县创立应社，夏允彝、杜麟征、陈子龙等人在松江成立几社，这些都是学社中的佼佼者。杨之易、魏学濂等东林子弟也深度参与其中。后来一些学社合而为一，形成了著名的"复社"。东林与复社一脉相承，一个在朝，以东林党朝廷官员为主；一个在野，以文化名流和年轻学子为主。两者在政治理念、社会舆论等方面相互呼应，相互支持，在朝廷和民间一同形成了巨大的政治和社会影响力。

二

　　崇祯在上台不满一年的时间里，对阉党既有策略，又干净利落的处置手法，赢得了朝廷内外正派人士的一致好评，他们都认为朝廷终于迎来了一位精明干练、天纵英武、有远见卓识的皇帝。确实，崇祯与晚明时期的前几任皇帝有所不同，他有正义感，有割弊除疴、重振朝纲、中兴明朝的强烈愿望，他兢兢业业、勤于政事、俭朴节约。他一改前辈皇帝懒政怠政的恶习，坚持几乎天天上朝，"鸡鸣而起，夜分不寐"，遇要事随时召对朝臣，对国家大事极为关心。他生活节俭，经常穿打着补丁的衣服袜子，这些补丁都是皇后帮着织补的，因此他走路比较慢，以防止走快了衣服飘起露出补丁。

　　然而即便有这些难得的优点，也无法帮他力挽大明朝的颓势。对内，虽然扫除阉党初见成效，但官场党争积弊难除，国库空虚，税负沉重，灾荒四起，农民起义风起云涌；对外，皇太极即汗位后征伐朝鲜、蒙古，连年袭扰明朝内地烧杀抢掠，明朝国力衰弱，渐无招架之力。这些问题都不是靠他勤政节约就可以解决的，需要他有真正济世救国、力挽狂澜的大才。然而他并没有。

　　面对内外交困的危局，崇祯刚愎自用、猜忌臣下、看人不准、用人不当、遇事犹豫、不担责任的弱点逐渐暴露出来。

　　为应对日益严峻的辽东局势，崇祯重新起用袁崇焕，对袁崇焕轻言的"五年平辽"深信不疑。在1629年（崇祯二年）的"己巳之变"中，他轻信市井流言和一些大臣的攻讦之词，将袁崇焕逮捕入狱，次年以寸磔之刑处死，先前支持过袁崇焕的阁臣钱龙锡、唐燧等也相继去职。尽管袁崇焕自身也有很多问题，包括朝堂政治上的不成熟、擅杀毛文龙等，但以当时的局势看，袁崇焕依然是能够带领辽军抵抗后金势力的最佳人选。崇祯将袁崇焕处死，客观上加剧了朝野上下对辽人辽军的猜忌和鄙视，以祖大寿为首的新兴辽东军功集团也因此和朝廷渐行渐远，原先行之有效的稳扎稳打的对金方略也不复存在。可以说，这是崇祯即位以来最大的败笔之一，同时也暴露了崇祯战略格局不够高、情绪化严重、猜疑臣下等严重问题。

"己巳之变"对崇祯的打击很大。他眼见明军损兵折将，把原因归于朝臣不和、将帅不和（如袁崇焕与满桂等有很大矛盾）、朝廷对军队的控制力不足（如祖大寿等不完全听从兵部调遣），思前想后，决定重新起用直属皇帝的太监群体，于是派太监进驻勤王军队，监视人员编制、费用支出等。崇祯四年起更是派出大批太监到各省和军队镇守，深受诟病的太监镇守制度又被全面恢复。

朝廷内部方面，因依附阉党的阁臣黄立极、施凤来等相继被弹劾去职，朝廷需要重新组建内阁。新的阁臣人选采用会推加抽签的模式，当时被称为"枚卜"。枚卜工作由吏部提交候选名单，这一次东林党人、礼部侍郎钱谦益的呼声较高。礼部尚书温体仁、礼部侍郎周延儒二人都是心机深沉、善于投机之人，他们觊觎阁臣宝座已久，却发现自己不在名单中，又听说钱谦益背后做了些小动作，于是暗中制订了计划，准备参劾钱谦益。1628年（崇祯元年）十一月的朝会中，温体仁弹劾钱谦益多年前涉及的一起考场受贿舞弊案。该案已结案多年，钱谦益并无太大问题。但温体仁一口咬定未结案，虽然手里没有切实证据，但仍坚持钱谦益有罪。其他大臣看不下去，纷纷替钱谦益说话。温体仁要的正是这样的效果，要营造一种钱谦益结党的氛围，因为他琢磨透了皇帝的心理，知道崇祯最忌讳的就是大臣结党。果然，崇祯大怒，痛斥各大臣与钱谦益结党营私，表面上看起来十分孤立的温体仁和表面中立的周延儒因为"无党"，反而受到褒奖。钱谦益则被迫引咎辞职，他后来到了南京，在弘光时期扮演了重要的政治角色。

"枚卜事件"后不久，温、周二人先后出任内阁首辅。此二人有一定才干，但人品卑劣，热衷于争权夺利和政治斗争。在二人执掌内阁的较长时间内，朝廷小人当道、党争激烈、政治混乱。后来在与农民军的战争中，崇祯选的几个重要统帅，如杨嗣昌、熊文灿、陈奇瑜等，大多都是善于夸夸其谈的庸碌之辈。较为突出的人才，如袁崇焕、卢象升等，反而落得了个或身败或名裂的悲惨结局。可以说崇祯一朝，基本上都是小人和庸才当道，使明朝在应对内外危机上越来越捉襟见肘。这种情况，与崇祯的用人猜疑、情绪冲动、刚愎偏狭密不可分。

崇祯对阉党的处置也并不彻底。虽然剪除了魏忠贤及其主要党羽，但曾经依附阉党、相互勾结的官员实际上无处不在，关系错综复杂。崇祯未能把阉党的各种关系梳理清楚，在没有形成一个完整有效的处理方案时，就把"逆案"交给曾经和阉党关系密切的官员来查处，后果可想而知。结果一边在查处"逆案"，一边又形成了各式各样的党派勾结，阉党名亡实存，大量宵小之辈依然占据重要岗位，冤假错案反而层出不穷，党派斗争更加剧烈。

三

尽管谁都看得到朝廷的党争、国库空虚、官员自私自利、遇事推诿塞责等诸多问题，崇祯也想努力去改变，但终其一朝，这些问题都没有什么改变。他上台后，内忧外患越来越严重，几乎没有一年消停过。

从 1627 年（天启七年）陕西澄城县的小股民变开始，农民起义如燎原之火，迅速蔓延开来。1628 年（崇祯元年）前后，出现了高迎祥、王嘉胤、李自成、张献忠一批强悍首领，带领各自的队伍攻城略地，杀官抢粮。朝廷虽采取剿抚结合的手段，但也无济于事，农民军越来越壮大，官兵围剿反遭多次惨败。

1629 年（崇祯二年）己巳之变，后金军袭扰明朝内地，围攻北京，满桂、赵率教等一批主力大将战死，袁崇焕被捕入狱。

1630 年（崇祯三年）陕西农民军大批进入山西，农民起义呈快速外延之势。袁崇焕被崇祯下令寸磔处死。

1631 年（崇祯四年）后金军围攻大凌河堡，明军惨败，祖大寿诈降，何可纲被祖大寿处死。

1632 年（崇祯五年）后金军第二次绕道进攻明朝；农民起义军攻入河南北部。

1633 年（崇祯六年）农民军进入畿辅地区，突破官军防线挺进中原。几年之内，农民军发展到数十万人，在西北、中原地区流动作战，势力延伸到晋、豫、鄂、川、皖等地区，他们已不再是以往常见的小股"毛贼"，而成为了一支强大的反政府武装力量。

1634 年（崇祯七年）后金军第三次进攻明朝；1635 年第四次攻入明朝；1636 年皇太极改国号大清，第五次进攻明朝。

1637 年（崇祯十年）新任兵部尚书杨嗣昌实施"十面张网"策略，围剿农民军。

1638 年（崇祯十一年）各路农民军受抚之风盛行，一些主力义军如罗汝才、张献忠等也选择了投降（或可认为是诈降），农民起义进入了低潮。同年，清军第六次进袭明朝，内地官民损失惨重，卢象升战死。

1639 年（崇祯十二年）张献忠、罗汝才等再次起义，农民起义再掀新高潮。

1640 年（崇祯十三年）李自成在兵败沉寂两年之后再度复出，从湖北攻入河南，其势凶猛。清军包围锦州，启动松锦大战的序章。

1641 年（崇祯十四年）李自成攻占洛阳，杀死福王朱常洵；张献忠攻克襄阳，杀死襄王。洪承畴任蓟辽督师，率马科、白广恩、吴三桂等总兵，十三万明军主力增援松锦战事。

1642 年（崇祯十五年）松锦大战，明军战败，十三万主力损失殆尽，洪承畴、祖大寿等降清；清军第七次进攻明朝，劫掠了半年左右才满载战利品从容撤回盛京沈阳。李自成三围开封，黄河决口水淹开封，河南大部分都被农民军控制。

1643 年（崇祯十六年），李自成在襄阳建立大顺政权[①]，张献忠在武昌建立大西政权。加上清朝和明朝，中国进入四个政权并立的时代。

1644 年（崇祯十七年），李自成对明朝发起总攻，三月十九日攻克北京，崇祯帝朱由检煤山自缢而死。

---

①　1643 年春，李自成在襄阳设立中央机构，改襄阳为襄京，暂时未定大顺国号，但事实上已建立政权。大顺国号是在 1644 年元旦在西安才正式宣布。为便于叙述，从襄阳时期起暂且都称为大顺政权。

从即位到自尽这十七年，崇祯同时应对内外两大势力，在选拔将帅、筹措兵力军饷等方面都捉襟见肘，穷于应付。辽东方面可用的将帅、军队主力已损失殆尽；应对农民军时选用的杨嗣昌、熊文灿、陈奇瑜等都是一批庸才。好在后来出现了洪承畴、卢象升、贺人龙、左良玉、孙传庭等一批强手，但应对两线作战，仍是十分困难。其中卢象升战死，贺人龙被崇祯下令处死，孙传庭被下狱，左良玉则一贯不怎么听朝廷调遣，主力大帅已所剩无几。1641 年（崇祯十四年），为应对与清军的松锦大战，崇祯不得不把洪承畴等部从镇压农民军的前线调往松山、锦州，结果战败，洪承畴、祖大寿等降清，主力部队消耗殆尽，而农民军则趁机愈加发展壮大。

在内外两线作战很吃紧的时候，有大臣私下建议崇祯考虑先与清朝议和，集中力量先消灭农民军。1642 年（崇祯十五年）初，崇祯召集几个阁臣秘密商议与清军议和事宜。此事交给兵部尚书陈新甲来办，没想到他一时疏忽把议和文件泄露了出去，一下子在朝廷内外引起轩然大波。从嘉靖朝以来的败坏士风这时充分体现：大批朝臣不顾实际，而是抓住一切机会站在道德制高点，对议和这种"丧权辱国"的行为进行猛烈抨击，以自己"道义上的正确"攻击政敌。崇祯一看舆论氛围不对，坚决不承认这是自己的决策，而是把陈新甲推出来做替死鬼，处死了陈新甲。这一事件充分体现了崇祯作为皇帝的最大缺点——怯于担责。

这不是一个一般性的缺点。作为帝国的最高决策者如果遇事首先推卸责任，那么上有所行，下必效之，文官武将无不视推诿塞责为正常，谁也不会再勇于出头、担当作为。其实陈新甲事件只是众多类似案例之一，一旦兵败或遇到重大问题，崇祯都会迁怒于高官将帅，把责任推给他们。崇祯年间，被他处死或行刑前瘐死和自杀的阁臣有两人（薛国观、周延儒）、兵部尚书两人（王洽、陈新甲），刑部尚书有两人，督师、总督有七人（包括袁崇焕、熊文灿等），巡抚有十一人，总兵一级则更多，为明代各朝处死高官人数之最。由此可见，他不仅不担责，对待臣下还十分凉薄暴虐，君臣之间已经丧失了基本的信任和相互依赖。

1643 年（崇祯十六年）十月，下狱后又被放出任督师的孙传庭，带领朝廷仅剩的一支主力部队镇守潼关，与李自成大顺军展开大战。大顺军势力强大，孙传庭亲自上阵厮杀，最终战死。因尸体未找到，崇祯怀疑孙传庭是悄悄逃匿，不予其家属抚恤，朝廷上下一片心寒。

　　1644年（崇祯十七年）初，李自成大顺军发动总攻，直取北京，一路上明朝各地官员武将纷纷投降。崇祯面对空空如也的国库，希望勋戚高官尽力捐款募兵，但高官贵胄们左右推托，根本不予配合，对亡不亡国漠不关心。三月十八日大顺军围攻北京城，崇祯信赖的守城太监率先打开城门投降，首辅大学士、尚书、侍郎、京营将领等争先投降，李自成轻松夺取了大明首都北京。是夜，崇祯与太监王承恩在煤山上吊自尽。临终时他留下遗言："朕非亡国之君，臣皆亡国之臣"，心中仍然认为亡国之责在于臣下，对自己的问题其实始终没有醒悟。

　　当然，历史也无法对崇祯苛责太多，毕竟在这种君主专制体制下，大明朝已经积弊过重，亡国实非一人之责。从嘉靖朝开始，经过万历、天启，大明朝的病根已深入骨髓，覆亡只是迟早之事。朱由检接任皇帝时只有十七岁，虽然有正义感，有重振朝纲的想法，但他并非真的天纵英才，身上还有诸多致命的缺点。他只不过是偶然接过历史接力棒，替前辈皇帝们还债的一个年轻人而已。

第三节　天灾人祸

一

　　从嘉靖到万历、天启，再到崇祯，明朝中后期的这些皇帝要么自私恶毒、弄权乱政，要么贪财好货、懒政怠政、昏聩无能，要么才能平庸、偏激狭隘，在他们的带领下，大明王朝党争不断、小人当道、国库空虚、内外交困、民不聊生，正一步步走向灭亡。这样的政治环境下，王朝的政策、制度、管理越来越坏，普通民众遭受越来越重的剥削和压迫，再加上连年天灾兵祸，百姓流离失所、生不如死。反抗，成了人民的必然选项。

国家治理的隳坏，首先从土地开始。中国古代王朝的财政收入最主要的是田赋，包括田租和税粮。而有了土地，有农民耕种，才会产生田赋，国家才有收入，因此土地制度和国家财政税收是紧密相连的。

明朝的土地主要分成两大类，一类是官田，一类是民田。官田的构成比较复杂，大体上看，其中一种统称皇庄或王庄，是皇帝赐予宗室亲王、勋戚、大臣、太监的土地；另一种是军屯田庄，按制度每个士兵都能分到一定数量的土地，士兵战时打仗，平时屯田；还有一些牧场园陵之类的公共土地。这样的分类本来并没有太大毛病，但制度的演变却让土地兼并越来越严重。

朱元璋为了养好自己的龙子龙孙，又为避免宗室亲王觊觎皇位，定了个规矩：各亲王分封到各地后，赐予大片皇庄田地，不用给朝廷缴税，但也不能从事生产，不能做官。这样，无所事事的宗室繁衍迅速，人数大约每三十年翻一番，到明中期以后，这支数以万计的队伍享有着极大量的皇庄田地。而且皇帝给亲王的皇庄封赏标准越来越高，如万历的弟弟潞王得田四万顷，儿子福王、瑞王各两万顷。万历三十四年，四川巡抚孔贞一上疏提到，成都平原最肥沃的土地的百分之七十归蜀王府所有，百分之二十归军屯，只有百分之十是民田。云南省由沐氏家族世袭镇守，沐府占有的庄田也达到全省耕田的百分之七十。勋戚、大臣、太监也通过各种手段获得大量田地，如正德时期的太监谷大用、天启时期的魏忠贤，占地都超过一万顷。

这种无休止的土地封赏和侵占行为，导致了四种结果：第一，土地大量集中到宗室权贵手中，民田被侵占挤压得越来越少；第二，宗室权贵的土地或优免税赋，或逃避租税，而朝廷收的税只增不减，那么皇庄增加导致减少的国家税赋，就只能加到民田之上，民田越来越少，而税赋越来越重；第三，赐给亲王勋戚的土地动辄成千上万顷，而事实上哪里会有这样大量闲置的土地？只能一方面侵占民田，一方面将土地折算为租金禄米，摊派到附近各地民田。如瑞王的两万顷赡田，即折算为巨额银两，由陕西、山西、河南、四川的多个县共同负担；第四，农民或被剥夺土地，或实在负担不起如此重税，只能四处流亡，或者投身权贵做佃农，结果就是农民劳动力减少，农民愈加贫穷，流民剧增，社会更加不稳定，而朝廷收税事实上更加困难了。

军屯制度也发生了巨大变化。朱元璋设立卫所制连带军屯制，原意是军队练兵生产两不误，实现军队自给自足，节省政府的巨额军费开支。初期阶段，每名士兵给田五十亩和农具，收成中留十二石给士兵自己食用，其余上缴所在卫所，作为军官俸禄和卫所粮食储备。后来法制败坏，军屯田地逐渐被军官、豪强占夺，普通士兵逐渐变成了军官的佃农。由于各级军官的层层盘剥，很多士兵靠种田已经无法养活自己和家属，生活极为悲惨。宣大总督卢象升在巡视山西边防时，看到他的士兵一日仅吃一餐，大多衣不蔽体，状若乞丐，不禁潸然泪下。军队的层层盘剥，再加上中后期边事吃紧，军屯制已名存实亡，朝廷不得不大量筹措钱粮派发军饷。这些军饷依然转嫁到农民身上，但农民又如何承担得起呢？因此后期也常有朝廷拖欠军饷的事发生，而兵变和士兵逃亡也就此起彼伏。

二

第二个方面是财政制度越来越混乱，赋税加派越来越沉重。明朝的国家财政收支和皇室收支本是有所区分的，但到中后期因为皇权的滥用，皇室经常大量占用国家收入。从名义上看，政府收支主要掌握在户部、工部、光禄寺、太仆寺几个部门，皇家开支则由宫内的内承运库负责，但皇帝可以要求户部拨付更多资金给内承运库，进入内承运库的就是御用资金，称为"内帑"。明初的宫内人员较少，之后越来越多。到万历时期，宫内的衙门和服务机构超过了五十个，人数近十万人，包括宦官、宫女、工匠及各类管理人员等，他们所需的开销是巨大的。户部每年从田赋里拨付一百万两白银给内承运库，之后还有漕运粮食折成的金花银也归皇帝专用，即便这样，仍然远远不能满足宫内开支和皇帝的私人用度。从明武宗开始，就大量调拨财政资金归自己使用；万历以结婚、珠宝、袍服等为借口向户部索取了一千多万两；天启也因修葺自己的宫殿耗费了巨额户部资金；崇祯看起来自己勤俭节约，但宫内的人员和用度并未减少。到后来几个部门的资金几乎耗尽，国家财政入不敷出。

万历年间出兵播州、宁夏、朝鲜的"三大征"，耗掉军费约一千二百万两；万历中后期辽东战事频仍，军费支出猛增，财政上更是雪上加霜。而赋税加派成了皇帝的唯一选择。万历末年因辽东军饷增加，按每亩加银九厘，共计加赋五百二十万两。1630 年（崇祯三年）为补足辽东军饷，每亩再加三厘，加上万历时加的九厘，合计一分二厘，统称"辽饷"，成为每年都征收的常赋。1637 年（崇祯十年），按杨嗣昌"十面张网"围剿农民军的建议，需要大量扩充军费，再按每亩增加粮税，合计加赋二百八十万两，称为"剿饷"。1639 年（崇祯十二年），朝廷认为每府、每州、每县都应加练地方武装，即"团练"，以抵御"流贼"，因此每亩田地再加赋，合计七百三十多万两，称为"练饷"。当时正常情况下，每年国家财政收入约为一千五百万两，后来加派的这"三饷"，已经超过了正常年份的总收入。

除这些明面上的加赋外，地方官吏还层层盘剥，私自加收。崇祯初年，兵部尚书梁廷栋在讨论辽饷时提到，地方官私自加派的数额，比增加的辽饷还要大。可以说当时赋税加征已经到了穷凶极恶的状态。加派赋税还伴有严刑峻法，规定现在的农户代纳逃户的粮税，一户逃亡则九户分摊，九户逃亡则由剩下的一户全部承担。这种"连坐"制度，往往导致很多地方整村逃亡，明朝的财政税收陷入了更严重的恶性循环。

三

第三是自然灾害连年不断。按一些学者的研究，十七世纪初（即万历末年），全球气候发生了巨大变化，平均气温降低了 2 ~ 3 摄氏度，进入了一个"小冰河期"。气温降低导致农作物晚熟、水灾、瘟疫，以及大规模的饥荒，再加上明朝财政入不敷出，水利设施年久失修，问题就更加严重。万历四十三年山东青州府推官黄槐对饥荒惨状做过描述：以前的饥荒，听到的是易子而食；如今的荒年，饥民们什么人都吃，不管是父子、兄弟、夫妻，因为"我不食人，人将食我"。甚至有人将别人大卸八块，肢解后拿到市场上分部位出售。次年，山东举人陈其猷进京会试，依途中亲眼所见记述了一个故事：他见到一个老妇人，一边在烹煮一个死去的孩子，一边在哭。陈问老妇人："你要吃这个孩子，为什么又假惺惺地哭呢？"老妇人哭着答道："这是我的孩子，我不吃，就会被别人吃了，还不如我吃。"

崇祯年间，天灾更加频繁，再加上土地兼并和重税逼迫农民大批逃亡的"人祸"，很多地方已成人间炼狱。1627年（天启七年）起发生大规模农民起义的陕北，也正是天灾人祸最严重的地区之一。

再就是望不到尽头的兵燹战祸。1583年努尔哈赤起兵后，大部分时间是辽东各个部落间的小规模战斗。但从1619年萨尔浒之战开始，后金军和明军之间的战斗就越来越频繁和激烈，明朝军民伤亡巨大。当时明朝在关外的卫所，既有军队驻守，也有大量商民。许多城池被攻破时，士兵和平民都被大量屠杀，也有大量平民被俘虏到后金做奴隶。不计阵亡的无数明军士兵，单是屠城杀戮平民就有很多次，如1619年后金攻破开原城，屠杀军民六七万人；1621年攻下沈阳，又屠杀军民六七万人；1626年宁远之战时攻觉华岛，杀商民七千人；1642年攻下松山城杀军民无算。因战争中围城而饿死的民众也不计其数，比较典型的是1631年大凌河之战，围城三个多月，城内军民抢人肉而食；1640年起的松锦大战，锦州被围一年零四个月，也饿死无数军民。努尔哈赤时代对平民的杀伤主要集中在关外，但皇太极时代的七次绕道袭扰明朝内地，在河北、山西、河南、山东、京畿附近大肆杀掠，前后劫走数十万平民充当奴隶，百姓流离失所，生不如死。

1627年陕北发生农民起义后，"流贼"四起，与官军展开长期的战斗，中原大部分地区被战火覆盖。农民军主要由逃亡士兵、农民、流民组成。在起义的前中期，随着人数的急剧扩张，军队的粮食成了最大问题，所过之处免不了劫掠打粮，普通平民不免终日受劫掠饿冻之苦。在1642年李自成三围开封时，有上百万人口的开封城被围困了四个月，城内七成人口饿死，人人争而相食，其状惨不忍睹。后来黄河决口淹城，剩下的人口又被淹死殆尽，百万人口的城市最终只有一万多人活下来。这种情况直至李自成建立大顺政权，严明军纪后，才有所好转。而与农民军作战的明朝官军，有时比早期的农民军更加凶恶残忍，对平民大肆奸淫掳掠。例如左良玉的官军，由大量叛兵降匪组成，军纪极差，烧杀抢掠已是家常便饭，是公认的"杀掠甚于流贼"的部队。另一个例子是桐城、安庆一带的官军罗九武部，崇祯末年长期为害当地，奸淫抢掠无恶不作，百姓无不切齿痛恨。直到清军攻克桐城，擒杀罗九武，释放被其劫掠的民众，百姓无不拍手称快。正所谓"贼过如梳，兵过如篦"，这类情况在明末时期已属司空见惯。

已被压迫得无法生存的百姓，还有流民、逃亡士兵，一遍遍地反复遭受天灾战火，生命有如草芥，贱如敝屣，随时都可能遭到蹂躏和残害，这个世界对他们来说已经生无可恋。这种情况下，即便只是出于人性本能，但凡还有一点余力，怎会不起来反抗？

第三篇

祸起西北

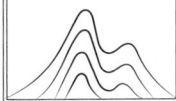

第一节 陕西农民起义

一

1627 年（天启七年，天聪元年），对明朝来说，是一个名副其实的多事之秋。

后金方面，上一年的八月，天命汗努尔哈赤病死，八子皇太极经过一系列的政治斗争，击败其他各大小贝勒，荣登大汗宝座，定 1627 年为天聪元年。是年正月，天聪汗皇太极命二贝勒阿敏带兵征伐朝鲜，迅速打垮朝鲜军队，二月逼迫朝鲜国王议和，暂时解除了后金的后顾之忧。五月，皇太极亲率大军进攻宁远和锦州。

明朝方面，1627 年二月十五日，陕西澄城县农民因官府催逼钱粮，走投无路，在郑彦夫带领下冲进县衙，杀死县令张斗耀，揭开了陕西农民起义的序幕①。只是明朝中后期各地小规模起义此起彼伏，这次杀官事件似乎并未引起朝廷太大重视。六月，传来袁崇焕在宁远城击败皇太极的喜讯，满朝上下包括魏忠贤在内，一片欢腾。八月二十二日，年纪轻轻的天启帝朱由校病死，弟弟崇祯帝朱由检即位。崇祯上位后，小心翼翼地与魏忠贤及其党羽周旋，直至十一月魏忠贤上吊自尽，崇祯取得了扫除阉党的初步胜利。

忙于庆功和政权交接的朝廷没有想到的是，陕西一个小县城的农民暴乱，居然是后续一系列心腹大患的开端。澄城县起义之后，陕西的饥民和饥军闻风而动，一个接一个发动起义。府谷县王嘉胤率杨六、不沾泥等起义；白水

① 也有史料记载是白水县王二带头起义，但《白水县志》等材料中有记载王二起义，却无杀澄城县令事。根据顾诚先生研究，郑彦夫杀澄城县令事更准确一些。见顾诚《明末农民战争史》，光明日报出版社，2012。

县王二起义，率众攻破宜君县城后，与王嘉胤会合；安塞人高迎祥率众起义，与王嘉胤会合；清涧人王左挂率众起义；汉南人王大梁率众起义，自称大梁王；清涧县书生赵胜率众起义，别号点灯子；阶州士兵周大旺率众起义；驻扎延西的边兵缺饷四年，在神一元率领下起义。

陕西的农民起义突然呈现出多点开花、野火燎原之势，朝廷不得不重视了，各地官军开始抓紧镇压农民起义。当时力量比较强的官军包括陕西督粮道洪承畴、巡按御史李应期、陕西三边总督武之望、总兵杜文焕、副总兵贺虎臣、张应昌等带领的官军。初期各起义队伍还比较弱，王嘉胤、王左挂、大梁王、周大旺、神一元都被打败，但加入队伍的群众却越来越多，起义军势头越来越强。

1629年（崇祯二年）十月，正当陕西农民起义如火如荼的时候，皇太极发动了第一次绕道袭扰明朝的战争，带领后金军一直打到北京城下。崇祯朝廷内外交困，惊恐之下急调各地军队勤王，其中包括陕西三边、山西、甘肃等地正在"剿贼"的边兵。因为路途遥远又缺乏粮饷，士兵们冻饿交加，连续发生哗变。本来调走这些边兵，就给起义军留下了发展空间，这些官兵哗变后，其中相当一部分无处可去，干脆加入了起义军。这些官军大多有过军事训练和作战经验，客观上大大加强了起义军的实力。

二

在陕西农民起义风起云涌之时，两位后来的著名人物加入了起义军，即李自成和张献忠。

李自成，陕西米脂县人，生于1606年（万历三十四年）八月二十一日。自成父母都是农民，家境十分贫寒。二十岁时，他应募去银川驿当马夫。1629年（崇祯二年），朝廷下令全国范围内裁撤驿站，自成因此失业。次年，陕西灾荒更加严重，大批饥民四处流亡，纷纷参加起义军，老家米脂的居民"从贼"者十之有七。在这种形势下，李自成带领本村一群走投无路的乡民，加入了不沾泥的起义队伍。他在起义军中别号"闯将"，带领的队伍称为

"八队"。

　　张献忠，陕西延安人，生于 1606 年九月十八日，比李自成小一个月。献忠的家庭背景不详，基本推断是个小手工作坊的家庭，家境也很贫寒，常受到富户的欺凌。有传他青年时期当过兵、当过捕役，但都不太确切。王嘉胤起义后，献忠毅然决然地参加了他的队伍。因作战勇猛，又有智谋，很快成为其中一支队伍的领导人，号称"西营八大王"。

　　对于陕西遍地开花的农民起义，新任三边总督杨鹤认为，农民起义主要是因为灾荒严重，农民难以生存。如果对起义军施以招抚，朝廷出钱让农民可以复业生产，应该可以解决根本问题；如果一味"剿贼"，朝廷一样要支出巨额军费，而且不能从根本上解决问题。应该说，杨鹤看到了问题的一部分根源，但也并不全面。他把招抚为主、追剿为辅的建议上报朝廷，得到了崇祯和一部分大臣的认可。1631 年（崇祯四年）初，御史吴甡带着朝廷颁发的十万两银子到陕西招抚放赈。当时王嘉胤、老回回（马守应）、罗汝才等大批起义队伍已东渡黄河，到山西境内"就粮"，留在陕西的神一魁①、点灯子、满天星等纷纷接受了招抚。问题是朝廷财政本来就捉襟见肘，达官勋戚也视私财如命，政府好不容易挤出来的十万两银子，也只不过是杯水车薪。同时，陕西巡按李应期、延绥巡抚洪承畴等"主剿派"还连续诱杀已经受抚的王左挂等起义军骨干。因此不久之后，受抚的义军又纷纷再叛，杨鹤的招抚计划完全失败，他也很快被崇祯免职，由洪承畴接任陕西三边总督。

　　在杨鹤推行招抚之前，王嘉胤、老回回马守应、张献忠、李自成、罗汝才等部义军已到了山西，一路上吸收了大量的饥民。各路义军中，王嘉胤的实力最强。杨鹤在陕西推行招抚的同时，"主剿派"却在山西加紧围剿义军。1631 年（崇祯四年）五月，洪承畴手下悍将曹文诏收买义军内奸，把王嘉胤灌醉杀死，义军遭受重大损失。王嘉胤的左丞紫金梁（王自用）带领余部逃出，与山西其他义军会合，声势重振。九月，点灯子赵胜在晋西石楼县被曹

---

①　崇祯四年正月，神一元领导的起义军与官军作战，神一元阵亡，其弟神一魁被推举为该支队伍的新首领。

文诏部所杀。陕西方面，九月，重新起义的神一魁因内乱被部将黄友才所杀，十二月黄友才在与官军战斗中阵亡；次年不沾泥、混天猴等也在战斗中被杀；白广恩率部投降官军，转过头来替朝廷效命镇压起义军，官职一路升至总兵，后来还跟随洪承畴参加了松锦大战。

在陕西、山西的一系列战斗中，义军的主要力量逐渐集中到了山西，双方一些将领初露锋芒。如宣大总督张宗衡手下部将贺人龙、左良玉，洪承畴手下曹文诏，都是后来镇压起义军的得力干将。义军方面，李自成、张献忠等也崭露头角，成为义军中比较有影响力的重要将领。

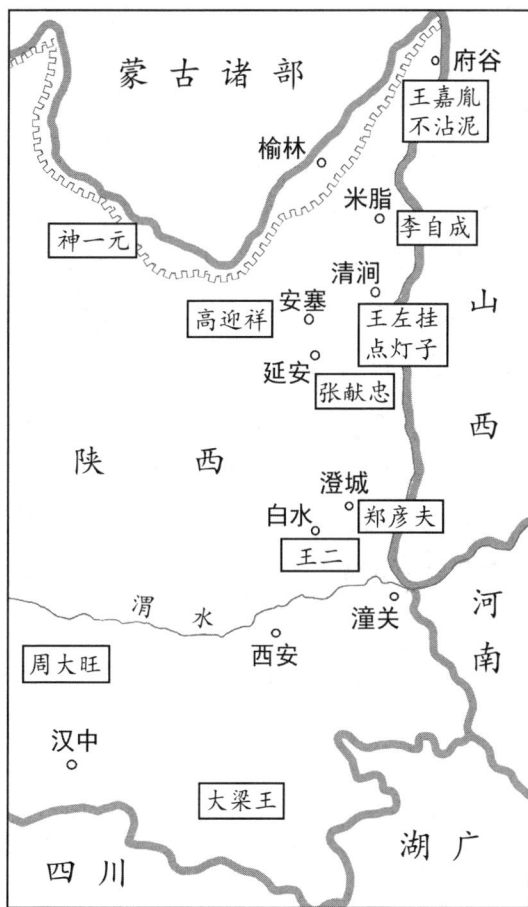

图 3-1　陕西农民起义初期形势图

　　1632年（崇祯五年）十二月，临洮总兵曹文诏和部将马科、曹变蛟^①率军从甘肃出发，东出潼关，进山西追剿义军。起义军虽然由很多支队伍组成，但已建立联盟关系，紫金梁王自用是公推的盟主，因此基本能做到统一行动。义军看到曹文诏等来势汹汹，于是避实就虚，向东越过太行山，到达河北顺德、真定境内，此地离北京已经很近。明朝廷较为紧张，同时派大名兵备道卢象升、河南左良玉以及昌平兵、通州兵等，配合曹文诏部，对义军形成夹剿之势。义军在实力上还不能与大规模官军正面对抗，只能转入太行山及河南北部一带活动。

　　1633年（崇祯六年）五月，义军盟主紫金梁在河南济源病死。是年冬，在晋、冀、豫三省交界一带活动的义军，被各路官军包围在河南省黄河以北的狭小地区，缺衣少粮，面临被围歼的危险。当时被包围的义军首领包括闯王高迎祥、闯塌天刘国能、闯将李自成、八大王张献忠、曹操罗汝才等重要人物。经首领们商议后，决定向明军诈降，由张妙手、刘国能、李自成等为代表，向京营总兵王朴^②、监军太监杨进朝等厚礼行贿，表示愿意投降。王朴、杨进朝等信以为真，同时也为了争得招抚流贼的头功，立即向朝廷奏报，同时停止了对义军的进攻。几天之后，气温骤降，山西到河南的一段黄河封冻，义军趁官军不备，把门板铺在冰面上，再撒上一层土，带领全部兵马飞速向南渡过黄河，到达河南渑池一带，把明军主力远远甩在了身后。这一天，是1633年十一月二十四日。明末农民起义军从这一天起，度过了整体上的第一个最严重危局，突破了陕西、山西的限制，如水银泻地一般向中原进发。

---

① 马科、曹变蛟后来官至总兵，都是洪承畴手下的得力干将，随洪承畴参加了松锦大战。曹变蛟在松山城破后被清军俘杀。

② 王朴后来随洪承畴参加1640—1642年的松锦大战。洪承畴被围松山，当晚召开突围部署会议，约定次日晨突围。大同总兵王朴因过于害怕，当晚未到约定时间就带所辖兵马逃跑，造成明军大乱，各部争先恐后而逃，致明军大败。王朴回京后被问罪处死。

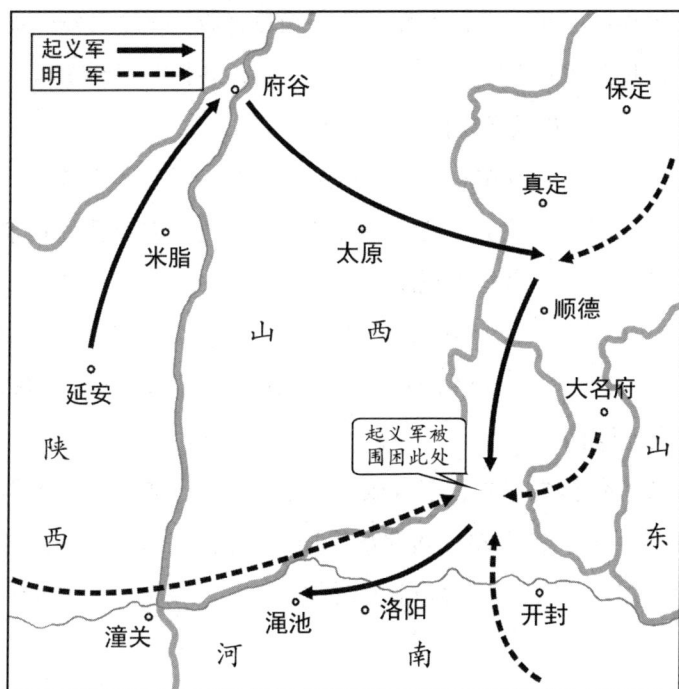

图 3-2　起义军跨过黄河突出重围

第二节　农民军挺进中原

一

起义军向南跨过黄河挺进中原，是明末农民起义的一个重大转折点。一方面河南是明帝国的腹地，长期以来地方政府缺乏战争经验，兵力相对薄弱，义军进入河南后一路摧枯拉朽，实力大增。另一方面河南连年天灾，民心思反。按明南京兵部尚书吕维祺在《中原生灵疏》里的描述，河南自崇祯三年到六年，已经连续四年大旱，大部分地方颗粒无收、十室九空。而朝廷不仅不放赈，反而加紧催逼钱粮。因此起义军一到，各地饥民纷纷响应，积极参加起义队伍，起义军规模迅速扩大。

进入河南仅仅一个月左右，义军足迹已经遍布河南西部各县。其中一路是横行狼、一斗谷、扫地王、满天星等带领的八营，人数已达到十余万。他们向西进入陕西，一天之内攻克陕东南山阳、镇安、商南等县，兵锋直指陕西首府西安。洪承畴大惊，急调兵马堵截。义军则掉头南下，又连克洵阳、紫阳等县，进入四川。到崇祯七年上半年，入川的义军一部分向东到了湖广，大部分则又北上陕西。

另一路义军包括高迎祥、李自成、马守应、张献忠等部。他们进入河南西部卢氏山区，南下进入湖广西北部，连破郧西、上津、房县、保康诸县，沿途乡民纷纷加入，队伍实力得到极大提升。

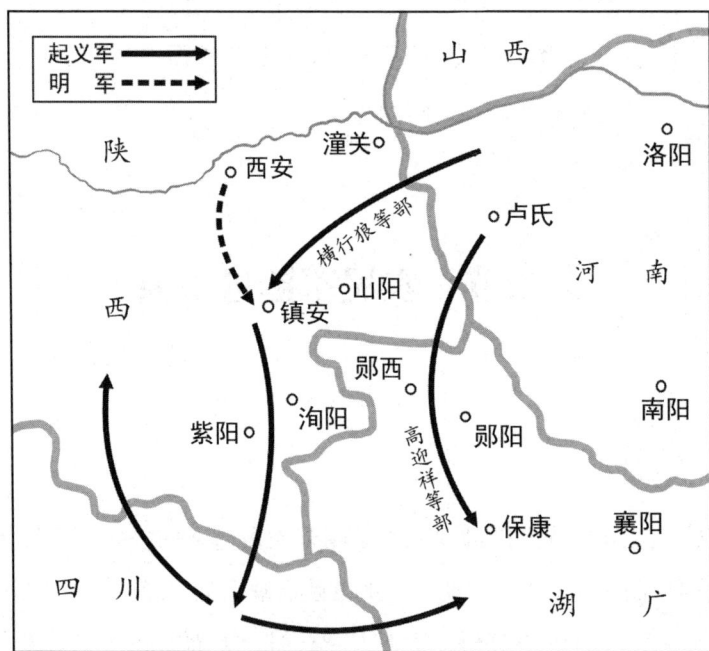

图 3-3　起义军进入豫陕川湖

　　面对起义军的快速扩张和流动作战，明朝廷感到急需统筹相关各省兵力，才能有效遏制起义军。于是在 1634 年（崇祯七年）初，任命延绥巡抚陈奇瑜为"五省总督"，总督陕西、山西、河南、湖广、四川五省兵马。是年春，张献忠、李自成部从湖广向陕西转移，途经汉中府兴安所附近的车厢峡[①]，被陈奇瑜部包围。车厢峡长四十余里，宽仅丈余。后有陈奇瑜追兵，前面峡谷出口被官军堵死，偏偏又连下了七十多天的雨，起义军被堵在峡谷中，士兵刀箭锈蚀，衣甲浸透，粮草耗尽，眼看已陷入绝境。此时，起义军首领们又想起行贿加诈降之计，于是把所有的金银财物都集中起来，派人到陈奇瑜营中，给各级官员将领都贿以重礼，表示起义军要投降。本来诈降并非什么高明计策，况且不久前才在晋、冀、豫的官军包围圈中使用过，很容易识破，但加上贿赂就不一样了。收了礼的官员将领在陈奇瑜面前不断为起义军说好话，再加上陈总督自己有不战而屈人之兵的侥幸心理，最终同意招安起义军。六月，起义军四万多人被放出车厢峡。官军给起义军每一百人派一名安抚官，负责监视和登记造册，打算把起义军士兵遣送回乡。某天夜里，起义军士兵突然重新拿起刀枪，群起击杀各安抚官，向西安、甘肃一带攻去。陈奇瑜此时方知上当，但悔之晚矣。当年十一月他因此被撤职逮捕下狱，由洪承畴接任五省总督。

　　李自成、张献忠等部起义军走出车厢峡，在西安、甘肃一带攻城略地的时候，皇太极在这一年的五月到九月，发动了第三次绕道袭扰明朝的战争。崇祯朝廷继续内外交困。

---

①　顾诚先生《明末农民战争史》中认为，起义军经过的是汉中栈道，不是车厢峡，认为吴伟业《绥寇纪略》中说的车厢峡不准确，甚至根本不存在。参看谭其骧先生的《中国历史地图集》，确有标出兴安附近的车厢峡。而汉中栈道靠近汉中府西部，南面是四川；车厢峡则在东部，靠近湖广。如果从四川经汉中进入陕西，经过汉中栈道是合理的；但崇祯六年至七年初，李自成、张献忠部主要在湖广活动，从湖广去陕西，经过车厢峡的路线更为合理。

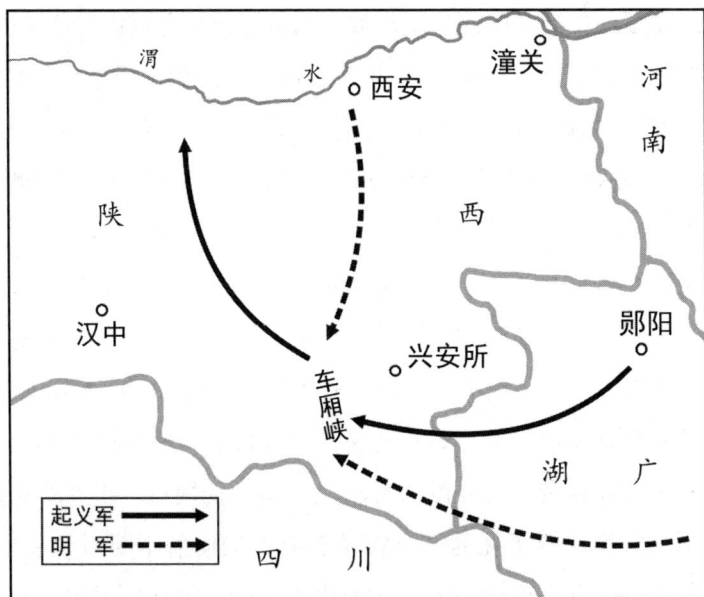

图 3-4　李自成计出车厢峡

二

　　起义军在陕西活动一段时间后，队伍规模急剧增长。1634 年（崇祯七年）冬，起义军分三路大军东进：一路由陕州（今河南省三门峡市陕州区）渡河，北上山西平阳，之后再南行至河南归德府（今河南省商丘地区）；一路由武关经南阳地区进兵湖广郧阳、襄阳地区，之后回到河南南阳；一路由卢氏县向东攻打河南郡县。这样，大部分起义军都集中到了河南①。之后，起义军主力向豫东南和皖北方向发展。1635 年（崇祯八年）正月初，起义军经河南汝宁

──────────

①　据传 1634 年（崇祯七年）底，起义军十三家七十二营二十余万人齐聚河南荥阳，开了个荥阳大会。会上李自成崭露头角，提出"联合作战，分兵定向"的战略主张，隐隐成为起义军中最重要的领袖之一。清初吴伟业最早把荥阳大会一事写入他的《绥寇纪略》，他的说法被《明史》采用，流传甚广。但据顾诚先生等专家考证，吴伟业的说法在时间、事件等很多方面都和其他佐证材料对不上，荥阳大会更像小说家言。

府东进安徽，进攻南京所辖凤阳府的颍州县。退休回家的原兵部尚书张鹤鸣在颍州居住，率子弟家丁拼死守城。城破，张鹤鸣被处死，起义军继续东进。正月十五日，扫地王、太平王等义军突然进抵凤阳城。

凤阳是朱元璋"龙兴"之地，其父母葬在这里，称为皇陵。因此凤阳被定为中都，享有特殊的政治地位。也许是出于风水的考虑，凤阳城并没有城墙。因此义军到了之后，很快歼灭留守官军四千多人，放火烧了皇陵，挖了朱元璋的祖坟，被关押的宗室罪犯也被释放。此事在政治、精神上对崇祯朝廷造成了沉重打击，君臣一片哀恸。崇祯哭告太庙，下罪己诏，处死了凤阳巡抚杨一鹏，巡按凤阳御史、守陵太监等畏罪自杀。

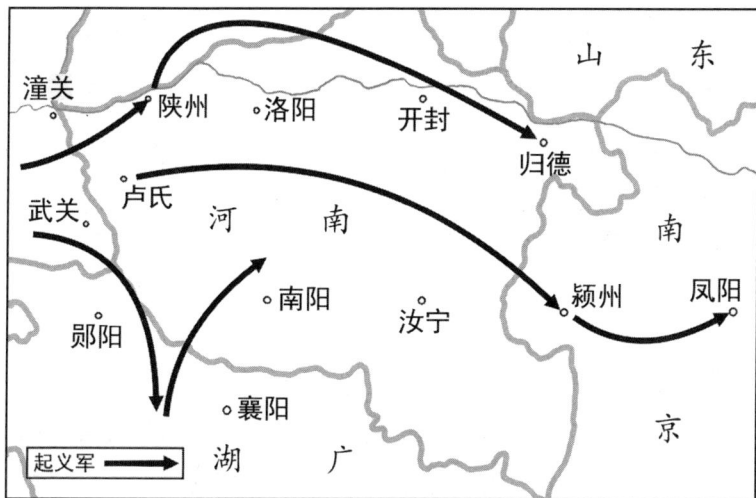

图3-5　起义军进军河南、安徽

凤阳被克，崇祯怒极气极，下令洪承畴所领陕西兵尽快出潼关，入中原，务必在六个月内剿灭流贼。起义军听到这个消息，又从河南、安徽等地避开明军，掉头回了陕西。陕西因为连年的灾荒、战乱，残破饥荒更甚往年，当地农民求生无望，纷纷加入起义军，"从贼者如归市"，起义军队伍规模很快超过了百万人。即便队伍中有很多老弱妇孺，这个数字也足以让官军望而生畏了。

洪承畴带领的官军刚到河南汝州，得知义军主力已回到陕西，只能回头向西追赶。六月，李自成部围攻甘肃宁州（今甘肃省宁县），多路官军前来救援，都被义军打得大败。总兵曹文诏是洪承畴帐下最强悍的一员猛将，常年追剿义军，杀人无数。这一次，他被李自成部包围在甘肃真宁（今正宁县）附近。曹文诏战至最后，看突围无望，遂拔刀自刎而死。

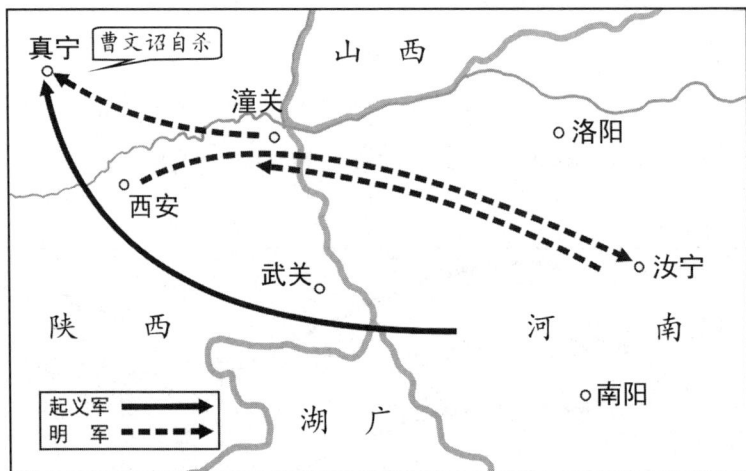

图 3-6　李自成等部进攻陕西

这边明朝廷穷于应付越来越强大的农民起义军，那边皇太极又在该年（1635）七月发动了第四次掠明战争。崇祯考虑单靠洪承畴所部，难以同时应付后金和起义军，于是在八月任命湖广巡抚卢象升总理直隶、河南、山东、四川、湖广军务，带领总兵祖宽、祖大乐等，包括一部分辽兵，一起夹剿义军。职责上"洪承畴督剿西北，卢象升督剿东南"。祖大乐是祖大寿堂弟；祖宽原是祖大寿家仆，因骁勇善战逐渐升为总兵。二人都是辽东将领，带的是战力较强的关宁辽兵，他们参与"剿贼"，表明朝廷已实在难以应对农民军了，不得不调一部分辽东战力参与内战。

1635 年至 1636 年上半年，义军李自成、过天星等部主要在陕西与洪承畴部作战，高迎祥、张献忠等另一部主力则在河南、安徽、湖广同卢象升部作战，官军和义军互有胜负。

1636年（崇祯九年）二月，高迎祥部在江淮地区作战不利，与蝎子块、闯塌天等部转战回陕西。之后卢象升大军齐聚豫西洛阳一带，堵住义军返回河南的通道，洪承畴和陕西巡抚孙传庭部则从西北方向夹剿高迎祥部。七月二十日，在西安西面周至县马召原的战斗中，因内部叛徒出卖，闯王高迎祥被孙传庭部擒俘，后被押送至北京，凌迟处死。长期以来，闯王高迎祥带领的部队是义军中实力最强的一支，他在义军中有很大的影响力，也一直被朝廷视为最重要的"贼首"。高迎祥的牺牲带来的后果是：一方面朝廷和官军剿灭流贼的信心得到极大提振；一方面义军士气受到重大打击，一些首领对起义军的前途失去信心。如义军著名首领张妙手、蝎子块（拓养坤），均主动向孙传庭部投降。农民起义军面临一个艰难的转折点。

第三节　杨嗣昌"十面张网"

一

1636年（崇祯九年）四月，明军正在加紧夹剿高迎祥部时，皇太极在沈阳改国号为大清，年号崇德。五月至九月，皇太极发动第五次攻明战争，再次在河北、山西、京畿一带大肆劫掠。而李自成等部依然活跃于陕西、甘肃等地，张献忠、革左五营、罗汝才、刘国能等则在河南、湖广、安徽等地继续战斗。

1637年（崇祯十年）三月，崇祯希望加强朝廷军事决策中枢，起用杨鹤之子、宣大总督杨嗣昌为兵部尚书。杨嗣昌擅长理论，对于清朝不断侵扰、内部贼势凶猛的问题，提出了"必安内方可攘外，必足食然后足兵，必保民斯能荡寇"的想法，以及"十面张网"围剿义军的策略。具体就是：以陕西、河南、湖广、凤阳这四个农民军最活跃的地区为四正，地方官军以剿为主；延绥、山西、山东、应天、江西、四川这六个地区为六隅，地方官军以堵截为主，必要时参与围剿；以陕西三边总督的西北边兵和中原"五省总理"的军队为主力，"专任剿杀"。

按理说，杨嗣昌的"十面张网"确实是比较系统化的策略，崇祯也十分认同，但问题是怎么实施？经过计算，实施此计划需要增兵十二万人，增加饷银二百八十多万两，如此大量的人和钱从哪里来？勋戚达官集中了大量的财富，但没有人愿意拿出来，最终仍然是加派到百姓身上。四月，崇祯下令加征"剿饷"，按每亩加粮六合，每石折银八钱，合计增赋二百八十多万两。军饷看似解决了，但重赋之下，百姓生活更加凄惨，对朝廷更加不满。

人事方面，杨嗣昌推荐两广总督熊文灿接任五省总理。熊文灿原任福建巡抚期间，招抚了海盗郑芝龙①，后提拔为两广总督，实际上却是个夸夸其谈、华而不实的人。十月，杨嗣昌认为条件已成熟，上疏崇祯，表示"可三月而平贼也"，随后对起义军展开了疯狂剿杀。

1638年（崇祯十一年），大部分义军都在中原地区活动，西北只有李自成等少数几支义军。洪承畴、孙传庭在"三月平贼"的压力下，带领总兵曹变蛟、左光先、祖大弼、副将贺人龙等抓紧追剿西北义军。三月，在河州、洮州地区两次重创李自成部。李自成分兵隐藏，逃到川、陕交界处，终于逃脱官军追击。五月，李自成余部和六队祁总管部会合入川。七月至八月，马科、贺人龙、左光先部在四川广元、南江县连续大败义军，六队祁总管投降官军。李自成只剩下七八百人马，不得已躲入陕西、湖广、四川交界的山区，从此销声匿迹了两年左右②。

中原的义军也发生了较大的变化。1637年（崇祯十年）八月，张献忠在河南南阳被官军左良玉部击败，带着部队到湖北麻城一带休整。十二月，

---

① 郑芝龙，郑成功之父，明末在福建、台湾一带从事海上走私贸易等活动，有自己的船队和武装力量，被明廷视为海盗。后接受福建巡抚熊文灿招安，任海防游击将军、总兵等职，隆武朝期间总揽朝廷一切军政大权。清军进攻福建时投降清朝，被带到北京，后被清廷处死。

② 有些史料记载李自成是惨败于"潼关南原大战"，最早是记于吴伟业的《绥寇纪略》。经顾诚先生考证，当时相关的官府文书和地方志都没有记载过这次战役，且当时李自成的兵力情况和吴伟业描述的差距极大，所以这次大战应该是虚构的。见顾诚《明末农民战争史》，光明日报出版社，2012。

　　五省总理熊文灿又开始操作他"擅长"的招抚之策，派人去游说张献忠归降。献忠表示愿意受抚，但还要考虑一下。次年（1638）正月，献忠进占湖北谷城，贴出告示表示愿意接受招安，并派长义子孙可望携带珍宝献给熊文灿，以表达诚意。熊文灿大喜，上报朝廷。杨嗣昌担心张献忠还是诈降，要求他先去剿灭李自成、马守应，才可招安。但崇祯认为此要求太过刚硬，怕错过招抚良机，因此同意立即招抚张献忠部，并允许他们就驻扎在谷城屯田休养。

　　该年正月，闯塌天刘国能抢在张献忠前，在随州投降了朝廷，但他手下大部分人马未跟随他投降，而是跟随了老回回马守应、革里眼贺一龙等。张献忠和刘国能的受抚，给很多义军首领造成了极大的心理影响。七月，顺义王在河南信阳投降官军；曹操罗汝才、混十万马进忠、整十万、小秦王等在河南永宁（今洛宁）向熊文灿乞抚；八月，过天星、射塌天等六部在河南卢氏县乞抚。一时间，河南、湖广一带的义军投降成风。剩下的老回回马守应、革里眼贺一龙、左金王贺锦、刘希尧、蔺养成部（这几部合称"革左五营"）未投降，但明显已势单力孤。

图 3-7　中原义军纷纷投降

表面上看，杨嗣昌的"十面张网"确实取得了巨大成果，如闯塌天刘国能等是死心塌地地真实投降，但其他一些义军的投降很有可能只是权宜之计。如张献忠、罗汝才部，他们与地方官府达成互不侵犯的默契，但并不听从熊文灿的调遣，不解散建制，也不听令去攻击别的义军，只是一味虚与委蛇。朝廷未尝不想利用他们居而不流的机会来个一网打尽，但北方还有清军不断袭扰，只能来个缓兵之计。该年（1638）八月，清军从河北破墙而入，第六次袭扰明朝，洪承畴、孙传庭、卢象升、祖大寿、山东总兵刘泽清、安庆巡抚史可法等都被调去勤王。十二月，卢象升在与清军战斗中阵亡。明朝廷损失惨重，实在也腾不出手来收拾起义军，只能先做安抚，将来再找机会消灭之。

二

果然，次年（1639）三月清军退回辽东之后，杨嗣昌、熊文灿就调集大批军队，秘密在郧阳、襄阳一带集结，意图一举消灭张献忠等部。张献忠得到密报，于五月率部重新起义，一举占领谷城县，之后转向进攻房县。罗汝才、白贵、黑云祥等三部立即响应，一起联合围攻房县，县城很快被攻破。熊文灿急令总兵左良玉进剿，结果七月在房县附近中了张献忠、罗汝才的埋伏，几乎全军覆没，左良玉拼死逃出，连官印都丢失了。

消息传到北京，崇祯大怒，革了熊文灿的职，左良玉连降三级戴罪立功；命杨嗣昌任督师，赴前线直接指挥；原四川巡抚傅宗龙接任兵部尚书。杨嗣昌九月到达襄阳后，提议左良玉任"平贼大将军"，很快获崇祯批准。此时张献忠已经由湖广西进，到达川、陕交界处，杨嗣昌认为张献忠会北上陕西，因此要求主力部队在兴安一带堵截。左良玉不同意也不执行杨嗣昌的部署，径自率部追击张献忠部。1640年（崇祯十三年）二月初，左良玉部及陕西官军和张献忠部义军在四川太平（今万源市）玛瑙山相遇，双方展开激战。献忠大败，带余部突围而逃，他的大刀、兵符、令旗、妻妾七人及军师等，都被官军搜获。之后官军又在韩溪寺、盐井、木瓜溪连续三次大败张献忠，献忠只得带着残兵败将躲入深山老林。

左良玉报了房县一战之仇，而且事实证明他对军事部署的判断是正确的，从此更不将杨嗣昌放在眼里，根本不听他的号令。杨嗣昌因此也对左良玉大为不满，提议由陕西总兵贺人龙代替左良玉挂"平贼将军印"。但朝廷刚刚批准他的提议，他又反悔了，觉得临阵换大将不妥，而且左良玉确实能打，声望也比贺人龙高，因而又请示朝廷撤销此任命。结果这么一折腾，左、贺两人都深恨杨嗣昌。

是年九月，遭受挫折的张献忠和罗汝才决定联合入川。入川后，义军连克剑州、梓潼、隆昌、泸州、德阳等地，杨嗣昌率部一路尾随，但一直没追上"以走制敌"的义军。张献忠为此还作了一首打油诗，讥笑杨嗣昌及其官军："前有邵巡抚，常来团转舞；后有廖参军，不战随我行；好个杨阁部，离我三天路。"

1641 年（崇祯十四年）正月，张、罗义军由四川东出湖广。杨嗣昌得到消息，九次檄调驻扎在湖北郧阳的左良玉部迎头堵截义军，但左良玉置若罔闻。正月十三日，总兵猛如虎带领的官军在四川开县追上义军，展开激战，结果官军大败，再也无力追击义军。义军继续东进，接近湖广边界时，左良玉居然领兵开往陕西兴安，就像专门给义军让道一样，应该是故意想要杨嗣昌的好看。结果义军毫无阻挡地一路东进。此时打探到襄阳城守备单薄，张献忠亲率轻骑一日一夜奔袭二百里，来到襄阳城附近，命二十多名手下乔装为官军，手持缴获的杨嗣昌文书混入城内。二月初四日半夜，城内义军放火为号，内外合击，很快拿下襄阳城，活捉了襄王朱翊铭。献忠命人将朱翊铭推出斩首，打开监狱解救了玛瑙山战役被俘的军师和献忠妻妾，没收襄王所有财产，发放白银五十万两以赈饥民。

杨嗣昌此时正在湖北荆州，听到襄阳城破、襄王被杀的消息，惊惧交加。尤其是亲王被杀，他无颜以对崇祯皇帝的深切信任，只能以死谢罪。三月初一日，杨嗣昌自尽而死[①]。

---

① 杨嗣昌之死，有说服毒的，有说绝食的，也有说病死的，史料证据都不充分。当时他五十岁，正当壮年，之前也无记载说他有重大疾病。按正常逻辑推理，遇到襄阳城被破的重大事件，羞愤无比而自尽的可能性比较大一些。

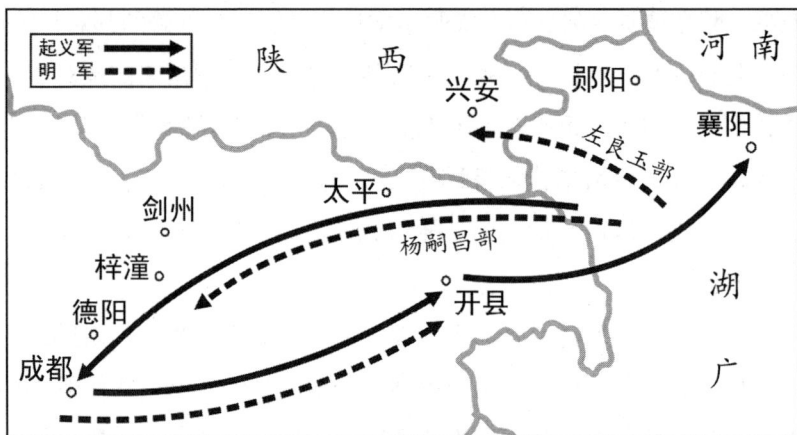

图 3-8　张献忠四川东进湖广

第四节　李自成复出和三围开封

一

1638 年（崇祯十一年）八月，李自成在四川南江县被贺人龙、左光先部打败，带着仅存的几百人躲入陕西、四川、湖广交界的山区，一躲就是两年。这两年也正是张献忠、罗汝才等部义军屡遭战败，义军纷纷投降官军的时候，可以说是明末农民起义的最低谷。

1640 年（崇祯十三年）六月，李自成重整旗鼓，率部从湖北房县出发，取道陕西平利、洵阳、商州进入河南淅川、内乡地区。当时他的兵力仅有不到一千人。这一年，中国北部的灾荒特别严重，不仅有多年罕见的旱灾、蝗灾，而且明朝廷加派的剿饷也极为沉重。承受不了灾荒和重赋的农民大批死亡、逃亡，剩下的农户更加无以为生，很多人揭竿而起，拉起了大大小小很多支起义队伍。李自成进入河南后，虽然他队伍人数很少，但多年来江湖名声在外，当地起义首领一斗谷、瓦罐子等带着大批队伍来投奔他，一瞬间队伍就达到了数万人。十二月，李自成带着这支新队伍连破鲁山、郏县、伊阳、宜阳、永宁、灵宝、新安、宝丰等多座城池，兵锋凌厉，势不可当，同时提出了"不杀平民，唯杀官"的口号。

在义军力量快速发展之时，一些知识分子加入了李自成的队伍，如牛金星和宋献策等。牛金星是河南宝丰县人，天启七年中了举人，后因官场倾轧被革去功名充军，他在李自成起义军的建章立制、招揽人才、建立政权等方面发挥了比较大的作用。宋献策是河南永城人，原职业是算命卜卦，精通易学术数，加入义军后成为李自成的军师[1]。这些人才的加入意义重大，意味着李自成的部队已经从"流寇"向一股正规的政治势力转变。

李自成在攻克宜阳、新安等县城之后，离河南府的首府洛阳已经近在咫尺。洛阳是明福王朱常洵的封藩之地，朱常洵也就是万历帝极为偏爱的郑贵妃之子。当年万历一直想废掉太子朱常洛，立朱常洵为太子，因此而与大臣们斗争几十年，明末"三大案"都与此有关。最终万历迫于无奈，封朱常洵为福王，就藩洛阳。福王受封王庄田地两万顷，皇家赐予的财物不计其数，家里金银财宝堆积如山，可以说是富可敌国，而宫墙之外却是遍地的饥民和饥军。当时南京兵部尚书吕维祺也住在洛阳，他看到义军来势汹汹，而洛阳府库已经空空如也，提议福王捐出点钱财，资助守城军队粮饷。但朱常洵视财如命，抠抠搜搜只拿出三千两银子犒军，捐买的粮食都是霉变陈粮。

1641 年（崇祯十四年）正月十九日，李自成兵临洛阳城下。守城士兵已长期缺粮缺饷，饥饿难耐，又听说福王如此吝啬，于是群情激愤，打开大门放义军入城。二十一日，义军占领洛阳全城，活捉了福王朱常洵和南京兵部尚书吕维祺，朱常洵的世子朱由崧趁乱逃脱。朱由崧从此四处流浪，状若乞丐，后来机缘巧合，竟然成了南明弘光朝廷的皇帝，此时暂且按下不表。

---

[1]　还有一位重要人物是李岩，他的相关故事流传甚广，代表原官僚集团的部分精英也加入了义军，对起义军的后期发展有重大意义。但清初已有人经考证提出李岩是虚构人物。根据顾诚先生的考证，基本能证明李岩是小说家虚构人物，被一些史料误采用而广泛流传。见顾诚《李岩质疑》，光明日报出版社，2012。

　　李自成下令处决了朱常洵和吕维祺，没收福王所有财产，开仓济贫，大得民心。传说李自成还把福王的肉和梅花鹿的肉一起煮熟，众人分食之，称为"福禄宴"。

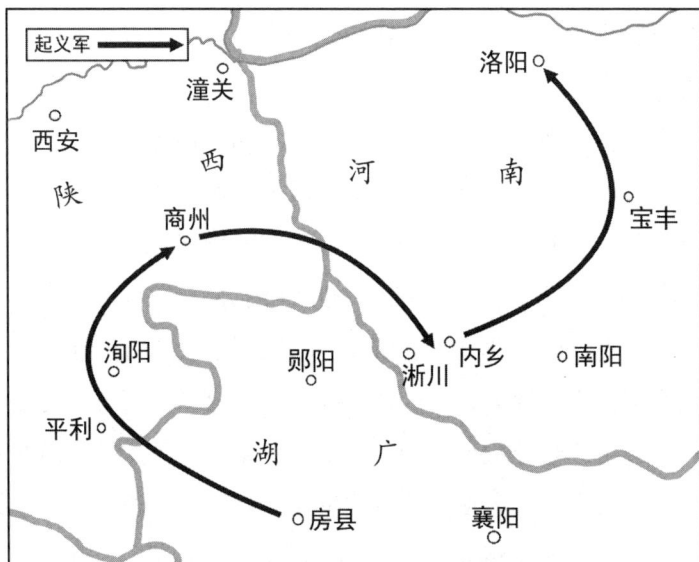

图 3-9　李自成进军河南攻克洛阳

　　李自成攻下洛阳有极为重大的意义：其一，这是他攻下的第一座大城市，义军获得了大量财物和军备，财力和装备都大大提升；其二，哗变投降的明军都是训练有素、战力很强的正规军，大大提升了义军的队伍实力；其三，义军获得了大量粮草，不仅自己人足马饱，还吸引了大量饥民饥军加入，几天之内义军由几万增加到数十万之众。李自成也被民众称为"闯王"，所部义军称为"闯军"。李自成的闯王称号与原先的闯王高迎祥并无关系，并非继承高迎祥的称号，而是李自成实力大涨之后军民对其发自内心的尊称。

　　几乎在李自成攻克洛阳、杀福王的同时，张献忠也攻克了襄阳，杀了襄王。北边清军则正在严密围困锦州，松锦大战已经打响。面对内外夹攻的窘境，崇祯左右权衡，还是决定先解决北方房患，于是任命洪承畴为蓟辽总督，率领各路总兵共十三万人前往锦州。其中，除原来就镇守关外的宁远总兵吴三桂、辽东总兵王廷臣等外，原本重点参与"剿贼"的总兵马科、大同总兵王朴、东协总兵曹变蛟、援剿总兵白广恩等，都被调去参与松锦大战。西北和中原的"剿贼"兵力更为薄弱了，这也为义军势力的快速发展提供了机会。

二

占领洛阳十几天后，李自成得到消息，开封守城军队外出作战，城池守备空虚，遂于二月初九日，率部从洛阳急行军三昼夜，十二日抵达开封城下，这是闯军第一次攻打开封。

开封是河南省首府，离洛阳近五百里，是明周王的封藩之地，人口百万以上，城郭坚固，是明朝最大的城市之一，其战略意义非比寻常。洛阳一天之内失陷，而开封先后被闯军围攻三次，历时十七个月，最终也未落入李自成之手，其表现令人惊异。

当时开封城虽然几乎没有什么正规军队，但巡按高名衡、开封府推官黄澍、祥符知县王燮等官员积极认真备战；周王朱恭枵出人出钱，把大批银子搬上城头，言明打死一个敌人当场赏银五十两；城内商贾富户也争相捐献钱粮；民众积极组织民兵守城。在此情况下，闯军用挖城墙、架云梯等战术连攻几天，居然都被打退。二月十六日，外出救援洛阳的副总兵陈永福带兵回到开封，开封有了正规军队。十七日，李自成装扮成普通士兵到城下观察敌情，不想被城上射来的一支箭正中左眼，命是保住了，但眇了左眼。十八日，闯军得到消息说左良玉部和保定官军已经在来援救开封的路上，李自成又受了重伤，只得从开封撤军。

闯王李自成从开封撤军后，继续在河南境内攻城略地。七月，罗汝才因为与张献忠不和，带部众来到河南，与李自成合营，义军实力更加强大。之后，义军陆续攻克项城、商水、许州、叶县、南阳、襄城等大批州县，陕西三边总督傅宗龙被擒杀，总兵猛如虎、刘光祚、投降朝廷的原义军著名首领闯塌天刘国能、李万庆等被杀，义军取得了巨大战果。

十二月二十四日，李自成、罗汝才联军第二次围攻开封。根据当时在城中的亲历者李光壂《守汴日志》的记载，闯军首先驱赶周边农民数十万人去挖城墙，前后挖出了几十个大洞，而挖墙农民也被城上箭矢射杀无数，逃回去的很多农民则被闯军斩杀。闯军士兵潜入洞中伺机攻城，但守城士兵采取垂直挖洞的战术，打穿闯军墙洞后扔入柴火焚烧，夺回了几乎所有的墙洞。之后闯军调集了上百门大炮，猛轰城墙，守城士兵死伤无数，部分城墙被轰塌。但守城士兵在塌口处及时浇上冷水，因天气寒冷，塌口很快结冰，闯军依然无法攻进来。闯军将一个大墙洞中塞满火药，没想到点着之后城墙未被炸塌，反而炸死炸伤了很多守在洞外的闯军士兵。

攻守连续二十几天，开封军民在王燮、黄澍、陈永福等人的指挥下，居然扛过了闯军的所有进攻。这时，李自成得到保定官军已经渡过黄河，左良玉、虎大威等部官军也前来救援的消息，遂于1642年（崇祯十五年）正月十五日撤军。第二次围攻开封计二十三天。

从开封撤走后，闯军又连续攻克了开封周围十七个州县。在攻克襄城的战斗中，新任陕西三边总督汪乔年被擒杀。

五月初二日，闯军第三次围住开封。注意，这次只是"围住"，而不是"围攻"。

城内军民因为有前两次成功守城的经验，对守住开封很有信心，而没有觉察到闯军这次行动似乎和以往有所不同。闯军围住开封城，但没有任何攻城行动，只是派人把城周围刚刚成熟的麦子收割一空。这时，明督师丁启睿、保定总督杨文岳、总兵左良玉、虎大威等率部驰援开封。开封军民听到信息，信心更增。五月十三日，左良玉大军到达朱仙镇，李自成立即从开封撤走，率军直扑朱仙镇。左良玉此时对闯军极为畏惧，尚未正经接战，就带着部下七千多人夺路而逃，其他将领也不战自溃。很快，闯军又回到开封，继续把城团团围住。

李自成这次的策略已经明确，那就是"围而不打，困死开封"。他们在开封城的外围筑起笔直的土墙，仅留下部分小路口，派士兵把守，把开封城和外界完全隔绝。很快，城内开始缺粮，米价暴涨，之后给再多的钱也买不到米面了。曾经官民团结、齐心抗贼的景象一去不复返，官府开始强征和搜查民众的余粮，仅剩的粮食被全部抢走，首先保证官府和军队。八月，余粮用尽，牲畜被宰杀吃光，药材、皮具、茶叶等都被吃光，一些人开始吃旧纸、棉絮、胶泥，甚至粪便和蛆虫，大批居民开始被饿死。妄想逃出城的人，被闯军砍断双手再驱赶回城里，更进一步增加了城内居民的食物负担和恐惧感。于是，人吃人的惨剧又出现了。路上独自行走的人会被别人"拉而杀之，分肉而啖"[1]，也有的人夜间闯入别人家中，杀人取肉，甚至"父食子，妻食父，兄食弟，姻亲相食"[2]。进入九月，城中已经白骨如山，路绝行人。饥饿摧毁了一切，包括秩序、良知和希望。

九月十五日，黄河被决，大水向开封城汹涌而来。城东北面的闯军躲避不及，一万多人被全部淹死，西南面的闯军急速撤离。但城内居民无路可逃。开封原有人口百余万，此前七成居民都已被饿死，这时又淹死一大批，最后存活的仅有一万多人。高名衡、黄澍、陈永福、周王朱恭枵等借小船逃出。

至于是官军还是闯军决的黄河，历来都有争论。总的来看，闯军故意决河的可能性不大，否则不会先淹死自己东面部队一万多人，西面部队也仓皇逃走。官军决堤水淹闯军的可能性大一些。不过闯军在六月也试过小规模决河淹城，只是当时汛期未到，黄河水量不足，只好作罢，但决口已经存在。而到了九月，黄河水大涨，新旧决口一起冲开，就导致了这次世所罕见的人间惨剧。

李自成还是没有拿到开封城，而明朝廷也失去了这座中原重镇。围城惨剧，在世界战争史中一直都有，明末战争中也如此，如辽东战场上大凌河之围、锦州之围等。但从惨烈程度而言，明末开封之围首屈一指。令人痛心且应该深思的是，无论战争正义与否，也遑论战争的任何一方正义与否，被裹挟于其中的普通民众，永远是最悲惨、最无助的。明末清初的乱世之中，人命之不如草芥，此即为一例。

---

① 白愚《汴围湿襟录》，中国历史研究社编《虎口余生记》，上海书店，1982。

② 李光壂《守汴日志》，中州古籍出版社，1987。

第五节　四朝并立

一

　　在李自成三围开封之前的几个月，西北官军内部发生了较大变化。当时在内地"剿贼"的各路官军中，以活动在河南、湖广一带的左良玉部和陕西的援剿总兵贺人龙部实力最强，但左、贺两人都随自己实力增强而越发骄横跋扈，不太听朝廷调遣。1642 年（崇祯十五年）四月，即闯军第三次围开封前一个月，崇祯密令新任陕西三边总督孙传庭，以筵席为掩护，突然擒杀了贺人龙。然后任命从李自成部投降过来的、现任副总兵的高杰为总兵，于九月带兵出潼关，救援开封。

　　孙传庭的陕西兵行至一半时，开封已被黄河河水淹没，闯军主力也从开封向西移动，双方在郏县地区接战。李自成部中了官军埋伏，大败而退，幸亏罗汝才部及时从旁夹击官军，义军反败为胜，孙传庭部大败退回潼关。

　　十月，一直活动于河南、安徽、湖广交界处的革左五营（由老回回马守应、革里眼贺一龙、左金王贺锦、治世王刘希尧、争世王蔺养成五部组成），听说李自成、罗汝才在河南打开了局面，于是率部北上河南，同李、罗部合营。在河南的义军实力更加强大，李自成也逐渐成为公认的领袖。

　　此时义军已几乎占领了河南全境，开始了"守土不流"的尝试。他们对攻克的地区不再是弃而不守，而是派军驻守，并任命地方官员；严格整顿军纪，严禁士兵随意抢劫、杀人和私藏妇女；把原来一直随军的大批士兵家属安置到各个城镇，保证部队的正规化；进行科举选士，招揽文人出任地方官员。其中科举选士遇到了一些障碍，一些文人拒绝参与考试，有的借机辱骂义军。李自成大怒，下令不合作的、辱骂义军的，都割去耳鼻。科举之事不算成功，但这些举措都是对下一步建立政权的有效尝试。

　　闰十一月，李自成带义军主力四十万人，经南阳进入湖北，直指襄阳。此次南下湖广的主要原因，一是河南灾荒严重，连年战乱，义军规模又急速增大，粮食成了个大问题，到湖广应该相对容易解决这个问题；二是李自成围攻开封本来有个目的，即拿下一个中原大城市，作为今后的根据地。但现在开封已毁，洛阳规模偏小，湖北襄阳、武昌即成为较好的选项；三是左良玉部还在湖广地区活动，如果把这一支官军消灭，义军在中原将再无对手。

左良玉，山东临清人，生于 1599 年（万历二十七年）。他家境贫苦，很小就到辽东当兵，不识文字，但勇武有力。后因违犯军规被开除，跑到昌平，投到时任兵部右侍郎的侯恂帐下做杂役。侯恂慧眼识英雄，把小兵左良玉一举提拔为副将，带兵出战，援解 1631 年大凌河之围。而左良玉也不给侯恂丢脸，当即带回"录捷功第一"的战绩。之后经侯恂推举，左良玉升总兵官，跻身大将行列，从此一发不可收拾。这位伯乐侯恂，即后来《桃花扇》中主角侯方域的父亲。左良玉发达后骄横残暴、不可一世，唯独一直极为敬重侯恂，称之为"恩相"，视为己父，这层关系与后续弘光朝廷灭亡有着重大干系。

左良玉从崇祯四年起任总兵官，从此带兵东征西讨，与各路义军接战无数，常胜也常败，常大胜也常大败。他在忽胜忽败的过程中广纳各种叛兵降匪，逐渐积累了一些家底。到崇祯十五年李自成南下湖广时，左良玉兵马已达到二十多万人，是中原兵力规模最大的一支官军。但左良玉治军不严，根本不讲军纪，所过之处经常纵兵烧杀抢掠，无恶不作。"贼过如梳，兵过如篦"，说的就是他左家军。基本上可以说，左良玉军既是官军，也是土匪，深受百姓痛恨。

1642 年（崇祯十五年）五月，左良玉奉侯恂命不得不去解开封之围，在朱仙镇自己先不战而逃，余部被闯军打得大败。他逃回襄阳，还在心有余悸时，十一月又听闻闯军南下直取湖广，左良玉只得抓紧造战船，准备沿汉水东逃。襄阳百姓痛恨左军，悄悄把战船付之一炬。左良玉只能从陆路向东逃到武昌。荆州官员看情况不对，也争相逃走。李自成兵不血刃地轻松拿下襄阳、荆州。

翻过年，1643 年（崇祯十六年）正月，李自成再克承天、汉川、汉阳，隔江而望湖广首府武昌。刚跑到武昌的左良玉脚跟未站稳，又赶快顺江而下，逃到江西九江。义军尝试进攻武昌，因江水湍急，很多船只被打翻，李自成考虑后，决定暂不攻取武昌，先返回襄阳。

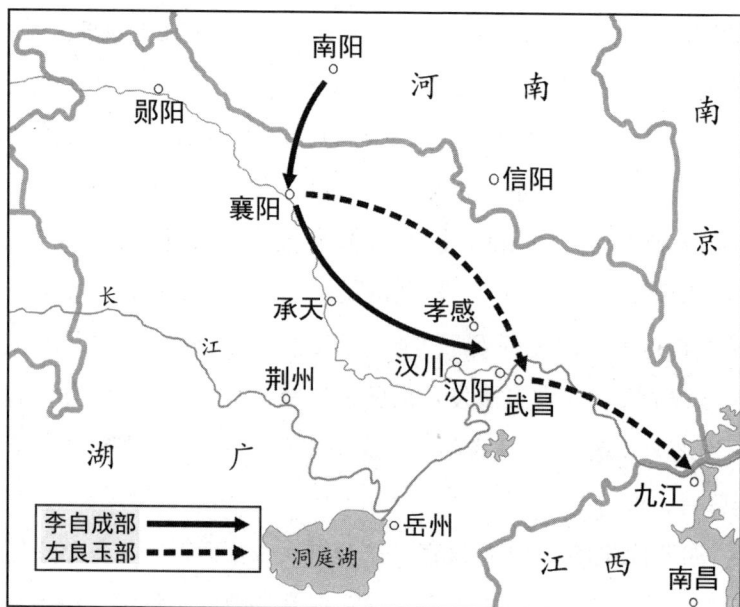

图 3-10　李自成进军湖广

在此期间，李自成发布了著名的《剿兵安民檄》，原文如下：

> 为剿兵安民事。明朝昏主不仁，宠宦官，重科第，贪税敛，重刑罚，不能救民水火；日罄师旅，掳掠民财，奸人妻女，吸髓剥肤。本营十世务农良善，急兴仁义之师，拯民涂炭。今定承天、德安，亲临黄州。遣牌知会士民，勿得惊惶，各安生理。各营有擅杀良民者，全队皆斩。尔民有抱胀长鸣迎我王师，立加重用。其余毋得戎服，玉石难分。此檄。

自古只闻"剿贼安民"，李自成则首提"剿兵安民"，指出官军已成百姓最大之祸。檄文明确指出明朝廷的腐败不仁，而李自成兴仁义之师，就是要推翻明朝，救黎民于水火。这是一份旗帜鲜明的政治宣言。

二

李自成不着急取武昌，而是赶回襄阳，乃是有内部要事需要处理。

陕西起步的农民起义军发展到今天，已经十余年，各支部队分分合合，基本是保持一种时松时紧的联盟关系。但现在不同了，李自成所部在政治意识、军事力量、人才储备等方面已经高出其他义军一大截，问鼎天下的机会已经出现，起义队伍就必须要统一指挥权了。而现今队伍中的各部带头人，基本都是原先名震一方的义军首领，要想他们坚决统一地服从李自成的指挥是很困难的，其中最难处理的就是罗汝才和革左五营的贺一龙。

1643年（崇祯十六年）三月，李自成回到襄阳后，在老营设宴招待罗汝才、贺一龙。罗汝才事先听到风声，心中疑惧，借故没有赴宴。贺一龙正常赴宴，席间被在旁埋伏的闯军士兵突然杀死。次日清晨，李自成亲率百骑亲兵来到曹营，说有要事找罗汝才商议，进入罗卧室后即把他杀死。接着向曹营士兵宣布罗汝才"通敌"罪状，说明处决他是迫不得已。

从起义军统一指挥权的角度看，李自成这样做有他迫不得已的理由，安在罗、贺头上的罪状基本上也都是政治需要。但处决罗、贺的事件也确实产生了较大的负面影响，造成义军一段时间内人心动荡。罗汝才部将杨承祖、王龙等因此深恨李自成，直接率部投降了孙传庭。老回回马守应的部队当时正在湖南，听说此事后，拒不接受李自成封的将军印，只是把队伍拉到长江以南松滋一带，与闯军保持着若即若离的状态。

罗、贺事件后，李自成把襄阳改名襄京，建立了中央政府机构。他本人以奉天倡义文武大元帅的名义担任最高领导人，但没有新立国号和改元，暂时用传统干支纪年。中央机构设丞相一人，设吏、户、礼、兵、刑、工六个政府，同时大举开科选才，委任各级官员。军队方面也做了编制改革，设立"五营二十二将"，权将军田见秀、刘宗敏、制将军刘芳亮、袁宗第、李过、贺锦等，都是其中最骨干的力量。随着这些措施逐一落地，虽未定新国号，也相当于立国了。这一年（1643），李自成三十七岁。

1641年至1642年（崇祯十四年、十五年），当李自成在河南境内东征西讨、三围开封的时候，张献忠则大部分时间在安徽活动，有时会与革左五营配合行动。革左五营北上与李自成、罗汝才部合营的时候，张献忠也动过同样的念头，但很快放弃了，他还是更愿意保持一定的独立性。

1643 年（崇祯十六年）初，李自成打到武昌后掉头回襄阳，跑到武昌的左良玉又跑到了九江，武昌附近一时成了真空地带。张献忠抓住这个时机从安徽进兵武昌。五月底，张献忠拿下武昌城，杀了楚王朱华奎，取尽王宫中无数金银财宝。

张献忠占领武昌后，即宣布建立大西政权，设置六部中央政府，任命了二十一个州县官员。这一年他也三十七岁。不过他在武昌停留的时间很短，仅两个月后，张献忠就带兵南下湖南，很快攻下岳州、长沙、衡州等地。到这年年底，张献忠几乎占领了湖南全境。

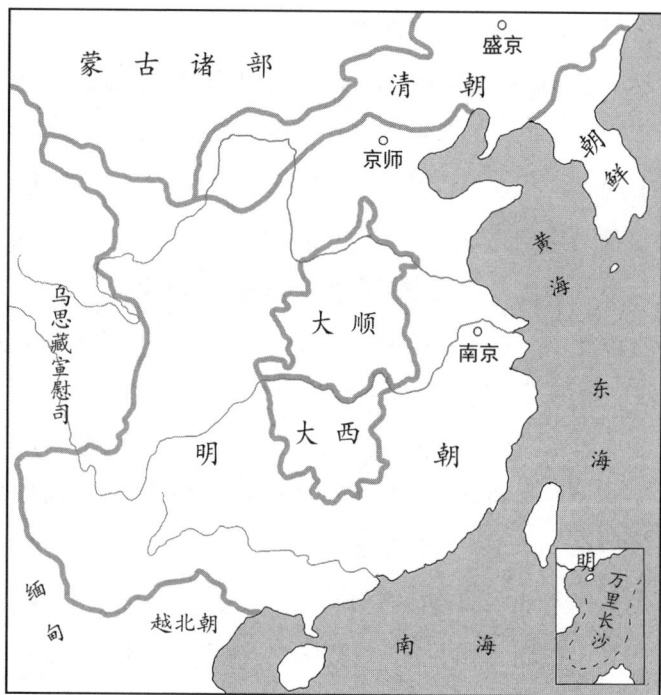

图 3-11　四朝并立 1643

张献忠之所以在武昌建立政权又很快南下，应该是跟李自成有关。作为同龄老乡，又是曾经一起打天下的战友，张献忠并不敌视李自成，但也不愿意服从他的领导。这年三月李自成已经打到汉阳，只是因为罗、贺事件必须回到襄阳，同时要成立新的政权，改编军队等，张献忠这才有了机会拿下武昌。现在李自成的襄阳政权已建立，张献忠在相距不到几百里的武昌又成立一个中央政权，有明显的分庭抗礼的意思，面子上都不太说得过去。而且目前李自成的实力远远强过张献忠，为避免可能的、不必要的冲突，还是南下避开为好。

虽然李自成、张献忠的新政权都还不算成熟，但是从这一年（1643）起，中国大地进入了清朝、明朝、大顺、大西四个政权并立的年代。

第四篇

北京 1644——甲申之变

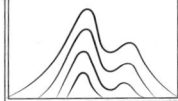

第一节 大清的准备工作

一

1642 年（崇祯十五年）二月至四月，明朝关外松山、锦州、塔山、杏山相继陷落，洪承畴、祖大寿等人降清，松锦大战宣告结束，明军精锐被消灭殆尽。同时明朝内部农民起义军横扫中原，明朝廷已经无法应付，大厦将倾之势已十分明显。清廷上下皆知"明之必亡昭然矣"，诸王大臣纷纷向皇太极建议乘势入关，夺取中原。出乎所有人意料的是，皇太极并未采纳这个建议，而是重启与明朝议和。有史家认为正是皇太极的犹豫不决，让他错失了生前入主中原的机会①。实际上，皇太极的"犹豫"并非他个性使然，而是大清朝入主中原的工作确实尚未准备就绪。

事情还要从努尔哈赤时代说起。

自 1583 年起兵，努尔哈赤通过几十年的奋斗，统一了女真，建立了一支异常强悍的八旗兵队伍，在与明朝、蒙古、朝鲜的战争中屡战屡胜，但后金的国家体制、社会结构实际上并无太大变化，仍然停留在部落制、奴隶制加上家族控制的落后形态。

这种体制的基本特点是"一国之众以八家而分隶之"，即全部国人分属于努尔哈赤及其子侄领有的八个旗。每一个旗的属人和旗主相当于一个大型家庭，旗主是家长，八旗都相对独立又都集于努尔哈赤周围。努尔哈赤是八旗的共主，是最大的"家长"，但按传统他也不能过度干涉各旗的"家事"，这和中原王朝的皇权专制制度存在着本质的不同。但努尔哈赤作为后金开创者，

---

① 阎崇年《清朝开国史》，中华书局，2014。

多年来东征西讨树立的至高无上的权威，使他的父权已上升到类似于君权，能够牢牢把控整个后金社会。在 1616 年他建立后金称天命汗以后，这种形态也依然如故，国家并没有转向类似中原的皇权体制。

这种体制是后金在当时的历史条件下的产物，利于高效行动和快速扩张，但也存在明显的问题：一是后金没有成熟的、统一协调的经济体系，很大部分的收入只能靠对外掠夺；二是国家统一掌握的财权其实只是每次掠夺的"归公财物"，国家用度需要向各旗索取，也就是中央靠各旗恩养，这样很容易引发中央和各旗的矛盾，各旗之间也会因政治地位、利益的不同而引发矛盾；三是努尔哈赤靠自己的无上权威可以管住各个子侄旗主，但给后续的君主埋下了极大的政治斗争隐患。

后来的事实果然如此。努尔哈赤死前，并没有指定由他的哪个子嗣接任大汗，而是定了个八王共治的制度。其主要原因，就是担心不管谁接任汗位，都会导致八旗政治的不平衡，引发内乱。

前文有述，1626 年八月，努尔哈赤病死，汗位争夺战主要在大贝勒代善和四贝勒皇太极之间展开。皇太极善用计谋，此前已经让代善不断出错，而他自己则尽量保持一个智勇双全的完美形象，因此经诸贝勒共同议定，推举皇太极继任后金大汗。而这个大汗是在八王共治制度下的大汗，皇太极自己统领的只有正白旗。

努尔哈赤生前亲自统领的是正黄旗、镶黄旗；代善统领正红旗；代善长子岳讬统领镶红旗；皇太极领正白旗；大贝勒褚英的长子杜度领镶白旗；莽古尔泰领正蓝旗；舒尔哈奇的次子阿敏领镶蓝旗。每个旗包含数量不等的牛录，最多的是正黄旗四十五牛录，最少的镶白旗十五牛录，其他的二十牛录到三十牛录不等，每牛录额定三百人。牛录的多少基本反映了该旗的规模大小和实力强弱。皇太极的正白旗只有二十五牛录，数量中等，以此实力想真正掌控八旗是十分困难的，何况还有老资历的代善、莽古尔泰、阿敏三大贝勒存在。

后来皇太极强令两黄旗跟自己的正白旗换了旗号、服色，算是自己亲统两黄旗，以显示其继统的正规性。正如后来的史家所说，当时的皇太极"虽有一汗之虚名，实无异整（正）黄旗一贝勒也"。甚至到了崇德元年前后，皇太极的君权威望已经得到极大巩固，他仍然说："朕素于诸王、贝勒、贝子、公等一切家事俱不预闻"①，承认八旗诸王贝勒相对的独立权，不受皇权干涉。

但实际上，皇太极为了巩固皇权、集中国家权力，可谓费尽心思，不惜残害兄弟，弑杀家人，其宫廷内斗之残酷惨烈一点儿也不输于有此悠久传统的中原王朝。他极力打压三大贝勒及其所属各旗，逼死莽古尔泰②，罗织罪名杀了莽古尔泰的妹妹和三个儿子；幽禁阿敏，让阿敏郁郁而终；代善因年老逃过一死，但所属两红旗长期以来备受打压。

其他各小贝勒起初支持皇太极即位，以对抗三大贝勒，是皇太极争夺汗位的重要助力。但到崇德后期，八旗宗室依然为了维护自己的权力与皇太极明争暗斗，皇权与八旗的权力之争从未停止。皇太极一方面限制八旗诸王的权力，让他们逐步从议政会议和政府六部退出，同时又不得不做一些让步，以安抚诸王，平衡权力。比如蒙古和汉人军队加入清军后，皇太极把他们编为蒙古八旗和汉军八旗，分隶于八旗旗主之下，每个旗主都同时占有满、蒙、汉三个固山。这样在清朝国势增强、皇权势力增强的情况下，八旗各自的实力也在增强，皇权与八旗之间的权力斗争仍在继续。以这样的国家体制和权力结构去打击明朝，甚至侵吞一部分明朝领土都是可以的，但要吞并以及统治整个明朝版图，皇太极明白这是几乎不可能完成的任务，很有可能不到那个时候大清自己就先分崩离析了。

1642年松锦大战清军消灭了明军主力，之后又发动了第七次进袭明朝的战争。皇太极也看到明朝不堪一击，但自己内部的矛盾和不稳定也让他忧心忡忡。正在此时，1643年（崇祯十六年，崇德八年）八月初九日，来不及解决内部矛盾的他却遽然因病去世，清朝也因此突然面临政权更迭的重大危局。

---

① 《清太宗文皇帝实录》卷六五。

② 莽古尔泰在1631年大凌河战役中因与皇太极意见相左，发生争执，甚至拔刀相向，后被皇太极定了个御前拔刀之罪，遭到严厉责罚。1633年莽古尔泰正值壮年且身体无恙，突然"暴病而死"，很有可能是被皇太极秘密处决。

二

因为清朝的这种政治结构和传统矛盾，皇太极生前也一直未指定皇储，只是在 1642 年（崇德七年）十月他病重时，指定郑亲王济尔哈朗（舒尔哈齐第六子）、睿亲王多尔衮（努尔哈赤第十四子）、肃亲王豪格（皇太极长子）、英郡王阿济格（努尔哈赤第十二子，多尔衮胞兄）共理国政，实际上还是不得不延续八王共治的模式。其中豪格虽然是皇太极长子，也仅排名第三。

皇太极死后第五日，满洲宗室共十九人举行盟誓会议，讨论推举国君继承人。其中能影响政局的主要是排名在前的六位：代善、济尔哈朗、多尔衮、豪格、阿济格、多铎。会议中代善、多尔衮、多铎、豪格都曾被提名继任国君。代善资格最老，但年纪已六十一岁，且两红旗在皇权下被打压多年，旗内人才凋零，因此最先主动放弃竞争，转而提名豪格。豪格本是皇太极长子，似乎有天然优势，但他所在的正蓝旗是兼并了莽古尔泰的正蓝旗后形成的，旗内人员成分复杂，豪格在其中并无根基，得不到本旗人的真心支持。而其他各旗对皇权集中体制多少心有余悸，并不很愿意仿照中原王朝立皇长子的体制。因此豪格在左右权衡之下，主动退出竞争。阿济格、多尔衮、多铎兄弟统领两白旗，长期以来遭到皇太极的打压和挑拨，两白旗内部也是矛盾重重。

此时最支持皇权体制、从而也能保证自己地位的是两黄旗。两黄旗大臣在这次确立国君中发挥了巨大作用。他们在皇太极去世后就秘密商议，和多尔衮达成了默契，由多尔衮提名皇太极第九子福临，而他们确保不支持多尔衮的政敌豪格。事情果然如此发展。会议当日，两黄旗派兵包围了会场，大臣佩剑进入，说如果不立先皇之子，他们就血溅当场。这一招迫使代善、阿济格退出会场，然后多尔衮提出立六岁的福临，济尔哈朗和自己作为辅政王，这一议案迅速获得通过。

福临顺利即位，称顺治帝。当年十二月，济尔哈朗、多尔衮两个摄政王解除了诸王贝勒监督部院的职权；次年（1644）正月，在两黄旗暗中支持下，多尔衮与济尔哈朗易位，多尔衮成为排名在前的摄政王；四月，把豪格废为庶人。这时，李自成的农民军大举进攻北京的消息传来，清廷认为历史机遇已经到来，立即以顺治帝名义下诏，命大将军多尔衮率师入关，往定中原，诏书明示"一切赏罚，俱便宜从事"，诸王以下"事大将军当如事朕"，多尔衮成为了国家事实上的最高领导人。

清朝以这种形式快速完成了集权化，为入关争夺天下做好了准备。从另一角度看，发动这场入关侵袭战争也是完成集权化的需要。不发动这场战争，多尔衮就没有充分的理由高度集权，清朝的国家集权化就很难顺利完成，很有可能再次退回皇权和八旗继续对立的状态中去。清朝统治者通过这样的变化和操作，不仅避免了内部互相残杀甚至分裂的危险，还因为明朝内部战乱带来的千载难逢的契机，为开创一个新王朝做好了全面准备。

第二节　李自成的总攻

一

1643 年（崇祯十六年）上半年，李自成在襄阳建立了政权，控制了河南几乎全境和湖广长江以北地区。张献忠则在占领武昌后，挥师向南，到年底几乎控制了湖南全境。

崇祯看到李自成、张献忠的义军席卷中原，甚至都建立了政权，不免心急如焚。四月间清军又刚刚饱掠而还，他判断北方会有暂时的安定间隙，于是命令孙传庭抓紧东出潼关，消灭流贼。

此时，洪承畴调去参加松锦大战的十三万明军已被消灭殆尽，明朝廷在全国范围内基本仅剩三支主力部队，一是山海关总兵高第、宁远总兵吴三桂所剩不多的关宁军；二是湖广、江西一带左良玉二十万左右的官军；三是陕西三边总督孙传庭的陕西兵。朝廷大臣都知道关宁兵不能轻易调动，左良玉军又基本不听调遣，朝廷能调动的只有孙传庭部了。大臣们建议崇祯不要轻易调动陕西兵与义军决战，如果胜了固然可喜，如果败了，这最后一副家当就没了。崇祯不听朝臣建议，坚持要孙传庭尽快出兵。

八月，孙传庭按崇祯命令，率总兵高杰、白广恩、牛成虎等，从西安出发，东出潼关。同时檄调河南总兵陈永福以及左良玉一起夹攻义军。

李自成事先已得知陕西兵要东出潼关的消息，将主力部队部署在河南中南部地区，意图诱敌深入。河南因为连年天灾人祸，官军一旦深入河南境内，粮草将是极难解决的问题。果然，官军一路东进，很快占领洛阳，打到汝州宝丰县一带，但粮草只能靠后面的部队专门运送。九月中，义军和陕西兵在郏县一带展开大战。李自成派大将刘宗敏率一万多骑兵绕道官军后方，切断了官军粮道。陕西兵听说粮道被断，一时人心惶惶，孙传庭只能下令撤退，义军乘势掩杀。所谓兵败如山倒，陕西兵被杀四万多人，主力基本被歼灭，孙传庭率残部逃回潼关。

十月初，李自成率军追击至潼关，高杰、白广恩等望风而逃，孙传庭在混战中被杀，义军顺利拿下潼关。之后义军乘势西进，直指西安。李自成同时命部将袁宗第率领另一部分义军，从河南南阳出发，经陕西商州一带，一起往攻西安。十月十一日西安守军开城投降，李自成占领古都西安。明朝的"最后一副家当"基本被消灭。

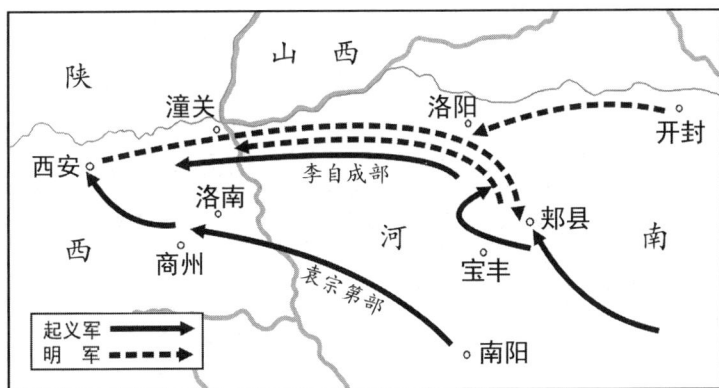

图 4-1 李自成占领西安

占领西安后，李自成同时向北、南、西三个方向出兵，以肃清西北全境。北路军由李自成亲率李过、刘芳亮部，向北追击高杰部，十一月占领延安、米脂、榆林等重镇。高杰渡过黄河逃入山西，之后义军东征时他又向南逃到江苏，后来竟成为南明弘光朝廷的四大主力之一。

南路军由田见秀率领，十一月平定了汉中地区，打通了南下四川的通道。

西路军由刘宗敏、贺锦、袁宗第等率领，向西追击白广恩、陈永福等部。大军打到固原一带，白广恩、左光先等先后投降。陈永福曾在李自成一围开封时，射瞎了李自成左眼，担心得不到谅解。李自成知悉后，折箭为誓，保证不算旧账，于是陈永福也缴械投降。之后固原、宁夏的明军纷纷投降，西部仅剩甘肃、西宁卫（今青海）尚未平定。此时李自成将刘宗敏调回西安，准备大举东征，西路军就由贺锦率领，继续西进。十一月至十二月，贺锦占领兰州、甘州、肃州等地，甘肃全境平定。在占领兰州的过程中，贺锦杀了投降的原明朝总兵杨麒父子，这对下一步争取其他明军投降产生了不利影响。次年（1644）正月，贺锦在进攻青海时，明军和当地土司强烈抵抗。而贺锦轻敌冒进，中了埋伏，这位义军著名将领不幸牺牲。其部下虽失主将，仍经过一番拼杀，拿下了青海。

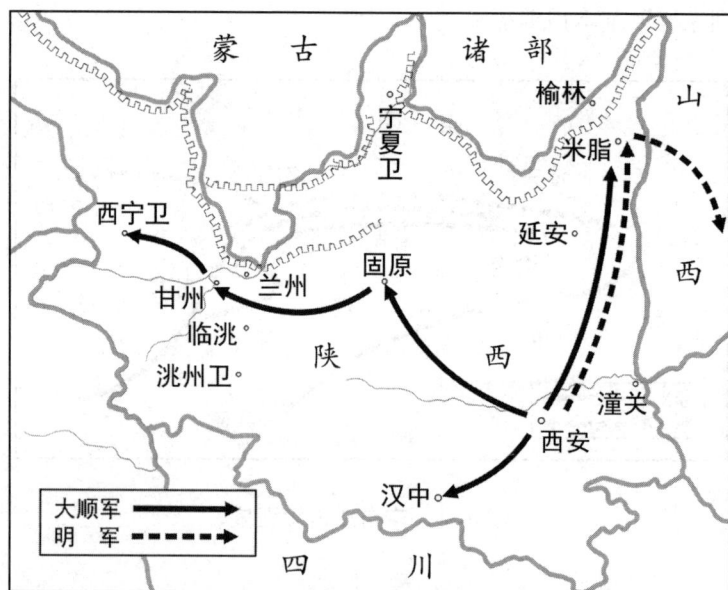

图 4-2　李自成占领西北全境

至此，西北全境已全部在李自成义军控制之下。

1644 年（崇祯十七年，顺治元年）正月初一，李自成在西安正式建国，国号大顺，年号永昌。

李自成称帝，册封妻子高氏为皇后，把西安改为长安，称西京。同时分封功臣，权将军、制将军封侯；果毅将军、威武将军封伯、子、男。刘宗敏、田见秀、谷英、李过、刘芳亮、张鼐、袁宗第等封侯，陈永福、白广恩等明朝降将及其他一批将领封伯。牛金星为天佑殿大学士平章国事，宋献策为军师。大顺占领的好几个省份还设置了省一级的节度使，相当于明朝的巡抚。经济方面，实行三年免征赋税政策，对明朝官绅实行追赃助饷，并铸造发行货币"永昌通宝"。

二

在推动这些建国大事的同时，李自成的东征总攻也已启动。1643 年十二月，大顺军先头部队已渡过黄河，占领了山西荣河等县。李自成发布总攻檄文，明示"嗟尔明朝，大数已终"。1644 年正月，李自成命田见秀留守西安，大顺军主力分南北两路从西安出发，向北京进军。

北路大军由李自成、刘宗敏率领，从西安出发，渡过黄河先抵山西平阳（今临汾地区），平阳知府不战而降。二月初六日大军抵达太原，初八日守城裨将开城门投降。李自成在太原停留了几日，对当地官绅追赃助饷，同时发布了著名的永昌元年诏书，指出明朝之腐败，推翻明朝是民心所向。其中说到"君非甚暗，孤立而炀蔽恒多；臣尽行私，比党而公忠绝少"，提出崇祯并非很昏聩，只是孤立且被蒙蔽；而大臣热衷党争，几乎没有公忠体国之辈。其实崇祯在勤俭自律等方面确实比前几任皇帝好很多，但自身的问题和毛病也是数不胜数。李自成在此说他"非甚暗"，更多的是留一些余地，主要目的是打算后续对崇祯劝降。

占领太原后，李自成分出一支部队，由大将任继荣等率领，东出固关，向真定、保定方向进军，到北京和大部队会师。几天之后，李自成大军继续北上，进攻宁武。

明宁武总兵周遇吉曾多次与清军和农民军血战，对大明朝忠心耿耿，带领全城军民拼死抵抗大顺军。战斗持续了几天，城破，周遇吉身中数箭被擒，被大顺军吊起来乱箭射死。他夫人也带领家眷与大顺军战斗，最后退到屋顶上全部自焚而死。这一战是大顺军东征过程中最激烈的、唯一的一次大战，大顺军兵卒损失较多。李自成大为恼怒，破城之后下令屠城，数千平民被杀。这是大顺军东征途中比较不光彩的一页[①]。

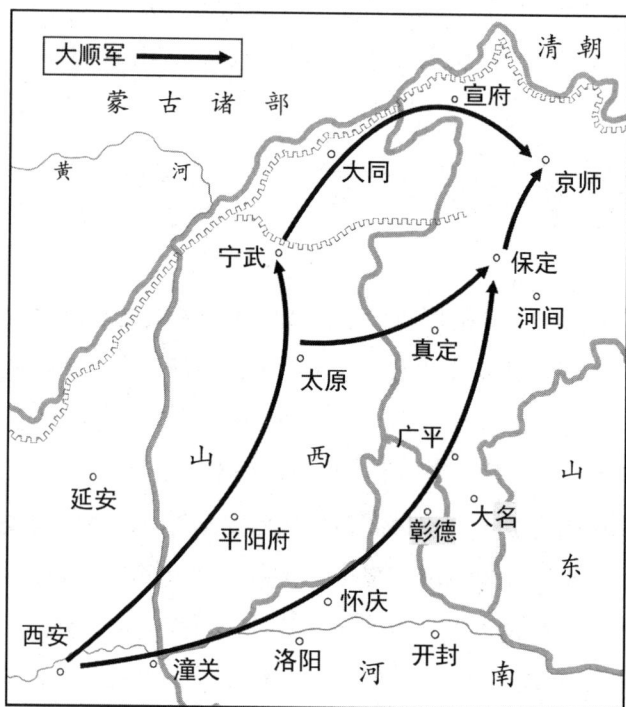

图 4-3　大顺军进军京师

---

① 这段历史的记载较为杂乱，大多数资料确有记载屠城事件，个别资料记载是在榆林投降大顺军的明总兵尤世禄所为。但即便是后一种情况，当时大军由李自成亲自统率，尤世禄应该无权擅自决定屠城。且之后也无任何记录表明尤世禄受到大顺军的处置，至少也说明屠城是大顺军最高领导同意的。一些史家相信后一种解释，有替大顺军粉饰之嫌。在明末清初的乱世之中，并没有哪一方的力量是一贯正义而伟大的。而周遇吉忠贞不渝的品格在当时实属难能可贵，得到了后世民众的认可，昆曲和京剧曲目《宁武关》描写的就是周遇吉的生平。

三月初一日，大顺军抵达大同，大同总兵姜瓖开城投降。李自成命姜瓖继续镇守大同，自己率大军继续向宣府进发。姜瓖此人后来几次反复，在南明时期的北方抗清运动中扮演了比较重要的角色，此时暂按下不表。

三月初六日，大顺军到达宣化，总兵王承胤开门投降。至此，大顺北路军已控制山西全境，离北京已近在咫尺。

大顺南路军由刘芳亮率领，二月中在潼关以北渡过黄河，沿黄河北岸东进。二月下旬，大军抵达河南怀庆府，明副将陈德（陈永福之子）拘捕该府巡按御史，投降大顺军。封藩在这里的明潞王朱常涝匆忙渡河南逃，此人在后来南明政权变化中还有过短暂出场。之后大顺军继续东进，彰德府、广平府（今邯郸地区）等地纷纷望风而降。在此过程中，大顺军对各地官绅一律采取追赃助饷政策。三月二十一日，大军抵达京畿重镇保定。此前两天，大顺北路军已经攻克京师，但保定知府等官员此时仍坚守不降。刘芳亮下令攻城，一时间铳炮连天，瓦砾纷飞，守城兵将胆战心惊。二十四日，守城士兵开城投降。躲在城内"代帝亲征"的明大学士李建泰也"及时内应"，投降义军。二十六日，刘芳亮留下部分军队镇守保定，自己带主力部队，携李建泰等进京与李自成会合。

第三节　崇祯最后的日子

一

李自成占领西安并建国，随后开始大举东征。此时的崇祯已经感受到了帝国末日的不祥氛围，在一次朝会中叹息到"朕非亡国之君，事事皆亡国之象"。他希望还能选出栋梁之材挽救帝国危局，但群臣已经很了解这个皇帝的刚愎、猜忌、苛刻和怯于担责，纷纷推托，不愿出来挑这个头。迫不得已的情况下，崇祯矮子里选将军，于 1644 年正月二十日任命大学士李建泰为督师辅臣，率为数不多的人马"代帝亲征"。

朝廷当时的判断是，京师北面有大同、宣府重兵把守，大顺军从北面进攻京师应该非常困难，而南边保定方向朝廷兵力匮乏，大顺军应该主要从保定方向进攻京师，因此李建泰率兵取道保定南下。后来发现北面防线都不战而降，大顺军南北夹击京师，明朝方面立刻陷入了非常被动的局面。

而李建泰带的队伍士气已然十分低落，也毫无民心支持。刚出京城不久，后队士兵就纷纷逃走。士兵在行进途中寻找食物，民众先问："汝官为大明乎？为大顺乎？"士兵不得不回答自己是大顺军，才能得到食物。接近邯郸时，传来大顺军刘芳亮部沿黄河北岸向东快速推进的消息，李建泰慌忙北窜，带着仅剩的几百兵丁躲进了保定城。不久刘芳亮进攻保定，李建泰投降。

大顺军势如破竹直奔京师而来，而朝廷基本无兵可调。正月十九日，崇祯曾召开会议，提议调宁远总兵吴三桂来勤王，挡住大顺军，但这意味着明朝必须放弃宁远。崇祯不愿意自己担这个"弃地"的罪名，希望由众大臣提出并集体决策，共同分担责任。但袁崇焕、陈新甲、孙传庭等事件还历历在目，众大臣都不愿担任何责任，以免将来这个"弃地"罪名落到自己头上。首辅陈演等大臣都坚决反对弃地，正义凛然地说"一寸山河一寸金"。到正月下旬，崇祯被逼无奈，只能自己强行决定调吴三桂入关，但内阁及相关部门依然推诿扯皮，直到二月底仍未执行这个指令。

到三月初四日，大顺军已逼近京师，朝廷才急忙任命吴三桂为平西伯，蓟镇总兵唐通为定西伯，援剿总兵左良玉为宁南伯，凤庐总兵黄得功为靖南伯，后来补封刘泽清为平东伯，命这几位将领驰援京师。但左良玉、黄得功都按兵不动，刘泽清假装骑马摔伤带兵南通；吴三桂距离较远，他听从诏令离开宁远西撤，但除部队外还带着十数万难民，行动极为迟缓，三月十六日才进关；只有唐通带八千士兵到了京师。为控制好这支唯一赶到的队伍，崇祯安插太监杜之秩到唐通军队里任监军。这一举动激怒了唐通，他牢骚一通之后，拉起队伍就回了居庸关。三月十五日，大顺军抵达居庸关，唐通和监军杜之秩立即投降。十七日，大顺军抵达北京城下，开始攻城，此时京师守军只有城头上的老弱残兵，和城外驻扎的人数不多的京师三营。

　　明廷被逼到如此地步之前，也曾有过南迁之议。最早动这念头的其实就是崇祯。那还是在周延儒担任首辅的时候，崇祯鉴于朝廷内外交困、清军多次兵临北京城下，曾与周延儒秘密商议迁都南京。但此事还是泄露了出去，懿安皇后（天启帝的皇后张氏）强烈反对，认为宗庙寝陵都在北京，不能放弃。崇祯迫于内外压力，自己又没有杀伐决断的勇气，只能不了了之。

　　1644 年正月，面对来势汹汹的大顺军，左中允李明睿向崇祯私下提出南迁的建议。此建议正合崇祯心意，但他鉴于上一次南迁被否的教训，一方面要求李明睿保密，一方面安排朝臣会议，希望从大臣口中提出此事，并且达成一致意见，大家一起承担放弃宗室寝陵的责任。结果正月初三日的会议上，首辅陈演等大臣仍然站在所谓宗法道义的制高点，坚决反对南迁，实则坚决不承担责任。一些大臣则提议太子留守北京，皇帝"南征"去南京；也有人提议崇祯留守北京，太子去南京，但都被一一否决。平心而论，以当前的形势，不管哪一种南迁建议，都不失为一种解决方案，即使北京失陷，崇祯或太子在南方都可以继续主持中央政府，合法性上不会存在问题，至少可以避免像弘光朝廷那样在建立初期就产生的混乱。可是在这关键时刻，崇祯依然没有乾纲独断的勇气，大臣们也继续推诿塞责，崇祯朝再次丧失了延续国祚的机会。

　　勤王军不来，南迁又不成，崇祯只得在京城内抓紧筹饷募兵。可是国库已经空空如也，皇宫内帑也拿不出钱来[①]。崇祯号召勋贵大臣们捐饷，而勋贵大臣们看皇帝都不掏钱，自己也拒不响应此号召。以周皇后的父亲嘉定伯周奎为例，崇祯希望他带头捐银十二万两，给百官做个表率，结果他咬定自己没钱，最多捐一万两。周皇后怕父亲为难，派人暗中给他送去五千两。结果周奎不但自己一文钱不添，反倒把女儿的资助扣下两千两，剩下的三千两交给皇帝交差。不久大顺军进城，从周奎家抄出银子五十三万两。另一个例子是太监王之心，他在被逼无奈下捐银一万两，后来被大顺军酷刑追赃交出了

[①]　当时户部等国库确实已经囊空如洗，但内帑还有多少，没有明确记载。崇祯自己说"内帑业已如扫"，但也无确切记载。

十五万两。其他的勋贵、太监、大臣也纷纷推托，大多数只捐个几十两、几百两应付差事。有的则装穷叫苦，在房门上贴上"此房急售"的纸条，或把家里的古董字画搬到街上叫卖，摆出一副毁家纾难的样子。崇祯大力号召的这次捐饷募兵活动，最终只得到杯水车薪的二十万两银子。

二

三月十七日，大顺军东路到达高碑店，西路到西直门外，开始炮轰城墙。襄城伯李国桢所统的京师三大营驻扎在城外，有一万多人，都是无粮无饷的饥兵，大顺军一到立即全部投降。紫禁城内按例举行早朝，但会场已经乱作一团，群臣只会相对哭泣，手足无措。崇祯对这些大臣再无指望，匆匆散朝后，"仰天长号，绕殿环走，拊胸顿足，叹息通宵，大呼'内外诸臣误我，误我'"[1]。

十八日，大顺军冒雨攻城，同时派已投降的太监杜勋进城谈判。杜勋给崇祯带的话有两种说法：一说割地求和，承认李自成在西北称王，犒赏大顺军银子一百万两；一说要求崇祯投降"逊位"。史料中记载前者说法的居多，但李自成在西安业已称帝，永昌元年诏书中已自称"朕"，现在兵临北京城下再退回去做"王"显然不合逻辑，还是后一种说法的可能性大一些。

崇祯接到杜勋带的话后，征求接替陈演任首辅的魏藻德的意见，连问三遍，魏首辅一声不吭，只是一味鞠躬低头。崇祯怒极却又无可奈何，只能让杜勋回复李自成"朕计定，另有旨"，相当于回绝了李自成的劝降。

十八日晚，守外城的太监曹化淳首先打开彰义门投降，大顺军进入外城，继续进攻内城。不久后，守内城宣武门的太监王相尧、守正阳门的兵部尚书张缙彦、守齐化门的成国公朱纯臣等，都开城门投降。

是时北京城炮声隆隆，烽火四起，黄沙漫天，又夹杂着雨雪雷电，一片末世凄凉景象。崇祯身边已找不到大臣将领，左右太监劝他赶快逃走，他不

---

[1]　张正声《二素纪事》，蒋德璟《悫书》，商务印书馆，2018。

予回应，内心已决定以死殉国。他回到乾清宫，劝周皇后自尽，传旨让懿安皇后和妃嫔自尽，然后把太子、永王、定王三个儿子叫来，让他们换上平民衣帽，嘱咐他们各自逃生。回到坤宁宫后，看到周皇后已上吊自尽，他泣不成声地说："死得好，死得好！"之后懿安皇后张氏也上吊自尽。最后是面对自己的两个女儿。崇祯手持长剑，忍住心中万分悲痛，一剑刺死了幼女昭仁公主，然后挥剑砍向十六岁的长平公主朱徽娖，口中悲喝："汝为何生我家？"公主本能地用手格挡，结果右臂被砍断，血流如注，当即昏厥过去。大顺军进入紫禁城后，以为长平公主已死，把她交给其外公周奎料理后事，没想到五天后公主苏醒过来。后来清军接管北京后，长平公主请求出家为尼，未获清廷批准。顺治三年（1646），她在长期的抑郁痛苦之下因病而死。

办理完儿子、皇后和女儿的事，已是深夜，崇祯带着太监王承恩来到煤山（今北京景山），回头看看无比熟悉的紫禁城，以及漫天的烽火和雨雪，转身在寿星亭附近的一棵树上上吊。几分钟后，他气绝而死。随后王承恩也上吊殉葬。

十九日中午李自成进入紫禁城后，并无人知晓崇祯的去向，一直找了几天，到二十二日才找到崇祯和王承恩的尸体。史料记载，崇祯遗体是以发覆面，身穿蓝袍白裤，衣袖上写着"因失江山，无面目见祖宗于天上，不敢终于正寝"①。

崇祯帝朱由检死于 1644 年（崇祯十七年）三月十八日夜，终年三十四岁。崇祯之死，标志着大明崇祯朝的灭亡。这一年是农历甲申年，史称"甲申之变"。

崇祯朝灭亡的原因是多方面的。明末时期，朝廷在土地政策、财政税收、吏治、兵制、水利民生、财富分配等重大政策方面已经积弊深重，在内忧（农民起义）外患（后金—清的侵袭）之下，再碰到连年灾荒，崇祯朝实际上已经财政破产，根本无力再调动多少资源与内外压力对抗。而朝廷内部长期

---

① 不同史料对崇祯遗体衣着和衣袖上的留字记载有所不同，有说只写着"天子"两字的，也有说写"百官俱赴东宫行在"的，都没有十分明确的证据。

以来党争不止、士风日下，各党派关心的只有个人和党派的利益，高官大臣面对内外部的巨大压力不仅拿不出应对良策，反而热衷于相互倾轧、争权夺利、推诿扯皮。崇祯虽节俭勤政，有心重振朝纲，奈何他并无挽狂澜于既倒的救世之才，没有能力解决内外部长期积累的各种严重问题，性格上反倒存在着刚愎猜忌、识人不明、怯于担责等致命缺点，让本来已经混乱不堪的朝廷更加羸弱，君臣之间、官员之间、朝野上下都丧失了基本的信任，更遑论相互的协作、配合和支持。这样的朝廷，其灭亡已是历史的必然。

第四节　北京陷落

一

1644 年（崇祯十七年）三月十九日上午，刘宗敏统大顺军，由正阳门、崇文门、宣武门进入北京内城。李自成从设在巩华城（北京城和昌平之间）的指挥部出发，中午时分由德胜门入城，之后在刘宗敏、牛金星、宋献策等文武大臣陪同下，由承天门（清顺治时改为天安门）进入紫禁城。李自成进宫时，明太子朱慈烺跪伏于门边，之后永王朱慈炯、定王朱慈焕也被搜获。李自成命人给他们换下破衣服，告诉他们不必害怕，说："今日即同我子，不失富贵。"①

二十二日找到崇祯遗体后，太监奉命把崇祯和周皇后遗体移出宫外，简单收殓后暂时停放在东华门外的芦棚之内。原先信誓旦旦效忠皇室的众大臣，几乎无人来祭拜。几天后，李自成下令给崇祯、周皇后换上龙凤袍，换了红漆和黑漆棺材，自己到祭坛祭拜。四月初四日，帝后棺材被葬于田贵妃墓中。

北京，这座久经战火的大明王朝的都城，皇太极七次攻入明朝、多次围

①　杨士聪《甲申核真略》，浙江古籍出版社，1985。

攻都没有拿下的都城，就这么轻而易举地被李自成踩在脚下，前后只用了两天时间！

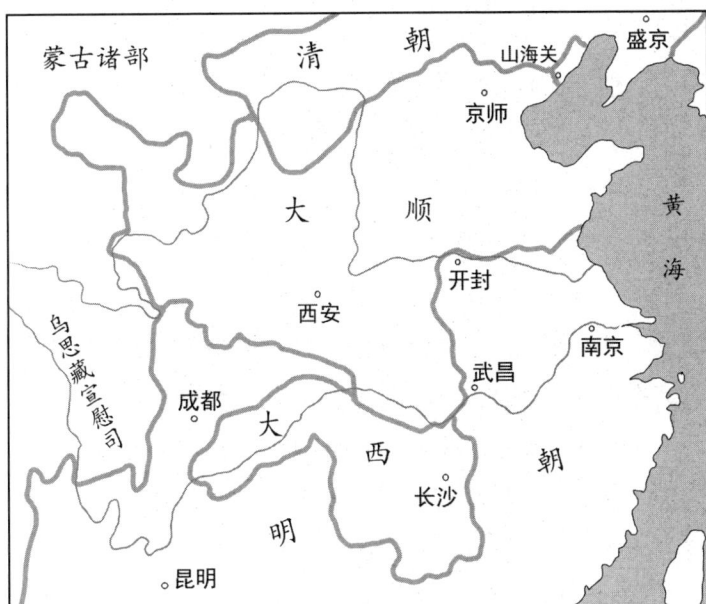

图 4-4　明末 1644 三月至四月全国形势图

　　李自成这次东征总攻，对北京已有必克的信心和决心，但过程竟如此顺利，应当说还是有些意外的。他此前做了不少准备，比如最近几年大力招揽文士，任命官员，注重建章立制、整饬军纪，毕竟接管天下和游击作战存在着本质的不同。因此在东征的路上，除了宁武关屠城等少数恶劣事件外，对沿途居民基本是秋毫无犯。三月十九日大顺军入城当天，仍是军容整肃、纪律严明。目击者赵士锦在《甲申纪事》中记录道：大顺军疾驰而过，他们身穿白衣，头戴青色帽子，手持弓箭，腰插短棍。百姓照常开门，街上行人在道路两旁观看，寂然无声，只听得盔甲和马蹄声响。京城百姓对这次改朝换代表现得冷眼旁观，若无其事。

　　而对于大顺和明朝的各级官员来说，改朝换代则是天大的事！李自成拿下明朝首都，接管天下似乎已顺理成章，但怎么才能顺利接管这个庞大的帝国机器，其实是个天大的问题。明朝官员们则十分茫然和痛苦，国家已灭，皇帝已死，自己是跟随皇帝殉国，还是投降曾经的"流寇"？个体生存和家国大义之间，该怎么选择？

先说明朝官员。

尽管明朝后期，黑暗、腐败、争权夺利、空谈扯皮、弄虚作假充斥着整个朝廷，一部分官员因为浑水摸鱼满足了私欲而沾沾自喜，一部分官员更多的则是失望、无奈和痛心，但其中仍有一部分官员内心坚守自己的信仰，认为"世受国恩，身不可辱"，选择了为国殉难。例如：驸马都尉巩永固、新乐侯刘文炳，举家自尽；大学士范景文自缢，是内阁辅臣中唯一的殉难者；户部尚书倪元璐、都察院左都御史李邦华、惠安伯张庆臻、宣城伯卫时春、阳武侯薛濂、刑部侍郎孟兆祥、兵部侍郎王家彦、太常寺卿吴麟征、大理寺卿凌义渠、太仆寺丞申佳胤、东宫侍卫周镜（周奎之侄）等自杀殉国。

且不论这些官员士大夫是否愚忠，是否明了国家大势，单凭他们这种国难之下舍身赴死的勇气，无疑是应该受到尊重的。包括后来南明时期为国殉难的一批明朝官员，如史可法、左懋第、黄道周等，明代殉国者人数加起来可以说是以往历朝历代之最，他们对家国大义和士大夫名节的维护不应被忽略。

与此同时，除这些殉难的二十多人外，其他大多数官员选择的是投降大顺，其中一些人立场转换之快令人瞠目。首辅大学士魏藻德、前首辅陈演等，在李自成入主紫禁城的第二天就前往拜谒，匍匐地上表示投降归顺，批评崇祯刚愎自用，活该亡国；京城守卫总指挥、京营总督李国桢等还为自己的迅速投降扬扬得意，期盼得到李自成夸奖。李自成一方面面临接管庞大帝国的机会，需要有才能的官员归顺；一方面又在忠义思想的影响下，对一些快速变节、两面三刀的降官极尽鄙视和挖苦。比如把魏藻德之流直接投入监狱，一些高官送到刘宗敏、李友等处追赃派饷。其他投降的一千多名官员按大顺军的布告，身穿青衣，头戴小帽，到会极门集合，自报姓名职衔，等待牛金星的录用。他们从黎明一直等到黄昏，都未受到召见，饥饿疲惫已极，横七竖八躺倒在地上，还受到大顺军官兵不断的讥讽嘲弄，丑态百出。

另一部分投降者则受到各方面的重点关注，因为他们曾经是清誉甚佳、重视名节的士大夫，其中还包括一些东林—复社的著名人士，例如陈名夏、周钟、侯恂、龚鼎孳、魏学濂、张家玉、方以智等。这些人的降附，与后来弘光朝廷的内斗有极大关系，有必要择其代表人物做个简要介绍。

侯恂，河南归德人，曾任明朝户部尚书，《桃花扇》主角侯方域之父，东林耆宿。他于1636年（崇祯九年）因失职而下狱，大顺军攻占北京后被释放，被大顺任命为"工政大堂"，相当于明朝工部尚书，是大顺任用的品级最高的明朝降官之一。侯恂曾发现和提拔了左良玉，才使他成为一方大将。左良玉也因此对侯恂感恩戴德，政治上也就倾向于东林党，后来他起兵进攻南京，实质上导致弘光朝廷垮台也与此有关。

陈名夏，南直隶溧阳人，复社名士，北京陷落后几次自杀都被家人救起。之后想潜逃到南方，被大顺军抓获，幸好认识大顺将领王某，未受刑罚，反被推荐为大顺政权编修。后来还是逃脱成功，到了南京，结果备受弘光朝廷一些人员的攻击，迫不得已又逃回河北大名府降清，最后做到清朝弘文院大学士，相当于宰相。

魏学濂，浙江嘉善人，原东林党领袖魏大中次子，东林名士。投降大顺后任户政府司务，四月三十日在痛苦纠结中自缢而死。

龚鼎孳，合肥人，明兵科给事中，文名极高，后与钱谦益、吴伟业并称清初诗文"江左三大家"。他降大顺后，有一句名言："我原要死，小妾不肯"，意思是自己没有殉国是因为小妾阻拦。这个小妾不是普通人，乃是"秦淮八艳"之一的顾媚，人称"横波夫人"。而龚鼎孳自诩风流多情，"生平以横波为性命"，出此言不以为耻，反以为荣。大顺撤走后他又投降了清朝。

周钟，南直隶金坛人，庶吉士，与杨廷枢等同为复社创造者和领袖，名气极大。周家是当地望族，前后出过七个进士，其伯父周应秋、周维持是魏忠贤门下臭名昭著的走狗，但他和从兄弟周镳却是复社骨干。北京沦陷后，周钟果断彻底地投降，积极主动上《劝进表》，请求李自成登极称皇帝，投降嘴脸极为卑劣。大顺军撤出北京后，周钟逃回故乡，很快因阮大铖罗织的"顺案"被弘光朝廷逮捕，1645年四月被处死。

二

再说大顺军的所作所为。

大顺军占领北京之后，迅速控制全城，保证了京城社会基本稳定。大顺军纪律十分严明，明令不可滋扰民众，个别偷窃居民财物的士兵被斩首示众，因此普通居民初期的生活基本正常。

对待明朝官员士大夫，大顺军最主要做了两件大事：

一是招录原明朝官员。大顺政权对明朝高官较为敌视，规定三品及以上的文武大臣基本都不予录用，发往各营追赃助饷。四品及以下的官员按布告通知，参加招录。三月二十三日，牛金星等主持招录，首批招了九十六人，二十六日又选了一批，选用总数不多。

二是追赃助饷。据当时在京的明左谕德杨士聪记载，从三月二十七日起，大顺政权"派饷于在京各官，不论用与不用，用者派少，令其自完，不用者派多，一言不辨即夹。……其输饷之数，中堂十万；部院、京堂、锦衣七万，或五万、三万；科道、吏部五万、三万；翰林三万、二万、一万；部属而下，则各以千计矣。勋戚之家无定数，人财两尽而后已"。[1] 以官员职衔等级确定追赃金额，本来是个制度化解决问题的办法，但在执行过程中，面对大量金银财宝的诱惑，追赃力度和范围被擅自加大。刘宗敏、李友等大将对发来营内的官员动辄夹棍大刑伺候，严刑拷打，追逼金银。如前述周奎在酷刑拷打下交出白银五十三万两，太监王之心交出白银十五万两，魏藻德交出黄金一万多两，陈演交出黄金四万两。包括魏藻德在内的一批勋戚和官员被拷打致死[2]。后来追赃助饷扩大到一些富户，甚至逐渐波及一些平民。追赃助饷政策让大顺军短短时间内获得了大量财富，但也因此快速地丧失了"官心"乃至民心，京城内部孕育着越来越浓的恐慌和动荡的气氛。

除此之外，大顺政权同时在抓紧委派官员，接管北方各省，谋划招降那

① 杨士聪《甲申核真略》。
② 关于受刑人数、拷打致死人数的史料记载极为驳杂，无准确统计。后来清修的《明史》中说"大抵降者十七，刑者十三"，基本可做个参考。

些还占据南方的明朝军队。大顺军在占领陕西全境和东征期间，已经委派了陕西、山西、河南东北部的一些地方官。占领北京后，又任命了河北、山东、江苏北部一批地方官员。这些官员一部分从明朝降官中选用，一部分从地方举人、生员中选用。四月初六日，命董学礼（投降大顺的原明朝宁夏花马池副将）和大顺将领刘暴带领一千五百名士兵南下，招降南方明朝将领黄得功、高杰、刘伊盛等。但黄得功等拒绝投降，还关押了刘暴。后来山海关大战爆发，北京大顺政权自顾不暇，南下招降一事也就不了了之。

此时放眼黄河以北，京畿、陕西、山西、山东、河南等大部分地区已在大顺控制之下，有点实力的明军只剩下宁远总兵吴三桂、山海关总兵高第合计约五万的兵马。按东征以来明军望风归附的经验，且现在北京已被拿下，崇祯已死，李自成认为招降吴三桂和高第应该不成问题。进北京城的第三天，即三月二十一日，李自成就派投降的总兵唐通和降官张若麒、左懋泰等，带着敕书和犒军银两前往山海关，劝降吴三桂和高第。李自成的劝降策略无疑是正确的，但在执行过程中却犯了忽视清军、低估吴三桂、对刘宗敏等下属管教不严等一系列严重错误，造成了无法挽回的战略损失。

第五节　吴三桂的困境

一

吴三桂，字长伯（又作长白），1612 年（万历四十年）出生于辽东广宁前屯卫中后所（今辽宁绥中县）。其先祖本是安徽徽州人，后迁至江苏高邮，祖父那代再迁到辽东。

吴家本是个很普通的家庭，吴三桂父亲之前的先祖没有任何当官的记录。吴家的发迹，始于吴三桂的父亲吴襄。吴襄善骑马射箭，于 1621 年（天启二年）中武举进士，后投到辽东名将李成梁所部，成为一名普通军官。之后投到辽东祖氏门下，娶了祖大寿的妹妹为续弦，三桂成了祖大寿的外甥。祖氏是辽东军人世家，到祖大寿已历五世。祖大寿长期与后金—清兵作战，屡立战功，曾跟随袁崇焕同守宁远，获得宁远大捷，立下大功，1628 年（崇祯元年）被拔擢为前锋总兵。随着祖大寿地位迅速上升，其兄弟子侄也快速发展起来，兄弟大乐、大成、大弼，子侄泽远、泽沛、泽盛、泽法、泽润、可法等，都是上至总兵，下至副将、参将、游击的各级军官，分驻宁远、锦州、大凌河等各城，形成了继李成梁家族之后一个新兴的辽东军功集团。吴襄背靠这个强大的家族，也很快发展起来，1631 年（崇祯四年）被任命为锦州总兵官。

三桂生活在这样的家庭环境中，从小热爱习武，十六七岁就中了武举人，二十岁时被任命为游击将军，常常跟随舅父祖大寿和父亲与后金—清兵作战。三桂作战勇猛，勤奋精干，又善于结交权贵，先后拜在辽东巡抚方一藻、蓟辽总督洪承畴门下，拜总监关宁两镇的太监高起潜为义父，又有祖家、吴家撑腰，二十六岁时（1638 年）即被任命为宁远团练总兵，成为辽东明军最年轻的高级将领。

但当了总兵官后的吴三桂，作战表现并不佳，胜绩少，败绩多。1641 年（崇祯十四年）的松锦大战中，大同总兵王朴率先逃跑，三桂也跟着从松山逃到塔山，抛下总督洪承畴，一路丢盔弃甲，狼狈不堪。而鉴于祖家、吴家在辽东的势力，崇祯处死了王朴，却反倒给三桂加升了提督职衔。后来洪承畴被俘投降，祖大寿锦州被围近两年后也陷入绝境而投降，赴辽西作战的明军主力被清军消灭殆尽，驻守宁远的吴三桂一下子成了崇祯朝廷在关外倚重的唯一力量。

此时吴三桂的大部分亲属都已投降清朝。皇太极利用这层关系，授意三桂的舅父祖大寿、姨夫裴国珍、兄长吴三凤等不断写信劝降三桂，但三桂都一直没有投降的意思。原因很简单，明军将领降清，基本是三种情况：一是战败被俘，如洪承畴；二是被围困而走投无路，如祖大寿；三是受到明朝打击无法自保，如孔有德、耿仲明、尚可喜等，其他主动投降的并不多。吴三桂目前的处境远未到此种地步，其内心的忠君思想、正统思想仍然占据主导地位。

1643 年（崇祯十六年）春，阿巴泰奉皇太极命进攻明朝后准备班师回辽东，崇祯命吴三桂等驰援京师。三桂到北京后短暂停留，见到了皇帝，也遇到了倾国倾城的歌妓陈圆圆，并和圆圆一见钟情，定了终身。但三桂需要尽快回关外履职，只能让圆圆暂居勋戚田弘遇家，等待来日迎娶。

很快到了 1644 年。正月初一日，李自成在西安正式建国，紧接着大举出兵东征。大顺军势如破竹，进展神速。此时崇祯忽然把退休在家闲居的吴襄调到北京，授提督御营要职。崇祯这么做，一方面是向吴家示好，笼络三桂；另一方面也是用吴襄及其家人做人质，约束三桂不要轻易降清或是降大顺。

面对大顺的汹汹攻势，崇祯很想调吴三桂进京勤王，但大臣们推诿责任、相互扯皮，以致迟迟不能决定。直到三月初六日，崇祯才正式下令吴三桂放弃宁远，赴京勤王。

吴三桂所部精兵四万，士兵家属和辽民约七八万人。部队撤走，家属和辽民不愿留下等死，要求跟着吴三桂走。三月十日左右，三桂带着士兵和老弱妇孺这么十几万人出发，每天行进不过五十里。本来他可以派出精骑快速驰援京师，后队慢慢跟上，但他没有这样做，原因很可能是想故意拖延时间，让其他勤王军队先去和大顺军拼杀，自己保存实力，坐收渔翁之利，同时便于观察形势的变化。从宁远到山海关约两百里，骑兵日行一百里，如日夜兼程，一个昼夜就可以到达山海关。而吴三桂整整走了五六天，十六日才入关。入关之后，他和山海关总兵高第安置带来的难民，又耗去几天。再次带兵出发后，三月二十日才到达丰润（离北京三百多里），此时收到北京已于前一天被大顺军占领的消息。三桂十分震惊，立即掉转马头，退回山海关。

此时的他应该也很清楚，由于他的关宁兵夹在大顺和大清之间的特殊位置，他突然成为了顺清两方都十分关注的热点。

二

大顺方面，李自成于三月二十一日派降将唐通等带着犒师金银，前往山海关招降，还让三桂父亲吴襄写了封劝降信，交给三桂。另有敕书一道，封三桂为侯。清朝方面，多尔衮则早在几个月前就令祖大寿等写信劝降三桂，劝降工作一直在持续进行。

这段时间对吴三桂来说极为痛苦。崇祯已死，明朝已亡，他突然失去了效忠的对象。而自己的几万关宁兵又夹在大顺和大清之间，缺粮缺饷，不可能独善其身，必须择一方而栖。降清？他不愿意。毕竟和清军仇杀多年，而自己年纪轻轻已身居高位，还有充分的时间和空间为民族大义建功立业、青史留名。一旦降清，民族英雄立刻就成了卖国叛贼。降顺？大顺军刚刚逼死了大明皇帝，从道义上、感情上又不允许自己投降弑君流贼。他完全陷入了一个徘徊不定、左右为难的困境。

李自成这时对吴三桂表达的善意，给三桂找了一个很好的台阶。毕竟这是中原朝廷的改朝换代，终归是汉人政权，民族道义上凑合说得过去，自己也不算主动投降，因此三桂同意了投降。

三月二十八日，吴三桂为崇祯及周皇后举办了治丧仪式，全军缟素，算是给自己曾经效忠的明朝一个交代。之后把山海关交给唐通镇守，自己率军进京谒见李自成。四月初四日，大军行至永平，遇到从北京逃出来的家人，向他报告说大顺军在北京对明朝高官将领大肆追赃助饷，其父吴襄也被逮捕关押拷打，陈圆圆被刘宗敏掠去霸占。正好三桂派去北京密探消息的人也回来报告，印证了家人的说法，还说吴襄已被拷打得"将死"。三桂听了这些情况，不由得勃然大怒，当即下令停止前进，挥师东撤，一改几天前"秋毫无犯"的承诺，一路纵兵劫掠沿途百姓，回到山海关。

三桂家人和密探回报的消息不排除有夸大的成分，但吴襄被捕、陈圆圆被掠确然属实。三桂的勃然大怒不一定全部是"冲冠一怒为红颜"，但家人和爱妾的遭遇确实让他深感被侮辱，更重要的是，一种对大顺的极大的不信任感和不安全感在他内心油然而生。

到达山海关后，吴三桂向唐通部发动突然袭击。唐通没料到三桂会突然返回，毫无准备，被吴军杀得人马几尽，仅剩八骑逃回北京。吴三桂重占山海关，聚集五万人马，立即下令杀了李自成的大顺使臣，决心与李自成决裂。山海关的官民乡绅也听说了大顺军在北京追赃助饷的恶行，内心既恐惧又憎恶，因此全力支持吴三桂，组织了上万名乡勇，连书生文士也参与其中，准备协助吴军抵抗大顺军。

　　投向李自成的路已经堵死，只能投向清朝了。但怎么个投法？吴三桂最初的想法是借兵，而不是降清。他给多尔衮写了封信，以"亡国孤臣"的名义，恳请清朝出兵；称清朝为"北朝"，与明朝为"我国"的称呼严格区分开来；承诺清朝帮助他消灭乱臣贼子后，"……则我朝之报北朝者，岂惟财帛？将裂地以酬，不敢食言"①，借兵伐贼、事后以财物土地感谢的意思表达得非常清楚。

第六节　山海关大战

一

　　清朝那边一直在关注明朝和大顺军的动态。到三月中旬，顺治帝登极之后的内部局势已经稳定，权力体系基本稳固，已在厉兵秣马，准备四月上旬大举伐明。到三月末，李自成大军已经打到北京附近的消息传到沈阳，多尔衮暂时还不知道北京已被占领的情况，只是感到明朝已危如累卵，伐明的时机已经到来，立刻召开紧急会议商讨对策。重要汉官谋臣范文程上疏多尔衮，建议一定要出兵，这是摄政王多尔衮建功立业的大好机会，"（否则）失机会而贻悔将来者，亦此时！……我国虽与明争天下，实与流寇角也"。提出目标是"或直趋燕京，或相机攻取"，先得半壁江山，再进而有全国，同时要注重招揽民心，做到"官仍其职，民复其业，录其贤能，恤其无告"②。范文程为清朝进取中原提供了方略大计，多尔衮迅速采纳并开始实施。

　　四月初九日，多尔衮率多罗豫郡王多铎、多罗武英郡王阿济格、"三顺王"

① 《清世祖章皇帝实录》卷四，中华书局影印本，1985。
② 《清世祖章皇帝实录》卷四，中华书局影印本，1985。

孔有德、耿仲明、尚可喜，及范文程、洪承畴等一大批文臣武将出发。这次多尔衮带了满洲兵、蒙古兵的三分之二，以及全部汉军八旗兵，总数约为十二万人，除了留守部队，可以说是倾国出动。多尔衮这次孤注一掷，把清朝的国运都押在了这一仗上，胜则建立不世功勋，败则清朝灭国，这让他自己也感到了巨大的压力。途中，他征询洪承畴的意见。洪承畴和农民军打了多年交道，正确分析了大顺军占据北京后，一定是"财足志骄，已无固志"，清军胜算很大，但也不能轻敌大意，再次强调了收揽民心的重要性。洪承畴的分析坚定了多尔衮的信心，大军继续向南进发。

十五日到达翁后（辽宁北镇附近），碰到了吴三桂派来的两名信使。看了三桂的信后，多尔衮始知北京已被大顺军攻克、崇祯帝已死，不禁暗暗吃惊。同时他既是惊喜，又是疑惑：这个招降了无数次都不予回应的吴三桂，这次居然急切主动地请求自己出兵，让他不得不感到惊喜。但这位三十二岁的摄政王心思也足够缜密周全，他对吴三桂的来信仍然心存疑虑，担心是个陷阱。思忖再三，多尔衮决心冒险一试，先直扑山海关，到现场观察后再作判断。

大顺方面得知了吴三桂降而复叛的消息，但对清军的动向几乎一无所知。李自成下令释放吴襄，批评了刘宗敏的行为，但实际上为时已晚。他带上吴襄、明太子朱慈烺、永王、定王，和刘宗敏一同率马步兵六万，于四月十三日从北京出发，直奔山海关。带上吴襄等人的目的，是想对吴三桂做最后一次的争取。出师前一天夜里，李自成为"绝内患"，下令处死拘捕的明朝勋戚大臣一百多人。这一残酷举动，再次急剧加深了大顺军与北京居民的矛盾。据说当天夜里北京城里贴满了吴三桂讨伐大顺的檄文，有些居民秘制素衣，相约准备迎吴三桂入京。

吴三桂得知李自成大军已出发，赶紧派了六名下属去向李自成诈降，声称自己还是希望投降大顺，以稳住李自成，延缓其进军速度，为加强山海关防御和等待清军赶来争取时间。李自成果然中计，延缓了行军速度，本来四天左右的路程，用了九天，直至四月二十一日才到达山海关，而在此等待他的，是在石河西摆好了决战阵势的吴军。

关外多尔衮清军的行进速度是先慢后快。起先行进稍慢，是为了等待前端打探的消息，以确认吴三桂所说情况的真实性。十九日大军到达锦州，收到三桂第二封信。三桂此次更为急切，不再提"我国""北朝"以及裂土酬谢等字眼，而是请求多尔衮尽快入关，"幸王速整虎旅，直入山海，首尾夹攻，逆贼可擒，京东西可传檄而定也。……则民心服而财土亦得，何事不成哉！"①暗示只要多尔衮尽快出兵，什么都可以谈。多尔衮果断决策，认为当前最重要的是击败大顺军，不再纠结其他，于是下令急行军，一昼夜疾驰两百多里，二十一日傍晚即抵达山海关外十五里处！

二

李自成首先派唐通率数百骑兵从山海关北面绕道出关，驻守于关城东北的一片石，防止吴三桂向清军方向逃跑。没想到唐通立足未稳，便遭到清军攻击，唐通大败而回。一片石的战斗规模不大，但这是清军和大顺军的首次接战，清军破坏了李自成的战术意图，对山海关大战的战局有重要影响。

主战场则在关内石河西展开（今山海关燕塞湖附近）。大顺军和关宁兵都是战斗力很强的部队，一上来就是死战的架势，持续地互相突袭冲杀，一时间杀声震天，尘烟蔽日。李自成同时分兵攻打北翼城，战斗也异常激烈，大顺军几次已攻上城头，几次又被打下来；吴军几度几乎失守，又几度转危为安。战斗持续了一整天，双方都损失惨重。吴军已几乎支撑不住，但仍坚守住城墙，这也充分证明了关宁兵的战斗力，确实非明朝其他军镇可比。同时，三桂还得到城内乡绅居民的大力支持，他们为吴军捐款捐物，上万名乡勇，甚至书生文士都上战场拼死战斗。

战斗持续到晚上，吴三桂感到已是万分危急，派人连续八次到清营，请求多尔衮尽快入关。多尔衮移师到山海关外四五里的欢喜岭，即屯兵不前，他对吴三桂的疑虑还未完全消除，同时也要用这个机会对吴三桂进行极限施压。二十二日早晨，吴三桂迫不得已，亲自前往欢喜岭拜见多尔衮，请求清军火速

---

① 《清世祖章皇帝实录》卷四，中华书局影印本，1985。

入关，其间慷慨陈词、声泪俱下。多尔衮看火候差不多了，各类情况已基本得到确认，于是要求吴三桂盟誓、剃发。事已至此，吴三桂已无法再过多考虑，当即剃发，表示归顺清朝。其他吴军官兵来不及剃发，令白布系在肩上，以区别于大顺军。随后，多尔衮传令大军，跟随吴三桂鱼贯进入山海关。

吴三桂赶回山海关后，立即向关内方向出城，率领吴军与大顺军再次展开殊死搏斗，一时间尘沙蔽天，炮声如雷，流矢如雨，飞丸乱射，血肉横飞。李自成带着明太子和少数随从，在石河西北角的一座高岗上观战。进入关城的多尔衮则按兵不动，他要先观察大顺军的战法，也想静待吴三桂先消耗大顺军实力。战斗持续到中午，大顺军和吴军都已疲惫不堪，吴军眼看支撑不住了。多尔衮抓住战机，下令阿济格、多铎率正白旗、镶白旗两万骑兵突然出击，攻击大顺军右侧阵尾。此时吴军在大顺军左侧阵首战斗，大顺军一下子陷入首尾不能相顾的被动境地。

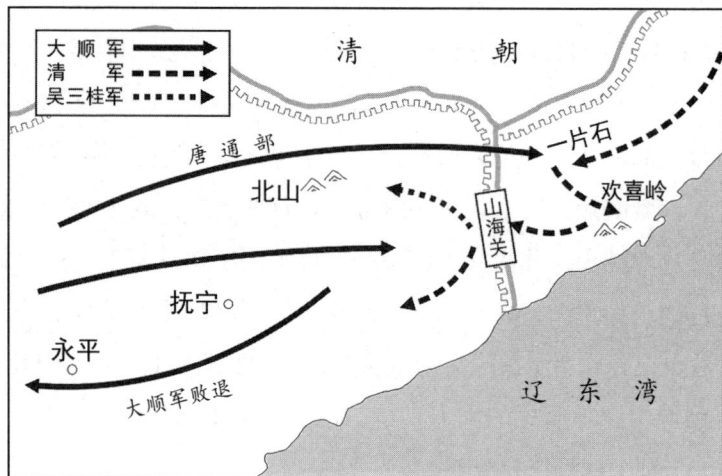

图 4-5　山海关大战

清军以旺盛锐气，勇猛冲锋，所向披靡，大顺军阵脚大乱。李自成正在惊愕之际，有一僧人急向前来，跪在他马前说："白旗骑兵不是关宁兵，是满洲兵，大王快走！"李自成一听，立即策马下山而走。前面大顺军还在继续战斗，战况惨烈，刘宗敏也中箭负伤。一会儿沙尘散开，大顺士兵一看满是辫子兵，都惊呼："满兵至矣！"阵势立刻崩溃，士兵争先逃跑，自相践踏。清、吴两军乘胜追击，直追出四十余里，大顺军被斩杀无数，更有大批士兵被逼进海里淹死。

李自成、刘宗敏带着残余的数千骑，匆忙撤退。二十三日到永平，将吴襄斩首示众。二十六日回到北京，下令杀了吴襄全家三十四口。二十九日李自成举办登极典礼，当晚至次日凌晨即率军匆匆撤离北京。

山海关大战结束的当天，多尔衮就以顺治帝名义封吴三桂为平西王。第二天，命吴三桂率马步兵一万追击李自成。

三

四月二十九日李自成撤离北京时，吴三桂已到京郊。吴三桂本想领兵进城，但多尔衮坚决不同意，他有认真的政治考虑：自己要"先入为主"进占北京城。如果让吴三桂先进了城，那么三桂就成了"主"，后面多尔衮再来，就成了"客"，清朝入主北京就显得名不正言不顺。而且当时有消息说太子朱慈烺已落到吴三桂手中，如果吴三桂进城后迅速把太子推上皇位，清朝就更加被动了。因此多尔衮命吴三桂和阿济格、多铎一起继续追击大顺军，自己于五月初二日赶到了北京城。

北京的官员和居民并不了解这些情况，纷纷传说吴三桂打败了大顺军，抢回了明太子，即将进京。五月初二日，官绅们准备好了迎接皇帝的法驾和仪仗出城迎接，没想到当先昂然而来的是大清摄政王多尔衮，身后跟着鲜衣怒马的辫子军。官绅们目瞪口呆，手足无措。反应慢的僵在当地，反应快的悄悄溜走；反应更快的一看清军阵势，就知道己方毫无反抗可能，干脆将错就错，把多尔衮迎入皇宫武英殿，直接把他当作了北京的新主人。

就在前一年春，清军还在京畿一带大肆劫掠而还，留给民众的是残暴贪婪的侵略者形象。而此时，多尔衮已经据有北京城，而且准备长期待下去，他就必须改变清朝的形象。他认真听取范文程、洪承畴等资深汉官收揽民心的意见，先通告京城官民，清军是来为崇祯帝后复仇，消灭贼寇，把自己打造成为明朝人民救星的形象，同时全盘推行范文程"官仍其职，民复其业"的政策建议，快速稳定人心，收买"官心"。进京第三天，他就下令官民为崇祯服丧三天，重新厚葬崇祯皇帝及其皇后；同时下令各级官员，不管是明朝的官员还是大顺的官员，曾经投降过谁都一概不过问，只要归附清朝，一律官复原职，甚至加官晋爵。

招降原有官吏，是接管旧王朝国家机器的最重要的一步，这方面也直接反映了三个政治势力的能力和水平。大顺方面重视带着人马归降的武将，东征途中归降的明朝武将都得到了较好的安排，大多数都官仍原职，镇守原地，但他们之后几乎都全部降而复叛；大顺进京后对明朝文官系统总体上是敌视和轻蔑的态度，没有认识到他们在改朝换代过程中的重要性，结果吃了大亏。五月成立的南明弘光朝廷，更是先天不足，朝廷思路一片混乱，官员们忙于争权夺利，对投降过大顺和清朝的官员采取的是鄙视和攻击的态度。只有大清朝廷，在接管政权方面的政治考量明显胜过以上两家。他们大量招揽降官，同时还鼓励投降的汉官举荐人才，鼓励他们与门生旧友相携入朝。如原明朝大学士冯铨，曾经依附阉党，后被贬为庶民。多尔衮进京后，召冯铨到京任大学士，在文官中排名第一，排在范文程、刚林、宁完我之前。复社名士陈名夏降顺之后逃回南方，结果弘光朝廷揪住他投降过大顺的问题不放，要捉拿他全家问罪，他走投无路只能重返北方投降清朝，后来做到了清朝的大学士。此等案例比比皆是。

经济方面，多尔衮下令被大顺军夺走的田产一律"归还本主"，免除辽饷、剿饷、练饷等赋税。多尔衮本来命令京师官民给崇祯服丧三日后都要剃发改制，后来见汉族官民的抵制较为强烈，遂于五月二十四日下令"天下臣民照旧束发，悉从其便"，之后又允许官民沿用明朝冠服，较好地避免了改朝换代初期的民族矛盾。

多尔衮进京后采取的这些政策可以表明，在顺、明、清三方势力中，清方在那个时间段的政治准备工作做得最好，格局最高，政策最为有效，因此较为轻松和完整地接管了明朝的北京中央政府。

第七节　大顺再成"流寇"

一

多尔衮在北京忙于接管政权，而吴三桂、阿济格和多铎则继续追击大顺军。追击部队以吴三桂军为先锋，阿济格和多铎殿后协助。

李自成从北京撤退时，携带着大量的金银财物和妇女，行动较为缓慢。据说抢来的白银有三千七百万两，黄金一百五十万两[1]，随军妇女无数，陈圆圆也在其中。五月初一日，大顺军到涿州，原明朝大学士冯铨率城里军民坚决抵抗，大顺军打了一天也攻不下城池，后边追兵已近，只得弃城不攻，继续南行，途中一路丢弃大量金银财物。初三日，清军在河北定州追上并大败大顺军，大顺殿后部队的大将谷英战死，大顺军士气一落千丈。李自成面对大顺军一路逃窜的形势极为郁闷，实在想不通几天前在北京准备接管天下的大顺，怎么这么快似乎又沦为了"流寇"。他把最主要的原因归为吴三桂的叛变，于是决定稳住军队，在河北真定与清军决战，消灭吴三桂。初四日，大顺军与清军在真定决战，结果吴军在固山额真谭泰等清军骑兵的协助下，再次大败大顺军，李自成肩部中箭负伤。李自成看形势实在不妙，只能下令继续撤退，初六日经井陉退入山西，留下部分军队守住固关。清军一路追击，也已比较疲惫，同时考虑到还要巩固京师周围的局势，于是班师回京，于五月十二日回到了北京。在追击大顺军的过程中，陈圆圆趁乱逃脱，回到了吴三桂身边。

李自成带领的大顺军主力继续西行，五月至六月间经太原、平阳（今临汾）回到了西安。大顺军在山西、河南等地仍有不少驻守军队，但李自成的主力部队从北京撤出，一路西窜且连吃败仗，向全国发出了很危险的政治信

---

[1]　大顺军在北京到底得到了多少金银财物，史籍记载分歧很大。赵士锦的《甲申纪事》、杨士聪的《甲申核真略》等都有不同记载，无法判定准确数字，几千万两白银和上百万两黄金的数字只能做个大概参考。以大顺军进京后占领皇宫、拷掠官绅的所作所为看，所得到的金银总数应当不是小数。

号：大顺政权似乎已危机重重、濒临被灭；而清朝打着为明复仇的旗号一路
凯歌，成了救黎民于水火的正义之师。在这种形势下，已经归于大顺统治下
的河北、山东、山西、河南等府、州、县纷纷发生叛乱，各地明朝降官和乡
绅突袭大顺地方政府，杀死大顺官员，五月至七月之间的这类叛乱有记载的
就有七八十项 [1]，一时间竟呈遍地开花之势。这些叛乱中，有一部分如大同、
宣化等地投降了清朝；有一部分如归德府、徐州等地则归附南明弘光朝廷；
山西、河南、山东的很多地方则摇摆于清朝和南明之间，处于几大政权的真
空地带，华北地区陷入了名副其实的大乱局。

这些叛乱中影响较大的是大同总兵姜瓖的叛乱。三月初李自成东征到大
同时，姜瓖投降大顺。李自成继续东进围攻北京，大同依然交给姜瓖镇守，
同时命制将军张天琳带一万多兵马共同镇守。五月十日，姜瓖发动叛变，张
天琳等大顺将领被刺杀，大顺队伍也随之瓦解。大同是北京、山西北部的重
镇，大同的丢失使大顺很快失去了对晋北和京师地区的控制力。

六月，多尔衮派出几位明降官去山东、山西大力招抚，同时派出两支
清军跟随，作为武力后盾。已降大顺的总兵唐通率部和李过一起退到陕西
府谷地区，他看出大顺形势不妙，突然对李过部发起攻击，然后把队伍拉
到山西保德，九月投降了清朝。大顺委派的山西节度使韩文铨、制将军陈
永福等驻守太原。九月，清固山额真叶臣率军进攻太原，十月初三日城破，
韩文铨战死，陈永福逃走，后来也投降了清朝。晋东南长治地区由大顺平
南伯刘忠镇守，清军占领太原后向长治进攻，几番拉锯战后，刘忠也被迫
退入河南。除晋西南一部分外，山西几乎全境都在清朝控制下。李自成在
退回陕西时，在山西没有进行重点部署，山西境内几支部队缺乏统一协调指
挥，对姜瓖、唐通等降将也缺乏有效控制，以致仅三个月时间就被清军各
个击破。山西失守使大顺的大后方陕西直接暴露在清军面前，战略上更加
被动。

---

[1] 顾诚《明末农民战争史》附表，光明日报出版社，2012。

二

多尔衮看到对山东、山西等地的招抚和进攻都比较顺利，京师附近逐渐稳定下来，更加坚定了占据北京、进取中原的信心，下定决心让清朝迁都北京。当时不少清朝贵族反对迁都，认为都城还是在沈阳较为稳妥。多尔衮则以贯彻皇太极遗命为由，一一驳斥、劝说，以摄政王的权威坚定行动，于该年（1644）九月把顺治帝福临接到了北京。十月初一日，顺治帝在北京举行登极大典。上一年九月，顺治帝已在盛京（沈阳）举行过登极仪式，而这一次却不同，在北京的再次登极，意味着宣告天下，顺治帝已经不是偏于东北一隅的国王，而是或即将是全中国的皇帝。

这一动作做完后，多尔衮加快了进取中原的步伐。十月十九日，多尔衮命英亲王阿济格及吴三桂、尚可喜等率军从北京出发，加上宣府、大同的兵力共计八万人，直扑陕西剿杀大顺军。二十五日，命豫亲王多铎、孔有德、耿仲明等统另一支大军南下，计划攻击南京弘光朝廷，收取江南。

就在清廷调兵遣将的时候，大顺军在河南怀庆地区发动了局部的反攻。十月十二日，大顺军连克济源、孟县，击毙清军提督金玉和，兵势很盛。消息传到北京，多尔衮大惊，不得不紧急调整作战计划，命令多铎统率的南路军掉头向西，先救怀庆，再攻潼关，之后和阿济格的北路军南北夹击西安。这样调整后，清军在山东、河北、河南东部的兵力就比较薄弱了。可惜南京弘光朝廷昏聩懵懂，对清朝吞并天下的意图缺乏认识，更缺乏应对策略，看到清军大举西进，竟臆想着"借虏灭寇"为君父复仇，自己坐收渔翁之利，于是按兵不动，错失了趁机收复北方部分地盘的大好时机。

李自成在西安得知阿济格部清军从北路进攻陕西的消息，抓紧调兵加强陕北防守。此时突然传来多铎部攻占怀庆，正向潼关进发的消息，李自成意识到西安将被清军南北两路夹击。经过分析研判，阿济格部北路军因绕道蒙古，进军速度较慢，而多铎的南路军进军迅速，对付南路军更为急迫，于是李自成决定和刘宗敏一起火速增援潼关。十二月二十九日，顺、清双方的潼关战役开始，大顺军多次接战失利。清军调来红衣大炮猛轰城墙，连续强攻。

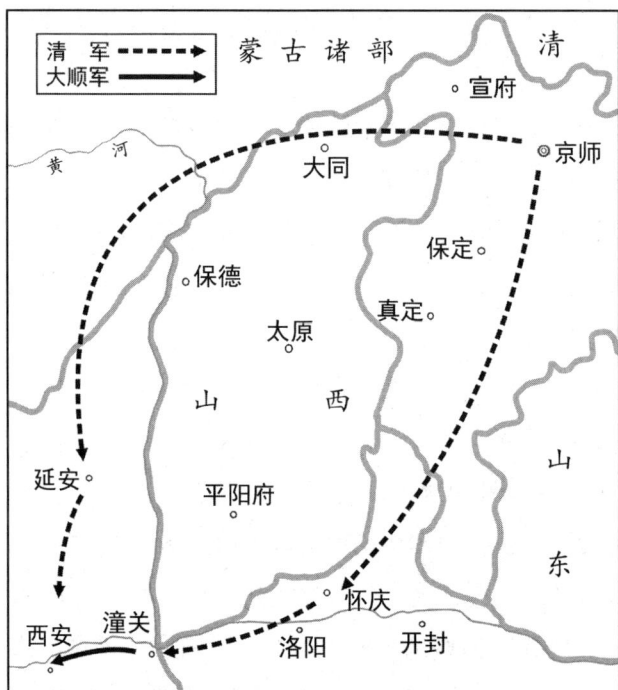

图 4-6　清军夹攻陕西大顺军

次年（1645）正月十二日，大顺军将领巫山伯马世耀带所部七千人诈降，清军占领潼关，李自成等撤回西安。当晚，马世耀派人送密信给李自成，半路被清军截获。次日，多铎设下伏兵，邀请马世耀及其部下一同打猎并参与宴会，等他们进入伏击圈后，多铎一声令下，伏兵四起，七千多大顺军将士全部被杀。

潼关战役是清朝和大顺在西北地区的一次重要攻防战。此战后，大顺军面临南北两路清军夹击，大顺的大本营西安已无险可守，战略上进入完全的被动，等待他们的命运只能是放弃西安，另寻出路。

三

就在这几个月之内，曾经势如破竹攻占北京的大顺军，颇有一统天下之威，但现在却节节败退，已有再成"流寇"之势。究其原因，是在战略思想上没有及时转变，没有做好接管天下的准备。

首先是对怎样接管中央政权缺乏深刻认识，对明朝投降官吏重武轻文。明朝中央政府是整个国家机器运行的核心，要保证其正常运行，需要大批有经验的文官。而大顺军对明朝投降文官思想上充满敌意，对他们大量地追赃助饷，甚至严刑拷打，有的折磨致死。这些官吏中很多人之前对崇祯朝廷已经很失望，在改朝换代之际已经做好一定准备，打算继续为大顺新朝廷效力，但他们很快就因大顺政权的所作所为感到更加失望、绝望，甚至对大顺充满仇恨。相反，大顺对投降的明朝武将比较宽容，常常是让他们统原兵、任原职，缺乏有效制约，以致后来发生姜瓖、唐通之类大批武将降而复叛的情况。四月初八日，李自成也发现了拷掠官吏造成的严重问题，下令停止追赃助饷，但为时已晚。相比之下，后来入主北京的清朝，就大力招抚和任用投降文官，对吴三桂等投降武将适当加以制约，比较完整和顺利地接管了中央政权。

大顺在山西、河北、山东等地也在追赃助饷，同样激化了当地官吏、乡绅与大顺政权的矛盾，地方政权也处在不稳定的状态中。为了平息这些地方矛盾，李自成不得不派出多批军队奔赴各地镇压驻守，由此也导致了北京兵力不足的问题。

其次是大顺军思想和纪律发生了变化，而未及时整饬。大顺军在占领西北及东征的时期，已经基本做到了军纪严明、令行禁止，因此也才有了民心支持和强大的战斗力。进入北京的初期，军队仍然保持较好的作风。但随着追赃助饷的展开，也许是大量的金银财宝来得太容易，而且远非先前攻克的其他州县可比，军队中的贪暴习气开始蔓延。刘宗敏等大将不仅不加管束，更是"身先士卒"，不顾国家大事，努力追求财色私欲，拷掠吴襄、霸占陈圆圆就是其中典型一例。士兵在此氛围下，开始搜拷富户甚至一般百姓，借此敛财。有史家认为大顺军的"变质"是山海关战败后开始的，但质变总是来源于量变，应该说对官员的追赃拷打开始后不久，军纪就已经开始松懈直至败坏了。

李自成曾经出面干预军队的贪暴行为，他内心希望大顺军能把京城管理好，这对自己顺利登上皇帝宝座是有好处的。但事实是，李自成在大顺内部虽然有崇高的声望，但却不一定有绝对的权力。刘宗敏等一批资深武将多年来和李自成一起并肩战斗，他们平时亲如兄弟，但也因此使最高首领和下属之间缺乏距离感和威权感。另一方面，李自成对自己也没有严格要求，进入皇宫后就开始为自己选妃纳妃。等到他想严格约束刘宗敏等下属时，发现已经很难做到有效控制。他召集将领们开会，希望大家管好下属，帮助他顺利登上皇帝位，但这些大将们说："皇帝之权归汝，拷掠之威归我，无烦言也。"[1] 李自成对此也无可奈何。

再次是对清朝的战略意图和军事实力发生误判。在大顺军东征途中，多尔衮曾经致信李自成，表示想和大顺共分大明天下。李自成采取的态度是置之不理。其实后金—清这些年来多次袭扰明朝，屡战屡胜，军事实力十分强大，这方面李自成应当是了解的。但他同时也认为自己的大顺军横扫北方，实力也不容小觑，没把清军放在眼里。最关键的是，对于清朝南下吞并明朝国土的意图，李自成发生了严重误判，似乎认为这是清朝和明朝之间的事，和自己无关，或者是认为清军南来也就是劫掠一番而去，不会和自己争天下。这种鸵鸟式的判断，让大顺军几乎没有做好任何应对清军的准备。

最后是对吴三桂的判断不足，考虑不周。关宁兵马虽然总数不多，但他们在清朝和大顺之间，战略地位十分重要。李自成对吴三桂、高第招降时，只是派了刚刚投降的总兵唐通，仅带了八千人去接管山海关。如果当时派出大顺重要将领率重兵前往，守住山海关，吴三桂是不敢轻易投降清方的，那么历史完全有可能改写。

还有就是在撤出北京后，大顺政权在山西、河南的兵力部署十分松散，导致一旦有变即叛乱四起、一溃千里。

---

[1] 钱士馨《甲申传信录》，"中国历史研究资料丛书"本，上海书店，1982。

其实最为关键的是，李自成身边一直缺乏有真知灼见、有高超的战略眼光、有能力统筹全局的高端人才。牛金星、宋献策等文官在大顺军东征西讨过程中，在建章立制等方面发挥了很大的作用，但从他们的出身和学识来看，从后期的表现来看，都远远达不到统筹治理一个大国的要求，与明朝开国时的李善长、刘伯温等大家相比，更是有天壤之别。因此在大顺的战略、策略和思想方面出现偏差的时候，无法及时有效纠正，反而是越走越远，越走越错，终于错失了这个改朝换代的千载良机，把自己一步步逼向灭亡。

第五篇

弘光朝廷昙花一现

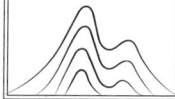

第一节　定策之争

一

　　1644 年北方的大乱局让人目不暇接，三月至四月的一个多月内，大顺军占领北京，崇祯帝吊死煤山，大顺军山海关之战大败后撤出北京，清军入关占据北京。北京城头变幻大王旗，局势变化之快出乎所有人意料。之后大顺军主力一路西撤，跑回陕西，大顺控制的很多地方纷纷降而复叛；清军派兵追击大顺军，招降北方一批府、州、县，十月顺治帝在北京再次登极；还有很多地方各行其是，处于一种无政府状态中。中国北方陷入一片混乱。

　　相比之下，南方暂时未陷乱局，荆楚一带的张献忠也只是向西移动，明朝留都南京似乎仍然兵燹远隔，桑梓依旧。作为大明朝的留都，南京的六部官僚机构一应俱全，官员的品级和北京中央官员对等，只是平时不履行中央政府职能。这种两京制的安排，最大的好处就是一旦北京中央政府出了问题，南京理论上可以立即启动，接手对全国的管理；而最大的坏处，即是南京的官员普遍缺乏统筹管理全国的经验和能力，对全国局势变化不敏感，也缺乏责任心。

　　三月十九日北京陷落、崇祯皇帝自杀殉国，到十天后的二十九日，南京才听到一点京师沦陷的信息，所有人都将信将疑，此时还没有皇帝殉国的信息。四月十日，淮安巡抚路振飞收到较为准确的皇帝凶讯，立刻上报南京。南京主政官员们闻此大变，陷入一片不可置信和茫然之中。反复核实后，于四月二十五日终于官方确认了皇帝死难的信息。也就是说，如此重大的信息，在事发后的三十六天南京才最终确认，可见南京政府在信息情报工作方面的迟惰。

　　正所谓国不可一日无君，册立新君的工作对于目下的南京来说，立刻成了一等一的大事。这项工作被称为"定策"。

中国近两千年的帝制社会，对如何册立新君已经形成一套极为成熟的规则。崇祯的三个儿子，即太子慈烺、定王慈炯、永王慈炤，都是符合规则的继承人。但甲申之变后，他们三人都下落不明、生死未卜。定策成了个必须尽快解决，又极难解决的问题。形势紧迫，必须也只能先从明宗室藩王中选一个人来担任国君。而这一因素，让南京官场突然间暗潮涌动，一大批官员开始上蹿下跳、争先恐后，力图捞取"定策之功"。因为一旦拿到这个功劳，新皇帝必然要对自己给予足够回报，从而瞬间大幅提升自己的政治地位和权力。另一方面，如果选定的新君和自己的政治倾向相契合，那么对后续攫取更大的权力将有极大好处。

其中最为活跃的是东林—复社人士。万历中后期，东林党逐渐成形，发展成为人数众多、占据朝堂很多实权职位的"政治党派"。天启年间至崇祯初年，以东林党人的子弟和文人学子为主力的学社"复社"也在苏浙一带兴旺发达起来，他们也聚集了众多人士，时常聚会辩论，针砭时弊，对社会舆论有很强的影响力。东林和复社在政治理念和诉求上一脉相承、互为表里，东林在朝而复社在野，经常协同配合行动。东林—复社对政治权力极为看重，定策大事，正好为他们提供了获取更多权力的机会。

眼下在南京，东林党的主要代表人物是公认为党魁的户部侍郎钱谦益，以及户部尚书高弘图、兵部侍郎吕大器、詹事府詹事姜曰广、右都御史张慎言等一干重臣。南京当时最有实权的人物、兵部尚书史可法，是著名东林党人左光斗的门生，也是当然的东林党人。为争取夺得定策之功，东林—复社的不少骨干人物纷纷开始积极谋划，相互串联，全力行动，力求选定的新君能够符合东林—复社的集体利益。

另外一派是以马士英为首的一批非东林党官员。马士英，字瑶草，贵阳人，时任凤阳总督，曾任宣府巡抚，后被革职谪居南京。1641年（崇祯十四年），东林—复社人士推动周延儒再次出任首辅，后者接受了阮大铖的重金资助。为感谢阮大铖的支持，周延儒接受他的推荐，起用马士英任凤阳总督。阮大铖是南明时期的重要人物，他与东林人士的恩怨纠葛很复杂也很重要，后文再叙。马士英虽任凤阳总督，掌握一定兵权，但并不在南京的核心政治圈内，没有资格参与定策决策。但他对这个千载难逢的定策机会十分敏感，在阮大铖的幕后策划下，他拉拢提督操江勋臣刘孔昭、吏科给事中李沾等非主流官员，以及驻扎在江北的刘泽清、高杰、刘良佐等几名主力将领，希望合众人之力，把定策之功抢到手，从而和这些人一起快速提高政治地位，夺取到政治实权。马士英和刘孔昭、刘泽清等人都有此共同需求，因此一拍即合，形成了默契。有些史家把这一派人称为"阉党余孽"，主要原因是他们中的重要人物——后来最为位高权重的阮大铖——被东林—复社人士作为阉党而猛烈攻击。但事实上，阮大铖算不算阉党还存在一些疑问，而这一派的其他主要人物几乎都没有归于阉党的确切证据，结合后来的表现，称他们为"马、阮集团"似更为贴切。

围绕着定策的斗争，就在这两派人之间展开了。

二

按照皇家血统的亲疏远近判定，藩王中可以"入围"的人选只有四个人：福王朱由崧、瑞王朱常浩、惠王朱常润、桂王朱常瀛。其中朱由崧前面讲过，1641 年正月李自成攻占洛阳，活捉并处死了老福王朱常洵，就是万历帝一直妄图立为太子而最终没成功的那个福王。洛阳之战中福王世子朱由崧趁乱逃脱，之后四处漂泊，状若乞丐。崇祯听说其惨状，为之"泣下"，给了他一些银钱，传诏准他嗣位福王。甲申年（1644）三月初，李自成南北两路大军逼近北京时，开封的周王、卫辉的潞王、汝宁的崇王"弃藩南奔"，顺水道直奔淮安。四处流浪的福王朱由崧看到这支船队，乞求跟随同行，幸而舟中有两名太监曾在福王府供职，认识朱由崧，替他做证，他才为三王接纳，随船一起到了淮安。到淮安后，穷困潦倒的福王向潞王朱常涝借了些银子，租了个房子暂住。

另外的三个候选人中，瑞王朱常浩的封地在汉中，正是"贼起之地"，他早就从汉中逃到了重庆，不料张献忠又杀奔重庆而来。事实上这年（1644）六月，瑞王就被张献忠捉住杀掉。惠王在荆州，也是战乱之地，情况不明。桂王封地在衡阳，被张献忠撵得避祸广西梧州，离南京也比较遥远。

　　这么看比较实际也合理的选择就是福王了。但让人意外的是，东林魁首钱谦益突然提出倡议立潞王朱常淓，认为福王不忠不孝，而潞王"素有贤名"，应以立贤为好。吕大器、张慎言、姜曰广等一干东林重臣都表示支持，史可法也倾向于潞王。一时间潞王的呼声极高。

　　但实际上没有任何信息能够证明潞王的"贤名"，后来的事实反倒证明了他跟"贤"字实在沾不上边。以东林党的学识和实力，不可能不知道朱常淓是个什么样的人，之所以主动跳出来要拥立他，不过是借"立贤"之说，阻止拥立福王。这原因又得追溯到万历年间的"国本之争"。四十年前，万历帝和东林党围绕着是否废太子、立福王之事展开了激烈斗争，最后东林党获胜，朱常洛保住了太子之位，福王朱常洵则到洛阳就藩，后来被李自成诛杀，朱由崧因此四处流浪。此时钱谦益等东林首脑人物普遍认为，一旦朱由崧上台，很有可能翻出旧账，找东林党清算。虽然这只是个或有的风险，但也必须提前预防。

　　史可法也是这样考虑的。虽然他也是东林党人，但他为人正直忠义，同时又是南京政府地位和实权最高的官员，他很担心这种"立贤"论经不起名教伦序的考验，将来引起另外的斗争和混乱。他有点犹豫不决，因此也导致了后来一系列的被动。他这时正在浦口视察军队，南京高层在高弘图召集下连日讨论，并将讨论内容写信告知了史可法，总体意思仍是以"立贤"为由支持拥立潞王。

　　凤阳总督马士英最初并没有暴露想要争夺定策之功的意图，他知道在南京政府中当前仍是东林党占据主流，因此表露出来的意见是赞成东林党的提议。他给史可法也写了封信，表示赞成"立贤"，同时询问定策情况怎样。心机不够深沉的史可法在给马士英的回信中说：

　　　　福王则七不可，（谓贪、淫、酗酒、不孝、虐下、不读书、干预有司也。）唯潞王讳常淓，素有贤名，虽穆宗之后，然昭穆亦不远也[1]。

---

[1]　黄宗羲《弘光实录钞》，上海古籍出版社影印本，2003。

他没有想到，这一封信，成了马士英攫取定策之功的利器。

马士英并无什么大才，但投机却是其所长。按黄宗羲《弘光实录钞》的记载，是阮大铖在后面出的主意，让他与诚意伯刘孔昭等立即密议，得出结论：抢定策之功只有一个字——"快"，不管立谁，己方只有尽快下手才能获得首功。既然东林党要立潞王，如果跟随其后那也只能是拾人牙慧；必须反其道而行之，尽快拥立东林党反对的福王。至于这个未来的君主贤与不贤，根本不在他们考虑范围之内。对此他们已有所准备，也具备一些天然优势：一是福王比潞王更符合伦序要求；二是福王在淮安，距离上离凤阳比较近，便于马士英就近出手；三是刘泽清、刘良佐、高杰等重要将领已表态支持马士英的倡议。此外，他手里还有史可法"七不可"的信，这是后续压制东林党的利器。由此，马士英当机立断决定出卖史可法，秘赴淮安，急速迎立福王。

很快，马士英赶到淮安，拜见这位落魄潦倒的福王，递上迎立文书和刘泽清等重要将领的效忠信。懵懂莫名的朱由崧看了文书，见到马士英这样的地方高官在他面前匍匐跪拜，后面是盔甲鲜亮列队整齐的士兵，终于明白有大事要在自己身上发生。他在士兵的护送下，登上马士英的船队，直奔南京。马士英同时密信急报刘孔昭、南京守备太监韩赞周等，商议好下一步计划①。整个过程史可法等一无所知。

等到韩赞周邀请各大臣到家中宣读马士英信件时，东林党诸臣才如梦初醒。此时福王已经在赴南京的路上，且身后有凤阳总督和江北三镇的强大武力支持；东林党虽然支持立潞王，但议而未决，尚未采取具体行动。所谓一步慢，步步慢，东林党诸臣已无可选择，只能接受现实。党魁钱谦益曾首倡立潞王，结果一看现在的状况，当即倒戈，说自己将亲自去迎立福王。党魁

---

① 马士英拥立福王之事，各家说法不一。计六奇《明季南略》、顾炎武《圣安皇帝本纪》等说马士英联合刘孔昭、刘泽清等以武力胁迫南京朝廷；李清《南渡录》说福王自己担心不被拥立，主动写信请高杰、黄得功、刘良佐拥戴自己；顾诚先生《南明史》说凤阳守备太监卢九德勾结高杰、黄得功等筹划此事。本书认为，武力胁迫南京朝廷应有其事，只是程度大小还可商榷。福王自己谋划的可能性则不大，以他的处境、能力、心态来讲，都不太具有采取主动的可能性，福王"被拥立"的可能性居大。卢九德幕后策划的可能性也不大，如果是他安排了此事，那他才是定策首功，断不会在后来的弘光朝廷中寂寂无闻。

尚且如此，其他拥潞的东林党人士也就无可奈何了。

四月二十七日，南京高层召开会议，议定迎立福王事。马士英、史可法都不在场，前者是没有资格参会，后者是在浦口驻地，不在南京。会议内容经过马士英一派的精心策划，刘孔昭、韩赞周等要求兵部右侍郎吕大器行文用印，拥立福王，吕大器不肯，吏科给事中李沾厉声威胁："今日有异议者死之。"①这时刘泽清等大将在江北调动兵马，兵势嚣张，隐隐对朝廷形成武力威胁。吕大器等无奈，只得署印，官方确认了拥立福王。

四天后（五月初一日），福王朱由崧到达南京，从东华门入城，接受百官朝觐。定策之争，终于尘埃落定。而就在次日，多尔衮率八旗军也气势昂扬地进入了北京城。

定策之争，首功最终落到马士英、刘孔昭、刘泽清等这一批投机者手中（背后还有阮大铖），东林党则陷入了极为尴尬的境地。问题的关键，不在于福王和潞王谁更贤明一点，而是从开始就注定了南京政府内部的分裂和矛盾，由此导致了朝廷的权力重组，而重组对之后的政局造成了极其严重的影响。甚至一定意义上可以说，弘光朝之亡，亡于定策，正是诸祸起于发端也！

第二节　设四藩、赏五帅

一

1644 年（崇祯十七年）五月初一日，福王朱由崧进入南京城，乡绅市民沿街恭迎，街市气氛祥和。从民间的角度看，确立新君对稳定人心是有积极意义的。

初三日，朱由崧就任监国，按廷臣会推，任命南京兵部尚书史可法为东

---

① 顾炎武《圣安皇帝本纪》，《金陵全书》，南京出版社，2022。

阁大学士，入阁办事；马士英加东阁大学士、右副都御史衔，仍任凤阳总督。不久又任命姜曰广为东阁大学士兼礼部左侍郎，原礼部尚书王铎任东阁大学士，二人都入阁办事。以上阁臣除马士英外，都是东林党骨干，马士英虽有大学士衔，但实际仍外放凤阳，朝廷核心仍掌握在东林党手中。这种关键人事安排的底稿，明显出自东林党。

但这种情况很快就被改变了，因为马士英对此安排很不满意。初八日，马士英率大军乘战船一千二百余艘从凤阳出发，从淮河驶入长江。他打的旗号是"入觐"和"劝进"（请求朱由崧由监国进皇帝位），理由冠冕堂皇，却无实际的必要。唯一必要的是以准军事政变的姿态，对朝廷予以武力威胁，获得他"定策首功"应得的权力回报。同时，他把史可法"七不可"的信件奏告朱由崧，一是告史可法的状，二是提醒朱由崧不要忘恩负义。

在此压力下，五月十五日正式即皇帝位、年号弘光的朱由崧，十六日即批准"以马士英掌兵部事，入阁办事"[1]。马士英完整接过史可法的权力。史可法则因"七不可"的信件握在对方手里，"自请督师淮扬"，二十日赴淮扬督师。偌大一个南明王朝的核心权力就这样简单顺畅地交接了。马士英的准军事政变真有那么大威力吗？恐怕未必。马士英的政变未必那么容易成功，即使成功，他也会背上叛逆的名声，是不是真能拿到中央控制权还得另说。关键还是史可法自己的考虑和行为，事后看是一个重大失误。

史可法，顺天府（北京）人，生于 1602 年（万历三十年），1628 年（崇祯元年）进士。幼年家境贫寒，幸得东林党耆宿左光斗发现和资助，终于完成学业，官至南京兵部尚书[2]。史可法身材矮小，其貌不扬，他勤学上进，在个人品行方面对自己要求极为严格，一直保持着正直、清廉的官声，他在北京的家眷甚至时常靠借债渡过生活难关。但他在政治手段、个人魄力等方面也有明显短处。尤其在当时的形势下，南京政府实际上处于一种左支右绌、处处被动的状态，更加考验他是否具有顶级政治家的智慧和手段。可惜，史

---

① 徐鼒《小腆纪年附考》，中华书局，1957。

② 史可法生平的史料较为模糊，错佚较多。本书采用李洁非先生《野哭：弘光列传》的相关材料，认为李教授对此的研究分析较为中肯合理。

可法轻易地放弃了中央实权。对于他个人来说，确有原因是"七不可"书信的错误在先，有把柄握在别人手里。另一方面，马士英弃凤阳到南京，从大局上看，江北确实也需要有人牵头防御，因此他"自请督师淮扬"。他保住了自己作为一个正直官员的气度和名节，不与马士英争权，但把马士英之流置于中央核心，而自己远离权力中心，却是南明政权结构最大的失策之一。这个责任，主要在史可法自己。

他离开南京时，大批文人学子上书挽留，说"秦桧在内，李纲在外"，表达对这种政权结构的极度担忧。但他仍然毅然决然去了扬州。他所考虑的是：自己必须亲自出面，统筹江北几支主要驻军，对南京形成最佳防护；同时采取"借虏平寇"策略，尽量与清朝合作，消灭大顺，逐步寻机收复山东、河南等地，徐图"恢复"大明朝。

二

五月十三日，史可法离开南京前，代表内阁向弘光帝朱由崧提议分封四镇，"设四藩"，很快得到批准。四藩者，即高杰、刘良佐、刘泽清、黄得功。方案主要内容是：在江北设立四藩，一是淮安、徐州一带；二是扬州、滁州一带；三是凤阳、泗洲（今江苏盱眙）一带；四是庐州（今安徽合肥）、六安一带，分由上述四大将领驻守，是南京外围的重要防线，也是将来恢复山东、河南、河北等地的基础。后来四藩驻地有所调整，黄得功驻真州（今江苏仪征），刘良佐驻寿州，刘泽清驻淮安，高杰驻瓜洲，史可法驻扬州居中督师统筹。

同时，弘光朝廷给了四镇极高的待遇和特权：一是晋爵，高杰封兴平伯，刘泽清封东平伯，刘良佐封广昌伯，靖南伯黄得功加封侯爵（左良玉也同时加封为宁南侯）；二是明确四藩辖区内军、政、商、税等大权都由他们各自总揽；三是规定他们一旦有收复中原土地，也自然归他们各自所辖。

朝廷给予四镇总揽地方几乎一切事务的大权，可以说是明朝前所未有之事，但后来四镇对内嚣张跋扈、对外又不堪一击的结局，让史可法"设四藩"

的策略深受诟病。黄宗羲在多年后仍然认为，史可法这样做是急于笼络四镇①，后世不少史家也都采信了此说法。事实是否果真如此？这要从中国历史上以文抑武的背景，说到南明时期的局势变化。

图 5-1　四镇及左良玉军事布局图

　　自秦、汉建立大一统的中央集权国家以来，各个大王朝都显示出共有的特点，即建国时崇尚武力，建国后都不约而同走抑制武力、防止内部武力叛乱的路子。从"打天下"到"守天下"，权力结构由武将调整到文臣，也是中央集权国家的当然之选。宋太祖赵匡胤杯酒释兵权，明太祖朱元璋诛杀开国功臣，都是典型例子。唐宋两朝，军权收归中央，文臣可以随时转为将军外出领兵。而明朝的军队制度设计更加彻底：以文官任督抚，武将任总兵、参将等。前者管控后者，手握军队粮饷财权，但不直接管理军队；后者直接领兵，受前者节制，无财权。武将的地位也因此远低于文官，一些高品级的武将见了低品级的文官都得跪拜，武将长期以来在人格、心理上深受鄙视甚至羞辱。这样中央政府防止武将拥兵自重的目的实现了，但军队决策效率和战

---

① 黄宗羲《弘光实录钞》卷一："……史可法亦恐四镇之不悦己也，急封爵以慰之。"

斗力也因此大打折扣。天下太平时一切可控，一旦有大的战争危机，这种军事系统往往就一溃千里。

在与后金—清军和农民军的长期战争中，这种以文抑武的机制弊病暴露无遗，明军的战斗力和统筹能力与开国时期相比，已是天壤之别，所以往往一触即溃，屡战屡败。在这种动乱局势中，一些武将开始有所"觉醒"，利用手里的军队武力，试图摆脱文官系统的控制。最典型的即左良玉，崇祯朝后期已经基本不听督抚调遣，逐渐演变为一方军阀。

眼下的四镇，实际上也已开始"觉醒"。他们勾结马士英、刘孔昭等人，对朝廷武力胁迫以争夺定策首功，就是对明朝以文抑武机制的强烈反击。可以说，从弘光朝开始建立的第一天起，四镇已经具备了军阀的初步特征。

史可法理论上是南京弘光朝军事力量的最高统帅，但他的主力"下属"就是四镇和左良玉这样的准军阀。以南京这样的弱势中央政权，在权力和地位上如果不向五大帅做让渡，要想调动他们保住半壁江山，让他们不轻易降寇或降虏，不为敌所用，进而寻机恢复，则无异于痴人说梦。因此，史可法等提议、弘光帝批准的设四藩的策略，实际上是当时南京朝廷迫不得已的措施①。

三

单从战略构想上看，四藩再加上武昌的左良玉，五大帅所部前后交错、有守有攻、互为表里，对拱卫南京而言，不失为攻守兼备的较好布局。然而后来四藩五帅或溃降或内斗，结局令人瞠目，战略构想最终也仅仅只是个"构想"。这跟当时的整体局势相关，也与四镇五帅本身的背景和特点相关。左良玉在农民战争的过程中有过介绍，这里专门对四镇做个简要交代：

刘泽清，山东曹县人，崇祯末年任山东总兵。甲申年二月，大顺军逼近

---

① 徐鼒《小腆纪年附考》中对设四藩、重赏且放权诸帅的评价比较中肯，认为史可法提议此策是"不得已也"。

北京时，崇祯帝命他火速率军勤王，他谎称坠马受伤，拒不奉命，反而带兵南下。三月北京沦陷，他率部渡过黄河，逃至淮安。

高杰，陕西米脂人，李自成同乡，原是李自成的元老级部将，绰号翻山鹞，因与李自成之妻邢氏有私情，崇祯八年携邢氏投降明军，由副游击、游击逐步升为总兵。1643年十月，李自成大军从河南向陕西挺进，高杰随孙传庭镇守潼关，被大顺军攻破，孙传庭阵亡，高杰率余部逃到陕北米脂一带。后大顺军四处出击占领陕西全境，高杰率部渡过黄河，经山西、河南，一路南撤到凤阳一带。凤阳总督马士英让他屯驻徐州，听自己节制。

刘良佐，北直隶人，因常骑一匹杂色马，作战勇猛，人称"花马刘"。崇祯年间他主要在安徽宿松、庐州、六安一带同义军作战。甲申之变后，马士英让他移驻寿县一带。他有个弟弟叫刘良臣，在辽东祖大寿军中任游击，1631年（崇祯四年）大凌河之战时投降了清朝。

黄得功，辽东开原卫人，祖籍合肥，崇祯年间长期在南直隶江北、河南一带同张献忠、革左五营等部义军作战，是四镇中战功最为卓著之人，崇祯朝垮台前就被封为靖南伯。

四镇之中，刘良佐、黄得功算是本地将领，刘泽清、高杰则是败逃而来的"外来户"。虽然明朝看起来大厦将倾，但仔细分析起来，这四镇除刘泽清外，实力并不弱。黄得功、刘良佐都是当时猛将，长期在江淮一带与张献忠等部义军作战，双方互有胜负。其中黄得功在潜山、桐城多次大败张献忠部，1643年（崇祯十六年）还差一点抓住张献忠。刘良佐也曾先后大败罗汝才、袁时中部义军。高杰虽是败逃而来，但他手下人马在四镇中最多，而且当年在贺人龙、孙传庭旗下与李自成军打过多场硬仗，也互有胜负，是一支久经阵仗考验的部队。唯一较弱的是刘泽清部，从史料上看不到打过什么像样的战役，也看不到刘泽清本人立过何等战功。结合他前后遇战则逃、凡事首鼠两端的表现，只能说他不像一员武将，更像一个政客。

弘光朝廷设四藩后，给每藩的兵员定额三万人，以此计粮饷，而实际的人数远不止于此。刘良佐、黄得功、刘泽清各自实际人数在三万至十万。高杰的兵力最多，应当超过十万，旗下还有李成栋、李本深、杨绳武等"十三总兵"，都不是一般人物（其中李成栋是南明后期十分有名的人物，多次扮演重要角色）。加上武昌左良玉约四十万人马，四镇五帅的总兵力应在七十万以上。还有京营、江督、文武操江、郑鸿逵、郑彩、黄斌卿等其他部队，当时弘光朝廷总兵力应在百万左右[1]，军队规模绝对不容小觑。

弘光朝廷据有江南膏腴之地，所谓"天下赋税半出江南"，这也是弘光政权的一大优势。再看它的对手如何？李自成已经一溃千里；张献忠跑到四川独据一方；清军全部主力倾巢出动也仅十几万人，且刚刚入关，立足未稳。四方势力中，反倒是弘光朝廷的处境最好。史可法的前线布局从战略战术上也说得过去，四镇五帅的实力也并非那么孱弱。那么弘光为什么最终还是成了一个不堪一击的短命朝廷呢？

最核心的原因是，弘光朝廷从成立之初起，就是一个分裂、腐朽的朝廷。这个朝廷的实权核心人物都打着各自的小算盘，几乎无人去认真考虑国家大事。如皇帝朱由崧，主要任务就是饮酒听戏；马士英则忙于编织自己的贪腐网络；大臣们忙于争权夺利，各将领忙于争夺地盘。这其中还有一个对弘光朝廷带来很大负面影响的人物，即马士英最初的合作者阮大铖。

第三节 阮大铖与东林—复社的恩怨情仇

一

阮大铖，字集之，号圆海，安徽桐城人，生于 1587 年（万历十五年），到弘光朝成立时他已五十七岁。阮氏家族历史上名人辈出，地位十分显赫。最早的先祖是东汉末年"建安七子"之一的阮瑀，其后有魏晋时期著名的

---

[1] 各种史料对弘光各镇兵力规模的记载较为杂乱，数字差别较大，只能按前后一些相关记载推算。李清的《三垣笔记》对账面计饷的兵力有比较清楚的记载，但四镇只按定额各三万人计，左良玉只按五万人计，总合计三十五万人。实际的数字应多出两倍到三倍。

"竹林七贤"中的阮籍、阮咸，唐代出了一位大将军阮枞江，宋代出一位进士阮师简，到明代又出一位名人，即阮大铖的曾祖阮鹗。阮鹗是胡宗宪一榜的同学，与后者一同抗击倭寇，先后任浙江提学副使、福建巡抚。阮鹗以下三代，连续出了四位进士，俨然名门望族。

也许是家族渊源潜移默化的影响，阮大铖少年时期就十分聪慧，十六岁即中举人，二十九岁（万历四十四年）中进士，开始做官，官职为行人、考选给事中，学途仕途可谓一帆风顺。1624年（天启四年）他遇到了官场生涯中第一次重大挫折，但他以其独有的天分，勤学钻研，成为了明朝乃至中国历史上顶级的戏剧家、诗人、园林艺术家。

同时，他又是弘光朝最臭名昭著的贪官、清修《明史》"奸臣传"中单独列传的奸臣、明末高官文人中最有名的丑类之一，弘光朝廷的腐朽、混乱以及最后的覆亡与他都有很直接的关系。

这样一个极具才华的丑恶小人是怎样"造就"出来的？又是怎样把弘光朝廷成功搞垮的？这就要从东林—复社说起。

自1594年（万历二十二年）顾宪成等人在无锡发起东林书院以来，各路名家大儒参与讲学研讨，一时间名人学者纷至沓来，书院声名远播，成了精英荟萃之地。朝廷中一些声望素著的高官也积极参与东林书院讲学研讨活动，或与书院活动遥相呼应，如赵南星、邹元标、孙慎行等，由此在官员士大夫中逐渐形成了一个人数众多、在价值理念和意识形态上相互认同的群体，"东林党"逐渐成形。

东林党与齐党、楚党、浙党等有所不同，它虽也无纲领章程和组织架构，但有基本上一致或接近的政治理念，并非单纯为某种功利目的而达成同盟，远远超出了同乡、同门的范畴，已经初步有了一点现代政党的影子。他们并不仅仅是学术群体，更有强烈的意愿，以共同的伦理和治国理念去改造社会，试图去代表和表达比较广泛的民众诉求。万历晚期，东林党人的政治影响力开始显现。他们在诸多重大政治问题上，发出自己的声音。包括万历"国本之争"中与皇权的斗争，东林党人取得了初步的胜利。当然，他们"协同作战"、共同进退，有时为了夺取和维护政治权力也会不择手段。他们当中有杨涟、左光斗这一类道德楷模，也有钱谦益、周延儒这种道德品性方面无法恭维的人物。因此，也有不少官员文人不齿这种拉帮结派的行为，选择远离东林党。

东林党的理念和诉求，与欲求无度的专制皇权以及依附于皇权的宠妃、太监等群体的利益有根本上的冲突。1624 年（天启四年）起，已成气候的魏忠贤阉党对东林党发动了猛烈攻击，东林党领袖杨涟、左光斗、魏大中等被迫害致死，大批东林党人惨遭屠戮和迫害。所幸崇祯帝朱由检 1627 年上台后，和魏忠贤有宿怨且具备一定改革思想的他，快速清算阉党，为东林党人平反。东林党得以翻身，再成朝堂主流。

天启后期，东南苏浙一带逐渐产生了文人学者结社讲学的氛围。1624 年（天启四年），杨廷枢在常熟县创立应社，以研讨五经文字为宗旨，一起参与创立的有张溥、张采、周铨、周钟、吴应箕、朱隗、杨彝、顾梦麟等人。这些人都是当时声名卓著的文化名流，一时间应社从者如云，名满天下。崇祯初年，借崇祯扫除阉党、为东林党平反的东风，夏允彝、杜麟征、周立勋、徐孚远、彭宾、陈子龙等名流在松江成立著名的几社。同时期吴江复社、中洲端社、浙西庄社、江北匡社、黄州质社等如雨后春笋般纷纷成立。这些学社大多以振兴儒学等为宗旨，挖掘经典，创新思想，针砭时政，研讨社会问题，隐隐与在朝的东林党遥相呼应。

1629 年（崇祯二年），复社牵头在苏州尹山湖召开"尹山大会"，各路文人名士云集苏州，不少学社已开始相互联合。崇祯三年（1630）召开第二次大聚会"金陵大会"。当年，一些复社领袖在科举乡试中全面开花，杨廷枢、张溥、吴伟业、陈子龙、吴昌时等纷纷中举。次年（1631）会试，吴伟业、张溥、夏日瑚、杨以任、周之夔等相继中进士，复社更加名声大噪，各方文人学子趋之若鹜。1632 年（崇祯五年），众多学社联合举办著名的"虎丘大会"，公推"张溥为盟主，合诸社为一，定名复社"①。

之所以定名复社，一是张溥等人提出学社宗旨是"兴复古学"，取其

---

① 　眉史氏《复社纪略》，中国历史研究社编《东林始末》，神州国光社，1947。

"复"字；二是诸社复合归并为一之意。复社正式成立，同时"立条规，定课程"，每个郡县选一人为长。这相当于有了共同的理念方向和章程规定，也有了明确的组织形式，复社实际上已经具备了一个现代政党的基本特征。

全国各地的大批文人学子竞相参加复社，人数很快就达到数千人。其中包括被害东林党人的后代，如黄尊素之子黄宗羲、杨涟之子杨之易、魏大中之子魏学濂、周顺昌之子周茂兰等。他们也都是当时比较有名望的人物，复社和东林党联系也更加紧密，分别在民间和朝堂上遥相呼应，相互支持。

二

尽管东林—复社发展迅速，但从万历到天启年间愈演愈烈的党争已经形成了"传统"，朝堂之上仍有大量的非东林党人士和其他党派，阉党余孽也远未根除，党派斗争从未停歇。

少年才子阮大铖也正是在天启初年的党争中崭露头角的。他是东林党领袖高攀龙的弟子，又是东林耆宿左光斗的同乡兼好友，在1616年（万历四十四年）中进士后，积极参与东林党活动，为东林党的朝堂权力斗争立下汗马功劳，名列东林党骨干之一，在阉党编撰的《东林点将录》里绰号"没遮拦"。

1624年（天启四年）冬，吏科给事中出缺，这是个重要岗位，级别不高但权力较大，对全国官员的选用提拔有比较大的影响力。按资历看，阮大铖是当时最符合条件的人选，他当时正暂居家乡。时任大理寺左寺丞的左光斗急召阮大铖入京，希望由阮大铖占住这个重要岗位。但此时赵南星、高攀龙、杨涟等东林党大佬与左光斗的想法发生了分歧，认为阮大铖性格浅躁，口风不严，决定把这个位子给魏大中，左光斗也没有办法。阮大铖到京后，左光斗不告之实情，而是找了个借口，说没法为他争取这个岗位了，正好工科给事中也出缺，问他是否愿意去做。工科给事中虽然也是给事中，但实权与吏科给事中相差甚远。阮大铖口头上回复说愿意，实际内心愤愤不平。一直顺风顺水的他，突然遇此挫折，对东林党大佬们已经怀恨在心。

左思右想之后，阮大铖决心报复东林党，于是找到魏忠贤，表明心迹要投身阉党。魏忠贤见东林党骨干真心来投入自己门下，自然表示欢迎。通过一番运作，阮大铖果然很快就被任命为吏科给事中。任命通知书一下达，东林党人一片愕然，立刻也都明白阮大铖已经背叛东林党，投靠了阉党。但让人莫名其妙的是，阮大铖上任后仅几天时间，就辞职回家休养，把这个岗位又让给了魏大中。其实他这一番匪夷所思的操作，就是想恶心报复东林党。上任后又迅速抽身，一是以受东林党排挤的形象，给东林党留下任用私人的口实；二是他内心其实也并不看好阉党，决定还是及早抽身为妙。这让人见识到了他与众不同的"机敏滑贼"，但从此也与东林党人结下了仇怨。

恰在此时，魏忠贤开始对东林党痛下杀手，借熊廷弼案、汪文言案迫害杀死了杨涟、左光斗、魏大中、顾大章、袁化中、周朝瑞等东林党骨干。其中左光斗被酷刑折磨濒死之际，他的学生史可法还乔装为下人去狱中探望过他。之后阉党乘胜追击，把朝廷中的东林党人几乎清理殆尽。而此时与东林党已经撇清干系的阮大铖正在家中优哉游哉。

两年后，即1626年（天启六年），阉党召阮大铖回京任太常寺少卿。他禁不住权力诱惑，回京赴任。干了几个月之后，他预感到阉党不会长久，又再次辞职回家。

下一年（1627），天启帝驾崩，崇祯帝朱由检即位，准备开始清算阉党。当时朝中阉党分子辩称东林党也曾乱政，与东林人士展开激烈辩论。家中闲居的阮大铖耐不住寂寞，写了两份奏疏，派人送给自己的朋友太常寺卿杨维垣，交代后者：如果阉党败势明显，拿出第一份奏疏，是弹劾阉党的内容；如果大势未定，就拿出第二份奏疏，内容是说天启四年之前是东林党专权乱政，天启四年之后是魏忠贤、崔呈秀等乱政，东林党和阉党都要处罚。不料杨维垣因为与东林党有很深的积怨，急于在朝堂上辩论，直接拿出了第二份奏疏。阮大铖对东林党的严厉攻击展现在所有人面前，引起朝堂大哗，东林党人由此对阮大铖恨之入骨。

1628年（崇祯元年），朱由检钦定阉党"逆案"，阮大铖被名列其中。实际上在阉党干政期间，阮大铖只做过几个月的官，朝廷也没有查到他跟阉党密切往来的只言片语，但他搞政治投机的第二封奏疏彻底得罪了东林党，因此被定为阉党削籍还家，从此作为闲人乡居十七年。

也正是在这闲居的十七年中，阮大铖的文人才华得以充分发挥。他创作了《燕子笺》《春灯谜》《十错认》《牟尼合》等著名戏剧，而且组建了自己的戏班，自任编剧兼导演。戏班演出水平很高，名噪一时。他还出版了《咏怀堂诗》十卷，其诗立意高远、文笔自然、境界深远，受到王伯沆、陈三立（陈寅恪之父）、章炳麟、钱仲联、胡先骕等后世众多国学、文化大师的赞誉。其中陈三立认为，如果不因人废言，阮大铖一定是明清至今五百年诗史上第一人。中国近现代生物学奠基者胡先骕先生认为阮大铖是"有明一代唯一之诗人"。他在园林艺术方面也有极高造诣，中国第一部系统全面论述造园艺术的专著、日本人尊为"世界最古之造园书籍"的《园冶》（作者计成），即为阮大铖亲手操刀印刷出品，该书序言也出自阮大铖亲笔。

三

这样一个才华横溢的人，总是不甘寂寞的。1632 年（崇祯五年），他在老家安徽桐城成立中江社，广招文人学者研讨讲学，隐隐与复社相抗衡。1635 年（崇祯八年），农民起义军进入安徽，阮大铖为避战火移居南京。他有才、有钱、有顶级戏班，以此为手段，广交官员乡绅，拓展社会关系。他这些行为，引起了复社人士的警惕，他们认为阮大铖虽然政治前途尽毁，但死而不僵，还四处活动，必定是心怀叵测，图谋东山再起。于是 1638 年（崇祯十一年）秋，复社名士顾杲、吴应箕、陈贞慧等联名写了《留都防乱揭帖》，并征集了一百四十多位文人学者的签名。"留都"指的是南京；"防乱"指防范阮大铖；"揭帖"即那个时代的"大字报"。该揭帖的内容，主要是攻击阮大铖生活腐化、结交权贵、气焰嚣张、与逆案人员来往密切等。揭帖一贴出，果然产生了巨大的社会效应，阮大铖立刻如过街老鼠，人人喊打，只得躲到南京郊区牛首山闭门不出，这一躲就是五年。

在这五年中，阮大铖私下里并不安分。1641 年（崇祯十四年），已做了庶吉士的复社领袖张溥及东林—复社骨干，策划推动赋闲在家的前首辅周延儒再度出山，以后者作为东林—复社在朝的最高代表。他们分别凑资，打算买通皇帝身边的大太监等重要人物，促成此事。阮大铖被打压多年，也想借此机会修复与东林—复社的关系，于是也出巨资给周延儒疏通关节。事情进展得比较顺利，当年九月，周延儒果然再度出任首辅。为答谢阮大铖，周延儒问他有什么要求。阮大铖想自己当官，重归官场，但因为他名声太坏，和东林—复社又积累了多年的矛盾，周延儒不敢答应，请他推荐一个人代为提拔。阮大铖想了想，推荐谪居的同科进士马士英，于是马士英很快就被提拔为凤阳总督。马士英后来知道此事后，对阮大铖万分感激，这也就是之后形成马、阮集团的前因。

阮大铖做了这些工作，但并未得到东林—复社的谅解。1643 年（崇祯十六年）三月，南京按礼制举办"丁祭"，即文人学子十分重视的祭孔大典。吴应箕、杨廷枢等一批复社人士参加了祭典，没想到现场碰到了阮大铖。吴应箕等年轻学子血气方刚，语言上和阮大铖冲突起来，最后竟发展成对阮氏的一顿痛殴。阮大铖腰腿受伤，一部大胡子被拔个精光，只能落荒而逃，由此对东林—复社人士也更加切齿痛恨。

1644 年（崇祯十七年）五月，弘光朝成立，马士英夺得首辅大学士实权。为感谢阮大铖当年的推荐之恩，以及"定策之争"背后阮大铖的策划安排，六月，马士英便罔顾朝廷大臣的反对，强行向弘光帝朱由崧推荐接见阮大铖。很快，阮大铖通过自己长期搭建的人脉关系，请安远侯柳祚昌提名，司礼监太监背后做工作，绕开廷臣会推的流程，由皇帝下发"中旨"直接任命阮大铖为兵部添设右侍郎。阮大铖成功重返政坛！

这个才华横溢、被多年打压的奸邪小人重返政坛后，以机敏滑贼的政治手腕，迅速获得了比马士英更强大的政治实权和影响力。然后他干了两件事：一是大肆贪腐；二是疯狂构陷报复东林—复社人士。除此之外，在国家治理、防御、恢复等方面，他没有做任何事情。他和马士英的贪腐、懒政、怠政、乱政，对弘光朝的内政外交产生了极为不利的影响。

第四节　借虏平寇的基本国策

一

1644年三月至四月"甲申之变"后，清朝方面在多尔衮强力掌控下，迅速统一思想，消除异端想法，一面积极准备迁都北京，一面派兵西征大顺，顺势招抚和占领山西、河北、河南、山东等地。李自成则退回陕西准备反攻清朝，但很快被清军南北两路夹攻，陷入战略被动。张献忠放弃荆楚，率大西军一路西进四川。四方势力中，地盘最大、兵力最多、财源最广的南京弘光朝廷，反倒显得十分安静，无所事事。

弘光朝廷这种状态，主要源于其主要人物的思想认识、利益考量等方面的特殊情况，以及由此导致的内政外交方面的混乱无序。先来看看定策之争后，弘光朝廷的几个主要人物：

弘光帝朱由崧在即位前穷困破落、生活无依，突然间天上掉下大馅饼当了皇帝，对于他来说，抓紧享受生活、补偿以前的悲惨境遇才是第一要务。至于国家大事，自有马士英等替他搞定。有史料说他荒淫无度，选民女入宫，广召妃嫔，有一次甚至淫毙两名女童。但这些很多都是野史传闻，有一些记载更是直接来源于东林—复社人士的杜撰攻击。纵观整个弘光朝，到之后的很长时间内，东林—复社人士对朱由崧都在或明或暗地造谣攻击，目的是尽力证明这位福王的不贤，把弘光朝灭亡的罪责都扣到他的头上。事实上当时国家财政吃紧，文臣武将各行其是，以他的能力水平，已不可能像前辈皇帝们那样穷奢极欲为所欲为，他只是尽力地满足自己饮酒和听戏的专项爱好而已，其他事俱不在其关心范围内，也没有能力去关心。弘光朝廷的生死存亡在他眼里，也就是一出戏而已。

马士英以定策首功兼准军事政变，夺得首辅大位。他并不敌视东林党，上位后还起用了钱谦益、徐汧、陈子龙、夏允彝等复社骨干。但他最在意的一件事是如何卖官鬻爵、贪腐捞钱，在国家治理、军事策略等方面，从未表现出有多少关心和实际才能。

阮大铖自1644年九月开始任兵部添设右侍郎，很快以他铺设的勋臣、太监等人脉关系，加上戏剧班子等特长，投皇帝所好，与朱由崧走得很近。他摆脱了起初对马士英的依靠，逐渐实现后来者居上，实权和影响力隐隐超过了马士英。他一面索金纳贿，疯狂贪腐，一面炮制"顺案"，疯狂打击报复东林—复社，意图为自己头上的"逆案"翻案，对国家大事则毫不关心。

史可法为官清廉、一身正气，为国家大事和军事策略可谓殚精竭虑。只可惜他犯了个致命错误，即轻易拱手把中枢大权让给了马士英，虽然暂时保住了朝堂的"和谐"，也让自己不至因"争权夺利"累及名声，但他事实上失去了对五镇的控制实权。手里没有粮饷财权的他，虽挂衔督师，却只能四处奔走，游说各镇顾全大局、加强协作、守好疆土、听从指挥，但收效甚微。在如何对待清朝的问题上，他能感觉到未来即将面临的威胁，但在应对策略上有所犹豫，到后来基本束手无策。

五镇之中，左良玉因感恩东林党元老侯恂当年的提拔之恩，总体上倾向于东林党，但实际已是个独立王国，不买南京朝廷的账。刘泽清、刘良佐、高杰、黄得功四镇则嚣张跋扈，动辄辱骂威胁朝廷大臣，先后迫使左都御史、东林耆老刘宗周、大学士姜曰广、高弘图、兵部侍郎吕大器、吏部尚书张慎言等去职。朝廷中枢尽是权力斗争和利益纠葛，国家大事已几乎无人关心。

二

弘光朝廷看起来地盘大，财源应该不少，但立朝之前，北方多年战乱，南方每年都需要向北方输送大量钱粮，生产能力已被盘剥得所剩无几，因此财政收入情况也极为窘迫。据《三垣笔记》和《南渡录》的作者、时任工科都给事中的李清记载，仅五镇再加其他各营各镇的军饷一年就需要七百万两，而各项财税收入不到六百万两，再算上朝廷俸禄、水旱灾害的救助款等，一年的财政缺口至少二百多万两。财政入不敷出，只能再加征赋税，人民负担更加沉重。史可法对此也一筹莫展，为保证军费用度，只得建议暂时不免除崇祯时期加征的练饷、剿饷。

这样混乱腐朽的朝政以及财政困境，弘光朝无所作为也就不足为奇了。但实际上更重要的，是在弘光立国之初就确定的"借虏平寇"国策。所谓"虏"指的是清朝，"寇"此处专指李自成的大顺政权。借虏平寇，即借助清朝的力量消灭大顺。

现代人看明亡清兴的过程，总觉得明朝应该视清朝为仇雠，对之应提高万分警惕，李自成的农民起义军反而次之。但至少在1644年甲申之变至弘光朝灭亡的时间内，明朝人并不是这样看的。首先，古代人对国家主权的概念并不像现代人这样准确和强烈。春秋战国时期，各国相互吞并、相互借兵的情况比比皆是。后来又有五胡乱华，以及辽、金、蒙元的进攻直至占领统治，因此在当时明朝人看来，清朝"暂时地"占据北京一带，并不是个很奇怪的事情。其次，帝制时代君父即是国家，爱国即是爱君父，因此对君父造成戕害的才是国人的第一仇敌，这是当时的伦理价值所必然决定的。所以逼死崇祯的李自成才是明朝的第一仇敌。清朝入关打击大顺军，道义上可视为帮助明朝复仇，对明朝不但无仇，反而有恩。最后，清朝显然已经认真研究过明朝人的伦理价值（投降清朝的汉族高官们擅长此事），在对明朝发送的多次文告、信件中，反复强调清朝入关是为明朝复仇，指责明朝政府从不发一兵一卒共同征讨大顺，而明朝方面对此往往理屈词穷，无法辩驳。清朝已经把自己摆在了道德的制高点上。

按照这样的伦理价值标准，弘光朝从一开始就受到清方道德制高点的压制，因此不与清朝为敌、"借虏平寇"就成了基本国策。终弘光一朝，除有个别官员提出要警惕清朝南下外，在官方正式文件、民间纷繁多样的言论中，几乎从未把清朝视为敌人。

对于后世冠以"汉奸""卖国贼"帽子的吴三桂，在当时明朝人眼中也是完全不同的看法。尽管吴三桂事实上已经投降清朝，明朝人却视他为不惜牺牲全家人性命、不惜牺牲个人名节而借兵平寇的英雄。1644年五月二十八日，成立没几天的弘光朝廷即决定封吴三桂为蓟国公，而民间刊物、言论中也从未当他为卖国贼，这一情况直至他率兵进攻云南、绞死永历帝为止。

正是在这样的思想共识之下，再加上弘光朝廷内部的腐朽和不作为、财政的窘迫、五镇军阀的各行其是，在清军追击大顺军、争抢地盘时，弘光朝廷才会无动于衷，自始至终未对清朝或大顺发一兵一卒。

三

而清朝的策略却很清楚，即在全力消灭大顺的同时，对明朝持续不断地施予伦理道德和军事上的压力，为入主中原做好一切准备。六月初，清方派原明户部右侍郎王鳌永招抚山东、河南，命李建泰招抚管理河南部分地区的明朝官员凌炯，命固山额真觉罗巴哈纳同吴三桂等进兵山东，青州、东昌、临清等地纷纷投降。

清朝这些动作引起了明朝部分官员的警惕，吏科给事中熊汝霖上疏建议先防满，后击闯，但未得到任何回应。六月间史可法上《款虏疏》，提出"……虏既能杀贼，即是为我复仇"[1]，但清军已经南来，却不见朝廷有何应对策略，是迎是拒，怎么调配人、财、物，一概没有说法，建议朝廷尽快策划办理。六月二十三日，朱由崧终于召开御前会议，决定了派出使团与清朝通和讲好，对清朝进行经济补偿，以及对"仗义购虏"（"购"通"媾"，即讲和、和解之意）的吴三桂进行嘉奖等事宜，但独独对是否发兵西进征讨大顺一事没有只言片语。七月二十一日，以左懋第为首的使团从南京出发，出使北京。

七月二十八日，多尔衮写了一封信给史可法，其中提道："……（清朝）报乃君国之仇，彰我朝廷之德。岂意南州诸君子，苟安旦夕，……国家之抚定燕都，乃得之于闯贼，非取之于明朝也。……孝子仁人，当如何感恩图报？……今若拥号称尊，便是天有二日，俨为劲敌。予将简西行之锐，转旆

---

① 史可法《请遣北使疏》，《史忠正公集》卷一，商务印书馆，民国二十五年十二月。

东征。……兵行在即，可西可东。南国安危，在此一举。"①该信一是再从伦理道德高度指责弘光朝廷不感恩图报、不对大顺发兵，二是充满威胁之辞，劝明朝投降，否则发兵征讨。

史可法给多尔衮回信（当然来信和回信都报给了朝廷），对弘光朝廷的合法性进行了辩驳，表明朱由崧是神宗之孙、崇祯之兄，称帝名正言顺。但对不出兵西进一事却不好解释，只能说正在准备八月请命率兵西征。

八月十八日，史可法向朝廷报告请命出兵伐顺。二十六日上疏请饷，看起来没有得到回复。九月初二日请求正式进军，朝廷回复正在等待左懋第使团的和谈结果，暂缓出兵。后来多次敦促朝廷，均无结果。十一月十二日，他上疏写到"……大仇数月，一兵未加"②，言辞间充满了无奈和愤懑。

五月到十月期间，清朝在山西、河南北部等地一边追击大顺军，一边招抚，对山东等地也抓紧招抚，同时准备十月初一日顺治帝登极大典。左懋第的北使团十月十二日进入北京，遭到连番冷遇。史可法则在江北四镇之间继续活动，力图说服四镇出兵。

可惜四镇所考虑的重点根本不在如何防清击闯，而在怎样扩充地盘、增强自己的军阀实力，为此不惜互相倾轧，甚至大打出手。早在五月朱由崧称帝"设四藩"的时候，高杰就开始祸害内部了。按要求，高杰应驻兵泗州，家眷安顿于扬州城。但高杰部历来烧杀抢掠名声太坏，扬州百姓紧闭城门，不让高军及家眷入城。高杰闻讯大怒，下令攻城，焚掠周边村庄，淫杀村民百姓，一时间烟火蔽日，尸横遍野。史可法紧急出面调停，反复磋商后把扬州附近的瓜洲作为高军安顿之地，此事才算了结。高杰作为"外来户"，与本地的黄得功产生了矛盾。九月，高杰派兵在高邮附近的土桥伏击黄得功，差点把黄得功当场射杀，史称"土桥之衅"。史可法又再次紧急出面调停，自己出三千金赔偿黄得功，让高杰赔马三百匹，黄得功才算勉强接受。

---

① 《清史列传》卷二《多尔衮传》，中华书局点校本，1987。
② 谈迁《国榷》，中华书局，1958。

四

不过史可法的艰苦努力还是取得了一点成果。他努力劝说开导四镇，那个残暴鲁莽的高杰似乎受到了"点化"，发生了很大的转变。七月，高杰托监军万元吉向朝廷请示，想乘清、顺作战相持之机，收复河南开封、归德，还可以伺机打进陕西，夺大顺老巢。八月，史可法也替他再次向朝廷请示。十月十四日，高杰率军出发，次年（1645）正月初十到达睢州（今河南睢县）。

图 5-2　高杰出兵路线图

驻扎睢州的是明朝协剿总兵许定国，与黄河北岸的清肃亲王豪格的部队隔河相望。高杰到来之前，许定国已经同豪格暗通款曲，并按豪格的要求把自己的两个儿子送到清军营中做人质。他降清的主意已定，但又知道自己的实力敌不过高杰，于是请求豪格出兵支援。此时清军主力正在西进追击大顺军，豪格手里实际兵力不足，拒绝了许定国的请求。许定国无法，只能设下鸿门宴，于正月十二日在睢州城里宴请高杰。高杰其实已经知道许定国把儿子送去清军做人质，但弘光朝廷一直未把清方定义为敌人，因此心生大意，而且他自恃兵多势大，料定许定国不敢轻举妄动，于是仅带三百亲兵进城赴宴。宴席间，高杰等人被灌得酩酊大醉。半夜，许定国调动伏兵，把高杰及三百亲兵全部杀害，然后立即率部渡过河投降了清朝。次日，高杰部众得知主帅被杀，愤恨不已，立即攻入睢州大肆屠杀报复，之后由总兵李成栋率大部队退回徐州。

睢州之变，高杰出师未捷身先死，让弘光朝采取的唯一一次对外军事行动功亏一篑，无疾而终。史可法闻讯大哭，知道自己的努力已付诸东流，明朝再无人能勇于担当恢复大任。他急速赶到高杰营中，立高杰之子为兴平伯世子，让他拜提督江北兵马粮饷太监高起潜为义父。高起潜曾经长期在辽东任监军，也是吴三桂的义父，朝廷根基十分深厚。史可法这样的安排，也是希望高杰的部队以后还能统一指挥，发挥作用。史可法再任命高杰外甥李本深为提督，李成栋为徐州总兵，把高杰部众基本安排妥当，他再返回扬州驻地。

就在此时，又发生了一个重大事件。黄得功因为"土桥之衅"与高杰结下大仇，虽然经史可法调停，依然怀恨在心。听说高杰睢州遇害，部下乱作一团，黄得功大喜，打算联合刘泽清，从仪真、淮安夹击高杰部留于后方的人马家眷，抢夺瓜洲、扬州一带的地盘。驻扎在徐州的李成栋等闻讯大惊，连夜拔营撤回后方，黄河防线遂为之一空。史可法惊闻此事，焦虑万分，但也没有其他办法，只能再尽力调停双方，避免内部刀兵相见。很快，清军以许定国为先锋渡河南下，三月二十三日占领了几乎无人驻守的徐州，明朝黄河前线完全失守。

第五节　左懋第出使北京

一

终弘光一朝，明朝廷对外只做过两件事，一是高杰出兵，无疾而终；二是派出左懋第为首的使团出使北京，与清朝谈判。尽管谈判未取得预期效果，但左懋第表现出来的凛然之正气，仍值得后人景仰和思考。

左懋第，字萝石，山东莱阳人，1601 年（万历二十九年）生，1634 年（崇祯七年）进士，时任右金都御史兼应（天）徽（州）巡抚。左懋第自幼受到其母陈氏家国大义的训导。甲申之变时，他正在京外出差公干，陈氏独自在京。李自成攻陷北京，明朝文武大臣除少部分殉国外，绝大部分都屈膝降附，其中包括左懋第的堂弟左懋泰。后来清军占领北京，左懋泰又投降了清朝。在山海关大战前后，陈氏要求左懋泰等家人送自己回山东莱阳老家。一行人走到河北白沟，陈氏把左懋泰叫来，训斥他不能为国尽忠殉难，说自己作为一个妇人也知道不能国破家亡而苟活于世上，言罢即死。原来陈氏出京后已绝食多日。这位母亲是以自己的死，告诫自己的子侄——尤其是儿子左懋第——坚守做人的根本大义。

左懋第得到母亲自尽的消息后，悲痛万分，遂向弘光朝廷申请解除自己的官职，希望和总兵陈洪范一起回山东，招募水师步兵组织民间抵抗。但他的申请未获朝廷批准。

1644 年六月二十三日的弘光朝的御前会议，确定了要向北京派出使团，与清朝讲和通好。而使团的正使人选成了个难题，因为"众莫敢行"[1]，都没有那个勇气。正当没有人愿意报名承担此重任时，左懋第上疏弘光帝，要求北上。他的奏疏原文是：

> 臣之身，许国之身也。臣忆去年七月奉先帝察覆之命，臣就道时，臣母太宜人陈氏嘱臣曰："尔以书生受朝廷知遇，膺此特遣，当即就道，勿念我。"臣泣不敢下而行，计今一年矣。国难家忧，一时横罹，不忠不孝之身，惟有一死。如得叩头先帝梓宫前，以报察覆之命，臣死不恨。[2]

文中说到了母亲陈氏的谆谆教诲，表达了自己以身报国的决心。"以报察覆之命"，指的是自己自去年奉崇祯命出京办事，尚未回京复命就已发生甲申国变。这次如能出使北京，正好到崇祯灵柩前祭奠复命，算是完成了先帝的嘱托。

---

① 钱士馨《使臣碧血》《甲申传信录》，"中国历史研究资料丛书"本，上海书店，1982。
② 李清《南渡录》，《南明史料（八种）》，江苏古籍出版社，1999。

七月初五日，朝廷决定正式成立北使团，左懋第为正使，进兵部右侍郎兼右佥都御史；左都督陈洪范、太仆少卿马绍愉为副使。二十一日，使团从南京出发，携带"大明皇帝致书北国可汗"御书、封吴三桂为蓟国公的敕书等，以及白银十万两、黄金一千两、绸缎一万匹。由刘泽清和淮抚田仰各派兵二百人护送使团，锦衣卫指挥祖泽傅（在松山大战中降清的总兵祖大寿的儿子）也随团北行。本来还计划给吴三桂漕米十万石，结果没有运粮船，只能作罢。

使团正式出发了，可奇怪的是，弘光朝廷之前并未通知清朝派出使团的事，出使北京更像是明朝方面一厢情愿地求和。也正因为如此，使团只能在一路敌意和艰难中前进。

八月初一日，陈洪范、马绍愉分别给吴三桂写信，告之左懋第率使团出使北京，并转达弘光朝廷希望明清两朝同好、同心灭贼、弘光帝与顺治帝可以叔侄相称的意思。这是能见到的明朝方面最早的告知清方关于使团的信件①。吴三桂接信后，根本不敢拆看，而是原封不动直接上交摄政王多尔衮拆阅。随信的还有册封吴三桂为蓟国公的敕书，里面有一些严重的犯忌语，如继续称清朝为"建州"及"虏"等。多尔衮阅信大怒，下令对使团不必按礼节接待。

使团对多尔衮之怒一无所知，继续前行。九月初一日，使团遭到土匪打劫，随行将士打退了匪众。九月初五日，到达清朝辖下的济宁。济宁清方守官不让使团入城，不听解释，还对使团加以嘲笑奚落。九月十五日晚，到达临清，原明锦衣卫都督、现任清天津督抚的骆养性派兵来迎接。使团误以为这是写信给吴三桂后，清廷的态度有了积极转变，心中有所安慰。殊不知这只是骆养性个人行为，只是因为他内心还存有一点"不忘故国"的情绪。结果多尔衮知道此事后，降了骆养性职级，差点削职为民。

清山东巡抚方大猷很快传达了多尔衮的指示：沿途不必礼敬使团，使团一切用度皆自费。九月二十六日，使团到天津时，骆养性也只能遵从清廷旨

---

① 两封信的原件现存中国国家博物馆。

意，告诉使团只允许一百人进京。使团也逐渐明白了自己的艰难处境。十月初三日，使团到达通州张家湾，顺治帝福临于两天前已在北京再次登极。清方派人欲接使团进京到"四夷馆"入住，但左懋第坚决不同意，因为四夷馆是接待属国使臣的处所，如果同意入住，相当于自己确认了明朝是清朝的属国。经过十天的艰苦谈判，左懋第寸步不让，最终清廷不得不同意使团入住鸿胪寺。鸿胪寺是接待外国使臣之地，至少明确了明、清没有主从关系。虽然看起来左懋第是在坚守繁文缛节，但这在外交上极其重要，即从一开始就要确定两国的平等地位，否则后面的谈判更无平等可言。

二

十月十二日，清方以正式礼节迎接使团进入北京。入京后，双方在递交国书的礼节上又发生了争执。左懋第坚持国书应交多尔衮，或者由清廷内院转达，但清方只派了礼部官员来索取。如果交给礼部，即相当于属国呈文宗主国，左懋第当然不允。最后清廷只得派出内院首席大学士刚林来鸿胪寺谈判。刚林态度强硬，拿出多尔衮那套说辞，从道义上抬高自己，对明朝各种指责，时不时威胁要打到江南，灭了明朝。左懋第等毫不示弱，一一反驳清方说辞，面对威胁，回答说："江南尚大，兵马甚多，莫便小觑了！"陈洪范也奋起抗辩："（使团北来）原是通好致谢，何得以兵势恐吓？果要用兵，岂能阻你？但以兵来，反以兵往！……况江南水乡胡骑能保其必胜乎？"[1]刚林听罢不语，起身而出。

左懋第按照弘光朝廷给出的"不屈膝辱命，尊天朝体"的要求，坚守底线，与清方周旋。但他也并非不讲策略而一味刚硬。在通州期间，他曾派人到北京城中找到前明旧臣洪承畴、谢陞、冯铨等，请求他们协助居中调解，以完成通好讲和的使命，但后者均唯唯诺诺，并未起到什么作用。而清方从一开始就对和谈毫无诚意，他们已拿定主意要挥师南下，夺取整个中原。

---

[1] 陈洪范《北使纪略》，《中国野史集成》，巴蜀书社，1993。

十月十五日，清廷派人来取走使团带来的财物，即银十万两、金一千两、绸缎十万匹，包括本来要给吴三桂的赏赐也一并带走。十月二十七日，清方派兵"押送"使团人员离京。

十一月初四日，使团抵达沧州。这时，清内院学士詹霸突然从后面赶上使团，传达多尔衮命令：只准陈洪范一人南归，使团其余人等带回北京。这一切，皆因陈洪范的叛变。

早在六月，清朝已经开始偷偷招抚陈洪范等明朝将领，但无证据表明那时他已叛变。直到使团进入北京后，陈洪范目睹清廷的霸道和气势，以及其间清方多次的利诱和分化使团成员，他的内心终于发生了动摇。使团出京后，十一月初一日，陈洪范托一位清方主事把他的投降信秘密带往北京。随后即发生了清方扣押使团、独独放走陈洪范的事件。

十一月十一日，左懋第一行第二次进入北京。这次他明白，自己已经不是使节，而是囚犯，在礼节上再不做争辩，坚守气节才是他唯一要做的事。入京后，他们被关押在太医院。一些降清的"故交"想去见他，都被骂回，包括前明内阁大学士、现清朝内院大学士李建泰、自己的堂弟左懋泰等。

第二年（1645）五月，清军攻下南京，弘光朝灭亡。有部下试探左懋第是否有投降的想法，他坚决地说："我志已决，毋烦言！"六月，清廷撕掉伪装，强令百姓剃发，北京太医院里关押的明朝使团也不例外。副使马绍愉终于顶不住压力，率部下投降清朝，接受剃发令。左懋第及其部属则坚决不从。

多尔衮对左懋第暗怀敬重，决定亲见左懋第并劝降他。六月二十日，左懋第白冠丧服，身戴镣铐，来到内廷，面南而坐。洪承畴、陈名夏等上前劝降，被他一顿斥骂。多尔衮只好亲自开口说："尔既为明臣，何食我朝粟半年而犹不知？"左懋第立即回击："贵国食我土地之粟，反谓我食贵国之粟耶！"多尔衮语塞，一怒之下，下令把左懋第推出斩首。

左懋第被带到菜市口，他"昂首高步，神气自若"。到刑场后面南端坐。负责行刑的杨姓刽子手跪在左懋第面前痛哭不止，全然不顾四周众目睽睽。过了好一会儿，刽子手擦干眼泪，挥刀斩下了左懋第的头颅。是时，京城风沙四起，遮天蔽日，京城百姓奔走流涕，拜送者不计其数。同日遇害的，还有部下陈用极、王一斌、刘统、王廷佐、张良佐等。

以明朝末年江河日下、穷途末路之势，文官武将争权夺利、望风而降之态，左懋第无疑是其中最与众不同、最耀眼的一颗明星。孔子曰："邦有道，危言危行；邦无道，危行言孙。"（危，高峻也；"孙"通"逊"，卑顺也）还说过："邦无道，则可卷而怀之。"也就是说，碰上黑暗乱世，君子知难而退、明哲保身也不算品格有亏。但左懋第之言行，远远超出了这一要求。他面对咄咄逼人、不可一世的满洲征服者，不畏强暴，正气凛然，光明磊落，慨然赴死。以弘光朝的腐朽没落，左懋第当然知道不可能以一己之力扭转任何东西，但他还是愿意以自己的生命，证明一种令人无比景仰的高贵人格。乾隆四十年，清廷表彰明朝忠臣，左懋第名列其中，赐谥"忠贞"。

再说叛徒陈洪范，十二月十五日回到南京后，一面传达假消息，说清廷愿意讲和；一面制造黄得功、刘良佐等暗通清朝的谣言，意图挑动朝廷内部相互猜疑。弘光朝廷对他独自返还有所怀疑，但未采取什么措施。他为了伪装潜伏的需要，还写了《北使纪略》来掩饰，描述出使的过程，故意隐瞒掉自己投降的情节。第二年，1646 年六月十九日，就在左懋第就义即将满一周年的时候，陈洪范在重病恍惚之中，口中连说"左公来了，左公来了"，然后死去。

第六节　弘光四大案

一

　　史可法在军事策略上做了五镇相连的战略布局，推动了高杰出兵、左懋第北使，然而最终都一事无成。原因并非弘光朝缺乏人才，也不是江南地盘太小资源太少，实在是大明王朝到现在已经充满末世之气，绝大部分人考虑的都是个人利益，国家大事似乎都与他们无关了。大明王朝就像一个即将破产的公司，以马士英、阮大铖等为首的高管层以及各级管理团队，无不在拼命攫取公司剩余的资产，生怕晚一步分不到最后的蛋糕。其他没有资格和能力去分蛋糕的人，则混一天算一天，或者内心期待着这个公司被别的老板并购重组，也许境况反而会更好一点呢。

　　马士英上台后，其唯一目的就是以权谋私。他挤走史可法，和阮大铖结盟，但同时也起用一批东林人物，可见他对政治立场、意识形态并不关心，只要能尽量多地捞到"弘光公司"的剩余资产就好。他任首辅后，卖官鬻爵，呼朋引类，大量任用私人，很快在他身边形成了一个庞大的官僚贪腐集团。所谓上行下效，贪腐之风很快渗透到帝国的每一个角落。比如漕粮运输环节，各级官吏层层克扣贪污；运往国库的税款都会被官吏窃为己有。本来管理已经很混乱的帝国吏治和财政愈加混乱。当时有民谣："都督多似狗，职方满街走，相公只爱钱，皇帝但吃酒。"其中"相公"指的就是马士英。1645 年五月南京陷落，马士英携带大量金银财宝出逃，南京市民冲到他宅邸里分抢财物，其中一块玛瑙石围屏被人砸碎分之，取一小块都能价值百金。

　　阮大铖和马士英有点不同，他也大肆贪腐，但还有一个重要任务，就是构陷报复东林—复社。他的官职虽然只相当于一个"副部长"，但权钱交易之猖狂比马士英这个"总理"有过之而无不及。犯了罪的官员，只要给他钱就可以免罪；给了他足够的钱，哪怕是一个白丁也可以出任高官。他甚至提议朝廷公开卖官，以增加国库收入。他的嚣张程度已隐隐超过马士英。吏部尚书出缺，马士英本来想用张国维，结果阮大铖暗中运作，通过太监搞到皇帝中旨直接任命了张捷。消息传出，马士英大为惊愕，心里终于开始忌惮阮大铖。而阮大铖通过张捷掌握了吏部，买官卖官更加得心应手，很快织起了一张权钱交易的大网。

为报复东林—复社，阮大铖炮制了著名的"顺案"。

前文已述，阮大铖和东林—复社有刻骨铭心的恩怨。尽管阮大铖身上有极为浓郁的反面人物色彩，但平心而论，东林党对不起他在先，且其间步步紧逼，复社诸君又有《留都防乱揭帖》和丁祭殴打在后，一定意义上可以说，正是东林—复社"造就"了这个卑劣小人。连对马、阮集团深恶痛绝的《桃花扇》的作者孔尚任，都觉得东林—复社诸君得理不饶人，有些事情做得过了。少年英雄才子、夏允彝之子夏完淳在他的《续幸存录》中，也认为阮大铖被列入阉党有点牵强，他之所以成为臭名昭著的权奸，和东林党的穷追猛打分不开。现在阮大铖咸鱼翻身，扬眉吐气，此仇不报，更待何时？

就在几个月前，1644 年三月十九日，李自成攻陷北京，除少部分官员自杀殉国外，大多数官员和清流名士都屈膝投降，其中包括东林—复社的著名人物，如周钟、龚鼎孳、魏学濂、陈名夏、方以智等。当时江南士人普遍认为这些所谓名士皆是贪生怕死、不顾廉耻、有辱斯文之辈，对他们痛加贬斥，甚至对其中一些南方籍官员名士在江南的老宅进行打砸。阮大铖利用这个民情，唆使马士英对付、收拾这些曾经投降过李自成的东林—复社人士，他自己把这项攻击运动称为"顺案"。"顺"字一语双关，一是李自成的政权叫"大顺"；二是代表那批官员名士对大顺政权的投降归顺。其实还有更重要一点：阮大铖多年来被列入崇祯钦定的"逆案"，备受攻击，那么他现在造出一个"顺案"与"逆案"相对，把东林—复社诸君列入其中，让天下人看看，到底是"逆案"诸人还是"顺案"诸君更坏？不得不说，这个"顺"字确是神来之笔、绝妙好对、引喻深远，让人浮想联翩，尽显阮大铖这个卑劣权奸的绝世才华！

很快，从北京逃回来的周钟、光时亨被捕，周钟的堂兄、复社骨干周镳被捕，雷缜祚也被捕。同时，阮大铖指使其党羽上疏攻击东林大佬吴甡、郑三俊、翰林院学士徐汧、苏松巡抚祁彪佳等人，把东林—复社人士污蔑为凶徒，祁彪佳被迫辞职。《留都防乱揭帖》的主笔吴应箕、《桃花扇》的主人公侯方域等听到风声，赶紧逃离南京。明末四公子之一的陈贞慧被捕，差点被折磨致死。朝廷又下令逮捕顾杲、黄宗羲、吕大器、浙江巡按左光先（左光斗堂弟）等人，所幸这几人除左光先外，均未被抓住。为全面报复东林—复社，阮大铖还亲自编写了三大本东林—复社名册，意图按名册将他们一网打尽，"顺案"已经从最初仅针对投降大顺的几个人，逐步扩展到针对东林—复社的主要骨干，阮氏复仇的屠刀已经高高举起。

这些事情都发生在弘光朝廷成立之后的几个月之内。看来阮大铖当官不过几个月，构陷报复东林—复社也算是雷厉风行。到次年（1645）年初，马士英觉得不应该配合阮大铖兴此大狱，不想大批杀人，提出中止"顺案"。没过几天，1645年三月二十三日，左良玉自武昌率部沿长江南下，扬言要攻打南京"清君侧"。左良玉因东林党大佬侯恂的提拔之恩，与东林党颇有渊源，他造反的公开理由之一即是为东林党打抱不平，要清除马、阮集团。马、阮大为紧张，集中精力调动江北四镇兵力严防左军，"顺案"因此被迫中止，但周钟、周镳、雷缜祚几人还是于四月初九日被杀害。

二

在"顺案"的白色恐怖笼罩下的南京，还连续发生了著名的弘光三大案，即大悲案、伪太子案、童妃案。

先说大悲案。眼看甲申年（1644）将尽，十二月十五日，有个僧人夜敲南京皇城门，自称明朝齐王，说崇祯并没有死，指责朱由崧不当窃位[1]。僧人很快被抓，投入监狱并审问。经审，僧人号大悲，本姓朱，徽州休宁永乐村人。他自称崇祯皇帝五年前封他为齐王，后来见过桂王、潞王等。主审官见

---

[1] 僧人夜扣皇城门的场景，各种史料记载差异较大。夏完淳《续幸存录》说是扣洪武门，计六奇《明季南略》说是在城郊水西门外，具体场景已无法确凿考证了。但这个僧人突然出现，表达其政治上的态度应是事实。

他言语癫狂，所说事情时间、地点、人物都对不上，显然是个疯僧。但蹊跷的是，大悲刚被抓时，就有人匿名给他递送字条。虽不知字条是什么内容，但朱由崧随即下旨，说："匿名文帖与相熘应，岂是风（疯）癫野僧？"①要求移送镇抚司严查背后有何人指使。在后续审讯材料中，隐隐透出钱谦益和户部右侍郎申绍芳的名字，而钱、申二人，都是当时有名的东林党人。按合理的推断，东林党指使一个疯僧的可能性不大，因为达不到什么实际目的。倒是阮大铖一伙借此事件污蔑东林党幕后指使，借机捕杀东林—复社人士的可能性更大一些。还好马士英只顾捞钱，对政治运动、打击报复不感兴趣；朱由崧的心思也很简单，就是得过且过、及时行乐。最终这事没有被扩大，只是于次年（1645）三月初二日，把大悲明正典刑了事。

其次是伪太子案。1644年三月十九日，李自成攻陷北京后俘虏了明太子朱慈烺和永王、定王。山海关大战时，李自成挟朱慈烺至永平，李自成战败后朱慈烺失踪，永王、定王也不知所踪。崇祯仅有的这三个儿子对几方政权都很重要，因为涉及大统继承问题。当时有传闻朱慈烺在吴三桂手里，也有说在清军手里，结果都只是传闻而已。当年十二月，又有消息传来，说大太监高起潜，或者是他的亲戚南京鸿胪寺少卿高梦箕的家仆穆虎，从北京带回来了明太子。因为这事太过敏感，这位明太子先被隐蔽安置在浙江金华暂居。但这位太子的言行比较高调张扬，很快暴露了行藏。朱由崧也听到了消息，遂派人去迎接太子。次年（1645）三月初一日，也就是大悲和尚被砍头的前一日，太子抵达南京。

太子刚到南京，不少文武官员即纷纷投帖拜见。朱由崧见情形不对，赶快下令把太子带到宫中居住，禁止官员谒见。第二天，即安排曾在北京东宫担任过讲官的刘正宗、李景濂等大臣"面试"太子，以辨真假。面试前，朱由崧专门召见刘正宗、李景濂等人，说："太子若真，将何以处朕？卿等旧讲官，宜细认的确。"一方面暗示这些大臣要想清楚现在的皇帝是自己，政治站位不要偏了，一方面也显露出他内心的忐忑不安。

---

① 文秉《甲乙事案》，《南明史料（八种）》，江苏古籍出版社，1999。

面试过程很清楚，太子对讲官的问题大多答不上来，证明是个假太子。有人说此人是驸马王昺的侄子王之明，随后即把他移送兵马司监狱关押。然而社会舆论并未就此打住，一些官员和普通民众仍然坚信王之明就是真太子朱慈烺，至于面试结果，不过是朱由崧设计的阴谋而已。朝臣、民众之间议论纷纷，莫衷一是。到三月二十五日，左良玉从武昌起兵东下，打的旗号还是"奉太子密诏，入诛奸臣马士英"，可见伪太子案对南明朝政影响之大。两个月后，1645 年五月十一日，朱由崧、马士英从南京逃走，南京市民从狱中救出王之明，把他拥上帝位。很快多铎占领南京，在公开场合以太子之礼接见王之明，随后带着他北去。王之明从此神秘消失，无人知其下落。

实际上在 1644 年冬，北京也出现了一个太子。按《清实录》记载，十二月二十七日，有一男子找到崇祯周皇后之父、嘉定伯周奎家，自称"明崇祯帝太子"。周奎家人带来人去见住在周家的长平公主（被崇祯砍断右臂的那位）。公主一见来人，"兄妹相向大哭"。周奎也留来人吃饭，并以君臣之礼待之。晚上临别时，公主赠他棉袍，交代他不要再来，也别再提"太子"二字。但过了几天，太子又来，周奎将其逐出门外，并到官府告发，太子随即被清廷逮捕审问。

审问由刑部主事钱凤览主持，前后找了好几批人来辨认。曾任太子卫士的十名原锦衣卫都称是真太子；太监王化澄也证实是真太子，但次日即改口说是假的；明晋王以及旧讲官谢陛（此时任清朝吏部尚书）、明贵妃袁妃等则说是假的。审问过程中太子主动问谢陛旧事，谢陛回避提问，一言不发。钱凤览看不下去，上前指责谢陛"不臣"。

审理结果，这位太子被定性为假太子。摄政王多尔衮很快下令，将此人勒死狱中。

孟森先生的《明烈皇殉国后纪》的第一篇《清世祖杀明太子》对此案有详尽举证分析。从太子出现在周家以及后来的情况看，可以推断出山海关大战后，朱慈烺从李自成军中趁乱逃出，一直在北京附近流浪，寒冬腊月身上连件棉袍都没有，万般无奈下找到外祖父周奎家，结果被周家出卖。审问结束后，凡做证太子为真的太监、侍卫等，均被收监，十余人被杀头弃市；钱凤览被判绞刑；谢陞则不明不白地暴毙。究其原因，无非是清朝要斩断明朝的根，但表面上又必须保住"替明复仇"的道德高地。如果证实太子是真，于理则不能杀；若要杀他，除掉后患，则必须证明此太子为假。而清廷越是这么做，越证明此人正是真的明太子朱慈烺，越证明清朝的虚伪和假仁假义。

以此推断，在南京出现的王之明，就一定是个假太子。

三

弘光朝还有一大案，即童妃案。1645年初，河南一位姓童的妇人找到河南巡抚越其杰（马士英的妹夫），说自己是朱由崧落难河南期间结识进而结合的妻子。越其杰通过谈话和观察，初步认定童妃所言为真，随即把她送往南京，并把情况报告给了马士英。童妃途经藩镇刘良佐驻地时，刘派其妻子拜见童妃并试真假，刘妻试过之后也认为情况属实。然而奇怪的是朱由崧的态度，他自始至终一直说童妃乃是假冒。三月十三日，童妃一到南京即被送进锦衣卫监狱。朱由崧拒不召见童妃，甚至在马士英等人多次劝说下仍坚持不见，反而令近侍太监对童妃严刑拷打。朱由崧的怪异举动引来了朝廷内外各种猜疑和议论：如果童妃是假，见一面揭穿真相又何妨？如果是真，朱由崧接纳她又何妨？难道皇帝有什么难言之隐，或者是有什么见不得人的事？此时在各种议论和质疑声中，显露出东林—复社推波助澜、大造舆论的影子，他们给出了一个耸人听闻的结论——当下的弘光帝朱由崧是假的，所以不敢见童妃，而这一切都是马士英的幕后策划。

不久之后，童妃死于狱中。其实认真推敲，马士英策划此事的可能性基本为零。如果马士英最初迎立的福王朱由崧是假，此时万无必要引来一个童妃揭穿自己，而自己还多次劝说朱由崧召见童妃。如果说童妃是假，越其杰、刘良佐妻子、马士英都是见过世面的人，又怎么会都一起轻易被骗？唯一的解释，也许是朱由崧不愿回首流落河南的那段悲惨时光，不愿意再见到那个看到他卑微穷酸的见证人，不希望这个见证人来打乱他目前风光无限、即将迎娶皇后的帝王生活。

　　顺案、大悲案、伪太子案、童妃案，似乎就是弘光朝短短一年的存续期内，君臣民众关注的主要事项。马、阮集团和东林—复社充分利用这几大案和社会舆论，相互攻讦陷害。前者利用顺案、大悲案打击后者；后者则利用伪太子案、童妃案质疑朱由崧的合法地位甚至本身的真假，指责马、阮集团幕后阴谋策划。更重要的是，在这个过程中，朝廷的信用已经完全丧失，凡是朝廷说是真，民众都认为是假；凡是朝廷说是假，民众都以为是真。君臣之间、官员之间、朝廷和民众之间，已经不再有基本的信任，社会充满了谣言和非议，真诚和信任已经无处可寻。也许，这就是一个没落帝国应有的末世之象吧！

第七节　大明王朝真正的覆灭

一

　　前面讲到的，是甲申之变后中国大地上同时发生着的多个重大事件。按时间线做个简要梳理：

　　1644 年四月底，南京确认崇祯死讯，开始"定策之争"。二十九日，李自成山海关战败后，退回北京匆匆称帝，然后撤离北京。吴三桂等追击大顺军。

　　五月初一日，朱由崧进入南京城。初二日，多尔衮进入北京城。十五日，朱由崧南京称帝，年号弘光。马士英执掌弘光朝中央大权，史可法到江北督师，设立四藩。清军继续追击大顺军，李自成连战连败，退到山西。

　　六月，李自成主力退回陕西。清廷派人到山东、山西、河南等地招抚，继续向西追击大顺军。阮大铖在南京重返政坛，拜见弘光帝。

　　七月二十一日，弘光朝廷派出以左懋第为首的使团出使北京。

　　九月，多尔衮将顺治帝福临接到北京。阮大铖任南京兵部添设右侍郎，逐步开始筹划并发动"顺案"。

十月初一日，顺治帝在北京再次登极。十二日，左懋第使团进入北京。十四日，高杰率部向西出发，打算收复河南开封、归德等地。十月中下旬，多尔衮下令兵分两路，阿济格、吴三桂等率北路军西征陕西大顺军，多铎、孔有德等率南路军南下伐明，后南路军改为向西，与北路军夹攻大顺。二十七日，清廷下令押送左懋第使团出京。

十一月初四日，清方在沧州扣押南明使团，将左懋第等带回北京关押，只允许陈洪范回南京。

十二月，明太子朱慈烺在北京被逮捕，很快被判定为假太子，被杀。南京收到另一个明太子南来的消息；月底发生大悲案。二十九日，多铎率军进攻潼关，与大顺军展开潼关大战。

进入下一年（1645），事情变得更加复杂了起来。

正月十二日，清军攻陷潼关，继续向李自成的老巢西安进攻。李自成面对清军南北两路夹攻，被迫放弃西安，率部南下进入河南。十八日，多铎部占领西安。多尔衮下令阿济格率部向南追击李自成，多铎则由西向东进击南京。

就在清军攻陷潼关的同日，明河南援剿总兵许定国在睢州设计杀害了高杰，弘光朝廷唯一一次对外出兵被毁于一旦。随后许定国立即率部投降了清朝。睢州在河南东部，是南明与清、顺势力接壤的最西北端，许定国的叛变为清军东进伐明打开了西线大门。

也是在正月十二同一日，史可法根据左懋第从北京寄来的信件，以及近期形势判断，认为议和已基本没有可能，因此向弘光帝上了一道奏章，说道："北使之旋，和议已无成矣。向以全力御寇而不足，今复分以御北矣。"结论是"和不成惟有战"。但递上奏章后，如石沉大海，杳无回音。弘光朝廷此时正在忙于处理顺案、大悲案、伪太子案及童妃案，马、阮等人继续忙于捞钱和内部斗争，边关大事已无人问津。

清朝方面则紧锣密鼓。军事命令已下达，二月初八日，摄政王多尔衮以顺治帝的名义正式下达谕旨，命令豫亲王多铎伐明。清朝在西北对大顺的打击取得重大胜利后，正式对偏安南京的弘光朝廷动手。

二

三月初，南京方面的几部大戏渐入高潮：阮大铖继续抓捕审讯东林—复社人士，周钟、雷缜祚等人即将被判刑处死；伪太子进入南京；大悲和尚被处死；童妃即将到南京。初七日，多铎率领的清军从河南的荥阳、洛阳、南阳三地出发，征伐南明。二十一日，已降清的许定国的前哨部队到达归德（今河南商丘）。二十二日，归德陷落。此时明朝方面才知道清方已经动手。二十七日，清兵出现在徐州，明总兵李成栋率原高杰部乘船南逃，到扬州投入史可法帐下。二十九日，清军占领颍州、太和，一路上未遇任何抵抗。

西线方面，三月中下旬，李自成率部到达湖北襄阳附近，与驻守在那里的大顺军将领白旺会合，之后整体向东南方向推进，矛头直指武昌，有拿下武昌再顺江而下进攻南京的意图。大顺军在荆河口击败左良玉的部将马进忠、王允成部，让武昌的左良玉大为震动。在与农民军长期的战斗中，左良玉麾下兵将越来越多，貌似很强大，但后期加入的大多是逃兵叛将或土匪，纪律性极差，也就是碰上张献忠那样纪律性也比较差的部队，左军才有点优势；碰上治军相对严谨的李自成大顺军，基本只有屡战屡败的下场。因此李自成兵临武昌城下时，左良玉唯一的想法就是跑路。跑路的方向就是南京。

恰在此时，南京方面也给他找到了好几个进兵南京的理由。一是阮大铖紧锣密鼓地推动"顺案"，抓紧迫害东林—复社人士。左良玉因"恩相"侯恂的关系，一直倾向于东林党。侯恂之子、明末四公子之一、《桃花扇》的主角侯方域，因为阮大铖的迫害也逃离南京，到武昌求助于左良玉，望左帅为东林—复社"伸张正义"。二是南京出现了一个"明太子"，虽然真假未辨，但可以为起兵造反找到很好的借口。

内部方面，左良玉也有不得不起兵东下的原因。一是左军队伍规模庞大，严重缺饷，需要找个理由到下游"就食"。二是左良玉一定程度上受部将挟持，无法制止部将东下、避开与李自成大顺军接战的意愿。三是有监军黄澍等人的煽动和利用。黄澍曾任开封府推官，在李自成三围开封时组织城内军民拼死抵抗，使大顺军最终没有拿下开封。后来他改任四川道监察御史、湖广巡按，到左良玉军中任监军。1644 年六月，黄澍倚仗身后有左良玉大军的势力，在南京朝堂上当面弹劾马士英权奸误国，有十可斩之罪，从此与马士英及其党羽结下不解之仇。黄澍有才干，但其实人品卑劣，弹劾马士英主要原因之一也是为了争夺朝廷话语权。后来他还无耻出卖自己的朋友、抗清义军首领金声，此是后话。当下，黄澍以内外部各种原因为由，极力鼓动左良玉起兵东下，进攻南京。

1645 年三月二十三日，左良玉谎称奉先帝太子密诏前往南京救护，以"清君侧"、讨伐马士英为名，率全军乘船顺江东下。

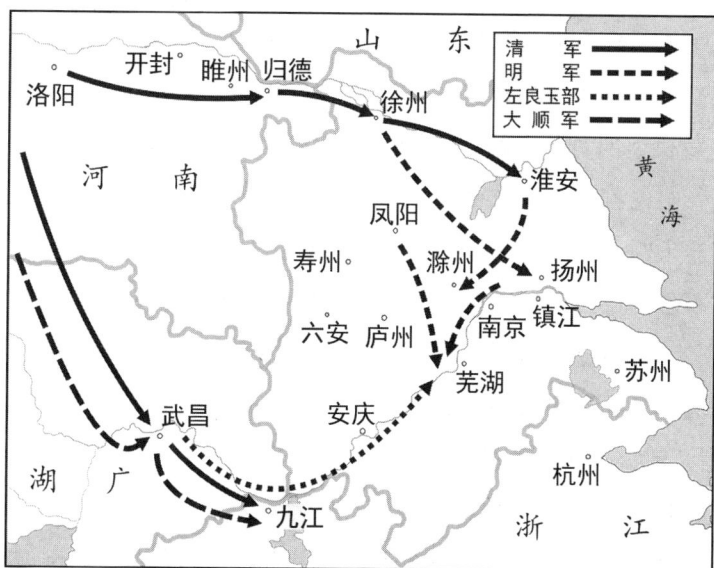

图 5-3 乙酉年三四月明清大顺战争形势图

四月初一日，左良玉兵至九江，邀"江楚应皖等处剿寇总督"袁继咸舟中相见。左良玉出示"太子"密诏，要求袁继咸一同前往南京清君侧、救太子。袁继咸认为太子真假未定，"密诏"来历不明，拒绝随同前往，并拜求左军诸将要爱惜百姓。袁继咸的大义凛然让左良玉深有感触。袁继咸回城后，命部将坚守九江，防范左氏叛军。没想到其部将张世勋已经同左军将领勾结，夜间突然在城内纵火，左军趁势攻入城中烧杀淫掠。袁继咸也被左军掳到船上，他在绝望痛心中多次投水自尽，都一再被救起。左良玉看到九江城中火光冲天，知道是自己的兵将又在作孽，大哭道："予负袁公！"说罢呕血数升。他在此之前已经长期生病，四月初四日，左良玉病死，终年四十六岁。

左良玉死后，诸将推举其子左梦庚为新主帅，继续引兵东下，先后占领彭泽、东流、建德、安庆，兵锋直指太平府。袁继咸则依然被挟持拘禁于左军之中。

三

弘光朝廷收到左良玉起兵东下的信息，大为恐慌。此时清军也已南下攻到江苏北部，史可法向朝廷连发紧急战报，报告南京朝廷即将面临被两面夹击的严重危机。四月十九日，弘光帝召对群臣，商议如何应对。一些朝臣，包括弘光帝自己都认为，北面清军的情势比左良玉军更紧急，不能把北面防线的军队撤来西面应对左军。但马士英知道左良玉的"清君侧"清的是自己，不阻挡左军恐怕自己性命难保，于是指着群臣气急败坏地说："尔辈东林，犹藉口防江，欲纵左逆入犯耶？北兵至，犹可议款，若左逆至，则若辈高官，我君臣独死耳！臣已调良佐兵过江南矣。宁死北，无死逆。"[1]随即大呼道："有异议者当斩！"弘光及群臣都默然不敢作声。

其实在这次召对之前，马士英已经调刘良佐、黄得功过江，阻击左军，连史可法也被迫率部离开防区前往阻击。但史可法刚到燕子矶，就得到黄得功击败左军的消息，又赶快返回了扬州。

此时清军先头部队离扬州已经很近。四月十四日，城中李成栋率部夺门而出，向东南方向的泰兴逃跑。扬州城的守军已所剩无几，史可法几次修血书向朝廷告急，但无人理睬。十七日，清军包围了扬州。就在这几天内，广昌伯刘良佐不战而降清；刘泽清先率部逃到海上，后来又返回淮安降清；高杰部提督李本深、总兵张天禄等率部降清，其中张天禄等部还奉多铎命参与

---

① 李清《三垣笔记》，中华书局，1997。

了围攻扬州。李成栋部跑到泰兴一带要渡江南逃，却被镇守在那里的明京口总兵郑鸿逵①截击炮轰，打死了数千人。李成栋被迫带兵北返，干脆投降了清朝。

扬州城外，清军与明军有几次小规模接触，双方损失不大。多铎则多次修书劝降史可法，史可法都不启封就直接把劝降信置于火中。十九日，明兵部职方司主事何刚、提督总镇刘肇基率数百人赶来支援。二十三日，清军的红衣大炮运到，次日炮轰扬州城。二十五日，清军强攻扬州城，同时大炮猛轰，很快部分城墙塌陷，清军攻入城内。刘肇基、副总兵马应魁等战死，何刚、扬州知府任民育、参军吴尔壎等力战后自杀殉国。明督师大学士史可法也在混战中牺牲②。扬州沦陷。

扬州之战，双方实力悬殊。有些人指责史可法指挥失当，没有做好充分准备，其实以扬州城当时屈指可数的兵力，又得不到弘光朝廷的任何支持，面对来势汹汹的清朝大军和红衣大炮，再做什么战术布局都已是无用功。史可法、刘肇基、任民育等明知城必破，仍然拼死坚守、凛然赴死，其展现的精神力量远远大于事件本身的意义。史可法竭心尽力想要保住南明半壁江山，可谓呕心沥血，鞠躬尽瘁，他最终宁死不屈的精神意志，在明清更替的乱世之中映射出耀眼的光华③。

---

① 郑鸿逵即郑芝龙之弟，郑成功的叔父。

② 按史可法义子史德威及《青燐屑》作者应廷吉的叙述，史可法是在战斗中被俘虏，多铎对他当面劝降均遭严词拒绝。多铎最后说："既为忠臣，当杀之以全其名。"遂杀害了史可法。但经李洁非先生考证分析，史德威和应廷吉都不可能在场看到当时场景，除此之外再无其他可靠记录，而事后连史可法的尸身都找不到。因此史可法更有可能就是死于混战之中，并未出现拒绝投降、慷慨就义的场面，清军也并未认真地搜寻这位南明政府的最高军事指挥官，不可一世的清军根本没有把他放在眼里。

③ 史学界对史可法的评价总体正向，因为他清廉自律、为朝廷殚精竭虑、最终宁死不屈的事实是抹杀不掉的。当然他也有明显缺陷，比如"定策之争"中拱手把中央大权让给马士英，以致后来无力调度四镇，也想不出挽狂澜于既倒的良策妙计。但不管怎样，史可法依然是明末抗清斗争中一个英勇无畏的英雄。部分"以阶级斗争为纲"的史家把史可法与朱由崧、马士英并为一类，认为他昏聩无能、胆小短视，实在是有失偏颇。弘光朝廷的覆灭，根本原因还是在于明朝政权极度腐朽没落，人力无以回天。史可法已经竭尽全力，虽壮志未酬，但其精神实质绝对值得景仰。李洁非先生的《野哭·弘光列传》对此分析颇深，可供读者参考。

扬州，也因此成为清军一路南下碰到的第一个不得不强攻而非主动投降的城市。也正因为如此，清方恼羞成怒，撕下了一直以来假仁假义的伪装，下令屠城。清军从四月二十五日起至五月初一日，疯狂屠杀城内军民。连续数日，城中惨呼震天，哀号恸地，居民尸积如山。扬州城居民约四十八万，除极少数藏匿较深和侥幸逃脱者外，几乎被屠戮殆尽。史称"扬州十日"。

就在攻取扬州的同时，西线清军也取得了重大胜利。阿济格部清军在九江附近攻入了李自成老营，俘获并杀死了大顺文武百官之首汝侯刘宗敏，以及李自成的两位叔父等重要人物；宋献策被俘投降；牛金星此前已脱离大顺，投降清朝。大顺军遭到极为沉重的打击。

四

扬州失陷的第二天，弘光召对群臣，提出想要迁都。去年在北京朝堂上演过的一幕又在这里再次上演：王铎、钱谦益等大臣以一副卫道士的面孔，坚决反对迁都。大学士王铎不谈抗清的大事，反倒讨论起为皇帝安排讲学的事，典型的道学误国。君臣都把国家的生死存亡放到一边，真正是"君臣如路人，官民冷眼看"。

五月初九日黎明，清军开始在镇江一带大举渡江，江面上舟船密布，旌旗蔽日。南岸守将郑鸿逵、郑彩在炮击李成栋部明军时毫不手软，这时一见清军阵势，却立刻乘船东遁，余下部队全线溃散，官兵抱头鼠窜。清军兵不血刃占领镇江，离南京仅一步之遥。

南京方面，弘光帝表现出令人钦佩的"定力"。初十日中午，戏迷朱由崧安排梨园班子在大内演戏，一直演到凌晨，然后和马士英带着少量随从，在夜色掩护下，骑马悄悄逃出京城。十一日，阮大铖也逃走。南京居民知道了皇帝已跑路，一哄而起，从狱中救出假太子王之明，拥上帝位。

五月十四日，清军先锋至南京，勋臣忻城伯赵之龙缒城递交降表。十五日，多铎率清军主力进至南京城外，赵之龙、朱国弼、魏国公徐久爵、大学士王铎、礼部尚书钱谦益、左都御史李沾等高官大开城门，迎接清军，代表明朝官民正式投降。十七日，清军举行入城仪式。大明王朝"正式"灭亡。

　　之所以说明朝"正式"灭亡，是要纠正一个认知错误。中国断代史通常把 1644 年作为明、清政权交替的分界线，这其实是有问题的，而且还隐藏着一个阴谋。首先，清朝最初立国是在 1616 年，努尔哈赤创建后金；1636 年皇太极改国号为"大清"，为便于叙述我们称之为"清朝"，但它并没有成为中国正朔，实际上叫作"清国"更合适一些。到 1644 年，清军占领北京，它依然不是正朔，因为明朝还有南京这个首都，还管着中国大半的国土，只是换了皇帝而已。崇祯皇帝自杀，只能说是大明崇祯朝的灭亡，南京政府仍然代表着中国王朝正朔。清朝从 1644 年到 1645 年五月，本质上只是在进行领土扩张。那么，为什么官方历史会把 1644 年定为明清政权交替点呢？因为从清军入关起，清朝统治者就在策划以明朝"恩主"的形象出现，增加其继承中国大统的合法性，这就必须认定明朝是 1644 年亡于李自成之手，而非亡于清朝之手。清朝不断追击大顺军，对弘光朝廷施以伦理道德上的指责，也是为此目的服务。清康熙至乾隆年间由张廷玉、徐元文等人合著的《明史》，也把断代时间点定为 1644 年，显然也是反映了清朝统治者的政治意图。实际上，到 1645 年五月，赵之龙、王铎等代表整个明朝廷投降，交出了全国的合法统治权，才应该算是明朝真正的灭亡，"大清"取明朝国号而代之，法理上确立了正朔地位。之后南明虽然还有隆武、永历等称帝，但也都只是居无定所的流亡政府，无法代表一个朝代了。

　　却说弘光帝朱由崧和马士英深夜逃出南京，后两人走散，马士英护送着皇太后邹氏奔向杭州，朱由崧则经太平府到了驻扎在芜湖的黄得功军营。多铎进入南京后得知朱由崧逃走，自然不会放过，立即派刘良佐和一干清将率兵追至芜湖。黄得功虽然平时也热衷于与其他藩镇争夺地盘，尤其与高杰不和，但其忠义之心却很重，远非刘良佐、刘泽清之流可比。他决心保护好弘光帝，遂率部迎击清军，却不知部将田雄、马得功已经暗自降清。叛军在混乱中暗发一箭，射穿了黄得功颈部。黄得功见大势已去，拔剑自刎而死。朱由崧随即被清军俘获。五月二十五日，朱由崧坐着无篷小轿被送入南京城。南京居民对这个自私、无能的皇帝夹路唾骂、投掷瓦砾。之后朱由崧被多铎秘密送到北京。次年（1646）五月，清廷宣布俘获的一干明朝亲王私藏印信，意图谋反，遂将鲁王等十一人处死，其中包括朱由崧。与上述断代阴谋同样的道理，清廷从不承认朱由崧的合法性，也不承认自己消灭弘光朝廷的非法性，因此在处决名单中故意隐去朱由崧的名字。大明王朝的末代皇帝朱由崧，就只能藏在这"等十一人"中，默默地消失了。

第六篇

枭雄谢幕

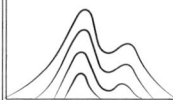

第一节　李自成之死

一

1644 年十二月二十九日开始的潼关战役，对大顺来说是名副其实的生死之战。在多铎八旗兵的猛攻和红衣大炮轰击之下，刘宗敏、刘芳亮、李自成先后亲自率兵上阵，都铩羽而归。此时，北路阿济格的清军已由山西保德州渡过黄河，进入陕北。他留下姜瓖、唐通等一批降将继续围攻榆林、延安一带的大顺军李过、高一功部，自己则率主力南下，直扑西安。李自成见大顺面临南北两路夹击，且战事不顺，只得被迫率主力从潼关返回西安。1645 年正月十二日，清军占领潼关，伪降的大顺守将马世耀及其属下七千余人被杀。

潼关失守，多铎军必然很快进抵西安。北路阿济格大军也已逼近。因此李自成在正月十三日回到西安的当天，即决定放弃西安。考虑到如果向西撤，大顺军龟缩于西北一隅，必无发展前途；向西南撤，又因为几个月前大顺军和占据四川的张献忠部发生过冲突，不便再去硬闯；向河南、湖广转移，则可以和驻守在那里的大顺军会合，后续还有江南大片的发展空间。因此向河南、湖广转移成了大顺军唯一的出路。

放弃西安时，李自成命权将军、泽侯田见秀殿后，命他把带不走的粮草等物资烧毁。田见秀见百姓饥馑，不忍心烧掉粮食，只把城楼点燃，告诉李自成粮草物资已烧毁。李自成远望城里火光冲天，信以为真。正月十八日，多铎部清军占领西安，夺得大顺留下的大量粮草物资。田见秀的妇人之仁，为清军追击大顺军提供了很好的后勤保障。

李自成带领大顺文武百官，约十三万兵马，经由蓝田、商洛向河南转移。此时李过、高一功部队在陕北抵抗清军进攻，汉中、宁夏、甘肃、西宁等地的大顺军还留在原地。宁夏、甘肃等西部、北部的大顺军将领，基本都是一年多前李自成征讨西北时投降大顺的原明朝将领。大顺军占领西北全境后，基本没有更换各地驻守将领，仍让他们原地驻守。李自成从西安大本营撤走，这些将领看到形势已发生巨大变化，纷纷见风使舵，叛顺降清。大顺政权宁夏节度使陈之龙、宁夏守将牛成虎、兰州总兵郑嘉栋、甘州总兵左勷、奉李自成命入川的四川节度使黎玉田（原任明朝辽东巡抚）、总兵马科、汉南副将胡向化、蓝田守将白广恩等，原先都是明朝将官，其中马科、白广恩等还随洪承畴抗击过清军，参加过松锦大战，此时都"不计前嫌"，纷纷投降清朝。

这些将领的反叛，使大顺苦心经营的大后方再度烽烟四起，整个陕西瞬间只剩李过、高一功驻守的榆林、延安还在勉力抗清。很快，李过、高一功部孤立无援，被迫撤退。因为西安地区已经被多铎、阿济格部清军占领，李过、高一功部只能先往西走，会合镇守甘肃的党守素、蔺养成等部，取道汉中南下四川。不料，镇守汉中地区的大顺军旧部贺珍、罗岱等将领已经降清，出兵阻击李过、高一功等部大顺军过境。经过一番激烈的战斗，李过、高一功等部遭受了不小的损失，最终冲破了贺珍等人的防区，到达四川太平、东乡、达州、夔州等处，然后顺江东下，在1645年夏抵达湖北荆州地区。此时，李自成已牺牲，南京弘光朝廷已经覆灭。

二

清军正月十八日占领西安后，摄政王多尔衮即下令阿济格率部向南继续追击李自成大顺军，多铎则由西向东进击南京。

这时，撤入河南的大顺军在数量上仍超过清军，但是连续大败，士气低落，又拖家带口，行动缓慢。正月二十九日，大顺军主力到达河南内乡，在这里停留休整了很长时间，直到阿济格的清军追了上来，才于三月十八日匆匆拔营南下湖北。之后的三月至四月间，清军先后在河南邓州、湖北承天、德安、武昌等地连续击败大顺军。

李自成大顺军经湖北襄阳、承天一路南下，三月中旬左右到达汉川、沔阳。李自成的计划是抢在清军之前打垮弘光朝廷，夺取东南作为大顺将来的根据地。为实现此计划，必须要有足够的兵力，因此他把原先部署在襄阳、承天、德安、荆州四府的约七万人也集中起来，凑足了二十万人马，一起南下。此决策遭到镇守德安的大将白旺的反对，他认为这些地方经过一年多的经营，已比较稳固，如果这时把驻守人马调走，相当于把这些地方拱手让给正在后面追击的清军，大顺军将失去目前很重要的一块根据地。但李自成没有采纳他的意见，白旺没有办法，只能奉命行事。事后证明，白旺的意见是正确的，李自成放弃了这片较为稳固的根据地，只管一路东进，没有了后方的供应保障，大顺军很快就陷入了被动局面。

二十万大顺军进抵汉川、沔阳，距离武昌已经很近。驻守武昌的左良玉虽然也号称数十万众，但内心十分畏惧大顺军。左良玉军心动摇，不少部将包括监军黄澍等开始煽动左良玉率部跑路，避开大顺军。江西总督袁继咸得到大顺军接近武昌的消息，主动带领一部分军队，经九江向北，到武昌东面的蕲春一带，准备和左良玉军相呼应，阻击大顺军。但他不知道左良玉军早已丧失斗志准备跑路。三月中下旬，大顺军从沔阳州的沙湖和对岸的簰州之间渡过长江，在荆河口击败左良玉部将马进忠、王允成的驻军。荆河口距离武昌仅咫尺之遥，左良玉军大为震动，部将极力要求东撤。左良玉思虑再三，决定借南京"伪太子案"，声称得到明太子"密诏"，要"清君侧"讨伐马士英、阮大铖等，打到南京解救太子。三月二十三日，左良玉宣布起事，率全军乘船顺江东下，走的时候一把火烧了武昌城。

袁继咸看到左良玉起兵东下，赶紧撤回到九江。四月初一日，左良玉军抵达九江，随后就发生了左军烧掠九江城、左良玉病死、袁继咸被左军挟持东下的事件。

左良玉起兵东下，武昌已成一座空城，李自成顺利占领了这座余烬未灭的城市。前脚刚进城，后脚清军就重重包围了武昌城。刘宗敏、田见秀等带兵出城迎战，均被清军击败，大顺军只好放弃武昌继续沿江东下。

四月，清军追到临近湖北、江西交界的富池口，趁大顺军不备冲入其营中，再次击溃大顺军。四月下旬，大顺军走到距江西九江四十里处，被清军追兵攻入老营，刘宗敏、军师宋献策、明降将左光先、李自成的两位叔父和大批将领和家属都被清军俘获。战功赫赫的大顺文武百官之首刘宗敏当时就被杀害，李自成的两位叔父等人也被杀，宋献策、左光先等一批官员将领则投降了清军。大顺军遭到前所未有的打击，元气大伤。在此前后，大顺丞相牛金星觉得大势已去，悄悄离开了大顺军。牛金星的儿子牛佺原任大顺政权的襄阳府尹，看情势不对投降了清朝，被清方任命为黄州知府，后来又升任湖广粮储道。牛金星逃离大顺军队伍后，躲到牛佺的官衙居住。清廷知道此事后，居然也没有为难牛金星父子。几年后，有清朝官员上疏要求处斩牛金星父子，多尔衮反而下令说对这样的投诚伪官不予处置。牛金星就这样一直住在儿子的府邸，直到寿终正寝，也算是奇事一桩。

　　大顺军在富池口、九江遭遇重大挫折，所掌握的数万艘船只也被清军抢夺一空。这时，多铎率领的北路清军已由河南归德、安徽泗洲直扑南京，一路几乎未遇抵抗，推进速度非常快。李自成判断以自己这支连战连败、遭受重挫之军，已经不可能在清军之前打到南京城下，只能调整行军方向，准备穿过江西北部进入湖南，另外再开辟根据地。

图6-1　乙酉年三月至五月大顺军湖广、江西作战形势图

　　五月初四日，大顺军进入湖北通山县境内，李自成带着义子张鼐和二十八名亲兵离开大部队，往前方勘察地形。李自成一行来到九宫山下，遇到当地山民程九伯等人组织的团练武装。程九伯等人并不知道对面就是大名鼎鼎的大顺皇帝李自成，也不知道附近有大顺军的大部队，可能出于保护乡土、阻击外来武装人员的目的，见来人不多，即一拥而上砍杀来人。李自成在混战中被打死，除张鼐和一名刘姓亲兵拼命逃脱外，其余亲兵全部被杀。大顺大部队得到此消息后，全军痛哭，遂冲入通山县内，疯狂屠杀报复。

　　明末一代枭雄、曾经统兵百万打垮大明崇祯朝廷、在北京登极称帝的李自成，就这样莫名其妙地死在湖北通山这一个弹丸之地，终年三十九岁，距离崇祯皇帝煤山自尽仅一年有余。

　　李自成死后，大顺军并未作鸟兽散，而是在原有一批将领的带领下继续转战各地，在后续的抗清斗争中发挥了很大的作用。

第二节　大西军入川

一

　　时间回到 1643 年（崇祯十六年）年底，李自成大顺军快速扫荡西北，很快控制了陕西全境，准备对明朝北京政府发起总攻。长期在安徽、湖广一带活动的张献忠，在南方的进展也比较顺利，队伍日益壮大。该年五月，张献忠在武昌宣布建立大西政权，自称大西国王。之后迅速占领了湖南几乎全境，以及江西的袁州、吉安两府，并任命地方官员，开科取士。

　　按理说，张献忠在湖南、江西（部分）的政权已经比较稳固，但就在李自成平定西北、气势如虹准备总攻北京的时候，他突然决定率大西军主力西进四川，湖南、江西仅留下极少量的驻守人员。这样做，相当于主动放弃千辛万苦建立起来的根据地，重新走上流动作战之路，这有些不合常理。实际上，张献忠如此决策的背后原因，恐怕主要在于如何处理好与李自成大顺政权的尴尬关系。这一点，也正是张献忠当前面临的一个最棘手的问题。

张献忠和李自成曾经是并肩作战、共同对抗明朝官军的战友。相对于李自成的大起大落，张献忠总体较稳定，手里掌控的队伍也逐步壮大。而这时眼见李自成的势力一飞冲天，占据了西北、河南、湖北的广阔地区，很有一统天下的气势。在湖广地区，李自成的部队和自己的部队只有长江一水之隔。把自己辛苦经营的队伍并入大顺？张献忠于心不甘；不承认李自成大顺政权？那么大西和大顺迟早要起冲突。与其如此，不如自己主动避开，寻找更合适的根据地。就全国而言，四川偏处一隅，北有秦岭，东有三峡，省内人力、物力丰富，是建立新根据地的首选。1640年（崇祯十三年），张献忠曾率部在四川长途流动作战，与明督师大学士杨嗣昌一路斗智斗勇，因此对四川的环境比较熟悉，这也增强了他率部入川的信心。

1643年底，张献忠率领队伍从湖南北上湖北荆州、夷陵一带。这一带活跃着另一支起义队伍——老回回马守应的部队。此前李自成为了集中起义军领导权，杀死了起义军的著名首领罗汝才、贺一龙。马守应因此对李自成失去信任，但自己的实力又不够强大，也不能和李自成分庭抗礼。正在彷徨无措之际，张献忠率部到来。这时马守应已经病重，不久死去，其部众随即加入了大西军，大西军规模得以进一步扩张。1644年初，正当李自成势如破竹攻向北京的时候，张献忠率大西军逆长江而上，水陆并进向四川进发。

四川虽然被称为"天府之国"，但在明朝末年，四川人民也同样深受苛政、贪腐、饥荒、兵祸的摧残，已经是民不聊生、民怨沸腾。其中对四川省内官府和百姓影响较大的，是活动于川北和川东地区的摇黄十三家。崇祯年间，四川境内农民起义不断，盗匪四起，其中以摇天动、黄龙为首的十数支实力较为强大的武装，被合称为"摇黄十三家"。这十几支队伍互不统属，有时会相互配合作战，但基本不参与省外的各种争斗。摇黄十三家主要由穷人、农民、土匪、逃卒组成，主要行动即打家劫舍、分抢财物，也会攻城略地，与当地官军战斗，四川官府百姓都深受其害。到张献忠入川前，摇黄十三家已经消耗了四川官府的大量兵力，并控制了川北巴州、通江、仪陇等州县。

另一方面，四川的亲王勋贵和官府也极尽贪污腐败之能事，不顾百姓死活。例如分封在成都的蜀王，其王府庄田即占了都江堰灌溉的肥沃土地的十分之七，再加上王府亲王、郡王、军官等人的禄米、杂项收入等，使本地农民负担沉重，苦不堪言，几乎无以为生。本地官府面对饥寒交迫的百姓，依然横征暴敛、催逼钱粮。终于，1641 年（崇祯十四年）前后，彭县爆发了"打衙蠹"运动，群众自发组织起来，手持枪棒攻击州县衙门，痛打官员衙役。其他州县闻风而动，"打衙蠹"运动一时风起云涌，几乎遍及四川全境。官府对这些暴乱民众先是劝慰安抚，后来干脆派官兵和土司兵镇压，结果仍然是此起彼伏，连绵不绝。

二

正是在这样一片混乱的形势下，四川官军的防御力量变得十分薄弱，大西军进入四川的初始阶段如入无人之境，三峡天险不起丝毫作用。1644 年二月，大西军占领万县，明总兵曾英退守涪州（今涪陵）。在万县停留休整后，大西军继续西进，六月初八日攻克涪州，曾英率部逃走。十一日，张献忠下令兵分两路，水陆并举进攻重庆。攻城前，张献忠派人进城劝降守城官员，遭到拒绝。二十日，大西军攻占城西浮图关，炸开通远门附近城墙，一举攻克重庆。明瑞王朱常浩（一个多月前曾是南京"定策之争"中的四个候选人之一）、四川巡抚陈士奇、重庆知府王行俭、巴县知县王锡等被处死。张献忠下令把俘获的守城官兵都砍掉一只手，然后释放。这些人从重庆逃往四面八方，所过之处，军民无不对张献忠的残忍手段充满恐惧骇异。

大西军在重庆稍事休整，留下刘廷举带领少部分军队驻守重庆，主力依旧分水陆两路，向成都进发。此前，封邑成都的蜀王朱至澍听说北京被李自成攻陷、崇祯自尽，竟然异想天开地希望得到地方官员的支持，由自己就任监国，下一步争取过一把皇帝瘾。四川巡按御史刘之勃等官员明言朱至澍世系太远，不予支持，蜀王又羞又恼，只得作罢。大西军从湖广入川时，有一部分大顺军也从陕西入川，地方官员感到事态严重，请求蜀王出钱募兵。朱至澍记恨官员们不支持自己就任监国，坚决不出钱。等到大西军攻陷重庆，朱至澍才慌了手脚，想带着家眷逃往云南，结果被官员们阻止。他只好急忙拿出金银募兵，可惜为时已晚，仓促之间已经找不到几个可战之兵。八月初五日，大西军抵达成都城下，初九日，破城而入。朱至澍和王妃投井而死，新任巡抚赵之龙、总兵刘佳胤投水自杀。巡按刘之勃被俘，他坚决拒绝张献忠的劝降，被杀。

　　张献忠占领成都后，一方面派出大将率兵四面收取各府、州、县，招抚各土司。大多数地方都已得知崇祯朝廷垮台的消息，对南明弘光朝廷的情况尚不十分清楚，都觉得也许这就是个改天换地的时候，于是纷纷投降大西军。另一方面，张献忠开始正式建立政权，最初称大西国王，不久后称帝。据史家考证，李自成本年（1644）年初在西安建国时，很有可能封了张献忠为秦王①。张献忠名义上承认李自成大顺政权的正统地位，使用李自成的永昌年号，但对秦王封号保持一种似接受又未接受的态度。还有一件奇怪的事：张献忠成都立国，国号大西，但年号用的却是"大顺"，后来还铸造货币"大顺通宝"。事实上，大西军和大顺军在川北已产生了一些军事冲突，双方关系已经不好；另外大顺军在北方战场上虽然接连失利，但毕竟在西北、河南、湖广还有大量军队，不排除将来有东山再起的时候。张献忠很有可能考虑到了这一点，想继续观察一下后续局势的变化，因此沿用"大顺"作为年号，暂时不完全切断与大顺政权的关系，为今后大顺、大西双方的关系变化留出余地。

三

　　在张献忠攻克成都之前，大西军和大顺军已经发生了正面冲突。就在这年（1644）六七月，张献忠率领大西军向成都推进时，李自成任命的大顺四

① 明清更迭之际，李自成、张献忠等起义军的很多史料证据未得到有效保存，比如李自成曾封张献忠秦王一事，就一直没有很直接的证据。但在后来张献忠义子孙可望向永历朝廷请封秦王时，奏疏里提到"国继先秦"，又称张献忠为"先秦王"，可见张献忠的秦王封号应该是存在的，极有可能就是李自成敕封的称号。而张献忠因为存在着和李自成的尴尬关系，所以基本不提起自己的这个封号。

川节度使黎玉田①、怀仁伯马科②统兵一万从陕西汉中入川。打算收取四川的政权。此时，李自成主力部队已退回陕西，南北两路清军分别从山西、河南逼近，大顺军已经面临巨大压力。李自成也知道张献忠已进入四川，正在向成都推进。奇怪的是，李自成并未取消给黎玉田、马科下达的命令，似乎没有考虑过与张献忠重修旧好，共同抗清。黎、马只得率部继续南下四川，七月，进入川北重镇保宁府（今阆中市）。

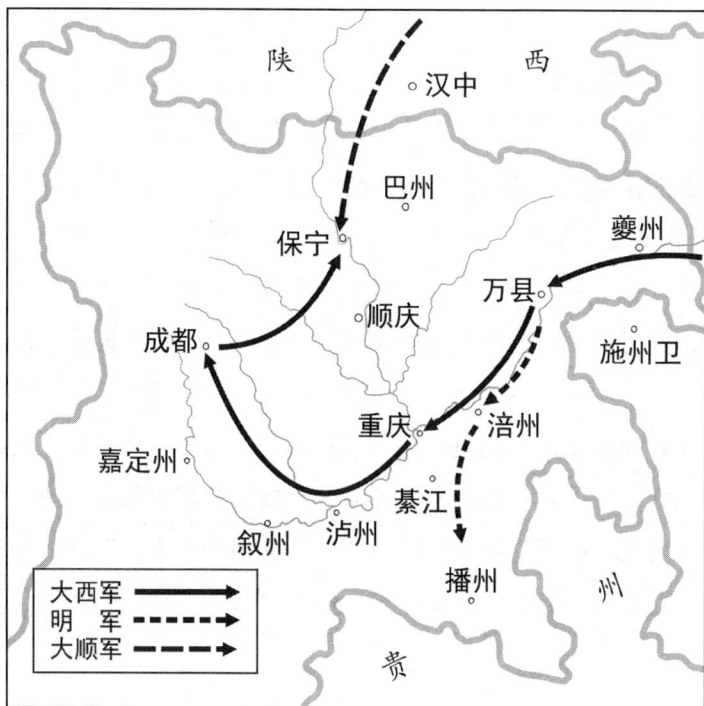

图 6-2　大西军入川

---

①　黎玉田原是明朝辽东巡抚，在李自成攻陷北京后不久，同吴三桂差不多的时间投降了大顺，被李自成任命为大顺四川节度使，当即被派往四川，拟收取四川政权。

②　马科最早是明临洮总兵曹文诏部将，曾随曹文诏等在西北、川北等地围剿李自成起义军。后来官至总兵，随洪承畴参加了松锦大战，败还。北京失陷后，马科投降李自成，被封为怀仁伯，随黎玉田一道被派往四川。

大顺军南下入川，根本没有顾及张献忠的感受，这让他极为愤怒。张献忠先派部将，后来自己亲统大军来到川北，一举击败马科部，把大顺军赶回了陕西。为了纪念这次胜利，他把绵州改名为得胜州。同年十一月，张献忠又派出部队进攻大顺政权管辖的陕西汉中府，被大顺汉中守将贺珍击败。大西、大顺在川北、汉中的冲突，表明这两大起义军已逐步走向决裂，对两个政权的后续发展变化产生了极为深远而不利的影响。这种反目成仇的恶果很快显现出来：汉中之战仅一个多月后，大顺军就在清军夹击下被迫放弃陕西。因为和大西军已经决裂，大顺军不可能再向四川转移，也不可能得到大西军的任何支援，只能向河南、湖广转移。而大顺军从陕西转移后，清军迅速占领西北，大西军北面失去了大顺这个屏障，将直接面对来自清军的强大压力，同样也得不到大顺的任何支援。

张献忠在派兵收取四川各地政权、与大顺军在川北战斗的同时，对内也采取了一系列措施，以巩固刚刚建立起来的大西政权。

一是改革官制，开科取士。他设立了左右丞相、六部尚书等官职，任命长期跟随他的安徽桐城人汪兆龄为左丞相，主管主要政事。右丞相和六部中的三名尚书都是四川本地人，可以看出他希望和当地人相融合的倾向。他命令各州县送士人参加科举考试，为大西政权选拔人才。当时有一部分读书人对新政权还是心有疑虑，但一是寄希望于新政权能够长治久安，自己尽早谋个官职；二是张献忠命令符合条件的读书人不得躲避科举，因此总体上报名还算踊跃。立国的次年（1645），大西政权举办了两次科举考试，选拔了一批举人、进士等。

二是改革完善军制。他把大西正规军分为四十八营，任命四个义子孙可望、刘文秀、李定国、艾能奇为将军，任命王尚礼、冯双礼、白文选、刘进忠等为提督或大将。这些将领在后来的一系列政治、军事斗争中，都扮演了很重要的角色。大西政权在各州县还建立了地方武装，称作里兵，负责维持地方治安和守城。

三是建立严刑峻法，严格治安管理。大西政权实行严格的户籍制度，每一个人都必须登记在册。对首都成都的管理尤其严厉，进出城必须严格登记事由和预计办事的时间，如果出城办事逾期不归，要杀其全家。科举中已经考中秀才及以上的人员，不许留在家乡居住，必须连同家眷搬到城里居住；按十个人分一组，如果一个人逃跑，九家连坐。

除以上的一些措施外，大西政权在经济生产、财政税收方面似乎无所建树。大西在立国之后，没有建立起系统性的税收制度，几十万大军和各级政府的费用支出，主要还是靠四处打粮和追赃助饷。这一政策对恢复生产发展和社会稳定十分不利，打粮、追赃本来主要针对官绅富户，但执行起来不可避免地波及了普通农民百姓，不仅使各地官绅富户对大西政权怀恨在心，也把农民百姓逐渐推到了政权的对立面。这是大西政权后来在四川民心尽失、无法立足的重要原因之一。

第三节　张献忠之死

一

1644年五月，朱由崧在南京称帝，建立弘光朝。朝廷大臣们从一开始就忙于争权夺利、相互攻讦，藩镇割据自雄、不听调遣，尽管有史可法等少数骨干殚精竭虑为挽救帝国而操心，也一样于事无补。弘光朝廷知道张献忠率军正在向四川推进，眼看他拿下重庆、攻下成都，杀死瑞王、蜀王等亲王大臣，弘光君臣依然束手无策，不敢也没有能力派兵援剿四川。到八月份，张献忠已经攻下成都准备立国，弘光朝廷想到了一个办法：任命王应熊为大学士兼兵部尚书总督川、湖、云、贵地方，坐镇遵义、綦江地区；樊一蘅为川陕总督，拟带一部分兵马进入川北地区，牵制大西军。王、樊两人其实手里兵马不多，但两人都是四川籍官员，在四川官绅中有一定影响力。弘光朝廷想借助他们的影响力，策反已投降大西政权的川人，整合散布于四川各地的明朝残余势力，谋求推翻大西，夺回对四川的控制权。

应该说，这个阴招还是起到了很大的效果，但根本原因还是大西政权自身存在着严重的问题。

在明末的几支农民起义军中，李自成的大顺军政治纲领相对明确，军队纪律也比较好。张献忠的大西军纪律性差一些，但比左良玉等官军要好，大致属于中流水平。在进入四川时，张献忠对部队纪律的要求比较严格。按《长寿县志》记载，大西军由涪州进攻重庆时途经该县，张献忠要求部队不杀一人，对居民秋毫无犯，其部队也基本做到了。攻下重庆后，张献忠残忍地将所有守城的明军兵将砍下一只手，但这也只是针对军人，对百姓并无暴行。正因为大西军入川初期的良好表现，四川官绅士人都觉得暴雨之后，云开雾散，也许有望得见太平，于是纷纷投降，出任大西政权官吏。因此大西立国的初期，社会秩序是相对稳定的。

但不利因素也在逐渐积累。前面提到大西立国之后的几项主要政策措施，其中打粮、追赃的做法在持续地伤害本地民众，包括官绅富户和普通农民百姓；对成都居民进出城等方面的严格管制，对士人学子的监管和连坐制度等，如有犯错动不动就要杀人，制度过于严苛。张献忠称帝后，对自己毫无约束，开始享受奢靡生活，其嫔妃就有三百多人。但别人如果犯错，动辄重罚甚至杀头。比如他因为要避名讳不许民众使用"献""忠"二字，连以往朝代碑文上的这两个字都要铲掉，如有人不慎使用了或者漏铲了这两个字，轻则杖责，重则处死。张献忠的这些做法，不啻于对当地人民实行白色恐怖主义。民众敢怒不敢言，但仇恨的种子已经种下。

这时，王应熊、樊一蘅也已开始行动。他们一方面广为宣扬南京弘光朝廷的正统地位，鼓励川人投身南京政权，忠君报国；一方面利用大西政权的政策弊端和失当之处，利用民众情绪，煽风点火，鼓动川人反叛大西政权。他们的行动很快见效，该年（1644）年底，民众反抗大西的行动开始星星点点爆发出来，一些散布于各地的明朝残余势力也死灰复燃，开始重聚兵力，与大西军展开军事对抗。

1645年春，明总兵曾英击败大西军刘廷举部，重新占领了重庆。张献忠派大将刘文秀率几万重兵反攻重庆，又被曾英击败。这是张献忠入川以来遭受的首次重大失败。同时，綦江、黎雅、叙州（今宜宾）、顺庆（今南充）、松潘等地也先后被当地明军势力占领，大西政权任命的地方官员纷纷被杀。

二

张献忠一面继续开科取士，希望招揽人才稳固大西政权；一面又看到"抗西"运动接二连三，对那些反叛的川人深恶痛绝。他的心态开始发生变化，逐渐把对反叛者的憎恨情绪延伸到所有川人，认为四川百姓忘恩负义、不知天命、为天所弃，上天就是派他来作为天子惩罚川人的[①]。左丞相汪兆龄在此事上发挥了极坏的作用。可能是出于迎合张献忠的偏激情绪的目的，或者是想借此机会除掉一批本地官员，以巩固自己的权势，汪兆龄竭力煽动张献忠对川人展开屠杀。张献忠于是更加严厉地执行他的严刑苛法，对反叛者残酷屠杀，对普通民众强化恐怖主义管制。一旦得知哪里的大顺官员被反叛者所杀，他往往迁怒于当地所有民众，派出军队不分良莠地屠杀。但越是这样，反抗越是此起彼伏，张献忠也就更加孤立，而他内心也就更加愤怒。到后来，他的心理已经变态。他当时立了一座"圣谕碑"，碑文仅两句话："天有万物与人，人无一物与天。鬼神明明，自思自量。大顺二年二月十三日。"这道碑文没有像后世讹传的那样还有七个"杀"字，但明确反映出他对人、甚至是人类的憎恨。

他认为本地读书人在各地叛乱中起到了很坏的作用。大顺二年（清顺治二年、1645 年）十一月，张献忠以举行"特科"为名，命令各府县将本地生员都送到成都。各地生员到达成都大慈寺后，约五千人被张献忠下令全部杀

[①]　天主教耶稣会士利类思（意大利人）、安文思（葡萄牙人）写了《圣教入川记》，1917 年法国传教士古洛东翻译为中文。张献忠入川后，利类思、安文思深受张献忠器重，随侍其身边。书中记载，张献忠曾对传教士说："四川人民未知天命，为天所弃"，"今遣我为天子，剿灭此民，以惩其违天之罪"等。张献忠死后，两位传教士为清军所获，后来长居北京，受到顺治、康熙皇帝的长期优待。《圣教入川记》也有可能因此带有清廷的政治倾向，不一定可以尽信。

光。只有雅州的诸生因为有人通风报信，半路返回雅州得以逃脱。这就是有名的大慈寺屠杀士子事件。

同月，张献忠分遣军队到所辖各州县加紧搜杀百姓。按《圣教入川记》记载，十一月二十二日，张献忠下令成都城内除大西官员家属外，城内居民一律杀绝。第二日，果然血洗成都，杀尽城内百姓。张献忠的残暴变态行为，连大西军的将领士兵都难以忍受，一些兵将受不了内心的折磨，又不得不奉命举起屠刀，干脆选择了自杀。张献忠的长义子孙可望痛哭着对他说，自己愿意自杀，换取成都百姓免遭屠杀，但未得张献忠应允。杀尽城内居民后，张献忠又下令让周边乡镇村庄的农民移居城里。

这一年（1645）的五月，李自成在湖北通山县九宫山下被乡民杀死，不久南京朝廷投降，弘光帝朱由崧也被抓住，对于清廷可谓是喜报不断。对于占据四川的张献忠，清廷采取的是剿抚并用的策略。清陕西总督孟乔芳、湖广等地总督佟养和等先后致书劝降张献忠，都遭张献忠坚决拒绝。但大西政权的部分地方官员将领却开始暗自接触清方，准备投降，如大西政权川北巡抚吴宇英，张献忠发现后将其处死。

同时清廷也对大西展开军事行动。1645 年六月，清廷派不久前降清的汉中总兵贺珍率兵入川，大破张献忠三万大军。十一月二十日，多尔衮任命驻防西安内大臣何洛会为定西大将军，拟率清军主力会剿四川。但十二月初，贺珍在汉中率部反清归明，陕西一些州县驻军守将如武大定、石国玺、孙守法等纷纷响应，连续攻下凤翔、陇州、固原等地，并大举进攻西安。何洛会忙于应对贺珍等部陕西义军，无暇南下进攻四川，征讨张献忠的行动一再推迟。

1646 年（顺治三年）正月，清廷任命肃亲王豪格[①]为靖远大将军，同多罗贝勒尼堪等，率军征讨大西。

---

①　豪格，皇太极长子，1636 年被封为和硕肃亲王。1642 年皇太极死后，因多尔衮和两黄旗大臣私下达成的默契，豪格没有如愿继承皇位，皇位由皇太极第九子福临继承。1644 年四月，豪格因中伤多尔衮被削爵；1646 年正月被重新起用任靖远大将军出征四川。1648 年（顺治五年）凯旋回京后，再被多尔衮构陷入狱，同年死于狱中，终年四十岁。

此时，张献忠对川人的镇压和屠杀仍在变本加厉。他把大西政权中的四川官员基本清洗和屠杀干净，坊间传闻他要把大西军中的四川籍士兵也杀光，一时间人心惶惶，军心动摇。大西骁骑营都督刘进忠本是一名文武双全、有勇有谋的大将，平时也十分重视军民关系，1645年三月他还发布禁约严禁兵丁侵扰地方百姓。他手下几乎一半兵将都是四川人，听说张献忠要杀光川籍士兵的流言，军中兵将大为惊惧，一名川籍部将因此叛投了南明势力。刘进忠惧怕因部将叛逃而受到张献忠的严厉惩罚，也不想属下川籍将士遭到屠杀，干脆率所部将领士兵一起叛逃。他先投奔重庆的明军守将曾英，不久又率部北上，与摇黄十三家的袁韬部合营，自称新天王。次年（1646）十月，他派部将到陕西向豪格投降，并接引清军入川。

而张献忠的倒行逆施和残暴嗜杀把自己逼上了绝路。1646年（顺治三年）八月，他下令放火烧毁成都，率大军转移，打算放弃四川另寻出路。到达顺庆府（今南充）和西充地区后，大军停留了较长时间。张献忠可能倾向于向西北转移，打回陕西，但又感觉没有做好充分的准备，因此在西充地区停留了近三个月。

十一月，豪格统率的清军在刘进忠部将的引领下，迅速南下四川。探听到张献忠驻扎在西充凤凰山下，豪格立即命昂邦章京鳌拜、固山额真准塔等率精骑为先锋，一昼夜行三百里，于二十七日赶到西充凤凰山。张献忠当时仍有兵将数十万众，但人心不稳，信息迟钝，对清军的行动一无所知。直到有探马来报告清军已经迫近，张献忠还不相信，下令把这名惑乱军心的探马推出斩首。再有探马报告清军已近在眼前，张献忠才带着七八名亲兵和一名太监，出营观察。他未穿盔甲，也没带长矛，仅随手带着一支短矛，与随从一起来到一个小山岗上观察。隔着一条叫作太阳溪的水沟，果然看到对面有清军兵马。突然，对面一箭飞来，正中献忠左胸。献忠当即倒地，鲜血长流，顷刻即死，时年四十岁。

随行太监见张献忠已死，狂奔回营，高声呼叫"大王已被射死"，一时间大西军全营俱乱。清军趁势大举冲击掩杀，大西军毫无防备，瞬间被冲得七零八落，损失将士数万名。其余兵将在张献忠四个义子孙可望、刘文秀、李定国、艾能奇等大将的带领下，迅速南逃，向重庆、遵义方向转移。他们后来调整大西军的策略，进入贵州、云南，建立了名震十余年的西南政权。

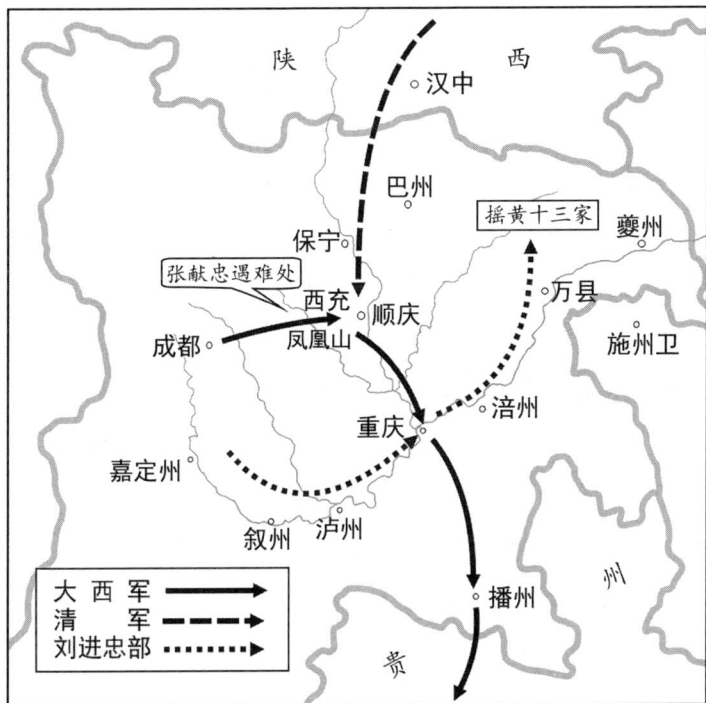

图 6-3　清军入川攻击大西军

三

历史确实有它的神奇之处。崇祯皇帝朱由检和他的两个老对头李自成、张献忠辛苦搏斗多年，三个人最终却都是失败者，且先后仅间隔一年就接踵而死。像崇祯帝这样自尽殉国的皇帝，中国历史上寥寥可数；而李自成和张献忠都并非死在惨败潦倒之时，他们那时都还有数十万军队，还有很强的实力，却莫名其妙、不明不白、极为潦草地死了，实在是有些不可思议。

但另一方面，他们三人有这种下场似乎又是必然的。作为帝国的最高统治者，崇祯帝死于明朝的腐朽没落、沉疴痼疾，死于他自己刚愎偏狭、识人不明、怯于任事、凉薄暴虐。李自成则死于政治格局不足，缺乏政治智慧，身边亦无高人名士辅佐，到后期决策频频失误、屡战屡败、一溃千里，路越走越窄。张献忠则死于深入骨髓的流寇习气，自以为是，妄自尊大，到后期心理变态、暴虐无常、嗜杀成性，终于把自己赖以生存的民众基础摧毁殆尽，不死都不足以谢天下了。

张献忠死后，还背上了血腥"屠蜀"的百年恶名，明末清初四川人口锐减的历史罪责几乎全部被扣到了他的头上。记载张献忠屠蜀的笔记等史料有上百种，有当时事件亲历者的笔记，如欧阳直的《蜀乱》、两个西方传教士的《圣教入川记》等；有清初及后人编撰的各种记录，如康熙年间的《四川成都府志》等。大多数这类史料都记载了张献忠残酷屠杀大批川人，有的还描述了一些如剖杀孕妇、油烹小孩、剖腹挖肝等千奇百怪的恐怖场景。清初文人毛奇龄的《后鉴录》还说张献忠在川杀人六亿九千九百余万。清朝钦定的《明史》里也说张献忠"共杀男女六万万有奇"。

事实上，如前文所述，张献忠入川初期，军队纪律相对严明，还大量招纳川人入仕，并未对四川民众不分青红皂白地屠杀。到后期随着四川各地叛乱四起，张献忠心理发生变态，甚至可能患上了精神失常的重病，才开始对民众大开杀戒。他屠杀川人应确有其事，但说他把四川几乎屠戮一空就过于夸张了。

首先，明清之际四川人口曾一度锐减是事实，但这有多种原因，其中四川境内长达几十年的战争是主要原因之一。数十年间，明军、清军、大顺军、大西军、土匪盗贼你来我往，攻城略地，杀人放火，奸淫掳掠，川人被反复掠夺和屠杀，非死即逃。战祸之下，四川人口锐减，土地荒芜，赤地千里，顺治五年、六年还发生了十分严重的饥荒。长期以来的匪患、虎患、官府的腐朽贪婪、苛捐杂税等也是原因之一。其次，大西政权后期张献忠开始屠杀民众，但他当时的控制范围已经缩小到四川西部一带，不可能对四川全境展开大屠杀，屠杀人数也不可能达到那么惊人的规模。最后，也是最关键的，有些说法很有可能就是清廷的授意，或者是为了迎合清廷的喜好。比如上述

《后鉴录》《明史》说到的屠杀人数，明末全国人口仅六千多万，张献忠就算一路杀到印度也凑不够六亿多人，而这数字居然出现在清廷钦定的正史当中，不得不让人猜想这些官方编撰者到底是何意图。包括传教士利类思、安文思，他们后来一直在北京生活到老死，长期受到顺治、康熙的优待，他们是否在书中有意无意迎合清廷意图，也未可知。另外，即使是事件亲历者，也不可能面面俱到，每件事都能亲身经历，有些场景只能靠猜测、推测。

实际上，清廷竭力妖魔化张献忠，是有其政治意图的：张献忠死后，大西军余部实力还很强，除孙可望、李定国等占据云贵十多年外，四川境内也还有一些大西余部和地方势力，包括摇黄十三家、夔东十三家等。妖魔化张献忠，就是要从根子上拆解大西军余部的民众基础，让民众憎恶和远离大西势力，便于清朝以足够的合法性和民意基础，彻底清除这个对手。从这点来说，清朝确实是少数民族征服者中，难得一见的舆论战、文化战高手。

第七篇

凶相毕露的征服者

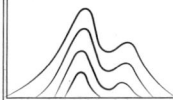

第一节　江阴、嘉定等地拼死抗清

一

　　1645 年（清顺治二年）五月至六月间，清军在江浙一带的推进可谓顺风顺水。除之前四月底史可法在扬州领导的激烈抵抗外，清军收取江苏、浙东的府、州、县几乎不费吹灰之力，大多数地方政府都是望风而降，包括六月中旬"潞监国"在杭州的投降。六月初，江阴、嘉定、昆山等县也纷纷投降，清廷委任的县令先后上任。当地的明朝官员，有可能是为了保全家产性命而投降，也有可能是对明朝的统治彻底丧失信心而投降，总之这在当时似乎已成为一种"顺应大势"的行为，并没有引起多大的社会舆论批评。对于一般的乡绅平民，他们对投降一事基本上也是波澜不惊，比较平静。虽然也有些人打算组织乡兵抗清，但基本上没有太多实质行动。

　　究其原因，从民众心理上来讲，最重要的有两点：一是中国几千年来朝代兴替造就的草民心态。一部二十四史，所述的无非是朝代兴亡，帝王将相你方唱罢我登场。但对于刍荛草民来说，除了极少数的"中兴盛世""清平盛世"之外，更多的是战乱、饥荒、苛捐杂税、腐败黑暗，能够平平淡淡过日子已属不易，国家易主、成王败寇与我何干？只要还能正常地过小民日子，满洲人或是别的什么民族的人来做皇帝，又与我何干？二是民众对原政府的极度失望和不信任。崇祯末年，北京流传民间谚语"只图今朝，不过明朝"，一语双关。有人还说："鞑子、流贼到门，我即开城请进。"[1]江南也是如此。"天下赋税半出江南"，江南人每年承受运往北方的巨额赋税粮饷，受明朝廷

---

[1]　计六奇《明季北略》，中华书局，1984。

欺压盘剥之苦久矣。人民对于明朝已经没有了任何的关心、归属感和荣誉感，因为这个朝廷也是这样冷漠地对待它的人民。前文作过比喻：崇祯、弘光朝廷就像一家因极度腐朽黑暗而即将破产的公司，管理层只知道争相瓜分公司的剩余资产，对基层员工的死活不闻不问。此时如果有另一家公司来并购本公司，哪怕是恶意收购，员工们恐怕也是漠不关心，有的甚至会内心窃喜，觉得随便换个什么老板，也许都会比现在的好呢。

因为乡绅民众之中普遍存在着这样的心态，因此清朝接管江浙府、州、县时异常地顺利平静。可以推想，如果以这样的态势推进下去，中国版图应该很快就能全部归清朝所有，普通民众也能少受一些兵燹战祸的折磨。然而，这个顺畅的进程却被清廷突如其来的最强硬的剃发令打断了。

1645 年（顺治二年）六月十五日，多尔衮以皇帝名义下达谕令，要求京城内外、直隶及各省地方，从收到谕令起十日内，官民必须全部剃发。消息传到江南，立刻引起一片大哗，江阴、嘉定、昆山等已投降县城的民众先后宣布起义，与清军展开了激烈战斗，其反抗斗争的惨烈壮阔之程度，两千年来几乎无有匹敌。而清朝也悍然撕掉为明朝复仇的道德面具，凶相毕露，对明朝人民展开了一次接一次的大屠杀。

六月中，常州府江阴县的明朝县令解印去职；二十四日，清廷委任的新县令方亨接收地方黄册、鱼鳞册等，表明江阴已顺利投降清朝。方亨随后按清廷谕令张贴公告，要求百姓剃发。几天之后，闰六月初一日，生员许用等人在孔庙聚会，一致决定"头可断，发不可剃也"。正在此时，常州府发来严令剃发的文书，其中有"留头不留发，留发不留头"的语句。县令方亨命书吏将文书抄写张贴。书吏抄到这一句时，义愤填膺，把笔一扔说："就死也罢！"消息很快传遍全城，民众开始沸腾起来。方亨赶紧给常州府发密信，建议"多杀树威"。这封信被城里民众搜获，于是起事民众逮捕了方亨，推举低层官员典史陈明遇、阎应元为首领，宣布江阴起义。

江阴城内外很快自发会集了二十余万人，大家群情激愤，争相报名，连三尺童子都手持白刃参加乡兵。士绅居民都积极捐钱捐物，准备战斗物资。有个叫程璧的徽商一次就捐了白银三万五千两。陈明遇、阎应元也有较强的领导组织能力，他们安排乡兵分班上城值守，每十人守一城垛；任命了东南西北四个城门的负责人；对过往行人严加盘诘，肃清奸细。江阴城很快进入了井井有条的战备状态。

江阴民众抗清起义的消息传开后，闰六月初五日，清常州知府派兵丁三百人前来镇压，被江阴乡兵歼灭。坐镇南京的豫亲王多铎见江阴这个小小县城居然敢公然反清，即派降将刘良佐率兵前往镇压。刘良佐率兵数万于闰六月下旬包围了江阴城，本想轻松踏平这蕞尔小城，没想到连续多次进攻都被打退。城上守兵组织有序，英勇作战，让刘良佐无机可乘，还损失不少兵将，几十天的围城攻城毫无效果。多铎闻讯大怒，派得力干将贝勒博洛和贝勒尼堪率重兵一起围攻江阴城，同时带了上百门红衣大炮。

从七月十九日起，博洛大军开始长时间密集炮轰江阴城，刘良佐等部趁势猛攻。江阴城墙被严重损毁，乡兵死伤甚多，阎应元右臂也负了伤。但清兵的每次进攻，都被英勇无畏的乡兵打了回去，损毁的城墙也很快被修复。阎应元同时派徽商程璧等出城联络各地义师前来救援，但遗憾的是始终没有等到救兵。

到了八月十五日中秋夜，江阴依然在坚守。百姓携壶担浆送到城墙上，守城乡兵开怀畅饮，共庆中秋。生员许用作了一首楚歌《五更转曲》，当晚一乐师在城上鼓琴而歌，乡兵们一齐跟着吟唱，其中有“江阴人作战八十余日，宁死不降”之类的词句。天上皓月当空，城上歌声悲壮凄烈，响彻云霄。城外清兵争相靠近聆听，有怒骂者，有悲叹者，更有潸然泪下者。此情此景，当是永载中原抗战史册的最为壮美之图。

八月二十一日，清军再次重炮轰击江阴城，东北角城墙崩塌，清兵蜂拥而上，江阴终于失守。陈明遇率人巷战，身负重伤，手握大刀靠墙站立而死。阎应元率上千人上马战斗，杀清兵无数，背中三箭被俘，在博洛面前英勇就义。虽然领导人牺牲，但百姓依然坚持巷战。清军下令百姓只要投降就不杀，十三岁以下的孩童不杀，然而江阴百姓“竟无一人降者”，无不死战到底。清军连续屠城两天，到最后，江阴近十万居民被屠戮殆尽，仅有躲在寺观塔上的五十三人得以幸存。

江阴以自己的普通民众，面对清军十数万主力部队的疯狂围攻，坚持抗战两个多月，杀死上万名清军官兵，即使全城死难也无一人投降。这与北方各地望风而降形成了极为鲜明的对比，这是江南人替国人宣告："中国并非无人"，"江南不至拱手献人。"与此同时，宁国府的泾县也发生了类似的情况。在福州继承大统的隆武帝听说江阴和泾县英勇不屈的抗清斗争，深为感动，说："吾家子孙即遇此二县之人，虽三尺童子亦当怜而敬之。"①

二

江阴抗清起义前后，嘉定县也因反对剃发举起了义旗。嘉定于六月十四日本已降清，清廷委任的县令张维熙于二十四日上任，士民并未闹事。闰六月十二日，嘉定县颁布剃发令，立刻引发远近大哗，民怨沸腾。十七日，在乡绅士民的支持下，曾在弘光朝任通政司左通政使、现闲居嘉定的著名乡绅侯峒曾，带领他的两个儿子侯玄演、侯玄洁、进士黄淳耀及其弟黄渊耀等一众乡绅民众，宣布嘉定县起义反清，竖起大旗"嘉定恢剿义师"。随即组织乡兵，安排守城任务，集中钱财物资，做好战斗准备。

豫亲王多铎得到嘉定起义的信息，命降将李成栋（现任清吴淞总兵）领兵前往镇压。嘉定城内外民众群情激愤，很快聚集起十余万乡兵。但这些乡兵基本都是临时组织起来的农民，没有作战经验，也来不及开展军事训练。七月初一日，十余万乡兵和李成栋部清兵在娄塘、砖桥东会战。乡兵人数虽多，但纷乱拥挤，也无从指挥。清兵则摆开阵势，每战必分左右翼，每次派出十余骑，就能把乡兵打得大乱。交锋不久，乡兵即纷纷溃散，相互践踏，很多人被挤入河中淹死。

七月初三日，清军大举攻城，侯峒曾等率乡兵拼死抵抗。初四日，城破，侯峒曾父子三人均遇害，黄淳耀、黄渊耀等自缢而死。李成栋下令屠城，清兵随即对城内居民大肆屠戮，抢劫财物，奸淫妇女。遇到反抗的妇女，先把

---

① 邵廷采《东南纪事》卷一，北京古籍版社，2002。

其双手用长铁钉钉在门板上，再行强奸，之后杀害。屠杀持续了一天，约三万人遇害，满城皆是残肢断足，河中浮满尸体。之后李成栋留下少数守城部队，带着抢劫的财物离开嘉定。几天后，一些逃离嘉定的幸存者又潜回到城里，重新组织了两千多人，杀死守城清军士卒，再度起义抗清。李成栋得讯后，带领清兵主力杀回嘉定，再次屠城而去，嘉定城里再次血流成河、尸积如山。七月底，原弘光朝一总兵吴之番率余部攻打嘉定，周边民众也纷纷响应，杀得城内清兵大败而逃。七月二十七日，李成栋率主力反扑，把吴之番数百士兵砍杀殆尽，又在嘉定城里再次屠杀，近二万名刚刚到嘉定避难的民众惨遭杀害。李成栋对嘉定城的三次屠杀，即臭名昭著的"嘉定三屠"。

与江阴、嘉定的起义几乎同时，江苏南部其他多地也纷纷举起义旗。昆山县居民在原郧阳抚院王永祚、翰林院编修朱天麟、原知县杨永言、明废将王佐才等带领下，和嘉定同时起义，顾炎武等名士和广大乡绅士民积极参与。义军擒杀清廷委派的知县，还一度攻打太仓。七月初六日，清军攻破昆山县，大肆屠城，朱天麟等逃走，王佐才被俘杀。

吴淞地区还有原弘光朝镇南伯黄蜚、吴淞总兵吴志葵等人领导的义军，吏部考功司主事、著名文人夏允彝任监军。义军一度进攻苏州。八月初六日，在泖湖的战斗中，明军水师大船被清军纵火烧毁，黄蜚、吴志葵被俘，九月初四日在南京遇害。夏允彝兵败后心灰意冷，又坚决不做清朝臣民，把未写完的南明史录名作《幸存录》交给十四岁的儿子夏完淳，嘱咐他续写余篇，然后于九月十七日在淞塘投水自尽。

太湖中还有吴日生（名吴易，字日生）、举人孙兆奎等人领导的一支重要义军。吴日生曾在史可法帐下任参军，有较好的军事素质。他带领的太湖义军有一千多条船只，利用太湖水域宽广、清军不擅水战的特点，多次给予清军沉重打击。他多次攻入吴江县，杀死清方县令、县丞等官吏。1646年（顺治三年）三月，他放出风声要再次攻打吴江县。清吴淞提督吴胜兆派副将汪懋功前往剿杀。吴日生知道清军不擅长水战，事先派手下熟悉驾船的一批好手混入民间。汪懋功领兵到达吴江后，向民间征集驾船好手，吴日生派出的手下即混入其中。等清军兵船行到湖中，潜伏的义军驾船好手纷纷跳入水中，一起把清军船只凿沉，淹死清兵近千名，汪懋功也被击毙。经此一战，太湖义军声名大震，隆武朝廷和鲁监国都给吴日生封官以示鼓励。不久后，本来在鲁监国旗下、方国安军中的弘光朝首辅马士英，因鲁监国兵败，逃到了太湖，加入了吴日生的部队。1646年（顺治三年）六月，吴日生在嘉善被清军俘杀，马士英也被清军擒获处死。但太湖地区的抗清活动还在继续。

三

除了江阴、嘉定这样大规模的抗清运动外，类似吴淞地区、太湖地区等各种规模的游击抗清义军星星点点、多不胜数。剃发令不仅引发了这些民间暴力抵抗活动，在文人名士中也引起了轩然大波，而这些人往往是各地的精神文化领袖，对当地乃至全国的乡绅士民都有很强的影响力。计六奇的《明季南略》中，记载了大量因反对剃发而慷慨赴死，或者投笔从戎的文人名士和普通百姓的事例。除前面提到的复社著名文人夏允彝外，刘宗周、祁彪佳、徐汧等文化名人之死，也造成了很大的社会影响。

刘宗周，字起东，浙江绍兴府山阴县人，生于1578年（万历六年）正月。后因在山阴县北蕺山讲学，被尊称为蕺山先生。他一生治学，在儒学、阳明心学等方面有很高成就，被称为当世大儒。其弟子遍布天下，其中最有名的包括黄宗羲、陈洪绶等人。他历仕四朝，当过崇祯朝的工部左侍郎、左都御史、弘光朝左都御史等，但当官时间都不长，主要还是从事研究和讲学。虽然他在一些政治见解上偏于保守和迂腐，但人品、学识得到举世公认。弘光朝期间，他因反对党争和藩镇军阀的言论过于激烈，得罪了马、阮集团和大批官员武将（刘泽清等人甚至想派人暗杀他），被排挤回到绍兴，继续从事学术研学工作。1645年五六月份，相继传来弘光朝廷覆灭、潞王监国投降、江南士大夫纷纷降清、清廷剃发令等消息，刘宗周痛心不已。为成就自己的人格，为天下做一表率，他开始绝食。当年（1645）闰六月初八日，刘宗周绝食二十天而死。

祁彪佳，字虎子，又字幼文、宏吉，浙江绍兴府山阴县人，生于1602年

（万历三十年），明末散文家、戏曲家。1622 年（天启二年）中三甲进士，先后任福建道御史、苏松巡按御史等职，1644 年（崇祯十七年）任右佥都御史巡抚苏松。他为人正直，忧国忧民。1644 年十二月，因起用复社骨干顾杲为幕僚，得罪了阮大铖，被迫辞官回到杭州。1645 年清军拿下南京、杭州后，六月底，清廷欲招祁彪佳为官，他坚辞不受。闰六月初六日，祁彪佳自沉于寓山园池之中。

徐汧，字九一，苏州人，1628 年（崇祯元年）进士，著名文人及复社骨干，与杨廷枢、顾杲等交往甚密。弘光立朝后，任詹事府少詹事、翰林院侍读学士。因复社背景，备受阮大铖及其党羽攻讦。弘光朝廷覆亡，清廷下达剃发令，他自投苏州虎丘新塘桥下死，苏州城数千居民为他落泪送行。临终前他说："以此不屈膝、不剃发之身见先帝于地下！"有一位蓝衫老者也跟随他跳入虎丘剑池中死去，乡人都不知其姓名，但怜之敬之，替他隆重安葬。

夏允彝父子的事有必要补充一下。夏允彝，字彝仲，松江华亭（今上海松江）人，1637 年（崇祯十年）进士，著名学者。崇祯初年，他和陈子龙、徐孚远等创立几社，后来几社并入复社，因此他也是复社的主要创始人之一。弘光朝成立以后，任命他为吏部考功司主事。弘光朝覆灭后，他参加了镇南伯黄蜚、吴淞总兵吴志葵组织的义军，曾经试图攻取苏州未果。他十四岁的儿子夏完淳也随父参加了义军。义军兵败后，夏允彝暗下决心以身殉国。清廷也素知他的大名，希望招他任以大官，遭到严词拒绝。1645 年九月十七日，夏允彝从容投松塘而死。他投塘自尽充满了悲壮的仪式感。当日，他的兄长、妻妾、儿子夏完淳等都肃立塘边，哀恸而静默地"观礼"。松塘水浅，只到夏允彝的腰部，他俯身埋首于水中，呛肺而死，背部的衣衫都未沾湿。

年少的儿子夏完淳目睹父亲的殉国场景，更加坚定了抗清的决心。他遵照父亲临终前的托付，续写父亲遗作、南明史录文集《幸存录》，两年内完成了著名的《续幸存录》，对弘光朝覆灭的原因分析得鞭辟入里，极有远见卓识。同时，他与父亲生前好友陈子龙等继续募兵抗清。1647 年抗清失败被俘，他在狱中谈笑自若，写下了著名诗集《南冠草》。被押解到南京后，他当面痛斥洪承畴卖国忘祖。该年九月十九日，他被洪承畴下令与一批抗清义士一同处死于南京，年仅十六岁。他死前的著作还有《玉樊堂集》《夏内史集》，后合编为《夏完淳集》。夏完淳是名副其实的少年才子英雄。1943 年，郭沫若先生创作了大型历史剧《南冠草》，讲述的就是少年夏完淳英勇抗清的事迹。

第二节 都是头发惹的祸

一道剃发令，怎么就会让已经基本平静的江南掀起如此巨大的反清波澜呢？

事情还得从清军入关时说起。1644 年四月底山海关大战后，清军入关，多尔衮即下令沿途各州县官民都剃发留辫。当时的满洲族人发型，并不是后世那样的油光大辫，而是后脑仅留出金钱大小的一片头发，梳一个细小辫子，所谓"金钱鼠尾"是也。

清军进入北京后，汉族官员虽然纷纷投降归附，但对剃发留辫却一直不予接受，坚持认为不能改变祖宗的千年古制（恐怕美观上也极难接受）。只有前阉党分子孙之獬等极少数几人，主动剃发，向清廷主子献媚，结果遭到官员们普遍地嘲笑和不齿。因为剃发的事，一些汉官悄悄南逃，京畿附近一些民众也因此出现群体反抗事件。清军刚占领北京，以稳定和收买人心为第一要务。多尔衮自知此事有点操之过急，于是在该年五月二十日通告臣民可以照旧束发。

次年（1645）五月，南京弘光政权被摧毁，江浙一带望风而降；西面战事也进展顺利，李自成已死，张献忠等势力也不成气候，多尔衮认为大局已初定，决定再次启动剃发令。于是在六月十五日，多尔衮向全国下达剃发令。此次剃发令的强硬和严厉前所未有，说道："遵依者为我国之民，迟疑者同逆命之寇，必置重罪。"[①]如有官民规避剃发，或者替此事争辩说情的，一律杀无

---

① 《清世祖章皇帝实录》卷十七，中华书局影印本，1985。

赦。七月，又下令"衣冠皆宜遵本朝之制"，要求官民服饰都改为清朝款式。

前面已做过分析，因为一直以来的草民心态和对明朝政府的失望和不信任，江南绝大多数乡绅士民对改朝换代并不反对，绝大多数地方和各阶层民众也都顺应大势而降，同意接受清朝统治。但多尔衮的剃发令一下，江南文人名士、乡绅士民、贩夫走卒、村野农夫却不约而同掀起了一场轰轰烈烈的抗清高潮。历来被认为孱弱怯懦、胆小如豆的江南人，其视死如归、永不屈服的决心和魄力，让清廷始料未及。而这一切，背后有着很特别的文化和社会心理因素。

早在班固的《汉书》中就说道："夷狄之人贪而好利，被发左衽，人面兽心，其与中国殊章服，异习俗，饮食不同……是故圣王禽兽畜之，不与约誓。"[1] 东晋江统在他的《徙戎论》中说过一句名言："非我族类，其心必异；戎狄志态，不与华同。"[2] 南齐顾欢的《夷夏论》中说道："端委搢绅，诸华之容；剪发旷衣，群夷之服……棺殡椁葬，中夏之风；火焚水沉，西戎之俗。全形守礼，继善之教；毁貌易性，绝恶之学。"[3] 这些历代精英士大夫的言论，表明中国汉族主体社会在发型服饰、言行举止、生活习惯等方面已经逐渐形成统一的认同感，并以此作为中华大国正统，从文化和心理层面蔑视其他"被发左衽"的落后民族。这绝非简单的穿衣戴帽，也不仅仅是审美观念的不同，而是代表着一种民族认同、文化差异和社会等级差异。

历史上，中国汉族主体大王朝已多次被辽、元等少数民族政权征服，但国人几千年来的服饰发式从未被要求彻底改变。就像李洁非先生《黑洞·弘光纪事》里所说："中国人实际上不怕国土沦失，只要冠服未改，就并不觉得已被征服，甚至反而藏在冠服的优越感下，对征服者投去蔑视的目光。"[4] 这是对中国人藏在服饰发式背后的文化心理特征的惟妙惟肖的描写。

然而这一切被清廷"留发不留头"的强硬命令彻底打破。多尔衮未尝不

---

① 班固《汉书》卷九十四下，中华书局，2002，第3834页。
② 房玄龄等《晋书》卷五十六，中华书局，1974，第1531-1532页。
③ 李延寿《南史》卷七十五，中华书局，1975，第1876页。
④ 李洁非《黑洞：弘光纪事》，人民文学出版社，2016，第241页。

知剃发令会引起多大的麻烦。清军刚刚进入北京时，他已经看到屈膝投降的汉族官员对剃发的强烈抗议。此次下达史上最严剃发令之前，洪承畴曾上疏建议可以要求官员先剃发，逐步再要求民众剃发，以求避免过于激化矛盾，但提议被多尔衮否决。多尔衮的理由是：君上如父，人民如子，父子当一体，子不能与父违异。剃发令下达后，面对激烈反抗的江南人民，多尔衮宁愿举起屠刀，杀得百姓血流成河、尸横遍野，也不愿意收回成命，或者寻找一个折中办法。

清廷的剃发易服令如此坚决，丝毫不留余地，看似是满洲人的野蛮、不懂得尊重历史文化传统，实际上，这正是他们对汉族文化传统深入研究后的果断决定。他们与以往的少数民族征服者很不相同，剃发易服令之前，一定深入认真研究过汉族王朝的文化传统和民众心理，知道要以少数民族为主子统治这个庞大的汉族帝国，不能只靠武力，还必须从文化和心理上彻底摧毁汉族文化传承的内在优越感，才能把他们彻底变成听话的奴才。这种不光擅长武力，还对文化有研究有策划的征服者，确实是十分可怕的。

1645年（顺治二年）十月，孔子第六十二代孙、时任陕西河西道的孔闻谲代表曲阜孔家一脉上疏，说孔氏后裔尊先圣之礼，"定礼之大莫要于冠服"，这是万世不易的规程，子孙世世守之，历经汉、唐、宋、金、元各朝，三千年也未曾变化。望皇上念及孔子为典礼之宗，特准孔家不剃发，保持原有冠服。结果圣旨下："剃发严旨，违者无赦。"念及孔闻谲是孔子后裔，免死，着革职永不叙用。以圣人鼻祖这么大的招牌，孔家仍未躲过剃发改服之命，更不用说其他的官民了。还有唱戏的戏子为便于演出，特别申请不剃发，也被强令否决。李自成死后，大顺军余部仍有数十万人，实力不弱，曾经以不剃发为条件表示可以投降清朝，但遭到清方拒绝。大顺军只得重新捡起刀枪，与南明势力合作，继续开展抗清斗争。

大清朝廷中并不是没有人清楚剃发令的严重危害，但清廷明确严令，争辩说情者斩，大臣们遂不敢再开口。1654年（顺治十一年），在论及全国局势不稳、叛乱不断的问题时，清吏部尚书、内院大学士陈名夏说："只须留头发、复衣冠，天下即太平矣！"单从稳定局势出发，他说的是实话，应当是解决当时社会矛盾冲突的重要方法之一，但立刻遭到大学士宁完我的弹劾，最后被顺治帝判处绞刑。

剃发令引发的危机持续了很多年，一方面造成了长期的政局不稳、矛盾冲突不断，有很多次的抗清斗争甚至动摇了清帝国的统治，客观上延缓了清朝统一全国的进程；另一方面战乱频仍，社会动荡，百姓长期遭受兵燹动乱之祸，苦不堪言，但大清朝廷依然坚持己见，死不悔改，誓将恶令进行到底。

第三节　屠杀与压迫

一

后金—清在关外时期一直是以农奴制为基础的社会制度，社会生产方式中农耕种植业只占很小的比例，大多数时候难以自给自足，所以对外掠夺成了其满足国内所需的主要方式，与明朝连年不断的军事冲突、征服朝鲜、征服蒙古各部，都是为此目的服务，其民族性格中的侵略性、凶悍残暴的本性也来源于此。满洲民族的统治者从努尔哈赤到皇太极、多尔衮，无不以凶残暴虐著称。在依靠军事力量对外掠夺的过程中，对方如果软弱顺从的，就抢劫一番，劫掠大批人口和财物带走，财物分配给自己各部族享用，人口分配给部族做奴隶；遇到有抵抗的，即强攻硬打，攻下城池之后对军民大肆屠杀，以示报复和惩戒。早在 1619 年的开铁之战中，后金兵就屠杀了开原城的六七万军民，杀了铁岭四千多人；后来沈阳大战又杀六七万军民；觉华岛之战杀一万多军民；松锦大战杀军民无数。皇太极上台后，指挥后金—清军七次侵袭明朝内地，对明朝官民大肆屠杀，抢劫了无数财物和数十万人口带回辽东。多尔衮执掌朝政后，突然得到百年难遇的入主中原的良机，国家策略发生了变化，清朝摇身一变为明朝的"恩主"，于是不再轻易采用屠杀和抢劫的手段，但其面具之后凶狠残暴的本性其实并未改变。

在山海关大战得以顺利入关、兵不血刃占据北京之后，清军主力主要在山西、河南北部、陕西一带集中攻击大顺军，对河北、山东一带主要采取招抚手段。为了占据仁义道德的制高点，为下一步实现统治全中国做准备，在这一阶段几乎没有再发生过大规模屠杀平民的事件。1645 年（顺治二年）初，清朝东西两路军南下夺取明朝地盘，所到之处几乎都是望风归降，没有碰到过像样的抵抗。直到当年四月，清军遇到了南下以来第一次激烈抵抗，即史可法指挥的扬州抗战。多铎的清朝大军以绝对优势兵力攻下扬州城，对扬州军民的顽强抵抗极为恼怒，于是下令屠城，发生了惨绝人寰的"扬州十日"。从此，清朝撕下了"仁义之师"的伪装，凶相毕露。

当然，此时的清军在目标和策略上已经和在关外时大不相同，屠杀已经不仅仅是为了抢劫财物和人口，更多是为了报复和震慑。所以对于投降归顺的地方，一般不予骚扰。比如计六奇日记中记载，南京投降后，清军沿镇江、无锡东进的过程中，"初三日，甲寅，清兵三百余骑自北而南，穿无锡城中而走，秋毫无犯，观者如市"①。既不扰民，更没有屠杀。

但对于有反抗的城镇村庄，则是毫不手软地血腥镇压，甚至扩大屠戮范围，妇女、儿童均不放过。江阴的反抗导致近十万居民被屠戮殆尽，嘉定十多万人口惨遭欺辱和残杀，昆山数万士民被杀。之后还发生过很多次屠城事件，包括：1649 年（顺治六年）郑亲王济尔哈朗对湖南湘潭的屠城；同年因山西总兵姜瓖反清失败，清军对大同屠城；1650 年（顺治七年）尚可喜和耿继茂攻克广州后大肆屠城等。除这些大规模屠杀之外，各地因反对剃发而被屠杀的民众更是不计其数。

清朝在统一全中国的过程中，一方面以剃发令等政策全力摧毁汉民族的文化传统，一方面以强势武力野蛮屠杀敢于反抗者，给中国民众带来了极其深重的灾难，也激起了一波接一波更加顽强的抵抗。1651 年（顺治八年）顺治帝福临亲政以后，面对风起云涌的抗清运动，不得不调整部分政策，减少大规模杀戮，而把之前的屠杀罪名都推到已死去的多尔衮身上。

---

① 计六奇《明季南略》，中华书局，1984。

在清军屠杀江南士民的一些重大事件中，有一个值得注意的现象：如江阴屠城、嘉定三屠、广州屠城等，作恶的主力往往并不是满洲八旗兵，而是降清的汉军。这些汉军还有个特点：基本都来自北方，如刘良佐部、李成栋部、尚可喜部等。虽然攻城略地的命令来自清廷，但是否屠城、屠杀控制在什么范围，这些来自北方的汉军主帅应当是有较大的决策权的。而他们之所以对自己的汉族同胞下手如此狠毒，分析起来，恐怕是他们内心并没有把"南人"视为自己的同一民族。

中国自有史书记载以来，北方游牧民族和中原农耕民族的矛盾就一直是其中主要内容之一。上千年来，北方游牧民族和中原民族相互攻伐，互有胜负。大致晋代以后，中国北方就时常沦落在少数民族统治之下，汉族和少数民族的混居、混血情况也就比较普遍。比如唐太宗李世民就是汉人和鲜卑人的混血。因为这种长期以来的情况，北中国人早就习惯了民族冲突，也习惯了民族融合，甚至习惯了沦亡和投降。这也是在清军进取明朝的过程中，长江以北地区望风而降的一个文化方面的重要原因。而江南显然就缺少这样的文化基因和传统。因此，清军在攻取江南时，这些"北人"对"南人"本来就没有太多的民族认同感，更多的是把自己也当作征服者，对后者投以鄙视和轻蔑的目光。

就像鲁迅先生在《北人与南人》里说过的一段话：

> 北人的卑视南人，已经是一种传统。这也并非因为风俗习惯的不同，我想，那大原因，是在历来的侵入者多从北方来，先征服中国之北部，又携了北人南征，所以南人在北人的眼中，也是被征服者。

另一方面，众所周知的是，北中国历来是华夏文化的发源地，南方在很长时间内被称为"南蛮"，乃是化外之地。但随着北方战乱频仍，南方社会则相对稳定以及逐步发展，北方汉族人民逐渐向南方迁移，华夏文化的重心也有逐渐南移之势。到明朝时期，文化重心南移的情况更加明显。可以参考一组数据：明朝二百多年历史中，科举考试的殿试头三名即状元、榜眼、探花，加上乡试第一名会元，共 244 人。其中东南一带（苏、皖、浙、赣、闽）人数达 193 人，占比近 80%；如果按南北分片看，南部诸省共计 215 人，北部诸省仅 29 人。[①] 这即是中原文化正统和精英代代南移的结果，至今江浙一带的不少大姓望族祖籍都在黄河流域，福建的客家人几乎都来自河南，这些都是华夏文化重心南移的明证。

北方的文化、民族、习惯以融合混杂为特点，而南方到后来反倒以华夏正统自居，这必然导致中国南北方文化传统和价值取向存在巨大的差异，甚而变为冲突。"南人"坚守自己的文化正统，坚决抵制剃发易服；"北人"则较为心安理得地接受剃发易服，以同为征服者的心态，用手中强大的武力试图摧毁"南人"的文化优越感。于是，降清汉军对江南士民疯狂屠杀，江南士民则前仆后继、拼死抵抗，双方斗争的惨烈程度世所罕见。这也是明末清初中国民族斗争的最大特点之一。

二

前面做过比喻，大明末代王朝就像一家快破产的公司，普通民众对公司的倒闭漠不关心，甚至还盼着新的老板快点来并购。现在，清朝这个新老板来了，但出乎大家意料的是，新老板带来的除了文化摧残和屠杀，还有更加残酷（或者至少是和旧老板半斤八两）的剥削和压迫。

清朝占领北京后，对所占地区继承实行张居正的一条鞭法，即把田赋、徭役以及其他杂项税赋合并为一，按田亩折成银两征收。免除了明朝后期的苛捐杂税以及著名的"三饷"，即辽饷、剿饷、练饷。清军在进入河南时就倡言"清地亩，均赋役"，下江南时又在南京、无锡等地宣传"均田薄税"的"新政八款"，这些政策确实对地主、农民产生了很大的吸引力。有人算过，清朝初期至中期中国人均的税负非常低，远远低于同期英国人均的税负，由此推断出中国贫民阶层不会像其他国家的那样苦。事实果真如此吗？其实，

---

① 数据取自陈正祥《中国文化地理》，三联书店，1983。

税种和税率只是一方面，实际税负的高低，必须结合税负对象的结构来看，这就要了解清朝的圈地和投充两大政策。

1644年（顺治元年）十二月，清廷为保证获得足够多的财产和收入，发布了"圈地令"，名义上是把北京附近的无主荒地分给诸王、勋臣、八旗子弟，实际上不管有主无主大量圈地。一旦圈了一片土地，地块中原有的田主就被赶出去，田主的房屋、财产即被霸占，原有佃户无以为生，只得投身新主人门下为奴，继续耕种田地。清初京畿附近的圈地极为疯狂，动辄成千上万亩田地被圈，仅顺治四年正月京畿四十一县的一次圈地就达一百万晌（一晌等于六亩至十亩），土地被快速集中到满洲贵族高官手中。

伴随圈地的，还有"投充"政策。清朝贵族和兵士圈占土地后，原有农民、佃户转化为农奴，大批没有生计的贫民只得投身满洲人旗下为奴，替他们耕种土地，这就是投充。还有相当一部分原汉族地主和农民，为了免除赋役，"带地投充"到满洲八旗门下。这样集中在满洲人手里的土地就越来越多，而他们的土地大多是不承担国家赋税的，或者仅象征性地承担极少量的税赋，原来应有的税赋则变相加到剩余为数不多的民地之上。在圈地和投充政策下，纳税民地大幅减少，如遵化的民地仅剩原额的百分之一，蓟州不到原额的百分之二，东安县更是彻底，几乎再无剩余民地。圈地和投充政策改变了农民受剥削的方式，中国上千年的土地租佃制度变为农奴制，这是生产关系的一个严重倒退。清朝对农民的剥削不是简单地通过国家税种、税率来体现，更多的是八旗主人对农奴的直接剥削，而这种剥削程度是无法以税赋的具体数据来统计的。

圈地制度和投充制度持续了很多年，直到康熙二十四年皇帝发布谕旨"嗣后永不许圈"，圈地才告结束；乾隆四年还下令"禁止汉人带地投充旗下为奴，违者治罪"，投充才逐渐减少。

清朝在关外时期的社会制度是落后的奴隶制，他们占领中国大江南北后，思想并未改变，较长时间内仍以奴隶制度为社会基础，以占有的农奴作为自己的私有财产，因此十分重视占有的人口多寡。前文说过，皇太极七次袭扰明朝就劫走了数十万汉民，入关后通过圈地和投充又获得大量农奴。这些农奴备受剥削和压迫，既无社会身份，又无国法保护，常常生不如死，所以常有自杀和逃亡之事。顺治三年五月，多尔衮专门说道："只此数月之间，逃人已几数万"①；康熙初年，八旗每年上报的旗下农奴自杀人数就达两千多人。为解决这个问题，清廷专门颁布"缉捕逃人法"，设立兵部督捕侍郎总负责，严令各地政府严格缉拿和抓捕逃人。

　　缉捕逃人法的规定极其严厉。大致而言，奴仆第一、二次逃亡处以鞭刑后发回原主，第三次逃亡即绞死；收留逃人的窝主处斩并没收家产；邻居及十家长、百家长知道而未举报的，地方官没有察觉的，都连坐。1649 年（顺治六年）九月，靖南王耿仲明统兵南征广东，途经江西吉安府时，因他军中收留了一些逃人被人举报，他惊恐万分而畏罪自杀。1650 年（顺治七年）六月，广西巡抚郭肇基因为收留了五十三名逃人被处死，家产全部被抄没。耿仲明、郭肇基这样的王爷和地方大员都难逃一死，可见该法之严苛。在这样的严刑峻法之下，农奴和民众更加生不如死。如顺治十年直隶一带发生水灾，数万百姓扶老携幼逃往山东，但山东官民因畏惧逃人法不敢收留难民，大批难民饿死他乡，其状惨不忍睹。

---

① 《清世祖章皇帝实录》卷二十六，中华书局影印本，1985。

第八篇

隆武朝廷和鲁监国政权

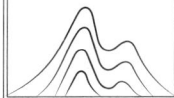

第一节　潞王降清和隆武接棒

一

1645年（顺治二年）五月，清东路军多铎部逼近南京，弘光帝出逃，南京政府投降；西路军阿济格部在湖广武昌、富池口、江西九江等地连续大败大顺军，大顺军向西转移，李自成在湖北通山县九宫山遇难。左梦庚率领的"左家军"本来顺长江而下，打算进攻南京弘光朝廷，结果在芜湖附近被黄得功击败，退回九江。左梦庚部下有十余万人马，但现在东面换了对手，不再是弘光朝廷，而是气势汹汹的多铎部清军；西面是已经迫近的阿济格部大军；附近还有刚刚击败自己的黄得功部明军。左梦庚进退失据，和黄澍等人一同商量，于五月十三日带领所有部下向清军阿济格部投降。明江西等地总督袁继咸在左军裹挟下，成了清军的俘虏。清英亲王阿济格召见袁继咸，劝其投降，允诺他还做九江总督，遭到断然拒绝。袁继咸后被押到北京英勇就义。

五月十一日，弘光帝朱由崧和首辅大学士马士英从南京仓皇出逃。逃到溧水，朱由崧和马士英两拨人走散，朱由崧到芜湖投奔了黄得功。黄得功与追来的清军交战时中箭自杀身死，朱由崧被抓回南京，后来送到了北京。马士英则带着几百贵州兵，护送着朱由崧的母亲邹太后往浙江方向逃去。二十二日，马士英带着邹太后到达杭州，住在杭州的潞王朱常淓和地方官员前来觐见。不久，阮大铖、朱大典和总兵方国安等也逃到杭州，带来了黄得功兵败自杀、弘光帝被俘的消息。

国不可一日无主。六月初七日，文武官员觐见邹太后，请命潞王朱常淓监国。在弘光立朝的"定策之争"中，朱常淓曾是东林一派极力支持的候选人，现在弘光帝被俘，瑞王朱常浩远在重庆（就在这十几天后被张献忠所杀），桂王朱常瀛也远在广西。现在弘光朝的一部分主要枢臣都集中到了杭州，朱常淓也就成了就近的唯一之选。邹太后明白此中道理，于是下懿旨请朱常淓监国。

当然现在形势已经和一年前大不相同。明朝的南部首都已经沦陷，四藩五帅降的降、死的死，留在南京的主要官员们已正式宣布投降，清朝大军还在继续向南推进。但即便如此，南明势力也并非山穷水尽、无牌可打。江南大部分地区仍未遭清军铁骑染指，依然还有明朝的各级政府机构；军力方面，福建有郑芝龙部，浙江有方国安、郑鸿逵、王之仁部，广东有两广总督丁魁楚部，湖南有何腾蛟部，江西有万元吉等部，云贵有大批的土司兵，其他各地还有一些地方部队和抗清义军。如果朱常淓是那个天命所选之人，有挽狂澜于既倒之才，一样可以有所作为。

可惜朱常淓并不是天选之人，也不是当年东林党鼓吹的"贤王"。他既无文武治理之才，也无救亡图存之心，所擅长的不过是和明朝其他宗室王爷一样的吃喝玩乐。官员叶国华描述过："潞王指甲可长六七寸，以竹管护之。又命内官下郡县求古玩。"[1]足见当时东林党以"立贤"的名义要求册立潞王，也只不过是出于党派私心而已。邹太后下懿旨请他监国，他极为担心在当前形势下，自己如果继承明朝大统，会成为清朝的主要打击目标，因此坚辞不受。邹太后哭求再三，朱常淓推无可推，只得勉为其难，于六月初八日宣布监国。

朱常淓监国当日，即任命了一批中央官员，马士英、阮大铖等仍在朝中占据重要位置。监国的次日（六月初九日），朱常淓就按马士英等人的意见，派陈洪范去同清军讲和。上一年七月，陈洪范作为副代表，与首席代表左懋第一同赴北京与清朝讲和。在清廷的威逼利诱下，陈洪范秘密投降了清朝，致使左懋第等被扣押，最终左懋第于朱常淓监国的十二天后在北京就义。陈洪范独自返回南京后，心甘情愿为清朝做内奸工作，到处散布流言，劝人降清。弘光朝廷虽对陈洪范有所怀疑，但未采取任何处置措施。南京失陷后，陈洪范也跑到杭州，继续开展他的间谍工作。此次代表"潞监国"朝廷出使清军，他表现得很积极，内心所想的不是如何谈判，而是怎样为双方传递信

---

[1]　李清《三垣笔记》，中华书局，1997。

息，让朱常淓朝廷赶快投降。

清豫亲王多铎率领大军在一路捷报收取南京后，下令贝勒博洛、固山额真拜尹图、阿山等率一部分满、蒙军队向杭州进军。六月十一日，清军抵达杭州塘西，"潞监国"朝臣纷纷逃跑。马士英本想乘郑鸿逵的兵船逃走，结果被前来索饷的方国安部下士兵撞见，不由分说把这个首辅从船上拖了下来。马士英失足落水，又被方部士兵拖起，光着一只脚，狼狈万分地被带回方国安营中。阮大铖、朱大典则从杭州富阳乘船逃往金华府。

这时陈洪范已经和清方谈好，回到杭州，劝说朱常淓投降。朱常淓本来就贪生怕死，见清军兵临城下，立即决定投降。总兵方国安及其侄儿方元科手下有一万兵马，正在城下与清军战斗保卫杭州，没想到朱常淓竟然命人从城上缒下酒食犒劳清军。方元科等极为愤慨，遂弃防线而走，东渡钱塘江，后来加入鲁监国旗下。马士英也随方国安部退到钱塘江东岸。

图 8-1　清军占领杭州

六月十四日，清军轻松占领杭州。博洛派出使者招降附近各府州和避祸寓居这一带的明藩王。嘉兴、绍兴、湖州、宁波等府州见"潞监国"已降清，也就纷纷投降。住在浙江的明周王、惠王、崇王也投降，按博洛召令前往杭州，然后被送到南京。

七月，多尔衮得到朱常淓、江浙一带大部分地方归降的消息后，下令多铎、博洛等班师回京修整；任命内院大学士洪承畴为"招抚江南各省地方总督军务兼理粮饷"，同多罗贝勒勒克德浑、固山额真叶臣接替多铎等，接管江南各地，并把南京改名为江宁府。九月初，双方交接完各项事务后，多铎等押送着弘光帝、潞王、周王、惠王、崇王及王铎、钱谦益、赵之龙、徐久爵等一干弘光朝勋戚大臣前往北京。在前往北京途中，朱由崧的母亲邹太后跳入淮河自尽，其名节英气远胜那一帮亲王大臣。

朱由崧、潞王等投降的明朝亲王勋戚被押送到北京后，清廷按规定发给一定的恩养银。潞王朱常淓还专门上疏清廷，对给予的房屋、日费千恩万谢。可惜即便如此，仍旧好景不长。次年（1646）五月，包括弘光帝朱由崧、潞监国朱常淓在内的十一名明亲王被清廷安了个意图谋反的罪名，统统杀掉。

二

杭州失陷前后，明宗室的两个藩王的动向值得注意。博洛在招降避居浙江的明藩王时，鲁王朱以海在浙江临海，找了个借口，说路远而且自己病重，不能应召前往杭州。另外一个是唐王朱聿键。朱常淓宣布监国时，朱聿键也在杭州，且支持朱常淓监国。六月十一日清军兵临塘西，明大臣纷纷逃跑，朱常淓准备投降的消息已经传出。朱聿键感到十分失望和愤慨，看杭州大势已去，随郑鸿逵的兵船离开杭州前往福州。唐、鲁这两位藩王先后建立了两个政权。

先说唐王朱聿键。朱聿键生于 1602 年（万历三十年）四月初五日，是朱元璋第二十三子朱桱的第八代孙，在谱系上与崇祯皇帝相距甚远。唐王的封地在河南南阳。朱聿键的祖父唐端王不喜欢自己的长子，即朱聿键的父亲裕王，把裕王长期囚禁在王府内院。朱聿键十一岁时，就和父亲裕王一道被囚禁在内院，寸步不许离院，只能每天伴着青灯苦读诗书。这一囚禁就是十六年。直到 1629 年（崇祯二年）朱聿键二十七岁时，父亲被叔父毒死，年底祖父唐端王也病死，朱聿键得以承袭藩王位，才终于摆脱囚禁。1636 年（崇祯九年）他为父报仇，杀死了谋害自己父亲的叔父。同年四月，皇太极把后金国号改为大清，五月出兵越过边墙第五次进攻劫掠明朝，明京师告急，调集多路部队勤王。八月，血气方刚的朱聿键自告奋勇，组织了千余名护卫兵丁北上勤王。明朝祖制规定，严禁藩王带兵离开封地。朱聿键虽有一腔热血，但仍被崇祯帝勒令中途返回封地。退回封地途中，朱聿键几次遇上农民军，双方多次交手，互有胜负。虽然朱聿键此次勤王动机是好的，但属于严重违犯祖制，让崇祯帝大为震怒。同年十一月，崇祯下令将他贬为庶人，并关进了专用于关押明朝宗室的凤阳监狱。朱聿键在凤阳监狱里待了七年，其间备受凤阳守陵太监在身体和精神上的折磨，几度差点死去。后来朱大典、韩赞周、路振飞等几位重量级地方官员和太监先后上疏崇祯，请求赦免朱聿键。崇祯在 1644 年二月下旨让相关大臣讨论研究赦免朱聿键的事，还没有议出结果，北京已被李自成攻陷，崇祯帝上吊自尽，此事也就不了了之。朱由崧南京称帝后，在广昌伯刘良佐的奏请下，朱聿键终于得以释放。弘光朝覆灭后，他避居杭州，之后即迎来了潞王朱常涝监国又很快降清的变故。

朱聿键的经历多灾多难、与众不同，当下四十三岁的他，倒有二十三年在囚禁和折磨中度过。他在被囚禁的过程中读书不辍，领兵勤王过程中与农民军多次交战，仅凭这一点，已非只会吃喝玩乐的其他明朝亲王可比。更重要的是，逆境中的长期折磨，让他心智更加成熟坚定，明白应该怎样面对艰难困苦，去实现自己的雄心抱负。从这一点看，朱聿键比弘光帝、潞王等人强得太多，也许可以成为一个救亡复兴的君主。

郑鸿逵护送朱聿键从杭州前往福州途中，提出拥立唐王为监国的建议，得到黄道周等大臣的支持。他们清楚朱聿键的品性和能力不差，且当前形势下已不容许再囿于皇亲谱系，再去寻找别的藩王来继承大统已很不现实。闰六月初六日，朱聿键等到达福州，驻扎福州的南安伯郑芝龙等出城迎接。初七日，朱聿键宣布就任监国。二十天后，即闰六月二十七日即皇帝位，从本年（1645）七月初一日起改称隆武元年。这就是继弘光朝之后南明的第二个政权——隆武朝。

另一位明藩王鲁王朱以海，拒绝了博洛要求他到杭州报到的召令，比唐王朱聿键稍晚，在浙江绍兴宣布监国。即鲁监国政权。

第二节　浙东起义和鲁王监国

一

1645 年（顺治二年）六月十四日，清军占领杭州，潞王朱常淓等投降，浙江北部的嘉兴、绍兴、湖州、宁波等府也先后投降，清廷开始在这些府州县委派官员。随着闰六月前后清廷剃发令传达到浙江，一些州县地区的民众群情激愤，浙江东部首先爆发了抗清起义。

余姚县已于这年六月降清，原明朝县令已弃官而去，清方任命原司教王元如为新的县令。闰六月初九日，原九江道佥事孙嘉绩、弘光朝吏科都给事中熊汝霖在余姚县起兵抗清，参与起义的还有原宁绍分守于颖、锦衣卫指挥使朱寿宜等人。他们攻进县衙，杀死了县令王元如，百姓从者如云。随后他们把起义人马分为两营，分由孙嘉绩、熊汝霖统领，接管了整个县城。

参加这次起义的有一个著名人物——黄宗羲。黄宗羲，字太冲，1610 年（万历三十八年）八月生于浙江绍兴府余姚县，万历、天启年间著名的东林大佬黄尊素之长子。年轻时拜刘宗周为师，尽得蕺山先生真传，也是复社最活跃的人物之一。弘光朝灭亡后，黄宗羲长期参加抗清斗争，后来逐渐静下心来，专心著书立说、开馆讲学，成为一代大家。他在专制君权批判、提倡"平权"等方面的思想极为深刻，对后世影响很大，堪称明清时期最伟大的启蒙思想家之一，同时也是著名的经学家、史学家、地理学家、天文历算学家、教育家。其著作等身，如《明夷待访录》《明儒学案》等都是传世名著。

听说孙嘉绩等起义，同样身在余姚的黄宗羲与其弟宗炎、宗会变卖家产，聚合乡里子弟数百人组成一支抗清队伍，随孙嘉绩一道驻扎在钱塘江东岸。其队伍被称为"世忠营"，与浙东其他抗清义军互相配合作战。

闰六月十一日，绍兴人郑遵谦树起抗清大旗，数千民众踊跃参与。他们攻入绍兴府衙，杀死了清廷任命的绍兴知府张愫和会稽知县彭万里。他们要求当地乡绅出钱支持义军，同时联络余姚起义的于颖等人，请求支持。于颖带人赶到萧山，擒获清廷委任的知县。后来弘光朝原任地方副总兵刘穆等也先后带兵向钱塘江东岸集中。浙东的抗清起义从一开始就展现出多点爆发、义军相互联络配合的特点，与江阴、嘉定的孤军奋战大不相同。

紧接着，宁波也爆发起义。宁波在潞王降清后也已投降清朝，清方任命降官朱之葵为宁波知府，孔闻语为同知。当时宁波有六个常聚在一起的诸生，即董志宁、王家勤、张梦锡、华夏、陆宇𤊹、毛聚奎，号称"六狂生"，他们比较早就开始商量和策划起义一事。六狂生自知影响力不够，对当地乡绅缺乏号召力，考虑去找当地有名望的人物来主持大局。此时，余姚孙嘉绩也派人来联络自己的门人林时对，希望林时对等人在宁波起兵响应。林时对和六狂生想法一致，于是一起去找当地名流、原明朝太仆寺卿谢三宾。没想到谢三宾贪生怕死，坚决不参加起义。林时对等再去找在家丁忧的原明朝刑部员外郎钱肃乐，请他出面主持大局，钱肃乐一口答应。闰六月十二日，钱肃乐邀请众乡绅到城隍庙聚会。朱之葵、孔闻语听说耆老乡绅聚会，并不知道是要宣布起义，也来参会。二人到场后，钱肃乐撕碎他们名刺，大声宣布起义，围观的数千百姓欢声雷动。不久，海防道和城守的兵将都主动前来参加起义。朱之葵等见局势已如此，向乡绅百姓哀求饶命，得以释放。

当时，驻于定海的防倭总兵王之仁已经降清，贝勒博洛命他继续担任原职、驻守原地。宁波起义后，谢三宾派人送密信给王之仁，请他派兵来宁波镇压，说只要杀了钱肃乐和六狂生，就可以稳定大局，谢三宾必以千金为谢。在这同时，钱肃乐派出的信使倪懋熹也到了定海，准备策反王之仁。倪懋熹听说前一天有位陈姓秀才斥责王之仁降清，被王处斩，仍毅然求见。一见面，王之仁说：你还敢来，胆子很大嘛！倪懋熹说：大将军世受国恩，令兄是侍奉崇祯先帝的太监王之心，他为国殉难，受天下人景仰。现在人心思汉，而东海一带的关键就在大将军，其次是瀚州黄斌卿、石浦张名振将军，起义的盟主非大将军莫属啊。王之仁赶紧制止了倪懋熹的话，之后给他和谢三宾的信使分别写了秘密回信，都答应他们本月（闰六月）十五日自己会带兵到宁波。十五日，王之仁果然统兵到达鄞县，召集各耆老乡绅聚会演武场。谢三宾以为王之仁马上就会擒杀钱肃乐和六狂生，心中正暗自窃喜，没想到王之仁突然抽出谢三宾写给他的密信，当众朗读。谢三宾大惊，上前抢夺密信。王之仁喝令兵士将他拿下，问钱肃乐说：是否把这人杀了祭旗？谢三宾跪地苦苦哀求，答应捐万金作为军饷，才被勉强释放。

六月中旬杭州失陷时，总兵方国安带着一万多人马退到钱塘江东岸，马士英等也跟随其中。王之仁率部起义后，他和方国安部就构成了浙东反清的主力正规军。随后有慈溪的沈宸荃、冯元飚起义，嵊县的裘尚彛起义，石浦参将张名振也带兵前来会合；寓居于台州的明鲁王朱以海，在当地乡绅陈函辉等人的拥立下宣布起兵抗清，浙东抗清运动一时间风起云涌。

二

鲁王朱以海，是朱元璋第十子朱檀的九世孙。鲁王封地在山东兖州，前一任鲁王是朱以海之兄朱以派。1642年（崇祯十五年），皇太极命清军第七次进攻明朝，清军攻克兖州，朱以派自缢身亡，朱以海也差点被清军所杀。1644年（崇祯十七年）二月他袭嗣鲁王位，不久李自成攻克北京，随后进兵山东，朱以海只得放弃封地南逃，后遵照弘光帝之命寓居浙江台州。

1645年六月中，清军占领杭州、潞王投降后，清贝勒博洛下令召寓居浙江的明各路藩王来降，朱以海以自己病重、路途遥远为借口，不到杭州投降。在他身后出主意的，是一个叫陈函辉的乡绅。陈函辉曾任弘光朝兵部职方司主事，清军占领南京后，他回到宁波。他与鲁王朱以海交往密切，多次劝其起事抗清。余姚、绍兴等地起义后，闰六月中下旬，陈函辉、海门参将吴凯等在台州拥立鲁王朱以海，正式起兵反清。之后陈函辉迅速与在绍兴的原明管理戎政兵部尚书张国维等取得联系，张国维等上书请鲁王到绍兴就任监国。朱以海到达绍兴后，于七月十八日就任监国，暂时沿用弘光元年年号，自明年起改为监国元年。

从宗室伦序上看，鲁王朱以海和唐王朱聿键一样，都只能算是皇家的远亲。现今的皇家是朱元璋四子朱棣的子孙，天启、崇祯、弘光三朝皇帝都是万历帝朱翊钧之孙，也都是朱棣的直系后代。鲁王这一支与朱棣一系无关，所以朱以海其实并没有接任监国的"政治资格"。但在当前形势下，已经不容许浙江起义者再去寻找其他符合条件的藩王，而朱以海是在浙江的唯一一个没有降清、也愿意抗清的明藩王，因此他也就是浙江反清势力可拥立的不二人选。

鲁监国政权成立后，任命张国维、朱大典、宋之普为东阁大学士，用旧辅臣方逢年入阁为首辅，孙嘉绩、熊汝霖、钱肃乐、陈函辉、郑遵谦等起义有功人员均封了官职，总兵方国安封为镇东侯，王之仁封为武宁侯。浙东的各路反清势力看起来都归并到了鲁监国旗下。

清军方面，自从拿下杭州、潞王投降后，在军力调动部署方面发生了一些变化。八月，贝勒博洛按清廷指令，带着明潞王、惠王、陈洪范、张秉贞等一干降王降臣北上北京，只留下内院张存仁、总兵田荣等镇守杭州，清军对浙江的控制力明显减弱，主力也没有再继续南下进攻。也正是在这种情况下，浙东各州县的起义才遍地开花，总体较为顺利。

当下，鲁监国政权控制着浙东地区，清军控制着浙西，双方以钱塘江为天然分界线。鲁监国方面，王之仁、方国安统领的正规军驻扎在钱塘江东岸，于颍、钱肃乐、孙嘉绩、熊汝霖、郑遵谦、张国维等率领的各路义军也逐步集中到钱塘江东岸，各支部队有不同的驻地分工。大学士张国维任督师，统领各路人马。以当时的兵力部署看，明军优于清军。在之后的几个月内，明军对清军发起了多次主动性攻击。

这年（1645）九月，王之仁、熊汝霖等率部进攻钱塘江西岸清军，用大炮杀伤很多清兵。十月，张国维召集各营联合西进，连战十日，清军大败，逃回杭州城。这期间部分明军也时常绕道渡过钱塘江，和浙西、吴中的部分抗清义军联合行动，明清双方互有胜负，总体上明军气势旺盛，清军则败多胜少，气势较为颓弱。十二月，明军准备会攻杭州，各路大军集结到钱塘江东岸萧山附近，鲁监国亲自到萧山前线以酒食犒师，鼓励将士奋勇向前，收复失地。二十四日丑时，各支部队会齐，张国维为总指挥，方国安、王之仁、熊汝霖等各路人马都分配了具体任务。张国维为人忠义正直，但属文官出身，并不擅长大战役的现场指挥。以文制武是明朝军治长期以来的痼疾，在这次会攻杭州战役中，其弊端再一次显现。对于这次战役，清军已提前得知消息，做好了伏兵和相关部署，而张国维等只知道全力督促各军前进，不知灵活应对战场变化。结果除熊汝霖部略有战果外，其他多支部队受到伏击，死伤惨重，另外的部队一看情形不对，干脆按兵不动，以保全自己为上策。一场轰轰烈烈的渡江战役以窝窝囊囊而终，明军士气大受打击，从此很少再提主动渡江进攻的事。

到次年（1646）年初，清军在浙西的兵力部署逐渐增强。鲁监国方面因为内部的一些矛盾和问题，各支部队的统筹越来越难，方国安部从萧山附近离开，移师钱塘江上游；张国维部因为缺饷而去了金华一带。明清双方在钱塘江前线的实力对比已经逐渐反转。

按理说，在当时江南抗清形势下，像鲁监国政权这样对当地清军具备一定优势，是十分难能可贵的。但该政权与生俱来的以及后来演变出来的各种问题，决定了他们的优势不具有可持续性。

首先是鲁监国的部队来源和成分复杂，彼此的协调性和团结性不足，有些方面矛盾分歧还比较大。方国安、王之仁统领的本来就是正规部队，他们自称为"正兵"；其他各地起义部队称为"义兵"，义兵中既有城市居民、农民参加，也有州县原有城防、海防部队加入，各支部队都有自己的首领，部队独立性较强，协调指挥起来极不容易。"正兵"和"义兵"之间还发生了"分饷分地"的严重矛盾。方国安、王之仁的"正兵"要求食"正饷"，即军饷来源于田赋，有朝廷税收为保障；各路义兵只能食"义饷"，即靠民众的捐赠，明显缺乏保障。尽管不少官员反对此安排，但方、王两部人多势大，最终迫使朝廷同意把浙东能收到的钱粮六十余万，都交由方、王两人自主分配，义兵的生存则越来越困难。如钱肃乐的部队曾四十多天无饷，幸亏士兵们感激他的忠义，坚持不散去，以致靠沿路乞讨度日。1646 年（顺治三年，鲁监国元年）五月，钱肃乐不得不解散部队。章正宸等人的义兵也因无饷而先后解散。

其次是在朝政管理方面。朱以海有决心抗清，已属难能可贵，尤其还敢于到抗清前线犒师，更加值得称赞；但在能力水平和见识等方面，他和明末大多数藩王宗室一样，也只不过是个纨绔子弟而已。当时绍兴有个著名文人张岱，其父曾是兖州鲁王府的长史，因此张岱和朱以海保持着较近的关系。据张岱描述，朱以海喜欢看戏饮酒，酒量惊人，常召亲朋好友饮酒畅谈，性格倒是平易近人，但看不出有何过人才华。在用人方面则比较糟糕。朱以海重用其元妃之兄、萧山人张国俊，此人仗着国舅身份，内结宦官，外交武将，大肆受贿卖官，为所欲为。连前面提到的人品卑劣的宁波人谢三宾，也通过向张国俊行贿，做了礼部尚书，居然还加了东阁大学士之衔。按张岱的描述，朱以海看似求贤若渴，纳谏如流，实际上内心毫无主见，就像"无柁之舟，随风飘荡"，人才和谏言最终都毫无用处；最后评价他："鲁王之智，不若一舟师。"[1] 君王无能，奸臣当道，小小朝廷被搞得一团糟。

还有很重要的一方面：浙东的鲁监国政权和福建的隆武政权没有处理好相互关系，两个抗清复明的政权没有形成合力，反而互相倾轧牵制，最终被清廷各个击破。

---

[1] 张岱《石匮书后集》卷五《鲁王世家》，中华书局，1959。

第三节　郑芝龙挟隆武帝以自重

一

清军占领杭州后，唐王朱聿键随郑鸿逵船队航海到了福州，该年（1645）闰六月初七日，朱聿键在福州就任监国；二十七日称帝，自七月初一日起改为隆武元年。七月十八日，鲁王朱以海在绍兴任监国，沿用弘光元年年号，次年起改为监国元年。时间上看，朱以海任监国的时间略晚于隆武帝四十余天，主要原因还是当时战事纷乱、信息不通，朱以海等并不确切地知道隆武朝廷已成立，才导致这种一国二主的情况。朱聿键即位后，颁诏各地，先后得到了两广、江西、湖广、四川、贵州、云南等地明朝地方官和抗清势力的承认。相比之下，隆武帝对南方各地抗清势力有更多的正统权威性和影响力，鲁监国的影响力则主要集中在浙江省内。

隆武政权建立后，朱聿键采取了一系列重要措施。

第一是任命朝廷官吏，稳定政局，招揽人心。朱聿键很想要有一番作为，但他毕竟一年以前还是长期被关押的罪宗，没有自己的政治军事班底，缺乏人脉网络，也只能先认清现实，尽快稳住局面。隆武朝廷是在福建实权人物郑芝龙、郑鸿逵兄弟等人的支持下建立的政权，因此中央政府也不得不依靠这些实权人物。即位后，朱聿键以拥立之功加封郑芝龙为平虏侯，郑鸿逵为定虏侯，郑芝豹为澄济伯，郑彩为永胜伯，郑氏家族一时风光无匹。任命黄道周、蒋德璟、苏观生、何吾驺、曾樱、傅冠等二十余人为大学士，阁臣人数之多为明朝历史上所仅见，也体现了他以官职招揽人心的用意。隆武帝对其他地区的明朝地方官员和抗清势力也加以拉拢，给不少官员将领加官晋爵。如加封两广总督丁魁楚为平粤伯，原广西思恩参将陈邦傅为富川伯，封太湖抗清将领吴日生为忠义伯等。

第二，朱聿键认真总结天启、崇祯、弘光几朝的深刻教训，在基本国策方面做了重大调整，明确了国家的主要斗争方向是"抗清"。弘光朝时期

"借虏平寇"的国策教训深刻，朝廷一直未将清廷视为重要对手，反而期待着和清朝合作消灭农民军，直到清军大举南下，攻陷南京，弘光君臣才如梦初醒，但一切都为时已晚。隆武帝认清了国家面临的主要矛盾，因此在多次敕谕和诏令中反复强调"驱逐清兵，光复帝室"，基本不再提视农民起义军为寇雠之事，这为后续大顺军、大西军联合南明势力抗清打下了极为重要的政治基础。

第三，坚决反对党争。他亲自撰写了"缙绅""戎政""儒林"三篇《便览》，对万历朝以来的党派政治做了深刻分析。他认为帝王应该胸怀宽广、见识高明，学会"用舍公明"，自然也就不会有东林党、魏党、马党一类的党派纷争。党争是导致崇祯朝、弘光朝亡国的重要因素，必须去除，否则不可能驱逐胡虏。他规定此后不许再因为某官员曾是魏党而定罪，对这类官员一概既往不咎，只观后效。弘光朝首辅马士英在浙东寄居于方国安部队中，因名声太坏成了过街老鼠，日子很不好过，想到福建投奔隆武帝。隆武帝不计过往，愿意接收马士英，只是因为群臣强烈反对，隆武帝不得不下诏定他为"罪辅"，让他在浙江"图功自赎"，但也不再追究其责任。对于不同的人才，只要愿意参加抗清，隆武帝都会量才录用，其胸襟远超前几任皇帝。

第四，关心政事和百姓疾苦。为整治腐败贪墨，他提出了巡按御史的"十六字方针"：对百姓是"先教后刑，先请后发"，给予充分的宽容；对官吏是"小贪必杖，大贪必杀"，严惩了一批贪官。当他听说被清朝逼迫剃发的军民往往遭到南明军队的诛杀时，专门下诏交代领兵将领："兵行所至，不可妄杀。有发为顺民，无发为难民，此十字可切记也。"[1]他把被逼剃发的军民当作难民的观点，一方面体现他内心的仁慈，另一方面对聚拢民心也有极为重要的实际意义。据邵廷采《东南纪事》记载，给事中张家玉任永胜伯郑彩的监军，当他带兵进入江西时，由于明军一直以来对剃发的居民都是不分青红皂白地诛杀，剃发居民只得远离明军，明军想打探一点消息、找个向导都做不到。后张家玉执行隆武帝诏令，为被迫剃发的难民发放免死牌，民众一片欢

---

[1]　陈燕翼《思文大纪》卷三，上海古籍出版社，1995。

呼，来投靠者不计其数。

第五，朱聿键对自己的品行有较高的要求。他喜好读书，经常手不释卷；按黄道周的描述，朱聿键精通吏政，洞达古今，而且不饮酒，没有声色犬马的爱好。当了皇帝后，仍然躬行节俭，身穿土布黄袍，禁止宫中置办金银玉器，只能用瓷瓦铜锡的物件；也不准用锦绣、洒线、绒花、帐幔，只能用寻常布帛。

第六，积极推动出兵抗清。朱聿键即皇帝位的四天后，即1645年（隆武元年）七月初一日，他就下诏准备亲征，以郑芝龙为御营中军，郑鸿逵为左先锋，计划于八月十八日亲统六师出征。但此计划被郑芝龙以军饷不足、父老乡亲挽留隆武帝等为由百般拖延。一直拖到九月，郑芝龙自知拖不过去，才勉强派郑鸿逵为左先锋出浙东，郑彩为右先锋出江西。郑鸿逵到仙霞关后就逡巡不进，与清军几次小规模接触都连续败北，任隆武帝怎样催促都不再前进半步。郑彩的部队到邵武后也是不肯出关，但军中的监军张家玉是个敢作敢为的人，他带了三营兵马继续前进，十一月在江西抚州府金溪县的许湾大破清军。但之后郑彩主力部队不与张家玉配合，致使张家玉部被清军围困于新城，张家玉在突围中中箭落马，被属下救回福建养伤。次年（1646）三月，郑彩因拖沓避战、连番失利，被褫夺伯爵爵位。

隆武帝下诏亲征一事被郑芝龙阻挠拖延，首席大学士黄道周实在看不下去，自告奋勇要带兵出江西，支援安徽徽州、衢州一带金声等部的义军。但黄道周手里无兵无饷，郑芝龙不拨给他一兵一卒，无奈之下只能自己募集人马。1645年（顺治二年，隆武元年）七月二十二日，黄道周带着临时拼凑的三千人出征，郑芝龙只给了他一个月的粮饷。出发后不久，粮饷告罄，黄道周只好用自己的书法作品赠予当地士人，略微换回些粮草。黄道周是当时著名的学者、书法家，虽然官居首辅大学士，但从未指挥过军队，而他的兵将也并非职业士兵，都只是凭一腔热血而来，没有什么作战经验，连兵器都是些锄头、扁担之类，被时人戏称为"扁担兵"。黄道周手下有一名裨将叫施郎（后改名施琅，在郑成功军中任职，在郑家军与清军的斗争中是一个很重要的角色），他自称"十七岁做贼"，有一定的军事眼光，看出以黄道周这样的拉胯武装不可能与清军对战，于是建议黄道周遣散这支部队，带少量精干人员由小道进入赣州，以首辅大学士名义节制调度江西、湖广、两广的总督、巡抚、总兵，统筹协调各支部队共同抗清。黄道周学问高，但为人迂腐，他明知自己这支部队的不足，但仍要不可为而为之，要以自己的忠肝义胆唤起民众抗清的信心和决心，因此拒绝了施郎这个合理的建议。施郎见黄道周不采纳自己的意见，不愿陪他送死，于是自行返回了福建。

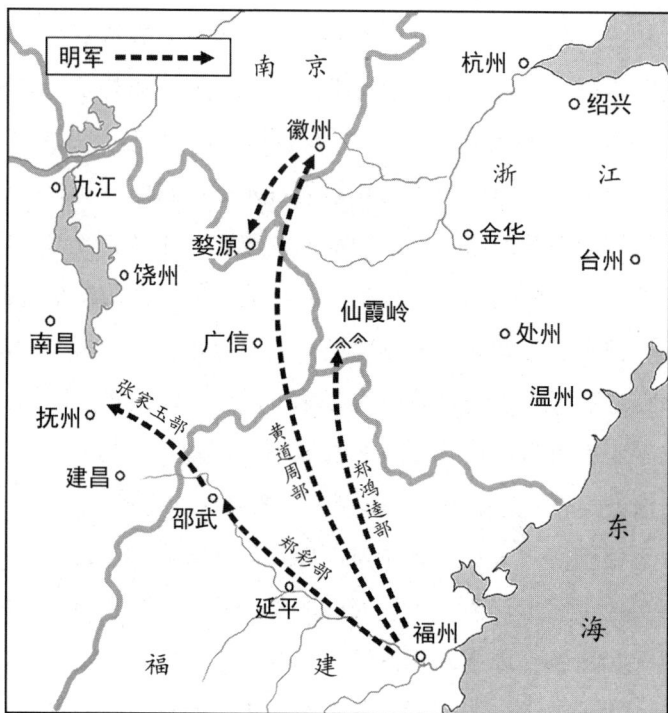

图 8-2　隆武朝的几次对外用兵

九月，黄道周经由江西广信府向北到了安徽徽州府境内，当时金声率领的义军正在遭受清军围攻。由于缺乏军事指挥经验和情报，黄道周对附近军情毫不了解，直到金声战败被俘，他才知道自己的部队离金声部义军仅一山之隔。金声战败，他救援徽州的目的落空，只能转头再回江西。十二月二十四日，黄道周部在安徽、江西交界的婺源县遭到清军提督张天禄、宁国府总兵胡茂桢[1]等部围攻，部下死伤一千多人，其余逃散，黄道周等官员被俘。次年（1646）二月，黄道周被押送到南京，洪承畴多次劝降，都被他严词拒绝，还写下了"纲常万古，性命千秋，天地知我，家人何忧"的著名词句。三月初五日，黄道周被清军杀害。

二

隆武帝朱聿键有思路有想法，很想有一番作为，但事事均受制于实权人物郑芝龙；而郑芝龙的想法与隆武帝完全不同，对反清复明并没有太大兴趣，只对其控制的福建及东南海域的海上生意感兴趣。君臣不同心，君受臣制，导致几次对外用兵都以失败告终，也注定了隆武朝不会有好的收场。

郑芝龙，字曰甲，又字飞皇，小字一官，1604年（万历三十二年）三月十八日生于福建南安县一个小官吏家庭。十七岁时，赴香山澳（澳门）跟随舅父黄程工作生活。黄程经营船运贸易，郑芝龙跟随着他常年往返于东南亚各地，与葡萄牙人、菲律宾人、越南人等常打交道，学会了葡萄牙语等多国语言，接受了天主教洗礼，起了个教名尼古拉斯（Nicholas），后来经常被人称为"尼古拉斯·一官"。

郑芝龙聪明伶俐、精明干练，深得舅父喜爱。1623年（天启三年），舅父遣他跟随著名华人海商李旦的船队，既是工作，也是学习历练。李旦在东亚海域经营海上贸易多年，富可敌国，他的船队是当时势力最强大的华人海商船队之一。他经常在日本九州西部的平户居住，往返于日本、澳门、东南亚等地。明朝中后期政府采取闭关锁国政策，相当于放弃了东亚海域的国家制海权，而把各类民间海上贸易都视为非法走私。这个阶段，西方国家主导的大航海时代已经到来，葡萄牙、西班牙、荷兰等国的西方船队先后到达东亚、南亚一带。他们倚仗船坚炮利，在东亚、南亚海域大肆扩张殖民地和势力范围。因为缺乏政府监管，海域内西方武装船队、海盗悍匪出没，因此大一点

---

[1]　张天禄、胡茂桢等原来都是高杰所部总兵及部将，在多铎部清军南下江淮进攻扬州时投降清朝。

的商业船队都会配置武器和武装人员，以保护自己的商船。李旦的船队规模大、人员多，武器装备精良，在明朝政府看来，就是实力强大的海盗。

因为拥有巨大的财富和强大的实力，李旦身为著名华侨领袖，在日本上流社会中也受到相当的尊重。郑芝龙紧跟着李旦，对他也极为尊敬和感激，称他为义父，对他忠心耿耿。郑芝龙刚开始为李旦做一些翻译工作，后来很快和日本当地人物也都熟络起来，办事能力也越来越强，深得李旦信任。李旦逐渐交给郑芝龙一些资产和船只，让他来回跑越南等地做生意，郑芝龙很快也积累了大笔的财富。

经人介绍，郑芝龙迎娶了平户藩的家臣田川昱皇之女田川松子为妻[1]。1624年8月28日（明天启四年七月十五日），田川氏为郑芝龙产下一子，取名森，又名福松。五年后（1629）田川氏又生了次子七左卫门。

郑芝龙和另一位旅日华人领袖颜思齐走得也很近。就在田川氏为他生了郑森的这一年，郑芝龙在平户参加颜思齐带领的对抗当地日本政府的行动。行动失败，郑芝龙等一帮结义小弟跟随颜思齐来到台湾中西部的北港（今台湾云林县、嘉义县一带）避祸。1625年（天启五年），颜思齐病死，二十一岁的郑芝龙经过一番竞争，继承了颜思齐的部下和船队。同年，李旦也病死，按照李旦的遗嘱，其船队和部众都交给郑芝龙统辖。一年之内，年轻的郑芝龙突然拥有了上千艘船只和数万名部下，俨然一位新崛起的"带头大哥"。占据台南一带的荷兰人也不敢小觑这股中国海商势力，与郑芝龙保持一种"和平共处"的状态，相互之间频繁进行贸易往来。

郑芝龙曾在荷兰舰队中充当过翻译，学到了一些荷兰人指挥舰队作战的知识，再加上自己的天赋和跑船的经验，很快琢磨出一套管理庞大船队的方法。他依照荷兰人、葡萄牙人的图纸仿造新式战舰，招募大批水手，他的船队规模和战力快速扩大和提升。同时，郑芝龙寻找机会从福建沿海一带移居了大量饥民到台湾北港一带，以提高当地经济生产水平，增强自己的后勤保

---

① 田川氏是郑芝龙的第二位夫人。一说田川氏是中日混血儿，本来应姓翁，她父亲是旅居日本的福建泉州人翁翌皇，母亲是日本女子田川氏，她后来随母亲姓田川。民国九年修《郑氏宗谱》、郑克塽撰《郑氏附葬祖父墓志》等材料中都称田川氏为"翁氏"。

障能力。1627年（天启七年），羽翼渐丰的郑芝龙率上百艘战船攻打明朝海防重地铜山、中前卫，明军被吓得闭门不出。随后他肆意打劫海上船只，连对"老朋友"荷兰人的船只也开炮打击，照抢不误。

郑芝龙有极优秀的海上军事天赋，但他本质上却是一个精于算计的商人。他拥有实力强大的武装船队，但他心里明白，如果有机会得到明朝廷承认的合法身份，并且手里仍握有海上霸权，这才是他"事业"成功的起点。1628年（崇祯元年），福建巡抚熊文灿招抚郑芝龙，并承诺不分拆其军队。郑芝龙顺势答应接受招抚，带领三万兵士和上千艘船只离开台湾，到福建任海防游击将军，摇身一变为朝廷官员，同时仍掌控着强大的海上军事力量。

熊文灿因为成功招抚郑芝龙，又利用郑芝龙消灭了刘香、李魁奇等海盗，为朝廷立了大功，被提拔为两广总督，后又被杨嗣昌举荐为五省总理，负责剿灭和招抚李自成、张献忠等农民起义军。后因张献忠等降而复叛，杨嗣昌的"十面张网"一败涂地，1640年崇祯帝以误军罪处死了熊文灿。

郑芝龙接受招抚后，充分利用官方赋予的职权，以打击海盗为名，大张旗鼓地攻击自己海上贸易的竞争对手，顺势扩张自己的队伍，扩大贸易范围，大发横财，事业做得更加风生水起。他在晋江安海镇建造郑家豪华府邸，在南安石进建立了船坊，建造商用、军用船只，为后来郑氏集团打造自己的强大舰队打好了基础。1630年（崇祯三年）他把六岁的儿子郑森从日本接回福建，带在身边着力培养。后来送郑森到南京读书学习，据说郑森还拜了钱谦益为师。

1633年（崇祯六年），新任荷兰台湾长官普特曼斯（Hans Putmans）对南澳岛等地发起武装攻击，企图以武力逼迫明朝给予荷兰贸易最惠国待遇。郑芝龙在时任福建巡抚的邹维琏的指令下，调集自己的舟师，在金门料罗湾等海域连续大破荷兰舰队，俘虏、击毙荷兰兵将上千人，烧毁多艘荷兰军舰，普特曼斯仓皇逃回台湾驻地。经此一役，郑芝龙声威更盛。荷兰人从此不敢再侵扰大陆沿海港口，只能立足于台湾的据点，并与郑芝龙谈判以求恢复正常贸易关系。而在东亚海域活动的各类商船则纷纷遵奉郑氏号令，悬挂郑氏令旗，郑芝龙的通商范围也由此扩展到日本、东南亚、南亚各地，包括平户、长崎、孟买、巴达维亚、马六甲、柬埔寨、暹罗等地；兵力扩展到二十万人左右，兵员有汉人、日本人、朝鲜人、东南亚人、非洲黑人等，拥有超过三千艘大小船只，成为东南海域的强势霸主。

1640年（崇祯十三年），明朝廷擢升郑芝龙为福建总兵官，署都督同知。1644年弘光朝廷成立后，封郑芝龙为南安伯、福建总镇。其弟郑鸿逵也被任命为锦衣卫都指挥使，弘光朝时期被任命为镇江总兵、镇海将军，封靖房伯。

1645年（弘光元年），郑芝龙把离别多年的田川氏从日本接到了福建南安老家居住。

1645年以前的郑芝龙，从一个随人跑船的小学徒做起，经过二十多年的努力，四十岁出头的他已经成为叱咤东亚海域、独霸福建一方的大人物，其经历堪称明末难得一见的海上英雄传奇。

可惜郑芝龙的传奇从唐王朱聿键来到福州的那一刻起，开始发生根本性的转变。郑芝龙的商人本性开始越来越明显地暴露出来，在他眼里只有利益，没有什么家国大义，由此也注定了他后半生窝囊而凄惨的结局。

杭州失陷后，郑鸿逵把朱聿键带到福建，之前是否征询过郑芝龙的意见，已无从考证。但这件事对郑芝龙来说，确实是有好有坏。坏的是做了多年土皇帝的郑芝龙，头上突然多了一个皇帝，还引来了一堆高官大臣，对他独霸福建的局面必然有一定影响；好的是他也许可以挟天子以令诸侯，获取更大的政治权力和其他利益。考虑到这个好处，郑芝龙在1645年闰六月，还是把朱聿键及跟随而来的官员热情迎入福州城，支持朱聿键任监国，而后称帝。郑芝龙受封平房侯，旋晋平国公，郑鸿逵、郑芝豹、郑彩等也都加官晋爵。

为在政治上提携自己的儿子，郑芝龙带二十一岁的郑森觐见隆武帝。郑森少年帅气、英姿勃勃、博学多才。隆武帝一方面需要尽力笼络郑芝龙，一方面也确实非常喜欢郑森，他不由自主地叹道："可惜朕没有女儿，否则一定会许配给郑森，两家联姻，永不相忘！"随即以国姓"朱"赐姓郑森，赐名"成功"，允其以驸马身份行事。从此郑森改名为朱成功，民间则习惯称呼为郑成功、国姓爷。不久后，郑成功开始领一部分军队，踏入军界，成为父亲郑芝龙手下一名军官。

以郑芝龙为首的郑氏家族掌握着隆武朝军政大权，一时间飞扬跋扈、气焰熏天。朝廷成立后不久，就发生了朝班事件。在一次朝会上，按惯例首辅大学士黄道周应站在百官之首，但郑芝龙认为自己是手握实权的侯爵，应当排在黄道周之前。经过激烈争论，最终黄道周获胜，但郑芝龙从此对黄道周怀恨在心。后来黄道周自募兵员出征，郑芝龙百般刁难，不予支持，导致其出征失败。在另一次朝会中，郑芝龙、郑鸿逵兄弟不顾朝廷礼仪，在朝堂上挥扇去暑，遭到户部侍郎何楷弹劾，隆武帝则表扬了何楷。郑氏兄弟因此对何楷十分愤恨，伺机打击报复他。何楷见自己已无法在朝堂立足，遂辞官回籍。在他回家途中，郑芝龙竟派部将杨耿截杀何楷。杨耿动手时于心不忍，最后割了何楷一只耳朵回去交差。

隆武帝立朝后，在江西南部的杨廷麟、万元吉和湖南等地总督何腾蛟等都派人来邀请隆武帝移跸江西或湖南。从当时局势看，隆武帝如果坐镇江西、湖南等地，居于南方各省的中间位置，对于统筹调配各省抗清力量应该是有利的，比偏安于福建一隅要好得多。隆武帝本想有一番作为，因此多次提出御驾亲征，借此移跸江西或湖南。但郑芝龙所想的是"挟帝以自重"，要把中央朝廷牢牢控制在自己手里，因此多番阻挠隆武帝亲征。隆武帝不得已，只好移跸福州府西边的延平府，坚决不肯回福州，但也无法再向西进一步。

当年威震东南的英雄人物郑芝龙，变成了一个心中只有权势和利益、不顾国家和民族大义、稍有仇隙即睚眦必报的小人。这源于他深入骨髓的商人本性。只要能维护好自己的权势和财富，明朝是否中兴恢复已与他无关，甚至投降清朝也毫无所谓。

第四节　唐、鲁争立和广西叛乱

一

隆武帝朱聿键虽然受到郑芝龙的严重制约，但仍然积极联络南方各省的明朝地方官员，希望整合江浙、江西、湖南、云贵等地的明朝势力共同抗清，在这个过程中最麻烦的，是怎样处理好与浙东鲁监国政权的关系。

唐王朱聿键和鲁王朱以海从宗室伦序上来说，都离皇家正宗一脉较远，都是当时当地反清复明势力不得已的选择。从时间上看，朱聿键监国在 1645 年闰六月初七日，朱以海监国在七月十八日，朱聿键早了四十天左右。而且朱聿键监国后很快给各省发诏书，得到了南方大多数省份明朝势力的承认。鲁监国建立政权稍晚，且控制地区仅在浙东，当然，浙东也是抗清的最主要前线。按理说，鲁监国如果退位归藩，南明各方势力至少在名义上可以统一在隆武朝廷之下，对号召和整合各方抗清势力是有益的。但朱以海一旦黄袍加身，再退下来可就难了，原因不仅在于他自己贪恋皇位的想法，更在于手下各文武大臣对自身地位和势力的顾虑。

1645 年（顺治二年，隆武元年）九月，隆武帝派兵科给事中刘中藻为使者，到绍兴颁诏，打算传达两家不分彼此、共同抗清的意愿，提出凡鲁监国任命的朝臣，都可以在隆武朝廷中担任同等官职。对于鲁监国个人，隆武帝提出了叔侄相称的意见，说因为自己无子，将来皇位也可以再交给朱以海："朕无子，王为皇太侄，同心戮力，共拜孝陵。朕有天下，终致于王。"[①]

刘中藻到绍兴后，鲁监国朝臣围绕着是否开读诏书展开了大辩论，其实背后即是否承认隆武帝的正统地位之争。大学士朱大典、镇东侯方国安、右金都御史钱肃乐等赞成接受隆武的正统地位，认为两方联合，在统一领导下，可以避免浙东独树一帜、孤立无援的问题。他们说道："大敌当前，而同姓先

---

① 黄宗羲《行朝录》卷一《隆武纪年》，文物出版社，2023。

争，岂能成中兴之业？即权宜称皇太侄以报命，未为不可；若我师渡浙江，向金陵，大号非闽人所能夺也。"①建议先承认隆武政权，联合各方势力，如果将来浙东势力攻下南京，自然也会有资格拿回皇帝位。但大学士张国维、武宁侯王之仁、右佥都御史熊汝霖、国舅张国俊等却坚决反对。张国维说："国当大变，凡为高皇帝子孙，皆当同心勠力，共图兴复。成功之后，入关者王，比时未可言上下也。且监国当人心涣散之日，鸠集为劳，一旦南拜正朔，鞭长不及，悔莫可追。"②熊汝霖说："主上原无利天下之意，唐藩亦无坐登大宝之理。有功者王，定论不磨。若我兵能复杭城，便是中兴一半根脚，此时主上早正大号，已是有名。较之闽中乘时拥戴，奄有闽越者，规局更难倒论，千秋万世，公道犹存。若其不能，而使闽兵克复武林，直趋建业，功之所在，谁当与争？此时方议迎诏，亦未为晚。"③总体意见是唐王、鲁王本来都没有继承大宝的资格，现在是全力抗清的时候，不是争皇位名分的时候，还是看将来谁攻下南京，谁的功劳大，再由谁来做皇帝不迟。

朝臣争论不休。朱以海见朝中还是有不少人支持承认隆武政权，心生愤恨，一气之下宣布退位归藩，于九月十三日径自返回了台州。十月初一日，主张承认隆武朝的大臣在朝堂上开读了诏书，但张国维、熊汝霖等仍坚决反对，随后他们重新迎回了朱以海，仍奉朱以海为监国。

唐、鲁合作陷入了僵局，但双方朝堂之内却暗潮涌动。隆武帝向绍兴颁诏之后，鲁监国政权中有不少官员悄悄向隆武帝上疏表示效忠，朱聿键加以笼络，下诏给他们加官晋爵。朱以海针锋相对，也对隆武朝的一些官员封官许愿。两个朝廷对抗清大事考虑不多，反倒在相互挖墙脚方面愈演愈烈。1646年（顺治三年，隆武二年，鲁监国元年）正月，隆武帝命都御史陆清源携带白银十万两前往浙东犒师，结果陆清源被鲁监国部将杀害，饷银被抢夺。不久，鲁监国派都督陈谦等人为使者，到福建封郑芝龙兄弟为公侯。陈谦见到隆武帝不称陛下而称皇叔父，隆武帝大怒。适逢御史钱邦芑秘密报告隆武

---

① 李聿求《鲁之春秋》卷五《钱肃乐传》，浙江古籍出版社，1984。
② 李聿求《鲁之春秋》卷三《张国维传》，浙江古籍出版社，1984。
③ 李聿求《鲁之春秋》卷四《熊汝霖传》，浙江古籍出版社，1984。

帝，说郑芝龙与陈谦交情极深，不除掉陈谦的话，怕郑芝龙和鲁监国相互勾结，于是隆武帝决定杀掉陈谦。郑芝龙听说后紧急入朝，说愿意辞官，换陈谦一命。隆武帝默不作声，半夜，把陈谦转移到另一个地方秘密处死。次日，郑芝龙赶到，抚陈谦尸大哭，内心对隆武帝极为愤怒，也更加心怀异志。

二

这边唐、鲁争立还在如火如荼，那边广西又生事端。

从甲申之变北京陷落、崇祯帝自缢后，明朝宗室藩王中就有些人暗自窃喜，意图伺机裂土称帝，过一把当皇帝的瘾。1645 年五月，清军占领南京，弘光帝被俘，后来潞王又投降，七月消息传到广西，分封于桂林的靖江王朱亨嘉闻讯大喜，认为明朝皇室直系血脉基本已绝，天下大乱，正是自己争当皇帝的好时机。靖江王是太祖朱元璋的侄儿朱文正的后裔，在宗室诸王中谱系最远，根本不具备继承大统的资格。但这并不妨碍朱亨嘉的敢想敢做，他与自己的亲信孙金鼎、平时和自己关系亲近的广西总兵杨国威、桂林府推官顾奕等人商议，提出登极称帝的想法。孙金鼎、杨国威等也很想借机捞一把，因为一旦成立中央朝廷，自己摇身一变就都是中央大员，于是全力支持朱亨嘉。八月初三日，朱亨嘉身穿黄袍，面南而坐，自称监国，年号改用洪武二百八十七年，改广西省会桂林为西京。

朱亨嘉任命杨国威为大将军，孙金鼎为东阁大学士，顾奕为吏科给事中，任命一批拥戴他的本地官员，还派人到湖南、贵州等地颁诏授官，下诏调集柳州、庆远、左江、右江等地土司的“四十五洞狼兵”，很有要干一番事业的架势。当时，广西巡抚瞿式耜、巡按郑封正在梧州，得到朱亨嘉僭位的消息，立即通知思恩参将陈邦傅保持戒备，通知各地土司“狼兵”不得听从朱亨嘉调遣。广西巡抚、巡按是明朝廷正式任命的地方最高长官之一，他们的态度对地方有很大影响力。朱亨嘉赶紧派顾奕前往梧州，封瞿式耜为刑部尚书，遭到瞿式耜严词拒绝。八月十二日，朱亨嘉亲自统兵来到梧州，拘捕了瞿式耜，押回桂林软禁。

　　瞿式耜，字起田，号稼轩、耘野，生于 1590 年（万历十八年），南直隶苏州府常熟县人，明末诗人、官员，在南明抗清斗争中发挥了重要作用。他早年拜钱谦益为师，二十七岁中进士，早期担任过江西吉安府永丰县知县、崇祯朝户科给事中等官职。他为人正直敢言，先后受到魏忠贤阉党、温体仁、周延儒等势力的排挤打压，不得已回乡闲居。弘光朝建立后，被任命为广西巡抚。隆武朝廷成立后，瞿式耜没有立即表态承认，因为在广西还有一位桂王（曾是弘光定策之争的四个候选人之一的老桂王朱常瀛已病死，其三子朱由爱继位，不久后病死，再由四子朱由榔继位）。桂王是万历帝的直系，离明朝皇室谱系最近，瞿式耜认为桂王比朱聿键更有资格做皇帝。在被朱亨嘉羁押后，瞿式耜意识到不能再在皇位争立方面犹豫，于是秘密派人到福建表示承认和效忠隆武帝，并请隆武帝派兵来桂平定朱亨嘉叛乱。

　　实际上隆武朝成立并向南方各省颁诏后，两广、贵州等地官员没有表示反对，但也没有明确表态支持。以两广总督丁魁楚为代表的一些官员，就处在观望状态中，对朱亨嘉的僭位甚至有故意纵容之嫌。随着事态的变化，丁魁楚了解到除浙东鲁监国之外，南方大部分明朝地方政府都已承认隆武朝的正统地位，而且隆武帝已给他加封为大学士，因此盘算着借这次机会消灭朱亨嘉，全面控制两广，以巩固自己的势力范围。

　　朱亨嘉自立监国后，觉得广西山区多、地方狭小，钱粮来源比较有限，必须南下占领广东，才能保障自己的"大业"能够成功。此前他已经跟丁魁楚暗通款曲，相信丁总督会支持自己。于是他命令杨国威留守桂林，自己统兵出平乐府、梧州府，直奔广东而来，打算与丁总督会合，全面接管两广。丁魁楚得到消息后，立刻派数千精兵进至广西梧州埋伏，同时派少量人乘船从小路而来，船头挂上"恭迎睿驾"的牌子，以麻痹朱亨嘉。八月二十二日半夜，丁魁楚兵马在梧州突然发起进攻，朱亨嘉部被打得落花流水，自己狼狈不堪地逃回桂林。朱亨嘉的亲信孙金鼎以前本是个充军罪犯，因朱亨嘉的宠信在桂林权势日盛，他与思恩参将陈邦傅互相勾结攀附，结成儿女亲家。这次梧州兵败后，孙金鼎匆忙逃到陈邦傅处避难。陈邦傅认为朱亨嘉无勇无谋，根本成不了大事，这次被丁魁楚轻易击败，自己如果擒杀孙金鼎，就可

以向丁总督邀功。在他眼里，自己的权势地位才是头等大事。于是他灌醉孙
金鼎，命人把孙投入水中淹死，然后捞起尸体，割下头颅用石灰腌好，送到
丁魁楚营中。丁总督果然大喜，授予陈邦傅征蛮将军衔，命他率部一起进攻
桂林朱亨嘉部。

　　九月初五日，丁魁楚亲自来到梧州，命都司马吉翔、赵千驷等部将，与
陈邦傅等一起统兵向桂林进军。朱亨嘉逃回桂林后，和杨国威等一起坚守城
池。被软禁在桂林城中的瞿式耜了解到杨国威有个部下叫焦琏，和杨国威素
有矛盾，于是暗中策反焦琏。夜间，焦琏指挥手下把陈邦傅的士卒缒上城墙，
一举抓获杨国威、顾奕等人。二十五日，陈邦傅部攻下靖江王府，活捉朱亨
嘉。十月下旬，朱亨嘉和杨国威等同谋官员被押解到广东肇庆。次年（1646）
二月，丁魁楚派马吉翔把朱亨嘉等人押到福建，隆武帝命锦衣卫王之臣等对
他们严加看管。四月，王之臣按隆武帝命令把朱亨嘉秘密绞死，对外称他暴
病而亡。杨国威、顾奕等被斩首于市。

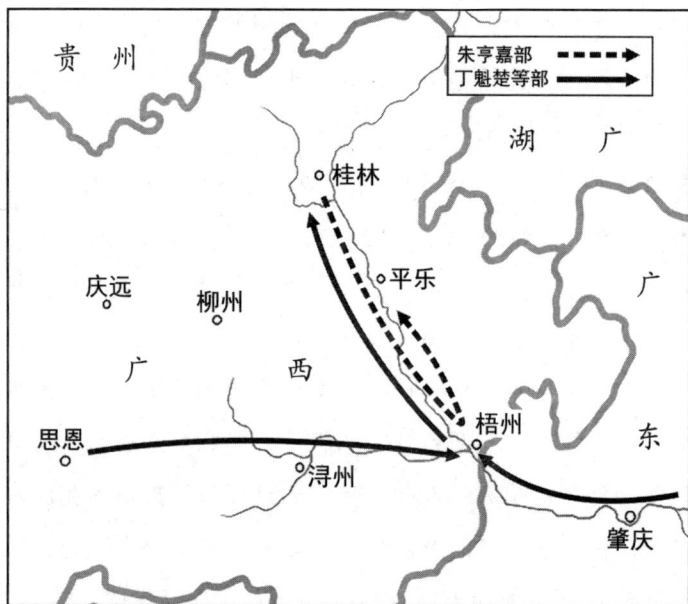

图 8-3　丁魁楚等平定朱亨嘉叛乱

平定朱亨嘉叛乱后，隆武帝加封两广总督丁魁楚为平粤伯，陈邦傅为富川伯挂征蛮将军印。丁、陈等人借平定这次叛乱之机，实现了自己加官晋爵和巩固地盘的目的。而之后永历朝时期丁、陈二人的表现，又证明了他们都是首鼠两端、人品卑劣的小人。相反，一直忠于抗清复明大业、忠勇正直的瞿式耜被免去广西巡抚职务，因为他曾经有拥立桂王的想法，受到了隆武帝的猜忌。瞿式耜被调任兵部添注左侍郎，但他找了个借口不去福建赴任，而是在广西梧州、广东肇庆一带闲居。

朱亨嘉的僭位反叛只是南明乱世中极小的一个插曲，对抗清大局并没有重要影响，但足可见南明部分藩王和地方官员的贪念妄想，不少高官武将都是目光短浅、心怀鬼胎、自私自利之辈，他们所关心的都是自己的权势利益，家国大义对他们而言不值一文，这正是南明不断失去反攻良机，被清军打得落花流水的根本原因之一。

第五节　鲁监国航海和隆武覆亡

一

1645 年（顺治二年）六月，清西路军在击败大顺军、确认李自成死亡、收降湖广大批明军（包括左梦庚的十余万左家军）及部分大顺军后，英亲王阿济格胜利班师回京休整，湖广、江西北部、南京西部等地只留下少量满洲八旗兵，主要由投降的明军驻守，继续镇压当地残留的反清势力。东路清军在攻陷杭州、潞王朱常淓等投降后，九月，豫亲王多铎、贝勒博洛等也回京休整，多尔衮委派了一个年轻的贝勒勒克德浑带领一支少量的八旗兵接管南京，任命洪承畴为招抚南方总督军务大学士，驻南京统筹新近收降的明军和其他部队。

这一年的下半年，隆武政权、鲁监国政权刚成立，各自组织了一系列抗清战斗，尤其以钱塘江一带的战斗较多，江浙一带的民间抗清运动也风起云涌；大顺军余部与湖广等地总督何腾蛟、湖广按察司副使堵胤锡等达成了联明抗清的协议，湖广抗清力量较为强盛；江西等地总督万元吉等人率领明军与当地义军合作，同清军争夺建昌、吉安等府县。南方的抗清力量总体不弱。但隆武朝廷和鲁监国政权内部或权臣当道，或君臣不和，或山头林立，两个政权之间相互倾轧；广东、广西、湖广南部等地的明朝势力各自观望，不积极出兵抗清，相互之间缺乏协作，终于使南明方面成功错失了反击清军、收复江南失地的最佳窗口期。

1646年（顺治三年，隆武二年）二月十九日，清军主力部队得到较好休整后，多尔衮命贝勒博洛为征南大将军，与固山额真图赖领兵南下，攻取浙江和福建。博洛带领八旗兵到了南京后，与勒克德浑换防，勒克德浑带部下回京休整，博洛则调集江浙一带的数万降兵，随同八旗兵一同南下，直扑杭州地区。南京则继续由洪承畴镇守。

五月十五日，博洛部大军进抵杭州。这年夏季浙江久旱不雨，钱塘江水流枯涸，水深不过马腹。浙东明军抗击清军、守住防线主要依靠钱塘江上的舟师，当下的大旱对明军水师非常不利。清军观察到此情况，遂于二十五日兵分两路，一路是主力马步兵，在大炮掩护下，从杭州—严州一线涉水过江，全力进攻浙东明军；一路是舟船水师，由钱塘江口出发，绕道钱塘江东岸，由后方夹击明军。清军首先用大炮轰击江东岸明军兵营，其中一发炮弹恰好击中方国安营的锅灶，锅灶被炸得粉碎，方国安大惊，说"天夺吾食"，连夜拔营逃往绍兴方向。二十九日晚，张名振等护送着鲁监国离开绍兴南下，经台州乘船逃往海上。清军乘胜向浙东纵深推进。

逃到绍兴的方国安本想劫持鲁监国然后降清，但鲁监国已提前逃走，于是方国安于六月初一日率部投降，先后随同降清的包括内阁大学士方逢年、谢三宾、吏部、兵部、刑部的尚书等，还有弘光朝祸乱朝政的兵部尚书阮大铖，清军兵不血刃占领绍兴。

兴国公王之仁手下还有不少兵将，但见方国安部先逃后降，自己孤军奋战已经无力回天，痛哭道："坏天下事者，方国安也。"随后率部乘船数百艘，从宁波蛟门出海去舟山，打算和驻守舟山的隆武帝所封的肃虏伯黄斌卿合营继续抗清。黄斌卿得到消息后，假意答应王之仁的请求，却突然炮击王之仁船队，夺取了他的大多数船只。王之仁愤慨不已，把家属乘坐的大船凿沉，九十三名眷属全部溺海而死。他自乘一条大船，直驶向吴淞江口。清吴淞总兵李成栋以为王之仁是来投降，不敢怠慢，立刻送往南京。王之仁在南京见到洪承畴，说道："前朝大帅，国亡当死，恐葬于鲸鲵，身死不明，后世青史无所征信，故来投见，欲死于明处耳！"洪承畴婉言劝他剃发投降，王之仁断然拒绝，大骂洪承畴是背义忘恩的卖国贼。洪承畴羞愧难当，下令将他杀害。

督师大学士张国维在清军渡过钱塘江时，本想带领手下屈指可数的兵力继续抵抗，在王之仁劝说下赶到台州，但没有舟船不能追随鲁监国出海，只得折回东阳再组织抗清义军。六月二十五日，清军攻破义乌，张国维见大势已去，作绝命诗三篇，投水而死。先后自杀殉国的还有督师兵部尚书余煌、礼部尚书陈函辉、大理寺少卿陈潜夫等。

督师大学士朱大典据守金华，誓死不降。他曾在崇祯初年任山东巡抚，曾率部大破登州参将孔有德的反叛，当时吴三桂、刘良佐等都在他麾下任偏将。后总督江北及河南湖广军务，弘光朝时期任兵部左侍郎、兵部尚书，鲁监国时期任督师大学士。六月二十六日，博洛亲率满汉大军围攻金华，调来红衣大炮猛轰城墙。朱大典率城内军民拼死抵抗，清军强攻近二十日而不下。刚刚降清的方国安、阮大铖等也被派来参与攻城。阮大铖为讨好新主子，告诉清军金华西城门有部分城墙是新土筑成，于是集中炮火轰击此处，墙塌城破，时为七月十六日。朱大典家中妇女先投井自杀，他自己带着子孙亲属来到火药库，引爆火药壮烈殉国。朱大典文武双全、长于吏治用兵，但还有一大特点即贪腐。明末著名学者张岱曾担任其幕僚，描述他的贪"如乳虎苍鹰"，他搜刮民财，截留税款，积累了万贯家财，富可敌国。这样一名贪官，在国家、民族大义面前，居然能够舍生取义、毁家纾难，不得不令人刮目相看。清军破城后，恼于城内军民的顽强抵抗，屠城三日，死者无数。

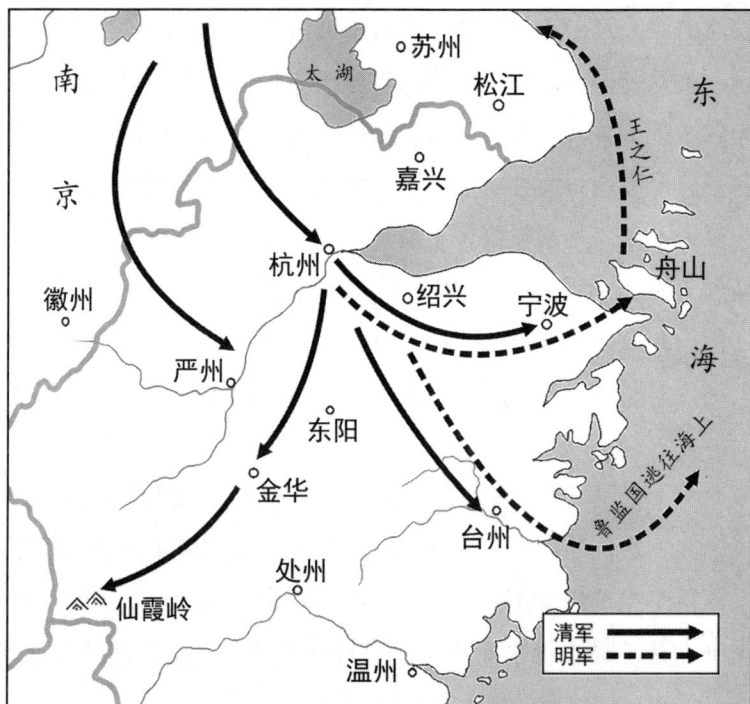

图 8-4   清军夺取浙江

弘光朝首辅马士英的结局说法不一，但基本可以确定的是他最终没有降清。他寄于方国安旗下，参加过多次渡钱塘江攻击清军和会攻杭州之战。方国安部溃败投降后，有资料记载马士英逃到余姚四明山出家为僧，被追来的清军搜获杀害。但《清实录》记载，1646 年（顺治三年）六月，清副将张国勋等进剿太湖抗清义军，义军首领吴日生、弘光朝大学士马士英等被擒，后被斩首。总体来说，《清实录》的记载较为可靠一些。说明马士英在浙东兵败后，是向北逃到了太湖，继续参加义军抗清。马士英在弘光朝毫无作为，大肆贪腐，为保自己性命而调江北四镇去阻击左良玉军，导致北面防线空虚，弘光朝廷在清军攻击下迅速倒台，以致他在隆武帝、鲁监国两朝如过街老鼠，人人喊打。但在最后的阶段，他仍然能够坚持抗清，宁死不降，也算是不失其晚节。

1646 年（顺治三年）八月中旬，清军征服浙江全境。鲁监国在张名振等人的保护下乘船流亡海上，其状凄惨。不久后隆武帝汀州遇难，鲁监国与隆武朝册封的官员武将、包括郑成功等逐步开展合作，在东南沿海和海域继续抗清，坚持了较长时间。

二

清军占领浙江全境后，立即着手进攻福建。福建隆武朝廷虽然有各种毛病，但郑芝龙手里还有至少十余万兵力和强大的海上水师，还有其他的一些地方势力和义师，并没有衰败到很快灭亡的境地。但隆武朝的关键人物郑芝龙在清军入闽之前已有降意，根本没有心思组织抗清，这是隆武朝很快被剪灭的最直接原因。

早在隆武朝成立初期，清招抚江南各省地方总督军务大学士洪承畴就在策划招抚郑芝龙。清廷还任命了专门招抚福建的官员黄熙允，他和洪承畴、郑芝龙都是福建晋江人，是正宗同乡。洪承畴、黄熙允认为郑芝龙是隆武朝廷中最重要的人物，甚至对浙东鲁监国政权也有一定影响力，因此在 1646 年（顺治三年）五月前就已经派人秘密致信郑芝龙，答应他如果投降的话，可封王爵。以谋求权势和私利为己任的郑芝龙经过权衡，认为降清对自己保存实力和地位最为有利，但要拿到最高的价码，又不能轻松答应投降，于是回信说"倾心贵朝，非一日也"，表示有投降之意，但又不立即投降。六月，清军渡过钱塘江攻入浙东，郑芝龙得到消息，密令镇守仙霞关的部将施福（又名施天福，施琅族叔）放弃关口天险，向泉州方向撤退。同时又找了个借口，说有海盗侵扰其老家泉州府的安平镇，给隆武帝上了个奏疏，不等回复，就带兵撤回安平。隆武帝回信说"先生少迟，朕与先生同行"，结果郑芝龙部早已走远，把隆武帝孤零零抛在延平。

八月十三日，多罗贝勒博洛、闽浙总督张存仁、福建巡抚佟国鼐等带领满汉大军，从浙江衢州出发，直扑福建。十八日，清军轻松越过没有一兵一卒把守的仙霞岭，进入福建地界。不久前降清的阮大铖一直随清军前行，在到达仙霞岭之前，他可能已经出现精神方面的疾病。据史料记载，他在军营中每晚都要到军官士卒营帐中侃侃而谈，似乎是为了展示其戏剧天才及政治军事方面的才华，往往开口就讲到半夜，直到别人都已睡着仍在滔滔不绝。清军前进途中本来粮草匮乏，他不知从哪里弄来珍馐美味，在营中不时大摆筵席，显示自己多金好客。到仙霞岭下时，他突然头脸肿胀，别人劝他暂时休息，不要翻山越岭。他却哈哈一笑，率先小步快跑，徒步登山，还笑话其他人都不如自己这个六十岁老头。等其他人到了山顶，看到阮大铖独自坐在一块大石上，呼之不应，用马鞭拨他的辫子也无反应，仔细一看，原来已经断气。这个才华横溢又害人无数的卑劣小人终于殒命。

　　八月二十一日，隆武帝听闻清军已过仙霞岭，急忙带着宫眷从延平逃往汀州（今福建长汀）。他也许还未意识到大难即将临头，在没有多少军队护送下，还带着不少宫眷、宗室亲王和随行官员，还有十余车书籍，行进极为缓慢。二十四日，清军占领延平，听说隆武帝逃往汀州，立即派阿济格、尼堪、杜尔德和降将李成栋率兵追赶。二十七日，隆武帝一行到达汀州。二十八日，清军追到汀州，很快拿下汀州城，擒获隆武帝及其皇后、宗室亲王等，就地斩杀 [1]。隆武朝廷存续仅短短一年有余，就此覆亡。

　　九月十九日，贝勒博洛亲率清军占领福州。隆武朝廷工部尚书郑瑄投降，跪在泥沙中近一整天乞降，博洛正眼都不瞧一下，把他直接撵走。礼部尚书曹学佺是著名文人，自缢殉国。曾任崇祯、隆武两朝大学士的傅冠是名望很高的官员，被其无耻门人江亨龙及江亨龙之子江养源捆绑着送到李成栋处邀功请赏，一路上拳脚相加。李成栋知道傅冠是两朝名臣，非常尊重，恭恭敬敬地劝他剃发投降，被严词拒绝。不久，李成栋奉命领兵南下广东，傅冠被移送到汀州看押，十一月二十一日在汀州遇害。

---

[1]　有传说隆武帝被俘后，被送到福州处斩，但主要官方及重要史料均未记载此事，可信度不高。另有传说隆武帝跑到广东五指山当了和尚，更缺乏可信的理由和佐证。

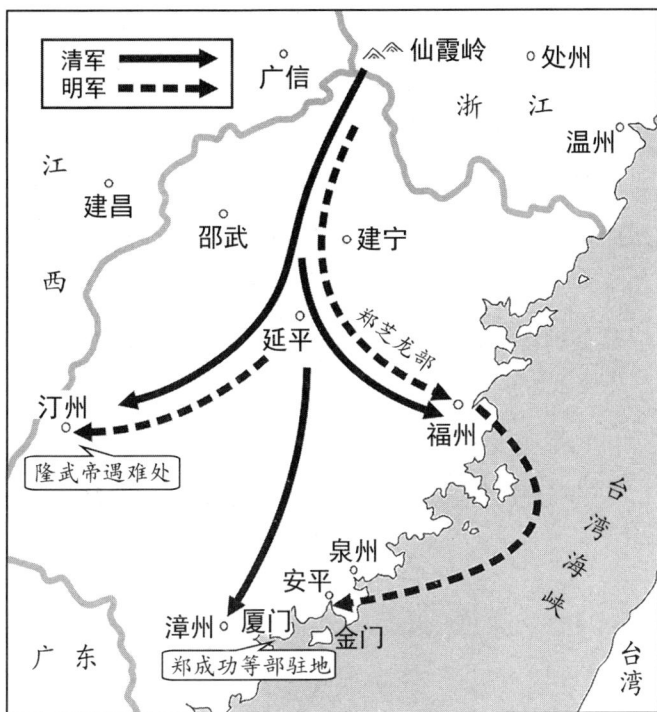

图 8-5　清军占领福建

郑芝龙跑到安平镇后，仍未表示降清。他所部兵力不弱，战舰齐备，手下郑鸿逵、郑彩、郑成功等家族将领各自领所部兵马，据守在金门、厦门等地，虽然地盘不大，但背靠大海，郑氏家族在海上仍有很强的势力。他之所以未降清，一是在等洪承畴的回复，看是否能确认封王；二是以自己的强盛兵力尽量多扛一阵，争取清廷能给他一个最好的价码。说到底，郑芝龙本质还是一个生意人。洪承畴的回信没等到，等到了贝勒博洛的来信。博洛将郑芝龙吹捧一番，答应封他为闽广总督，并且以"商地方人才"为由，要求他到福州投降。郑芝龙权衡一番，认为清廷贝勒博洛的承诺比汉官洪承畴的应该更靠谱，虽未封王，但据有福建、广东两省也很实在，于是决定按要求去福州投降。郑成功、郑鸿逵及很多部将都表示反对，认为"鱼不可脱于渊"，郑芝龙不能去福州身犯险地，应该退入海上继续抗清。但此时的郑芝龙已经不是当年雄才大略的海上霸主了，多年的利益羁绊已经让他丧失了政治判断力，他不听劝谏，带了五百随从，于该年（1646）十一月十五日来到了福州。

博洛见到郑芝龙，开始非常热情，握手言欢，折箭为誓，举杯畅饮。但三天后的夜里突然拔营而走，要求郑芝龙随军北上，不让他跟带来的五百人见面。郑芝龙请求博洛让他留在南方，说其子弟仍拥兵海上，还要靠他去做劝降工作。博洛说这你不需操心，拒绝了他的请求，内心所想的是以郑芝龙要挟郑家军投降。郑芝龙无奈，只得随博洛北上。到北京后，郑芝龙只封了个一等精奇尼哈番的虚衔，实际形同软禁，曾经叱咤风云的海上霸主，开启了他窝囊凄惨的后半生。

郑成功等得知郑芝龙被挟持北上，之后多次接到清廷的威胁和劝降信，皆不为所动，与郑鸿逵及各部将转入海上，开始了长达数十年的抗清斗争。

第九篇

中南和西部地区的抗清运动

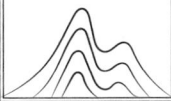

第一节　江西地区的抗清斗争

一

1645 年（顺治二年）五月，豫亲王多铎率领的东路军兵不血刃拿下南京后，以强大军力为后盾，抓紧招抚苏浙等地，进兵杭州。英亲王阿济格率领的西路军击败大顺军，收降左梦庚的左家军和湖广、安徽等地的大批明军，继续南下进攻江西的任务，就交给左良玉手下原总兵金声桓来执行。

金声桓，字虎臣（又作虎夫、虎符），陕西榆林人，出身于盗匪，绰号"一斗粟"。崇祯年间，左良玉军在河南一带活动时，投身于左军中，逐步升任总兵官，长期参与和李自成、张献忠等农民起义军的战斗。1645 年（顺治二年）五月，随左梦庚一起投降清军，被任命为江西总兵，负责攻取江西。他久历战阵，作风强悍，在进攻江西的战争中以残暴嗜杀闻名，对南明军队毫不手软。夺取江西后不久，他又率部反正拥明，反过头来与清军殊死搏斗，最终受伤自杀身死，是南明时期比较特别的一个人物。

1645 年（顺治二年）六月，金声桓占领南昌，以南昌作为自己的驻地。南明军队向南溃散，但一些府州县纷纷组织抗清义军，由杨廷麟、万元吉等人领导的南明官军也在赣南一带坚决抵抗。

在江西东南部的建昌府有一支义军，打着明宗室益王朱由本的旗号起兵抗清。明江西布政使夏万亨、湖东分巡道王养正、建昌知府王域、推官刘允浩、南昌推官史夏隆等支持辅佐益王朱由本起兵，他们募集建昌本地兵员，手里还有一支云南总兵赵印选带来的拥有战象的"象兵"。云南象兵本来是从云南调来支援南京的，还未走到南京，南京已陷落，象兵就留在了建昌。七月，金声桓派王体忠率清兵来攻打建昌。正在此时，有一个从河南逃到建昌的明宗室周藩保宁王朱绍炪，私下与王体忠串通，约为内应。朱由本等指挥象兵与清兵接战时，保宁王从阵后用火箭射击大象，象兵立时大乱，王体忠乘势掩杀，攻占建昌。朱由本逃到福建，夏万亨等几个牵头官员均被擒杀。

朱由本有个弟弟永宁王朱慈炎，建昌被破后，向南逃到赣州府北部的宁都。在乡人萧某的支持下，他招抚了在福建汀州和江西赣州之间活动的峒贼兵马，随后向北反攻清军。八月，义军重新夺回建昌，乘势北进夺取了抚州，再进军至南昌府的进贤县，一路屡战屡胜。驻扎南昌的一些清朝官兵大为惊恐，纷纷携带家眷准备乘船逃走。但此时义军粮饷用尽，只得退回抚州。十月，金声桓稳定南昌城内官员情绪后，派出重兵包围了抚州。永宁王派人到福建向隆武帝告急求救。前文提到，郑芝龙在隆武帝多次要求下，勉强答应派郑彩、郑鸿逵分别领兵出征，郑彩负责到江西救援永宁王。但郑彩向西到临近江西边界的邵武关之后就踟蹰不前，隆武帝要求救援抚州的诏书已到，郑彩依然不肯出关。监军张家玉忍无可忍，自己带了三营兵马直奔抚州，在抚州东面的金溪县许湾大破清军，使清军"步兵五千殆尽，骑兵舍马渡河，溺死过半"，解了抚州之围。张家玉此战也被论为隆武朝福建所部的第一战功。但此后郑彩还是不肯和张家玉积极配合作战，最终张家玉负伤败回福建。

许湾之战后，清兵又增派大军再次围攻抚州，朱慈炎率部据城死守。次年（1646）四月，城破，朱慈炎死。

除朱由本兄弟的抗清活动外，1645 年（顺治二年）下半年江西各地还发生了多次抗清起义。如九江府德化县李含初起兵，德安县郭贤操起兵，明沘水知县胡海定在饶州府德兴县起兵，明右佥都御史陈泰来、上高举人曹志明等在瑞州府上高县、新昌县一带起兵等，但都规模不大，持续时间不长。规模和影响最大的，即杨廷麟、万元吉等领导的吉安、赣州保卫战。

二

杨廷麟，字伯祥，江西临江府清江县人，崇祯年间进士，曾任崇祯朝兵部职方主事，在卢象升军中赞画机务。1639 年 1 月（崇祯十一年十二月）卢象升在河北巨鹿贾庄战死，幸免于难的杨廷麟遭到杨嗣昌弹劾后回乡闲居讲学。弘光朝廷灭亡后，金声桓率清军夺占南昌，江西袁州、临江、吉安多个府州都先后投降，建昌也最后被清军占领，江西仅剩最南端的赣州府还在明军手里。杨廷麟离家来到赣州，与好友詹瀚、刘同升及赣州巡抚李永茂等募集兵员，以赣州为基地，力图收复江西其他府州。这时隆武帝已在福州继承大统，擢杨廷麟为吏部右侍郎，刘同升为国子监祭酒。杨廷麟等召集江西各府州散兵残部和广东部分明军，当地也募集不少兵员，组织了一支数万人的队伍，迅速回击清军，当年九月即收复了吉安府、临江府，后放弃临江，退守吉安。因战功卓著，隆武帝晋杨廷麟为兵部尚书兼东阁大学士。不久，隆武帝召李永茂到福建任兵部右侍郎，派兵部右侍郎兼右副都御史万元吉到赣州，总领江西、湖广各军，兼任江西巡抚。

万元吉，字吉人，江西南昌人，初任潮州推官，曾在杨嗣昌军中任军前监纪，深得杨嗣昌信任。1643年（崇祯十六年）任南京职方主事，升为郎中。弘光朝成立后，万元吉主动申请协调高杰、黄得功、刘泽清、刘良佐四镇的关系，化解了四镇的一些矛盾，被擢拔为太仆少卿，监理江北军务。万元吉办事有才干，但也有很迂腐的一面。弘光朝内有权奸当道、外临清军巨大压力的时候，他还郑重其事地上疏请求恢复建文帝的帝号，表彰当时死难的大臣，实在是不知轻重缓急。弘光朝覆灭后他来到福建，隆武帝任命他为兵部右侍郎兼右副都御史。

1646年（顺治三年，隆武二年）三月，杨廷麟亲赴福建，请求隆武帝移跸赣州，吉安、赣州就交由万元吉镇守。当时驻守吉安的部队主要有三部分：一是云南总兵赵印选、胡一青带领的云南兵，二是一部分广东兵，三是新招募的汀州、赣州之间的峒贼，号称"龙武新军"，新军头目是张安。杨廷麟在时，对各支队伍的关系平衡得较好。万元吉接手后，很重视新军，较为轻视云南兵和广东兵，对后者的约束较严，逐渐引起了云南和广东官兵的不满，使各支队伍的协调作战能力大打折扣。三月下旬，清兵来犯，当时龙武新军不在吉安，城内的云南兵、广东兵不战自溃。万元吉败退皂口，发书赣州反复强调云南兵弃城而逃的罪行，云南兵听说后干脆向西一走了之。四月，清军继续进犯，万元吉抵挡不住，只得撤回赣州城。六月初八日，清军进抵赣州城下。

万元吉屡战屡败之后，心智与判断力出现了一些问题，对部下和敌情不再仔细分析研究，只是终日坐在城墙上一言不发。赣州地区东连福建，西接湖南，又是广东的屏障，地理位置极为重要，也因此隆武帝一直想移跸赣州。现在听闻赣州被围，隆武帝十分着急，命杨廷麟回到赣州，与万元吉共同防守，又下令各地明军驰援赣州。各路援军随后陆续到达赣州，包括再次回来的赵印选、胡一青的云南兵三千人，两广总督丁魁楚派来的广东兵四千人，大学士苏观生派来的广东兵三千人，湖广总督何腾蛟派来的二千人，还有江西境内原有的一些兵马和张安的龙武新军等。隆武帝还派吏、兵两部尚书郭维经前往督师支援，郭维经沿途招募了八千人。到八月间，赣州城内外兵马已达四万人以上。为鼓励、慰问守城官兵，隆武帝把赣州赐名为忠诚府，加封万元吉为兵部尚书。

此时赣州守城兵力不弱，如果一鼓作气或可击退清军，但万元吉决策上出现犹豫，坚持要等广东兵部主事黎遂球等招募的"海寇"罗明受带领的水师到来，再水路并进，攻击清军。清军得到消息，提前做了准备，八月二十三日夜，在章江上偷袭刚刚到来的罗明受部水师，一举烧毁了八十多艘大船，水师官兵死伤无数，携带的火炮火药全部损毁。二十八日，清军乘势攻破广东兵营；二十九日击败云南兵。其他援军见势不妙，纷纷退往雩都、韶州等地，赣州城内只剩杨廷麟、万元吉、郭维经和一些地方官员，守城兵士不到六千人。

杨廷麟、万元吉等紧急向各方求援。当时周边各省中，湖广总督何腾蛟的实力最强。早在上一年（1645）年底，田见秀、张鼐、郝摇旗等率领的大顺军余部已投靠何腾蛟，加上本地组织招募的军队，何腾蛟手下兵力至少二十万。隆武帝一直希望能够移跸江西或湖南，能够有一番作为，因此多次致书何腾蛟，请他派兵援助江西，同时迎接自己到江西或湖南。但何腾蛟对此事并不积极，一是对湖南、江西的抗清形势判断不清，对自己是否能真正节制大顺军也心里没底；二是也有自己独立控制湖广等地的自私心理。在隆武帝多次诏令下，他派郝永忠（即大顺军原部将郝摇旗）、张先璧二将领兵救援赣州并顺势"迎驾"，但对二人又没有做出时间和策略上的明确指令。五月，郝永忠从长沙出发，一路上慢吞吞，九月初二日才到达郴州，然后就停滞不进。张先璧到达攸县后也屯师不进。而这段时间却正是赣州被清军猛烈围攻的阶段。

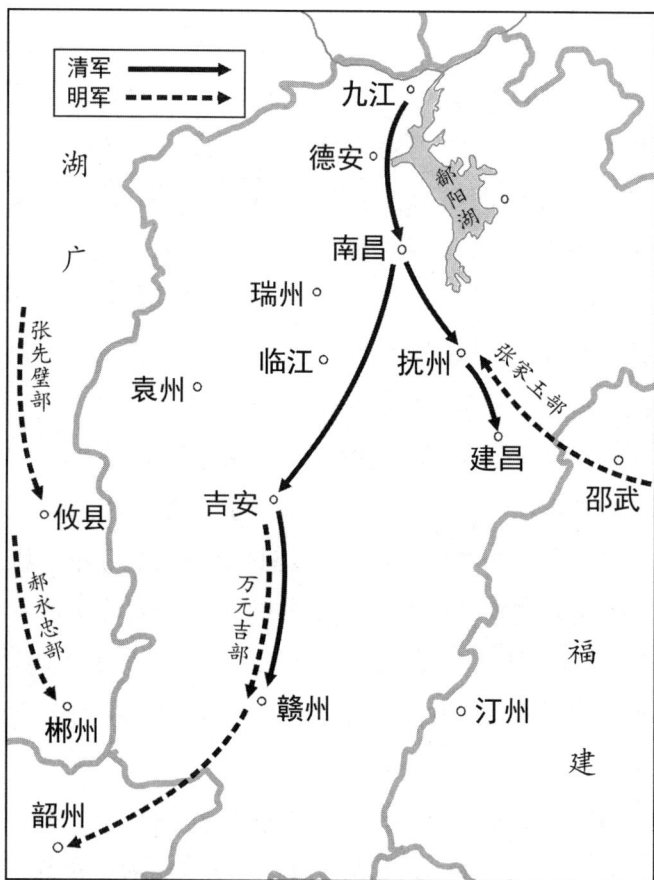

图 9-1　江西抗清局势

面对强敌围攻、外无援兵的局面，杨廷麟、万元吉等拼死守城。万元吉禁止城内军民逃走，他的妾侍要逃出城去，被他抓住斩杀。张岱的《石匮书后集》记载："城中食尽，元吉发书某某请援兵，一书截一指缄牍内，血淋漓书面。城将陷，其子说元吉降，元吉大怒，手刃其子，以颈血贮盆水，呼各将士歃血同心，誓死不变。"①十月初三日，清军大举攻城，明军拼死抵抗。初四日午时，城破，杨廷麟、万元吉投水而死，郭维经入嵯峨寺自焚死，同时遇难的还有黎遂球等官绅三十余人。

赣州之役是江西抗清运动中规模最大、持续时间最长、也最为惨烈的一次战役。赣州陷落之前的两个月内，清军已先后占领浙江、福建，鲁监国逃亡海上，隆武帝已于汀州遇难。浙、闽、赣三省在几个月内全面沦陷，使清军势力范围短时间内得到极大扩张，广东、广西直接暴露在清军面前。

第二节　安徽及鄂、豫、皖交界地区的抗清斗争

一

1645 年（顺治二年）五月南京陷落，弘光帝逃到安徽芜湖，投靠驻兵于此处的黄得功。黄得功在与清军对战时中暗箭后自杀身死，所部降清，弘光帝被俘，安徽南部落入清军之手。不久，徽州府休宁县人金声与其门生江天一（徽州歙县人）在徽州起兵抗清，曾任明宁国府推官、山东巡抚的邱祖德在宁国府响应，复社名士吴应箕（攻击阮大铖的《留都防乱揭帖》的主笔之一）从南京逃回老家池州府贵池县后，也在石埭县起兵响应。当地百姓普遍抗拒清朝的剃发易服令，因此金声等起兵后，从者甚众。六、七月间，义军很快收复了已降清的建德、东流、宁国、旌德等县。刚刚在福州即位的隆武帝朱聿键听说后十分高兴，封金声为兵部右侍郎兼右都御史，吴应箕为池州推官。

七月，清廷派降将提督张天禄、池州总兵于永绶等率兵进剿义军，双方在南陵、宣城、泾县等多个县城展开激战。清军兵势占优，先后夺回宁国府、

---

① 张岱《石匮书后集》卷四六《万元吉传》，中华书局，1959。

池州府多地。金声和江天一等率所部义军坚守徽州绩溪县，利用山区险要地形坚守，清军久攻不下。九月中，已随左梦庚降清的原左良玉军监军黄澍来到绩溪前线，他乔装束发，穿明军衣冠，假称援军要进城支援金声。黄澍也是徽州人，是金声同乡，两人是相识已久的好友。金声虽听说黄澍已降清，但误以为他是迫不得已伪降，遂将他和所带兵士放入城内。黄澍进城后，和城外清军里应外合，很快夺下绩溪，金声、江天一等被俘。

此时，隆武朝廷大学士黄道周带领着三千"扁担兵"已从福建赶到徽州附近，他此行的主要目的之一就是要支援金声。可惜他不懂军事，对地形不熟，情报不灵，不知道自己离金声已仅一山之隔，一直未能与金声的部队会合。后来得到金声被俘的消息，他只能掉头往回走，到婺源县时被张天禄带领的清军击败俘获，后押到南京被处死。

十月，金声、江天一被押往南京，沿途百姓夹道恸哭相送。十八日，二人在南京英勇就义。出卖朋友的黄澍则遭到徽州乡民永世唾骂。

吴应箕在池州大部分县城被清军占领后，仍在努力活动，四处招兵。十月十三日，因寡不敌众在今石台县附近被清军擒获，走到池州城外时被杀。临死前留下一句绝命诗："半世文章百世人"。

至此，安徽南部被清军全面控制。

二

明朝时期，安徽在南京辖内，安徽的最西边是庐州府，再往西则是鄂、豫、皖交界处。此处崇山林立，地势险峻，北边是大别山区，南部是英山、霍山。崇祯年间，当地士绅和乡民在这片山区建了很多山寨。山寨是在当地政府支持下建立的，目的是为了对抗在中原地区来回流动的农民起义军。这些山寨据山势而守，有自己的团练武装，常相互串联协作，在遏制农民军方面确实起到了一定作用。到崇祯末期，这里的山寨发展到数百个之多，其中最有名的有四十八个，被称为"蕲黄四十八寨"。清军南下后，这些山寨的主要任务转为抗清。

　　湖北黄冈县白云寨主易道三、大岐寨主王光淑等联络附近四十多个山寨，约定抵制清朝剃发令，阻断清军粮饷道路，遇有清军来犯则相互救援。担任过崇祯朝兵部尚书的张缙彦为躲避"流寇"，从河南逃到英山，被蕲黄四十八寨推为"盟主"。蕲黄山寨虽然总规模不大，团练乡勇也不是正规兵士，但他们所在的三省交界的地理位置十分重要，对阻断或骚扰清军粮饷运输起到了十分重要的作用，大大牵制了清军的行动，被清军视为眼中钉、肉中刺。

　　1645年（顺治二年）十一月，清湖广总督佟养和、巡抚何鸣銮派黄州总兵徐勇率部进剿蕲黄山寨。徐勇先发书招降，但没有一个山寨同意投降，于是从当月十五日开始，首先进攻白云寨。大岐寨主王光淑得讯，统领各寨上万兵勇来救援。双方苦战几日，王光淑不慎被俘。各寨兵勇见王光淑被俘，无心恋战，纷纷四散逃窜，清军趁势追杀数千人。白云寨主易道三见大势已去，向清军投降。徐勇下令将攻下的几个山寨拆除，随后又引兵攻下泉华、斗方等山寨。有九十余家山寨看清军势不可当，都先后受抚投降。王光淑、易道三等被押到武昌斩首。

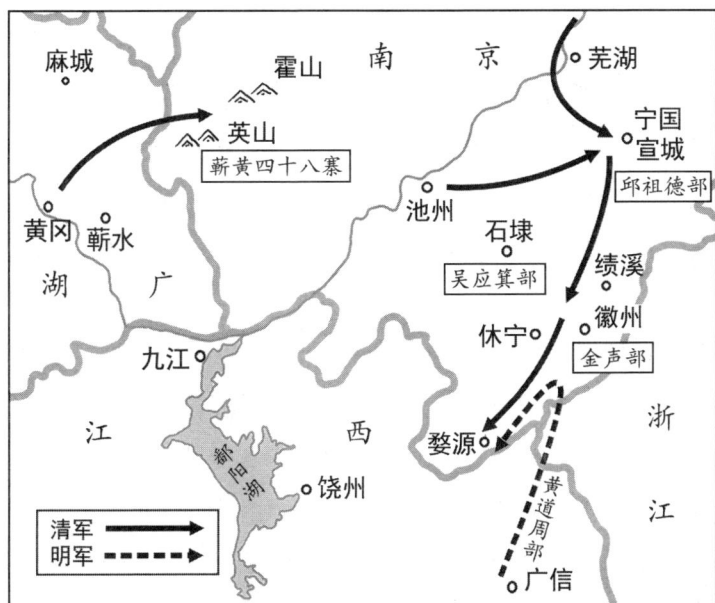

图 9-2　安徽及三省交界地区抗清形势图

就在清军大举进攻蕲黄山寨时，众山寨"盟主"张缙彦却赶紧写了一封投降信，托人送交在南京的招抚江南总督洪承畴。崇祯年间洪承畴在陕西任职时，张缙彦曾是他的下属，因为这一层关系，洪承畴向清廷力保，准许张缙彦投降。

蕲黄众山寨虽然遭受了重大打击，但还有一些山寨在坚持抗清斗争。1648 年（顺治五年）春，鄂、豫、皖交界处的抗清运动再起高潮。明宗室宁藩的后裔朱统锜被拥为首领，称石城王，统率二十四寨，联络新的蕲黄四十八寨，声势极为浩大。直到 1650 年（顺治七年），才被清朝镇压下去，但以后仍时有余波。

第三节　陕西一带的抗清斗争

1645 年（顺治二年）正月，李自成放弃西安，率刘宗敏等部南下河南、湖广。清豫亲王多铎率南路军占领西安，英亲王阿济格率北路军与多铎部会师。之后，按多尔衮命令，多铎率部经河南归德进攻江淮地区，直扑南京；阿济格率部南下，追击李自成大顺军。大顺军另一支由李过、高一功等率领的主力原在陕北榆林一带活动，见陕西局势不妙，收拢大顺军在陕西北部、西部的部队后（暂统称为大顺西路军），打算经汉中入川，再到河南、湖广与李自成部会合。

大顺西路军到汉中时，不料遭到镇守汉中的原大顺军将领贺珍等部的阻截。原来在这一年的年初前后，大顺军贺珍、罗岱、党孟安、郭登先四将见清军势大，已率部悄悄投降清朝，贺珍被阿济格授封为汉中总兵。大顺西路军在贺珍等部阻击下，虽然最终突破防线继续南下，但损失也不小。这年六月，占据四川的张献忠派兵进攻汉中，贺珍率部反击，大败大西军。九月，清廷以贺珍御贼有功，封他为定西前将军。

虽然对贺珍等降将连续封赏，其实清廷对他们并不放心。这年五月，清陕西总督孟乔芳就上疏朝廷说，经查，贺珍、罗岱、党孟安、郭登先四总兵都不是明朝旧臣，都是流贼起家的头目，目前的投降不过是畏于清军势大，他们习惯于反反复复，其"狼子野心，阳顺阴逆"，应予以十分警惕。孟乔芳已将罗岱调至延安，打算把贺珍、郭登先也暂时调开，只留党孟安率兵一万继续守汉中，建议清廷最好把贺珍、郭登先以提拔的名义调到宣大、山东一带安置。名为提拔重用，实为分隔解散。

孟乔芳的举动引起了贺珍的警惕。这时，陕西的局势也发生了很大变化：多铎、阿济格的清军主力已离开陕西，东西两路大顺军也先后离开了陕西。清廷留下镇守陕西的总督孟乔芳名义上节制的官兵有一万二千人，但实际上其中近七千人都是刚刚投降过来，由凤翔总兵董学礼等实际控制，孟乔芳自己可以控制的兵员只有四千五百人。贺珍目前的实力远远大过孟乔芳，于是他决定伙同罗、党、郭三人起事，反清归明。

贺珍起事前，先与罗、党、郭三人密谋，党孟安、郭登先比较犹豫，不想冒险反清，结果贺珍直接杀了二人，把他们的部属也收到自己手下。十二月中旬，贺珍起兵反清，首先攻打凤翔县城。驻守该城的副将武大定、石国玺率部响应，协助贺珍部占领了凤翔。后清军援兵赶到，贺珍撤出该城。贺珍反清后，原明朝陕西副总兵孙守法与胡向宸等主动领兵前来联络，共同抗清。两年前（1643）的年底，大顺军占领陕西后，孙守法躲入西安南边的终南山中。1645 年初清军占领西安，他以明秦王的儿子为号召，在终南山一带聚兵抗清。

贺珍、孙守法、胡向宸等合兵后，十二月下旬共率七万兵马进攻西安，声势颇为浩大，清陕西巡按黄昌胤、泾阳知县张锡蕃等投降义军（后来这二人都被清廷捕杀）。清陕西总督孟乔芳带领为数不多的守军据守西安，内心十分紧张，派人向清廷紧急求援。清廷本已计划任命何洛会为定西大将军，率大军赴陕西，再南下夺取张献忠占据的四川。此时接到孟乔芳急报，赶快命令固山额真李国翰为前锋，率部救援西安。1646 年（顺治三年）正月初五日，李国翰部清军在西安西郊击败义军，二十五日又在咸阳乾州再次击败义军，义军士气大衰。这时何洛会率领的满汉大军已赶到陕西，清廷同时又任命肃亲王豪格为靖远大将军，同多罗贝勒尼堪等征讨张献忠，也率大军到了陕西，陕西的清军实力大大增强。贺珍、武大定、孙守法等只得率部南下，转移到汉中府东部、临近湖广的兴安（今安康市）一带。

这年（1646）三月，原大顺军光山伯刘体纯率部由河南进入汉中，与贺珍等部会合，他们共同奉明隆武年号，孙守法自称明朝五省总督。

六月至九月间，孙守法、武大定等部先后再次被清军击败，只能仍退守兴安一带。1647年（顺治四年）四月，孟乔芳设伏兵攻击孙守法，孙守法执铁鞭格杀数十人后战死。1651年（顺治八年）年底，贺珍、刘体纯所部退入川东，袁宗第、塔天宝、李来亨、郝永忠等人率领的大顺军余部也先后从不同地方转移到川东夔州府地区，他们与当地抗清武装相结合，组成了著名的"夔东十三家"，坚持抗清一直到1664年（康熙三年）。

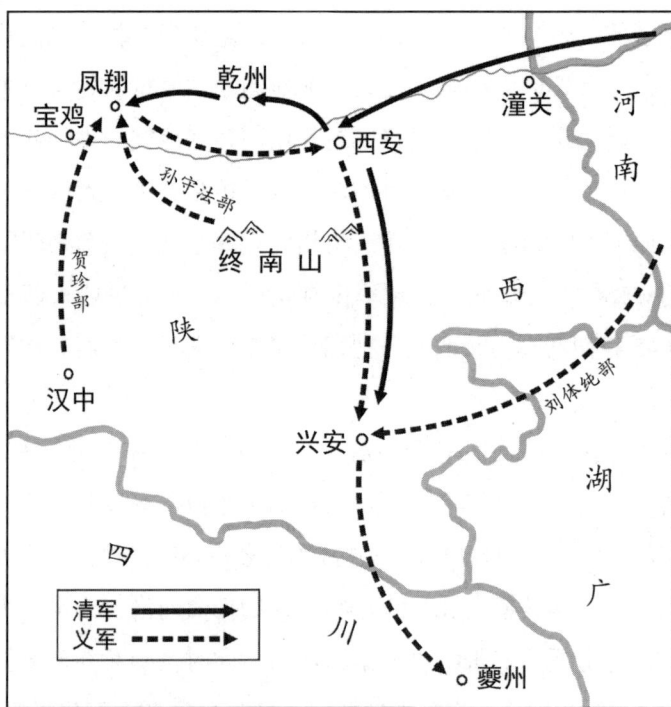

图 9-3 陕西地区抗清斗争

第四节　湖广地区——大顺军余部拥明抗清

一

　　1645 年（顺治二年）五月初，李自成在湖北通山县九宫山意外死于当地乡民团练之手，他率领的大顺东路主力军陷入了群龙无首的窘境中。本年年初李自成率军从西安南下时，带着大顺中央政府的主要官员和大批重要将领，四月份大顺军威望极高的领导人之一刘宗敏被清军俘杀，牛金星、宋献策等重要文官先后投降清朝，这时李自成一死，大顺军再无能够统筹全局的权威人物，大顺政权已近乎瓦解。

　　此时大顺东路军的将领有：泽侯田见秀、义侯张鼐、绵侯袁宗第、磁侯刘芳亮、光山伯刘体纯、太平侯吴汝义、郝摇旗、王进才、牛万才等。经过一路战斗，他们各自手下控制的兵力出现了很不均衡的状态，如原先地位和刘宗敏相等的田见秀，手下部卒仅七千名；原右营制将军袁宗第手下仅三千人，而他的老部下刘体纯却有兵三万，其弟刘体统也有二万人；左营制将军刘芳亮曾是进攻北京的南路军主帅，现在兵力也仅一万；而原先地位较低的裨将郝摇旗有四万人；王进才有七万六千人。他们虽然都还保留着大顺的爵位和级别，但因为没有新的领袖，他们事实上变成了没有统一指挥系统的松散联盟。他们先后率部集中于长沙东面的平江县、浏阳县附近，总共约二十一万人马在此局促之地滞留了两三个月，对下一步走向何方举棋不定。这段时间内，清、明两方在湖广这一带的部署也发生了变化。

　　清军南下的西路军统帅英亲王阿济格，在九江附近击败大顺军、先后收降了左梦庚等部的大批明军后，再得知李自成死讯，认为其南下的主要任务已完成，于六月间带其八旗兵主力回北京休整。他临走前任命梅勒章京佟养和为"总督八省军门"，带领少量兵力驻守武昌。湖北各地则由刚刚投降过来的明军、大顺军驻守。原左良玉军部将金声桓被任命为江西总督，驻守南昌，伺机招抚和夺取江西全境。

　　明朝方面，三月至五月是一个大混乱、大败亡的时期。三月下旬，驻守武昌的左良玉为躲避大顺军，同时也是在黄澍等人的怂恿下，以清君侧为名发兵东下进攻南京，路上劫持了明江西等地总督袁继咸、湖广等地总督何腾蛟等。

　　何腾蛟，贵州黎平人，崇祯年间任河南南阳知县、湖广巡抚等职，弘光朝时期受命总督湖广、四川、云南等地军务。被左良玉劫持上船后，他找了个机会跳水逃生，逃回了长沙。他以长沙为驻地，召集会合了原部下官员堵胤锡、章旷、傅上瑞等人，再调集附近几个州县副将黄朝宣、张先璧、刘承胤等的部队，逐渐聚拢起一定的军政力量，成为明朝方面驻守湖南的主要势力。

　　如此看来，驻守湖北的清军主要是降兵降将构成，湖南的明军都是临时拼凑的州县一级杂牌军，这个时段在湖广实力最强的，反倒是大顺军余部。只可惜大顺军目前失去了最高统帅，也失去了行动的方向和目标，全军都显得茫然无措。六月中，清八省总督佟养和派人与大顺军接触，试图招抚大顺军。在他看来，自己目前实力不够强，能够招抚这支强大的农民军是最划算的买卖。清军南下以来也一直坚持杀抚并举的策略，起到了很好的效果。大顺军诸将在讨论协商后，初步同意投降，但条件是不剃发。前文说过，剃发易服是清廷极为顽固坚持的严令，佟养和请示朝廷后，得到的仍是必须剃发的答复，而大顺军将领坚决不同意剃发，双方的谈判陷入僵局。

　　在与清方接触谈判的同时，大顺军也在试图和明朝方面接触。他们询问当地乡民，得知现在湖南的明朝总督是何腾蛟，于是打算同时也联络何腾蛟，请他帮忙引荐投靠南京弘光朝廷（当时大顺军对弘光朝廷已覆亡的情况不甚了解）。何腾蛟的情报也不明，以为进入湘东的只是一些山寇土贼，于是在六月中上旬，派长沙知府周二南和原驻攸县的副总兵黄朝宣领兵二千进剿。大顺军的驻地在平江、浏阳一带，距离何腾蛟的驻地长沙很近。周二南进兵后，大顺军暂时不想与明军交恶，因此主动退让。周二南不明就里，以为这些"山寇土贼"不堪一击，于是"乘胜"追击。大顺军忍无可忍，在浏阳县官渡一带展开反击，击毙周二南，官军被杀伤殆尽。此时何腾蛟才知道在自己附近活动的是大顺军主力，以为他们要进攻长沙，大感惊惧，决定死守长沙，以死报国。

　　幸好大顺军的意图是寻求与明军的合作，他们很快派当地人给何腾蛟传递了愿意归降的信息。何腾蛟大喜，立刻派人到大顺军营中接洽，大顺诸将意见一致，决定全军归降明朝。此时隆武帝已在福州立朝，何腾蛟立即将此"喜讯"报告了朝廷。最先率部来投的是郝摇旗、王进才部，而且此二人所统兵将最多，所以深得何腾蛟看重，郝摇旗被任命为督标副总兵，不久升任总兵，加封南安伯。为示嘉奖，隆武帝赐郝摇旗改名为郝永忠。田见秀、袁宗第、刘体纯等将领也先后率部归降。何腾蛟节制的兵员人数突然间暴增到数十万之众，一时间成为南明朝廷中规模最大的地方势力。在隆武帝的支持下，何腾蛟成为明朝官员中与主力农民军合作抗清的第一人。与农民军合作抗清，是南明政府在政策上的一大转变，也代表着民族矛盾成为中国内部的最主要矛盾。

二十多万人的大顺东路军名义上都归何腾蛟节制，大大增强了湖南明军的实力，客观上对南明抗清事业大有益处。但如何有效节制如此规模庞大、实力强大的大顺军，对何腾蛟来说也是个很大的难题，他自己本身对此事也有很大顾虑。首先，大顺军同意拥明抗清，同时也提出了不打乱建制、保持一定独立性的条件，何腾蛟从自身实力出发，也不得不同意此条件。大顺军的"归降"，其实带有很大程度的"合作"意味，何腾蛟并不能对他们随意下达调动或安排的指令，很多事情得商量着办。其次，田见秀、袁宗第、刘体纯、刘芳亮等都是久经大阵仗的著名将领，怎么处理好和他们的关系，让他们不至于再倒戈相向，也是个重大难题。最后，最关键的，何腾蛟自己和大部分明朝官吏对大顺军还是心存戒惧，毕竟大顺军和明军作战十数年，还攻克了北京，逼死了崇祯，双方不可能短时间内就建立很好的信任关系。因此何腾蛟采取了几个应对手段：一是军事行动上和大顺军尽量采取协商合作的方式；二是分化大顺军将领，重用和提拔郝永忠、王进才等原大顺军普通将领，对田见秀、张鼐、袁宗第、刘体纯等原大顺军高级将领适当冷遇，不向朝廷去争取对他们的封赏，保持甚至扩大大顺军内部的不均衡状态；三是采纳分巡下湖南道参议傅上瑞等人的建议，以粮饷不足为由，不给大顺军拨付充足粮饷，给他们制造难题，逼他们离开或解散一部分兵员；四是抓紧招募组建自己的"亲兵"，增强自己可以实际控制的武装力量。

在何腾蛟这样的处置下，大顺军只能继续收缩于长沙附近的局促之地，处境十分困难。因为粮饷没有来源，部分部队只得在附近村镇"打粮"，立刻又遭到明朝方面掠夺和扰民的指控。不久，除郝永忠、王进才二部留在湖南外，田见秀、张鼐、刘体纯等率大顺东路军北上，到荆州地区和李锦（李过改名）、高一功等率领的大顺西路军会合。

二

1645 年（顺治二年）年初，李锦、高一功等率领的大顺西路军从陕西南下，四月间经过川东来到了湖北西部山区，总兵力约为三十万人。七月二十日，西路军在李锦、高一功、贺篮、李友、刘汝魁、马重禧、张能、田虎、杨彦昌"九大头领"的指挥下，围攻荆州。清驻守荆州副总兵郑四维坚守城池，大顺军围攻半月之久，仍未能攻克。

这时，大顺西路军已得知李自成死讯，东西两路军也相互得知了对方的情况。田见秀、刘芳亮、袁宗第、张鼐、刘体纯等东路军将领感到长沙附近一带地形局促，粮饷的问题很难解决，于是决定率部北上与西路军会合，共商大计。八月，东路军除郝永忠、王进才二部留下之外，其余诸部夺取洞庭湖、长江的各类船只，沿长江逆流而上直奔荆州地区。当时驻守洞庭湖和长江之间的重要城池岳州府的，是降清不久的将领马进忠。马进忠原是农民起义军的著名首领之一，绰号"混十万"，崇祯年间投降了明朝廷，清英亲王阿济格南下追击李自成时，又在湖北投降了清军。这时马进忠再举义旗，配合接应大顺东路军沿江北上。在荆州地区，东西两路大顺军终于实现会师。李自成的妻子高氏本来一直在东路军中，此时也转到侄儿李锦的营中。

东、西两路军会师后，大顺军实力大大增强。李锦等人推举李自成的三弟为新的领袖，从明朝廷缴获的玉玺则由李锦掌管。但从后来大顺军的情况看，无论是李锦还是其他首领，都未能全面统筹调动大顺军，李自成的三弟更是无人所知，在历史上连名字都没有留下。可见大顺军的最高统帅和统一指挥系统的事并未有效解决。

清八省总督佟养和对大顺军还在继续实施招抚，答应大顺军一旦归降，可以安置在荆州等地区，各将领都有封赏，但依据清廷指示，仍坚持要求大顺军将领和士兵剃发表示真心归顺，李锦等人依然坚决不同意剃发。

南明朝廷方面，也在争取大顺军。东、西两路军会合前后，湖广巡抚堵胤锡已经开始与李锦等人密切接触。

堵胤锡，字仲缄，生于1601年（万历二十九年），江苏宜兴人，崇祯十年进士，崇祯十四年任长沙知府；弘光朝时期被任命为湖广按察司副使，提督学政；隆武帝立朝后，任命为湖广巡抚。湖广总督何腾蛟驻于长沙，巡抚堵胤锡则驻于常德府。从职级上讲，堵胤锡受何腾蛟节制，但在对待与农民军合作这件事上，堵胤锡的思想比何腾蛟更为开放和讲求实际，为此后期还遭到南明朝廷瞿式耜等保守派的攻击。

1645年八月，大约在东西两路大顺军会合之前，堵胤锡只身进入西路大顺军大营，与李锦等诸首领见面。堵胤锡对诸首领慷慨陈词，声泪俱下，述说家国大义、人心向背，提出在此国破家亡的危急时刻，众首领应放下成见，与明朝官军、乡绅和百姓一道，万众一心，联合抗清，光复旧宇，为国家和人民建功立业，才是英雄之所当为。堵胤锡独闯连营的勇气以及大义凛然的陈说，令李锦等人深受感动，加之已得到东路军受抚于何腾蛟的信息，于是李锦等众首领当即决定接受堵胤锡招抚，拥明抗清。堵胤锡则立即上疏隆武朝廷，为大顺军诸将请求爵位封赏。

十一月，堵胤锡的奏疏送达福州隆武朝廷，立刻引起了一番激烈争论。内阁大学士蒋德璟、路振飞、林增志等认为李自成攻陷北京，逼死崇祯帝，罪无可赦，不同意封赏。翰林兼兵科给事中张家玉、顾之俊，御史钱邦芑等开明人士则力主加封，认为用好大顺军这支百战雄师，明朝中兴即在此一举，且朝廷只需一纸诏书，不费一兵一饷即得数十万雄兵，何乐而不为？前文说过，隆武帝朱聿键是位勤勉为国、想要有所作为的君主，他完全接受和支持后一种意见，遂于1646年（顺治三年，隆武二年）年初，派锦衣卫马吉翔[①]

---

① 　马吉翔原是两广总督丁魁楚部下，奉丁总督令押送广西叛乱的朱亨嘉到福州，后在福州留下任隆武朝锦衣卫。此人在永历朝时一度进入朝廷权力核心，在永历后期扮演了重要角色。

为使者前往湖广颁诏，封李锦为兴国侯，挂龙虎将军印，御赐李锦改名为李赤心，高一功改名为高必正，所部大军赐名"忠贞营"。

三

大顺军与南明朝廷达成合作抗清的"协议"后，南明方面在湖广地区的实力大涨。堵胤锡任忠贞营监军，他建议何腾蛟、章旷统兵由岳州北上，自己则随忠贞营先攻下荆州，然后东下和何腾蛟部会师武昌，则湖广可复矣！于是忠贞营加紧进攻荆州城，清守将郑四维竭力防守，已经难以支撑，只能不断向驻武昌的八省总督佟养和求救。佟养和手里也无援兵可派，而且还担心何腾蛟等进攻武昌，于是向驻南京的平南大将军勒克德浑紧急求援。勒克德浑接到求救文书后，于当年十二月十八日从南京率援兵乘船逆江而上，次年（1646）正月初十日到达武昌。然后勒克德浑兵分两路，一路由护军统领博尔惠率领，南下岳州阻击以马进忠、王允成为前锋的何腾蛟、章旷部；一路由勒克德浑自己带领向西急行军，以解荆州之围。

1646 年正月初二日，何腾蛟和监军道章旷率部自长沙到达湘阴，拟随后率主力部队会师于岳州，再北上进击武昌。几天后，驻守岳州的马进忠、王允成、王进才、卢鼎四总兵听说满洲八旗兵已沿江南下进取岳州，居然弃城而走，率部乘船南逃。岳州副将马蛟麟更是直接投降了清军。何腾蛟、章旷部正在北上途中，遇到南窜的马进忠等部人马，一问之下，以为是勒克德浑的清军主力直扑湖南，也吓得急忙带人马退回长沙。其实博尔惠带领的进取岳州的人马并不多，清军主力主要是跟随勒克德浑救援荆州，结果博尔惠所部兵不血刃轻松占领岳州重镇，以少量兵力即卡住了明军北上的重要关口，让湖南明军和湖北忠贞营难以配合作战。

正月二十九日，勒克德浑的主力军沿江进到石首县，他探知忠贞营主力在江北岸围攻荆州，后勤辎重则屯于江南岸，于是再次分兵，命尚书觉罗郎球率一部分兵马袭击江南岸后勤营地，自己则率主力连夜疾驰，于二月初三日早晨到达荆州城外。李锦等对勒克德浑的千里奔袭毫无所知，仍在正常指挥攻城。勒克德浑八旗兵突然从后方袭击忠贞营大营，李锦等猝不及防，被打得大败，向西溃退。觉罗郎球部也出其不意击败江南岸的忠贞营守兵。勒克德浑乘胜追击，忠贞营兵马辎重损失极大，李锦等被迫向西退入三峡天险地区；监军堵胤锡坠马受伤，向南撤到湖南常德一带；李自成的三弟以及田见秀、张鼐、李友、吴汝义等原大顺军重要将领在夷陵（今湖北宜昌）附近投降清军。四月初三日，勒克德浑收到多尔衮从北京传来的指令，以田见秀等人反复无常为由，把他们及其部下将士全部斩杀。

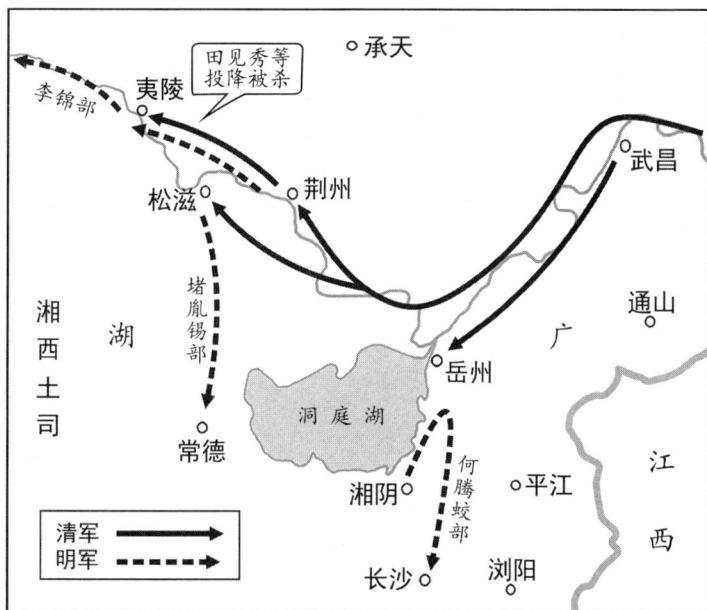

图 9-4　荆州之役

荆州之役，令忠贞营损失惨重，尤其是田见秀、张鼐、李友等身经百战的大将被迫投降及被杀，让原大顺军主力元气大伤；也让南明朝廷在湖广地区刚刚聚起来的大好形势转眼间烟消云散。失败的主要原因，是明军与大顺军结合后，虽然名义上各军都由督师何腾蛟节制，但何腾蛟事实上缺乏有效指挥各军的权威和能力，各支部队缺乏统一严格的部署和约束，也缺乏相互的信任和支持。正是在这种情况下，马进忠等部或逃或降，而何腾蛟等束手无策，让清军如入无人之境直扑荆州；且何腾蛟、李锦、堵胤锡等情报不灵，对全局军情都不甚了解，缺乏统筹协调和相互配合，终被清军以少胜多，分头击破。

明军在岳州失守后，退到岳州南边不远的新墙镇与清军对峙。1646年（顺治三年，隆武二年），清总兵祖可法（祖大寿养子）、张应祥领兵进攻新墙镇，章旷部署的明军大败。清军占领新墙镇，只是因为兵力不太多，暂时没有继续南下。九月，何腾蛟、章旷准备北伐，带领亲兵和王进才、王允成的水师，由湘阴、洞庭湖水陆并进，意图一举夺回岳州；堵胤锡和马进忠部从常德出发，沿江而下，打算和何、章部在岳州会师，进击武昌。当时岳州由刚刚降清不久的马蛟麟镇守，兵力十分有限，清新任湖广总督罗绣锦也只派了少量兵马来支援。何、章大军来袭岳州，马蛟麟等仅率数百骑就把明军打得大败，王允成部水师也被击败，章旷等只能灰溜溜退回湘阴。堵胤锡、马进忠部沿长江而下，已经到了嘉鱼县附近，接近武昌，得知何、章部已在岳州被击败，后续也没有支援力量，只得再退回常德。何腾蛟策划的北伐行动以失败告终。

1645年至1646年初何腾蛟和忠贞营在湖广活动时，清廷在湖广部署的兵力都很少，因为清军的重心在进攻浙江、福建的鲁监国、隆武政权。可惜何腾蛟等没有抓住这个难得的机会，被兵力有限的清军一再击败。1646年六月至七月，清军占领浙江，八月至九月占领福建大部，八月二十八日隆武帝朱聿键在汀州遇难。对清廷来说，东南已大定，金声桓攻下赣州，占领江西全境也指日可待，于是开始安排大举进攻湖广。

1646年（顺治三年）八月十五日，清廷命恭顺王孔有德、怀顺王耿仲明、智顺王尚可喜、梅勒章京佟养和等率兵南下，进攻湖广和两广，孔有德挂平南大将军印节制各部。孔有德等做了充分准备，于1647年二月初到达岳州，随后对明军发起攻击，很快夺取新墙镇、湘阴，二十五日攻占长沙。何腾蛟、章旷等在云南将领赵印选、胡一青保护下南逃到衡州府，堵胤锡、马进忠部从常德西撤到湘西一带。清军继续追击，四月十四日占领衡州，何腾蛟等再逃至永州。八月初章旷在永州病死，何腾蛟再往南逃到广西境内，和南明永历朝廷的其他几支部队会合。清军则继续攻占永州等地，迅速占领了除湘西部分土司之外的湖南全境，南明朝廷在湖广的经营全面失败。

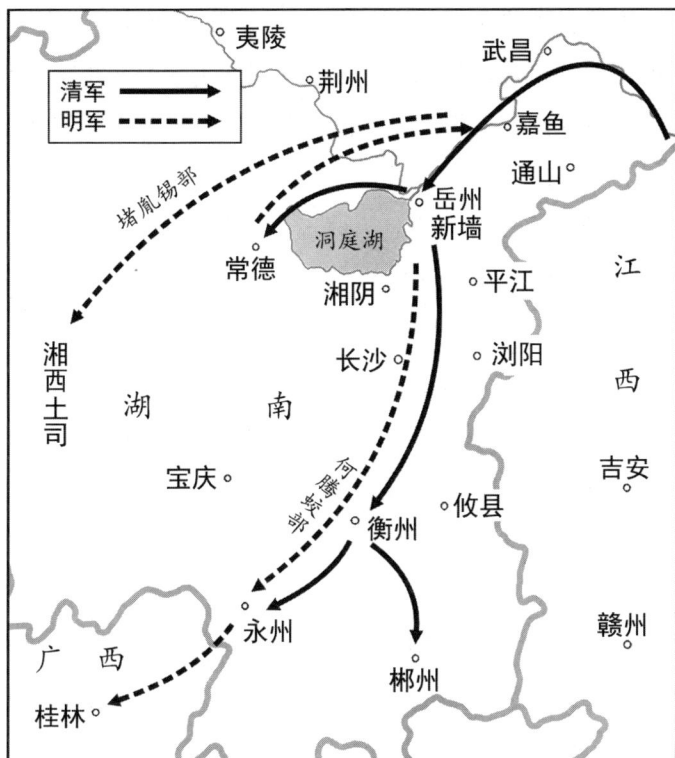

图9-5　清军占领湖南

第五节　大西军经营云南

一

　　云南地处西南边陲，在明朝整个统治期间，其管理体制就和内地各省有所区别。明朝建立初期，朱元璋命西平侯沐英率大军平定云南，之后就让他留下，子孙承袭黔国公爵位，世代镇守云南。之后在云南也设立了都指挥使司、布政使司、按察使司和巡抚等地方官衙，但军政大权主要仍集中在沐氏家族手中。沐氏家族经过两百多年的经营，不仅牢牢把控着云南一省的实权，还占有大量的产业和土地，云南省近七成的田庄土地都归沐家所有，沐家可谓权势熏天、富可敌国。这种由异姓公侯掌管一省军政大权的情况，整个明朝也仅见于云南。

到明末时期的这一任黔国公名为沐天波。因为地处边陲，云南在天启、崇祯年间几乎未受到内地变乱的影响。但1644年甲申之变前后，尤其是张献忠入川，沐天波和云南地方官员也感受到了巨大压力。张献忠在成都建立大西政权后，沐天波和巡抚吴兆元等调集地方和土司的军队，随时提防大西军入滇。同时也按明朝廷要求，派出一部分军队援助江西、湖南等地的明军，如前文提到的赵印选、胡一青的云南兵。

内地巨变造成的一些不稳定因素也逐渐波及云南省内部，一些土司开始借机表达对沐王府和地方政府的不满。1645年九月，武定土司吾必奎起兵叛乱，称："已无朱皇帝，安有沐国公？"迅速攻下大姚、定远、姚安等县，全滇震动。沐天波等人紧急调集石屏土司龙在田、蒙自土司沙定洲等土司兵马围剿，很快平定了叛乱。

平定吾必奎叛乱之后，各土司中实力较强的沙定洲却对沐王府的权力和财富打起了主意。他平叛之后不离开昆明，而是于该年十二月初一日突然率兵攻入黔国公府，并派兵占领昆明各个城门。沐天波猝不及防，只带着官印和少数几个卫士逃出城来，向西而去。沐天波的母亲陈氏和妻子焦氏没有来得及与他一同逃走，她们逃到城北尼姑庵，当晚自焚而死。沐天波西逃途中遇到龙在田等人，在他们保护下来到楚雄。镇守楚雄的是金沧兵备道杨畏知，他和沐天波商议后，决定杨畏知接着守楚雄，沐天波继续西行到永昌府（今保山）躲避。

沙定洲是云南土司沙源的次子。沙源在万历年间多次应诏出征，屡立军功，后被封为宣抚使，属地安南（明朝安南是指今越南北部），实际驻地蒙自。沙源死后，沙定洲继承土司位，还娶了阿迷州（今开远）土司的寡妻万氏，因此同时兼有蒙自、阿迷两地，实力大增。沙定洲占领昆明后，派兵追拿沐天波等人，在楚雄被杨畏知的部队击败，退回昆明。他又派兵征讨和招降云南其他州县，下令凡拥护自己的各级官员一律留任。不久之后，除楚雄及滇西的部分地区外，云南大部分地区都归附了沙定洲。他占据黔国公府，把沐家两百多年积累的巨额财产据为己有。据记载，沐家库房中的金银财宝堆积如山，佛顶石、琥珀、金块等都用大箱子装，每个箱子重达百斤，库房里每个板架装五十箱，总共有二百五十多个板架。沙定洲把这些财物装车运回蒙自老巢，几个月都没运完。沙定洲还胁迫云南省原重要官员，伪造他们的奏疏，向隆武朝廷上疏说道："天波反，定洲讨平之，宜以代镇云南。"[1]这些被胁迫的官员包括云南巡抚吴兆元、隆武朝大学士王锡衮等。

王锡衮，字龙藻，云南府安宁州禄丰县人，天启二年进士，曾在崇祯朝任少詹事，礼部、吏部左侍郎等职。他曾举荐卢象升率部抗清，在人才选拔方面深得朝廷上下认可。1643年（崇祯十六年）他母亲病故，回到老家禄丰丁忧。隆武立朝后，传诏任命王锡衮为东阁大学士、礼部尚书兼兵部右侍郎，总督云、贵、川等地军务。1645年年末，他从禄丰到昆明募集兵马，准备奉隆武朝廷号令出征抗清，正好碰上沙定洲叛乱，被叛军软禁在昆明贡院。王锡衮虽然当时手无兵权，但其职级和声望在云南首屈一指。沙定洲极为重视王锡衮，多次劝降他，请他上疏朝廷表示支持沙定洲，都遭到王锡衮严词拒绝。沙定洲见劝降无果，干脆冒用王锡衮名义给隆武朝廷上疏，并以他的名义向省内各地发布相关咨文通告。

由于当时内地局势动荡不安，隆武朝廷刚刚成立，云南距离福建山高路远，信息不畅，因此隆武朝廷收到吴兆元等人的奏疏时，并不清楚这些文件是出于沙定洲的胁迫和伪造，也不清楚云南发生叛乱的真实情况，于是在1646年初回复诏谕要"扫除沐天波"。后来隆武朝廷通过别的信息渠道，才了解到是沙定洲叛乱，但那时东南一带战事频仍，隆武朝廷自顾不暇，八月隆武帝朱聿键在汀州遇难，云南的事就一直无人顾及。而沙定洲也正是利用这个天下大乱的机会，做了一年多的云南土皇帝。

---

[1] 吴伟业《鹿樵纪闻》，又名《绥寇纪略》卷中《沙定洲之乱》，上海古籍出版社，1992。

二

1646 年（顺治三年）十一月二十七日，张献忠在四川西充的凤凰山下被清军射死，大西军兵败如山倒，余部在张献忠四个义子孙可望、刘文秀、李定国、艾能奇的带领下，迅速向重庆方向南撤。大西军当时处在后有清军追兵、前有明军依长江天险堵截的生死存亡关头。十二月初，大西军到重庆江北后，驻南岸的明军守将曾英认为大西军饥疲交困，必不堪一击，且又无过江船只，因而警戒较为松懈。夜间，刘文秀悄悄带领数人，潜水至江中夺得一艘船，划回北岸，载上百余名士兵攻向南岸。明军没有防备，被打得落花流水，守将曾英中箭落水而死，大西军攻占重庆。之后大西军继续南行，十二月二十七日到綦江。孙可望等决定重整队伍，下令"自今非接斗，不得杀人"[①]，接着带队伍到了遵义，果然秋毫无犯。大西军再往南行，到达川、贵交界的乌江[②]。刘文秀故技重施，带数十人泅水渡江，明贵州守军大为惊骇，不战自溃。大西军连夜渡江，直取贵阳。明贵州巡抚、布政使等弃城而逃，大西军顺利占领贵阳。一路追击而来的清军到达遵义附近后，因前面贵州地区十分穷困，粮饷无法解决，只得班师回撤。大西军后面已无追兵，接着又占领了威清、平坝、安顺等地，在贵州基本稳住脚跟。

大西军到遵义时，孙可望等已经开始进行政治上的整顿。张献忠在四川期间迷信暴力，过度屠杀，让大西军几乎民心尽失，最后在四川无法立足，这与宰相汪兆龄多番怂恿和鼓动紧密相关。大西军南撤时，汪兆龄仍然官居宰相，凛凛然居于所有将领之上，十分妨害孙可望等人整顿军纪的措施。经孙可望、刘文秀、李定国、艾能奇商议决定，处死了汪兆龄和张献忠的"皇后"[③]，把大西军的控制权牢牢掌握在四人手中。孙可望四人在跟随张献忠时，都随义父姓张，现在恢复原来姓氏。孙可望年龄最大，又通文墨，被推举为

---

① 邵廷采《西南纪事》卷十二《孙可望传》，《邵廷采全集》，浙江大学出版社，2018。

② 明朝时期遵义地区归四川管辖，称为播州宣慰司，遵义和贵阳之间以乌江为界。

③ 张献忠的皇后为何人，各类史料记载杂乱，有的说是崇祯末期大学士陈演之女，也有说陈演之女在张献忠生前已被处死。

新的领导人。

大西军在贵阳停留了一段时间。在这段难得的稍稍安稳的日子里，孙可望、李定国等开始总结分析大西军惨败的原因。他们都很清楚，张献忠在四川大肆屠杀川人是大西军尽失民心的主要原因，而在西充凤凰山突然出现的清军，射杀张献忠并把大西军全面击溃，且一路追击，更是给他们留下了深刻而痛苦的记忆。大西军此前十几年一直是与各地明军、地方势力作战，从未与满洲八旗兵谋面。凤凰山与清军第一次接战就如此惨败，让孙可望等人认识到了清军的凶残和强大，也认识到了清朝可能才是他们将来最主要的敌人。他们商议说，李自成攻陷北京称帝，但最后没有成功，而张献忠的大西政权也以失败告终，看来明朝气数未尽，大西军余部似乎不应再重蹈覆辙；现在北虏进取华夏，应当以中国为重，反正扶明才是将来的出路。就是在这个阶段，扶明抗清的想法开始在孙可望、李定国等人的心里播下了种子，他们开始意识到民族矛盾已逐渐上升为当前最主要的矛盾。

贵州山多涧深，田地稀少，民穷土困，大西军据此地便于固守，但粮饷来源较为困难。此时，他们收到了云南石屏土司龙在田的来信，说到沙定洲反叛，建议大西军入滇帮助平叛，同时开发新的根据地。早在崇祯十一年到十二年（1638—1639）张献忠受抚于湖北谷城期间，他和部下就与从云南调来的官军建立了很好的关系，尤其与龙在田的土司兵关系极好。张献忠还拜龙在田为义父，孙可望、刘文秀、李定国、艾能奇等将领和士兵与云南兵也交往甚密，双方经常聚会宴饮、互赠马匹兵器，其关系之密切，甚至引发湖北当地明军的非议，认为"滇兵通贼"。从那个时候起，孙可望等对云南的情况已经有所了解。此时收到龙在田来信，孙可望等大喜，认为这不但与他们"扶明"的想法相契合，还可以打出一片新天地，于是立即决定率部入滇。

部队入滇之前，他们派出间谍前往沿途各地，散布消息说即将到来的部队是黔国公夫人焦氏的弟弟率领的官军，要入滇剿灭沙定洲。这一招果然管用，沿途云南各州县官民都信以为真，大西军一到就开城门相迎，一路全无阻滞，军队对地方也秋毫无犯。1647 年（顺治四年，永历元年）三月二十五日，大西军占领云南平彝（今富源县），二十八日占领交水，次日占领曲靖，

歼灭沙定洲守兵五百人，俘获云南巡按御史罗国瓛。大西军暂时没有继续进
军昆明，而是南下直扑沙定洲老巢阿迷州，歼灭沙兵一千人，然后折返剑指
昆明。沙定洲屡战屡败，惊慌失措，于四月十八日放弃昆明，逃回老家蒙自，
临走前杀害了被囚禁于贡院的大学士王锡衮。留在昆明的明巡抚吴兆元等这
时知道了来的不是什么焦家军，而是大名鼎鼎的大西军，但他们手里无兵，
只得听任士民开城投降。四月下旬，大西军浩浩荡荡开进昆明城。

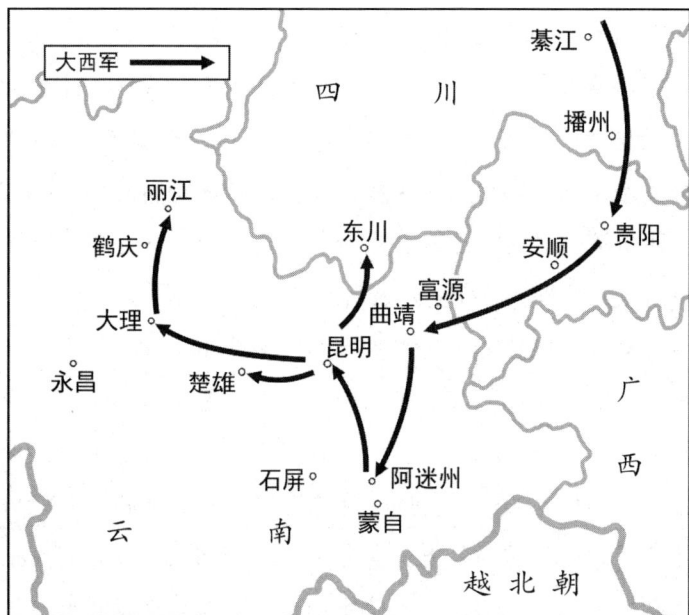

图 9-6　大西军入滇

占领昆明后，孙可望等分头率兵平定云南各府州县。李定国负责进兵滇
南地区；刘文秀负责收取昆明以北地区，之后向西推进，占领鹤庆、丽江、
剑川等地，平定了滇西北地区。八月，孙可望领兵进取楚雄、大理等滇西地
区，首先在禄丰县城击败杨畏知的部队，擒获了杨畏知。孙可望知道杨畏知
一直在率兵抵抗沙定洲叛军，在云南官绅中颇有声望，于是对他表明态度：
大西军此来是为了平叛，希望和杨公一起共事，共同匡扶明室。杨畏知不信，
孙可望折箭为誓。于是杨畏知提出三条要求：一不得用"伪西"年号，二不

得妄杀人，三不得焚庐舍、淫妇女。这三条要求与大西军目前的政策和想法相符合，孙可望当即答应，杨畏知则答应归附。随后，孙可望写信给在滇西永昌的沐天波，表达了同样的想法。有杨畏知中间作保，沐天波很快即率部来归，滇西基本全面平定。到十月间，云南全境只剩下阿迷州、蒙自还在沙定洲控制下，还有昆明北面东川府的土司禄万亿等未投降。

1648 年（顺治五年，永历二年）五月，艾能奇领兵征讨东川土司禄万亿，在行进到距东川三十里处遭遇禄氏土司兵埋伏，艾能奇身中毒箭而死。孙可望厚葬四弟，立即另派兵马荡平了禄氏，平定了滇北地区。

1648 年七、八月间，李定国、刘文秀南征阿迷州、蒙自地区，把沙定洲围困在老寨佴革龙。佴革龙地势险要，但缺乏水源。李定国下令派兵严守山下水源，沙兵饥渴难耐，被迫投降，沙定洲、万氏等头领被擒获。李定国只把沙定洲等首恶押解到昆明，其余人员不予追究，同时招抚地方。各地绅民见状纷纷来附，滇南地区顺利平定。十月，沙定洲、万氏等在昆明被处死。经过一年多的时间，大西军平定了云南全省。

三

平定云南全省的同时，孙可望派兵牢牢扼守住四川、贵州入滇的路口，并着手内部调整和改革。

第一是建立政权。孙可望、李定国等大西军领导人延续贵州时期决定的扶明抗清的想法，与云南当地明朝官绅建立合作关系，承诺他们"共扶明后，恢复江山"，按与杨畏知等官员的约定，不再使用大西年号，改用干支纪年。这一点极为重要，对消除当地官绅的敌意、争取他们的合作和支持有重大意义，大西军在云南的政权也因此能够顺利稳固下来。此时虽然永历政权已经建立，理应成为大西军承认的朝廷，并听从其指挥，但双方并未建立起直接联系（这里有孙可望暂时观望的原因，他认为应当获得一定的"对价"才能服从永历朝廷，这也是后续封秦事件的起源），因此大西军的云南政权名义上扶明，实际上基本完全独立。孙可望兄弟四人首先称王，孙可望为平东王，李定国为安西王，刘文秀为抚南王，艾能奇为定北王（当时他还未战死），孙可望以"国主"身份主持军政要务，并设立了六部官衙。杨畏知被任命为华英殿学士兼督察院左都御史，一批原明朝官员和府、州、县官员也被重新任命，按要求更换官印。只有沐家因为世镇云南，对边疆少数民族地区乃至缅甸等藩属国都具有一定影响力，因此沐天波仍为黔国公，还保留原先的官印。这个政权有完全的独立性，但又不以独立政权自居，这十分有利于在当时风云变幻的大乱局中相对独立地生存发展，不得不说孙可望等人的决策极具智慧。

　　第二是改革经济政策，发展生产。大西军入滇初期，军队粮饷没有来源，只能靠"打粮"保证军需。打粮的范围很广，不只是富户，有些民户的粮食也被抢夺，平民百姓深受其害，但这也是大西军当时的无奈之举。他们有过在四川期间张献忠过激政策的深刻教训，因此打粮行动只施行了不到一个月的时间就停止了，此时他们储备的粮食已经够一年之用。之后大西军发布抚民通告，招抚百姓回家务业，规定田地产出与百姓平分，田主所得从原来的一半以上降为十分之一，农民分得的部分适当提高，百姓家里缺乏畜力的还发给牛种。虽然农民的负担还是很重，但比起以前也有所改善。田主收入降低了，但保障生活没有问题。大西军还积极修缮水利工程，如多年失修的滇池海口，大西军入滇后不久即得以疏浚。商品流通方面，大西军禁止民间使用落后的贝币，铸造了"兴朝通宝"铜钱，对云南的商业贸易和内地的经济交流具有重大意义。在这样的政策下，经济生产很快得以恢复，大西军入滇次年即获得农业大丰收，再下一年也是大丰收，百姓逐渐生活富足，大西军也士饱马腾。

　　第三是加强军备，严明军纪。大西军平定云南后规定："兵马三日一小操，十日一大操，雨雪方止。"在省城昆明设立了四所杂造局，专门打造和维修各种军事装备，对军备的修造和管理制定了很详细的制度。对士兵的生活所需，如米粮、鞋帽等，也规定了比较充分的保障制度。在军纪方面制定了极为严格的规定："如兵余小子有擅夺百姓一物者，立刻取斩。如该主不首，连坐。该管失察，责八十棍。"有一次抚右营兵马前往禄丰运粮，返回途经草铺时，有一个士兵失手打死了百姓一个两岁小儿。百姓喊叫，带队的杨总兵得知，"将兵拿去责四十棍，断烧埋银十两"。后来刘文秀得知此事，大怒，认为杨总兵的责罚太轻，要罚他一百军棍，在众人力劝之下才被制止。但误杀小儿的士兵则被绑出小西门外斩首，首级被送到草铺示众。军纪如此严明，军官士兵皆不敢犯，兵民终得相安。

第四是适时调整治安政策。大西军刚刚占领昆明时，为防间谍细作，治安抓得极严，规定民间"遇晚不许点火，犯者立杀"；"凡犬悉令打死不留，以绝夜吠之声"；"严保甲，户设一牌，书大小男妇姓名，悬之门首，以备查核"；"严门禁，不许妇女出入，凡男人出入，各以腰牌为据，牌上书本身年貌住址"，无牌不许通行；"远来者，面上打印为号，有印门卒始放出"。大西军入滇初期的治安制度十分严厉，严重限制和影响了百姓的正常生活。在云南全省平定后，形势渐趋稳定，孙可望等领导人适时放宽了治安管制，百姓生活逐渐恢复正常。到 1649 年元宵节，昆明"大放花灯，四门唱戏，大酺三日，金吾不禁，百姓男妇入城观玩者如赴市然"[1]，一派升平景象。

第五是广开言路，整顿吏治，严惩贪污。在各府州县都设立登闻鼓，凡是有为政不利于民的，各地乡绅头人都可以击鼓上诉，不合适的制度规定可以立即废除；对有利于民的，可以立即推行。乡绅士民都可以向政府进言，任何人不得阻拦。命大西军弓匠出身的工部尚书王应龙掌巡按事，指挥手下明察暗访，廉洁官员奖励提拔，贪腐官员一律斩首。姚安知府谢仪贪腐被查出，孙可望下令立即将他斩首示众。在孙可望等人的严厉整饬下，云南官场风气为之一振，"全滇之官无一人敢要钱者"[2]。

第六是妥善处理少数民族关系和宗教政策。云南少数民族众多，所信仰的宗教派别也众多。孙可望等人十分重视与各地土司、部落的关系。他们利用黔国公在各地土司中的传统威信，对各土司、部落大加招抚，只要不反对大西军政权的，就承认该土司原有的统治权，与各土司加强各方面的合作，

---

① 《明末滇南纪略》卷四《政图治安》，著者不详，浙江古籍出版社，1986。
② 《明末滇南纪略》卷四《政图治安》，著者不详，浙江古籍出版社，1986。

不少土司头人成了大西军旗下的将领。宗教方面，大西军入滇初期对此不够重视。如1647年大西军攻克丽江时，士兵把当地民众用金银铸造的佛像砸碎，充作军饷。不久之后，孙可望等意识到这个问题，下令保护宗教寺观，甚至带头刻印佛教经典，这对于团结当地民族起到了很好的作用。

通过这些有效的政策措施，大西军不仅在云南很快站稳了脚跟，而且让云南的经济、民生、吏治等很多方面都有了较大的发展，官吏清正廉洁，为民办事；军队将士军容齐整，斗志昂扬；百姓有吃有穿，生活平安。明末以来，在全国绝大多数地方都多年不见的升平景象，竟然在大西军入滇不到两年的时间内，在云南实现了。总结而言，这是孙可望等大西军领导人当时的思路和策略正确、措施和方法得当、领导集体团结一致带来的成果，这也让大西军成为南明后期最主要的抗清力量之一，在南明抗清历史上留下了浓墨重彩的一笔。

第十篇

永历初期的局势

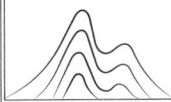

第一节　永历朝廷成立和绍武争立

一

1646 年（顺治三年，隆武二年）五月，鲁监国从台州逃往海上，八月隆武帝汀州遇难，文武大臣或降或俘，或死或逃，以隆武朝为正朔的南明朝廷再一次国祚中断。这时，南方还有不少地盘在南明势力手中，如广东的丁魁楚、广西的瞿式耜、湖南的何腾蛟和堵胤锡等，册立新君又成为头等大事摆在他们面前。

早在 1644 年四、五月间弘光朝廷的"定策之争"中，已确定了四个有资格继位的皇帝候选人，其中弘光帝朱由崧次年（1645）五月被清军擒获，潞王朱常淓六月杭州降清，两人不久后被押回北京，再下一年（1646）五月被清廷处死；瑞王朱常浩则于 1644 年六月在重庆被张献忠所杀；桂王朱常瀛 1644 年十一月在广西梧州病死，后由其子朱由榔袭王位。四个候选人包括其直系后裔中，目前仅剩朱由榔符合条件了。

老桂王朱常瀛的藩地原在湖南衡州，崇祯十六年（1643）因张献忠攻克衡州，朱常瀛带着三子安仁王朱由楥逃到广西梧州居住（长子和次子早夭，一说被义军俘获）。四子永明王朱由榔在永州被大西军俘获，幸而被大西军中的明朝降官所救，死里逃生，也跑到了梧州。朱常瀛病死后，由三子朱由楥袭王位，但时间不长，1646 年八月前，朱由楥病死，八月，朱由榔继桂王位。当月，广西巡抚瞿式耜把桂王朱由榔迎至广东肇庆（1645 年九月，广西靖江王朱亨嘉叛乱被平定后，瞿式耜被隆武朝廷任命为兵部添注左侍郎，他未去赴任，而是在梧州、肇庆一带闲居）。

隆武帝朱聿键 1645 年闰六月在福州称帝前后，瞿式耜曾主张桂藩（当时是朱由榉）即位，因此还遭到隆武帝猜忌。此时隆武帝已死，瞿式耜带头再次提议由桂王（此时是朱由榔）即皇帝位。两广总督丁魁楚一开始比较犹豫，后来接到逃到广州的隆武朝大学士何吾驺的来信，被告知隆武帝已遇难，应速立新君，他才赶快表达意愿拥立朱由榔。1646年（清顺治三年）十月初十日，朱由榔在肇庆就任监国，任命丁魁楚为首席大学士兼戎政尚书，瞿式耜为大学士兼吏部左侍郎掌尚书事，同时任命了各部院官员。按明朝内阁任命惯例，崇祯朝已入阁的何吾驺和隆武朝入阁的陈子壮等应排名在前，只因丁魁楚是当时的实权人物而被任命为首辅，何吾驺、陈子壮等因此心怀不满，留在广州不肯赴肇庆就任。

据说朱由榔相貌堂堂，很像其祖父万历皇帝朱翊钧，可惜他生性懦弱胆小，遇事毫无主见。瞿式耜说他"质地甚好，真是可以为尧、舜，而所苦自幼失学，全未读书"[1]。这时在崇祯朝中当过太监的王坤投入朱由榔府中，因为熟悉宫中礼仪规矩，很得朱由榔信任，被任命为司礼监太监。朱由榔监国仅六天之后，传来了十月初四日杨廷麟、万元吉赣州失守的消息。尽管赣州离肇庆还有相当一段距离，朱由榔仍是十分恐慌，王坤、丁魁楚等建议朱由榔移跸梧州，瞿式耜坚决反对，认为朝廷离开肇庆相当于放弃广东，会直接导致民心不稳。但反对无效，永历小朝廷还是于二十日向西逃往梧州。

二

本年（1646）七八月间清军进取福建时，隆武帝朱聿键逃往汀州后遇害，其弟朱聿𨮁继唐王位，带着几个朱姓亲王，由总兵林察护送从海上逃走，十月二十九日到广州。本来这时朱由榔已监国，但因为官员之间的拥立之争和小朝廷逃往梧州，又引出了朱聿𨮁广州称帝之乱。

几个月前，隆武朝大学士苏观生奉命到广州募集兵马，援助赣州。赣州失守后，苏观生留在广州。朱由榔任监国前，苏观生也上疏拥立，但大学士

---

[1] 《瞿式耜集》卷三，上海古籍出版社，1981。

吕大器因他不是科举出身而看不起他，丁魁楚也不希望他来分自己的拥立之功，于是对苏观生的附名拥立置之不理。苏观生甚觉扫兴，也知道自己在新朝廷肯定不被重视。正在此时，朱聿𨯥到了广州，而朱由榔又率众官员逃到了梧州，感觉上像是新朝廷放弃了广东，于是苏观生突发奇想——干脆纠集一帮官吏，拥立朱聿𨯥称帝。

十一月初二日，在苏观生、广东布政使顾元镜、侍郎王应华等人的拥立下，朱聿𨯥在广州任监国，并抢在朱由榔前面，于初五日即称帝，改元绍武。广州小朝廷成立后，飞速地任命了一大批官员，苏观生、顾元镜、王应华等都被任命为内阁大学士，短短几天内任命官员达数千人，连官服乌纱都不够用，很多官员就去抢购戏班的戏服来代替，广州戏服被抢购一空。广州小朝廷就是苏观生等一批不得志的官员士绅自导自演的一场闹剧，居住在广州的大学士何吾驺、陈子壮等人对此也表示反对。本来已经十分疲弱的南明朝廷，还是再一次出现了两个政权争立的情况。

消息传到梧州，朱由榔及众官员大吃一惊。丁魁楚等建议朱由榔赶快返回肇庆。十一月十八日，回到肇庆的朱由榔即位称帝，改次年起为永历元年，"永"取自朱由榔原先的永明王号，"历"取自乃祖的万历年号。同时，派兵科给事中彭耀、兵部职方司郎中陈嘉谟到广州颁诏，劝说朱聿𨯥退位归藩，指责了苏观生的自私做法。苏观生大怒，把彭、陈二人推出斩首，随即派陈际泰为督师，调动军队向肇庆进攻。

永历政权见调解无望，命广东学道林佳鼎为兵部右侍郎，带领一万多士兵迎击陈际泰。十一月二十九日，双方在广东三水县城西交战，绍武军队大败，陈际泰狼狈逃回。林佳鼎初战告捷，得意扬扬，命部队加速行军，直奔广州，企图一举扫灭绍武政权。绍武政权总兵林察用诱敌深入之计，在招募的数万名海盗的配合下，于十二月初二日大败永历军队，林佳鼎被杀。兵败消息传到肇庆，永历朝廷又是一片惊慌失措。

苏观生内战告捷，大为得意，觉得绍武朝廷即将成为真正的中央政府，更是大肆任命官员，其中有不少庸人妄人。如潮州人杨明竞，手无一兵一卒，只是吹牛说自己有兵十万，竟被任命为潮州巡抚。另一个好吹牛的梁鲨，被任命为吏科都给事中。这两人任职后大肆索金纳贿，每天向朝廷推荐任命数十名官员。

正当苏观生等人忘乎所以的时候，由清将李成栋率领、佟养甲监军的一支清军已经由福建经潮州、惠州开入广东。潮州、惠州的明朝官吏望风而降，李成栋用缴获的官印每天向广州发出平安无事的塘报。苏观生等人此刻的注意力全在西边永历朝廷，对清军的逼近一无所知。十二月十五日，百官跟随朱聿𨮁正在视学，突然有人来报清军已到广州城下，苏观生叱责报信人妄言惑众，把他推出斩首。但随后又连续有人来报同样的信息，苏观生等人才知情况不妙。这时，清军已从东门进入广州，占据城墙，向城下乱箭齐发。苏观生想紧急调兵应战，但已无兵可调，因为主力部队都部署到西边对付永历朝廷了。苏观生手足无措，问梁鲨怎么办？梁鲨回答：只能自杀殉国了。于是苏、梁二人各自入东、西房闭门自缢。苏观生怀疑梁鲨使诈，故意静听西房动静，果然听得踢翻凳子、垂死挣扎的声响，一会儿就寂静无声。苏观生长叹一声，悬梁自尽。其实隔壁梁鲨确实在使诈，他故意弄出了自杀的声响，等苏观生咽气后，他向清军献出后者的尸体而投降。朱聿𨮁则缒城逃跑，被清军抓获，最后自缢而死。从各地逃到广州的明亲王、郡王等基本都被清军杀死。绍武政权还没来得及正式使用新年号，就灭亡了。

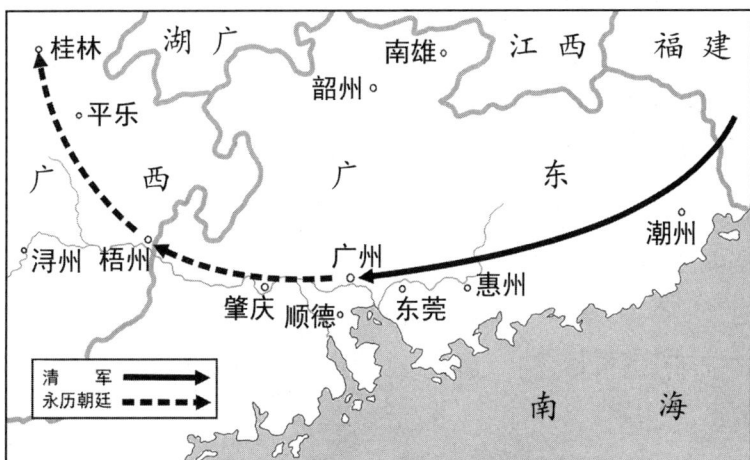

图 10-1　清军进占广州

清军攻占广州的消息很快传到肇庆，朱由榔等十分惊恐。十二月二十二日，朱由榔和众朝臣登舟从肇庆逃往梧州，次年（1647）正月二十二日再逃到桂林。

对永历朝廷来说，广东丢失的后果很严重。本来南明朝廷的地盘已经不多，而广东是一个财赋丰盈、人才集中的地方，广州府库里存储的大量金银粮饷先被绍武政权霸占，再落入清军之手，大批官员将领或死或降，永历朝廷被迫退入广西这个贫穷局促之地，可腾挪的空间就越来越小了。

第二节　两广争夺战

一

李成栋占领广州后，被清廷任命为广东提督，他继续领兵向西追击永历小朝廷。1647年（顺治四年，永历元年）正月，李成栋向肇庆进兵，镇守肇庆的明两广总督朱治涧不战而逃，十六日，清军占领肇庆，继续进兵梧州。二十八日，驻守梧州的陈邦傅弃城而逃。二十九日，清军兵不血刃占领广西重镇梧州，明广西巡抚曹烨投降。清两广总督佟养甲任命耿献忠为广西巡抚，与总兵徐国栋镇守梧州。

年初永历帝从梧州逃走时，首辅丁魁楚已感觉形势不妙，带着家眷和大批金银财宝，抛下永历帝，自行乘船往南躲到了岑溪县。之后他暗中派人前往清军营中接洽投降，李成栋将计就计，许他以两广总督的职位。丁魁楚大喜，在二月间由岑溪出降，清副将杜永和把他押回广东，半路上杀死，其家眷和财产全部落入清将之手，据说仅白银就有八十余万两，家眷则全部沦为清将的奴婢。

清军占领梧州后继续北上，很快又占领了平乐府。平乐距离桂林已经很近，刚逃到桂林的永历帝胆战心惊，要再向北逃到湖南。这时拥立朱由榔的很多大臣早已东奔西散，留在他身边的只有瞿式耜等寥寥数人。瞿式耜对永历帝一再逃跑非常不满，这时终于按捺不住，愤然上疏说：朝廷半年之内连逃三四次，民心狐疑不稳，局势只会越来越差，如果一味逃跑，傻瓜都知道国土最终只能拱手送人。

可惜永历帝实在是贪生怕死，仍然想要逃走。瞿式耜无奈，只得申请自己留下，同思恩侯陈邦傅一同守住桂林等地。永历帝答应了他的请求，并赐予他尚方宝剑，随即于二月十五日逃到了接近湖南境的全州。到全州后，永历帝召驻于湖南宝庆府武冈州的总兵刘承胤觐见，以保护自己。四月十五日，干脆随刘承胤一起北行，跑到了武冈住下。

三月初，清军经平乐府向桂林进犯，陈邦傅闻讯竟拔营而去，逃往柳州。十一日，有数十骑清兵竟然冲进了桂林文昌门，占据了城楼，向下俯射，箭矢如雨，瞿式耜也差点被射中，他急令总兵焦琏应战。

焦琏，字瑞庭，生性勇猛，弘光朝时期在原广西总兵杨国威手下任低级军官。隆武立朝后，广西靖江王朱亨嘉伙同杨国威等叛乱，囚禁了时任广西巡抚的瞿式耜。瞿式耜做通了焦琏的工作，让他配合前来平叛的明军，一举抓获了杨国威、朱亨嘉等人，立下大功。永历帝正月间到桂林时，加封他为总兵官、都督同知。这次清兵冲进桂林时，焦琏前一天才刚从全州回到桂林，这时士兵都在分散领粮，他自己来不及披上盔甲，直接赤膊上阵，挽弓仰射敌兵。他手臂中箭，拔掉箭继续射敌，连毙数人。清兵被其气势所摄，被迫撤退。这时明兵陆续赶来，在焦琏带领下乘胜追击，接连砍死十余骑，清兵大败而逃。

这是瞿式耜留守桂林的第一次保卫战，战斗规模不大，毙敌不多，但实际意义却比较重大。它一定程度上打击了清军嚣张的气焰，更重要的是，破除了清军不可战胜的神话，极大地鼓舞了明军、地方抗清势力的士气，坚定了他们的抗清意志和信心。连意志一直比较动摇的陈邦傅都产生了变化。桂林保卫战的几天后，三月十七日，他收复浔州府贵县，斩清兵二百人；三月二十日，在浔州厚禄山大败清军，杀敌五百多。三月至七月，广东境内张家玉、陈邦彦、陈子壮等先后起兵，掀起了一波抗清高潮。清两广总督佟养甲对广东境内的义师极为忧惧，传令李成栋速速领兵从广西前线撤回，镇压广东境内起义，由此永历朝廷在广西、湖南一带的压力大大减轻，迎来了一段时间的良好发展局面。

五月二十五日，清广西巡抚耿献忠指挥一股清军，自平乐再次进犯，猛烈围攻桂林。瞿式耜指挥焦琏、白贵、白玉等将领分守各城门，城上架起西洋大炮轰击清军，清军数名军官被击毙。瞿式耜尽取家中存米，蒸饭给士兵分食，士兵大受鼓舞，遂奋勇作战，一时间炮声、喊杀声不绝于耳，明军成功挡住清军攻势。二十六日黎明，焦琏、白贵督兵出城突袭，清兵应对不及，被打得弃甲抛马而逃，明兵追斩无数。败逃途中躲藏在空屋里的清兵，都被搜出斩杀。

第二次桂林保卫战胜利的原因，也与李成栋部清军主力已奉命调回广东有关，广西境内的清兵既非主力，数量也不太多。但无论如何，桂林之战的再次胜利，仍然给予了各路抗清力量很大的鼓舞。七、八月间，焦琏乘胜夺取阳朔、平乐，俘杀清将屠垧鳌。驻守浔州的降将李明忠听闻焦琏南下，连夜逃跑，陈邦傅乘势占领浔州。降清将领杨清等在藤县反正，扬言要攻打梧州，吓得清广西巡抚耿献忠慌忙出逃，陈邦傅乘机收复梧州。至此，整个广西又完全回到永历朝廷控制之下。

也正在这个时候（八月），湖南的清军攻下武冈，永历帝逃回广西。广西局势正处在比较好的时候，让他在一段时间内得以较好地安身。

二

清军占领广东后，广东各地先后出现了很多自发的抗清武装力量。尤其在李成栋率主力出战广西期间，广州由佟养甲镇守，手下兵力不多，广东各地的抗清运动更是此起彼伏，十分猛烈。其中力量最强的，是张家玉、陈邦彦、陈子壮的三支义军，他们对牵制清军行动、为永历朝廷争取时间和空间发挥了重大作用。

张家玉，字玄子，号芷园，广东东莞县人，生于1616年（万历四十四年），1643年（崇祯十六年）中进士，授翰林院庶吉士。翌年三月，李自成大顺军攻入北京，张家玉主动投书给李自成，表示愿为起义军效力。后大顺军被清军打败，张家玉跑到南京投弘光帝，但阮大铖正在大搞"顺案"，他因为曾投降李自成而被逮捕入狱。1645年清军占领南京，张家玉又逃至福州，隆武帝任命他为翰林院侍讲、兵科给事中，监郑彩军。时江西建昌朱慈炎部义军在抚州被清军围困，向隆武朝廷求救。隆武帝派郑彩率兵救援，但郑彩到邵武关后就滞留不进。张家玉看不下去，自己率了三营人马继续前进，在金溪县许湾大破清军，解了抚州之围。后因郑彩不予配合，张家玉作战负伤，退回福州。

1646年（顺治三年，隆武二年）初，张家玉受命到广东潮州、惠州筹饷招兵，招了上万精兵，被委为新军"监督总理"。八月，隆武帝在汀州遇难，刚组建起的新军缺乏粮饷，只好解散，他则回到东莞家乡。十二月清军攻破广州，清两广总督佟养甲多次派人劝降张家玉，均被他严词拒绝。

1647年（顺治四年，永历元年）三月十四日，张家玉起兵攻占东莞县城。三天后，从广西撤回广东的李成栋率大军进攻张家玉部义军，家玉不支败走西乡。其祖母陈氏、其母黎氏及妹妹俱投水自尽；其妻彭氏被执，不屈而死。其后，张家玉继续战斗。因他年少时"好击剑任侠，多结山泽之豪"，得到江湖朋友的大力支持，"旬日间得万人"，组建了四营兵马，先后攻克新安、博罗、连平、长宁、归善、增城等地。十月初一日，李成栋集中大军围攻家玉驻地增城，双方大战十天，张家玉身中九箭，身负重伤，不愿做俘虏，遂遍拜诸将，投野塘而死，时年仅三十一岁。

陈邦彦，字令斌，号岩野，广东顺德县人，生于1603年（万历三十一年）。邦彦才学颇丰，满腹经纶，诗文俱佳，但在科场上一直不得志。甲申之变后，他写了数万言的《中兴政要》，提出三十二条救国方略，只身赴南京呈献弘光帝，但未被接纳。隆武立朝后，隆武帝读到《中兴政要》，惊邦彦为"奇才"，召邦彦入见。1646年（顺治三年，隆武二年）邦彦到福州，被授予兵部职方司主事，协同大学士苏观生领粤兵救援赣州。但苏观生逡巡不进，也不采纳邦彦意见。隆武朝覆亡前，苏观生和陈邦彦都先后回到了广东。永历和绍武争立时，邦彦支持永历，奉命到广州劝说朱聿镯归藩。当时正值绍武总兵林察击败永历朝林佳鼎，苏观生等趾高气扬，邦彦自知无法完成任务，于是化名躲入高明山中。

1647年（顺治四年，永历元年）春，李成栋率大军入广西追击永历朝廷。陈邦彦判断形势，认为可以用"围魏救赵"之计，在广东举事抗清，缓解永历朝廷的压力。于是去顺德找余龙帮忙。余龙等人本是两年前万元吉镇守江西时在广东招募的援赣部队，人还没凑齐，赣州已失守。余龙等人无奈，只得在甘竹滩落草为寇，逐渐聚集了两万多人。余龙听从邦彦的劝说，由高明县发兵，入珠江进袭广州。邦彦同时写信给张家玉，家玉赞成他的策略，愿意响应支持。清两广总督佟养甲见义师大军兵临城下，遂紧闭城门，散布谣言说李成栋大军已从广西回师，直取余龙老巢甘竹滩。余龙是个大老粗，不辨谣言真假，情急之下自顾自率部撤回甘竹滩。剩下邦彦孤掌难鸣，也只得黯然撤退。

四月，陈邦彦和余龙部义师攻克顺德，攻城过程中余龙战死。七月，邦彦与陈子壮部义师密约本月七日进攻广州城，城内安排了内应。陈子壮未掌握好时间，提前两天到达广州城外，其手下家仆被清兵捕获，城里的内应因而暴露被杀。佟养甲急调正在新安对付张家玉的李成栋回撤，保护广州。邦彦获知李成栋从水路回师的信息，定计安排陈子壮在禺珠洲埋伏，伏击李成栋部，自己则在江面上截击清军。两军交战，果然焚毁清军舰船数十艘。战至黄昏，陈子壮部不能辨别船上旌旗，竟把邦彦部也当作清军袭击，义师阵脚大乱，清军顺风反击，二陈义师大败。后邦彦退至清远，这时他的精锐已几乎丧尽。九月十九日，李成栋亲率副将杜永和等猛攻清远，陈邦彦率兵巷战，身中三刀被俘，被押到广州。二十八日，佟养甲下令将他"寸磔于市"，邦彦时年四十四岁。

陈子壮，字集生，号秋涛，广州府南海县沙贝乡（今广州市白云区石井镇沙贝村）人，生于1596年（万历二十四年），1619年（万历四十七年）中探花，崇祯朝官至礼部侍郎。弘光时以礼部尚书召，隆武时以东阁大学士召，均未到职。永历立朝后仍授大学士，但他憎恶丁魁楚窃取首辅之位，不愿入阁受事，实际他是支持永历的，曾建议永历派兵征讨绍武政权。1647年（顺治四年，永历元年）七月，他自九江村起兵，与陈邦彦合攻广州。广州之役失败后，他退回九江村，之后移师到高明县。十月二十五日，李成栋率武毅伯施福（隆武朝时期郑鸿逵部将）等部围攻高明，二十九日用大炮火药轰倒城墙，陈子壮被俘。十一月初六日，陈子壮在广州被寸磔于教场，时年五十一岁。

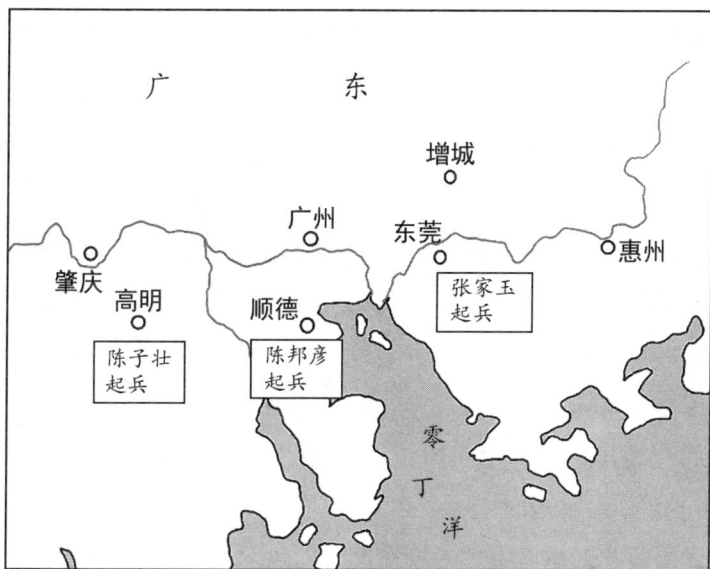

图 10-2　岭南三忠起兵抗清

　　张家玉、陈邦彦、陈子壮等人领导的抗清斗争，虽然最后都失败了，但极大地支援了广西方面的抗清行动。正是因为他们在广东的拼死抗清，李成栋的清军主力才不得不放弃广西，撤回广东，给永历朝廷以喘息之机，瞿式耜、焦琏、陈邦傅等才得以在广西境内连战连捷，收复了广西全部领土。他们三人被后世称为"岭南三忠"。

三

　　1647 年（顺治四年，永历元年）三月至八月，明军在广西境内的战事比较顺利，逐步恢复了广西全部领土。但在广西以北的湖南境内，明军的战事并不顺利，清"三顺王"孔有德、耿仲明、尚可喜的大军沿长沙、湘潭、衡阳一路南下，何腾蛟部明军节节败退至永州，堵胤锡、马进忠部则由常德向西退到永顺、保靖二土司地区，其间还发生了武冈总兵刘承胤挟制永历帝的事件，朱由榔的日子过得十分不轻松。

刘承胤，字定一，南京人，臂力奇大，善使一铁棍，人称"刘铁棍"。崇祯时期任湖南靖州府参将，何腾蛟主政湖南时，命他驻守宝庆府武冈州，授总兵官。1647年（顺治四年，永历元年）二月十五日，永历帝不顾瞿式耜反对，从桂林逃到临近湖南的全州，经锦衣卫都督马吉翔推荐，召刘承胤入见，以保护永历小朝廷。

刘承胤貌似粗鄙武夫，实则内心阴险机巧。他见永历帝羸弱可欺，遂产生了挟帝以自重的想法。仗着手里有兵，他在朝堂上肆意叱责司礼监太监王坤等人，提议封马吉翔及其党羽为伯爵，遭到御史毛登寿等官员反对后，他竟逼着永历帝下旨廷杖毛登寿等人，一时间嚣张跋扈，不可一世。四月十五日，他干脆找了个借口，把永历帝劫持到自己的老巢武冈，把武冈改名为"奉天府"。

回到武冈后，刘承胤更加专横跋扈，对反对他的官员动辄廷杖，甚至处死。他甚至产生了废掉永历，立自己女婿岷王为帝的想法。这让永历帝深感威胁，于是派太监送密信到永州给何腾蛟，请他前来弹压。何腾蛟五月到了武冈，刘承胤根本不把这个"上司"放在眼里，想把何腾蛟软禁起来。何腾蛟十分警觉，暗中联系滇营将领赵印选、胡一青，请他们按期接应，于六月中跑回了永州府白牙桥。

刘承胤的胡作非为其实很自不量力，他周边是何腾蛟、瞿式耜、张先璧等人的军队，众将领都与他不和。他以自己一镇之兵力，注定翻不起什么大浪，但事实上却严重破坏了明军的内部团结，对抵御湖南清军的进攻十分不利。

八月，孔有德率领的清军占领宝庆后，向武冈发起进攻。刘承胤部将陈友龙领兵殊死搏斗，屡挫敌锋。但刘承胤畏惧清军，又想保住子女家财，于是决定投降，下令陈友龙不许抵抗。二十五日，刘承胤轻骑出城，拜见孔有德表示愿意投降，并承诺献上永历帝。孔有德疑其有诈，刘承胤赶紧跑到城北寺庙中，剃了头以示诚意，同时下令紧闭武冈城门，防止永历帝逃跑。就在这当口，永历帝及其一小帮亲信见刘承胤行踪诡秘，感觉事态不妙，立时策划逃跑。在刘承胤母亲的帮助下打开城门，永历帝从小路经广西境内古泥关，逃至柳州，又转至象州，十二月初五日回到桂林。

刘承胤降清，部将陈友龙等也被迫跟着投降，留在武冈的永历朝廷一干文臣武将均被清军俘获。九月，清军攻占永州，何腾蛟退回桂林，湖南全境几乎全部落入清军之手。同月，孔有德命陈友龙进攻贵州黎平府，俘获何腾蛟的继母孙氏、妻徐氏等家属一百余口。孔有德以此为要挟，写信劝降何腾蛟。何腾蛟不为所动，坚决拒绝了清方的招降。第二年，陈友龙反正归明，孔有德以此为由杀了刘承胤。

四

何腾蛟部到桂林前后，原驻湖南的多支部队都逐渐集中了过来，包括郝永忠部、卢鼎部、滇营赵印选等部、焦琏部等，桂林地区的抗清力量一时间大为增强，遂出现了有名的"全州大捷"。全州在广西的东北角，是湖南进入广西的门户。这年九月，清军占领湖南永州，十一月初，即由怀顺王耿仲明统兵进攻全州。明全州守军殊死抵抗。初十日，何腾蛟坐镇桂林与全州之间的兴安县，指挥焦琏、郝永忠、卢鼎、赵印选和胡一青的滇营，四镇合营驰援全州，其时万马齐驱，颇有排山倒海之势。十三日，明军至全州城外，与清军展开激战，明军官兵奋勇冲杀，清军大败而逃，耿仲明"仅以身免"，逃回全州东北的黄沙镇。此役被永历帝赞为"真中兴战功第一"[1]。

全州大捷体现了南明各路军队如能团结一致，其实力绝对不容小觑。可惜南明内部固有的观念和矛盾，让这种团结也只能是昙花一现。郝永忠率领的大顺军余部很有战斗力，归何腾蛟节制已经一年有余，但在一些南明官员眼里，他们却依然是"贼寇"。郝永忠部初到桂林时，南明两广总督于元烨、

---

[1] 《瞿式耜集》卷一《飞报大捷疏》，上海古籍出版社，1981。

广西巡按鲁可藻等闭门不纳，有人甚至还主张"闭门歼除"，只是郝永忠部实力强大，南明方面无力"歼除"而已。但他们还是给郝部设置了很多障碍，不让民众向郝部提供米蔬鱼肉，却对焦琏等部敞开供应。郝永忠大为恼怒，遂重操追赃助饷那一套，严刑逼迫乡民提供财物粮饷，剿灭敢于反抗的乡团。此举虽是迫于无奈，但方法过于粗暴，让南明军队内部矛盾更加严重，也让乡民对大顺军余部更加充满敌意。

全州取得了大捷的同时，广西东面重镇梧州又出了问题。李成栋在十月前后镇压了张家玉、陈邦彦、陈子壮等人的义军后，广东基本归于稳定，他于是再次率部西进，直指梧州。驻守梧州的思恩侯陈邦傅闻讯不战而逃。十一月，李成栋部清军再次占领梧州。

清军占领梧州的消息传到全州，郝永忠担心自己在桂林老营中家眷和辎重的安危，率部撤离全州回到桂林。何腾蛟、卢鼎、焦琏等也跟着南撤，全州城只留下焦琏的部将唐文曜、王有臣、马鸣鸾等镇守。唐文曜等三人见此形势，商量道："大帅在内，仅留我辈独支门户重地，孤注之势也。城不守，则必绳以失地之罪；守城，则众寡强弱不敌，无噍类矣。不如降之便。"于是在十二月中旬投降了清军，清军不费一矢即占领了进入广西的门户重镇。明军全州大捷之功化为泡影。

全州一失，广西北部门户洞开，驻兴安县的何腾蛟急调各路兵马驰援兴安，想尽力阻挡清军南下。郝永忠派了一千骑兵赶到兴安。1648年（顺治五年，永历二年）二月初一日，清孔有德、耿仲明、尚可喜三王军从全州南下，进攻兴安。何腾蛟在滇营胡一青等的保护下飞速撤离了兴安，只留下郝永忠部一千骑兵守城。城破后，一千骑兵全部战死。郝永忠闻讯后既怒又悲，感到心灰意冷，不愿意再与其他明军一道守桂林，主张永历帝赶快南撤。瞿式耜打听到清军虽由三王带领，其实兵员并不多，于是竭力劝阻永历帝南撤，希望他留下与各官员将领死守桂林。奈何永历帝已是惊弓之鸟，他自继统以来已经习惯了逃跑，坚决不愿意留下来送死。二十二日，永历帝带着宫眷、随行官员逃离桂林，经象州奔南宁而去。郝永忠部士兵见桂林城里一片混乱，想起自己遭受的缺粮缺饷的不公待遇，遂聚众对城内官员百姓大肆抢掠报复，连瞿式耜家中都被洗劫一空。随后，郝永忠部撤至柳州。

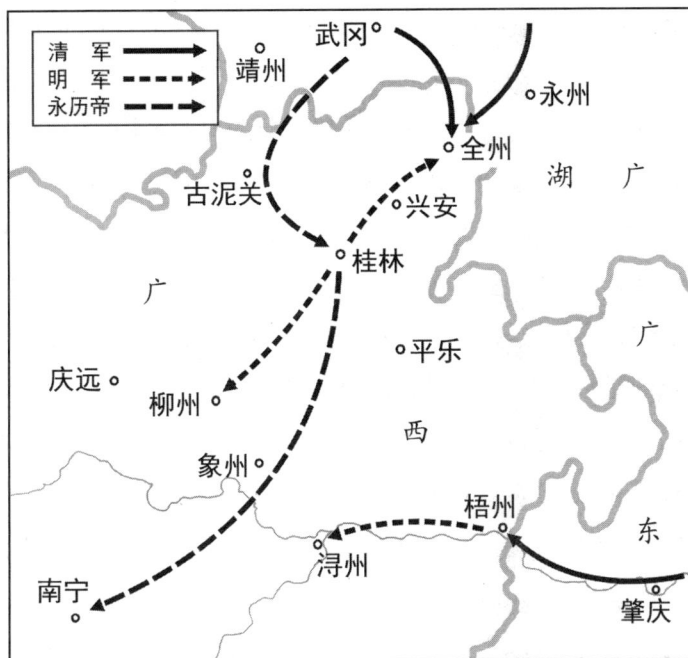

图 10-3　清军从全州进入广西

第三节　金声桓、李成栋反正归明

一

正当永历小朝廷狼狈逃窜、窘迫不堪之时，突然先后传来了江西金声桓、广东李成栋反清归明的消息。这二人都是手握重兵的降清将领，他们的反正，令赣、湘、两广的局势为之一变，像是给永历朝廷打了一剂续命强心针。

金声桓本是左良玉手下总兵。1645 年四月，左良玉在从武昌进军南京的路上病死，其子左梦庚接掌兵权。五月，左梦庚率全军投降阿济格率领的清军，金声桓也跟随投降。随后阿济格命左梦庚带领麾下将领进北京觐见，留下金声桓，任命他为提督江西全省军务总兵官，率所部人马夺取江西。

金声桓打着身后有数十万满洲兵的旗号，以恐吓手段顺利拿下九江、南昌，再与副总兵王体忠、游击王得仁（二人原系大顺军将领，1645 年五月降清）等先后攻克抚州、袁州等地，招降各府、州、县。到这年八月，仅用了三个月时间，他们就占领了江西省除吉安、赣州等地之外的大部分地方。这期间，金声桓伙同王得仁杀了王体忠，江西清军就都在金、王二人控制之下。

金声桓认为自己劳苦功高，手握全省重兵，把清廷委任的巡抚、巡按等官员都不放在眼里，并向清廷请求准许他节制江西文武、便宜行事。清廷不同意他的请求，让他重大事项仍听由总督江南招抚内院大学士洪承畴裁决，并要与本省的巡抚、巡按处好关系。金声桓心中抱怨清廷的刻薄寡恩，更加不尊重巡抚、巡按等官员，而巡抚章于天、巡按董学成也写信给清廷状告金声桓嚣张跋扈，双方的矛盾愈加不可收拾。金声桓表面上在继续进攻南明方面杨廷麟、万元吉镇守的吉安、赣州，其实已心怀异志。王得仁因为是"贼寇"出身，又与金声桓走得近，一直备受章于天等官员的鄙视和猜忌，心中也对清方官员十分不满。

该年（1645 年，顺治二年，隆武元年）七月至年底，隆武朝大学士黄道周带领"扁担兵"经江西广信府，打算到徽州支援金声部义师时，就派人给金声桓送交密信，劝他反正抗清。当时隆武朝兵力太弱，清军势力正旺，因此金声桓未予回应。驻守赣州的万元吉也给金声桓写了策反密信，金声桓虽未正式答应，但接待了使者并将其秘密放回，实际上已表达了一定的态度。后来万元吉赣州兵败身死，金声桓也就不敢轻举妄动。

1646 年（顺治三年，隆武二年）底，江西全境已在清军控制之下，而金声桓、王得仁与当地清方官员的矛盾也越来越尖锐。章于天、董学成等对金、王二人与南明势力秘密往来已有所耳闻，正抓紧搜集证据，准备上报清廷。

1648 年（顺治五年，永历二年）正月二十七日，金声桓与王得仁先发制人，在南昌突然起兵，捕杀巡按董学成等大批清朝官员，宣布反清复明。巡抚章于天被擒获，因贪生怕死，表示愿为金、王效力，被任命为义军兵部尚书。南昌城被严密封锁，只有清江西掌印都司柳同春悄悄缒城逃出，星夜逃往南京报告江西的重大变故，其家眷子女被金、王抓住全部杀死。

金、王二人起事后，立即任命了一批地方官员，金声桓自称豫国公，王得仁称建武侯。弘光朝时期的大学士姜曰广是江西新建人（属南昌），当时在阮大铖等人的排挤下被罢官，回到老家闲居。金、王认为他是前朝重臣，名望甚著，请他出山为"盟主"，号召远近。不久，金声桓等与广西的永历朝廷取得联系，永历朝廷认可了他们的自封，并对其反正大加赞赏和鼓励。

江西地处中南腹地，金声桓、王得仁的反正震动全国，对整个抗清局势产生了巨大影响。江西大部分府州如吉安、饶州、袁州等，纷纷跟随反正，只剩下清南赣巡抚刘武元、南赣总兵胡有升、副将高进库等仍据守赣州地区，与义师对抗。金、王二人同时还广发密信，联络策反河南、湖南等省的降清将领。策反虽没有大面积成功，但对周边地区的抗清运动和随后李成栋的反正产生了十分重要的推动作用。

紧接着二月份王得仁出兵收取九江一带，按金声桓计划打算顺江而下，进攻南京。在湖北、安徽交界处的山寨势力也死灰复燃，积极起兵响应。其中一些山寨拥立明宁藩后裔朱统锜为石城王，以永历朝廷为号召，联络原先的"蕲黄四十八寨"，对周边府、州、县发起进攻。一时间湖广、江西、安徽等地的抗清运动再次风起云涌。清廷得知这些消息后，极为紧张，急调正在湖南进攻永历朝廷的孔有德、耿仲明、尚可喜三王军迅速北撤，回到武昌一带以稳定局势。孔有德等北撤之前，担心湖南的降将随后又再造反，以刘承胤部将陈友龙等反正为由，把刘承胤、傅上瑞等一批湖南降官统统杀掉，人品卑劣的刘承胤落得了个身首异处的下场。

如果金声桓等按既定计划挥师北上，再东进，协同湖北、安徽等地的抗清势力，紧接着李成栋广东反正，南方数省的明军势力将连成一片，则全国抗清局势真有可能全盘改变。但金声桓听信了个别属下部将的建议，当然对李成栋反正也不可能提前预知，因此做了个错误决定：撤回北上军队，回头攻取赣州，以消除"后顾之忧"。三月，金声桓调回王得仁军，亲率主力南下进攻赣州，十九日进抵赣州城下。赣州清方守将刘武元、胡有升等部仅有兵马七千人，但赣州城三面临水，地势险要，易守难攻。几次交锋之后，明军未建寸功，王得仁反而中炮负伤，于是决定绕城挖壕沟困死赣州。攻取赣州变成了旷日持久的围城战，这实际上对明军非常不利，因为这给了清廷充分的调配军队的时间。三月十五日，多尔衮命固山额真谭泰、何洛会、降将刘良佐等率满、蒙、汉大军从北京出发，赶往江西。孔有德等三王军队也从湖南撤到了武昌一带。而此时金声桓主力几乎全部在赣州，江西北部防守力量极为空虚。

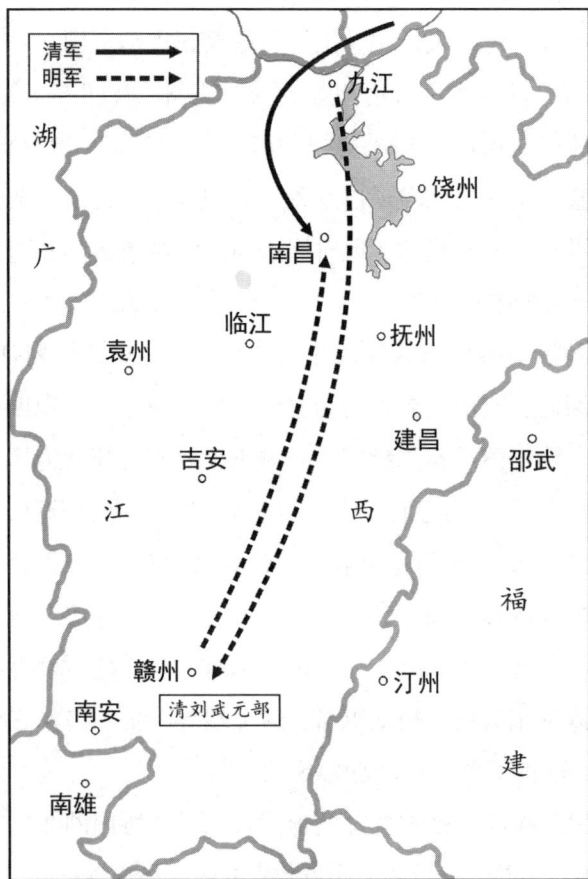

图 10-4　金声桓、王得仁反正后的江西局势

五月初一日，谭泰、何洛会部清军攻取九江、饶州府。初七日，清军逼近南昌。金声桓、王得仁闻讯大惊，赶快北撤回保南昌老巢。刘武元部趁机出城追杀，明军后队损兵折将，狼狈逃窜。十九日，金、王回到南昌，接连几次与清军接战都被击败。七月初十日，清军包围了南昌，驱赶附近十数万乡民绕城挖掘壕沟。之后的几个月内，金、王二人多次率部突围，都被打回。而南昌城内逐渐粮草耗光，出现了拆屋而炊、杀人而食的惨景。凡是逃出城的军民，都被清军杀光。

翻过年（1649，顺治六年，永历三年）的正月十八日，清军发动猛攻，十九日，南昌失守。金声桓身中两箭投水自尽；大学士姜曰广投水而死；王得仁多次突围未果被俘，被谭泰肢解处死。金、王江西抗清主力被消灭，其他府、州、县也就随之很快被平定，江西又全部重回清朝手中。

金声桓、王得仁的反正持续了近一年时间，最后以失败告终。其间各地民间抗清势力纷纷响应，李成栋在广州反正，永历朝廷看起来柳暗花明、中兴有望，但永历朝廷本身是个弱小的中央政府，没有能力统筹各路明军势力，内部还党争不止、一盘散沙，各派势力不思进取、相互拆台，以致金声桓所部在南昌被困七八个月竟无一支明军主力救援，江西大好的反清浪潮终被清军扑灭。

二

1648年（顺治五年，永历二年）四月，就在金声桓、王得仁在江西反正的三个月后，清两广提督李成栋在广东宣布反清复明，这是永历朝廷当年收到的第二个重磅喜讯。

李成栋早期是李自成部将高杰的手下，后跟随高杰投降明朝，弘光时期任徐州总兵。1645年（顺治二年，弘光二年）正月，高杰在睢州被许定国设计杀害，李成栋等率部退回徐州。该年三、四月间，多铎部清军南下江淮一带，李成栋先率部逃到扬州史可法帐下，见明军情势不妙，再度南逃，在渡过长江时被南岸的郑鸿逵部大炮打回。李成栋率部北撤，走投无路，干脆投降了清朝，被任命为吴淞总兵。李成栋降清后，奉清廷命令参与了围攻扬州、攻打嘉定等战役，嘉定三屠更是他一手为之，可谓恶名昭彰。清军下江南之际，李成栋主要是奉命攻取浙江、福建、广东、广西。1646 年（顺治三年，隆武二年）十二月他攻占广州，灭了绍武政权；次年（1647，顺治四年，永历元年）进攻广西，把永历帝逼得东奔西窜；之后再回头镇压了广东陈邦彦、张家玉、陈子壮等人的起义，为清朝攻取南方立下了汗马功劳。

尽管如此，清廷在使用降清将领时似乎仍怀有猜忌。李成栋率军南下时，清廷派辽东佟氏①的汉军总兵佟养甲监军随行，一路监视李成栋的行动。清军占领广东后，没有立多大战功的佟养甲被任命为两广总督兼广东巡抚，立下赫赫战功的李成栋却只被任命为两广提督，受佟养甲节制。和金声桓之前的反应一样，李成栋对清廷的刻薄寡恩十分不满。这时，赋闲在广州老家的原崇祯朝、隆武朝大学士何吾驺、隆武朝史科给事中袁彭年等觉察到了李成栋的不满情绪，开始暗中策动他起兵反正。多次密谈之后，李成栋逐渐下定决心，愿意起兵辅佐永历帝，他认为"事成则易以封侯，事败亦不失为忠义"②，值得一搏。恰在此时，李成栋把原先留在松江的家眷接到了广州。其中有一位李成栋的爱妾赵氏，性格刚烈，她在南下路过江西时，看到了金声桓、王得仁反正后汹涌澎湃的反清浪潮，深有感触。到广州后，她力劝李成栋反正。李成栋担心隔墙有耳，会因此泄露正在与何吾驺等人商议的机密，于是对赵夫人严加叱责。赵夫人深感委屈，回房后自刎而死，在内衣中留下劝李成栋反正的血书。李成栋见到夫人尸体和血书，伤心至极，大哭道："我乃不及一妇人！"随即与袁彭年等起兵反正。何吾驺因此事专门为赵夫人作传，命门人邝露作《赵夫人歌》。

1648 年（顺治五年，永历二年）四月，李成栋率部与袁彭年等起兵反正，宣布反清归明。袁彭年在清军入闽时已降清，后被任命为广东布政使，掌握

---

①　佟氏是辽东世族大家。早在努尔哈赤攻打抚顺时，佟养甲的同族兄弟佟养正就投降了女真族。佟氏一族也因此遭到明朝廷报复，一部分族人被杀，一部分被押回关内拘禁，剩余族人却更加坚定了投降女真族的决心，投降后对后金—清忠心耿耿，也深得满洲贵族的信任。佟养甲当年逃回关内后，改名换姓投入左良玉帐下，1645 年清军南下时他投降清朝，恢复佟姓，为清朝忠心效力。

②　徐鼒《小腆纪年附考》卷一五，中华书局点校本，1957。

一省的行政、财政大权，他在李成栋反正前谎称府库空虚，故意不发军饷，引起士兵不满，为李成栋起兵制造了很好的理由和借口。广州兵变后，广西巡抚耿献忠等人在梧州也率部反正，广东全省和广西丢失的府州一夜之间又重归永历朝廷名下。佟养甲仓皇之间见局势已全变，为保住性命只得被迫剪辫，声称与李成栋一起反正。

对一直窘迫不堪的永历朝廷来说，李成栋反正无异于喜从天降，刚开始都不敢相信，多番确认消息属实后，立即封李成栋为惠国公、佟养甲为襄平伯、耿献忠为兵部尚书。随后李成栋派使者迎请永历帝移跸广州，但瞿式耜请求移跸桂林，陈邦傅主张移跸自己的势力范围浔州府。多番争论后，才决定取个中间位置，以肇庆作为永历帝的行在。1648年（顺治五年，永历二年）八月初一日，永历帝率朝廷官员到达肇庆。李成栋到肇庆城郊亲自迎驾。

李成栋反正后，对永历帝极尽谦恭忠诚，他虽然手握广东和广西梧州等地的实际权力，却主张将地方官员的任命权都收归中央，朝廷应加强对地方的权威和控制力。但不久之后，他发现永历朝廷内部党争激烈，各级官员争权夺利、徇私舞弊，已晋封为文安侯的马吉翔等权臣更是弄权谋私、左右朝政、随意封官许愿，而生性柔弱的永历帝也只能听之任之。李成栋对此心中不忿，却也只能慨而叹之，无能为力。

佟养甲跟随反正其实是"伪降"。他偷偷派人向清廷报告广东兵变的情况，请求清廷派兵南下，自己可以充当内应。不料密信被李成栋士兵截获。李成栋养子李元胤时任锦衣卫都督同知，他将此事密奏永历帝，请朝廷派佟养甲前往梧州祭祀老桂王朱常瀛，他在路上设下伏兵，一举擒杀了佟养甲及其全部亲信。

李成栋反正之后，如果抓紧时机派兵北上，应该会对金声桓、王得仁的江西战局有巨大帮助，两方配合，消灭赣南的清军应该不是难事。但永历朝廷和李成栋等都在忙于移跸、加官晋爵等事，出兵时机一再被延误。直到八月中下旬，李成栋才从广州出兵北上。出兵前，李成栋多次派人招降赣州的刘武元、高进库等人。刘武元等来了个缓兵之计，回信说按清廷规定，守城将领只要守满三个月再投降，家眷就不再连坐，因此请多给他们一点时间，届时一定投降。李成栋信以为真，放慢行军速度，直到九月下旬才越过与江西交界的庾岭。此时，金声桓、王得仁部已在南昌被八旗大军重重围困，而赣州的清军则利用这段时间加强了城防和补给。

十月初一日，李成栋率大军携大炮数十门抵达赣州城下。明军盔明甲亮，旌旗蔽日，气势如虹。城内刘武元等见明军势大，决定趁明军立营未稳之际快速突袭。次日凌晨，清军趁天未亮冲进明军大营，明军士兵猝不及防，互相践踏，损失兵员一万余人，辎重装备损毁无数。李成栋被迫撤军到南安，自己则返回广州，打算到肇庆觐见永历帝。其实赣州清军兵马比明军少得多，此次偷袭胜利已属侥幸，而李成栋初遇挫折就跑回广州，此举实非必要，这就给了清军喘息及等候援军的机会。

李成栋在年底觐见永历帝请示作战方略后，于次年（1649年，顺治六年，永历三年）正月，再次从广州率军北上。行军途中，南昌已被清军攻破，金声桓、王得仁、姜曰广已死，清军主力加速南下赶往赣州。二月中旬，明军再次越过庾岭，进入江西境内。这时，清征南大将军谭泰派梅勒章京胶商率领的八旗兵已到赣州。清军在人数上仍然少于明军，因此决定再次主动出击，速战破敌。二月十六日，清军从赣州出发，直扑明军主力驻地信丰。二十八日，清军连破明将阎可义部五座大营。二十九日，击败李成栋亲自指挥的部队，明军退入信丰城中。三月初一日，清军攻打信丰城。当时信丰城东门外桃江的河水暴涨，难以涉渡。清军则在南、北、西门外挖掘壕沟，阻断明军出路。城内明军见状军心大乱，纷纷冲出东门渡河逃窜。李成栋不得已也从东门冲出逃走，骑马渡河过程中，不慎坠马落水失踪。而明军官兵只顾逃窜，连自己的大帅被淹死了都不知道。曾经势如破竹率清军夺取江南的悍将李成栋，在反正后连吃两场败仗，自己也莫名其妙地死了。

李成栋死后，其中军部将杜永和贿赂其他各部将，选自己接替李成栋统辖全军。永历朝廷派戎政侍郎刘远生前往广州，打算让他接管李成栋军，结果杜永和等根本不买账，永历朝廷无可奈何，只得默认现状。当时李成栋养子李元胤任锦衣卫都督同知，统领禁军，在李成栋军中有一定威望，且其兄弟几人都是军中重要将领。杜永和则是靠行贿上位，实际无法有效控制李成栋全军。如果永历朝廷果断决定，让李元胤尽快去广州接掌兵权，杜永和应该不得不配合，至少对完整控制广东全省军队是有利的。可惜永历朝廷内部腐朽混乱，无法做出这样相对正确的决策，以致广东各部兵马离心离德，直接导致了不久之后广东的再度丢失。

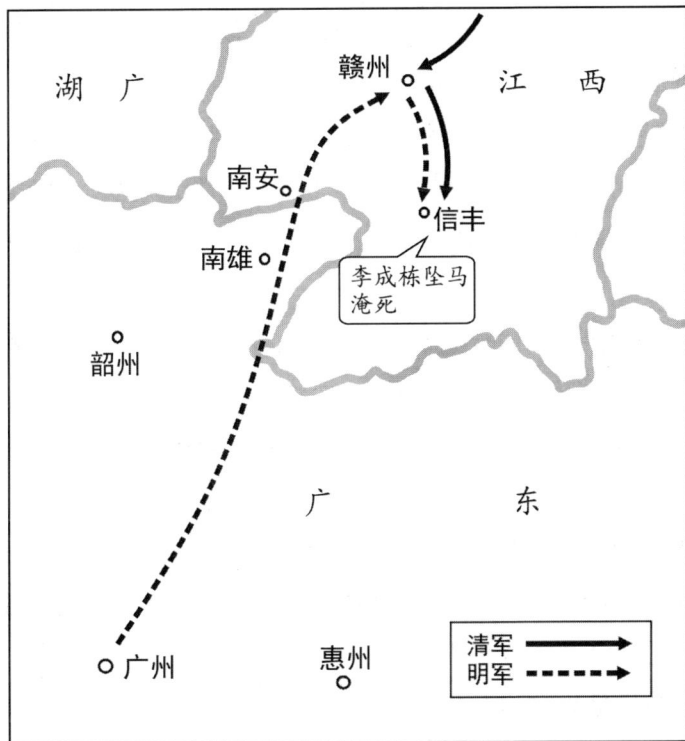

图 10-5　李成栋二进江西兵败身死

1648 年（顺治五年，永历二年），金声桓、王得仁、李成栋等先后反正，何腾蛟、堵胤锡等在湖南也取得较好的战绩，几乎收复湖南全省，抗清运动风起云涌，南明朝廷眼见中兴有望。但永历朝廷的腐朽懦弱注定了这些都是昙花一现。到 1649 年（顺治六年，永历三年）正月，金声桓、王得仁部在南昌被消灭，江西再度丢失；何腾蛟在湘潭被俘杀，明军在湖南再次丧师失地；三月，李成栋兵败身死。南明朝廷难得一见的大好形势再次烟消云散。

第四节　湖南争夺战及何腾蛟之死

一

　　1648 年（顺治五年，永历二年）初，清孔有德、耿仲明、尚可喜三王军已经占领湖南全省，二月永历帝从桂林南逃，三月清军进攻桂林，清军颇有一举歼灭永历朝廷之势。正在此时，正月下旬江西金声桓、王得仁反正的消息传到北京，清廷急调孔有德等三王军北撤，一直撤到武昌、汉阳一带，以防止金声桓军北攻武昌。永历朝廷在广西得到了喘息之机，而清军在湖南的兵力部署一时间变得十分薄弱了，只留下了少数几支部队，如总兵徐勇（即1645 年剿灭蕲黄四十八寨的黄州总兵）守长沙，总兵马蛟麟守辰州，总兵张国柱守衡州，总兵余世忠守湖南永州到广西全州一带等。此时，永历朝廷可以在湖南投入的兵力已经超过了清军，如果抓住时机，正确统筹部署，拿下湖南是很有希望的。届时湘、赣、广西和李成栋反正后的广东连成一片，浙、闽一带又有鲁监国、郑成功的反攻，南明重新夺回半壁江山还真有可能实现。

　　南明各部抗清势力也确实看到了这个机会。1648 年四月，堵胤锡、马进忠部从湘西的九溪卫、永定卫土司地区出发，二十四日收复了常德。为确保有足够兵力夺回湖南，堵胤锡亲自前往川、鄂交界的夔东地区，邀请李赤心、高必正的忠贞营南下，一同收复湖南。

　　四月十五日，原跟随刘承胤降清的部将陈友龙在靖州宣布反清。陈友龙长期在湘西南一带活动，军中多有苗族、瑶族少数民族士兵，军队战力凶悍。他起事后，周边的州县纷纷响应。十七日，陈友龙军攻占贵州黎平府；七月初一日，攻占武冈州；八月初五日攻占宝庆府。湖南西南部几乎都在陈友龙军控制之下，一时声威大振。

　　五月，驻守在广西桂林的督师阁部何腾蛟率曹志建、赵印选、焦琏、卢鼎等部挥师北上，二十七日攻克全州。清广西巡抚李懋祖、总兵余世忠退回湖南永州。何腾蛟率部继续北进，七月十七日包围了永州城。其间，曹志建和郝永忠部合作，一起攻下了永州南面的道州。但明军在永州城耽误的时间过长，一直到十一月初一日才攻破永州，李懋祖、余世忠被擒杀。永州东面的衡州府的清军官员见明军声势浩大，主动放弃衡州，逃往长沙一带驻守。至此，湖南南部已基本全部在明军控制之下。

湖南北部的战局也比较顺利。应堵胤锡之请，李赤心、高必正率忠贞营十数万大军东下，七月初一日攻占湖北夷陵州；然后南下，九月攻占湖南常德；十月从常德东进，攻取益阳县；十一月初三日攻占湘潭，初九日攻占湘乡、衡山两县。清军在湖南境内据守的地区只剩下长沙、浏阳及东北部的少量地区。十一月十一日，李赤心、高必正率大军包围了长沙，围绕城池四周连番攻打。清偏沅巡抚线缙、总兵徐勇拼死抵抗，但他们仅有三千名士兵，且外无援军。总兵徐勇在城头督战时，被李赤心一箭射伤，攻克长沙城已指日可待。

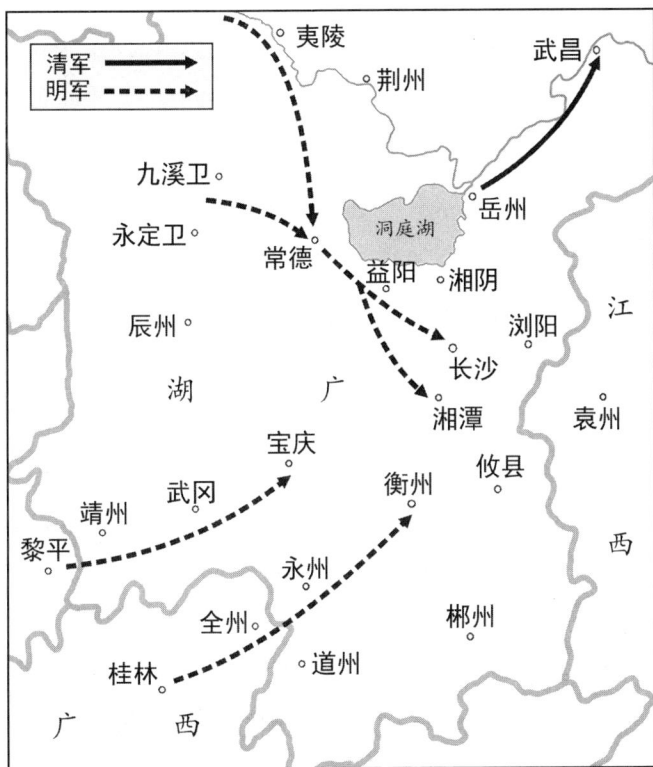

图 10-6　明军反攻湖南

形势看起来一片大好。但就在这时，明军内部发生了两件匪夷所思的事，彻底改变了湖南战局。一是在八月中，何腾蛟部在包围永州期间，郝永忠部偷袭了武冈、宝庆一带的陈友龙部，自己人打自己人，迫使陈友龙撤出刚刚占领的宝庆府，宝庆再度被附近清军占据；二是眼看李赤心、高必正即将攻陷长沙时，十一月十六日，忠贞营突然被调离长沙，长沙之围莫名其妙地被解除。

先说第一件事。原来在上一年（1647）八月，孔有德率清军进攻武冈时，明将刘承胤不战而降，其部将陈友龙也被迫跟着降清。九月，孔有德通过刘承胤命令陈友龙攻占贵州黎平府，抓捕了何腾蛟的继母、妻妾等家眷一百余口（何腾蛟是贵州黎平人），以此要挟何腾蛟投降。何腾蛟不为所动，他的家眷随后或被杀，或自尽，他由此对陈友龙怀恨在心。

这年（1648）四月陈友龙在靖州反正后，一路势如破竹，捷报频传，占据了湘西南大部分地区，永历朝廷封他为远安伯以资鼓励。何腾蛟在湘南的进攻也比较顺利，七月包围了永州。据王夫之《永历实录》中的《陈友龙传》记载，因为永州一时间难以攻下，何腾蛟开始担心陈友龙先于自己攻克长沙，夺了自己的首功，又加上因家眷一事对陈友龙的恨意，于是派使者指使郝永忠偷袭陈友龙，怂恿他夺取友龙部兵马和财物，并保证事成之后朝廷不会追究郝永忠的责任。郝永忠当时屯兵广西柳州，正在为粮饷发愁，得到何腾蛟的信息大喜，立刻出兵北上，同时知会陈友龙，称自己是要北上收复辰州，需借道靖州。到靖州后，郝永忠突然发兵袭击武冈的陈友龙部，号称"奉督师命讨友龙"。友龙猝不及防，全军溃散。郝永忠收并陈友龙余部，陈友龙只身南逃，到朝廷向永历帝申诉。给事中金堡上疏大骂郝永忠击杀忠义，破坏恢复。但朝廷因顾及督师阁部何腾蛟，果然没有追究郝永忠。何腾蛟事后还大赞郝永忠。经此一事，永历诸将心灰意冷、离心离德①。

王夫之是明末清初学术大家，与顾炎武、黄宗羲、唐甄并称"明末清初四大启蒙思想家"，并且亲自参与了永历时期的抗清运动，按道理他记载的内

---

① 王夫之《永历实录》卷十一《陈友龙传》、卷十五《郝永忠传》，岳麓书社，1982。

容应当切实可信。但从他的叙述中还是看到了一些疑点：何腾蛟就算是心胸狭窄，但毕竟一直以反清复明为己任，真能有那么大的魄力、冒天下之大不韪，在关键时刻鼓动两大明军武装火并？在他记载中，何腾蛟交代郝永忠说"吾妻妾皆死于友龙之手"，请永忠为其报仇，顺便可以夺取陈友龙的财富云云，极为详尽。试想，如果这是事实，当事人所传信息应是绝密，他如何能得知？只能说王夫之应该是根据一些传闻，自己猜测推断而出。

王夫之是湖南衡阳县人，1645年（顺治三年，隆武元年）先结识了堵胤锡，还试图帮忙调和堵胤锡与何腾蛟的矛盾。后来到肇庆投奔永历帝，与瞿式耜、严起恒、金堡、方以智等朝臣结识，且颇有一些纠葛。他与堵胤锡走得较近，也素知堵、何的矛盾，以当时永历朝廷的党争风气，不排除有意把恶名完全扣在何腾蛟头上的可能。实际上更符合逻辑的情况是：何腾蛟可能在某些场合表达过对陈友龙的怨恨，郝永忠也应该听到过。何腾蛟也有可能会暗示，但应该不会明确指使郝永忠去偷袭陈友龙。郝永忠带领的是大顺军余部，在投靠何腾蛟后，一直以来仍被明朝保守派官员视为"贼寇"，常在粮饷等方面遭受克扣限制。郝永忠一怒之下旧态复发，纵兵劫掠打粮，军队名声被搞坏，除了提拔他的何腾蛟外，与其他明军势力的关系都不好。借着何腾蛟对陈友龙的恨意以及一点暗示，郝永忠这个莽夫对陈友龙发动了突然袭击。事情告到永历朝廷，其实即便没有何腾蛟这层关系，朝廷拿郝永忠这支半独立的武装也毫无办法，只能不了了之。顾诚先生的《南明史》多次提到王夫之的史书记载党派性质明显，可信度不高，唯独在这一部分却又完全采用他的记载，可能主要是想尽力说明何腾蛟是如何的气量狭小，如何的不顾大局、恬不知耻。其实历史人物大多都是优缺点并存，南明时期的人物更是常常正反面性格集于一身，且十分突出。像何腾蛟这样的既有英雄的一面，也会有志大才疏、胸襟不够的一面，在当时再正常不过，但至少以他一贯的言行来看，家国大事的轻重应该能基本分得清楚。一句话，他既不算是南明朝廷的擎天大柱，也算不上是误国误民的卑劣小人，对其评价大可不必从一极端走向另一极端。

二

第二件事，对湖南战局的影响更为严重，这就是在李赤心、高必正的忠贞营猛攻长沙五天、眼看即将得手的时候，忠贞营被突然调走。长沙解围，驻守长沙的清军有了喘息之机，且等来了济尔哈朗从北京带来的满汉大军，湖南战局从此惊天逆转。

这年（1648）十一月初一日，何腾蛟率滇营、焦琏等部经过三个多月时间，终于攻克永州，随后也收复了衡州，计划向北推进收复长沙。而忠贞营十一月十一日已包围并猛攻长沙，守将徐勇被射伤，长沙眼见已经支撑不住。如果明军拿下长沙，意味着清军在湖南的最后一个主要据点将被拔除，明军即可全面占领湖南，对后续统筹全省兵力，对抗后续清军增派的援军将大有益处，甚至还可以趁势夺取湖北等地。但十一月十六日，包围长沙的忠贞营却突然被调开，要求他们东进救援南昌被围的金声桓、王得仁部。

调离忠贞营的命令是何腾蛟下达的，也有记载是永历帝要求他下达的，原因是金声桓、王得仁部在南昌的情况确实万分紧急，而明军在湖南的情况则好得多。但这个命令的时机和策略是否恰当还真值得探讨，因为从后续情况看，不仅未实现救援江西的目标，还把湖南的局势变得极为不利。

忠贞营被调离长沙，正常的情况是直接加速东进，沿醴陵、江西袁州府前行，应该可以赶上救援南昌。但奇怪的是，忠贞营却转而南下，到了攸县和茶陵州一带，堵胤锡也随军南下。忠贞营为何舍近求远，史料上没有明确记载，总之他们事实上没有跨进江西半步。马进忠部本来也在长沙附近，按要求也向南撤离到湘潭。何腾蛟本计划带领滇营等部从衡州北上进攻长沙，但滇营等部和正在南下的忠贞营发生了冲突，于是各自严守驻地，都不跟随何腾蛟北上。何腾蛟无奈，只能带着少量兵马到了湘潭。到湘潭后，发现马进忠部只有一千多名士兵，根本不可能进攻长沙，只能在湘潭继续等待。

湖南的形势早已震动清廷，但清廷能够调动的主力军队也十分有限。北方山东、甘肃等地区都在发生抗清起义；蒙古个别部落也南下犯边；山西地区极不稳定，本年（1648）年底即发生了震动北方的姜瓖反清复明起义；孔有德三王军撤到武昌一带以防守为主，不久之后回辽东休整；谭泰、何洛会的主力部队则在持续围攻南昌；广东李成栋带领的兵马本来也算清军主力之一，但此时也已反正；闽浙一带也需要大批兵马与鲁监国、郑成功作战。无奈之下，清廷只能从北京调兵。九月十一日，多尔衮任命郑亲王济尔哈朗为定远大将军，率兵南下，十二月到达湖北，1649年（顺治六年，永历三年）正月，进入湖南。

驻守湖南北部的明军一听说满洲八旗兵已进湖南，纷纷拔腿南逃，只有何腾蛟和马进忠部少量兵马还留在湘潭。马进忠见清军势大，也率部南撤，城里只留下了何腾蛟。正月二十一日，济尔哈朗大军包围了湘潭，当日攻克县城，何腾蛟被俘。济尔哈朗下令屠城，一直杀到二十九日，城中居民几乎被全部杀光，满城皆是残肢断臂，尸骨纵横，惨不忍睹。何腾蛟被俘后，济尔哈朗劝他投降，遭到严词拒绝。正月二十七日，何腾蛟绝食七天后被杀害。此前八天，即正月十九日，南昌城也被攻破，金声桓、王得仁、姜曰广等也已死难。

湖南的局势逆转，可以说临阵调走忠贞营是其中最大的败笔。按不少史料的记载，这事的最大责任都归结到何腾蛟头上。有史料记载，忠贞营围攻长沙时，何腾蛟就表达了"长沙自我失之，必自我复之"[①]的意思，不希望别人抢了这个功劳。而堵胤锡也不无得意地说过："督辅失之，我为复之，不亦善乎。"[②]因此何腾蛟才要急匆匆调开忠贞营。何腾蛟心胸狭窄，担心堵胤锡及忠贞营与自己争功，有可能是此事的原因之一。但当时南昌的局势确实十分危急，调实力较强且离南昌相对较近的忠贞营前往救援，何腾蛟率永州、衡州新胜之部北上续攻长沙，从策略上看并无多大问题。只是何腾蛟没想到滇营等部不跟随北上，忠贞营也没有急速东进江西，导致功败垂成。总结而言，是他对各支部队的掌控能力不足，对形势的预判不足，才会酿成如此恶果，自己也被俘身死。把失败原因全部归结于何腾蛟的气量狭小，并不十分妥当。

---

① 　鲁可藻《岭表纪年》卷二、卷三，浙江古籍出版社，1985。

② 　蒙正发《三湘从事录》，《明清野史丛书》，文津出版社，2020。

督师阁部何腾蛟之死，对明军士气打击极大，各路明军纷纷南撤。济尔哈朗趁势分兵追击。尚书阿哈尼堪、固山额真刘之源领兵进攻宝庆，击败明将王进才、马进忠部，占领府城邵阳；接着向西进攻黔阳县，击败袁宗第、刘体纯部，进占靖州。固山额真佟图赖、伊拜进攻衡州，击败明军胡一青等部，明军向南退入广西；佟图赖乘胜追击，占领进入广西的门户全州。明将焦琏率部反攻全州，被清多罗顺承郡王勒克德浑及济尔哈朗的主力军击败。勒克德浑还趁势进攻道州，击败明将曹志建，占领道州。

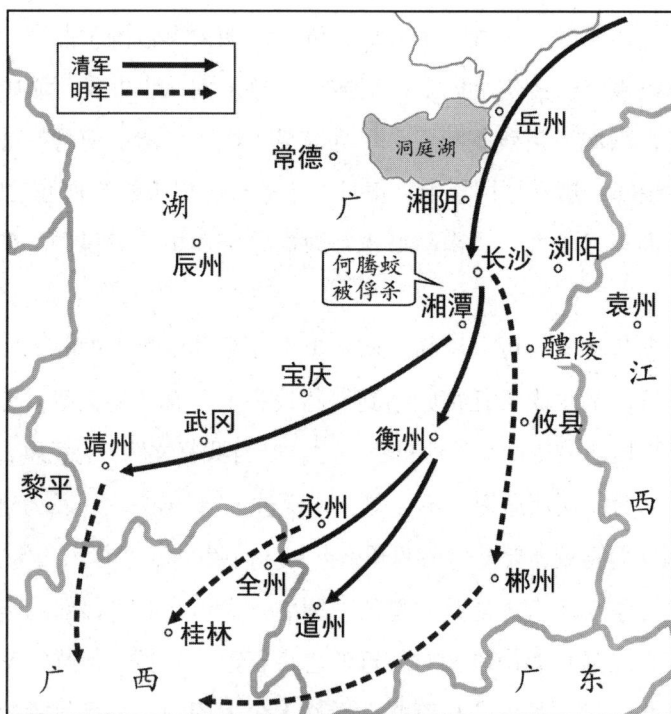

图 10-7　清军攻取湖南

忠贞营撤离长沙后，在醴陵、茶陵州等地停留，没有东进江西。正月间先后传来南昌、湘潭沦陷的消息，攻取长沙、救援南昌都已成泡影，后面又有济尔哈朗主力清军。堵胤锡、李赤心等即带领忠贞营一路南下，在郴州驻防。忠贞营是清军的首要打击目标。济尔哈朗在攻陷湘潭后，立即亲率主力追击忠贞营。忠贞营在郴州被击败，余部南撤进入广西。济尔哈朗再转向西，与勒克德浑一起击败反攻全州的焦琏部。

至此，湖南又被清军全部占领。

<h2 style="text-align:center">三</h2>

清军在占领靖州后，还派出一支部队继续向西进入贵州黎平地区。上文说到，陈友龙在武冈被郝永忠偷袭后，只身逃到广西找永历帝告状，但毫无结果，只得再回到自己熟悉的黎平地区，重新拉起一支武装。郝永忠占据靖州、武冈地区后，不久清军南下，何腾蛟被俘杀，郝永忠也赶紧向西南逃到黎平地区。因为和陈友龙结下了大仇，担心友龙报复，郝永忠干脆一不做二不休，包围了陈友龙部，猛烈攻打，陈友龙不敌被杀。正在此时，清军攻到，郝永忠防备不及，大败而逃。之后辗转于广西庆远、贵州独山一带。郝永忠和永历朝廷各派势力关系都不好，靠山何腾蛟已死，瞿式耜等对他恨之入骨，他在永历朝廷的势力范围内已很难生存下去，于是不久后率部从贵州转入川东的夔东山区，与刘体纯、袁宗第等会合，继续抗清。

忠贞营在郴州被清军击败后，由李赤心、高必正带领，沿湖南和广东的边境南撤到广西贺县一带，再驾船沿贺江、开江南下。五月底，忠贞营船队接近梧州。南明总兵叶承恩等依然把忠贞营视为"贼"，竟发炮阻击。忠贞营兵力远强过叶承恩部，硬闯过梧州，沿浔江而上，到达浔州府一带驻扎。浔州、南宁一带本是庆国公陈邦傅的地盘，他见忠贞营兵力雄厚，自己无法阻挡，干脆着意巴结，借忠贞营的力量消灭了自己在南宁的对手徐彪的一支武装。他拜李赤心养母高氏（即李自成妻）为义母，称高必正为舅舅，还献上自己的女儿给高必正做二房夫人。一段时间后，他劝高必正带兵北上桂林，让忠贞营离开自己的地盘，遭到李赤心、高必正的拒绝。

忠贞营南下广西的时候，堵胤锡带着千余人马离开了大部队，从镇峡关南下广西。镇守关口的明保昌侯曹志建也素来视忠贞营为"贼"，并延伸到对堵胤锡的憎恨和猜疑，竟提兵要包围和擒杀堵胤锡。堵胤锡部下被杀光，他侥幸逃脱，经贺县、梧州到了广东肇庆行在。永历帝封堵胤锡为大学士、吏部尚书兼兵部尚书、总督直省军务。但当时李元胤、瞿式耜等才是真正的实权人物，堵胤锡谁也指挥不了，手里也拿不到一分饷银。不仅如此，丁时魁、金堡等还上疏弹劾他在湖南"丧师失地之罪"。堵胤锡十分忧郁。八月，他向永历帝辞行，打算带领忠贞营北上收复失地。恰在此时，忠贞营的主帅兴国公李赤心病逝，按惯例军中新丧大帅，不便出师。十一月二十六日，堵胤锡在浔州一病不起，溘然辞世。

这一年（1649，顺治六年，永历三年），清军在湖南、江西节节胜利，一路高歌猛进。而明军一路溃败南撤，其间还内讧不断、互相攻击残杀；永历朝廷内部权臣当道，依旧以争权夺利为己任。明清双方的格局水平高下立判。

另一方面，清军虽然在湖南、江西的形势很好，但在北方却极为吃紧。上一年（1648）十二月，降清的大同总兵姜瓖反正，带动山西几乎全境都发生了抗清起义，再加上山东、陕西、甘肃等地的起义，让清廷十分窘迫，不得不紧急调动各路兵马灭火。于是在济尔哈朗全面占领湖南后，1649年八月，多尔衮命他急速班师回京，拱卫京师并择机参与镇压起义。

济尔哈朗大军一走，明军又开始活跃起来。九月，焦琏部和赵印选、胡一青的滇营收复全州。十月上旬，曹志建收复永兴、耒阳。十月底，马进忠、王进才部会合滇营攻克武冈。十一月初，王进才部攻克靖州。明军乘势向永州、衡阳、宝庆等府进攻。

为应对明军的反攻，1650年（顺治七年，永历四年）二月，清廷调驻守山东济南的续顺公沈永忠率部南下，驻守宝庆一带。同时，清廷重新册封孔有德为定南王，耿仲明为靖南王，尚可喜为平南王，命三王率已休整集结完毕的各自所部，由辽东南下，开往湖南、广西。新的一场大战又将打响。

第五节　姜瓖反正和北方各地的抗清起义

一

南明的弘光、隆武、鲁监国、永历几个政权所在地都在南方，每一个南明政权都是清朝的重点打击目标，因此围绕这些目标的战争和事件就比较多，大多数史料的关注点也通常以南方为主，北方关注得相对较少。其实，当时的北方并不安宁，各种大大小小的抗清起义此起彼伏、持续不断，给清廷造成了极大的困扰。为镇压这些起义，清廷四处调集兵马，有时在南方作战的主力部队也不得不千里迢迢调回北方。例如，1649 年（顺治六年，永历三年）八月，占领了湖南全境、本可以一鼓作气进攻广西的济尔哈朗大军，就被多尔衮紧急调回北京。虽然北方的抗清起义大多数规模不大、较为分散，但总体上严重牵制了清军兵力，客观上对南明朝廷的喘息和休整提供了极大的帮助。在这些起义中，影响力最大的是大同总兵姜瓖的反正归明。

姜瓖，陕西延川人，原是明朝大同总兵。1644 年（崇祯十七年）初，李自成率百万大军东征，明朝地方官员望风而降。三月，起义军到达大同，姜瓖不战而降献出大同，李自成让他按原官职继续驻守大同。五月，传来了清军入关、大顺军战败和退出北京的消息。姜瓖见风使舵，立刻反叛大顺，杀了留在大同的大顺军将领张天琳，向清廷递上了降表。清军入关初期，不少明朝将领对形势都曾发生过"天真的"误判。他们似乎认为，给清朝递了降表，就表明不与清朝为敌，清朝自然也不会与自己为敌；同时认为清朝确实是来为明朝复仇的，打败农民起义军后，他们会回辽东去。姜瓖最初也是这样的判断，因此，递了降表后，他居然又拥立了明藩代王的后裔朱鼎珊，妄图让他继承明朝大统。这事惹怒了多尔衮，他指责姜瓖"大不合理""其罪不小"。

多尔衮的怒责让姜瓖如梦初醒，他赶紧抛弃扶持明朝亲王继统的企图，战战兢兢向多尔衮认错请罪。多尔衮让他继续驻守大同，虽未处罚他，但显然对他也不怎么信任，要求他"洗心易虑"，要为大清朝尽犬马之力。这年（1644）十月，姜瓖遵照清廷调遣，率所部跟随英亲王阿济格西征大顺军，一路上颇为卖力，在陕北榆林地区打败高一功等部大顺军，为清朝立下战功。但他不仅没有得到封赏，反而时常被清廷警告、敲打。1647年（顺治四年，永历元年）三月，清廷下令在京三品以上官员、京外的总督、巡抚、总兵等官员各送亲子一名，到宫中任侍卫，名为学习满洲礼仪，实则是为挟制人质。姜瓖不敢怠慢，把长子姜之升送到了北京。

1648年（顺治五年，永历二年）初，金声桓、王得仁在江西反正，四月李成栋在广东反正，明军在湖南的反攻也取得了很好的战果，这些消息逐渐传到北方，在各级官员中也引起了不小的震动，对姜瓖这个从未得到清廷充分信任的降将也很有些触动。十一月，蒙古喀尔喀部侵扰山西以北的边境，清摄政王多尔衮召集诸王、大臣会议，决定派英亲王阿济格、端重亲王博洛等重要将领率部驻守大同，保证北部边境的安全。姜瓖得到清朝大军要来大同的消息，觉得自己本来已备受猜忌，这次清军的行动对自己一定非常不利。思虑再三，决定起兵反正。十二月初三日，他趁清宣大总督耿焞出城办理公务时，下令关闭城门，命军民"剪辫易服"，杀了耿焞的家属，宣布反清复明。

姜瓖资历老，久据大同，在山西有较强的影响力。他反正后，山西各地乡绅居民纷纷响应。晋西北原明朝军人万链、刘迁等起义，很快就占领了偏关、宁武、岢岚、保德、雁门关、代州、繁峙等地，逼近太原。晋中高鼎聚众起义，占领五台、忻州、盂县一带。晋东南胡国鼎、陈杜、张光斗等起义，占领潞安、泽州等地。晋西南蒲州到黄河西岸韩城一带有虞胤、韩昭宣等人的起义。原崇祯朝大学士、降清后被任命为大学士的李建泰，也在家乡晋西南的曲沃、太平县一带参加了抗清运动。山西的抗清运动一时间风起云涌，各路义军很短时间内就占据了山西大部分州县，清朝完整控制的仅剩省会太原及少数州县。山西的抗清运动还很快波及了陕西等西北地区。

姜瓖等义军奉永历为正朔，军队打的是明军旗号。虽然和偏缩于广西的永历朝廷隔着千山万水，但他们还是努力和永历朝廷取得了联系。1649年（顺治六年，永历三年）八月，永历朝廷派太监马鸣图乔装打扮，带着密封于蜡丸中的敕书，不远千里到山西大同找到了姜瓖。从这个意义上来说，姜瓖带动的山西抗清运动，是永历朝廷1648—1649年间全国抗清浪潮中很重要的一部分。只可惜永历朝廷自身的控制力太弱，根本没有统筹协调全国各地抗清运动的能力，否则结果可能大不相同。

二

　　山西的"反叛"和金声桓、李成栋的反正对于清廷来说很不一样，因为它离北京太近！清廷对此极为紧张，生怕义军势力侵扰到京畿一带。姜瓖起事后，多尔衮以皇父摄政王的名义赶紧给他写信，说明之前调动大军是对付蒙古部落，与姜瓖无关，希望他回心转意，依然可以"照旧恩养"。姜瓖自知一直被清廷猜忌，这次起义已是覆水难收，如果再反复恐怕不会再有好下场，于是对多尔衮的招抚置之不理。

　　多尔衮见招抚无效，决心用武力解决。1649年（顺治六年，永历三年）正月初四日，他派敬谨郡王尼堪等统兵进入山西。二月，多尔衮亲自率大军，带领英亲王阿济格等征讨大同。这是清军入关以来，多尔衮首次抛下繁忙政务亲自出征，可见对姜瓖"反叛"的重视程度。但就在刚刚攻下少数几个州县、还未到达大同的时候，多尔衮突然接到北京传来的消息，他的同母胞弟辅政德豫亲王多铎染上天花，已危在旦夕。多尔衮十分在乎他这个胞弟，于是留下阿济格等继续收取山西各地，自己于三月间返回北京。不久后，多铎病死。

　　四月至五月间，山西的反清复明运动继续蓬勃发展，义军连续攻克祁县、武乡、沁州、榆社、徐沟等县，兵员规模也日益强大，据说在沁州的义军人数就在十万以上。六月，晋东南的义军将领魏世骏等还派出一支部队进入河南，接管了武安、林县、涉县，任命了知县等官员。清军在山西境内仅在省会太原有少量兵力驻守，再就是随多尔衮进入山西的军队，这部分军队的主要目标是大同。

　　多尔衮回京后，进攻大同的清军由阿济格、尼堪等指挥。英亲王阿济格是久经阵仗的大将，他判断对于山西的局势只能分割包围、擒贼先擒王，需要尽快消灭义军领袖姜瓖，于是暂时不管太原和其他地方，只是集中兵力重重围困大同。他调来了红衣大炮，连续猛轰大同城墙，但大同城墙异常坚固，清军久攻不下。虽然清军攻城没有进展，但阿济格指挥军队连续挫败外围来援助大同的援军，把大同围得如铁桶一般，切断了姜瓖与其他义军的联系。

多尔衮深知山西局势对全国局势的影响，山西一失，全国俱乱。于是除阿济格和尼堪等人外，他还派出了端重亲王博洛、承泽亲王硕塞、多罗亲王满达海等率部进入山西。同时调平西王吴三桂、固山额真李国翰、陕西三边总督孟乔芳等从陕西方面协助进攻山西。这些亲王、将领大都是清军南下过程中独当一面的统帅，现在却一窝蜂地集中到山西战场。其原因无他，一是山西太过重要，二是随着控制地盘的扩大，全国各地都需要军队驻守或继续攻击反清势力，多尔衮手中可灵活调配的兵力已十分有限。大将之中，多铎已病死；肃亲王豪格已经被废并且幽禁；郑亲王济尔哈朗和多罗顺承郡王勒克德浑正在攻取湖南，正打算乘胜进攻广西的永历朝廷；固山额真谭泰和何洛会年初镇压了江西金声桓、王得仁的起义，此时刚刚回到北京。多尔衮实在无奈，只得让谭泰、何洛会镇守北京，把博洛、硕塞、满达海等全部派往山西。同时急调济尔哈朗、勒克德浑回京，永历朝廷也因此得到了短暂的喘息之机。

即使如此，多尔衮对山西战局还是很不放心。六月，他再次亲自出征。八月，他对山西局势已有了比较清楚的判断，做好了部署，自己撤回到北京。这时，被围困近半年的大同终于支撑不住了。大同"兵民饥饿，死亡殆尽，余兵无几"[1]，且外无援军。姜瓖的部下总兵杨振威见败局已定，偷偷派人出城向清军接洽投降。八月二十八日，杨振威带数百名兵士叛变，杀死了姜瓖及其兄姜琳、其弟姜有光等，持首级出城投降。次日，他打开城门放清军入城。多尔衮得到报告后，下令除杨振威和其部下及家属外，把大同城内的军民官吏尽数诛杀，并把大同城墙拆低五尺。大同城里一时间悲号震天，尸积如山，血流成河，清军再一次导演了一出屠城惨剧。

---

[1]《清世祖章皇帝实录》卷四十六，中华书局影印本，1985。

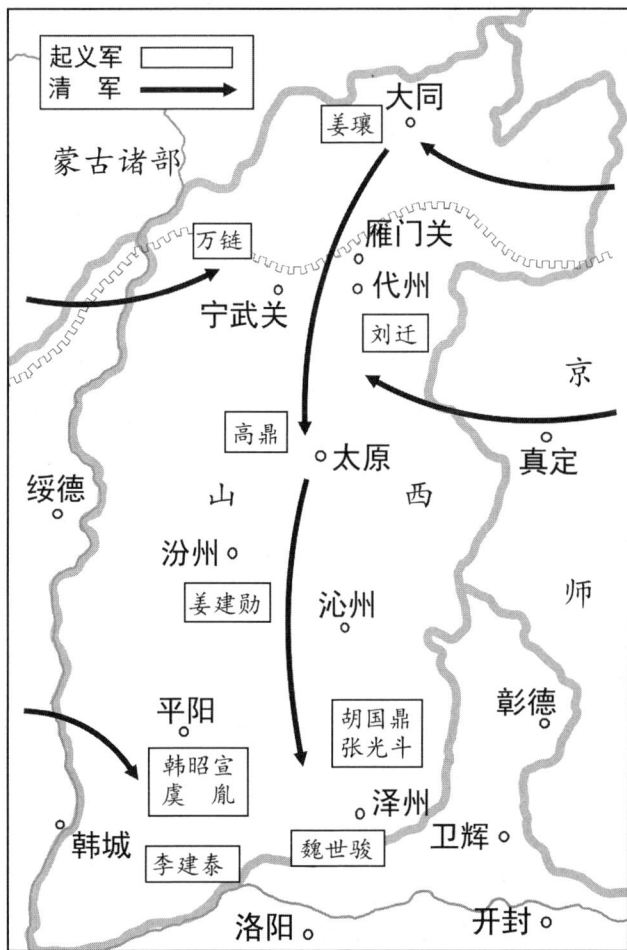

图 10-8　清军剿灭山西起义

　　清军孤立围困大同以及各路名将分头进攻的策略取得了很好的效果。在夺取大同前后，博洛部攻克了孝义、平遥、辽州、榆社等处；满达海部攻克朔州、马邑等处；佟养量部攻克平刑、雁门关、代州等处，刘迁父子战死；孟乔芳等从陕西渡过黄河攻克蒲州、临晋、河津、解州等处。九月至十一月，清军攻克运城、汾州、太谷、沁州、泽州、太平等处，义军首领韩昭宣、姜建勋、刘炳、张光斗等皆战死，参加抗清的原崇祯和顺治两朝大学士李建泰也被俘杀。十二月，吴三桂、李国翰部击败陕西榆林义军，率部渡过黄河攻克了山西偏关，义军总督万链自焚而死。以姜瓖为首的山西反清复明运动坚持了一年之久，终被镇压下去。

<h1 style="text-align:center">三</h1>

山西的"反叛"是北方当时规模和影响都最大的反清复明运动。其实在此前后，山东、陕西、甘肃等地都在陆续爆发抗清起义，给清廷造成了极大的困扰，让其不得不分兵各处镇压。

山东方面，1646年（顺治三年，隆武二年），谢迁在高苑、新城一带起义；裴守政、刘丝桐在冠县起义；次年（1647，顺治四年，永历元年），丁鸣吾、周魁轩在峄山、蒙阴一带起义；蔡乃憨、周桂轩等在高唐州起义；丁维岳等在东昌府起义；杨云山等在堂邑县、阳谷县一带起义。这些起义虽然总体规模不大，持续时间不长，但也在很大程度上牵制了清军不少兵力。

谢迁的起义比较有代表性。1646年（顺治三年，隆武二年）冬，他在高苑县聚众起义，接着攻克新城县。次年（1647）四月攻克长山县，六月攻克淄川县。在淄川县，义军擒获了回乡谪居的原降清官员孙之獬。孙之獬是天启年间进士，曾任翰林院检讨，是个阉党分子。崇祯初年钦定逆案，孙之獬怀抱魏党编的《三朝要典》哭告太庙，为士林所不齿，遂被废黜不用。1644年（崇祯十七年）五月清军占领北京后，他为讨清廷新主子欢心，竟然恬不知耻地率先主动剃发，结果上朝时汉官不让他入列，满官也不让他入列，被满汉官员一同耻笑。他被谢迁擒获后，全身被用锥子扎满孔，插上毛发，游街示众。他自知犯了众怒，再无活路，于是对义军破口大骂。义军将他的嘴用针线缝上，押到市口凌迟处死，他城中的孙子、曾孙等也被杀光，百姓无不拍手称快。

山东曹州、范县一带榆林茂密，从明末起就有人在此聚众造反，利用榆林隐蔽，挖掘地道与官军周旋，号称"榆园军"。清军入关后，榆园军以抗清为旗帜，声势迅速壮大，扩展到朝城、郓城一带。

弘光朝时期江北四镇之一的东平侯刘泽清是曹州人。1645年（顺治二年，弘光二年）四、五月间清军南下江淮时，刘泽清先率部乘船逃往海上，后来又返回江淮投降了清朝，被清廷送到北京"恩养"，丧失了手中原有的实权，这让他郁闷不已。1648年（顺治五年，永历二年）初，他先后得到金声桓、王得仁、李成栋等反正的消息，看到全国的抗清起义此起彼伏，觉得可以趁机赌一把，夺回自己的权势和地位。于是秘密召见自己在曹州的亲信军官李化鲸，约定八月十五日起事，他自己在北京响应。结果李化鲸的举动被清地方官员察觉，他被迫于七月提前起事。李化鲸联络榆园军一同行动，攻克了曹州、定陶、城武等县，临近曹州的直隶大名府、河南归德的民众纷纷举义响应。清廷急调东昌府梅勒章京赖恼、沂州总兵佟养量、河南总兵高第（原崇祯朝山海关总兵）等围剿义军。清军先后夺回定陶、城武等县，八月初一日包围了曹州。九月十五日，李化鲸出城与清军接洽投降，被清军扣留送往北京，曹州随后被攻陷。刘泽清在北京被清廷拘捕，与李化鲸对质审讯。十月二十五日，刘泽清及其弟、侄儿、李化鲸等以谋反罪被处斩。

李化鲸的抗清起义被镇压下去，但山东榆园军仍在继续活动。1649年（顺治六年，永历三年），清廷任命张存仁为直隶、山东、河南三省总督，加紧围剿榆园军。张存仁下令大量砍伐焚烧榆园林木，决开黄河堤坝放水淹灌地道，榆园军无处隐蔽，终被击败。1651年（顺治八年，永历五年）十月，榆园军首领梁敏战死。

陕西方面，在姜瓖大同起事时，陕北人王永强、高友才等也在延安、榆林、神木一带起义响应。义军声势浩大，很短时间内就攻克接管了陕北十九个州县，任命了地方官员，还派出一部分部队渡过黄河支援山西的抗清义军。此时满洲八旗兵主力被牵制在山西，多尔衮只能急调屯驻于汉中地区的平西王吴三桂、固山额真李国翰北上围剿陕北义军。此时王永强部义军已经迅速南下，打到蒲城一带。1649年（顺治六年，永历三年）三月二十三日，双方在蒲城附近大战，义军战败，王永强阵亡。清军随后北上包围了据守陕北府谷县的高友才部，直到次年（1650）十一月，县城才被攻破，高友才投河自尽。

甘肃方面也发生了声势浩大的反清起义。1648年（顺治五年，永历二年）三月，甘肃回族将领米喇印、汉族将领丁国栋等率回族、汉族部下起兵反清，连续攻克甘州、凉州、肃州、兰州等重镇，清甘肃巡抚、总兵、副总兵等大批官员被擒杀。四月，清廷派一部分八旗兵进剿义军，陕西三边总督孟乔芳也派兵协助。闰四月，清军攻克洮州、兰州等地。五月，米喇印在战斗中阵亡。次年（1649）正月，清军攻占甘州，丁国栋等阵亡。甘肃地区的抗清运动被镇压下去。

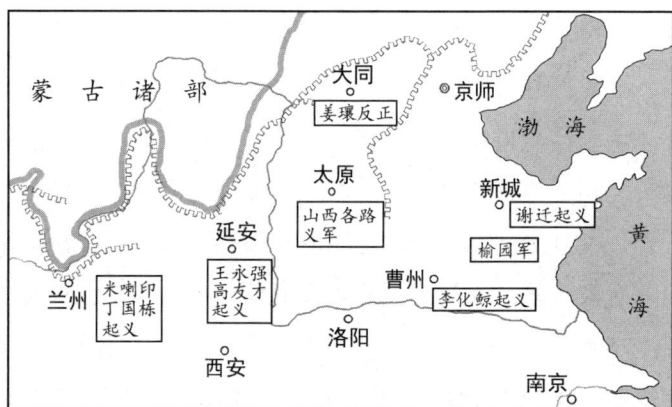

图 10-9　北方的反清复明运动

　　1648 年至 1649 年前后，大江南北很多地区都在发生规模大小不一的反清复明运动，清廷各处调兵镇压，已呈手忙脚乱、捉襟见肘之势，对明朝复兴是一个难得的时间窗口。只可惜永历朝廷从开始就是一个弱势政权，永历帝只知一味逃跑，南明各路势力和军阀只考虑自己当前的利益，朝廷内部也因依附不同的军阀势力而继续"党争"恶斗；何腾蛟、瞿式耜等虽有复兴之志，但缺乏总揽全局的战略眼光和才能，终于致使金声桓、王得仁、李成栋、姜瓖等具有极大影响力的反清起义因缺乏统筹，各自为战，终被清廷一一扑灭。浙闽的鲁监国、郑成功以及云南大西军等重要抗清势力也未得到有效的协作运用。南明的复兴像是经历了一场幻灭之旅。

第六节　无休止的党争

一

"党争"不但是明末朝廷的特色，在南明的几个小朝廷中还有很强的遗传性。从弘光到隆武、鲁监国政权，再到永历，不管朝廷事实上已经多么弱小，党争依然你死我活、不死不休，颇有一股不把仅剩的家底折腾干净就不罢休的气势。

在万历中后期，党争以齐、楚、浙等党派与东林党之争为主；天启年间至崇祯朝以东林党和阉党之争为主；弘光朝时期以马、阮集团与东林—复社之争为主；隆武年间则是隆武、鲁监国两个政权之争，隆武朝中还有以郑芝龙为首的郑氏家族与皇权、其他大臣之争；到永历朝廷，党争则演变为依附或倾向于不同地方军阀的朝臣之间的争斗，背后实际上是军阀之间的权势争夺，反映到朝堂上则表现为"楚党""吴党"之争。

1648年（顺治五年，永历二年）以前，永历朝廷的军事实力主要集中于何腾蛟、瞿式耜、陈邦傅等少数几个人手中，朝堂局势还算单纯。1648年（顺治五年，永历二年）四月李成栋反正后，形势变得复杂起来，广东出现了一大批反正有功人员，他们兵多将广、实力强大，被称为"东勋"。一开始，大致分为三个派别：一是何腾蛟、瞿式耜、陈邦傅等在广西、湖南握有兵权的人物（其实瞿式耜和陈邦傅之间也有矛盾），以及在皇帝身边的文安侯马吉翔等；二是在广东陷落于清军时没有实际投降清朝、坚持不到清朝政府中任职的官员；三是李成栋反正时立功的李元胤、袁彭年等人，即"东勋"。前两者一方面看不起后者，一方面又对后者有猜疑，忌惮后者瓜分永历朝廷的权力。因此在李成栋建议永历帝移跸广州时，瞿式耜等人极力反对，最后永历帝选了个折中地点肇庆。不久，何腾蛟兵败身死，瞿式耜势单力孤，遂通过袁彭年、刘湘客、金堡等与东勋诸人逐渐结合起来，共同对付马吉翔、陈邦傅等广西实权人物。

　　瞿式耜与李成栋、李元胤父子两股势力相结合，其影响力主要在广东、广西北部、湖南一带。这股势力在朝堂中的代表人物主要是左都御史袁彭年、礼部侍郎刘湘客、吏科给事中丁时魁、工科左给事中金堡、户科右给事中蒙正发等人，背后的实权人物是李元胤、瞿式耜等人。因出头露面的袁彭年、丁时魁、蒙正发都是湖广人，背后还有何腾蛟手下的湖南势力存在，所以这一派被称为"楚党"。

　　另一派的构成则比较复杂。以大学士朱天麟、王化澄、吏部侍郎吴贞毓等为首的朝臣，以及在湖南活动的堵胤锡，还包括广西原有势力庆国公陈邦傅、一直随驾的文安侯马吉翔等，被称为"吴党"。实际上"吴党"并不真正存在。朱天麟、堵胤锡等虽然在政治理念上相近，与楚党完全不合拍，但与马吉翔、陈邦傅等并没有什么共通之处，几方之间还各有矛盾，不可能形成一个共同进退的政治集团。但他们这部分人都是楚党朝堂权力的竞争对手，楚党即把这些对手都指认为"吴党"。为便于表述，暂且把朱天麟、堵胤锡、陈邦傅等仍称为"吴党"。

　　楚党和吴党在政治理念上存在重大区别，主要体现在如何联合各种抗清势力的态度上，尤其是对原大顺军、大西军的态度。何腾蛟、瞿式耜掌握湖南、广西桂林一带的军队，这是当时永历朝廷主要依靠的军事力量。后来李成栋反正，广东全省兵力加上何腾蛟余部、瞿式耜的兵力，远远强过广西南部一隅陈邦傅的力量，这就是楚党的底气来源。楚党自觉实力强大，在抗清斗争中坚持"正统"观念，认为自己才是明朝中兴大业的中流砥柱，对原大顺军、大西军等新的抗清势力较为歧视和排斥。忠贞营应堵胤锡之邀南下进攻长沙等地时，湖南明军各部基本都不予配合，还在衡州等地与忠贞营针锋相对，发生冲突。忠贞营进入广西过程中，更是遭到明军多番阻击。李元胤等坚决拒绝忠贞营进入广东，还派人炮击运送忠贞营和堵胤锡等人家眷的船只，导致忠贞营大批家眷遇难。这其中只有何腾蛟生前对郝永忠部十分重视和关照，但这只是一个例外。何腾蛟死后，明军各部仍视郝部为贼寇。后来大西军与永历朝廷取得联系，孙可望请封秦王，楚党即是最主要的反对力量。

相比之下，吴党因为自身军事实力不足，所以十分重视与原农民起义军的合作，观念也较为开明。堵胤锡一直和忠贞营保持良好关系，在湖南战场中基本都随李赤心、高必正共同进退，他视忠贞营为最主要的抗清力量之一。忠贞营到达广西浔州后，庆国公陈邦傅利用忠贞营消灭了与自己争夺南宁的对手徐彪，尽管主要出于私心，至少在表面上与忠贞营保持着友好合作的关系。与他们观念类似的朝臣有大学士朱天麟、王化澄等人，他们主张朝廷加强与忠贞营、大西军的合作，用空头爵位封赏就能号召这些势力共同抗清，比如给予孙可望秦王封号就可以进一步联合大西军，何乐而不为？

两派的观念不同，反映到朝堂上就是相互弹劾攻讦，双方斗争极为激烈。总体上看，楚党以"正统派"自居，手里的军事实力较为强大，因此在朝堂上也一度占据上风。

二

楚党背后是李元胤、瞿式耜和何腾蛟余部势力，在朝堂上则是以袁彭年、刘湘客、丁时魁、金堡、蒙正发五人为核心。这五人带领一帮楚党朝臣，掌握人事、财税、粮饷等实权，把持朝政，招权纳贿，对反对自己的人肆意参劾打压，一时间气焰熏天，嚣张跋扈至极，被称为"五虎"。袁彭年为"虎头"，刘湘客为"虎皮"，最擅长弹劾骂人的金堡为"虎牙"，丁时魁为"虎尾"，蒙正发为"虎爪"。

永历帝移跸肇庆后，朝廷主要处于李成栋父子的势力范围内，用人行政等权力都在楚党手中，他曾愤愤不平地说道："以后官俱听袁彭年升除罢。"[1]有一次袁彭年和永历帝当面争执起来，朱由榔指责他不顾君臣之义，袁彭年反唇相讥，说当年如果李成栋率清军继续西进，永历帝哪有机会再谈"君臣之义"？朱由榔气得发抖，群臣也为之咋舌，可见其气焰之嚣张。有一次朱天麟参劾大学士严起恒、庆国公陈邦傅、文安侯马吉翔等人，金堡和陈邦傅

---

① 鲁可藻《岭表纪年》卷三，浙江古籍出版社，1985。

则互相参劾，朝中一片混乱。五虎召集了给事中、御史等十六人拥入永历帝行在宫门，扔下官帽官袍，高声喧哗，以集体辞职威胁皇帝罢黜朱天麟。朱由榔迫于压力，只得即时解除了朱天麟职务。后来王化澄也被金堡参劾免职。1649 年（顺治六年，永历三年）秋，堵胤锡与忠贞营湖南兵败后南下广西，金堡上疏弹劾堵胤锡，说忠贞营和大西军都是国仇，罪恶滔天，堵胤锡与他们密切往来，有过而无功。五虎与李元胤等对堵胤锡多番掣肘，让他实际调动不了一兵一卒，终于郁郁病死于浔州。

　　1649 年（顺治六年，永历三年）下半年，南明朝廷周边局势迅速变坏，广东李成栋余部由原中军杜永和接手。杜永和没有李成栋那样反正之后对永历朝廷忠心耿耿的理念，对手下各总兵也缺乏实际管控能力，永历朝廷对广东军队的倚仗就不可避免地减弱了。次年（1650）二月，永历帝移跸梧州，脱离了广东军队的势力范围，进入了陈邦傅的势力范围。

　　一到梧州，朝堂风向就发生了变化。吴党骨干户部尚书吴贞毓、礼部侍郎郭之奇、兵部侍郎程源等十四人立即联名上疏，参劾袁彭年等五虎把持朝政、罔上行私。朱由榔对五虎骄横跋扈的行径早已不满，借此机会下令逮捕刘湘客、丁时魁、金堡、蒙正发四人，严刑拷打审问。袁彭年因养母去世丁忧，实际上主要是他与李元胤等广东军阀的关系更为紧密，朱由榔对他比较忌惮，未下令逮捕。刘湘客、丁时魁、蒙正发被捕后丑态毕露，对锦衣卫审讯官员满口老爷饶命，叩头如捣蒜。金堡历来是个死硬分子，死不认罪还破口大骂，被打断了一条腿。瞿式耜听闻五虎被打，紧急上疏向永历帝求情。朱由榔这次终于硬气了一回，对他的上疏未予理会，解除了五虎职务，除袁彭年外，其余四人均被充军，抄没家产。

　　永历朝廷的"打虎"虽然成功，但也只不过是换了另一派军阀势力占了上风而已，陈邦傅、瞿式耜、李元胤、马吉翔等实权人物仍各行其是，仍在为各自的权势地位打算。本来已经十分羸弱的永历小朝廷依然离心离德，更无能力去统筹协调全国各地的抗清运动，其再次失败和流亡的命运已经注定。

第七节　永历朝廷两广尽失流徙贵州

一

　　1646 年底至 1650 年前后，南方广东、广西、湖南、江西一带是明清双方角力的主战场，北方山西是主战场。其间金声桓、王得仁、李成栋、姜瓖等人的反正，再加上东南沿海郑成功、鲁监国以及全国各地的抗清运动，清廷在兵力调配方面确实捉襟见肘，十分窘迫。1647 年（顺治四年，永历元年）初，清廷调派孔有德、耿仲明、尚可喜"三顺王"的辽东军攻取湖南，至该年底占领湖南全境。1648 年（顺治五年，永历二年）正月金声桓、王得仁江西反正，本来可以继续南下攻取广西的孔有德三王军被紧急调回，北撤到武昌、汉阳一带，防止金声桓军北攻武昌；而湖南一部分地区又再次被明军夺回。之后清廷命谭泰、何洛会率部进攻江西，济尔哈朗从北京率大军南下再度进攻湖南。济尔哈朗到达湖南前后，孔有德三王军调回辽东休整。孔有德三王军为何在此关键时候调回辽东，缺乏具体记载。

　　1649 年（顺治六年，永历三年）初，孔有德、耿仲明、尚可喜再从辽东被调到北京。五月十九日，清廷下诏改封恭顺王孔有德为定南王、怀顺王耿仲明为靖南王、智顺王尚可喜为平南王，令其即日分兵南下，孔有德率两万人作为西路军经湖南进取广西，耿仲明、尚可喜率两万人作为东路军经江西进取广东。济尔哈朗则率部从湖南撤回，八月回到北京。

　　七、八月间，定南王孔有德大军到达衡阳，之后在湖南境内停留了近一年时间。他巩固清军已经占据的各府州县，兵力逐渐向湘南推进。此前济尔哈朗大军北撤时，明军一度回头占领了广西全州以及永兴、耒阳、武冈、靖州等湘南地区，与驻守永州、衡阳、宝庆的当地清军时有争夺战。此时孔有德清军稳扎稳打，湘南各府州县基本又都被清军占领。

　　1650 年（顺治七年，永历四年）正月，尚可喜、耿继茂（耿仲明之子）的东路军攻占了广东最北部的南雄府，对广东各地加紧攻取和招降，永历帝朱由榔从肇庆逃往梧州。三月十九日，孔有德清军到达湖南最南端，进攻湖南、广西交界的龙虎关。驻守龙虎关的明永国公曹志建率部阻击，被清军击败，死伤一万多人，随即退入广西境内的灌阳。九月初，清军破灌阳，曹志建退到桂林东南面的恭城。九月十三日，清军破恭城，明军死伤数千人，曹志建率残兵躲入深山。同时，孔有德指挥另一路清军由永州经广西全州、兴安，从北向南进攻桂林。这时，清军对桂林已形成南北两路夹击之势。

明留守桂林大学士瞿式耜深感情势危急，桂林一旦失守，清军在广西境内将一马平川，很快就可以打到永历帝所在的肇庆、梧州一带。此时驻防桂林的主要是开国公赵印选、卫国公胡一青的滇营，以及武陵侯杨国栋、宁远伯王永祚等部。滇营刚从湖南撤到桂林时，与原驻该地的焦琏部不和，焦琏部即被调往阳朔、平乐地区。之后桂林驻防军队内部又产生矛盾，滇营内部赵印选和胡一青因争权而内讧，赵印选和王永祚因争婚而内斗，内部如一盘散沙。

十一月初五日，瞿式耜得到消息，清军已经大举南下，攻克严关，已经逼近桂林，他急忙下令赵印选等出城抵御。但当天下午，赵印选和胡一青、王永祚、杨国栋等诸将根本不顾军令，径自带领部下保护着家眷，离开桂林向西逃窜。瞿式耜见诸将率部纷纷逃窜，桂林城中人喊马叫，一片大乱，不由得捶胸顿足大哭道："朝廷以高爵饵此辈，百姓以膏血养此辈，今遂作如此散场乎？"①绝望之下，他决定留下来，与桂林城共存亡。他派中军徐高携带朝廷颁给的敕印送往永历帝行在，但徐高出城后不久即被清军捕获杀害，敕印落入清军之手。

明万历年间著名首辅张居正的曾孙张同敞，擅长诗文，在崇祯年间曾任中书舍人，永历时期他拜瞿式耜为师。在瞿式耜的举荐下，他被任命为永历朝少詹事兼兵部右侍郎，总督湖广兵马。清军逼近桂林时，张同敞听说明军诸将一哄而散，只有瞿式耜留下坚守，于是从漓江东岸泗水进入城里，见到了老师。瞿式耜对他说："我是桂林留守大学士，与城共存亡，死得其所。你无留守之职，没必要留下送死，还不快走！"张同敞说："要死一起死，老师

---

① 《瞿式耜集》卷一《临难遗表》，上海古籍出版社，1981。

不要一个人独为君子，难道不允许我和您一起殉义吗？"于是二人正襟危坐，在凄寒雨夜中相对饮酒。天亮时，清军占领桂林各城门，冲入留守府，将二人押往靖江王府见定南王孔有德。

孔有德劝瞿、张二人投降，或好言相劝，或威逼利诱，二人始终严词拒绝，只求速死。孔有德下令将二人关押。关押期间，二人赋诗一百余首，以抒报国之志，后世合称为《浩气吟》。一个多月后，瞿式耜写下一封密信，托一名老兵送往原驻扎在平乐的焦琏，想告诉焦琏桂林城中清军兵马不多，可以派兵偷袭。老兵出城时被查获，密信被送到孔有德手里。孔有德见信大怒，下令处死二人。闰十一月十七日，瞿式耜、张同敞在桂林英勇就义。瞿式耜留下了绝命诗："从容待死与城亡，千古忠臣自主张。三百年来恩泽久，头丝犹带满天香。"

瞿式耜、张同敞死后，原永历朝"五虎"之一、后已出家为僧的金堡出面安葬了二人。

二

靖南王耿仲明、平南王尚可喜率东路军从北京南下，于1649年（顺治六年、永历三年）九、十月间到达江西。耿仲明部驻扎吉安府，尚可喜部驻扎临江府，二人商定于十一月初三日继续南下。就在此时，有人向清廷控告耿仲明、尚可喜收留了一千多名"逃人"，清廷立即派人前去查办，两路大军南下的行程被往后推迟。清廷正在用人之际，本打算把耿、尚二人削去王爵，各罚银五千两了事，没想到耿仲明担心受到严厉惩处，过于忧惧，竟然于十一月二十七日在吉安自杀了。耿仲明自杀后，清廷免除了削爵的处分，对耿、尚两家各罚银四千两，耿仲明之子耿继茂以阿思哈哈番的职位继续带领耿氏人马，两支军队由平南王尚可喜统一指挥。

十二月十六日，尚、耿军队到达赣州，二十七日到达江西最南端的南安府，一路上散布消息说清军将在南安过年。二十八日晚上，清军悄悄翻越庾岭进入广东境内，抵达明军驻守的广东南雄府附近。清军事先派出一批间谍混入南雄城内，三十日除夕之夜，潜伏的间谍在城内放火，趁乱打开城门，清军一拥而入。明总兵杨杰仓促应战阵亡，十余名将领或被俘或被杀，六千多名士兵战死。清军占领南雄并大肆屠杀，城内居民几乎被屠杀殆尽。

1650 年（顺治七年，永历四年）正月初三日，尚可喜、耿继茂统兵由南雄出发，初六日抵达韶州府。负责镇守韶州、南雄一带的明宝丰伯罗成耀早已率部南逃，清军不费一矢占领了广东北部重镇韶州，随即派人招抚周边州县。

南雄、韶州失守的消息传到肇庆，永历朝廷又是一片惊慌失措。马吉翔等人主张永历帝赶快向西逃往广西。驻守广州的两广总督杜永和则坚持要求永历帝留下来，以免广东军民人心瓦解，自己则表示将坚决组织力量抗清。此时在湖南的孔有德还没有进攻广西，留守桂林的大学士瞿式耜也上疏建议永历帝不要轻易西逃。朱由榔稍作犹豫，还是禁不住身边太监的煽动以及内心的惶恐，于正月初八日登船，二月初一日到达梧州。他内心惶惶不定，到梧州后干脆就住在船上。

朱由榔逃离肇庆前，命马吉翔为兵部尚书，与李元胤等一同留守肇庆。又命广西的庆国公陈邦傅、忠贞营刘国俊等部向广东进兵支援。当时广州附近、惠州、潮州等大片地区都在明军手中，明军兵力规模不小，但因缺乏统筹，各自为战，没有形成对付清军的合力。

正月、二月间，尚可喜、耿继茂清军一路南下，沿途州县或降或败。三月初六日，清军到达广州郊区，尚可喜想招降城内明军，被杜永和拒绝。初九日，清军攻城。广州城郭坚固，明军仍有较强实力，在杜永和指挥下，攻城清军被击败。尚、耿见强攻不行，遂改变策略，先抓民夫在广州城东、北、西三面挖壕沟，截断广州城陆路；同时招降了广东沿海的海盗"红旗水师"，令他们焚劫杜永和水师船只，控制广州南面海路；再派人招降了明惠州总兵黄应杰、潮州总兵郝尚久等。与此同时，尚可喜还命人抓紧造兵船、铸大炮。几个月下来，广东省东部、北部已基本都在清军控制之下，广州城被团团围住。到九月，清军新造的兵船有近一百二十艘，大炮合计七十余门，从江西跟随而来的援军源源不断赶到，清军实力大增。这段时间，湖南的孔有德军也开始全力进攻广西，逼近桂林。

图 10-10　清军攻取广东、广西

广州城内，杜永和部继续坚守。十月初十日，是永历帝朱由榔诞辰，杜永和召集文武官员庆贺。驻守广州西外城的总兵范承恩在场，他目不识丁，外号"草包"。杜永和在宴会上直呼其外号，范承恩大怒，遂暗通清军。十月二十八日，尚可喜、耿继茂准备就绪，联络好范承恩，首先进攻广州西外城。范承恩不战自退，清军占领西外城。十一月初一日，清军集中大炮轰击广州内城西北角城墙，第二天城墙被轰塌三十余丈，清军从缺口处攻入城内，明军六千多人战死。杜永和见形势不妙，带领剩余官兵乘大小船只一千多艘从水路逃往海上。驻扎在广东境内的陈邦傅、马吉翔、李元胤等部得到广州陷落的消息，都率部撤回广西梧州。

清军占领广州后，再一次展开疯狂屠杀。据意大利籍传教士卫匡国的《鞑靼战纪》记载，清军在广州城进行了十几天的屠杀，他们对城内这些"反叛的蛮子"极为痛恨，无论男女老幼一概残酷杀死。中国的多部史籍也记载，清军大肆屠杀广州居民，居民尸体被集中到东门外焚烧，行人在二三里外就能看到堆积如小山一般的尸骨。

这一年（1650）十一月初二日，清尚可喜、耿继茂部攻占广州；初五日，孔有德部攻占桂林。广东、广西两省的省会相继沦陷的消息，同一天传到了梧州的永历朝廷。十一月十一日，朱由榔乘船沿浔江、郁江而上，逃往南宁。

朱由榔经过浔州时，驻守浔州的庆国公陈邦傅已决定降清。陈邦傅此人一直都是唯利是图、见风使舵的小人，当年就是以出卖自己亲家向丁魁楚邀功而起家；1646 年（顺治三年，隆武二年）李成栋、佟养甲率清军攻占广州后，他曾私下联系李成栋想要投降清朝；后来见南明还有一定实力，李成栋又反正，于是暂时蛰伏于广西。此时见南明军队兵败如山倒，永历帝一路逃窜，遂起了劫持朱由榔献给清朝邀功的歹心。幸而朱由榔提前得到消息，趁大雨天乘船冲过浔州，逃过一劫。陈邦傅没有抓到朱由榔，就把刚从平乐战败撤到浔州一带的宣国公焦琏刺杀，将其首级献给孔有德，向清朝投降。

永历帝朱由榔惶惶如丧家之犬，继续向南宁逃去。这次的逃窜极为仓促狼狈，跟随在朱由榔身边的只有大学士严起恒、文安侯马吉翔、太监庞天寿等少数几人，永历政权已近乎全面瓦解。广东、广西两地的朝廷和地方官员大有树倒猢狲散之势，除少数几人殉国之外，大多数投降了清朝，如袁彭年、丁时魁等再次降清；一批朝臣彻底放弃复明事业，或躲入深山，或回到清朝管辖下的自己的家乡，以前朝遗民自居，如鲁可藻、钱秉镫、王夫之等著名文人；还有一部分则剃发出家为僧，如名士方以智、原给事中金堡等。

杜永和在广州失陷后率余部航海到了琼州府（今海南岛），继续抵抗清军，大约一年后见永历朝廷大势已去，也投降了清朝。李元胤在钦州、高州、雷州一带收拾余部继续抗清，1651 年（顺治八年，永历五年）他在钦州被清兵擒获，押送到广州，被耿继茂下令杀害。广东、广西沿海地区还有几支明军在继续抗清，但规模都不大，已难成大事。

1650 年（顺治七年，永历四年）十一月十六日，永历帝朱由榔及少数官员和随从逃到了南宁。这时，在云南的大西军"国主"孙可望派人来到南宁，继续接洽孙可望封秦王一事。1651 年（顺治八年，永历五年）二月，清军自柳州南下，进逼南宁。永历帝等如无头苍蝇一般，实在无处可去，遂于九月二十八日从南宁向西出逃，于 1652 年（顺治九年，永历六年）正月到云南境内广南府。二月初六日，孙可望派人将朱由榔一行送到贵州安隆所（后改名为安龙府）居住。至此，永历朝廷湘、赣尽失，两广尽失，辖下已无寸土。全国较为集中的抗清势力，仅剩东南沿海的郑成功、鲁监国部，川东一带的抗清队伍，以及云贵一带的原大西军势力。

第十一篇

鲁监国、郑成功浙闽抗清

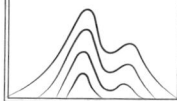

第一节　鲁监国福建起兵

一

自 1646 年（顺治三年，隆武二年）十月朱由榔在广东肇庆监国及随后成立永历朝廷起，到 1650 年（顺治七年，永历四年）年底前后，清廷以永历朝廷作为主要打击目标，清军主力主要用于湘、赣、两广一带，最终全面占领了这些地方。在此期间，清廷暂时顾不上云贵一带以孙可望为首的原大西军势力，但对东南沿海的鲁监国、郑成功等反清势力一直进行着招抚和镇压。

1646 年（顺治三年）六月至九月间，清军大举进发，占领了浙东和福建。六月，鲁监国朱以海在张名振等人的保护下乘船渡海到舟山。八月，隆武帝朱聿键在福建汀州被清军杀害。这时，隆武朝的实权人物郑芝龙已决定降清，十一月跑到福州向清贝勒博洛投降，随后被挟持到北京。郑氏集团各派将领群龙无首，一时间分崩离析，各奔东西。如郑氏总兵林察即护送着继唐王位的朱聿𨮁乘船逃往广州，当年十一月支持朱聿𨮁成立了绍武政权。郑芝龙的弟弟郑鸿逵、长子郑成功等退到厦门（中左所）、金门一带和海上，招募兵将，仍以隆武旗号继续坚持抗清。郑彩、郑联、杨耿等人则转而改奉鲁监国。

六月，鲁监国朱以海、张名振等到达舟山后，驻守在这里的肃虏侯黄斌卿借口自己是隆武帝所封，不承认鲁监国的合法性。实际上他是认为舟山孤悬海外，企图建立对于内地"不侵不叛"的割据势力，因此拒绝接纳朱以海。朱以海等只能暂住于周边荒岛之上。九月，永胜伯郑彩率四百余艘战船来到舟山，见鲁监国处境困难，决定把他迎往福建。十月，鲁监国等随郑彩离开舟山，十一月二十四日到达厦门。郑芝龙此时已到福州降清，他派人到厦门通知郑彩，要求他把鲁监国献给清朝。郑彩不愿降清，于是把鲁监国藏了起来，找了一个样貌相似的人乔装为鲁监国，交代手下人万一情势危急，就把这个人缢死交差。幸好郑芝龙很快被清军胁迫北上，鲁监国的事就无人再跟进。

此时郑鸿逵、郑成功也在泉州、漳州、厦门一带活动，但他们对原先的唐、鲁之争仍耿耿于怀，坚持继续奉隆武年号，对鲁监国的政权既不反对也不承认，只顾自行招兵买马，积蓄自己的力量。除了郑成功感激当年隆武帝赐自己国姓及"以驸马体统行事"特权的原因之外，还有另一个可能的原因：郑鸿逵和郑成功都不想受到身边这样一位监国的节制，妨碍自己海上称雄的"大业"。于是东南沿海抗清势力中出现了"海上遂有二朔"的情况。

鲁监国来到厦门一带后，原属鲁监国政权的一批文臣武将跟随而至，原先隆武朝廷的一些官员将领也纷纷聚集过来，共同奉鲁监国为主。在郑彩等人的支持下，1647年（顺治四年，永历元年，鲁监国二年）正月，鲁监国广封朝臣，封郑彩为建国公，张名振为定西侯，杨耿为同安伯，郑联为定远伯，熊汝霖为东阁大学士，郑遵谦为义兴侯，钱肃乐为兵部尚书，林正亨为户部尚书，沈宸荃为工部尚书等。被清军冲垮的鲁监国政权，在福建沿海一带得以重建了起来。

鲁监国及其追随者很重视总结以前的经验教训，严格认真地整顿政务军务，使这个重新建立起来的政权具备了一定的活力。鲁监国认为浙东的失败"病在不归于一"，钱肃乐即建议以郑彩为元戎，诸镇都受其节制；郑彩以下设六大营，强化练兵机制；对勇敢作战的士兵给予直接的奖赏和晋升。这些措施对提升明军的战斗力起到了一定的效果。

随后的几个月之内，明军在漳州府一带先后攻克海澄、漳浦等地，与清军来回厮杀，互有胜负。八月，明军攻克福州府连江县，十月攻克长乐、永福、闽清、罗源、宁德等县，清方控制的福州府城几成一座孤城。鲁监国的反击极大地激发了福建各地抗清势力的斗争热情和信心。

在鲁监国号召下，七月初明郧西王朱常湖、王祁、李长蛟等人带领的义师攻克建宁府城，连克建阳、政和、松溪、崇安、寿宁等县，几乎占领整个建宁府。建宁府在福建最北端，是连通浙江的交通要道。清浙闽总督张存仁担心浙闽通道被截断，亲自带领一千多兵马赶到建宁府最北部的蒲城坚守。八月初九日，义军进攻蒲城，被张存仁清军击败，李长蛟及一批将士阵亡。

与此同时，原隆武朝大学士刘中藻也在家乡福宁州的福安县起兵，奉鲁监国旗号，攻占了县城。十月，从蒲城战役撤回的义师首领王祁带领兵马围攻福宁州城，随后请刘中藻来主持大局。福宁州城被围数月，米盐不通。一直到次年（1648）二月，城中清军守将想悄悄逃出城，被明军擒杀，明军遂占领了整个福宁州。

在朱常湖、王祁等人攻克建宁府的同时，明同安伯杨耿率部一度收复了兴化府的平海卫。清军援军赶到后，杨耿撤出平海卫。同时，附近莆田县（兴化府城）绅民王继忠、周霞、梁鼎钟等举兵起义，围攻县城。十一月，清军援兵赶到，义师战败，周霞、梁鼎钟等战死。清军撤回后，义师再度包围了莆田，次年（1648）四月占领莆田。

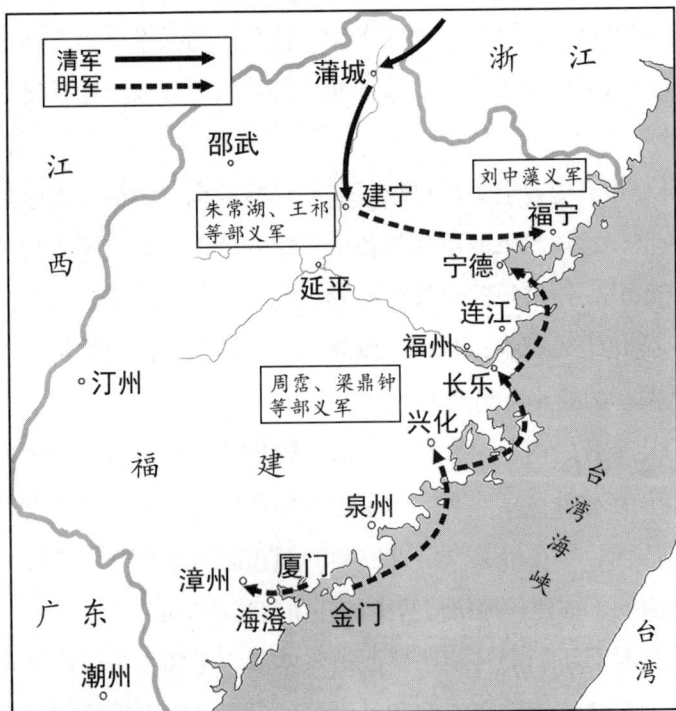

图 11-1　鲁监国起兵后福建的抗清形势

福建的抗清运动在鲁监国的领导和号召下风起云涌，到 1648 年上半年，明军和各路义师已收复了福建东北部三府一州二十七县，战果颇为可观。鲁监国朱以海曾经是个明藩宗室的公子哥儿，但他一直比较勇敢，多次到前线犒师，在明军进攻福州府各县的过程中，他亲自到距福州城很近的闽安镇坐镇指挥，后来在清军进攻舟山时还亲自领战舰迎战，单就胆量和魄力来说，确非包括隆武帝、永历帝在内的其他明朝王室后裔可比。

二

鲁监国福建抗清的影响力迅速波及江浙一带。

鲁监国福建起兵后不久，1647 年（顺治四年，鲁监国二年）四月十六日，清苏松提督吴胜兆在松江反正归明。吴胜兆原是明朝军官，降清后于 1645 年七月到苏州任提督，次年指挥清军进剿吴日生领导的太湖义军。吴胜兆和清江宁巡抚土国宝关系不好，他认为自己总是受到排挤和轻视，心里渐生怨恨。他部下参谋戴之俊、吴著等人是被招降的抗清义军人士，看到此情景，趁机劝他通过原复社领袖陈子龙联络鲁监国或舟山黄斌卿，借势反清复明。

陈子龙是复社的元老级人物，在文人士绅中很有名望。弘光朝覆亡后，他在江浙一带组织联络一些抗清势力，时常发起一些抗清活动。他很快联络上了舟山黄斌卿，但黄斌卿对此很犹豫，不想参与吴胜兆的事。在本年（1647）初鲁监国福建起兵前后，鲁监国让定西侯张名振、总督浙直水师户部左侍郎沈廷扬、监军张煌言等率一部分军队到舟山一带驻扎。张名振等也得知了吴胜兆准备反正的消息，于是联合黄斌卿的部将一起进言，请黄斌卿派兵支持吴胜兆反正。黄斌卿见众议难违，同意派总兵蔡聪等率部参与接应吴胜兆。

四月十六日，吴胜兆起事，杀了松江府海防同知等清方官员，下令部下割辫反清。本来按约定张名振等率战船当日从海上接应，不料四月十三日他们在崇明附近海面上遭遇飓风，大批船只倾覆。张名振的座船也被损毁，他坠入海中，抱着木片挣扎上岸，在一名法号玄一的和尚的帮助下从清军的追捕中逃脱。张煌言也是类似情况，最终逃回了海上。沈廷扬、蔡聪等十余名将领则在上岸后被清军俘获，后被处死。吴胜兆派去与张名振接头的部下当天一直等不到明军战船，感觉情况不妙，商议之下，回到提督衙门逮捕了吴胜兆，押送苏州后转送南京受审。戴之俊、吴著等主张反正的人当场被杀。

吴胜兆的反正没有成功，社会影响也不大，但却导致了江浙一带的大批反清人士被逮捕杀害，其中有不少著名人士。这个事件后，洪承畴命操江总督陈锦、满兵提督巴山大肆搜捕苏松地区的反清人士。陈子龙被抓获后自杀；侯岐曾是嘉定抗清时的领袖侯峒曾的弟弟，他和女婿顾天逵被杀；夏允彝之子、少年英雄才子夏完淳等四十四人在南京被杀；另一原复社领袖杨廷枢被杀。

在鲁监国福建起兵前后，浙东地区还出现了很多坚持抗清的山寨义军。如原先在余姚县起义的黄宗羲，就纠集了五百人，在四明山杖锡寺结寨抗清。慈溪人王翊在四明山中的大兰山结寨。宁波六狂生之一的张梦锡在大皎山结寨。张煌言在接应吴胜兆失败后，也到上虞的平冈结寨，还有冯家祯、李长祥、徐孚远等也在浙东一带结寨。当时大大小小的山寨数以百计，极大地牵制了清军的力量。

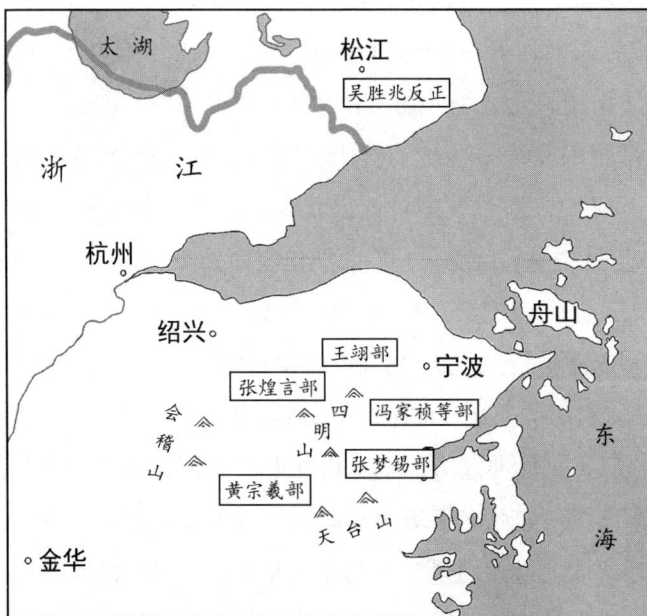

图 11-2　浙东抗清形势

　　1647 年（顺治四年，鲁监国二年）下半年，鲁监国福建抗清运动十分活跃，清廷抽调浙江部分军队赶往福建。十二月，宁波六狂生的华夏、王家勤、董志宁等人认为有机可乘，密谋邀请黄斌卿率部，会合王翊大兰山军等，攻取宁波，届时华夏等人从城中翻墙出来接应。黄斌卿依旧很犹豫，在华夏等人多次劝说下，终于同意出师。不料已再次降清的乡绅谢三宾探知了此事，向清廷告发。清朝立即调兵袭击大兰山、东山等山寨义军，逮捕了华夏等人。黄斌卿率战船按时到达鄞县的三江口，发现城中无人接应，知道出了事，只得率部返回。华夏、王家勤、屠献宸、董德钦、杨文琦等主谋被清军杀害，这五人被称为"翻城之役"的"五君子"。

　　"翻城之役"后不久，鲁监国在福建屡战屡败，不得已北迁到浙江，清军主力也逐渐移到浙江。清朝加大了对浙东山寨的镇压，同时也大力招抚。一些山寨首领接受了招抚；张煌言带领部下回到舟山，与张名振会合；王翊的大兰山等山寨则继续坚持抗清。

第二节　鲁监国舟山之役及退隐福建

一

　　1647 年（顺治四年，鲁监国二年）年初至次年初，鲁监国在福建取得了很好的战果。但好景不长，情况很快发生了反转。主要原因，一是清朝加紧了对福建明军和义师的镇压。1647 年的十一月，清廷遣礼部侍郎陈泰、梅勒章京栋阿赖以及李率泰、祖泽远、济席哈等诸将率大军南下福建，配合浙闽总督陈锦大举进攻明军。二是郑鸿逵、郑成功坚持不与鲁监国合作，福建抗清没有形成合力。此时已是永历元年，但郑成功等似乎还未得到朱由榔肇庆即位的确切消息，仍然奉已不存在的隆武朝的年号。三是鲁监国福建政权内部又因为争权夺利产生了新的矛盾。这些原因中，最要命的仍是鲁监国政权的内部矛盾。

建国公郑彩当初把鲁监国从舟山迎到福建时，是否已有挟天子以令诸侯的想法不得而知，但在他当了诸镇元戎、手握大权之后，也变得骄横跋扈起来，颇有当年郑芝龙把持隆武朝政之风。同僚中只要有人实力和地位上升，他就心怀疑忌，凡是妨碍其利益的，他就下狠手报复。大学士熊汝霖威望很高，鲁监国福建起兵后他招收了大量兵员，势力大涨，他对郑彩的专横也有所不满，郑彩由此忌恨在心。1648 年正月，郑彩找了个借口，把熊汝霖及其幼子投入海中害死。过了三天，又把同样对他不满的义兴侯郑遵谦诱捕，逼迫他投海而死。熊汝霖和郑遵谦都是当年浙东起义的发起人，是鲁监国的股肱大臣。鲁监国得知二人被郑彩杀害后悲痛不已，威胁要跳海自尽，郑彩急忙拦住，处死了几个手下应付了事。

大学士刘中藻在福宁州起兵后，一度攻占福安、福宁等地，兵势颇盛。郑彩对此心生妒意，趁刘中藻不备，派兵去夺取中藻后方的地盘。继熊汝霖之后任大学士的钱肃乐很不齿郑彩所为，上疏向鲁监国抱怨。郑彩探知此事，故意在与钱肃乐对话时透露其奏疏的内容。钱肃乐本来身患血疾，闻言又惊又愤，于 1648 年六月呕血而死。

郑彩的所作所为让鲁监国刚刚凝聚起来的人心再度涣散，包括郑彩辖下六大营及各镇都对他极为不满。郑彩也逐渐感受到自己备受诸镇厌恶，后来干脆不理军务，带着自己的人马成天逍遥海上。

郑鸿逵、郑成功所部一直在漳州、泉州一带活动，他们牵制了一部分清军，但对鲁监国政权所属的抗清力量仍采取不合作态度。1648 年三月，清军围攻建宁，城中粮食不足，郧国公王祁向附近的郑成功部求救。郑成功表面上答应可以支援其粮草，但就是不发运。建宁城军民饥饿难支，终于在四月初四日被清军攻陷，明郧西王朱常湖、王祁等都死于乱军之中。同月，清军主力到达福州府，对福州、福宁一带的刘中藻部发起猛烈进攻。刘中藻部缺乏支援和友军协作，不久即被击败，曾经夺得的福安、罗源、宁德及浙江处州府的一些州县又都重新被清军占领，刘中藻自杀殉国。

内部矛盾重重、各派势力自行其是的鲁监国政权，在强敌进攻之下，曾经夺得的大片领土又纷纷丢失。1648年（顺治五年，鲁监国三年）三月，兴化、莆田、永福、长乐相继失陷；四月，建宁失陷；下一年（1649）三月，宁德丢失；四月，福安失陷。至此，鲁监国曾经占据的福建三府一州二十七县全部丢失，鲁监国在福建已无立足之地。1649年正月，鲁监国移驻浙、闽海岸交界的沙埕。

定西侯张名振按鲁监国的指令，1647年年初起就带一部分舟师驻扎舟山岛屿，该年四月接应吴胜兆反正失利后，仍回到舟山。1649年（顺治六年，鲁监国四年）六月，张名振攻克浙江台州的健跳所，随即把鲁监国从沙埕迎到此地居住。

健跳所是台州地界临海的一个小地方，不利于防守，粮草来源也较为匮乏。鲁监国为防不测，经常住在船上。就如黄宗羲所说："以海水为金汤，舟楫为宫殿"，其状十分凄惨。张名振等人思虑，还是舟山最适合驻扎，利于鲁监国再次重组政权。但驻守舟山的肃虏侯黄斌卿一直以自己是隆武帝所封为由，拒绝鲁监国等入驻。健跳所粮草缺乏，向其求援，他也不肯答应。张名振等对黄斌卿割据自守的企图了然于胸，也知道他为人一向是"怯于御大敌，而勇于害同类"[1]，树敌颇多，遂动了武力夺岛之心。

二

黄斌卿有个部将叫王朝先，原是四川土司，崇祯时奉调征辽东，后成为黄斌卿部下，但几年来都不得重用。他心情郁闷，自己申请到宁波、台州一带的边海地区募集兵马粮饷，几个月下来竟聚兵上万。不料其成绩未获嘉奖，反而引来了黄斌卿的猜忌。黄斌卿派人取走王朝先募集的粮饷，让他所募兵员无粮无饷，王朝先遂大恨之。

张名振了解到王朝先的情况，就找到他，与阮进等一起合谋计划夺取舟山。1649年（顺治六年，鲁监国四年）九月，张名振、王朝先、阮进等径直

---

① 温睿临《南疆逸史》卷五十三《黄斌卿传》，中华书局，2010。

护送鲁监国来到舟山。黄斌卿依旧左右推托，不愿接纳他们。张名振等指挥部下武力强攻，黄斌卿派兵抵御，被连续击败。九月二十四日，双方在海上再度接战，黄斌卿部下不战而逃，阮进乘胜追击，黄斌卿被砍伤，和两个女儿一起落水而死。十月，鲁监国正式移驻舟山。

鲁监国在舟山立住脚之后，立即重整朝政。他邀请原隆武朝吏部尚书张肯堂为大学士，晋张名振为太师，任命孙延龄为户部尚书，李长祥、张煌言为兵部右侍郎，徐孚远为国子监祭酒等。各部官员逐渐完备，但实权主要在张名振手里。

张名振对鲁监国忠心耿耿，致力于恢复明朝，但心胸不够开阔。鲁监国舟山立足后，浙东山寨及其他沿海抗清势力纷纷上表庆贺，表示愿在鲁监国统筹下共抗清朝。浙东山寨中，王翊的实力最强、部众最多，他在奏表中没有过多提及张名振的功劳，张名振甚觉不快，给了王翊一个很低的官职。王朝先在帮助张名振夺下舟山的战斗中立下大功，但事后张名振大权独揽，还吞并了王朝先的两千部众。王朝先深感不公，于是四处传言说张名振是袭杀黄斌卿的主谋。当时舟山军队中还有黄斌卿的不少老部下，而张名振确实是夺取舟山的主谋。为防引起变故，1651年（顺治八年，鲁监国六年）二月，张名振、阮进派兵闯入王朝先帐中欲刺杀之，王朝先夺刀反击，力杀数人。后逃到大学士张肯堂府中躲避，被追来的阮进兵丁杀害。杀了王朝先之后，张名振把袭杀黄斌卿的罪名推到他身上，说王朝先是事件主谋。王朝先的部将张济明、吕廷纪义愤填膺，偷偷缒城而出，驾船到宁波向清朝总兵张杰投降，告之以舟山军事部署情况，并愿意为清军做向导。

在1649年至1650年上半年间，清朝利用降清的原舟山金都严我公大力招降浙东、舟山的抗清力量。在严我公等人尽心竭力的奔忙之下，再加上浙东和舟山抗清队伍中存在的一些矛盾，一些浙东山寨和舟山的将领投降了清朝。1650年九月，清固山额真金砺、提督田雄等大举进剿四明山各山寨。大兰山寨王翊见清军势众，于次年年初驾船到舟山，打算联合王朝先部反攻清军。等他到舟山时，王朝先已被张名振、阮进杀害，他只得只身返回四明山。这时四明山各山寨或被剿灭，或被招降，兵力已所剩无几。1651年七月，王翊被清军捕获，八月十二日在定海就义。

1651年（顺治八年，鲁监国六年，永历五年）八月，清固山额真金砺、刘之源、浙闽总督陈锦、提督田雄等率几路大军集中于定海（今镇海），同时调吴淞水师南下，台州水师北上，准备大举进攻舟山。鲁监国方面紧急商议对策，决定由擅长海战的荡胡侯阮进守中路海域，张名振等率部南下迎战台州清军，张煌言等率部北上进攻吴淞，分别对付清军三路水师。这时鲁监国的英雄气概又再次激发出来，他把宫眷都留在舟山，自己坚持跟张名振一起登船出征。

八月二十一日，金砺、刘之源、陈锦等亲自率领的清军水师渡海直扑舟山，在横水洋（岑港和金塘山之间的海峡）遭遇阮进的水师战舰，双方展开激战，一时间炮火连天，战况极为激烈。阮进亲率战船迫近金砺座船，把火球扔向金船，不料火球被金船的桅杆弹了回来，落入阮进自己的战船，燃起熊熊大火。阮进被烧伤，弃船跳海逃生，被清军擒获，第二天因伤重不治而死。横水洋海战明军战败，清军趁势推进，当天下午抵达舟山。清军一半兵卒登陆进攻舟山城，另一半留在船上，阻截回援的明军水师。舟山城内安洋将军刘世勋、都督张名扬等率守军拼死抵抗，多次打退清军进攻。在外阻击台州和吴淞清军水师的鲁监国、张名振、张煌言两路水师都取得了胜利，他们得到阮进阵亡、舟山被围攻的战报，紧急掉头回援，却又在舟山附近海域遭到清军顽强阻截，无法前进一步。

八月二十八日，明总兵金允彦见城中火药用尽，丧失了抵抗的信心，缒城而出投降清军，告知清军城内的机密情况。九月初二日，清军集中兵力从城西面攻上城墙，随即大军蜂拥而入。刘世勋、张名扬、马泰等率部奋勇巷战。刘世勋力竭自刎而死；张名扬及母亲范氏等全家举火自焚而死；马泰战死。鲁监国正妃陈氏投井而死，世子留哥被清军俘获。大学士张肯堂、兵部尚书李向中、礼部尚书吴钟峦、通政使郑遵俭、兵科给事中董志宁、兵部职方司郎中朱养时等都自杀殉国。张肯堂临死前作诗一首，中有名句"难赋《归来》如靖节，聊歌《正气》续文山"，意思是自己难以像陶渊明（私谥"靖节"）一样找到《归去来兮辞》那样归隐田园的心境，但可以像文天祥（号"文山"）那样续唱《正气歌》。吏部侍郎朱永祐被清兵俘获，清兵对他说剃发可以免死，他回答道："吾发可剃，何俟今日？"然后从容赴死。另一批官员将领，如总督部院李长祥、将军章云飞等则投降了清军。舟山城被清军占领。

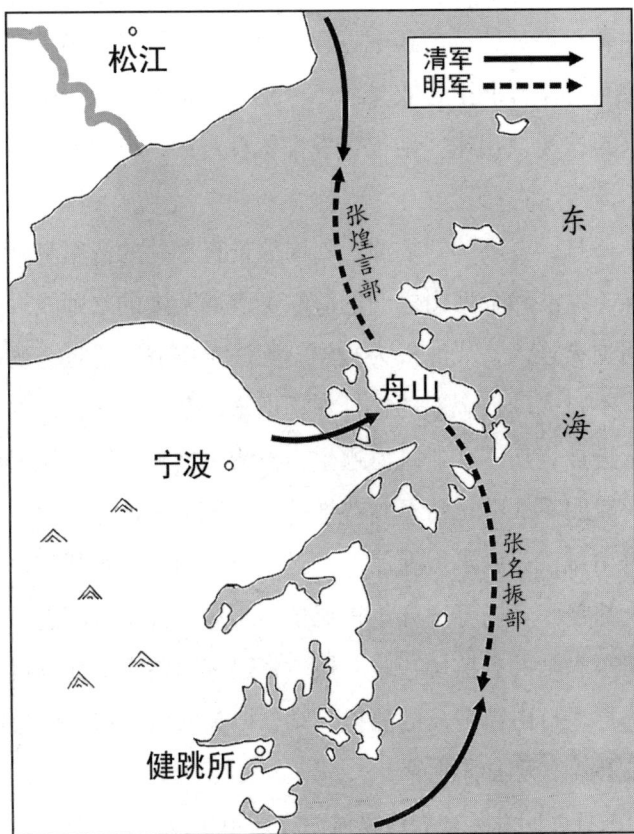

图 11-3 鲁监国舟山之役

鲁监国、张名振、张煌言等在海上听闻舟山失陷、家眷及张肯堂等大臣殉国的消息，无不恸哭失声。浙江已不能立足，张名振等只好保护着鲁监国再次南下。他们先后来到温州海域的三盘、闽浙交界处的沙埕，都再被清军追兵打败，一些丧失信心的将领先后降清。最后来到福州府海域的海坛岛，这里已经是郑成功的势力范围。

1652年（顺治九年，鲁监国七年，永历六年）正月，郑成功同意鲁监国、张名振、张煌言等入驻厦门。郑成功在 1648 年已遥奉永历为正朔，这时依然不承认鲁监国地位的合法性，只是以隆武帝曾授予的宗人府宗正的身份面见鲁监国，意思是把鲁监国看作是明朝藩王，不承认其明朝监国的正统地位。

随鲁监国、张名振等南下的官兵目前还有两万余人，仍是一支规模不小的军队。郑成功对这支军队有先容纳后逐步改编吞并的想法。他一方面对鲁监国保持严密监视，同时承认和保留鲁监国属下官员的爵位；一方面给张名振等人任命新的官职，试图让他们逐渐融入自己的军事编制。如，他让张名振管水师前军，周鹤芝管水师后军，阮骏任水师前镇等。在郑成功如此操作之下，鲁监国属下的一部分官兵逐渐加入了郑氏队伍。张名振、张煌言等主要人物虽然也接受郑成功的安排，但仍努力保持一定的独立性。在一些重要军事决策上，他们会听从郑成功的指令，但有时也会提出自己的主张，郑成功往往也不便否决。他们从不明确承认自己是郑成功的属下，他们同郑成功之间更像是一种带有依附色彩的同盟关系。这一点在后续张名振发起的三次长江之役中表现得十分明显。

鲁监国朱以海先在厦门停留，不久后被移居金门。他在金门的生活俭朴清贫，长年以番薯为食，后世金门士民都称他为"番薯王"。在闽浙一带抗清的几次大起大落，仿佛已经让他心灰意冷。在郑成功的严密监视下，再度东山再起已无可能。1652 年三月，他主动上表永历朝廷，宣布自己放弃监国名义，从此居家赋闲，直至 1662 年（康熙元年）病逝于金门，终年四十四岁。

第三节　少年郑成功投笔从戎

一

在明末清初纷繁复杂的历史画卷中，郑成功无疑是其中极具分量的人物之一。他本是福建的一个海商（也可称为海盗）之家的公子哥儿，年纪轻轻即成长为东南沿海抗清势力的最高领导者，不仅将抗清运动几乎坚持到了最后，还创下了收复台湾的伟大历史功绩。除了其父郑芝龙缔造的郑氏集团为基础之外，他本人的政治智慧、军事才能、心机和手段在当时无疑都是首屈一指的。虽然他也有不少的问题和缺陷，但他的策略、想法和所作所为，确实对明清更替的进程和态势产生了十分重大的影响。

1624年8月28日（天启四年七月十五日），郑成功出生于日本肥前国平户岛上的川内浦千里滨，乳名福松。其父即当时的福建海商郑芝龙，其母是日本女子田川氏。郑福松六岁之前一直和母亲在日本生活，他五岁时母亲又为他生了个弟弟田川七左卫门。

1628年（崇祯元年），已经在海上拥有强大实力的郑芝龙接受明朝招抚，被授为福建海防游击。他既官又商，海上生意更加风生水起，坐拥亿万家财。1630年他把长子福松从日本接到福建泉州府安平镇，给他取名森。郑芝龙十分重视对这个长子的教育培养，遍请饱学之士为其授课。天性聪颖的郑森也很争气，在1638年（崇祯十一年）五月，十四岁的他即通过了考试，成为泉州府南安县的一名生员。1642年他十八岁时赴省会福州参加乡试。这时郑芝龙已晋为都督，权势与财富日长。郑森则完全是一副公子哥儿的做派，乡试期间每每酒席宴乐，呼朋唤友，不亦乐乎。考官福建提学副使郭之奇看不顺眼，尽管郑森考试成绩不错，也未让他中举。

1644年（崇祯十七年）甲申之变，崇祯朝垮台，弘光帝南京立朝，明朝的政治中心转到南京。郑芝龙就在此时将郑森送到南京求学，其间曾师从钱谦益，钱氏为郑森取字大木。但弘光朝廷仅持续了短短一年，在弘光倒台前郑森回到了福建父亲身边。就在这一年（1645），郑芝龙把郑森的母亲田川氏也接到了泉州安平镇居住。

1645年六月，隆武帝朱聿键在福州立朝，郑芝龙作为定策元勋被封为平虏侯，不久晋为平国公，其弟郑鸿逵、郑芝豹等也都加官晋爵，郑氏成为福建隆武朝廷第一望族。一次，郑芝龙带郑森觐见隆武帝。隆武帝见郑森风度翩翩，一表人才，对答如流，十分地赏识，说遗憾自己没有女儿，否则一定许配给郑森。随即给郑森赐姓朱，改名成功，封他为御营中军都督、宗人府宗正，准他"以驸马体统行事"①。隆武帝给予郑森如此的殊荣，一方面确实欣赏这个年轻人，一方面也有拉拢郑芝龙这个第一权臣的意图。从此之后，郑森改名为朱成功，民间则习惯称之为国姓爷、赐姓、郑成功。

　　在隆武帝赐姓之前，郑成功还只是一介书生。赐姓的同时，郑成功得到了御营中军都督的官职，随后开始逐步尝试介入军队事务，开始向军官的身份转变。不久之后，1646年（隆武二年）正月，他就奉命领兵出大定关。三月，郑彩因滞留邵武关被革去永胜伯爵位，郑成功奉命招聚郑彩部逃兵，并与大学士傅冠一起领兵驻分水关。这段时间只能算是郑成功军旅生涯的初阶体验。这时他得到母亲田川氏患病的消息，向隆武帝请假回安平探母。隆武帝于六月间批准了他的请求，但此时清军已大举进攻浙东，情势骤然紧张，郑成功在安平家里待了没几天，就于八月赶回了福州。八月十五日后，他率部乘船逆建江（闽江）而上，打算支援在延平的隆武帝。还未到延平，就碰到清军前锋，郑军交战失利。此时郑芝龙已率主力南撤到泉州一带，郑成功也只能掉头南下，撤到金门暂驻，这时他属下只有叔父郑鸿逵支持他的很少的人马。

二

　　郑芝龙南撤至泉州，乃是早已决心降清而纵敌入闽，还准备按清方要求亲赴福州向贝勒博洛投降。郑鸿逵、郑成功等都反对其投降。郑成功对父亲说："夫虎不可离山，鱼不可脱渊；离山则失其威，脱渊则登时困杀。吾父当三思而行。"②但郑芝龙听不进劝谏，于该年（1646）十一月十五日到福州降清，不久即被清军胁迫北上。

　　郑芝龙自投罗网后，实力强大的郑氏集团群龙无首，四分五裂，一部分兵将投降了清朝，一部分则散落各地。清军利用此机会加紧进攻福建各地，

---

① 黄宗羲《行朝录》卷十一《赐姓始末》，文物出版社，2023。

② 江日升《台湾外纪》，福建人民出版社，1983。

十一月三十日攻入安平镇大肆屠杀劫掠。居住在安平的田川氏在这次兵祸中被清兵奸污，愤而自杀。成功听闻母亲被羞辱而自尽，悲痛万分，在清军撤退后赶回安平，料理了母亲的后事，到南安文庙焚烧了自己的儒生青衣，发誓一生从戎，与清朝抗争到底。他带着陈辉、洪旭等九十余人，赴闽、粤交界的南澳岛一带招募兵马，准备组建一支自己的武装。

1647 年（顺治四年，永历元年）初，二十三岁的郑成功初步拉起了自己的一支武装，但力量还很弱小，起初只有兵将三百余人。他把兵将带到厦门的鼓浪屿上训练，他每次都立于日光岩上发令练兵。成功在练兵中不断总结经验，逐渐形成自己的一整套管兵、练兵的思想体系和方法。在今后的岁月里，他的郑家军都以军纪严明、令行禁止著称。

本年年初，鲁监国在厦门一带起兵抗清，之后的一年多之内取得了不小战果。成功和叔父郑鸿逵也在厦门、泉州一带活动，但他们一直拒不承认鲁监国的合法性，也不参与和配合鲁监国的军事活动。八月，郑成功发兵攻打海澄，因兵力不济而失败。这时郑鸿逵率部驾船而来，与成功一起改而攻打泉州。九月初三日攻克溜石，击杀清参将解应龙，声势大振。二十一日清援军赶到，郑军失利，二十八日又退回海上。

虽然攻打海澄、泉州的战事都以失败告终，但郑成功非常善于总结经验教训。他意识到人才的重要性，一直努力招募文武人才。文士方面，原浙江巡抚卢若腾、进士叶翼云、举人陈鼎等相继而来，成功的文官幕僚班子逐渐成形；武将方面，除原先跟随他的陈辉、洪旭等人之外，还招募了甘辉、蓝登等人，后来降清后跟随李成栋进入广东作战的施福、施琅（施郎）、洪习山、黄廷等也先后来投，这些人都是他今后郑家军的骨干力量。

拉起武装容易，要如何维持这支队伍的军需供应才是最关键的问题。幸而其父郑芝龙曾是东南一带的“海上霸主”，郑成功继承了一部分海上贸易的资源和业务，这时发挥了很大作用。但当时清军已占领闽浙沿海的大部分地区，郑成功的海上贸易也只能以秘密走私的形式进行。尽管这些交易活动危险而困难，郑成功还是获取了巨额的利润，军饷供应有了初步的保障。但赚回的金银再多，也需要换成粮食才能解决部队的温饱问题。他们一方面用金银四处收购粮食，一方面加强对沿海地区的税赋征收。说是征收，实则税负极高，与直接抢夺无异。福建漳州、泉州一带本来不盛产粮食，郑军后来就多次到广东潮州、惠州地区征收抢夺。这种做法让他们失去了这些地区的民心支持，这也是郑军后来对这些地区旋得旋失的重要原因之一。

1648 年（顺治五年，永历二年）四月，郑成功发兵进攻福建同安县。十八日，清知县等弃城而逃，郑军占领县城。这时，曾护送续唐王朱聿𨮁到广州的总兵林察逃了回来，见到郑成功，告知永历帝朱由榔在梧州、肇庆一带立朝，广西、湖广等地均表示拥立的情况。成功慨叹而呼："吾有君矣！"设香案向南而拜，从此奉永历为正朔。随后他派人乘船从海路前往广东，向永历帝报告自己在福建沿海抗清的情况，表示愿意在永历朝廷领导下共同抗清。

少年郑成功，在叔父郑鸿逵等人的支持下，通过自己的努力，由一名儒生很快转变为一名领兵的将领，拥有了一支自己的武装和文武班底。尽管他这时的力量还很弱小，但锋芒已经隐隐露出。

第四节　郑成功的"内斗"和统一郑氏兵权

一

就在郑成功攻占同安的 1648 年四月，李成栋在广东反正，整个广东转为在永历朝廷控制之下。当年年初金声桓、王得仁在江西反正，明军在湖南也取得了较好的战绩。郑成功的势力范围与广东相连，福建也紧靠着江西，按理说正是与李成栋合作反击福建一带清军的时候，甚至还能支援江西，南方和东南方的抗清势力有望连成一片。但事实上郑、李双方却一直没有建立起合作关系，其间反倒产生了不少嫌隙。

原来，李成栋一向看不起南方兵。施福带着施琅、洪习山、黄廷等降清并跟随李成栋进入广东，在镇压张家玉等起义军时冲锋陷阵，但李成栋对他们依然不屑一顾。李成栋反正后，更是上疏永历帝要遣返施福等福建兵将。施福等人率部返回福建途中，李成栋还命人暗中阻截袭击，试图吞并整编其部队，施琅的堂弟等人在袭击中战死。施福、施琅等率部历经千辛万苦，终于回到福建，投奔到郑成功帐下。他们向郑成功报告了广东的情况，同时也表达了对李成栋深恶痛绝的情绪，从此郑成功心里留下了李成栋不可合作的深刻印象。

七月，清靖南将军陈泰、浙闽总督陈锦和福建提督赵国祚等派优势清军反攻同安。郑成功亲率舟师赶来救援，途中遭遇强劲北风阻挡，迟迟未能赶到。八月十六日同安城被攻破，守城的叶翼云、陈鼎等被俘杀。此后的一段时间内，郑军与清军在云霄镇、诏安等地时有攻守交战，但都未获多大战果。在闽浙地区，鲁监国属下各部此时是抗清的主力；李成栋则发起了进攻江西赣州的战事。郑成功与这两部分势力都不展开合作，只顾自行其是，显得无所作为。

比起抗清事业，郑成功这时考虑得更多的似乎是如何筹措粮食。这年（1648）四月，郑鸿逵就亲率舟师三千名到广东潮州府所属揭阳县征粮。这时正是李成栋反正的时候，李成栋所属潮州总兵郝尚久也跟随反正。遇到郑军来"抢粮"，郝尚久十分光火。李成栋在反正后就上疏永历帝，请发诏书联合郑成功抗清，永历帝确实也给郑成功发了诏书。但郑成功、郑鸿逵一直垂涎于潮州、惠州产粮之地，更多地考虑自己的利益，未给永历朝廷一个明确的回应。

1649年（顺治六年，永历三年）年初，湖南何腾蛟、江西金声桓和王得仁、广东李成栋相继战败死去，永历朝廷的抗清局势发生了大逆转。郑成功对这些似乎不很关心，在施福、施琅等部下的怂恿下，他反倒是动起了趁机夺取潮州、惠州的念头。八月，郑鸿逵舟师先到揭阳县，与郝尚久部打了起来。十二月，郑成功亲率二十四镇水师到潮州与郑鸿逵会师。他们派士兵到处搜刮粮饷，凡有不合作的、敢于抵抗的，就武力打击。他们攻城破寨，俘掠百姓，故意制造事端。郝尚久出兵阻击，郑成功就以郝尚久支持叛贼为名，大举进攻郝军，趁机占领潮州府的揭阳、海阳、潮阳、惠来、普宁等县。

1650 年（顺治七年，永历四年）六月，郑军包围了潮州府城。

这年（1650）二月，清平南王尚可喜和耿继茂的大军已从江西进抵广州城下。三月清军进攻广州城，遭到杜永和率领的明军的坚强抵抗，清军没有占到便宜。尚可喜、耿继茂改变策略，决定先对广州之外的其他府州进行招抚或进剿，逐步把广州变作一座孤城。同月，驻守惠州的明奉化伯黄应杰等接受招抚降清。潮州总兵郝尚久见潮州的西面已归附清朝，自己与永历朝廷势力被隔绝开来，东面又受到郑成功的攻打，一怒之下决意降清。

六月，郝尚久向尚可喜、耿继茂上表请降，并请派兵来解潮州府之围。尚、耿所部正在围困广州城，无兵可派，于是转檄清福建漳州总兵王邦俊，请他出兵支援郝尚久。王邦俊接檄文后，二话不说亲自率军进入潮州，与郝尚久内外夹击，大败郑军，郑成功只得率部退回福建沿海。

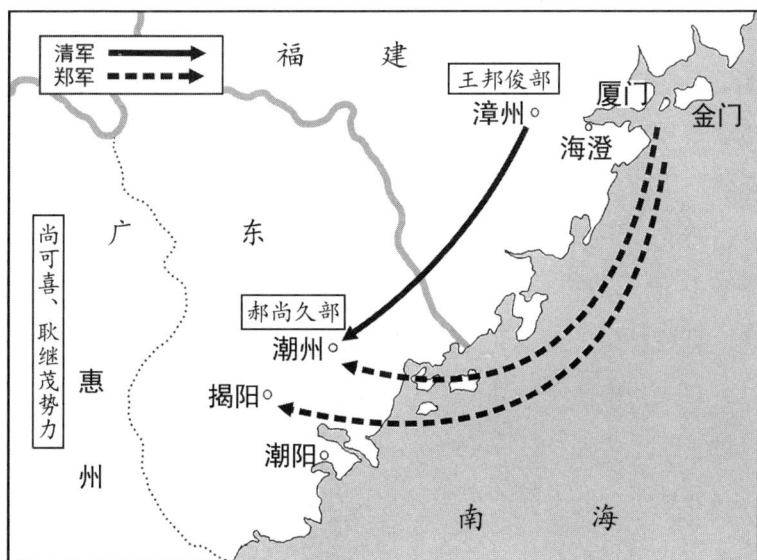

图 11-4　郑成功发起潮州之战

郑成功、郑鸿逵本来可以加强与永历朝廷及李成栋所部的合作，加强与鲁监国所部的合作，上疏永历朝廷争取一些粮饷划拨，同时也可以通过正常途径采购粮食，或在各抗清势力间调剂粮食。但他们不顾大局，一心只想以武力夺取和占据潮、惠产粮地区，最终逼得潮州降清，广东东部地区全部落入清军之手，而自己的目的也没达到，可谓是目光短浅，这对当时的抗清局势产生了十分不利的影响。

二

1648 年下半年起，鲁监国所部在福建连连失利，所占地区逐步丢失殆尽。1649 年九月，鲁监国在张名振、王朝先等人帮助下，袭杀黄斌卿，夺取了舟山并驻扎下来。这期间郑彩及其弟郑联主要驻于厦门，没有参与鲁监国的各项行动，主要原因是郑彩专横跋扈，名声太坏，鲁监国诸镇与他之间逐渐中断了往来。

1650 年（顺治七年，永历四年）七月，郑成功从广东潮州败回福建沿海，郑鸿逵还留在潮州一带苦苦支撑。潮州之战的失败，让郑成功更加焦虑，因为目前他手下部众越来越多，但自己在大陆上没有什么地盘，粮食的持续征收和保障仍是最大的问题。于是，他动了抢夺郑氏自家地盘的心思，首先确定的目标就是郑彩、郑联的厦门。

八月，郑成功先派人通知厦门方面，请求让自己的舟师登岸歇脚，同时送去一千石大米以示好意。正巧当时郑彩外出，厦门由郑联镇守。郑联正为缺粮发愁，见郑成功人未到礼先至，又是郑氏自家人，欣然同意他登陆。八月十五日，郑成功率全军登陆厦门，一上岸就将郑联士兵全部缴械，逮捕了郑联，并将他以扰乱地方的罪名处死，随即将其部下收编。

郑彩在外地听说此变故，大惊，立即组织余部欲夺回厦门，同时上疏鲁监国请求支援。但鲁监国、张名振等深恶其为人，包括郑彩原先的义子、门生等，不仅不帮他，反而纷纷出兵打击郑彩余部。郑彩四处挨打，变成了孤家寡人，只能漂泊于海上。不久后郑成功写信招郑彩回乡，郑彩老老实实交出兵权，回老家闲居，后老死于家乡。郑彩余部也渐次投归郑成功帐下。

夺取厦门后，十月，郑成功决定率主力赴潮州，支援叔父郑鸿逵，留下堂叔郑芝莞率阮引、何德、蓝登等守厦门。次年（1651）正月，郑成功军到达广东南澳岛，郑鸿逵引兵来此会师。两人商议后决定郑鸿逵回厦门，其部众交由郑成功统一指挥，再次进攻潮州、惠州。

左先锋施琅对这个决定有所疑虑。他认为目前广东已被清平南王尚可喜、耿继茂占领，清军兵力强盛，士气正旺；郑军主要是水师，要在陆地上与清军主力决战，恐怕是处于劣势。而且厦门初定，郑军主力全面出动远征清军强势之地，可能会出意外。但他知道郑成功性格刚硬，听不进不同意见，所以只能委婉地向他表达进一步远征可能风险较大。郑成功果然听不进意见，反而认为施琅胆小怯懦，下令把他的左先锋印交给苏茂，其部下兵将也都交由苏茂统领，让施琅和郑鸿逵一起回厦门。

三

就在郑成功率主力舟师远征广东时，清福建巡抚张学圣、巡道黄澍[①]、总兵马得功获悉郑成功军主力已南下，厦门防守单薄，于是决定趁机偷袭厦门。行动之前，张学圣等搜集了七十条船，其中八条船是找郑芝龙的五弟郑芝豹借的。郑芝豹之前已降清，和母亲黄氏住在老家安平镇，安平镇是在清朝的控制范围内。郑芝豹是否知道这次行动的目的史无记载，但郑氏家族一部分降清、一部分坚持抗清的情况，确实让事情变得较为复杂。

1651 年（顺治八年，永历五年）闰二月二十七日，张学圣等三人调集军队渡海偷袭厦门，守将阮引、何德等措手不及被击败，退往金门。郑芝莞连夜把郑氏家族的一批金银财物搬运到大船上，准备逃跑。郑成功的妻子董氏带着儿子郑经，怀抱祖宗牌位也逃到大船上，与郑芝莞等一同逃离。三月初一日，清军攻入城中，明大学士曾樱自杀，不及逃走的郑军士兵和家属惨遭

---

① 黄澍此人在明清鼎革历史中多次出现。1643 年他任开封府推官，率城内军民抵御闯王李自成的进攻。弘光朝时他到左良玉军中任监军，到朝堂上当众指责马士英，后又怂恿左良玉起兵进攻南京。后来随左梦庚降清，1645 年九月骗取好友、徽州义军领袖金声的信任，致金声被俘杀。再后来任清朝福建巡道，1651 年与张学圣、马得功偷袭厦门，夺取郑成功巨额金银财物，次年三人一起被清廷革职。

屠戮掠杀，郑军部将的财产和郑氏家族留下的大批财物被劫掠一空，据说大量的财物落入了张学圣、黄澍、马得功的私囊。次年，清廷急于招抚郑成功，为做样子给他看，还把这三人抓捕审问，最后革职。

三月十二日，郑鸿逵带领着从广东返回的部分军队到达厦门。此时张学圣、黄澍已满载金银财宝返回大陆，马得功还留在厦门城中。郑鸿逵下令将厦门团团围住。马得功派人向张学圣紧急求助，张学圣派了六百兵丁驰援，被郑军施琅等人阻截击败。马得功心急如焚，知道一旦郑成功率主力回到厦门，自己必死无葬身之地，于是派人到安平找到郑芝龙的母亲黄氏，请黄氏写信给郑鸿逵，请求放自己一马，放所部清军返回大陆。郑鸿逵接到母亲信后，碍于母命，也担心黄氏在清朝控制区的安危，思虑再三，同意放走马得功。同时，他还归还了郑芝豹的八条船，另派三十艘船送回了其他清兵。

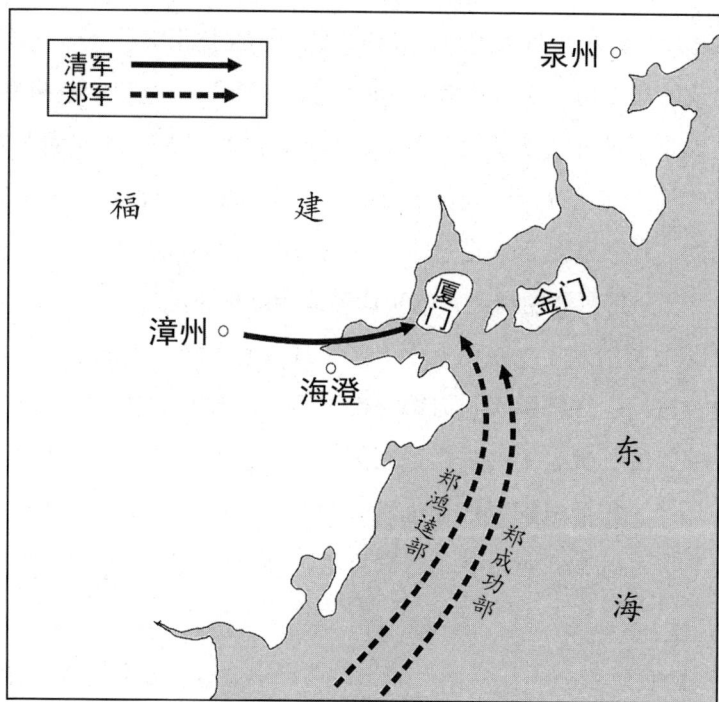

图 11-5　清军偷袭厦门

在广东潮州一带的郑成功接到厦门失守的消息，大为震惊。各镇将士也得知此事，十分担忧自己亲属家眷的安危，一时间全军恸哭，纷纷要求立即返回厦门。郑成功眼见夺取潮州、惠州的计划又成泡影①，却也无可奈何，只得班师返航。

四月初一日，郑成功率部到达厦门。当他得知清军残杀郑军士兵及家属、把郑氏及部属财物劫掠一空，尤其是郑鸿逵又放走了清军之后，极为愤怒。他"引刀自断其发，誓必杀虏。又传令不许芝莞及定国（郑鸿逵）与诸亲相见"。他认为清军来袭还在其次，但郑芝豹为清军提供船只、郑鸿逵放走清军、郑芝莞只顾逃跑，才是家门的大不幸！郑鸿逵写信请他相见，想当面解释说放走马得功等，主要是顾忌着郑芝龙和母亲还在清方，请郑成功不要怀疑自己通敌。郑成功不听，认定郑鸿逵通敌，说不杀了马得功等清将，就不会再和郑鸿逵相见。郑鸿逵既感羞愧，也觉无奈，随后交出了所有兵权和部众，只留下少数船只从事海上贸易，自己搬到白沙居住，不再参与郑成功政务军事。自此时起，郑成功统一了郑氏全部兵权，正式成为郑氏集团的最高领导者，时年二十七岁。

四月十五日，郑成功召郑芝莞来问逃跑之罪。郑芝莞解释说是阮引没能阻止清军登陆。郑成功说："水师未败，而汝先搬物，身已在船矣。"下令推出斩首，首级传示军中。阮引也被斩首；何德革职，杖责一百二十军棍；蓝登免罪。

四

郑成功年纪轻轻作为一军统帅，就以军纪严明、执法严厉而著称，对提高郑家军战斗力来说确实是好事。但同时，少年得志的他自视甚高，性格刚

---

① 一些跟随郑成功出征的亲郑文人把这次夺取潮州、惠州的行动描写为郑成功的"勤王"行动，有故意为他增添功绩的嫌疑。实际上当时永历帝已躲在南宁，朝不保夕，广东、广西的绝大部分地区都已在孔有德、尚可喜、耿继茂等主力清军控制之下，以郑成功那时的实力，根本不可能穿越两广去勤王。后来在郑成功、郑鸿逵写给郑芝龙的信中，都提到去潮州是屯田，从未提及"勤王"。

硬，听不进逆耳之言，对一些将领的处置过于意气用事，心胸不够开阔。这些缺点对他自己和郑家军未来的发展都是很致命的。其中，他对部将施琅的关系处理就导致了后来极其严重的后果。

施琅，原名施郎，字尊侯，1621 年（天启元年）生于福建泉州府晋江县的一个农民家庭。其父施大宣为人正直，乐善好施，在乡里的名声很好。施琅少年时读书无成，其父就让他练武学剑，学习兵法。施琅在学武方面有天赋，小小年纪就熟悉了很多兵法要诀，练就一身武艺，也逐渐形成了他仗义豪侠、桀骜不驯的性格。

施琅十七岁即从军，在郑芝龙辖下从一名普通士兵做起。1645 年七月，隆武朝大学士黄道周带领着三千"扁担兵"，试图经江西北上救援徽州的金声部义军，郑芝龙命施琅跟随前往。施琅在军事策略方面的判断比较准确，他知道这些"扁担兵"根本不可能与清军对战，于是建议黄道周解散这些乌合之众，只带精干人员从小道进入赣州，以首辅大学士的名义节制和统筹湘、赣、皖等各地明军，这对抗清局势更加有利。但黄道周比较迂腐，一心只想着抛头颅、洒热血，没有采纳施琅的正确建议。施琅不愿跟其去送死，于是自行回了福建。后来"扁担兵"果然被清军全部消灭，黄道周也被俘杀。

1646 年七月到九月间，清军大举进占福建，郑芝龙南下随后降清，施琅跟着族叔施福也投降了清朝，之后跟随清军李成栋、佟养甲部南下进入广东。在李成栋部镇压广东张家玉等起义过程中，施福、施琅等闽系将领冲锋陷阵，发挥了很大作用。但李成栋一直看不起闽系兵将，1648 年他反正后，把施福、施琅等及其部众遣返回福建。施福、施琅等回到福建后，即投入郑成功帐下。

1651 年郑成功拟率主力进攻潮州地区，施琅判断此役风险太大，作为大后方的厦门可能有危险。后来张学圣、黄澍、马得功等偷袭厦门，证明了施琅的判断是十分准确的。但郑成功当时并不采纳他的意见，反而剥夺了他的左先锋官职和部众。郑鸿逵包围了占据厦门的马得功部时，随行的施琅身先士卒，带兵与清军拼死搏斗，立下了战功。事后郑成功虽承认其功劳，但对施琅的傲慢自恃怀有戒心，没有给他恢复职权，让他继续闲居，反而提拔施琅的副将万礼为总兵。这些做法让施琅和他任援剿左镇的弟弟施显都十分不满。施琅的倔强脾气再次爆发，他扬言要出家当和尚，剃光了头发，不再参见郑成功。

郑彩原先有个部将叫曾德，曾奉隆武朝廷命令守仙霞岭。郑芝龙降清后，他被归入施福所部，此后一直受施琅节制。施琅被郑成功剥夺兵权后，曾德为求自己出头之日，找了以前在郑氏军中的老关系，把自己运作到了郑成功营中当其亲随，因为人机灵，颇得郑成功好感。施琅听说曾德未请示自己，私自投去郑成功营中，大怒，派人把曾德抓回斩首。郑成功紧急传令施琅不要杀人，施琅置之不理，硬是把曾德杀了。郑成功见施琅公然违抗自己命令，擅杀郑氏旧将，认定施琅反形已露，于该年（1651）五月二十日下令逮捕了施琅及其弟施显、其父施大宣。

施琅被捕后，其同僚和旧部为其打抱不平，但又不敢公开与郑成功作对。某夜，其旧将苏茂用计调开看守救出施琅，在兵丁和当地居民的掩护下，施琅逃到海边。族叔武毅伯施福悄悄驾船到海边，把施琅接送到安平镇。郑成功得知施琅已逃到清朝控制区，更加认定他已经降清，盛怒之下，下令将施大宣、施显斩首。施琅在内地听说父亲和弟弟被杀，悲愤万分，发誓与郑成功不共戴天，随即死心塌地投降了清朝。

施琅不仅是个优秀的水师将领，在战略战术上还很有自己的一套。他投降清朝，对长期以来不擅水战的清军提升自己的战斗力提供了很大帮助，清军水师的建制、装备、训练、人才培养、战术战法都逐步得到了较大改进。1683 年，施琅在康熙帝的支持下，率领由他训练出来的清朝水师，在澎湖海战中大败台湾郑军，收复了台湾，为清朝统一天下立下不世功勋。

郑成功不仅在对待施琅的事上意气用事，后来在对待部将苏茂、世子郑经等人的事上也走上了极端，造成了很不好的后果。作为统帅，应当知道对一些关键人才如果处置不当，对组织带来的后果很有可能是灾难性的。一个优秀的统帅，不仅要懂得战略战术，也要有较高的格局和开阔的胸襟，精通用人之术。而郑成功在这些方面还是有所欠缺。

第五节　郑成功与清朝边打边谈

一

郑成功在 1651 年（顺治八年，永历五年）四月统一了郑氏兵权之后，郑家军号令统一，令行禁止，战斗力得以大大加强。同年八月，鲁监国、张名振等舟山战役失败，南下又回到福建沿海的海岛。次年（1652）年初，在张名振等人的请求下，郑成功同意鲁监国到金门居住，三月份鲁监国放弃了监国身份。张名振等鲁监国旧部虽然还具有一定的独立性，但名义上已归附郑成功。郑成功的军队即成为东南沿海实力最强大的一支抗清武装。

1652 年（顺治九年，永历六年）年初，郑成功计划攻取漳州。正月初三日，郑成功率领二千多艘战船，直抵漳州府海澄港口。清海澄知县、参将等见郑军舰船旌旗蔽日，兵势汹汹，遂开城投降。十二日，郑军又占领了平和县，乡民们纷纷竖旗响应，漳州府城被团团包围。清漳州总兵王邦俊（即1650 年派兵支援潮州郝尚久的那位）紧急向清浙闽总督陈锦求救。

三月，陈锦抽调兵力救援漳州，被郑军打得大败。五月，他派浙江金华总兵马进宝救援漳州。郑成功判断城中粮食已不多，主动放马进宝部进城。马部进城后不久，果然碰到了粮食奇缺的问题，但每次想突围又被郑军打了回来。陈锦率部驻扎在同安城外，见漳州情况十分不利，心情烦躁不安，对身边仆从动辄打骂，让其家奴李忠、李进忠等几乎无法忍受。七月初七日晚，李忠将陈锦刺死在营帐中。

漳州城被围近半年，城中粮食已尽，百姓人竞相食，十死其八，守军已濒临崩溃。就在这时，九月二十八日，清军平南将军固山额真金砺率援军赶到漳州城下。金砺带的先头部队兵马不多，但郑成功情报有误，以为是八旗兵大军来袭，遂把部队撤到城南凤巢山，漳州之围由此而解。十月初三日，金砺派骑兵进攻凤巢山，郑军以铳炮还击。当时正值西北风，炮火烟尘反噬郑军阵地，郑军大败，一批将领阵亡。郑成功率余部撤到海澄，清军乘势收复平和、诏安等县城。

郑成功退回海澄后，于1653年（顺治十年，永历七年）三月回到厦门，留下部将镇守海澄。这时定西侯张名振向他建议，趁金砺率领的清军主力在福建，江浙一带兵力单薄，由他带领原鲁监国舟师北上浙江，伺机进取。郑成功同意了他的建议，并给予他一部分船只、粮食等支持。八月，张名振、张煌言等率舟师北上，九月到达长江口的崇明一带。次年（1654），张名振发起了三入长江之役，试图和大西军的刘文秀部在长江会师。

清固山额真金砺在解救漳州且收复了大部分县城后，于1653年四月准备进攻海澄和厦门。郑成功积极应对，派各镇舟师阻截敌军。因遇上飓风，左军辅明侯林察的座船漂入兴化港，被清军擒获。五月初一日，郑成功亲率大军抵达海澄，布置阵地严阵以待。初四日开始，清军集中铳炮猛烈轰击郑军阵地，郑军将士伤亡惨重，仍坚强抵抗住了清军进攻。初六日，郑成功判断清军在连续两天炮火猛轰之后，即将发起全面进攻，于是命人夜间在两军相持的河边埋下大量火药。初七日凌晨，金砺果然下令以空炮为掩护，清兵大举过河攻城。清兵蜂拥攀城，郑军奋力抵抗，战况异常激烈。不久之后，郑成功见大部分清军已过河，下令点燃火药，河岸边立刻火光冲天，过河的清兵大部分被烧死，清军阵中惨叫连天，残兵狼狈逃窜。后面督阵的金砺见败局已定，赶紧带着余部连夜跑回漳州。

海澄战役后，清廷加紧与郑成功的招抚和谈，把金砺召回了北京，福建一带清、郑双方就进入了僵持阶段，双方在短时间内都无力再发动大的攻势。郑成功利用这段时间，下令加固海澄城防，挖深扩宽护城河，加固加高城墙，城墙上安置大量铳炮，城中囤积大量粮食、军械，派中提督甘辉率重兵镇守，把海澄建成了郑军在大陆上的重要基地。

二

清朝在灭亡南明弘光、隆武朝廷后，乘势大举攻取江南各地，用五年左右的时间攻占了湖广、安徽、江西、广东、广西、浙江、福建的绝大部分地区，可谓是战果丰硕。但这个阶段，清朝也面临着至少两大问题：一是全国各地的抗清运动风起云涌，此起彼伏。南方有永历、大西军、郑成功几大反清势力，北方山西、陕西、山东等地也先后出现大范围的抗清运动，这让清廷在兵力调配上捉襟见肘，一度十分窘迫；二是清军入关之后战斗力快速下降。这个问题很关键，其具体原因又是多方面的：首先是满洲人口有限，入关的八旗兵仅十二万人，已经几乎是倾国而出，战争损失或病死后基本无法及时补充。其次是清兵入关后占有了汉人的大量土地、人口、财富，八旗兵的生活越来越骄奢淫逸，原先战场上敢于拼命的勇气已逐渐消失。再有，清兵对汉人地区的疫病的抵抗力不足，曾经成批量地染上天花等传染病，大批将领、士兵死亡。疫病再加上内部倾轧等原因，到 1652 年（顺治九年，永历六年）前后，清朝曾经独当一面的军队统帅几乎凋殁殆尽。如 1646 年饶余郡王阿巴泰病死；1648 年肃亲王豪格死于狱中；1649 年豫亲王多铎染上天花病死；1650 年多尔衮病死；1651 年英亲王阿济格被赐死；1652 年巽亲王满达海病死，顺承郡王勒克德浑病死，端重亲王博洛病死，敬谨亲王尼堪在衡阳战死。仅存的郑亲王济尔哈朗 1648 年出征湖广后回到北京，之后再未出征，1655 年病死。这些亲王、大将死时都很年轻，最长寿的要数济尔哈朗，死时也就五十七岁。

清朝久经阵仗、经验丰富的亲王、大将先后死去，年轻的将领在经验、能力和威望等方面还接续不上，八旗士兵的敢于用命也不复当年，面对全国各地的抗清运动，清廷不得不选择加大招抚力度以及强化以汉制汉的策略。

1652 年（顺治九年，永历六年），清廷一面派固山额真金砺与福建地方军队一道同郑成功战斗，一面策划充分利用郑芝龙抓紧招抚郑成功，双方开始了"边打边谈"的过程。七月，顺治帝派内大臣遏必隆、鳌拜、大学士范文程等传谕郑芝龙，要求他写信劝降郑成功，同时提拔郑芝龙的二儿子为二等侍卫，让郑芝龙的部分亲属到北京团聚。十月，顺治帝诏谕新任浙闽总督刘清泰，要求他招抚郑成功，并答应如果郑成功归降，可以仍驻军海上，不必来京。刘清泰随后派人向郑成功转达了顺治帝的意思。

1653年（顺治十年，永历七年），清廷逮捕福建巡抚张学圣、巡道黄澍、总兵马得功、巡按王应元，把他们押到北京交三法司，审讯1651年偷袭厦门、抢夺和私分郑氏财产一事。张学圣、黄澍、马得功等人一口咬定当时城内没有财物，三法司最后也不了了之，清廷把他们几个革职了事。这事实际上就是做个和解的姿态给郑成功看。

1653年（顺治十年，永历七年）五月初十日，也就是在郑成功军刚刚打败进犯厦门的金砺军的三天后，清廷颁布敕书，封郑成功为海澄公，郑芝龙为同安侯，郑鸿逵为奉化伯，郑芝豹为左都督，答应以泉州一府作为郑成功安插和供养军队之用。郑芝龙同时也写信给郑成功，请他务必接受清朝招抚。郑成功接信后，决定将计就计，以和谈为由，借机征缴和积累军队粮饷。他给郑芝龙写了一封回信，实际上也就是对清廷的答复。他以郑芝龙的遭遇为例，表示不相信清朝的诚意，但又表示如果浙江、福建、广东三省都交给他管辖，这事也许还可以谈。私下里又对郑芝龙派来送信的家人说，其实给他三府屯兵，并兼管浙、闽、粤三省沿海地方亦可。

清廷认真研究了郑成功回复的信息，认为给他浙、闽、粤三省当然不可能，但按他私下对郑氏家人说的话，招抚之事也有可能谈成，于是回复说可以给他漳州、泉州、潮州、惠州四府作为屯兵之用，并许他"挂靖海将军印"。

就在双方书信往来期间，郑成功利用这难得的机会，从这年（1653）八月起，就派出军队到福建漳州、泉州、龙岩、惠安等府州县征缴粮饷。清朝地方政府对郑军的这种行为打也不是，不打也不是，十分尴尬，只能眼睁睁看着他们取走地方的大批粮饷。

1654年（顺治十一年，永历八年）二月，清内院侍读学士郑库纳等带着封郑成功为海澄公的敕书到达安海。二十日，郑成功设香案准备拜受敕书，清方使者要求他先剃发再开读敕书，郑成功则拒绝剃发。双方相持不下，无法开读诏书。二十五日，郑库纳等离开安海返回福州，和谈陷于僵局。

三

1654 年三月，郑成功给清廷写了一封回信，信的主旨内容说自己拥兵数十万，清朝允诺的地方仍不够其供养军队。如果粮少则兵必散，兵散则会啸聚而滋扰地方。最好能把福建全省、广东潮州、惠州、浙江温州、台州、宁波、绍兴、处州五府都给他，朝廷才能算是"委用得人"，才能"地方宁静"。同时督促清朝把这些地方的清军和官员现在就调走。他一边提着这些条件，一边借口已受清朝封爵，继续派兵到闽、粤沿海地区征收粮饷。

郑成功得寸进尺、明显过分的条件以及做法令清朝官员大为不满。清福建巡抚佟国器、两广总督李率泰、浙闽总督刘清泰等都上疏朝廷，认为郑成功并无归顺诚意，建议朝廷不要再受他愚弄，还是厉兵秣马准备应变更好。

见此情况，身在虎穴的郑芝龙十分慌张，因为他知道自己的生死荣辱都取决于是否能招抚郑成功。他赶紧给清廷上疏，解释说郑成功这么做，主要是不懂朝廷法令，不剃发主要是受到下属将领的阻挠，建议派自己的儿子郑世忠、郑成功的表叔黄征明随钦差再去一趟福建，如郑成功再不归顺就当场杀之。清廷研究了郑芝龙的上疏后，决定再做最后一次努力。六月，清廷再次颁发敕书，除重申封郑成功海澄公、挂靖海将军印，允许泉、漳、潮、惠四府驻军外，对郑成功的其他要求断然拒绝，说他"词语多乖，征求无厌"，表明"顺逆两端，一言可决"，如果再不归顺，那郑成功就要承担严重后果。

九月十七日，清朝钦差内院学士叶成格、理事官阿山、郑成功的二弟郑世忠、表叔黄征明等来到安平镇。郑成功提前安排水陆各镇兵将在安平列阵，"列营数十里，旗帜飞扬，盔甲鲜明"。叶成格等深受震慑，担心安全问题，只敢住在护卫清兵临时搭建的帐篷里。郑成功态度友好地接待他们，但是坚持几点：一是四府的全部土地和沿海都归他管；二是不奉朝廷调遣；三是不受部、抚节制；四是可以效仿朝鲜不剃发。叶成格等奉旨颁发敕书，并无谈判的授权，见郑成功如此强势的表现，知道无法完成使命，于是在二十日返回泉州，同时上报清廷说郑成功"不接诏，不剃发"。郑世忠、黄征明临行前去见郑成功，声泪俱下哀求他受抚。郑世忠说："若剃发归顺，可全老父阖家。"郑成功回答："吾不剃发即可保全父命，剃发则父命休矣。"二十六日，郑成功又派人到泉州，邀请叶成格等到安平继续谈，但叶成格等认为已无法谈下去，于二十九日离开泉州返京。清、郑和谈彻底破裂。

郑成功在清使离开前，给其父郑芝龙又写了一封长信，表明"合议非本心也"，只是清廷的封爵敕书已到，自己不得已接招，哪里来的"词语多乖，征求无厌"？剃发不是自己一个人的事，如果要求部将兵卒都剃发，万一引起激变怎么办？清廷不过是以父亲要挟儿子而已，"万一父一不幸，天也！命也！儿只有缟素复仇，以结忠孝之局耳！"他给二弟郑世忠也写了封信，说道："兄弟之间，各行其志，各尽其职焉。"

和谈破裂，清廷决定用武力解决郑成功。十二月十六日，清廷任命郑亲王济尔哈朗的世子济度为定远大将军，与固山贝子吴达海、固山额真噶达浑等领兵由北京出发，往福建征剿郑成功。失去利用价值的郑芝龙及其在京家属则于次年被囚禁。

郑成功将计就计、忽左忽右、含糊其词的和谈策略，显示出这个不满三十岁的年轻统帅，已经具备了很高的政治才能。他在谈判过程中采取拖延战术，腾出手来命部下广征粮饷，获得了巨大的实惠。1653年被清军擒获的辅明侯林察也被释放回来。但这个过程也暴露了他内心深处的政治站位。他的反清是坚决的，但并非忠心耿耿为永历朝廷反清，他在和谈时从未顾及永历朝廷的感受和对全国抗清风向的影响，没有积极配合推进东西联动抗清，就充分证明了这一点。他最重视的仍是自己的实力，为此也可以舍弃父亲及其亲属的安危。清两广总督李率泰在给郑成功的信中，指责他"不知有父久矣。……国亡而择主，非背国而事仇也。……无三省，则舍我而忠于彼；将有三省，则弃彼而忠于我"。[①]可谓一针见血，指出了郑成功唯实利是图的本性。

清朝的招抚虽然没有成功，但实际上也收获巨大。和谈过程有效地牵制

---

① 江日升《台湾外纪》，福建人民出版社，1983。

了郑成功，让他在 1653 年至 1654 年间没有出兵配合李定国的两次进攻广东（当然郑成功本来对配合李定国作战也不积极），清朝得以专心调集主力部队对付大西军。同时，和谈也让永历朝廷和郑成功之间产生了隔阂和猜疑，让他们将来的协调配合更加困难。

第十二篇

大西军出击和东西联动抗清

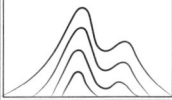

第一节　孙可望封秦之争

一

1646 年（顺治三年，隆武二年）底，孙可望等人带领的大西军余部，在肃亲王豪格清军主力的追击下，从川中一路南下。到遵义时，孙可望、李定国、刘文秀、艾能奇等逐渐形成了"扶明抗清"的一致意见。1647 年（顺治四年，永历元年）三月，大西军进入云南，用一年多的时间平定了云南全省。从 1647 年到 1649 年这两年间，浙、闽、赣、湘、两广正值战火纷飞，云南则在孙可望等人的治理下井井有条，经济生活得以恢复，宛如南明乱世之中一片难得的净土。

这个时候，永历朝廷已经成立，在南方艰难抗清，而大西军一直未与他们联系，似乎也不再提"扶明"的口号，这主要是大西军主要领导人孙可望对此不积极所致。原因很简单：当时打算扶明抗清，是前有明军堵截，后有清军追兵，自己没有一块立足之地，扶明抗清是得以生存发展的最佳选择。平定云南之后，大西军有了稳定的地盘，中间隔着川、黔的明军，与清军不再接触，境况已大不相同，不必再通过"扶明"的号召来摆脱危机。而通过治理云南，孙可望已经体会到掌握一省军政大权的好处，更不会有任何动力主动向永历朝廷交出最高领导权。因此，"扶明抗清"的政策就被逐渐淡漠了。

但是，大西军内部的一些矛盾，让孙可望不久之后开始与永历朝廷联系。大西军入滇之后，虽然奉孙可望为"盟主"，但他的三个异姓兄弟中，艾能奇已死，李定国和刘文秀都是独当一面的领军大将，实力和威望与他相差无几。其中李定国性格强悍倔强，屡屡不服孙可望的领导，让孙可望内心十分不满。1648 年的一天，大西军校场演武，李定国先到，不等孙可望来到就放炮、升帅旗。孙可望到后很生气，要以军法责罚李定国一百军棍。李定国不服，部将白文选抱住李定国苦苦求他忍让，说如果孙、李决裂，大西军就四散了。众人再向孙可望求情，于是双方各退一步，李定国在众目睽睽之下被打了五十鞭。鞭刑之后，孙可望又抱住李定国大哭，把戏份演足。此次演武场事件之后，李定国奉命领兵南下蒙自，彻底平定了沙定洲之乱，但心中对孙可望已经十分地不满。

这年（1648）秋天，明四川巡抚钱邦芑派人送信给孙可望，"劝其归朝"。华英殿大学士杨畏知也趁机劝他，以归顺朝廷为由接受封爵的机会，可以名正言顺地压服和节制众人。孙可望考虑之后，觉得不失为理顺大西军内部关系的一个好办法，于是在1649年（顺治六年，永历三年）初，派杨畏知前往广东肇庆联络永历朝廷，并送上一封书信：

> 先秦王荡平中土，扫除贪官污吏。十年以来，未尝忘忠君爱国之心。不谓李自成犯顺，玉步旋移。孤守滇南，恪遵先志。合移知照，王绳父爵，国继先秦。乞敕重臣会观诏书谨封。己丑年正月十五日孙可望拜书[1]。

此书信所称的"先秦王"即张献忠，这个秦王封号很可能是1644年（顺治元年，崇祯十七年）初李自成在西安建国时封的。信中所说"王绳父爵，国继先秦"，实际上就是孙可望向永历朝廷的要价，希望后者承认并正式册封他为秦王。书信落款写"己丑年"，既不写永历年号，也没有自立年号，是向永历朝廷表明，大西军目前还没有归顺和承认这个朝廷，一切将取决于永历朝廷的态度。

1649年（顺治六年，永历三年）四月初六日，杨畏知携书信到达肇庆，孙可望的"封秦之请"立刻在永历朝廷中引起了轩然大波。明代制度，异姓从未有封王者，更不可能封为一字王。而且传统上秦王乃明朝各亲藩之首，

---

[1] 李天根《爝火录》卷十九，浙江古籍出版社，1986。

给予孙可望这个封号，实际就是赋予其与皇帝差不多的地位，这对于永历朝廷占主导地位的"正统派"来说是根本接受不了的。果然，兵科给事中金堡连上七道奏疏，带头反对。其理由一是明朝制度没有异姓封王的，即使开国时的中山王、靖难时的河间王等，都是死后追封的；二是如果答应了孙可望的要求，势必引起李赤心等其他重要将领的不满，"是我得一方之兵，而失四方之众也"[1]。金堡的意见得到大学士严起恒等大多数朝臣的纷纷响应，忠贞营高必正、贵州军阀皮熊、王祥等也表示反对封秦。

杨畏知则提出："国危矣，不以虚名招徕之而自树其敌乎？"认为仅以一个封号就换来十数万大军的支持，对永历朝廷来说是值得的，如果封一字王确实困难，至少可以封一个二字王。也有钱秉镫等一部分朝臣支持杨畏知的看法，与正统派展开争论。

本年（1649）年初，永历朝廷刚刚经历了何腾蛟、金声桓、李成栋兵败身死的危局，丢失了湖南、江西，但这时候还据有两广，旗下还有瞿式耜及湘南诸将、忠贞营、广西陈邦傅、广东杜永和，北方山西、山东等地的抗清运动正在如火如荼。朝廷正统派大臣普遍缺乏对危急局势的正确认识，认为南明朝廷实力不弱，因此在孙可望封秦一事上寸步不让。争论持续了几个月，最终决定封孙可望为景国公，赐名朝宗，李定国、刘文秀封侯。这时已到了八月。

二

杨畏知见封秦阻力太大，也只能带着这个结果，准备回滇复命。行至梧州时，遇见督师堵胤锡。堵胤锡在联合各方抗清势力方面一向开明，原李锦、高一功的大顺军余部拥明抗清转变为忠贞营也是他一手促成。对于册封孙可望一事，堵胤锡认为，孙可望、李定国、刘文秀此前已自称王，这时朝廷再封他们为公、侯，必定不能为他们所接受，这样本来可以统一的力量，很有

---

① 钱秉镫《所知录》卷三，浙江古籍出版社，1985。

可能反倒变成敌对的力量，这对永历朝廷来说好事会变成坏事。他上疏永历帝，建议封孙可望为二字王。未等到永历朝廷回复（其实也根本不可能短时间内得到肯定的答复），堵胤锡即与杨畏知商议，决定用永历帝赐予他的空白敕书，改封孙可望为平辽王，并更换了印信。做这件事时，他慷慨激昂地说："苟利国家，我则专之。"①

然而，当杨畏知回到云南后，发现孙可望已被封为秦王。原来，陈邦傅的中军胡执恭驻防于广西泗城州，临近贵州和云南。早在上一年（1648）年底，他已探知孙可望请封秦王一事。他担心如果请封不成，孙可望举兵杀来，自己必先受其害。于是将此事上报陈邦傅，怂恿邦傅利用手中的空白敕书，先行封孙可望为秦王。而陈邦傅本来也想加意笼络近在咫尺的大西军，于是制作了假的封秦敕书，内写"秦王总统天下兵马钱粮，节制诸文武，以监国亲王体统行事，朕尊礼如古仲父"等极为夸张之语。1649 年（顺治六年，永历三年）正月，在杨畏知等刚刚出发前往广东之际，胡执恭就携带着这份伪诏，冒充永历朝廷使臣到达了昆明。

孙可望见永历使臣这么快就到达昆明，以为是杨畏知提前快马通知了永历朝廷。他见到封秦敕书和秦王印信十分满意，遂安排了隆重的仪式，召集文武官员参加典礼，对敕书五拜叩头而称臣，之后用黄布誊写敕书通告云南各地，全省军民欢庆三天。在孙可望看来，他已实现自己的目的，大西军也正式扶明抗清。

杨畏知于下半年回到昆明，带来了封孙可望为平辽王的敕印。孙可望大为惊异，说："我已封秦王矣！"杨畏知问明情况，指出这个封秦王敕书是伪造。孙可望找胡执恭来当面对质，胡执恭不甘示弱，说："彼亦伪封也。行在所封景国公，敕印俱在。"可望听完大怒，下令把杨畏知和胡执恭都关入监狱，马上另派使者给永历朝廷送去启本，说明接到封秦王敕书后已向全省军民宣布，举行了受封仪式，已无法改变，请朝廷定夺。启本中写道："臣于某

① 光绪十三年重刊《堵文忠公集》；温睿临《南疆逸史》卷二十二《杨畏知传》，中华书局，2010；徐鼒《小腆纪传》卷六五《孙可望传》，中华书局，2018。

日接敕封臣秦王，于某日接敕封臣平辽王，臣莫知所从，惟陛下裁赐。"[1]

使者见到永历帝已是 1650 年（顺治七年，永历四年）初，这时永历帝已从肇庆迁到梧州。孙可望的启本在朝廷中再次掀起风波。金堡、大学士瞿式耜、严起恒、兵部侍郎杨鼎和等仍坚决反对封秦。文安侯马吉翔提出封孙可望为澂江王，使者回答："非秦不敢复命。"这时忠贞营高必正来梧州觐见永历帝，也认为孙可望的要求太高，认为可望"封上公足矣，安敢冀王爵？"又对使者说："毋欺朝廷屡弱，我两家士马足相当也。"隐含兵戎相见的威胁之意。在一片反对声中，使者只好空手而回。

使者无功而返之后，孙可望也不再理会永历朝廷的意见，依然故我地自称秦王、监国，文书也称"秦王令旨"，自行安排出兵攻取川、黔及抗清等事宜。1651 年（顺治八年，永历五年）二月，孙可望干脆自称"国主"。

平心而论，这次封秦之争源于永历朝廷内部的混乱，孙可望并无错失。孙可望已举行了隆重的秦王受封仪式，并通告全省，现在要他全盘推翻，降格为二字王，其尴尬可想而知。而永历朝廷丢失了江西、湖南，清军正在攻取广东，自己只能局促于广西一地，这时候正统派官员依然还抱残守缺，死咬着祖宗规制不放，不惜放弃与拥有十几万兵马的大西军合作的机会，实在是鼠目寸光、顽固不化。相比之下，几年后孙可望仅带几百名残兵剩卒降清时，清廷二话不说，立即封他为义王。明、清双方用人格局的高下可见一斑。

三

1650 年（顺治七年，永历四年）十一月初四日，尚可喜、耿继茂的清军占领广州；初五日，孔有德部占领桂林；初十日，永历帝从梧州西逃，冒雨闯过浔州，躲过陈邦傅的抓捕，十六日到达南宁。永历帝及随行朝臣在南宁喘息未定，次年（1651）二月，清军就由柳州南下，直扑南宁。

永历朝廷眼看覆亡在即，孙可望派部将贺九仪及总兵张胜、张明志等率

---

① 钱秉镫《所知录》卷下《永历纪年》，浙江古籍出版社，1985。

一万余兵马赴南宁，一面是保护永历朝廷，同时也借机胁迫朝廷同意孙可望封秦王之事。但对于封秦一事，大学士严起恒、兵部尚书杨鼎和等一干大臣仍然坚决反对。大学士朱天麟建议采取个折中办法，封可望为冀王，但孙可望不同意。于是孙可望再派杨畏知赴南宁磋商封秦一事。杨畏知还未到南宁，贺九仪等就找了个借口将杨鼎和杀死，又逼迫严起恒投水自杀。杨鼎和、严起恒之死震惊朝廷，五月，永历朝廷终于正式承认封孙可望为秦王。

杨畏知到南宁后，激于义愤，上疏弹劾贺九仪等人擅杀大臣。永历帝见杨畏知忠诚正直，也考虑到通过他加强与大西军的联系，于是任命他为礼部侍郎兼东阁大学士。不料孙可望知道后十分不满，认为畏知擅自接受永历帝的任命是背叛了自己，命人将他押回贵阳。杨畏知入见可望，"即大骂逆贼，终不可与有为，取头上帻击其面"①。可望大怒，于五月初六日将杨畏知处死。李定国、刘文秀平素与杨畏知交好，得知此事后对可望更加不满。

这时清军已逐渐逼近南宁，永历朝廷一片慌乱。有人建议去福建投奔郑成功，有人建议去两广沿海找李元胤残部，有人建议去越南避难，文安侯马吉翔、太监庞天寿等则建议投奔大西军。贺九仪等见朝廷纷争不休，很多人都不愿意去距离较近的大西军地盘，一怒之下拔营而去。

九月二十八日，永历帝等从南宁向西狼狈出逃，年底前逃到了桂滇交界处，碰到大西军狄三品、高文贵部，在他们护送下进入云南境内。南宁则于十二月初十日被清军线国安部占领。次年（1652）正月，永历帝一行被带到云南最东面的广南府暂时居住。怎么安置这个"朝廷"，是孙可望必须重点考虑的问题。孙可望本人这一段时间主要在贵阳，策划指挥出兵湖南等地的事宜。如果把永历帝请到贵阳，可望免不了要定期觐见称臣，一些军国大事也需要形式上得到永历帝的认可，这对可望来说完全不可忍受。如果把永历帝安置到昆明，可望又很担心李定国和刘文秀在昆明和永历帝接触过多，对自己不利。考虑再三，孙可望决定将永历帝一行安排到黔、桂、滇三省交界的一个小地方安隆千户所。为了名字好听一些，改名为安龙府（现贵州省黔西

---

① 康熙三十年《云南通志》卷三《沿革大事考》，云南人民出版社，2007。

南州安龙县）。1652年（顺治九年，永历六年）二月初六日，永历帝朱由榔一行被护送到安龙府。此时这个朝廷的文武官员仅剩五十余人，加上随从、护卫、家眷等总共不过二千九百余人。

安龙原是一个千户卫所，地方狭小，居民不过百家。永历帝住于千户所公署，房舍建筑极为简陋。孙可望每年拨给永历君臣和随从银八千两、米六百石。朱由榔曾向可望传话说钱粮不够支用，可望不予答复。孙可望还派了亲信任安龙知府、提塘官，让他们密切监视永历君臣，凡有重要事项随时快马报可望。大西军的其他人员，包括李定国、刘文秀在内，未经孙可望许可都不能同永历帝往来。永历帝刚到安龙府时，定国、文秀自称可望之弟，派人送来一批银币和食物，可望听说后十分不快。

孙可望这样"软禁"永历帝，乃是源于他的政治野心和对局势判断的不清晰。在当前形势下，虽然清朝已经占领了中国大部分地盘，但东南沿海还有郑成功、张名振、张煌言等规模不小的抗清势力，各地还有大大小小的南明余部和抗清义师，这些力量仍需要以朱明王朝的旗号来号召，孙可望不具备这样的号召力。另一方面，大西军虽然经营云南十分成功，成为当时实力最强的一支反清力量，但内部还有很多矛盾，可望与两个义弟之间还存在着严重隔阂。而且，作为对手的清朝虽然内部问题也很多，但毕竟已占领了中国大部分土地，调动全国资源的能力远非孙可望可比。这些因素的存在，说明孙可望目前还根本不具备改朝换代的实力。但他显然对这些问题的认识不够清晰，而是急于完成从秦王、"国主"到皇帝的转变。他也许是想效仿当年朱元璋软禁和谋害韩林儿、最后自己称帝的手法，但时势已完全不同：一是元末群雄并起，那时并不需要一个正统汉族王朝来号令群雄；二是朱元璋所辖各部内部很团结；三是蒙元处在腐朽衰败的过程中，而清朝却正处于崛起之势，情况完全不同。孙可望的勃勃野心和操之过急的做法，最终葬送了大西军抗清的大好形势。

第二节　大西军出兵川、黔

一

1647 年至 1650 年间，江南各省和东南沿海一带是明、清双方的主要战场，四川、贵州一带明、清双方时有规模不大的交锋，大多数时候处于明朝大小军阀割据和内斗的状态，其混乱状态比江南有过之而无不及。

1646 年（顺治三年，隆武二年）底，清肃亲王豪格率军从四川南充南下追击大西军余部。次年（1647）二月，豪格追到遵义，发现当地连年战乱，赤地千里，无法解决军队的粮食问题，只得率部北撤，经陕西回京。临撤前任命明降将王遵坦为四川巡抚，与成都总兵李国英（原左良玉部下总兵）等驻守四川。三月，孙可望等率大西军余部从贵阳入滇，川、黔一带的明朝余部则趁豪格撤走，反攻驻守当地的清军。清军力量薄弱，逐渐退守集中到川北保宁府（今阆中），四川其他各地基本都被明军各部军阀占领。这年年底，王遵坦病死，李国英接任清四川巡抚。

孙可望等从遵义进入贵州时，明贵州提督总兵皮熊逃到平越（今贵州福泉）躲避。大西军弃贵阳入滇时，皮熊又重返贵阳，此后一段时间即占据着贵阳一带。

遵义地区则由明总兵王祥占据。王祥原来和曾英一同屯兵重庆，大西军南下攻打重庆时，曾英落水而死，王祥逃到江津、绥阳一带。清军追至遵义后又撤走，王祥就回头占据了遵义。

重庆地区由袁韬占据。袁韬本是川东北"摇黄十三家"的首领之一，1647 年（顺治四年，永历元年）正月投降明朝，名义上受明川北总督李乾德节制，在清军主力撤走后占领了重庆。

涪州一带的是李占春、于大海。此二人原是曾英部将，拜曾英为义父。曾英死后，他们收拾旧部，占领了涪州、长寿、垫江等地。

谭文、谭诣、谭弘号称"三谭"，原是忠州卫世袭卫官，占据着忠州、万县、夔州地区。

原明朝泸州卫指挥佥事马应试据守泸州一带。

嘉定（今乐山）一带由原明朝参将杨展占据。杨展"善于抚众"，非常重视恢复和发展生产，发给农民牛种和口粮，鼓励工商业者各事其业，因此归附者也越来越多，很快就聚集了一支数万人的队伍，嘉定也成了川、黔两省情况最好的一个地区。

除此之外，川、黔两省还有不少割据武装。这些武装大多奉永历为正朔，但都各行其是，为了各自利益相互间攻伐不止。永历朝廷对这些武装的首领加官晋爵，先后派来一批总督、巡抚等高官，但实际对这些武装毫无约束力，有时反倒加剧了这些武装的争斗。

明楚藩通城王有个支系后裔朱容藩，本是一市井无赖，因漂泊各地，了解不少战事情况。1646年（顺治三年，隆武二年）末朱由榔在肇庆即位时，他投奔永历朝廷，受到丁魁楚的赏识和推荐，被任命掌宗人府事。他不满足于这个虚职，听说四川诸将各派兵力有数十万人，即上疏自荐去经营四川，遂被任命为兵部侍郎兼右佥都御史，总督川东兵马。1647年（顺治四年，永历元年）正月，他由湖北进入川东，自称楚世子、天下兵马副元帅，一时间迷惑了李占春、于大海等不知底细的将领。该年七月，一支清军船队来到忠州无风渡，朱容藩命李占春、于大海率舟师迎战。清军带着大批辎重，又不善水战，被打得大败。朱容藩大为得意，从此自称监国，自己铸了副元帅大印，擅自封李占春、于大海、"三谭"、杨展等为侯伯。

这个阶段四川各派明军的总兵力和地盘远大于清军，又正值永历帝从武冈经靖州逃往广西，朝廷与四川的联系暂时中断。朱容藩利用这个机会，居然想自己称帝，示意川北总督李乾德等官员劝进，遭到李乾德等拒绝。他怀恨在心，命李占春偷袭李乾德、袁韬兵营，被李、袁击退。1649年（顺治六年，永历三年），他发现夔州有个天字城，就改其名为天子城，自己率众入驻，再任命一批尚书、总督、巡抚等官员。明四川高官对朱容藩的胡作非为十分不满。四川巡按钱邦芑上疏弹劾其罪，堵胤锡从湘西赶到夔州揭露其所为，永历朝廷大学士吕大器也到涪州指出朱容藩的名号皆为假冒，李占春、于大海等四川诸将才得知了真相。这年（1649）七月，朱容藩带领一部分仍被蒙蔽的兵将，与李占春、于大海对战，朱容藩大败，逃往夔州山中，被土人擒杀。

除朱容藩挑起的内部争斗外，明军各派势力也在相互攻伐。1648 年（顺治五年，永历二年），王祥率部攻打贵阳不克，皮熊又纠集贵州各镇反过来攻打遵义，双方来回攻伐，死伤三万余人。直到永历帝派人来调解，双方才罢兵讲和。

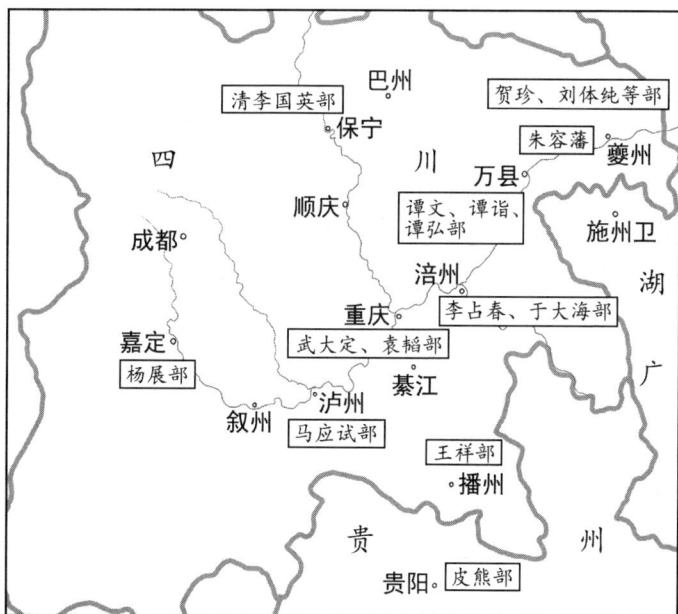

图 12-1　南明在川黔的各派势力

武大定原系明朝陕西裨将，曾和孙守法一道在陕西抗清，被清军击败后率余部南逃至四川，1649 年到重庆投奔了袁韬。重庆粮少，袁、武经常向粮草较丰的嘉定杨展求助。川北总督李乾德虽名义上是封疆大吏，但手中没有实际兵权，他曾几次想调动杨展部，但杨展不听，遂对后者怀恨在心。武大定到重庆后，李乾德挑唆袁、武二人抢夺嘉定，彻底解决粮草问题。这年七月，袁韬以庆祝生辰为名，邀请杨展到犍为参加酒宴。筵席之上，袁、武二人以伏兵杀死了杨展及其三百随从，随后立即发兵攻打嘉定。李占春与杨展交好，闻讯赶来援助嘉定，被袁、武击败。杨展之子杨璟新率部据守嘉定被打败，只能北逃投降了清四川巡抚李国英。

川、黔诸将的相互攻伐，不仅使两省百姓饱受兵燹之苦，使城郭更加残破，土地更加荒芜，更使得明军各部兵力连续消耗，大大削弱了自己的力量，既为孙可望消灭他们提供了方便，也为将来清军再度进攻西南地区提供了可乘之机。

<h2 style="text-align:center">二</h2>

1650年（顺治七年，永历四年）四月，孙可望命白文选率部进入贵州，名义上是与南明匡国公皮熊结盟，实际上直接占据了贵阳。皮熊逃到清浪卫（今岑巩附近）躲避。随后李定国、孙可望也先后来到贵阳。皮熊给孙可望写信请求通好，可望回信说他只知盘踞地方，祸害人民，拒绝结盟。八月，皮熊纠集了三万土司兵在平越与大西军冯双礼、王自奇部决战，被大西军击败，皮熊也被活捉。随后孙可望发檄收缴贵州各地明朝官员印札，"无敢抗拒者"，到年底前即接管了贵州全省。

皮熊写信求盟时，据守遵义的南明忠国公王祥也向孙可望写信求盟，同样被可望拒绝。九月，刘文秀、白文选统兵北上遵义，王祥纠集六万余兵力在乌江阻挡。王祥在开战前命亲信悄悄转移其金银财物，被兵卒发现，瞬间军心瓦解，纷纷向大西军接洽投降。大西军趁机进攻，王祥军大溃。王祥负伤趁夜逃走，才发现其亲信已把他的钱财劫走，"并失妻子，从者仅百骑"，遂自杀。遵义落入大西军之手。

孙可望夺取贵州、遵义之后，改编了皮熊和王祥的余部，招收散兵游勇，同时引入治理云南的经验，任命地方官员，改革吏治、税制，加强治安，着力恢复经济生产和工商业，贵州和遵义地区的社会生活逐渐走上正轨。

同年（1650），孙可望以秦王、监国的名义派人到嘉定招抚袁韬和武大定。袁、武犹豫不决，李乾德怂恿二人拒绝了可望的招抚。1651年（顺治八年，永历五年），孙可望派刘文秀总领兵马，分东西两路入川。刘文秀出云南，渡金沙江，经川西建昌卫进兵嘉定；王自奇出贵州毕节，由永宁卫北上。武大定亲率全营兵马到雅州（今雅安）驻守，派部将张林秀率精锐南下抵御，袁韬和李乾德则留守嘉定。八月，刘文秀部在雅州以南的荥经县全歼张林秀军，张林秀也被击毙。武大定闻讯大惊，连夜逃回嘉定，当晚与袁韬、李乾德弃城北逃。由于家口众多而马匹较少，李乾德等用了七天时间还未到达两百里外的仁寿县。刘文秀到嘉定后，派轻骑疾追，一日夜即赶到仁寿，活捉了袁韬和李乾德。武大定落荒而逃，不久后应招投降。川南地区基本被大西军平定。

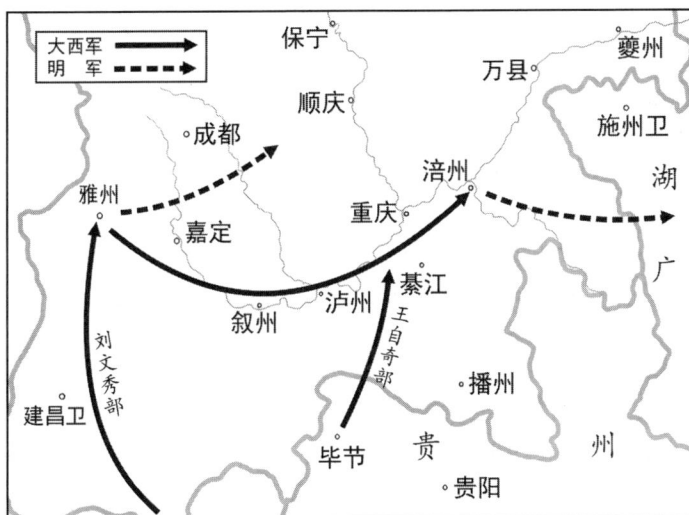

图 12-2　大西军出兵川黔

刘文秀占领嘉定后不久，率部顺江东下，同时派使者以秦王监国孙可望的名义，联络川东等地的各支抗清武装，提议"会盟"。夔东地区贺珍、王光兴以及原大顺军将领刘体纯、塔天宝等部武装都先后表示接受会盟。据守涪州、忠州地区的李占春、于大海是原明重庆总兵曾英的义子，曾英在1647年（顺治四年，永历元年）初被南下的大西军击杀，因此李、于二人拒绝会盟。十月，刘文秀派部将卢明臣进攻涪州，李、于所部大败，率部三万余人向东逃窜至湖北，投降了清荆州总兵郑四维。据守万县一带的"三谭"谭文、谭诣、谭弘本对大西军抱有敌意，见李占春、于大海惨败，知道自己也不是对手，也接受了会盟。

至此，大西军把川南、川东的各派军阀消灭或收编殆尽，与夔东地区抗清武装建立了会盟关系，结束了南明四川诸将割据内斗、祸害百姓的状况。整个四川省除川北保宁府还在清军手里之外，其余地方基本都在大西军控制或影响之下。

尽管"封秦之争"体现出孙可望过于急迫的政治野心和对历史大局未能清晰判断，但在 1650 年至 1651 年间，他的战略布局和指挥是十分英明且有效的。在短短一年多的时间内，大西军从云南出发，迅速平定了贵州、四川大部分地区，势力范围得到巨大扩张，为大西军下一步直接出击清军奠定了很好的基础，大西军最高领导人孙可望功不可没。

在孙可望平定贵州、四川大部的同时，原大顺军余部则在艰难地寻找出路。1649 年（顺治六年，永历三年）初明督师阁部何腾蛟被清军俘杀后，以他为靠山的郝永忠在永历朝廷中失去了立足之本，不久后率部离开广西，北上夔东，与之前已聚集于此处的刘体纯、袁宗第、王光兴、贺珍等部会合。1650 年（顺治七年，永历四年）十一月，清军几乎同时攻克了广州、桂林，随后大举向广西境内进攻，永历帝朱由榔从梧州仓皇逃到南宁。此时忠贞营就驻扎在南宁附近。忠贞营的领导人李赤心在这年年初病死，目前由高必正、党守素、李赤心的养子李来亨等领导这支队伍。高必正等对孙可望胁迫永历朝廷封秦王非常不满，但他们知道自己实力无法和拥有云南大后方的大西军相比，也不愿意依附大西军，最后决定领兵北上夔东。1651 年（顺治八年，永历五年）初，忠贞营途经湘西时，遭到已降清的当地土司的袭击，高必正中毒箭身死，忠贞营即由李来亨统领。当年冬天，经过千难万险，李来亨等终于到达夔东，和刘体纯、袁宗第、郝永忠、马重禧、塔天宝等会合，与"三谭"等摇黄武装相呼应，从此形成了以原大顺军余部为主体的"夔东十三家"[1]，他们在夔东地区的抗清运动一直坚持到 1664 年（康熙三年）。

---

[1] 明末经常用"十三""四十八""七十二"这一类的词语来形容数量较多，并非指特定的一个数量。如崇祯年间农民起义军的"十三家七十二营"、川东北地区的"摇黄十三家"、鄂豫皖交界地区的"蕲黄四十八寨"等，都只是指一个大概的数量。

第三节　李定国"两蹶名王"，刘文秀兵败保宁

一

到 1651 年（顺治八年，永历五年）下半年，孙可望把黔、川一带的南明军阀消灭或收编殆尽，与夔东十三家等武装建立了会盟关系，在西南地区形成了以永历朝廷为号召、以大西军为主体的强大的抗清势力。此后，这股势力就不再称为大西军，而统称为明军。

孙可望统领的明军占领了贵州和四川大部，与湖广、川北、陕西的清军已近在咫尺，引起了清廷的高度关注。1651 年（顺治八年，永历五年）秋，清廷命驻守陕西的平西王吴三桂和固山额真墨尔根侍卫李国翰领兵南下，入川征剿。刘文秀部虽然夺取了川南大部分地区，但川南连年战乱，民生凋敝，刘文秀的部队很难在此长期坚守，只能率主力逐步撤回云贵一带。到次年（1652）四月，吴三桂和李国翰部清军又夺回了成都、嘉定、重庆、叙州（今宜宾）等地区。广西方面，清定南王孔有德也在此年年初组织兵力向贵州进兵。

孙可望对此已有预判，在 1651 年（顺治八年，永历五年）四月，他就命冯双礼率兵数万、战象十余头，从贵州东进湖南，攻占了清军镇守的沅州（今湖南芷江），随后北上进攻辰州（今湖南沅陵）。因清辰常总兵徐勇、续顺公沈永忠在辰州也有两三万兵马，防守严密，双方攻防陷入僵持状态。

1652 年（顺治九年，永历六年）三月，孙可望派出两路大军：一路由他和李定国增援和进兵湖南、广西；一路由刘文秀统领，讨虏将军王复臣为副手，率步骑六万，向叙州、重庆方向进兵，攻取四川。

五月中旬，李定国部与冯双礼部会师，进攻靖州。清续顺公沈永忠派总兵张国柱领兵往援，被明军打得大败，几乎全军覆没。明军乘势攻克靖州、武冈州。沈永忠见情势危急，赶紧派使者到广西桂林向孔有德求助。孔有德与沈永忠素有嫌隙，以其兵马必须分驻广西各地为由，拒绝派兵支援。沈永忠无奈，只得率部从宝庆北逃，在湘潭接到清廷"不可浪战，移师保守"的密旨，随后

放弃长沙，八月逃到岳州。其他府州县的清朝官员也纷纷北逃。不久之后，湖南除岳州、常德、辰州之外，其他大部分地方都已在明军控制之下。

六月，李定国率部从武冈南下进入广西境内，进攻全州。二十八日全歼全州清军，守将孙龙、李养性被击毙。孔有德闻报大惊，次日亲自率部到兴安县抵御，再被击败，清军死伤无数。孔有德率残部狼狈逃回桂林，下令紧闭城门，紧急发文檄调驻守南宁、柳州、梧州的清军放弃地方，回援省会桂林。七月初二日，李定国大军团团包围了桂林城。孔有德麾下有个明朝降将王允成，与李定国军中的将领马进忠关系较好。马进忠在城下向王允成喊话，要他反正。王允成不敢答应，向孔有德汇报。孔有德知道此次必败，已有投降之意，叫允成先与马进忠接洽，看对方怎样提条件。因孔有德部分部将的阻挠，条件一时没有谈成。七月初四日，明军攻破桂林武胜门，大军一拥而入，清军纷纷溃败。孔有德见大势已去，心中悲凉绝望，回到王府手刃宫眷数十人，到住室点火后自刎，骸骨被烧为灰烬。其妻白氏自缢；儿子孔庭训逃走，被明军捕获，几年后被处斩；女儿孔四贞趁乱逃出，后来到了北京被孝庄太后收为养女，封和硕格格，是清朝封的唯一一个汉人公主，她在康熙年间的"三藩之乱"中还扮演了很重要的角色。降清的原明庆国公陈邦傅父子、清广西巡按王荃可、布政使张星光等被活捉，其他不少清朝官员被当场杀死。

夺取桂林后，李定国任命总兵徐天佑为广西巡抚，派兵收复广西各府州县。八月初二日，定国下令把陈邦傅父子等俘获的清朝官员押送往贵阳，同时也派人去安龙府向永历帝上报桂林大捷的消息。九月初二日，孙可望下令把陈邦傅父子剥皮处死，剥皮楦草的尸体传示滇黔等地；王荃可、张星光等处斩。陈邦傅一直就是个首鼠两端的卑劣小人，可谓是罪有应得。不料永历朝廷有个昏庸糊涂的御史李如月，就此事上疏弹劾孙可望"擅杀勋爵"，要求严惩可望。永历帝也觉得李如月是非不分，将他廷杖四十，奏疏留中不发。而李如月性格倔强，仍坚决要求惩处孙可望。可望得报后，命人到安龙府逮捕了李如月，把他也来了个剥皮楦草。虽然李如月迂腐冥顽，但罪不至剥皮处死，这事也充分显露出孙可望的擅权专横。

明军攻占桂林后，清广西提督线国安、总兵马雄、全节等纷纷放弃驻地，向梧州逃窜。李定国乘胜追击，清军兵败如山倒，死伤无数。八月十五日，明军收复梧州，广西全境均告平定。线国安等逃到广东投奔了平南王尚可喜。尚可喜、耿继茂二藩听说广西被克、孔有德死难的消息，十分恐慌，急忙下令驻守粤、桂交界的清军撤到肇庆，打算放弃广东西部的州县。

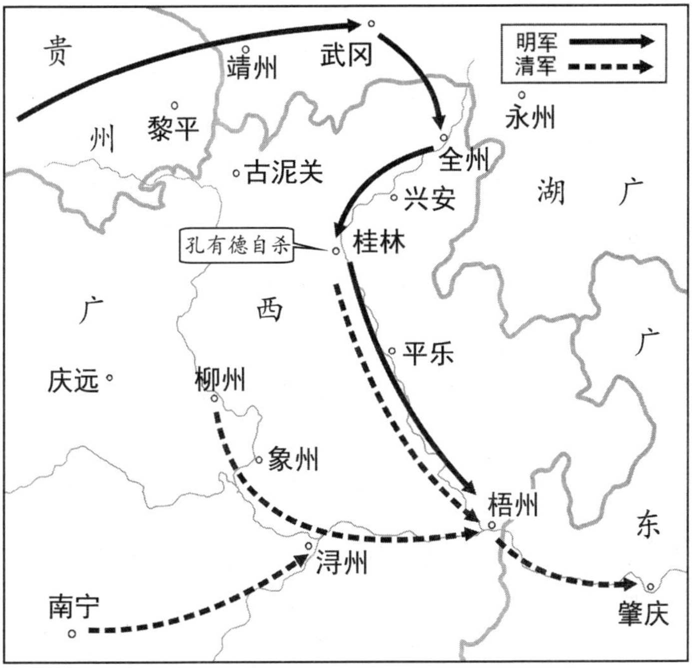

图 12-3 李定国攻占广西

　　李定国此次以雷霆万钧之势攻克靖州、武冈、桂林，快速夺取广西全省，把清军打得一败涂地，逼死清朝战功赫赫的王爷孔有德，可谓是南明史上前所未有之功绩。明军士气大涨、军威大振，清军则狼奔豕突、闻风丧胆。原先在湘、桂一带活动的南明余部大受鼓舞，都纷纷来归附李定国，如滇营赵印选、胡一青、陈邦傅旧部袁来朝、曹志建部总兵欧正福等；在广东活动的明安定伯马宝起兵响应李定国，后奉定国命入湖南一同作战；一些已闲居不出的原明朝高官也认为中兴有望，纷纷主动谒见李定国。

　　本来李定国可以对广西各地多加驻防使之稳固，与滇、黔连成一片，作为南明的重要基地，站稳脚跟继续进攻广东等地，扩大战果。可惜不久后李定国就奉命率主力北上湖南，不仅错失了这次乘胜进攻广东的机会，而且连刚刚夺取的广西转眼间又被清军反攻占领。

二

明军收复湖南大部分府州县、李定国收复广西、孔有德自杀的消息先后传到北京，清廷大为震惊。该年（1652）七月，清廷委任敬谨亲王尼堪为定远大将军，领八旗精兵从北京南下，进军湖南。孙可望得到消息，檄调刚刚占领广西的李定国率主力北上湖南。十月底，李定国亲率兵马进抵湖南衡阳一带，同时命随征的马进忠部继续北上攻取了长沙。

李定国离开广西，留下的徐天佑等部的兵力就比较薄弱，清平南王尚可喜趁机令线国安、马雄等与广东清军一同反攻广西。九月初五日，清军重新攻占了梧州，徐天佑撤往柳州。清军继续进攻广西各府州，次年（1653）正月十九日，又攻占了桂林。

李定国到衡阳后，十一月初一日，孙可望亲自从贵阳来到湖南沅州。他派大将白文选领五万余兵马进攻辰州。二十二日，白文选大军攻克辰州，清辰常总兵徐勇在乱军中被杀。

敬谨亲王尼堪所率清军也已于十月抵达湖南。李定国令屯驻长沙的马进忠、冯双礼放弃长沙，退至白杲市（今衡东县西北），诱敌渡湘江，待敌军过衡山后，绕到后方尾随堵截。李定国自己则沿烝水河布阵，等马、冯所部到来，则可夹击全歼敌军。这时孙可望已来到武冈，得知定国的布局，嫉妒心大为发作，不愿意定国连番取得重大胜利而风头盖过自己，于是密令冯双礼退至宝庆。马进忠见状不知所措，也跟随西撤。

十一月下旬，尼堪进抵衡阳。李定国派出少量兵马迎敌，交锋一阵即假装败退，逐步把清军引入埋伏圈。尼堪以为明军不堪一击，率部急速跟进，二十三日与李定国大军在烝水河旁相遇。尼堪率二十余骑到岸边小山观察两军阵势，定国的伏兵突然冲出，尼堪被当场击杀，随从全部被歼。但其余清军主力不知主帅已死，犹在殊死搏斗，给明军也造成了不少伤亡。定国久等不到冯双礼、马进忠部，派侦骑了解，才知道冯、马二部没有执行他的军令。他意识到这次全歼清军已不可能，于是只好收兵邵阳。清军稍后知道了主帅被杀，也不敢追赶明军，在多罗贝勒屯齐的带领下退回长沙。

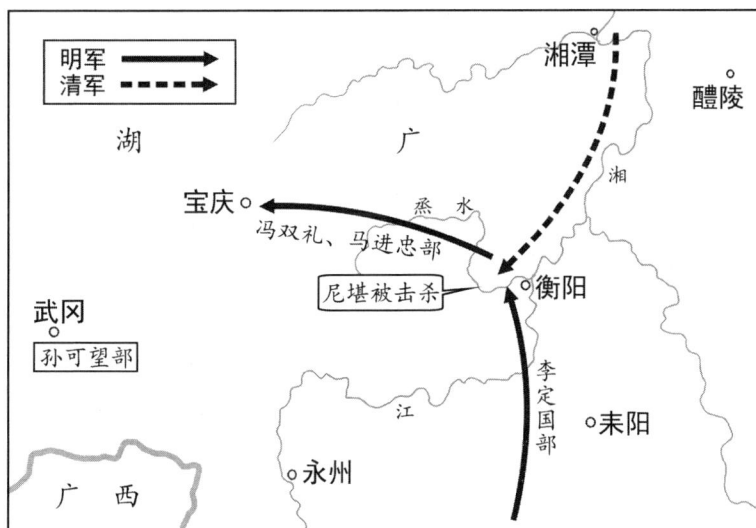

图 12-4　李定国衡阳之战击毙尼堪

前面说过，到 1652 年（顺治九年，永历六年），清朝曾经独当一面的军队统帅或病死或被杀，已所剩无几，尼堪已是仅存的极少数久经阵仗的亲王大将之一。衡阳之战清军兵力损失虽然不太多，但主帅尼堪被杀，对清廷是一个极其巨大的打击。再加上孔有德广西兵败身亡，清廷举朝震惊，极为沮丧，朝廷君臣"号天大恸"，连顺治帝都悲叹道："我朝用兵，从无此失。"

明朝方面则大受鼓舞。李定国连番胜利且"两蹶名王"，其政治意义超过了战役本身。清军入关以来，明朝军队提到满洲八旗兵无不谈虎色变，明军很多时候并不十分惧怕降清的汉军"假虏"，但一听到满洲"真虏"打来往往是望风而降或逃之夭夭。清军也因此自诩天下无敌，不可一世。中国各地有大大小小、或明或暗的抗清力量，但一直饱受清军打击和欺侮，长期不得抬头。李定国广西和湖南的胜利，打破了满洲八旗兵不可战胜的神话，极大地鼓舞了全国各地的反清人士，他们欣喜若狂、奔走相告，纷纷褒扬李定国用兵如神、英勇善谋。更多的抗清武装和人士加入李定国的队伍中来，集中在长江中下游从事秘密抗清活动的人士也积极策划更多更大的活动。名家黄宗羲后来写过一段话："逮夫李定国桂林、衡州之捷，两蹶名王，天下震动，此万历以来全盛之天下所不能有……"①

全国反清人士欢欣鼓舞，其中一个关键人物却怏怏不乐，此人即是明军的实际最高领导者孙可望。在他看来，李定国本身就不服他管束，现在更有"功高盖主"之嫌。在衡阳战役中，他使了阴招让定国无法全歼清军，让明军也承受了不小损失，不得不放弃占领衡州，但定国依然因为击杀尼堪而名噪一时。这让他的嫉妒心更加强烈。

衡州战役后，李定国退至邵阳。孙可望连续发信让定国到武冈议事，"三昼夜书七至"。连番催促下，李定国不得已放弃东进衡州扩大战果的计划，转而西行。行至半路，可望军中有人来密报定国②，告知不能前往武冈，可望已设下圈套要拘捕定国。定国闻讯悲愤交加，对可望的猜忌无比失望和愤慨，立即率部掉头南下至永州。次年（1653）二月，李定国放弃永州，率所部四五万兵马继续南下，经永明（今湖南江永县）过龙虎关，进入广西，从此不再与孙可望见面。

孙可望个人的野心和嫉贤妒能逼走了李定国，让孙、李两路明军丧失了合力击败清军的最佳时机，也让湖南战场上明、清双方的实力对比发生了反转。1653 年（顺治十年，永历七年）三月中旬，清定远大将军屯齐所部主力与孙可望、冯双礼、马进忠的明军相遇于宝庆府岔路口。可望自从李定国连败清军之后，以为清兵容易对付，令冯、马等部不得行动，亲率"驾前军"攻击清军，欲建奇功，结果被屯齐打得大败。明军尸横遍野，可望夺路而逃，冯、马等部也跟着败退。可望跑回了贵阳，清军遂占领了武冈、靖州、沅州、黎平等地。明军在湖南大好的形势，由于内部的分裂再一次烟消云散。

---

① 黄宗羲《永历纪年》，《黄宗羲全集》，浙江古籍出版社，1986。
② 密报之人有记载为刘文秀之子，也有记载是定国心腹之人龚彝。

三

1651年（顺治八年，永历五年），刘文秀入川收复了川南、川东大部分地方，之后率主力撤回云贵，在四川留下了为数不多的部队镇守。1652年（顺治九年，永历六年）二月初七日，平西王吴三桂、固山额真墨尔根侍卫李国翰率部从陕西到达川北保宁府，之后一路南下。因镇守各府州县的明军实力单薄，到四月间，清军先后攻占了成都、眉州、嘉定、叙州、重庆等四川大部分地方。

三月前后，孙可望派李定国等进兵湖南、广西，派刘文秀统兵再次进取四川。李定国进兵较为顺利，攻取了湖南大部分地方，一度收复整个广西，且"两蹶名王"，震动天下。刘文秀入川初期也摧枯拉朽，气势如虹，但后期却遇到了重大挫折。

刘文秀总兵力有四五万人，从彭水、叙永、建昌分三路北上进兵四川。八月初九日，明军攻克叙州府（今宜宾），清军全军覆没。与此同时，白文选部反攻重庆。清方守军见明军势大，弃城北撤。八月二十五日，明军占领重庆，并追击北撤清军。三天后在重庆以北一百二十里处将清军包围，清军大败，梅勒章京白含真被活捉，永宁总兵柏永馥仅带残卒百十名逃回保宁。

明军攻势凶猛，锐不可当，清军兵败如山倒，一路北撤。清军在撤退过程中，遭到刘文秀、王复臣等明军的追击，各地乡民也纷纷响应，清军损失颇大。吴三桂、李国翰、四川巡抚李国英放弃成都等地，撤到川、陕交界处的广元，打算放弃保宁，即放弃整个四川退回陕西。这时，在保宁城中仅有清四川巡按御史郝浴和总兵严自明部下一百多名士兵。如果吴三桂等放弃保宁，郝浴等必死无疑，四川全境都将被明军占领。郝浴给吴三桂、李国翰、李国英连写七封书信，请三人回兵守保宁，其中专门对李国英指出：三桂、国翰部为入川客兵，但国英乃本地巡抚，如国英弃川而去，则"不死于贼，必死于法"。郝浴坚持不懈的劝说触动了三人，吴三桂等遂率部回到保宁驻守。

十月初二日，刘文秀率五万多大军逼近保宁城外。保宁城的东、南、西三面皆是嘉陵江，仅有北面接陆地，地势狭窄，耕地较少，城中储粮不多，如果采取稳妥战法，明军长期围困这一座孤城，几个月之后城中断粮，保宁必破。或者按刘文秀的副手、讨虏将军王复臣的建议：采取"围师必阙"的策略，在城北留出一个缺口，集中优势兵力进攻城防薄弱之处。清军残兵从北面撤出，只能退回陕西，明军可一路追击，定可收复四川全省。可是刘文秀在取得连番胜利之后，产生了严重的骄傲轻敌思想，他想全歼清军，把他们杀得片甲不留，所以没有接受这两种稳妥的建议。他下令在嘉陵江上搭建浮桥，十月初八日主力部队过江集中部署在城北，堵住清军北逃的去路。

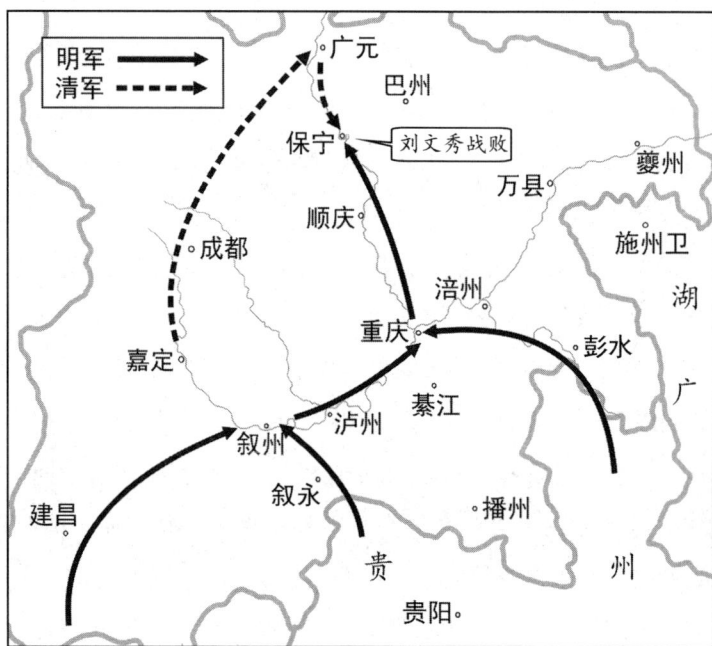

图 12-5　刘文秀进攻四川和保宁之战

　　吴三桂见明军这样的布局，知道自己无路可走，只能背水一战。他仔细观察明军营垒，发现明军张先璧部似乎最为骄傲轻敌，士兵旌旗散乱，不把大战当回事①，遂决定先攻击张部。十月十一日上午，刘文秀下令攻城，明军

_____

① 张先璧部本是何腾蛟旗下湖南的地方官军，大西军入黔打败皮熊后，他与马进忠等部由湘入黔归附大西军，再由刘文秀统领入川。

"蔽山而下，炮声震天"，数万士兵驱赶着战象蜂拥攻城。吴三桂下令绿营兵改打八旗兵旗帜，冲出城来直攻张先璧部。张部士兵见八旗兵旗帜，一时慌乱抵挡不住，纷纷后退，把后面王复臣部也冲得一片混乱。清军乘势冲杀，明军大乱，拥挤着向浮桥撤退。浮桥在混乱中被砍断，大批明军士兵或落水淹死，或被清兵砍死，王复臣被迫自杀，总兵姚之贞、张先轸等阵亡。这一仗，明军几乎全军覆没，刘文秀仅带少量残兵逃走，连抚南王金印也被清军缴获。

吴三桂反转战局获此险胜，事后仍心有余悸，说道："平生未见如此恶战，特欠一著耳。令如复臣言，我军休矣。"[1] 经此一役，清军在川北站稳了脚跟，反过头来又攻取四川其他府州县，并开始筹划从四川出兵征剿湖广。

刘文秀带着残兵败将返回了贵州。孙可望对此战结果十分不满，再加上他本来就对李定国、刘文秀有猜忌之心，正好借此机会解除了刘文秀兵权，命他回昆明闲居。

第四节　李定国二入广东和郑成功的不作为

一

1653 年（顺治十年，永历七年）正月，李定国率部离开湖南，进入广西。二月，他从广西贺县出发，南下攻占了桂粤交界的重镇梧州，准备进兵广东。

按照原先的战略计划，李定国如能和孙可望合力乘大好形势一鼓作气拿下整个湖南，明军即可以湖南这个腹心之地为基础，辐射江南大部分省区，对在兵力调遣上捉襟见肘的清军构成严重威胁。但孙可望的跋扈自雄和嫉贤

---

[1]　文秉、顾炎武《明季稗史初编》卷二六《平西王吴三桂传》，上海书店，1988；徐鼐《小腆纪年附考》卷一八，中华书局点校本，1957。

炉能毁了这个可能。李定国被迫离开湖南，南下广西。他依然对永历朝廷忠心耿耿，尽心尽力谋划复兴大计，但已不再听孙可望调遣，而是另辟蹊径，打算东进广东，联络郑成功从福建沿海向广东出兵，东西夹击拿下广东。如果这个策划能够成功，明军将据有广西、广东的大片疆土，东、西各路抗清势力将连成一片，再配合张名振、刘文秀长江会师的筹划，明军对江南清军将形成战略包围之势。另一方面，广东是财赋丰盈、人才荟萃之地，其中光税赋就是广西的十倍有余，人才方面也远非广西、云贵等地可比。如果夺取了广东，南明的财力、人力都能得到极大的补充和提升，这对南明的复兴大业有极为重要的支撑作用。

1653 年（顺治十年，永历七年）三月十四日，李定国率大军从梧州东进，迅速攻克了粤西开建县和德庆州。二十五日进抵肇庆城下。进兵途中，定国派出使者携密信赴厦门，全力邀请郑成功出兵会师广东。定国大军进兵广东，使两广一带的各部抗清势力大受鼓舞，纷纷起兵响应，配合作战。如广西岑溪的宋国相和韦应登部、广东沿海周金汤等人的舟师、韶州山区的义师等，都派人与李定国联系，配合其攻取附近的州县。

驻守粤东潮州的清总兵郝尚久本是李成栋部将，1648 年（顺治五年，永历二年）随成栋反正，1650 年（顺治七年，永历四年）在郑成功围攻潮州时走投无路而投降清朝。清朝当局对他的反复无常有所猜忌，打算派人接管其部众，把他调任广东水师副将，实际是剥夺他的兵权。郝尚久对此十分不满，1653 年（顺治十年，永历七年）二月间就在悄悄谋划反清。三月，他得知李定国进兵广东，认为时机已成熟，遂于三月二十二日宣布反清，自称明朝新泰侯，拘捕了清潮州知府及普宁、揭阳等县的知县等官员，并派人与李定国取得了联系。但潮州的西面有清惠州总兵黄应杰部，北面有清总兵吴六奇部，郝尚久自己兵力不多，自己孤军守潮州，风险较大。因此他派人联系李定国时，也写密信请郑成功紧急出兵支援。

此时的郑成功在厦门一带正在做两件大事：一是迎战前来进攻厦门的清固山额真金砺的大军。二是与清廷进行着招抚的谈判。五月初七日郑军打败金砺清军，三天后清廷就下达敕书封他为海澄公，郑成功借机向清朝索要漳州、泉州、潮州、惠州四府；六月金砺部即从福建撤回浙江，做出与郑成功和解的样子。郑成功与清廷这种边打边谈的状态，对李定国的复兴大计和郝尚久等反清势力的生死存亡都产生了极为深远的影响。

1653年（顺治十年，永历七年）三月二十六日，李定国亲自指挥大军进攻肇庆。肇庆城郭坚固，清守城总兵许尔显率部顽强抵抗，明军架云梯、挖地道的战术一时未能奏效。但城中兵力有限，眼看已难以支撑，许尔显急忙派人向广州平南王尚可喜求救。尚可喜深知当前局势的危险，东面有郝尚久、郑成功，西面有李定国，一招不慎，自己有可能沦落为第二个孔有德。他认真分析，做出了正确的判断："余无足虑者，破李定国即自相解散耳！"于是他亲率主力驰援肇庆，同时派出一支小部队守住三水县渡口，防止李定国派人与郝尚久联络。这支小队果然在那里击溃了李定国派出的联络队。四月初八日，尚可喜下令从肇庆城内东西炮台各凿出一个侧门，清军出其不意地冲出，夺取了明军挖的地道，熏死、杀死大批明军士兵。明军败退五里后扎营。尚可喜趁明军立足未稳，下令大举冲击明军营垒，明军大溃。李定国见局势如此，东面的郑成功、郝尚久又都音信全无，只得率部撤回广西。

郝尚久得知李定国兵败，知道自己独木难支，赶紧再派人恳请郑成功出兵相救。郑成功于五月初七日打败了清将金砺的进攻，七月亲自督师南下，进驻揭阳。揭阳与潮州府城近在咫尺，但郑军并未进入府城与郝军一起坚守，郑军的主要行动是征收揭阳附近各地粮饷。八月，粮饷征缴完毕，郑成功就返回了厦门，去接待清廷派来送郑芝龙书信的使者，给郝尚久只留了一句话："令其固守城池，不可悖叛归清。"八月十三日，清靖南王耿继茂率部围攻潮州城，郝尚久孤军守城，坚持抵抗了一个月。九月初，郑成功派部将陈六御率部抵达潮州，郝尚久不明对方身份，不敢放他们入城。九月十四日，清军攻破潮州城，郝尚久及其子郝尧自杀。清军大肆屠城，斩杀城内军民无数，占领潮州。陈六御部则撤回厦门。清军重新控制了广东全省。

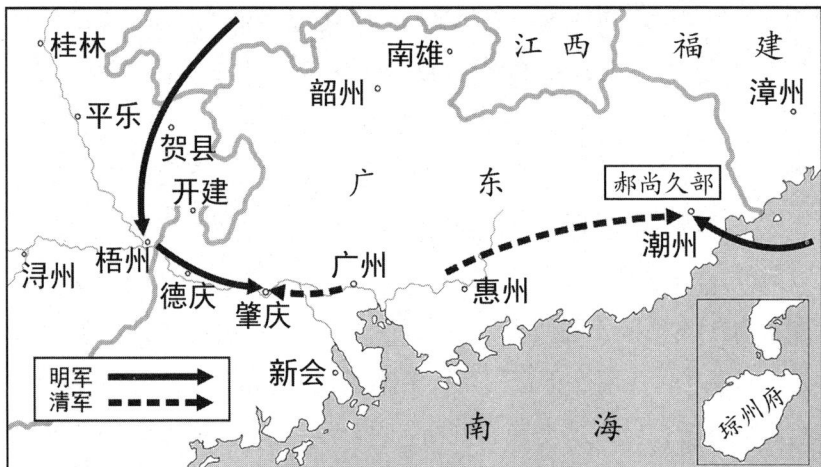

图 12-6　李定国首入广东失利

　　李定国第一次进入广东、与郑成功东西夹击清军的战略意图未能实现，其原因一是李定国的整体筹划略显仓促，和郑成功并未明确谈妥会师的时间地点，与郝尚久也没有建立良好的联络渠道，自己就急于出师，这其中也有定国对自己太过自信的原因，忽略了骄兵必败的古训。另一个重要原因即郑成功对此事的不积极。尽管郑成功在四月间确实需要在厦门迎战金砺大军，但他既没有积极回复定国的约定或建议推迟攻粤时间，也没有及时分兵支援定国军和郝尚久军。当时广东清军兵力仅三万人，李定国军有四五万人，郑成功自己号称数十万大军，至少十万以上应无可疑。明军在兵力上有优势，郑成功分出一部分兵马支援定国、郝尚久应为可行，但他对此一直没有具体行动。直至郝尚久万分危急之际，郑成功也只是率部到揭阳征粮，之后自己返回厦门，只让部下陈六御率部分部队抵潮州，该部未发挥任何作用又返回了厦门。分析起来，这与郑成功不想和清廷彻底撕破脸有较大关系，但又不能不给永历朝廷一个交代，于是派一个非主力部将陈六御去摆了个架势。

二

李定国首入广东失利，虽然肇庆之役失败、潮州郝尚久部被消灭，但定国所部兵力总体损失不大，他仍在积极谋划再入广东。这一次他吸取经验教训，采取稳扎稳打的方式，先攻取广东最西端，同时积极联系郑成功，全力争取郑军及时出兵，会师广东。

从肇庆败还广西后，定国及时向永历朝廷上报广东局势和自己的复兴大计，得到朝廷的认可和支持。该年（1653）九月，永历朝廷派使者到广东诏谕明两广总督连城璧，要求他召集广东各路义师全力协助李定国夺取广东。连城璧回复将积极筹备，拟于次年（1654）三月率水陆兵马与定国部会师广东。同时，定国多次派使者致信郑成功，希望和他敲定会师广东事宜。

1654年（顺治十一年，永历八年）二月，李定国率数万大军南下横州（今广西横县），攻占广东廉州府（今广西合浦），再东进攻占高州府（今广东茂名），清雷州府（今海康）总兵献城投降。明军很快拿下了广东最西端的三府。当地各部水陆义师群起响应。清军不敢应战，只能收缩兵力集中于广州一带，紧急向清廷求救。

李定国再次派使者催促郑成功出兵入粤。考虑到郑军以水师为主，李定国把会师地点确定为广州南面的新会港，便于郑军登陆作战。定国使者于四月间到达厦门。此前一个多月，郑成功正在安海接待清廷使者，准备受封清朝海澄公，但因郑成功坚持不剃头而未能宣读诏书，之后则以书信、口信方式与清廷讨价还价。本来李、郑双方使者通过海上来往，一般一个月可以往返，紧急情况半月亦可来回。定国使者四月到达厦门后，郑成功可能因担心使者回去泄露他与清廷和谈的信息，就扣住使者，直至八月才让使者返回。

李定国在给郑成功的信中详细分析了当前局势，指出了夺取广东之后全盘皆活，福建、浙江等地必然指日可下，对恢复大业意义重大，其中的关键是郑军水师须尽快出兵新会，定国军则于近期从陆路进攻新会。一旦郑、李双方会师攻克新会，广州清军旦夕可灭，则大事可成矣。李定国苦口婆心恳请郑成功务必按时出兵新会，暗示他不能虚戴永历名号，又不以君命为重。

其中还指出，夺取广东的谋划早于定西侯张名振率部赴长江口的计划，劝郑成功还是要以恢复广东为重，应把郑军主力用于攻取广东[1]。张名振于此信前一年（1653）的九月率部二万人到达长江口，郑成功给予了名振一部分兵员和船只支持，但郑军的主力仍在厦门一带。定国在信中指出此事，可见之前双方已有书信往来，而郑成功则以主力已随名振北上为借口，对会师广东的事不予明确回应。李定国也能感觉到郑成功缺乏诚意，但事已至此，除继续苦苦劝说之外，也只能做好自己孤注一掷的准备了。

适逢李定国四月间患病，到八月才痊愈。他在高州养病期间，只能派自己的部队和广东义师王兴部一起合攻新会。1654 年（顺治十一年，永历八年）六月二十九日，明军进攻新会地区，八月攻占了新会旁边的江门（今江门市），控制了广州地区的出海口，也截断了新会与广州之间的通道。清平南王尚可喜知道情势危急，但自己兵力不足，不敢与明军硬拼，只能屯兵于三水县附近，等待清廷援兵。

九月初，李定国再次遣使者携带书信抵达厦门，明确邀约郑军于十月十五日前抵达新会。但八、九月间，正是清廷第二次派钦差册封郑成功的时候，郑成功显然把主要心思用在了应对清廷使者之上。九月二十九日郑、清和谈破裂，十月初一日，郑成功终于下令调集兵将，准备部署南征事宜。十月十九日，郑成功命辅明侯林察、闽安侯周瑞统舟师数百艘，从铜山所（今东山县）出发南下，但此时已过了李定国约定的会师时间。

十月初三日，李定国久等郑军不至，决定不能再等，遂亲率大军猛攻新会。守城清军拼死顽抗，明军一时未能得手。新会被围困数月，城中粮草已尽，清军士兵把居民粮食抢尽之后，竟然杀居民为食。据《新会县志》记载，除大批居民被杀外，连有名有姓的举人、贡生、生员都被士兵杀而分食之，"盖自被围半载，饥死者半，杀食者半，子女被掠者半。天降丧乱，未有如是之惨者也"。[2]

---

[1] 杨英：《从征实录》，又名《先王实录》，台湾文献丛刊，1958 年。
[2] 乾隆六年《新会县志》卷二。

新会城眼见已支撑不住，清廷援军在加速赶来，而林察、周瑞部郑军舟师却不急不慢、姗姗而来。郑军十月十九日从铜山所出发，十一月十九日在南澳岛扎营。铜山距南澳仅百余里，此时正值顺风，一天航程可到，郑军却用了一个月。十二月初五日，郑军到达平海所（今惠东县平海），十五日，到达佛堂门（今香港海峡之一），之后即逡巡于此处海面较长时间。

十二月初十日，清廷派出的靖南将军朱马喇的援军到达三水，十四日会同尚可喜、耿继茂清军向新会城外的明军发起总攻。经过四天的激烈战斗，十八日明军抵挡不住，全线溃败。这几天林察部舟师就停泊在佛堂门附近海面，未予李定国部任何支持。二十四日，李定国部败回高州，清军乘胜追击。到次年（1655）正月，明军全部撤回广西，李定国收复的广东西部又全部落入清军之手。李定国二入广东之役宣告失败。

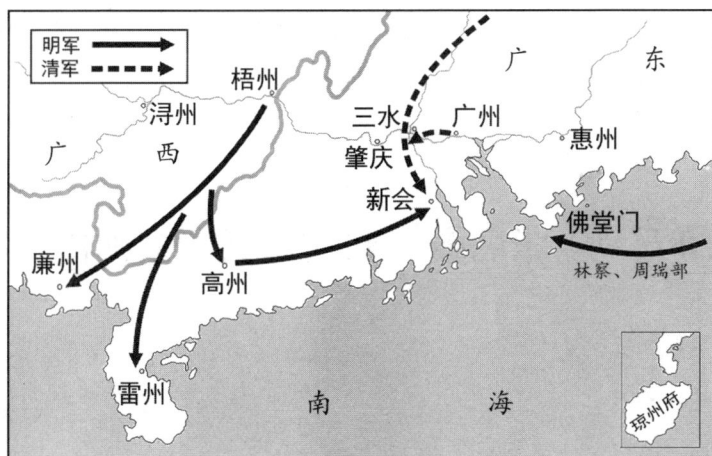

图 12-7　李定国二入广东失败

林察、周瑞得知李定国新会战败的消息，在海面上停留了很长时间观望双方战局，于 1655 年（顺治十二年，永历九年）五月返回厦门。郑成功以逗留观望、不敢进兵为由处罚了林、周二人，对主将林察降职使用，对周瑞则是"削职夺爵，解其兵柄，永不叙用"。对林察的处罚轻，对周瑞则极严重，背后的原因是林察乃郑氏嫡系，周瑞原先是鲁监国将领，这样的处罚有亲疏远近之嫌。实际上，这个处罚也就是做个样子给李定国和永历朝廷一个交代而已。

如果说李定国首入广东失利还有较大部分的原因是谋划不充分、急于求成，那么二入广东再次失败的主要原因就是郑成功的不作为。他并非不懂得会师夺取广东的重要战略意义，也并非不懂得兵贵神速，但他非要拖过了李定国邀约的会师时间才派兵南下。林察、周瑞部舟师明知军情紧急但行动如此迟缓，途中也未与清军有过任何接战，极大的可能是事先已得到郑成功的授意，不许他们假戏真做。深析其原因，郑成功实际上一直摇摆于明、清之间，就像清两广总督李率泰批评郑成功在索要三省时所说："无三省，则舍我而忠于彼；将有三省，即弃彼而忠于我"，郑成功更多考虑的是自己利益的最大化和封疆割据。如果李定国收复广东的大计得以实现，郑成功的独立性将受到巨大影响，他也很难再和清朝保持一种可进可退的关系，因此从开始就没有想着和李定国真的共图大业。因为郑成功这样的私心，李定国夺取广东、恢复江南的谋划完全失败，之后他再也没有力量和机会再入广东，南明从此再无"翻盘"的希望。

第五节　张名振、刘文秀长江会师落空

一

在李定国谋划与郑成功东西联动夺取广东的同时，孙可望也在谋划与张名振、张煌言部会师长江。如果李定国夺取广东成功，孙可望也能和张名振成功会师长江，明军将对整个江南的清军形成大的战略包围之势，清廷将十分被动，南明历史完全有可能被改写。会师长江最早的策划者是钱谦益等人，但核心决策者和推动者是孙可望，执行者是刘文秀、张名振。从这点上看，孙可望虽然野心勃勃、嫉贤妒能，但他的战略谋划和决断能力确实非同一般。

在 1645 年（顺治二年，隆武元年）南京弘光朝廷覆灭、1646 年（顺治三年，隆武二年）鲁监国政权和隆武朝廷先后被清军击溃的这段时间里，南明政权的文武大臣或投降，或殉国，或南下继续坚持抗清斗争，还有相当一部分人则留在江浙一带进行"地下"或游击式抗清斗争。这其中就包括原弘光朝礼部尚书钱谦益、诚意伯刘孔昭及其子刘永锡、鲁监国政权仁武伯姚志卓、督师大学士李之椿、兵部侍郎张仲符、兵部职方司主事贺王盛等，以及前文提到的复社领袖陈子龙、杨廷枢、乡绅侯岐曾、名士黄宗羲、顾天逵、少年英雄才子夏完淳等大批著名人士。他们在清朝控制的"敌后"地区长期坚持抗清活动，其凶险和艰苦程度毫不逊色于南方战争前线，很多人为此献出了宝贵的生命。

在这些"敌后"反清人士中，钱谦益是十分特别的一个人物。他曾经是东林党魁首、敌后抗清活动的主要策划者和领导者之一，但他降清、仕清、反清的反反复复，以及学问和人品方面的极端矛盾，又让他深受后世诟病。

钱谦益，字受之，号牧斋，生于 1582 年（万历十年），苏州府常熟县鹿苑奚浦（今张家港市塘桥镇鹿苑奚浦）人，明末清初著名的文学家、史学家。他在天启年间就出任朝廷官员，成为东林党骨干，与魏忠贤阉党展开斗争。崇祯元年（1628）的"枚卜"事件中，他指使门生瞿式耜私下联络负责推选阁臣的官员，阻止提名温体仁、周延儒入阁，结果被温、周用计反制，被崇祯帝革职回乡。1641 年（崇祯十四年）他五十九岁时，不顾世俗礼仪迎娶了二十三岁的名妓柳如是为妻。1644 年（崇祯十七年）李自成攻破北京，崇祯朝灭亡，弘光朝成立。弘光"定策之争"中，钱谦益作为东林党领袖，本来与史可法等人坚决拥立潞王，结果一看马士英等拥立福王一派的势力大，遂率先倒戈拥立福王。弘光朝廷任命钱谦益为礼部尚书，他为保住自己的官职地位，上疏为马士英歌功颂德，并力荐阮大铖任兵部侍郎。在南京期间，他还做过郑成功的老师。1645 年（顺治二年，隆武元年）五月，清军攻到南京城下，他又与赵之龙等高官率先献城投降。当时柳如是劝他一起投水殉国，他下水池试了一下，说"水太冷，不能下"，躲回居室后匆忙剃发降清。降清后，清廷任其为礼部右侍郎管秘书院事，充修《明史》副总裁。1647 年至 1648 年间，他因别案牵连被捕入清廷大狱，多亏柳如是上下奔波将其解救出来，回乡闲居。1649 年（顺治六年，永历三年）起，钱谦益暗中联系南方永历朝廷和郑成功、张名振等部，筹划东西联动抗清的大事，成为江浙一带"地下"反清人士的主要领导者之一。从他这些起起落落、昨是今非、今非明是的经历可以看出来，他本身就是一个充满矛盾的人物，也代表了相当一部分当时的清流及士大夫群体。

1649 年（顺治六年，永历三年），钱谦益给时任永历朝留守桂林大学士的门生瞿式耜写了封密信，详细分析了抗清局势，提出抗清大业犹如下棋，要分清"急着、要着、全着"，指出恢复中原的根本在江南，其中夺取湖广和长江中下游、切断清朝南北联络是最重要的战略举措。钱谦益自称这个战略构想为"楸枰三局"。瞿式耜把这个构想上报给永历帝，得到永历君臣的认可，但以当时永历朝廷的能力还无法真正实施。

原鲁监国政权的仁武伯姚志卓曾在浙东一带组织义军抗清。在钱谦益的策划下，1652 年（顺治九年，永历六年）冬，姚志卓与原兵部职方司主事贺王盛等秘密前往贵州，克服了路途中的千难万险，终于在贵阳见到了孙可望，在安龙府觐见了永历帝，再次谈到了钱谦益东西会师夺取湖广和长江中下游的战略构想。这年七月，李定国攻克桂林逼死孔有德，十一月衡阳之役击杀尼堪，明军声威大振，天下为之震动。孙可望也认为以明军现在的实力，与张名振部会师长江的战略应当可行。于是孙可望积极部署筹备，让姚志卓带回永历帝的敕书，以及孙可望对钱谦益等人的回信等，通过这些江浙反清人士联络推进会师事宜。姚志卓于次年（1653）十一月回到江浙一带，一个多月后，张名振、张煌言即率舟师大举进入长江。

二

1653 年（顺治十年，永历七年）江南的局势对清廷来说压力巨大。平南王尚可喜、靖南王耿继茂部虽然在肇庆击败了李定国军，但自己兵力有限，其主力也只敢收缩于广州一带，随时戒备明军再次入粤；湖南方面定远大将军屯齐虽然击败了孙可望部，但自己伤亡也不小，急于回京休整。为统筹江南几省的军事部署，清廷任命洪承畴为"五省经略"，总督湖广、广东、广西、云南、贵州等处军务兼理粮饷。作为前线总指挥，洪承畴竭尽全力调集兵马，最后也只调集到一万余名。而且这些兵员大多都是从北方到湖南一带，水土不服，病者十有六七。长江中下游的兵力也严重不足。清军沿长江两岸建了很多墩堡，派兵把守，但大多数墩堡只能配一两个士兵，有的墩堡干脆长期空置，甚至连南京的水师也仅有几百名老弱残兵。

在这样的情况下，孙可望、张名振、钱谦益等人都认为明军会师长江是很有胜算的。

1653 年（顺治十年，永历七年）八月，张名振、张煌言在征得郑成功同意后，率舟师两万余人从厦门一带北上。这时正是李定国肇庆战败的五个月后，定国正在努力劝说郑成功配合他再次进兵广东。郑成功对李定国的回信基本上是含糊其词，但对张名振北上的建议倒是很快同意了。张名振带领的主要是原鲁监国属下部众，郑成功为他们提供了一部分船只的支持。九月，张名振部到达长江口。十一月，姚志卓等带回永历帝敕书和孙可望的回信，与张名振等迅速接洽上。

1654 年（顺治十一年，永历八年）正月十七日，张名振、张煌言率部进入长江口，数百艘战船逆江而上。原弘光朝诚意伯刘孔昭在钱谦益夫妇等人出资支持下，募集了一部分兵马船只，也一同逆江而上。二十一日，明军到达瓜州（今扬州市最南端），之后在金山（今镇江市域内）上岸，缴获了一批清军大炮钱粮。张名振、张煌言、刘孔昭登金山寺，遥祭明孝陵。清江南总督马国柱紧急调兵救援镇江。张名振等在镇江停留了几天，在清军援兵到来前顺江而下，退回长江口一带。

这次张名振所部明军首入长江，一路上未遇清军较大的抵抗，一方面是清军沿江兵力不足，一方面张名振部也更像是为与孙可望部明军会师而探路。

孙可望方面也在部署长江会师事宜，但明显时间上有所延迟。直到张名振部舟师入长江的时候，孙可望才任命刘文秀为"大招讨，都督诸军，出师东伐"。刘文秀在 1652 年（顺治九年，永历六年）底四川保宁战败后，被孙可望罢官遣回昆明闲居，心情十分郁闷。他同时也看到孙可望的所作所为：嚣张跋扈，自称国主，对永历朝廷严密监视和防范；企图拘捕而最终逼走了李定国。他对孙可望的政治野心和嫉贤妒能深有体会，他愿意抗清复明，但不愿意为孙可望打天下，因此对"大招讨"的任命屡辞不受。所以 1654 年（顺治十年，永历八年）正月张名振等进入长江时，孙可望部实际上毫无动静。

三月二十九日，张名振所部二入长江，一直航行到仪真（今仪征），与清军没有较大的战事，也没有孙可望部的消息，只能再度回航至长江口。

孙可望反复要求刘文秀接受任命，文秀迫不得已于四月间到了贵阳。随后他到相关各支部队视察劳军，仍未采取进兵湖广的任何行动。五月，孙可望由贵阳返回昆明，企图举行禅位礼，要求永历帝禅让帝位给他，因各方面还有较大阻力而没有成功，六月他返回了贵阳。七月初六日，刘文秀终于率部出师，但到了湘、黔交界的天柱（今贵州天柱县）就屯驻下来，之后的半年多时间里都未再前进一步。

张名振已两次率部进入长江，但依然等不到孙可望部明军的消息。他感到凭一己之力难以有所作为，于是在五月时自己南下回到厦门面见郑成功，请求给予兵力支持。三个月前清廷首次敕封郑成功为海澄公，双方因郑成功坚持不剃发而谈崩。郑成功也想在此时给予清廷一定压力，于是答应张名振的请求，派忠靖伯陈辉统兵一万五千人、船三百艘北上支援张名振。陈辉率部到达长江口附近与张名振会师，但仅仅几天时间，陈辉就因船只旗帜的问题与张名振闹翻，率所部南下回到了浙江温州海域。十二月中旬，未得到郑成功实际支援的张名振等率部第三次进入长江，战船一直航行到南京城郊外的燕子矶，离南京已近在咫尺。清江南总督马国柱、提督管效忠等十分紧张，急调周边满、汉军队迎战，与明军展开激烈战斗。明、清双方互有损失，张名振等眼见也不可能有多大收获，于是率部撤退，在年底前后退出了长江。

张名振所部三入长江，本来是东、西部明军会师夺取长江沿线的大战略的重要组成部分，但由于孙可望导致的内部分裂态势，刘文秀负气出师而驻足不前，郑成功也未给予名振所部真正的支持，以致张名振部三入长江搞得轰轰烈烈，最终却毫无收获，这正是南明内部缺乏团结协作而痛失良机的又一例证。

三

1654 年（顺治十一年，永历八年）张名振三入长江无功而返，而孙可望并未放弃会师长江的想法，奈何他的野心膨胀令刘文秀不愿积极配合其进兵策略，明军在贵州和湖南西南部就一直逡巡不进。在半年多的时间里，刘文秀部就驻守着辰州（今沅陵）、沅州、武冈一带，与清军对峙。清军方面因遭受桂林、衡阳的重大挫折，湖南兵力也不足，于是驻守着常德、长沙、宝庆一带，也不敢再进兵攻击明军。

这年（1654）三、四月间，清五省经略洪承畴调集的一万多人的满、汉军队从北方到达湖南，定远大将军贝勒屯齐立刻班师回朝休整。洪承畴自知湖南兵力实在有限，在他多番请求下，清廷派宁南靖寇大将军固山额真陈泰、固山额真蓝拜、济席哈、护军统领苏克萨哈等领满洲八旗兵前往湖广。这支八旗兵的进军速度较为迟缓，直到 1655 年（顺治十二年，永历九年）春夏之际其中一部分才进入湖南。而陈泰亲率所部进入湖北时遇到江水泛滥决堤，直到陈泰病死军中其部也未能到达湖南。

孙可望还是希望在湖广战场上能够推进，继续执行会师长江的战略，于是反复催促刘文秀进兵。1655 年（顺治十二年，永历九年）四月，刘文秀终于下令大将卢明臣、冯双礼等率六万余兵马集结于辰州一带，打算先攻取常德，再取长沙、衡阳、岳州，之后北取武昌，沿江而下即可实施会师夺取长江中下游的计划。

按刘文秀部署，明军分水陆两路同时进兵常德。水路军由卢明臣率领，沿沅水乘船而下，直扑常德；文秀自己率陆路军也向常德进发。当时正值雨季，河水暴涨，卢明臣部很快到达常德附近，四月十七日顺利攻克常德附近的桃源县。但刘文秀部陆路军却因连日暴雨、道路泥泞，延迟了几十天都未能顺利前行。

清五省经略洪承畴得到明军进兵信息，急调兵力加强长沙一带的防守，又调荆州满洲八旗兵南下支援常德防守。五月二十三日夜，卢明臣部进攻常德，遭到苏克萨哈部伏击。激战到次日，由于得不到陆路军的配合支持，明军大败，卢明臣中箭落水而死，四十余名副将被俘或被杀，兵士被斩杀无数，几乎全军覆没。

刘文秀水陆进兵常德的计划失败，明军士气大挫，不得已率部退回了贵州。孙可望对常德之战的结果大为不满，再一次解除了刘文秀兵权，发回昆明闲居。

如果刘文秀的部署能够顺利推进实施，西南的明军仍然有可能实现与张名振、张煌言东部明军的会师，夺取长江中下游的战略计划还是有望实现。但刘文秀首战常德即告失败，从此会师长江的计划再无机会。常德之败的原因是多方面的。第一，刘文秀对孙可望阴谋篡夺帝位一直十分不满，对出兵湖南本来就未抱必胜的信念和决心，常德初败即全线退回，并不积极考虑另行进取；第二，刘文秀在具体部署方面有较大失误，对天气原因影响水陆两军配合进兵考虑不足，导致水路军孤军深入而遭惨败。

此战之后，西南明军围绕拥立永历帝还是孙可望而产生的内部倾轧日见严重，不久之后李定国、刘文秀与孙可望的决裂公开化，明军再无暇东顾，会师长江的计划彻底破灭。

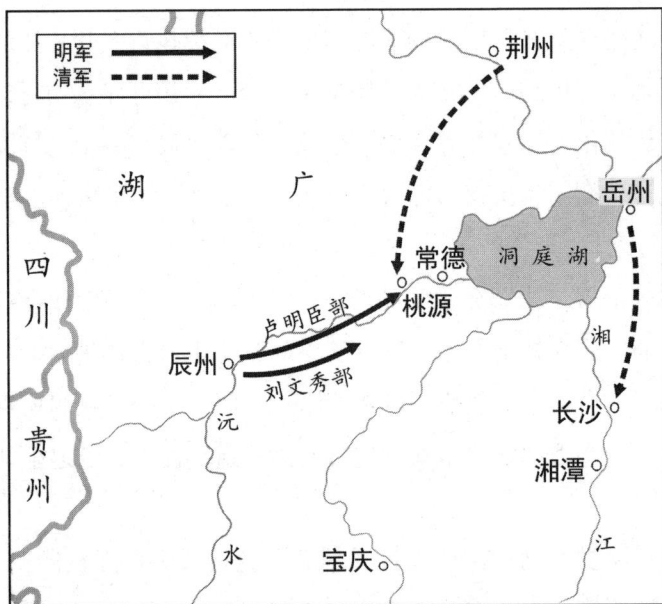

图 12-8 刘文秀兵败常德

清军方面，常德之战后不久，宁南靖寇大将军固山额真陈泰病死，清廷派固山额真阿尔津接替其职务。清军虽然取得了常德之战的胜利，但实力上对明军并没有压倒性优势，也只能固守原有地盘，继续与明军对峙。

第六节　永历帝播迁昆明

一

李定国 1653 年至 1654 年二入广东失败，张名振 1654 年（顺治十一年，永历八年）三入长江而会师计划落空，南明丧失了战略包围江南清军的历史机遇。即使如此，孙可望依然不总结教训，还是对黄袍加身念念不忘。他大权独揽，乾纲独断，对蜗居安龙府的永历朝廷严密监控。《爝火录》记载："时可望假天子名号，令行中外，调兵催饷，皆不上闻。生杀与夺，任意恣肆。帝在安龙，一不与闻。"①可望的亲信如大将王尚礼等，积极鼓动其篡取大位。永历帝身边的朝臣中，也有一批趋炎附势的小人，如掌戎政事的文安侯马吉翔、提督勇卫营的太监庞天寿、兵部尚书任僎等，主动投靠孙可望，全力附和可望篡位，协助其监视永历帝。

永历帝朱由榔在这种环境下生不如死，终日里惴惴不安，担心某日突然成了孙可望刀下之鬼。在大学士文安之的秘密建议下，他打算召李定国统兵入卫，保护自己。经永历帝授意，内侍太监张福禄、全为国传话，首席大学士吴贞毓召集几位忠于永历帝的朝臣密议此事，包括兵科给事中张镌、吏部都给事中徐极、光禄寺少卿蔡缤、主事林青阳、福建道御史胡士瑞等。议论结果，由礼部员外郎蒋圪昌、兵部职方司主事朱东旦拟撰和誉写敕书，由林青阳携带密敕于 1652 年（顺治九年，永历六年）十一月前往李定国军中。李

① 李天根《爝火录》卷二十二，浙江古籍出版社，1986。

定国收到并拜读密敕，为永历帝的遭遇痛心不已，也为他对自己的信任感激涕零，他"叩头出血，曰：臣定国一日未死，宁令陛下久蒙幽辱，幸稍忍待之。臣兄事可望有年，宁负友必不负君"①。只是李定国在1653年初正在策划夺取广东之事，"解救"永历帝的事只能先放一放。

李定国暂未统兵入卫，这边永历帝和忠心朝臣十分担心身边的马吉翔探得他们的密谋，于是设法把他支开，派马吉翔代永历帝前往梧州祭祀先王朱常瀛之陵。马吉翔到达广西后，遇到来自李定国军中的朝臣刘议新。刘不知马吉翔已暗中投靠孙可望，以为吉翔多年跟随朱由榔，必是永历帝亲信，竟将密召定国入卫一事和盘相告。吉翔闻言大惊，立刻派人飞报孙可望。可望得报后，深知如果定国入卫成功，自己将无法挟持永历帝，谋取大位之事将会落空，于是立即派亲信将领郑国、王爱秀前往安龙调查此事。

郑国、王爱秀于1654年（顺治十一年，永历八年）正月到达安龙"皇宫"，逼迫永历帝说出事情原委，交出"首犯"。永历帝推脱说这些年外面的假印敕较多，不知是何人所为。郑国、王爱秀不甘心，于三月初六日逮捕了大学士吴贞毓等二十余人，严刑拷打。蔡缜等人为避免牵涉永历帝，承认是部分朝臣瞒着永历帝，与内侍张福禄、全为国勾结策划此事，一口咬定永历帝对此毫不知情。郑国等人无计可施，只能以张镖等人"盗宝矫诏，欺君误国"的罪名定案，并上报孙可望。可望要求永历帝自行裁断，永历帝迫不得已，只能按可望的意思于三月二十日下诏，以张镖、张福禄、全为国三人为首犯，处以寸磔之刑；以蔡缜、徐极、胡士瑞、朱东旦、蒋乞昌、翰林院检讨李开元、大理寺少卿杨钟、太仆寺少卿赵赓禹、武安侯郑允元、江西道御史周允吉、御史李颀和朱议泟、员外郎任斗墟、主事易士佳为从犯处斩；吴贞毓为主谋，姑念为首席大学士，勒令自缢。此即南明史上有名的"十八先生案"，至今十八先生墓仍存贵州省安龙县天榜山下。

孙可望制造"十八先生案"，一次性屠杀大批永历朝廷大臣，表明永历朝内部的"拥帝派"和"拥孙派"的斗争已到了你死我活的地步，双方矛盾已经充

---

① 邵廷采《西南纪事》卷十《李定国传》，《邵廷采全集》，浙江大学出版社，2018。

分白热化、公开化。这段时间也正是张名振进入长江准备和西南明军会师的时候，在这样的政治气氛下，刘文秀屡辞"大招讨"且逡巡不进也就不难理解了。

二

1654 年（顺治十一年，永历八年）是李定国积极策划和落实二入广东的关键一年，可惜因得不到郑成功的配合，十二月定国新会战败，损兵折将被迫退回广西。定国根据现实情况判断，短期内自己没有力量再进广东，于是领兵到贵州安龙迎驾的事就提上了日程。

1655 年（顺治十二年，永历九年），李定国抽调本部精锐数千人向贵州安龙府进发。孙可望得到信息，派部将刘镇国、关有才领兵在广西田州（今广西田阳）驻守，阻截定国所部北上，并下令将定国必经之路的粮草都烧光。定国率军日夜兼程，三天就到达田州，刘、关二将猝不及防，只身逃走。定国以大局为重，下令不追逐二将，对刘、关二将留下的兵卒则宣称安西王李定国驾到，双方本是一家，不应为敌。刘、关部众遂跪下迎接定国，全体加入定国旗下，双方士卒欢聚如父子兄弟，齐呼千岁。

十月，孙可望派大将白文选前往安龙，命他抢在李定国之前，把永历君臣迁入贵阳，置于自己的控制之下。白文选是孙可望嫡系旧部，但他为人正直，内心并不认可孙可望篡取帝位的企图和对永历帝的傲慢态度，因此他后来在永历帝有可能遭到孙可望谋害时，总是或明或暗地为永历帝提供帮助。他到安龙后，借口安龙地小人少，不易募集民夫车马，故意拖延时间，等待李定国到来。孙可望见白文选迟迟未将永历帝带回来复命，多次派出亲信前往安龙催促，文选仍尽力拖延。其间李定国派使者提前到达安龙，潜入城中给永历帝通风报信，白文选也假装糊涂，任使者自由来去。

1656 年（顺治十三年，永历十年）正月二十二日，李定国亲统军队到达安龙。孙可望派来的亲信见势不妙，赶紧逃回贵阳。定国率部进入安龙城中，永历帝和李定国君臣终于见面。永历帝安了心，定国则激动得泪流满面，他万分感激永历帝的知遇之恩，发誓愿为之万死不辞。白文选则留在定国营中，决定与之合作。

定国和白文选等人商议后，认为永历帝移跸昆明是最佳选择。正月二十六日，永历帝及宫眷、大臣等在李定国、白文选所部保护下，从安龙府启程，向云南进发。二月十一日，队伍到达曲靖，永历帝暂居此地，李定国率部先行直奔昆明。当时在昆明的大将有抚南王刘文秀、固原侯王尚礼，将军王自奇领兵驻楚雄，贺九仪领兵驻武定，总兵力约两万人。王尚礼、王自奇、贺九仪都听命于"国主"孙可望，刘文秀的政治态度和李定国一致，但他已被解除兵权，而李定国从广西带来的兵马只有六千余人，形势对定国、文秀不太有利。

李定国护驾而来的消息传到昆明，刘文秀、王尚礼、沐天波一起商讨应对办法，总体感觉比较为难。因为李定国此举无疑是背叛"国主"孙可望，王尚礼内心是反对的；但永历帝至少名义上仍是明朝正朔，李定国也是南明朝廷的安西王，王尚礼等又不能公开反对皇帝驾临昆明。正在犹豫间，李定国已率部到达昆明城外。在刘文秀劝说下，王尚礼不敢正面得罪定国、文秀二王，只得硬着头皮出城迎接。三月二十六日，永历帝在李定国的护卫靳统武、总兵张建所部护卫下进入昆明城。云南地处西南边陲，自古以来从未有"真龙天子"驾临此处。昆明百姓听闻天子驾临，无不欢欣鼓舞，激动万分，纷纷上街夹道欢迎，昆明城一时间热闹非凡，犹如过节一样。永历帝也十分高兴，随后入住城中心的云南贡院。

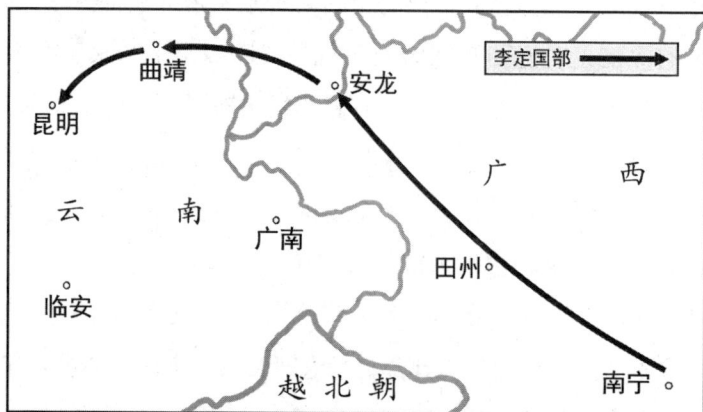

图 12-9　李定国迎接永历帝入滇

四月，永历帝封李定国为晋王，刘文秀为蜀王。经过这几年的风雨波折，永历帝身边的朝臣已不剩几个人，基本也看清了形势，再无迂腐大臣反对封异姓"一字王"。同时，封白文选为巩国公，王尚礼为保国公，王自奇为夔国公，贺九仪为保康侯，孙可望的护卫张虎为淳化伯，沐天波仍为黔国公，掌禁卫军。从这些晋封安排看，永历朝廷并未把跟随秦王孙可望的官员将领区别对待，而是一视同仁加官晋爵。

此前已被永历帝视为"奸臣"的太监庞天寿服毒自杀，文安侯马吉翔被拘禁。但马吉翔在某些方面实非常人，他在牢狱之中居然想尽一切办法巴结定国属下将领，为晋王大肆歌功颂德，因而获得了李定国的信任而释放出来，重新入阁办事。

李定国把永历帝迎接入滇，彻底粉碎了孙可望独揽大权、准备称帝的企图，是南明朝廷权力结构的一次重大重组。只要永历朝廷的旗帜还没倒，它对全国各地的抗清势力还是有号召力和影响力的，对抗清大局总体是好事。但迎驾入滇应该并非李定国的首选。此前永历帝密诏李定国入卫已经有几年，定国之所以没有当时就采取行动，是因为主要考虑与郑成功合作夺下广东，南方大定，再把永历帝迎入两广如肇庆、梧州、广州一带，居中主持大局，乃是上策。但夺取广东失败，定国只得退而求其次，把永历帝迎入西南边陲。而定国主力转移到云南之后，离广西前线山高路远，很难再有效组织应付清军的反扑。果然，在这年（1656）正月，清平南王尚可喜、靖南王耿继茂即组织力量反攻广西，当月即占领浔州、横州等地，二月初占领南宁。李定国辛苦经营的广西大部分地区又落入清军之手，广东各部义师、闽浙抗清势力与永历朝廷的联系也就变得十分困难。

李定国迎永历帝入滇，尽管其根源在于孙可望过度膨胀的政治野心，但事实上仍形成了南明最主要势力的内部分裂，最终导致内战。1656 年（顺治十三年，永历十年）春，刘文秀在晋封为蜀王之后，积极领兵再度进取四川，但在占领了雅州、建昌等少部分地区之后，为应对孙可望发起的内战，1657 年（顺治十四年，永历十一年）文秀即被召回昆明，平定四川之役只能半途而废。

第七节　孙可望发动内战和降清

一

李定国"劫走"永历帝令孙可望暴跳如雷，这意味着可望不能再直接监视和控制永历朝廷；朝廷和李定国、刘文秀一条心，而李、刘二人在明军中也具有足够威望，且明显不支持可望的政治野心，那么可望篡取大位的目的就几乎不可能实现，反而需要对永历帝俯首称臣。这是孙可望无法忍受的事实。

永历朝廷方面的态度则比较温和，不想跟孙可望闹翻。永历帝移跸昆明不久，李定国、刘文秀及文武大臣即联袂上疏道："礼乐征伐自天子出，秦王臣可望所待失人臣礼。臣等集议：奉孙可望出楚，臣定国出粤，臣文秀出蜀，各将所部兵马，从事封疆。凡驭天下之大柄悉还之其主，谨冒死以闻。"[1]明确提出天下兵马大权要收归皇帝。永历帝知道如果批准按奏疏执行，势必促使孙可望立即反目，这对抗清大局不利，于是将奏疏留中不发。实际上在李定国等的奏疏中，也只说了孙可望"失人臣礼"，对他妄图僭位并无半点指责，也是给他留足了面子和余地。再者，永历帝到昆明后只是入住贡院，而未入住孙可望的秦王宫，对可望手下将领也一视同仁加官晋爵，都是向可望表明一种愿意继续合作的态度。

为了继续争取孙可望，永历帝派白文选和张虎为使者前往贵阳，劝说可望消除隔阂，重归于好。可望接见白、张二人之后，不仅毫无悔改之意，而且反而指责二人不该接受永历帝封爵。张虎是可望亲信，立即上缴了永历帝赐予的印信，表达对可望的忠心。白文选见劝说的目的难以实现，随机应变地说定国兵力不足，请给予自己精兵二万，可以把定国擒来可望帐下。孙可望知道李定国"劫走"永历帝是得到了白文选的大力帮助，下令处死文选，在诸将极力劝

---

[1]　胡钦华《天南纪事》,《明末史料五种》,中国书店。

谏下才暂时免死。永历帝随后再派使者劝说可望，其中一次派了可望的亲信大将王自奇来，王自奇也对可望说定国兵力不足，可以发兵征讨之。可望见王自奇的说法和白文选所说较为一致，才逐渐恢复了对文选的信任。

尽管孙可望拒绝和好，永历朝廷仍对他保持温和态度，尽量做到仁至义尽。这年（1656）八月，李定国奏请将孙可望在昆明的妻妾、儿子送往贵阳，命秦王旗下总兵王麟护送，定国亲自设宴饯行。至此，永历朝廷对与孙可望重归旧好已不抱多大希望。八月十二日，永历帝从云南贡院迁入秦王宫。

二

孙可望对放弃大权绝不甘心，自己掌握着约二十万的兵力，云南还有亲信部将王尚礼、王自奇部两万人的兵力，李定国、刘文秀根本无法匹敌。而李定国把孙可望的妻妾、儿子送回贵阳，客观上解决了可望的后顾之忧。于是，孙可望决心对李定国、刘文秀诉诸武力，甚至提前准备好了三百副镣铐，准备用于定国、文秀和永历朝臣。

1657 年（顺治十四年，永历十一年）二月，孙可望封马进忠为嘉定王，冯双礼为兴安王，张虎为东昌侯。此举表明他虽然还没有正式称帝，但已经把自己摆在了帝王的位置上。

八月初一日，孙可望贵阳誓师，亲率十四万大军向云南进发，命白文选为征逆招讨大将军，冯双礼留守贵阳，正式发动内战，滇中大震。此前李定国已做了一些准备，把正在征讨四川的刘文秀召回。为防止王尚礼在昆明做孙可望的内应，定国等把尚礼部队拆分，同时让沐天波等暗中监视他。王自奇因之前酒后误杀定国部将，害怕受到定国责难，已率部从楚雄西奔至永昌府（今保山），因山高路远，消息不通，和孙可望难以配合。定国、文秀则亲率军队前行至曲靖一带防御。

九月十五日，双方军队相遇于曲靖交水一带。可望军十余万人扎三十六营，定国、文秀军三万人扎三营，兵力对比上可望军占巨大优势。同时，可望命部将张胜与将领武大定、马宝等率七千人，连夜走小路欲偷袭昆明。可望认为，一旦定国、文秀昆明老巢被夺，其军必不战自溃。为给偷袭部队留足时间，可望与定国约好本月二十一日两军再进行会战。

孙可望自以为布置周全，己方实力强大，此战必万无一失。实际上，其部将中不少人对此次征伐永历帝及李定国、刘文秀部不以为然，并不赞成可望发动的内战。原南明官军改编过来的马进忠、马惟兴、马宝等将领内心仍是认同永历帝，不支持孙可望篡位；以白文选为首的一部分原大西军将领，更不希望和曾经同甘共苦的战友火并。于是，白文选与马惟兴、马宝等秘密约定阵前倒戈。文选还趁夜偷偷潜入定国、文秀营中，告诉他们自己阵前倒戈的计划，以及张胜已率部出发欲偷袭昆明的信息。

李定国得到白文选的情报，又收到马宝在偷袭昆明路上发来的密信，印证之下认为情报可信，于是决定提前发起攻击。十九日凌晨，定国、文秀军出营进攻，可望组织大军迎战。初战时定国军前锋失利，可望下令乘势掩杀。白文选见情势危急，亲率五千骑兵冲入马惟兴营中，二营合兵后一起抄击可望后军，可望军大乱。文选令所属将士齐呼："迎晋王！迎晋王！"可望大军瞬时崩溃。可望见形势陡变，赶紧带着少数亲兵逃走，余部基本全部投降。定国、文秀军曲靖交水之战大获全胜，将可望余部全部收编。可望逃到贵州安顺，镇守安顺的马进忠闭门不纳，还派出一队人马追击可望，可望只得继续向贵阳逃窜。

交水之战后，刘文秀、白文选继续追击孙可望，李定国则率部回援昆明。张胜、武大定、马宝所部已接近昆明。马宝一路上焚烧房屋，实际上是给永历朝廷发出信息，把偷袭变成了明攻。永历帝等已得到交水战胜的战报，将战报贴到城墙内外，同时将王尚礼召进宫，派人看守。张胜到昆明城下，见到战报，又见昆明城防守军严阵以待，王尚礼也音信全无，只得退兵。退兵途中碰到定国所部，双方交战，定国部因刚经历交水之战又紧接着长途奔袭，战斗中力不能支。这时马宝在张胜之后开炮击其后军，随后领兵攻杀而来。张胜惊呼："马宝亦反矣！"率残部突围而逃。次日，张胜逃到沾益州。沾益州守将李承爵原是其部将，张胜大松一口气，不料李承爵突然下令将其拘捕。张胜斥道，你是我部将，为何反叛我？承爵答道，你反叛天子，我当然反你！随即张胜被押到昆明，被斩于市。

孙可望逃到贵阳，与镇守关口的冯双礼约定，如果刘文秀追兵赶到即放炮三声示警。冯双礼见可望溃败之惨状，知道他大势已去，于是决定改弦易辙，文秀兵未到就放了三炮。可望听到炮声，以为追兵已到，连忙带着家眷和随从出城东逃。一路上各城池守将都闭门不纳，可望不得已一直跑到湖南境内，到了靖州才得以入城。曾经大权独揽、不可一世的孙可望，转眼之间众叛亲离，惶惶如丧家之犬，心中羞愤郁闷已极。他一气之下，不但不思悔改，反而决定投降清朝，打算借清朝的力量为自己复仇。他派亲信杨惺先、郑国前往清军控制的宝庆府接洽投降，自己再往武冈地区逃去，又遭到明武冈总兵杨武的截杀，差点被擒获。

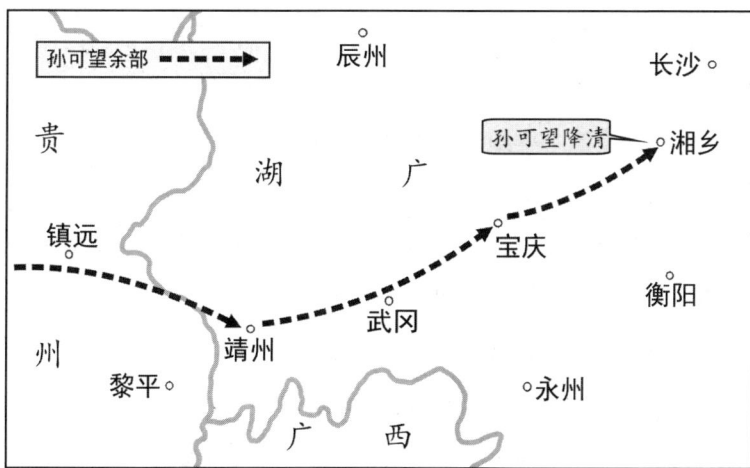

图 12-10　孙可望内战失败东逃降清

九月三十日，清湖广巡抚张长庚接到孙可望的投降信，意识到此事的重要性，一面上报朝廷，一面派兵接应孙可望。十月初，接应的清军击败武冈杨武的明军，把孙可望及其家眷随从四百余人接到宝庆。清五省经略洪承畴因为长期以来清军在西南一带毫无进展，本来已心灰意冷，向清廷上疏准备告病回家。得到孙可望投降的信息后，洪承畴大喜过望，立即撤销了告病的请示，即刻安排与孙可望会面。十一月二十八日，洪承畴亲自到湘乡与孙可望会面，对可望以极高的礼节隆重接待；孙可望也对清朝歌功颂德，表示诚心归附。

清廷对孙可望来降极为重视，他们深知可望曾经是南明军政的实际最高控制者，他的归降对清朝日后打击南明有极高的政治、军事、情报价值。十二月，清廷即封孙可望为义王。同样是封为异姓"一字王"，当年南明朝廷为封可望秦王一事闹得鸡飞狗跳，而清廷则毫无犹豫和迟疑，双方在用人任事方面的格局和魄力确实有天壤之别。

按顺治帝谕旨，孙可望赴京觐见皇帝。次年（1658）五月初二日，孙可望在清军护送下到达北京。顺治帝命和硕简亲王济度等带领大批高官勋爵出城迎接，场面极其隆重。次日，顺治帝亲自接见孙可望，十天之内赐宴三次，赏赐给他大批银两布帛，孙可望成了清廷红极一时的人物。作为回报，也是他必须要缴纳的"投名状"，孙可望极尽详细地向清廷报告了西南明军的各种重要军事机密，包括军队部署、兵员多少、将领何人、情报如何传递等，还献上了专门绘制的滇黔军事地图，上疏提出进攻西南的具体策略。除此之外，他还亲笔写信劝降明军中自己原来的一批亲信部将。他的这些做法确实体现了他对于清廷的重大"价值"，后来在清军大举进攻西南时明军节节败退，不少部队倒戈降清，很大一部分原因即来源于此。

孙可望降清后，清廷即积极准备进取西南。1658年（顺治十五年，永历十二年）初，清廷即出兵大举进攻西南。在孙可望的情报等多方面支持下，清军一路攻城克寨，顺风顺水。但随着永历朝廷逐渐败落，孙可望的利用价值也越来越小，在清廷内部也越来越不受重视。后来，他因为放贷牟利、亲属擅用官驿等一些不大的事，屡遭朝臣攻讦，日子越来越难过。1660年（顺治十七年，永历十四年）十一月，孙可望病死，另有说法是随皇帝出猎时被射死，也有说法是被毒死。其子虽承袭其义王封号，但实际的待遇"恩典"一步步降格，到乾隆时期，孙家的爵位被完全取消，彻底淡出了历史舞台。

孙可望是南明时期功与过都十分突出的一个重要人物。作为张献忠死后大西军的领袖，他经营云、贵十分成功，确定了扶明抗清的总策略，积极推动与东南明军会师长江的大战略，在他经营下的西南各部明军逐渐走向统一，实力越来越强，成为清廷当时最强大的对手，几乎让明、清"划江而治"成为可能。但他的政治格局狭小，野心勃勃且心胸狭窄，不顾大局地急于篡夺帝位，导致南明朝廷内部分裂直至内战，最终主动投降清朝，为清朝攻取西南作出了重大"贡献"。曾经震动天下的一方霸主，最终以耻辱和惨淡收场。

三

孙可望降清对西南明军十分不利。但从好的方面看，明军也因此消除了长久以来的内部分裂状态，各方面军政事权逐步集中起来，如善加利用，重启与东南郑成功的合作、与东部沿海张煌言部的合作（张名振已死，原部明军由张煌言统辖），应该也能有所作为。但"赶走"孙可望后，掌握永历朝廷军政大权的李定国在权力巅峰之上也产生了一些变化，逐渐变得刚愎自用、心狭气短，在一些重要事情的处理上显失偏颇。

1658 年（顺治十五年，永历十二年）正月，永历朝廷大封内战有功之臣，白文选晋巩昌王，马进忠晋汉阳王，冯双礼晋庆阳王，马宝晋淮国公，马惟兴晋叙国公等。一些孙可望原先的部将则以"党附可望"的罪名削爵降职。原先驻守楚雄、永昌府一带的王自奇、张明志、关有才等部，李定国本可以招降他们，加强内部团结，壮大明军力量，但定国傲气正盛，亲率大军对王自奇等穷追猛打。王自奇战败，被迫自杀；张明志战败投降；关有才、张虎等被擒获，押送到昆明寸磔于市。除对这些原秦王旧部重要将领的残暴处置外，李定国对原秦王所属的所有将士都抱以歧视态度，"以收获孙可望之兵名曰秦兵，滇省旧兵名曰晋兵"，重视度和赏罚明显不同，"由是孙可望之兵心懒矣"[1]。明军中又产生了一种分裂的气氛。

更重要的问题是没有处理好与刘文秀的关系。曲靖交水之战后，刘文秀、白文选领兵继续追击孙可望。可望所带随从人马较少，从小路逃跑得很快，刘文秀率大队人马只能从大路追赶，最终没有追上。但刘文秀借追赶之机，

---

① 《明末滇南纪略》，《狩缅纪事》卷八，浙江古籍出版社，1986。

顺势安抚和稳定了在贵州、湖南一带的可望旧部，以致可望降清时，并无重要旧部将领或大队人马跟随投降。从这个意义上讲，文秀对稳定黔、湘前线的局势是有重大贡献的。1657年（顺治十四年，永历十一年）十月，刘文秀驻扎在贵州，见黔、湘局势已基本稳定，即上疏建议永历帝移跸贵阳，考虑后续对清军发动攻势时朝廷便于就近指挥。这个建议从大局上看是合理的，总体是一种进取的态势。永历帝也认同此建议，准备择吉日迁往贵阳。此时李定国正在永昌府攻打王自奇部，听说此事后十分不满，上疏告病，请解兵权。他所考虑的一是永历帝性格怯懦，离清军势力越远越好；二是朝廷如迁到贵阳，离刘文秀近而离自己远，自己手握的军政大权有可能受到影响。他以生病为借口，随后上疏请求撤驻川、楚诸将入滇，以此要挟永历帝。永历帝无奈，只得放弃了刘文秀的建议。

1658年（顺治十五年，永历十二年）三月，出于巩固自己地位的考虑，李定国建议永历帝把刘文秀从贵州召回云南。这又是一个很大的失策，因为此时清廷已安排三路大军进攻西南，把坐镇前线的统帅召回，将大大削弱前线明军的凝聚力和战斗力。文秀到昆明后觐见永历帝，定国借永历帝之口，不对他稳定前线的功绩进行表彰，反而指责文秀追赶可望不力，促成了可望降清。

刘文秀被召回，相当于被解除了前线总指挥的兵权，又被永历帝无端指责，心情极为郁闷。他对李定国的偏狭和霸道作风十分不满，但也无能为力。此后他日渐消极，常常不去上朝，一切兵马事务都交给护卫办理，不久后即卧病不起。四月，文秀感到自己时日无多，向永历帝上了一道遗表，说道："北兵日逼，国势日危，请入蜀以就十三家之兵。臣有窖金一十六万，可以充饷。臣之妻子族属皆当执鞭弭以从王事。然后出营陕、洛，庶几转败为功。此臣区区之心，死而犹视者也。"[1]四月二十五日，刘文秀病卒。

李定国在大西军正式扶明抗清之后，公忠体国，为南明恢复大计殚精竭虑；在湖南、广西战场上取得了巨大战果，"两蹶名王"名震天下；谋划与郑

---

[1]　倪蜕《滇云历年传》卷十，云南大学出版社，2018。

成功合作夺取广东虽未成功，但尽显其胸中大略，堪称明末清初最杰出的战略家、军事家之一。但在消除了孙可望这个最大的分裂因素，自己站上权力巅峰后，他逐渐丧失了心中的大局意识，双眼被权力地位所迷惑，原先极为敏锐的战略观察力、判断力正一点点消失，错误的决策和行动越来越多，最终导致了很不好的结果。孙可望如此，李定国也如此，权力对人性的侵蚀可见一斑。

第八节　郑成功北伐南京之役

一

1654 年（顺治十一年，永历八年），张名振、张煌言率舟师三入长江，打算与孙可望大军长江会师。结果因孙可望揽权跋扈导致西南明军内部矛盾重重，刘文秀对孙可望消极抵制，西南明军一直未能东出长江，张名振等只能无功而返，退回长江口崇明一带。同年，李定国从广西第二次征伐广东，又因为郑成功不积极配合会师，定国败回广西。明朝南北两路的会师战略都以失败告终，东部和西部明军主要势力依旧处在各自为战的状态。

郑成功在与清朝就招抚一事谈崩后，继续巩固和扩展自己的势力，在浙、闽一带与清军持续进行大大小小的战争，虽然战果和影响力比西南明军小得多，但事实上也对清军造成了有效牵制。

1654 年（顺治十一年，永历八年）冬，清漳州府千总刘国轩派人与郑成功接洽，愿意作为内应献城投降。十二月初一日，郑成功派中提督甘辉、忠振伯洪旭，与刘国轩里应外合拿下漳州城。刘国轩被郑成功封为护卫后镇，他后来在郑氏台湾身居高位，成为明郑军队最主要的军事指挥官，与陈永华、冯锡范并称"台湾三杰"。随后，郑军又顺势占领了泉州府周边的县城。

1655 年（顺治十二年，永历九年）二月，郑成功设立六官及司务（后改为都事），这与孙可望在贵阳所做的类似，相当于自己设立了中央六部，任命了六部官员，这是他名义上拥护永历、实则割据自雄的思想的体现。同时，他把厦门（即中左所）改名为思明州。

清廷在对郑成功的招抚谈判彻底破裂后，决定再次武力征讨，派郑亲王世子济度率军南下福建。郑成功见清朝大军迫近，主动放弃占领的漳州、泉州所属县城，把这些县城的城墙都拆除，拆下的砖石木材用于加固金门、厦门。巩固了金、厦后方基地后，郑成功主动出击。六月，他派前提督黄廷、后提督万礼率十三镇舟师南下广东潮州府攻城征饷。七月，派中提督甘辉、右提督王秀奇等率舟师北上，与张名振、忠靖伯陈辉等进攻长江下游地区。

南路军于八月到达揭阳县附近，以强势兵力于九月连续攻克揭阳、普宁、澄海等县，并广征当地粮饷。清平南王尚可喜、靖南王耿继茂、两广总督李率泰闻讯大惊，担心还在广西的李定国部趁势东西夹攻，于是决定集中兵力先打东面的郑军。十二月，清方集中了约两万援军，在揭阳附近扎营，与郑军对峙。1656年（顺治十三年，永历十年）二月，郑军左先锋苏茂自请主动出击，作战方案得到黄廷认可。没想到清军早有部署，令小股部队引诱苏茂部一路前行，在郑军大部分渡过狭窄的钓鳌桥时，突然出动伏兵将郑军截为两段，郑军随即阵势大乱。混战中苏茂身中两箭一铳，负伤突围而出。因桥面过窄，郑军不少兵将在撤退时落水淹死，总计损失兵员四五千人。二月底，清军再次进攻，郑军又被击败，不得已于三月中旬放弃所占县城，登船返航。

南路军回到厦门后，郑成功追究相关将领的战败之责。他严厉处罚了临阵退却的黄梧、杜辉，以轻敌冒进之罪把苏茂处斩，并传首军中。郑成功治军历来以严明著称，但这次处斩苏茂引起了军中不少非议。因为苏茂虽然鲁莽冒进，但毕竟他主动请战，身陷重围后英勇杀敌，身负重伤，不失为一员猛将，对他的处理完全可以戴罪立功，以观后效。郑成功将他处斩，不少兵将把这解读为是因当年苏茂偷偷帮助施琅逃走并降清，郑成功怀恨在心，才借机处以极刑。郑成功见诸将不服，于是厚葬苏茂，恩养其家属，亲自撰写祭文，但一部分将领内心的怨气并未平复。

不久之后，郑成功命黄梧和苏茂的族弟苏明镇守海澄县。郑军此前多次加固海澄县城墙，在其中储备了大量军械、粮草，作为郑军在大陆的重要基地。黄梧对郑成功处罚自己心怀不满，苏明对族兄苏茂被处斩更是愤愤不平，两人到海澄后即秘密商议投降清朝。该年（1656）六月二十四日，黄梧、苏明带领部下近两千名官兵献城投降清朝。郑成功失去海澄这个重要基地，痛惜不已，但悔之晚矣。

大约在黄梧、苏明降清的同时，清军进攻郑军驻守的泉州帽顶寨，守寨总兵林兴珠兵败降清。此人擅长率藤牌兵作战，对近距离制约火枪、火铳有较好的效果，可以说是当时的"特种兵"队长。他降清后，在康熙年间平定三藩之乱时立过大功，在雅克萨战役中击败沙俄侵略军也起过极为重要的作用。

由甘辉、王秀奇率领的北路军从金门、厦门一带出发，于1655年（顺治十二年，永历九年）十月二十二日抵达舟山。张名振部也从崇明一带南下，一起配合围攻舟山。明军上千艘战船、数万兵卒以排山倒海之势，铺天盖地而来，把舟山团团围住。二十六日，驻守舟山的清军副将把成功（蒙古族人）率部反正，清定关守将张洪德也投降明军。明军顺利收复舟山群岛。十一月，郑成功将甘辉、王秀奇部主力调回厦门，命总制陈六御节制西侯张名振、英义伯阮骏等部镇守舟山。张名振则于这年年底病死。次年（1656）正月，清台州副将马信率部弃城来降。郑成功的北路军取得了很好的战果，而且收服了把成功、马信等一批擅长骑射的北方将领及其士兵，对补充郑军短板、增强其整体战斗力大有裨益。

1656年（顺治十三年，永历十年）八月二十六日，清宁海大将军宜尔德、提督田雄等率大军进攻舟山明军，明英义伯阮骏率舟师迎战。这次战斗极为惨烈，海面上炮声震天、箭矢如雨、血肉横飞。阮骏、陈六御及一批将领战死，明军战败，清军最终占领舟山。明军残部逃往外洋，原张名振统辖的明军随即主要归张煌言统领。

清军占领舟山后，为防止明军再度进攻舟山并以此为海上基地，遂把岛上城郭房屋全部拆毁，把居民全部赶回大陆，舟山成为一片废墟。直到两年后（1658）郑成功、张煌言领兵北伐，再次来到舟山，只能在岛上临时搭建

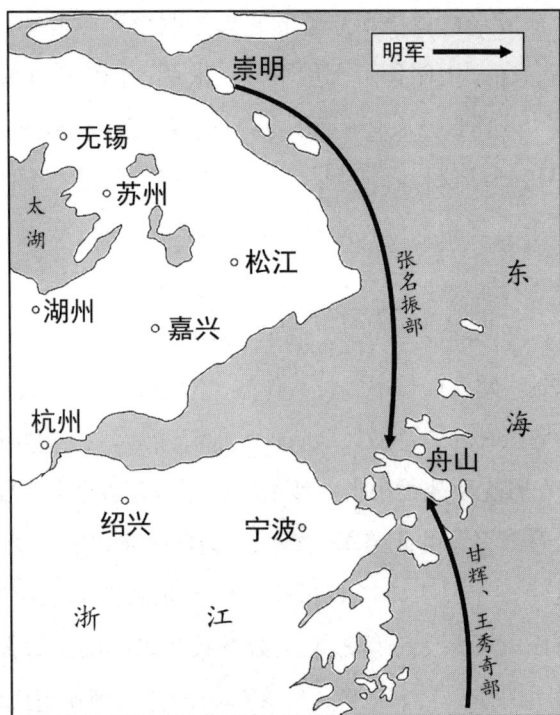

图 12-11　郑成功攻取舟山

草棚居住。再后来郑成功撤回厦门，明军放火烧毁了草棚。舟山群岛在之后的二十多年里都是一片荒芜。

二

1658 年（顺治十五年，永历十二年），清军分三路大军大举进攻西南地区，四月至五月已经向贵阳集中。李定国战败，永历朝廷摇摇欲坠。郑成功得知清军大部分主力都远赴西南，南京一带清军兵力较为薄弱，认为此时正是自己出击的时机，于是计划亲自率部北上，沿长江逆流而上，直捣南京。江南是全国赋税的主要来源之地，如果拿下南京，不仅可以控制和影响这个全国最富裕的地区，而且可以把清廷势力南北隔断，其战略意义不言而喻。

五月，他下令张煌言、甘辉、马信等率大军先攻击浙江温州一带，获得了一定的胜利，筹集到了足够的粮饷，随即挥师北上。

八月初，郑成功率主力舟师经过舟山，到达羊山海域（今大洋山、小洋山一带），即将进抵长江口。初十日中午，天气突然发生变化，一时间狂风骤起，大雨如注，白昼瞬间宛如黑夜，海面上巨浪汹涌。郑军战船相互碰撞破损，不少船只被掀翻沉没，大批兵将落水淹死，郑成功的六位妃嫔和三个儿子都被淹死。十四日，成功终于率部撤回舟山整顿。这次飓风让郑军在兵员、粮草、器械等方面都损失惨重，而舟山群岛已成一片荒岛，无从获得补给，兵士也都惶惧不安。九月初，郑成功只得率部南下休整。他亲自率领的第一次北伐以受挫于飓风而告终。

回到厦门一带后，郑成功继续搜集情报，操练军队，积极为下一次北伐做准备，目标仍是瞄准南京。时间进入 1659 年（顺治十六年，永历十三年），清军主力大部分仍集中于贵州、云南一带，正在对永历朝廷穷追猛打，南京一带的兵力部署依然很薄弱。郑成功同时了解到，江南一带的地下反清复明势力十分活跃，如果他起兵进攻南京，应该会得到江浙一带反清势力的积极支持和响应。

四月，郑成功再次亲统大军北上，张煌言、甘辉等一众大将率部随行。这一次他一反常规，命令将领士兵都携家属同行，女眷们乘坐专门的一批船只。明太祖朱元璋曾规定军队出征不得携带家眷，以免将士心有旁顾，影响作战，同时也是留下将士家属作为人质，避免将士临阵投降。成功并非不知道这个规矩，只是他对此战抱有极大的信心，认为可以一举拿下南京，家眷可以随同将士直接在南京定居，所以才有此不同寻常之举。但是后来郑军将士不愿意舍船陆行，遇到挫折后又迅速撤出长江，不能不说是与家眷随行相关。

四月二十八日，郑军到达浙江定海，对定海发动猛烈攻击，两天内全歼清方守军，夺取了城池。这一战既解决了郑军北上的后顾之忧，又制造了打算进攻宁波府的假象，吸引江、浙一带清军来援。五月初，郑军继续北上。五月十九日，到达吴淞口，进入长江。

相比清方在长江下游各县城、港口的驻军，郑军的实力实在强大。郑军有舰船三千余艘，兵员十余万人，而且装备精良，各战船都配有红衣大炮、大量的火药、铁弹、铁甲等。虽然大小战舰逆长江而上都需要纤夫拉纤缆而行，行进比较迟缓，但船队规模宏大、旗甲鲜亮，一望之下可谓旌旗蔽日，气势如虹。

六月十六日，船队进到瓜州一带，击破清军数千兵马，斩清将左云龙，摧毁清军在江面上用铁链连接、阻挡船只的"滚江龙"，焚毁清军江上浮营三座，清操江巡抚朱衣助投降，郑军顺利夺取瓜州。二十二日，郑军大败镇江清军，清镇江守将高谦、知府戴可进献城投降。郑成功命主力部队留在镇江休整，命张煌言带领一支人数不多的船队作为先头部队继续向南京进发。张煌言所部因战船较大，逆行必然迟缓，遂改乘轻便沙船，昼夜拉纤，于二十八日抵达南京观音门下。七月初一日，南京守城清军见张军仅数十艘船、千余兵丁，后续又无大部队踪迹，于是出动一百多艘快船，击败了张煌言部。煌言率部退却到南京江北的浦口，城内一百多名清兵竟弃城而逃，煌言占领浦口城。南京清军因兵力不足，担心后面郑成功大军来援，也不敢追击煌言所部。

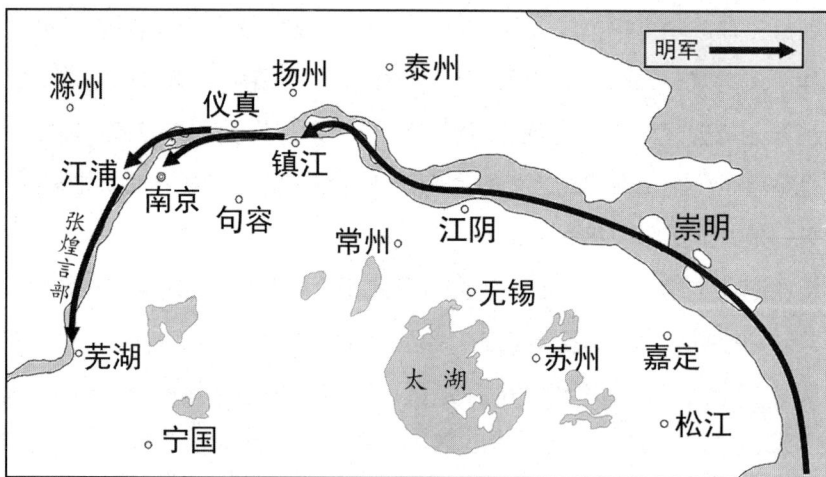

图 12-12　郑成功张煌言兵临南京

三

六月二十四日，郑成功全面占领镇江后，颇有此役胜券在握的感觉。他没有立即部署攻取南京，而是在镇江休整、阅兵、安抚民心，加紧招抚附近州县。郑成功治军甚严，镇江城里果然"市不易肆，民不知兵"[1]，起到了很好的示范效应，句容、仪真、滁州、六合等县城相继来降。这更加增强了郑成功不战而屈人之兵的信心。

二十八日，郑成功召开军事会议，讨论进攻南京事宜。中提督甘辉建议兵贵神速，郑军应趁着大胜之势，暂时放弃乘坐行进迟缓的船只，由陆路快速前进。镇江距南京不过百里之遥，如果昼夜兼程，两天内即可到达南京。郑成功本来同意甘辉的意见，但另一批将领以天气炎热、连续下雨、道路难行等为由，提议还是乘船前进。郑成功最后采纳了这些将领的主张。这些将领如此提议，一方面是习惯了坐船舒适而行，不愿意陆路颠簸辛苦，另一方面是众多家眷也在船队之中，把家眷们留在江上不免有后顾之忧。由此足见当时郑成功决定将士家属随军而行的失策，也反映出郑军大部分将领缺乏战略眼光。

郑军规模浩大的船队再次起锚前行。因是逆水逆风而上，船只又形体巨大，所以只得靠纤夫拉缆而行，行进极为缓慢。整整用了十天时间，七月初九日，郑军船队才到达南京仪凤门下。行进途中，传来南京上游芜湖等地官绅准备归降郑军的消息，郑成功即命驻扎在浦口的张煌言所部继续逆江而上，到芜湖纳降。

在郑军攻克瓜州、镇江之时，驻守南京的清江宁巡抚蒋国柱、提督管效忠就已十分紧张。因为清军主力大部分在贵州、云南一带，留守南京的清军确实非常单薄。他们紧急向清廷上疏，请求援助，但清廷在南京周边确无大军可调，只能临时调了一部分正在从贵州返回北京休整途中的八旗兵支援南京。六月十八日，这支数千人的八旗兵进入南京。但南京城太大，需分兵把

---

① 杨英《从征实录》，又名《先王实录》，台湾文献丛刊，1958年。

守，这支部队的加入也只是杯水车薪。七月初一日，城中清军派出快船击败
了张煌言的小部队，也不敢追击，主要原因即是清军兵力还是很有限，不敢
远离南京城。

七月初九日，郑成功率舟师大军抵达南京城下后，仍未安排集中兵力迅
速攻城，而是分兵把守南京城外东南西北各个据点，拿出一种把南京城团团
围住的架势。实际上，南京城郭到明末时期，已经扩建得相当大，分兵围城
必然导致郑军在每一个方向的兵力都偏弱。郑成功不顾兵法大忌如此布置，
显然是对自己的实力有十足信心，料定南京守军必定不战而降。

七月十一日，郑军截获清提督管效忠向清廷紧急求救的密信。信中描述
二十万郑军乘数千战船已抵城下，其装备精良，声势浩大，南京已无法坚守，
恳乞朝廷尽快发兵援助。郑成功见到此信，更加料定南京必降，心中踌躇满
志，继续下令围而不攻。不久后，管效忠果然派人来联络投降事宜，但专门
说到：清廷有规定，只要守城三十天以上，如坚守不住而投降，即不会再牵
连守城将领的家眷子女。因此请求郑成功给予三十日的宽限期，三十天后必
开门投降。郑军参军潘庚钟认为这是清军的缓兵之计，应该抓紧攻城，不应
该给守军留下向外求援的机会。但郑成功认为这次北伐以来，战无不胜，攻
无不克，附近州县纷纷来降，南京最终也必然投降，于是没有采纳潘庚钟的
意见。

清廷在六月下旬得到郑军大举进犯南京、连克瓜州、镇江等地的消息后，
京师大震，惶恐气氛充斥朝廷。连顺治帝本人都惊慌失措，甚至产生了撤回
辽东的想法。皇太后得知后，对顺治帝严厉叱责，坚决反对他放弃前辈流血
牺牲夺下的江山的想法。顺治帝遭受叱责后，如梦初醒，内心中倔强狂暴的
性格被激发起来，竟挥剑把御座劈成两半，发誓要御驾亲征。后在大臣的劝
谏之下，派达素等调集各路军队，南下征讨郑军。但各路被调集的清军心态
不一，普遍对郑军较为恐惧。其中清漕运总督亢得时不得不依令从高邮出发，
因对郑军过于恐惧，又担心受到清廷军法严惩，竟然在半路上投水自尽。

相比之下，孤守南京的蒋国柱、管效忠等虽然情势危急，但是积极行动。
他们在实施缓兵之计的同时，加紧向清廷和附近清军求援，不惜暂时牺牲周

边州县，抽调一切可调之兵，迅速向南京集中。清苏州水师总兵梁化凤于六月底率四千人马向南京移动，七月十五日到达已被郑军控制的句容县。梁化凤非常担心郑军在此有埋伏，小心翼翼前行，没想到一路毫无阻拦，当天夜里即进入南京城。由此可见骄傲轻敌的气氛已弥漫于整个郑氏军队。在郑军麻痹大意的防卫之下，多支清军队伍未遇阻挡即纷纷赶到南京，其中还有一部分是战力颇强的满洲骑兵。郑、清双方的力量正在悄悄发生着变化。

四

到七月下旬，南京城内的清军力量已得到大大加强。而郑军士兵长时间围城而不攻，士气反而逐渐松懈，一些士兵竟随意离开据点到水边捕鱼，置军纪于不顾。

二十三日凌晨，管效忠、梁化凤等突然打开钟阜门，率军突袭城外余新所部郑军。郑军将士毫无准备，来不及披上盔甲就被清军击得大败，余新被俘。清军初战告捷，立即着手布置次日的总攻。

当晚，郑成功根据战场形势的变化，重新全面调整部署。他把主力部署到观音门至观音山一带，以此作为与清军决战的地点。本来分散于城外四周的各支部队均奉命连夜移营，大多数兵士都来不及吃饭，即被调到新的驻扎点，也来不及做好充分的迎战准备。

二十四日晨，清总督郎廷佐等留守城内，昂邦章京喀喀木、梅勒章京噶褚哈、总兵梁化凤等率主力由观音门出战，提督管效忠等率水师在水路配合，全力进攻郑军。郑军左先锋杨祖所部驻守的山头首先被攻击，郑军拼死抵抗，最终因抵挡不住而崩溃，前冲镇蓝衍阵亡，杨祖带残兵逃窜，山头被清军占领。清军随后从山头上以压顶之势冲向山下郑军，驻守在山谷内的中提督甘辉、五军戎政张英被包围，二将拼死突围失败，甘辉被俘，张英阵亡，余部死伤殆尽。山下由左武卫林胜、右虎卫陈魁所率部队也被清军冲垮，全军覆没。驻守大桥头的后提督万礼被清军前后夹攻击败，万礼被俘。

驻守在另一山头观察战局的郑成功见己方陆军被全面击溃，命参军潘庚钟坚守帅旗，自己带随身卫士赶往江边，拟调水师兵将尽速上岸援助陆军。但郑氏陆军已兵败如山倒，水师援助已来不及，而且有限的水师兵力还得分兵保护船上眷属，只能眼睁睁看着陆上军队全面溃败。坚守帅旗的潘庚钟等也被清军重重包围，最终力竭而死。

二十五日，郑成功带领败军顺江而下，退到镇江。稍事整顿之后，二十八日放弃镇江、瓜州等地，全军退向长江口。已进到南京上游的张煌言部则被孤零零留在芜湖一带。

八月初四日，郑军退到吴淞附近。初十日，郑成功亲自指挥部队进攻崇明县城，打算拿下崇明作为扼守长江口的基地。崇明清方守军得知郑军已在南京大败，己方士气大振，坚守城池，全力还击。郑军数次攻城均被击败，正兵镇韩英、监督王起俸被火铳击伤而死。在部将建议下，郑成功放弃进攻崇明，率军南下回闽、浙沿海休整。

郑成功此役损失惨重，不仅折损了大量兵员和装备，一批重要将领还被俘或战死，尤其是后者，对郑军而言更是无法弥补的重大损失。中提督甘辉是郑军元老级的优秀将领，有勇有谋，颇具战略眼光，在郑军攻克镇江时就向郑成功提出要陆路快速进攻南京，可惜未被成功采纳。甘辉被俘后，与万礼、余新等一道被押到南京。管效忠奉命劝降这些久经阵仗的郑军大将。万礼、余新下跪欲降，甘辉猛踢余新等人，痛斥道："痴汉尚欲求生乎！"对清方官员破口大骂。不久后，甘辉、万礼、余新等都被清军处死。

郑军在南京大败时，张煌言部正在南京上游芜湖、宁国府一带继续招降各府州县。不知是何原因，郑成功在从南京全面撤退时，似乎并未通知张煌言，也未留下部队接应该部。张煌言事后才得知郑军战败的消息，知道自己突然之间陷入了孤立无援的绝境。而清军此时已开始调集部队包围张部，同时发信招降张煌言。煌言手下兵力不多，而且知道已无退路，但他坚决不降，打算逆江而上，到江西鄱阳湖一带谋求发展。八月初，煌言船队西上不久，遭遇沿江东下的一支清军，被清军击败。为避免全军被歼灭，煌言下令烧毁船只，全军上岸，由陆路前往鄂、皖交界的霍山、英山一带。八月中旬，煌言部到达霍山县一带，但附近的几个大山寨均被清军招抚，拒不接纳张部人马。此时几支清军正在向煌言部逼近，煌言所部兵将纷纷四散而走，他身边最后只剩下两名随从。在当地义士的帮助下，张煌言易容改装，从山路向东南沿海徒步而行。他历尽千辛万苦，步行了两千余里，终于在半年后到达海边，回到海上义师军中。

　　1659年（顺治十六年，永历十三年）七月末，曾经轰轰烈烈、名震一时的郑成功北伐南京之役以失败告终。这次战役的失败，主要根源即是郑成功在战略上、战术上都犯了骄傲轻敌的严重错误，是中国军事史上"骄兵必败"的最典型案例之一。此役之后，清廷在江南的统治得到进一步巩固，对东南沿海的反清势力形成了更为强大的战略压迫，以郑成功为主干的东南反清势力再无大规模反击的实力；西南部的清军则得以集中力量追剿永历朝廷余部，在云南四处逃窜的永历朝廷也更加岌岌可危。

第十三篇

永历朝廷覆亡

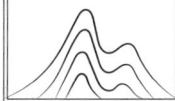

第一节　清军大举进攻西南地区

一

　　1657 年（顺治十四年，永历十一年）十一月，孙可望在湖南湘乡见到洪承畴，正式投降了清朝。西南明军的实际最高领导人孙可望降清，对清朝来说是个天大的意外之喜。清廷通过孙可望，轻而易举地掌握了明军的重要部署、军事机密、谍报系统以及各部将领情况等。孙可望还给一些原下属部将写信劝降，虽然没有如预想那样有大批将领来归降，但至少动摇了一部分将领扶明抗清的信心和决心。清廷抓住时机，果断决策，于当年（1657）十二月十五日下达诏谕，准备组织三路大军进攻西南地区。

　　按照计划，三路大军分别是：平西王吴三桂和固山额真墨尔根侍卫李国翰统率北路军，由陕西汉中南下四川，进攻贵州；任命驻防南京一带的固山额真赵布泰为征南将军，率南路军经湖南、广西，会同广西提督线国安部，由广西向贵州进发；任命固山额真罗托为宁南靖寇大将军，同固山额真济席哈统中路军前往湖南，会同洪承畴所部汉兵，由湖南进攻贵州。

　　三路大军即刻筹备启程，在次年（1658）年初沿所部署的路线快速推进。1658 年（顺治十五年，永历十二年）正月，清廷又任命原豫亲王多铎的儿子、二十三岁的多尼为安远靖寇大将军，负责协调统筹三路大军。清军此次的兵力部署十分强大，除一部分主力部队留守北京外，久经战阵的主力兵马几乎倾巢出动，向西南集中。也正是这个原因，郑成功才决定抓住这个时机，北上进攻兵力薄弱的南京一带。而此时，李定国似乎没有意识到即将来临的危险，正亲自领兵在滇西偏僻之地追剿打击孙可望原部下关有才、王自奇等部。对于清军的首战目标贵州，李定国不但没有加强部署，反而出于猜忌，于该年（1658）三月把驻守贵州的前敌总指挥刘文秀召回昆明。

罗托、济席哈统率的中路军于二月间到达湖南，会同在此等候的洪承畴部汉兵，总计约三万人，快速进攻湖南明军。在湘西、湘南与清军长期对峙的明军，由于缺乏总体的统筹指挥，接二连三被击溃。到三月间，清军攻占了辰州、武冈、沅州、靖州等重镇，湖南明军全线溃败。清军乘势挺进贵州，四月即攻占了贵阳。

吴三桂、李国翰率领的北路军二月间由陕西汉中出发，经保宁府、顺庆府一路南下。四川经过多年战乱蹂躏，川中一带已是赤地千里，荒无人烟。清军南下几乎未遇任何阻挡。四月初，清军抵达重庆，明驻守重庆总兵杜子香弃城而逃，清军占领重庆，随后继续南下。在播州（今贵州遵义地区）的桐梓县，清军遭遇明将刘镇国的抵抗，很快将之击败，于四月三十日占领播州，明播州守将投降。五月初三日，吴三桂、李国翰大军到达贵阳，和罗托、洪承畴军会师。

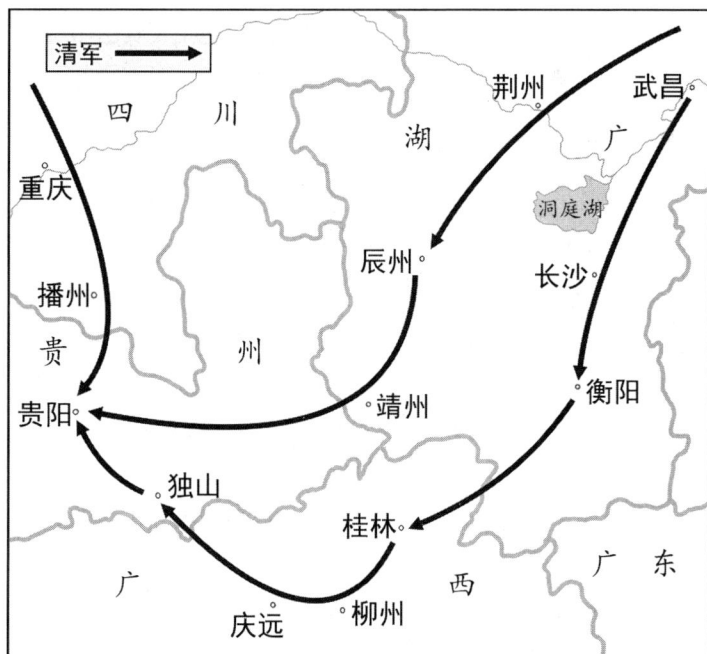

图 13-1　清三路大军进攻贵州

赵布泰率领的南路军于二月初一日从武昌出发，经湖南长沙、衡阳，于三月间到达广西，会合提督线国安部兵卒八千余名，经桂林、柳州、庆远府（今广西宜山县）、南丹州，北上贵州，于五月攻占独山、都匀，离贵阳也仅一步之遥。

1658年（顺治十五年，永历十二年）五月，清军三路大军会师贵阳。

明军方面，在重庆、湖南、贵州等战场节节败退，战败信息不断传到昆明。永历朝廷派人赶赴川东，联络夔东十三家，希望他们出兵进攻重庆，以牵制清军。但昆明方面的决策和部署却极为缓慢，直到七月李定国才统兵出征，九月前后才在临近贵阳的地区部署完毕，打算集中力量收复贵阳。

此时，多尼率领的增援大军已由湖南进入了贵州。多尼、吴三桂、赵布泰、洪承畴等召开作战会议，决定仍分三路大军进攻黔西和云南。

李定国如果尽早出滇入黔，或不调回刘文秀，也许可以在清三路大军及多尼部会师贵阳之前，对清军采取各个击破的策略。以当时明军的兵力，这样的策略是很有可能成功的。但几路清军在贵阳会师后，形势已发生彻底改变，明军兵力已不具优势。定国侦知清军此时的兵力规模已十分强大，再得知清军打算分三路进攻云南的部署，知道再夺取贵阳已无可能，于是赶紧改变部署，分兵守住黔西的几个重要关口。他命冯双礼守关岭，祁三升守鸡公背，李成爵守凉水井（今贵州省贞丰县境内），张先璧守黄草坝（今贵州省兴义县境内），白文选守毕节七星关，窦名望和刘镇国守安庄卫（今贵州省安顺市镇宁县），他自己驻守北盘江西面的双河口统筹调度，以全面防御姿态力求阻止清军入滇。要把守住各个关口，定国不得不如此分兵，但这也导致了每一处关口的兵力都偏少。

二

1658年（顺治十五年，永历十二年）十一月，清军对明军发动了全面进攻。

按计划，罗托和洪承畴率少量兵马驻守贵阳，为其他各路大军筹措粮饷。

多尼率中路军由贵阳西攻安顺、安庄卫、关岭，由普安卫（今贵州盘县）入滇；吴三桂率北路军进攻毕节入滇；赵布泰、线国安、济席哈等率南路军从都匀出发，西攻安龙、黄草坝，而后入滇。

多尼的中路军主力行至安顺、安庄卫一带，击败了驻守明军，明守将刘镇国战死，清军攻克安庄卫，乘势进攻关岭。驻守关岭的冯双礼、祁三升所部粮草不足，军心不稳，见清军势大，只得放弃关口向西撤退。多尼部清军继续快速西进。

吴三桂的北路军从贵阳向西北方向行进，到达毕节时，见七星关地势险峻，易守难攻，于是放弃进攻七星关，绕小路直插关口之后的天生桥。驻守七星关的白文选见此情形，只得放弃关口，迅速西撤到云南乌撒府（今贵州威宁县）。七星关不战而失。

赵布泰等率南路军从都匀出发，抵达北盘江罗炎渡口（今贵州贞丰县境内）。明军把渡船凿沉，隔江守御。夜间清军捞取了一些沉船，修复后从下游偷偷渡江，天亮时大军已过江，明军仓皇撤退。清军乘势追击，在凉水井击败李成爵部万余人，接着又在安龙府北面击败李定国部，攻占安龙府。

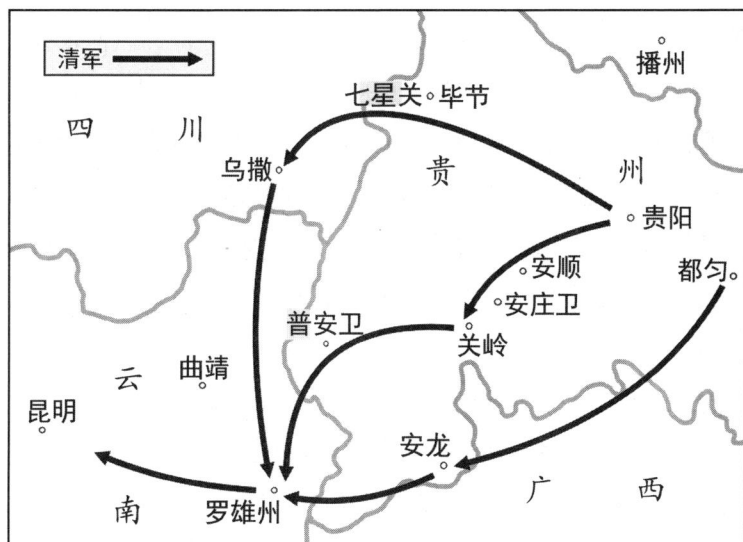

图 13-2　清三路大军入滇

　　李定国见三路阻击战均告失败，尤其是吴三桂北路军已经进入云南东北部，明军有腹背受敌之虞，于是下令全军西撤回云南，烧毁北盘江上的铁索桥，由冯双礼部断后。穷追不舍的多尼部清军抵达北盘江后，伐木制成排筏，强渡北盘江，大败断后的冯双礼部。冯双礼率残部也退回云南境内，至此贵州全境都落入清军之手。吴三桂的北路军在占领乌撒府后，转头南下，十二月下旬到罗雄州（今云南省罗平县）一带与多尼、赵布泰部会合，一起向昆明进发。

　　清军在贵州全面击败明军、乘势挺进云南的消息很快传到昆明，立刻引起永历朝野上下大震。罗雄州距昆明仅四百余里，清朝大军指日可到，永历君臣百姓都极为惶恐不安。李定国判断当前局势，认为清军来势汹汹，明军已难以阻挡，因此建议永历帝尽快移跸他处。永历帝朱由榔自登极以来，常年处于四处流窜的状态中，似乎已经习惯了这种流浪朝廷的生活，对此建议没有异议。云南百姓在1648年（顺治五年，永历二年）大西军平定全省之后，过上了近十年总体平安稳定的生活，现在突然面临即将迫近的兵祸战火，无不张皇失措，不少人打算跟随永历朝廷逃离昆明。

　　至于向哪里移跸，一部分朝臣认为应该向北进入四川，与川东的永历朝大学士督师阁部文安之以及袁宗第、刘体纯等率领的夔东十三家等势力联合，国祚或可延续，之后再图恢复；另一部分人认为朝廷应向滇西迁移，避开清军锋芒，寻机反击。永历帝和李定国都同意前一种方案，决定北上入蜀。

　　永历朝文安侯马吉翔是个典型的卑劣小人。永历帝蜗居于贵州安龙府期间，马吉翔与太监庞天寿等曾背叛永历帝，勾结孙可望手下，随时向孙可望报告永历君臣的一举一动。李定国把永历帝接到昆明后，马吉翔对李定国极尽阿谀之能事，得到了定国的信任，仍官任原职。此时他得知朝廷要北上入蜀，不由得心内大急。他担心一旦与夔东十三家会合，李定国就不能独掌大权，就不能对他全力庇护，如果文安之、袁宗第、郝永忠等翻出他投靠孙可望的旧账，自己将不得善终。于是，十二月十三日夜，他找来其弟马雄飞、女婿杨在秘密商议，打算利用李定国的亲信幕僚少宰金维新，说服定国放弃北上，向西南方向撤退。金维新与四川建昌总兵素有矛盾，本来也不希望朝廷北上，他与马吉翔一拍即合，决定劝说李定国。

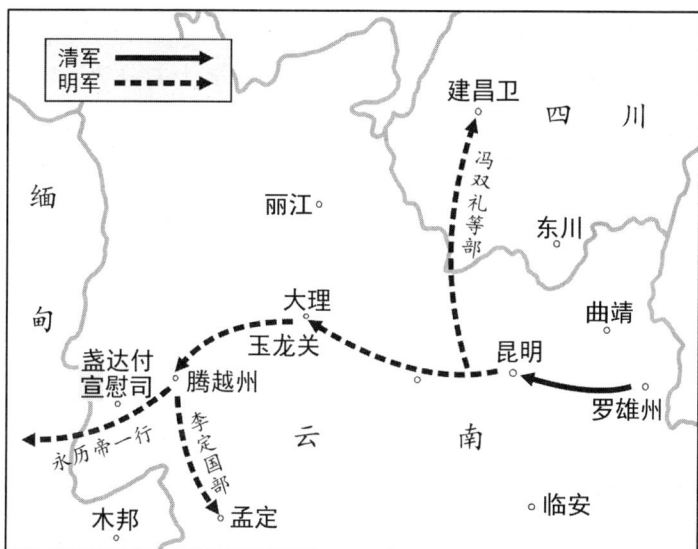

图 13-3　永历朝廷撤离昆明

　　十二月十五日，永历帝带领文武百官离开昆明。昆明百姓知道战祸将近，不少人扶老携幼随军而逃，城内城外哭声鼎沸。二十一日，李定国率军撤离昆明。永历帝离开昆明时，李定国、白文选等曾提议烧毁城内储存的大批粮草，以免白白落入清军手中。而永历帝却说："恐清师至此无粮，徒苦我百姓。"①下诏不要烧毁粮草。清军后来进入昆明后，轻而易举获得了足够半年用度的粮草，对清军继续追击明军发挥了巨大的支持作用。

　　永历朝廷离开昆明时，总体的策略依然是北上入川。但途中李定国果然听信了金维新的进言，下令大军西撤。此时朝廷官员和各路军队已在行进过程中，突然接到定国改变行军方向的命令，各军撤退陷入一片混乱中。李定国、白文选等部护送着永历君臣继续向西，但庆阳王冯双礼、广平伯陈健、武功伯王会、艾能奇长子艾承业等部却仍然向四川建昌转移。冯双礼、陈健等几员大将原系孙可望、刘文秀部下，对定国近几年排挤非嫡系部队、猜忌刘文秀以及决策连连失误等早有不满，于是在此混乱之时，拒不执行定国命

————————

① 屈大均《安龙逸史》卷下，浙江古籍出版社，1986。

令，毅然选择了一拍两散，分道扬镳。

不少朝廷官员看到转移的方向改为西撤，部队走向分裂，撤退过程一片混乱，感到前途已是十分渺茫，于是纷纷脱离朝廷，自行寻找隐匿藏身之处。一批官员改名换姓，躲到了大理、永昌府一带的山中。

1659 年（顺治十六年，永历十三年）正月初三日，清军未费一兵一卒进占昆明。

三

再看四川、两广一带的局势。

早在 1658 年（顺治十五年，永历十二年）清军分三路大举进攻贵州时，负责联络川东各路明军的大学士督师阁部文安之就接到了永历朝廷的诏谕，要求他组织义师进攻重庆等地，牵制清军。

文安之虽然是永历朝的大学士督师阁部，但实际上对驻四川各地的明军和夔东十三家并无多大的控制力。这年年初吴三桂、李国翰的北路清军从陕西汉中南下时，明军并未组织起来，对清军几乎无还手之力。明重庆总兵弃城而逃，吴三桂军顺利拿下重庆，派兵驻守，又接着南下占领遵义，随后于五月即到达贵阳。

在文安之的努力劝说之下，川东各路明军终于达成一致，决定联合对清军进行反击。这年（1658）七月，驻川东忠县、万县、梁山一带的"三谭"即谭文、谭诣、谭弘，与驻巫山一带的袁宗第、刘体纯、李来亨、塔天宝等部一起西进，进攻重庆。吴三桂此时已在贵州，见此情形立即率主力北上增援重庆，击败了进攻的明军。

十一月，川东明军分水陆两路再次进攻重庆，水师主要由谭文、谭诣等率领，陆路军由文安之、袁宗第、刘体纯、塔天宝、党守素、贺珍等率领。十二月初二日，谭文率领七千人的水师率先进抵重庆城下，开始攻城。此时，在贵州的清军主力已开始分三路出击明军，向云南推进。吴三桂负责北路进攻毕节入滇，已无法兼顾增援重庆，只得请驻川北保宁的清川陕总督李国英派兵增援重庆。但李国英的兵力较弱，粮饷组织困难，因此南下增援的动作较慢，重庆只能靠数量不多的驻军勉力防守。

攻防战一直打了十余天，据城防守的清军抵抗住了进攻。十二月十三日，谭诣率领第二批七千人的水师到达重庆城下。清四川巡抚高名瞻见明军势大，吓得悄悄溜走。眼见重庆已指日可下，没想到明军突然发生了内讧。原来谭诣早在顺治七年、九年以及本年（1658）年初已先后三次暗中派人向清方接洽投降，也与谭弘私下密谋过一起降清。谭诣到重庆后，不积极攻城，引起了谭文的怀疑。十五日晚，谭诣抢先下手刺杀了谭文，并立即派人到重庆城中接洽投降。十六日，清军冲出城突袭谭文所部，谭诣配合清军阵前倒戈。明军遂大败，死伤及落水者不计其数，残部急忙顺江东撤。清军一路追击，顺势占领了忠县、万县地区。不久后谭弘也跟随谭诣降清。文安之等率领的陆路军行进较慢，等他们走到鄷都一带时，得知了明军水师大败、李国英部增援清军已到重庆的消息，知道攻克重庆的目标已不可能实现，只得带队撤回夔东地区。川东明军的行动失败，对进攻云南的清军没有形成有效牵制，与云南、川南明军的间隔反而更加遥远了。

次年（1659）闰三月，已率部到达四川建昌的明庆阳王冯双礼因部将狄三品叛变出卖，被活捉献给清方，建昌即被清方控制。七月，清川陕总督李国英命四川巡抚高名瞻领兵从保宁出发，进攻成都一带。明成都总兵刘耀等弃城而逃。九月，驻守嘉定的明军投降。至此，四川全境除夔东一带外，尽在清方控制之下。

西部、南部地区，除川、黔、滇的明军外，在广西、广东的部分地区还存在部分抗清势力。在清军大举进攻贵州、云南、四川的同时，两广地区的抗清势力无法得到永历朝廷的有效支持，甚至与朝廷沟通联络都十分困难，只能各自为战，最终被清廷一一消灭。

1658 年（顺治十五年，永历十二年）初，清军进攻贵州的南路军由赵布泰率领，从武昌南下广西，会合广西提督线国安部主力，经广西北部向贵州进攻。这时广西南部还在明军控制之下。这年年底，清三路大军攻入云南，云南战事吃紧，李定国即调驻守广西南宁的贺九仪部主力撤回云南防守。次年（1659）三月，广西清军占领南宁，随后又攻占上思州、太平府（今广西崇左）等地，明将陈奇策被俘，因坚决不降，一年后被清军杀害；明威海将军罗全斌投降。广西全境落入清军之手。

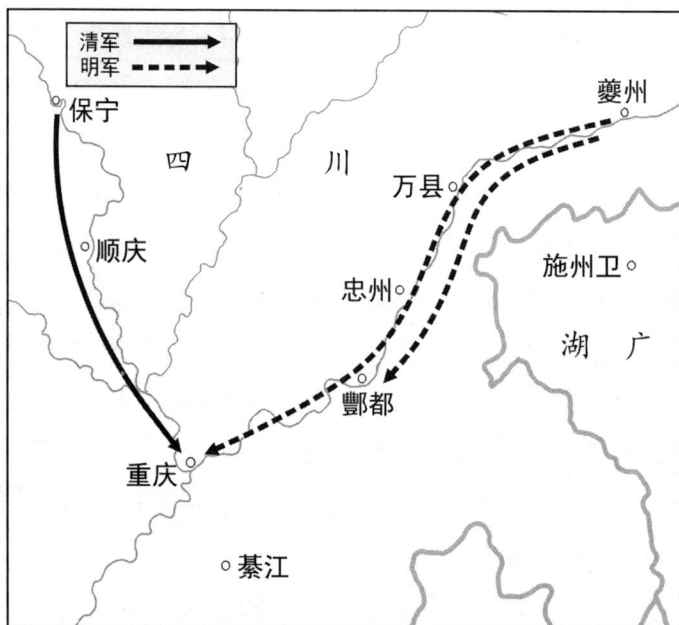

图13-4　川东明军进攻重庆失败

　　广西全面陷落，阻断了永历朝廷和东部抗清势力的陆路联系。本来永历朝廷和郑成功有时会通过海上通道，经越南境内建立联系。越南当局原先支持永历朝廷，这时见清朝对中国的统治已逐渐稳固，遂转向支持清朝，不再配合永历朝廷传递信息。永历朝廷和东部抗清势力的海路联络也就此断绝了。

　　广东的抗清势力这几年来一直由永历朝大学士兼礼、兵二部尚书郭之奇、两广总督连城璧统筹协调，其下主要有王兴、邓耀等将领各自率领的部众。1658年（顺治十五年，永历十二年）七月，李定国率云南明军主力进入贵州，即将与清军主力展开大战，已无暇东顾两广。清平南王尚可喜趁此机会，对广东抗清势力发动进攻，首先把王兴驻守的文村据点团团围住。文村地形复杂，易守难攻，王兴在这里坚守了一年有余。尚可喜对王兴多次招降，王兴坚决不从。但在长期围困下，文村已经弹尽粮绝，而明军士兵宁愿忍饥挨饿，也不愿抛下王兴逃跑。为给部众留一条活路，王兴准备自己杀身成仁。这年（1659）八月十七日夜，王兴先让自己的妻妾自缢，然后点燃火药桶，英勇就义。文村陷落后，在外招兵的总督连城璧拒绝接受清朝给的官职，回到故乡江西隐居。

广东清军继续进攻其他的抗清据点。1660年（顺治十七年，永历十四年）四月，清军击败据守龙门的邓耀部，邓耀率残部逃入越南。越南此时已支持清朝，对邓耀余部残酷剿杀。邓耀走投无路，削发为僧逃回广西躲藏，后被清军搜获杀害。郭之奇在两广抗清据点基本都沦陷后，也逃到越南。1661年（顺治十八年，永历十五年）八月，越南当局将郭之奇献给清方。郭之奇忠贞不屈，坚决不降，于次年（1662）被清方杀害于桂林。

至此，两广地区稍成规模的抗清势力均被清朝消灭干净。

第二节　永历帝流亡缅甸

一

1659年（顺治十六年，永历十三年）正月初三日，清军占领昆明。此时，李定国护送永历帝一行已经到达永昌府（今云南保山），留下巩昌王白文选守玉龙关（今云南省大理市）。吴三桂、赵布泰追至楚雄后，命前锋统领白尔赫图率军攻击白文选部。白文选部明军一路西撤，本来已士气低落，在清军猛烈攻击下弃城而逃。李定国率明军主力在永昌府护卫永历一行，得知白文选战败，他决定自己留下来阻挡敌军，命平阳侯靳统武护送永历帝及文武官员继续向西面腾越州（今云南腾冲）逃跑。途中，又一批官员自行逃离部队，到附近山中藏匿，如大学士扶纲、户部尚书龚彝等。张献忠时期的大西军老臣、工部尚书王应龙年老体弱，不愿意继续逃窜，也不愿做清军俘虏，遂自缢殉国，其子也跟随上吊自尽。

到达腾越州的永历帝朱由榔还是觉得不安全，在靳统武护卫下带领剩下的文武官员继续西行。闰正月二十五日，永历帝等行至靠近缅甸边境的盏达付土司（今云南省盈江县），次日即进入缅甸境内。

二月下旬，清军渡过怒江逼近腾越州。李定国估计清军在一路胜利之后必会轻敌冒进，于是在怒江以西二十里的磨盘山小道两旁设下了三道埋伏。二十一日，清军先头部队进入伏击圈。正在此时，明光禄寺少卿卢桂生叛变投敌，把明军埋伏的情况告诉了吴三桂。吴三桂大惊，急令前锋部队后撤，并沿路搜杀埋伏的明军。明将窦名望见情势危急，只得提前鸣炮出击，明军士兵冲入山道，与清军展开了一场惊心动魄的肉搏战。清固山额真沙里布及大批士兵被击毙，而明军方面由于启动仓促，混战之中也损失惨重，窦名望等将领战死。磨盘山战火未灭，吴三桂已率后部主力追击而来。李定国见伏击未达到预期效果，大批清军主力又正在赶来，于是主动放弃腾越州撤退。定国这时已经得知永历帝已进入缅甸，考虑到自己如果率大军追入缅甸，可能会引起缅方恐慌，难以预料缅方是否会对永历帝采取极端手段。为确保永历帝的安全，李定国决定暂时不进入缅甸境内，于是率部转而南下到达孟定一带（今云南省耿马县附近）。

磨盘山之战清军主力虽然没有进入伏击圈，但前锋部队损失惨重，是清军大举进攻西南以来损失最大的一次战役。清廷对此十分恼怒，后来对多罗信郡王多尼、多罗平郡王罗可铎等参与此次战役的一批将领严厉处罚，或罚俸或降职，征南将军赵布泰被革职为民。

清军占领腾越州之后，因粮草难以接应，不久之后即东撤，闰三月底回到昆明。

由于明军撤离昆明时缺乏统一部署，李定国又临时改变撤退方向，导致了冯双礼、陈健、艾承业等分裂出去北上四川，而留在云南的明军也因缺乏统一指挥，分布在不同地方，各自为战。永历帝、沐天波等已逃到缅甸；磨盘山之战后，李定国到了滇西南孟定一带；白文选在玉龙关战败后到了木邦一带（原明朝木邦土司，后被缅甸占领，今缅甸新维）；贺九仪、李承爵等部到滇南临安府（今云南建水县）、元江府一带；马宝、马惟兴等到了丽江一带；其他还有一些部队分散在滇南、滇西各府州县。

1659 年（顺治十六年，永历十三年）初，冯双礼、陈健等北上部队顺利到达了四川建昌地区。他们的本意是入川后和川东明军联合，稳住川东、川南、川西一带，相互呼应，另创局面。不料川东明军于前一年（1658）年底反攻重庆失败，反被清军压缩于夔东一隅，与川西明军的间隔更加遥远，不但使东西联合的意图难以实现，失望和投降情绪还在川西明军中迅速漫延开来。不久后，明将德安侯狄三品在建昌叛变降清，他抓获了冯双礼，将其献给了吴三桂。吴三桂反复劝降冯双礼，都被严词拒绝。后按清廷指令，吴三桂将冯双礼押送到北京，之后再无相关记录。狄三品降清后，川西、川南一带的明军将领纷纷降清。到 1659 年（顺治十六年，永历十三年）九月，清军完全控制了川西、川南，云南明军和川东明军的联络完全断绝。

二

缅甸原是明朝藩属国，"旧同土司，隶地云南"。自嘉靖中后期起，因明朝政治腐败，云南地方官员和滇缅边境一带的土司各种矛盾被激化，缅甸趁机吞并了八百、老挝、车里、木邦等多个土司，为争夺木邦等地，明、缅双方还发生过战争。自万历初期起，缅甸即对明朝"绝贡不来"[1]。因此缅甸既与明朝及其云南地方政府有一定的历史渊源，又对明朝有着十分强烈的戒备和防范之心。

1659 年（顺治十六年，永历十三年）闰正月二十五日，永历帝一行在靳统武护送下到达盏达付土司。永历帝朱由榔慌不择路，在马吉翔的煽动下，他们都认为逃入缅甸境内应该可以确保身家性命安全，于是继续西窜。第二天，一行人到达缅甸边境。沐天波派人与守关缅兵联络。由于滇、缅的历史

---

[1]　叶梦珠《续编绥寇纪略》卷四《缅甸散》。

渊源，缅甸方面一直熟知明朝镇守云南的沐国公家族，对沐氏较为尊敬。当他们得知沐国公陪同明朝皇帝要入缅避难，当即同意。他们见到永历帝随行人员有近两千人，出于对自身安全的考虑，要求明军"必尽释甲仗，始许入关"①，必须放下所有武器才可以入关。缅方这一要求在永历朝廷中引起了争议，一些官员将领认为放下武器今后自身的安全将再无保障，但朱由榔、马吉翔为了逃生已不顾一切，他们下令随行将士全部放下武器。随行将士只得尽解弓刀盔甲，赤手空拳跟随入关。靳统武奉李定国命护送永历帝一行，但并未让他把人送入缅甸。他不同意逃入缅甸，更是拒绝放下武器，于是带领自己的部下离开，回头找李定国复命。

李定国当时正在策划磨盘山伏击战，当他接到靳统武报告，得知永历帝一行已解除武装进入缅甸，大为焦虑，担心"缅情叵测"，对朱由榔的安危十分担忧，当即派部下高允臣赶去，打算追回永历帝及随行人员。不料高允臣刚刚进入缅境，即遭缅方杀害。

朱由榔一行于闰正月二十六日进入缅甸，二十九日到达蛮莫。当时沐天波等少数几个大臣头脑还算清醒，他们担心将皇室和朝廷全部置于缅方的保护和控制之下，万一将来缅方态度有变化，将带来难以预料的严重后果。于是向永历帝提出建议：将随行人员分为两半，一半随永历帝继续前行，一半随太子进入中缅边境的茶山，两边可以相互呼应，避免全体人员深入异国腹地而可能产生的风险。永历帝觉得这个建议有道理，可以采纳。不料皇后王氏舍不得爱子离开身边，坚决不同意这个方案。沐天波等只得作罢。

二月初二日，缅甸国王派了四艘船来接永历帝一行，打算沿大金沙江（今伊洛瓦底江）南下至缅甸首都阿瓦城。由于船只狭小，只能容纳永历帝、宫眷和部分官员共计六百四十余人上船，其他九百余人只能由总兵潘世荣带领，走陆路南下。

二月十八日，永历一行乘船到达阿瓦城附近的马来城（今曼德勒）。虽然永历朝廷仍然以宗主国自居，但实际上是逃难而来，这一点缅甸方面非常清

---

① 刘茞《狩缅纪事》，浙江古籍出版社，1986。

楚。为避免礼节上的尴尬，缅甸国王不见永历君臣，只是派人居间传话，也未给永历君臣安排确定的住所。

三月十七日，由潘世荣带领的九百余人从陆路到达阿瓦城隔河对岸处。缅甸国王对这部分人十分警惕，立即派兵包围了他们，强行把这些人分别安置到附近村民家中看管，一人一户，禁止往来。这些明人立刻失去了人身自由，随身财物也被劫掠一空。部分官员不忍屈辱，自杀而死。

直到五月初七日，缅甸方面才将永历帝一行带到阿瓦城河对岸的地方居住。缅方在这里用竹子围建了一座小城，里面建了十间草房供永历帝及宫眷居住，其他随行人员则自行搭建草房居住。缅方起初为永历朝廷提供一些食物和生活物资，但从未进行过正式的官方接待，缅甸国王也从未露面。

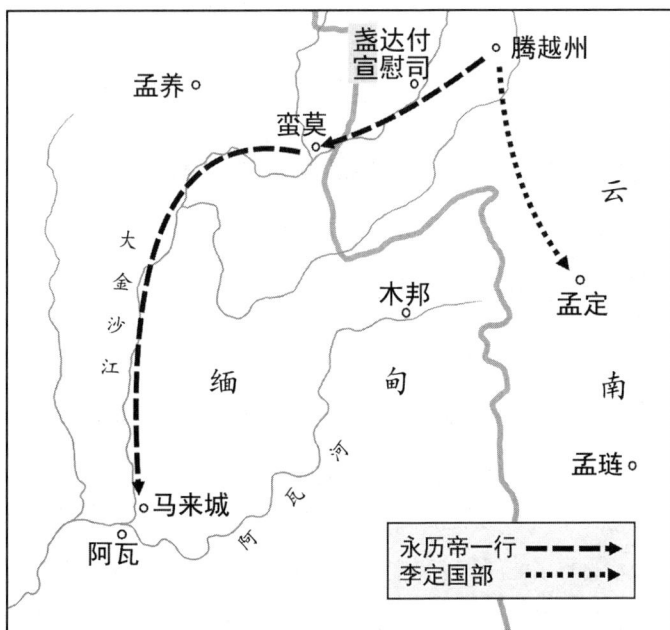

图 13-5　永历帝逃入缅甸

永历朝廷一路逃难而来，深入异国，寄人篱下，大多数官员早已彻底丧失救亡图存的想法，心中充满悲观和失望，只求过一天算一天，甚至破罐子破摔。当地缅甸居民有时携生活用品到竹城与永历朝廷交易，很多官员不顾国体，"短衣跣足，混入缅妇，席地坐笑"。马吉翔、李国泰等整日饮酒嬉戏，在这个流亡小朝廷中还继续作威作福，对反对自己的官员肆意欺辱打压；一些官员还开设赌场聚众喧哗，丝毫不顾忌朝廷体面。一些缅方人士见状都叹道："天朝大臣如此嬉戏无度，天下安得不亡？"①

　　三四个月后，永历朝廷已经没米下锅。马吉翔、李国泰请永历帝拿出点钱财分给朝臣。朱由榔经过一路狼狈逃窜，已经几乎身无分文，看到以马吉翔为首的朝臣这样颓废不堪，只知一味索取，一怒之下把黄金制作的国玺扔到地上，让他们砸碎分给大家。马、李毫无顾忌，居然真的把黄金国玺砸碎而分之。不久后，缅方送来一批粮食，朱由榔指示多分些给穷困的官员，但马吉翔直接霸占了这批粮食，只分给了和自己关系密切的人员。总兵邓凯义愤填膺，大骂马吉翔没有良心。马吉翔大怒，指使手下打断了邓凯的腿。

第三节　永历帝被杀和李定国之死

一

　　1659年（顺治十六年，永历十三年）闰正月二十九日，即永历帝进入缅甸边境的三天后，白文选率部向西到达陇川土司（今云南省陇川县），之后南下到达缅甸境内的木邦。李定国率部到达孟定后，得知白文选在木邦，即移师西行，二月十五日，与白文选在木邦会师。两人都认为，清军虽然占领了云南内地，但滇西、滇南、贵州、四川等地还散落着不少明朝部队。当务之急是把永历帝接回来，才便于号召各路反清势力继续斗争。两人商议后决定：李定国留在滇南一带统筹各路明军兵马，白文选带一支部队南下缅甸营救永历帝。两人随即分头行动。

---

①　刘茞《狩缅纪事》，浙江古籍出版社，1986。

　　李定国率部向东到达勐缅司（今云南临沧），不少溃散的士兵纷纷来归，军力得到补充，后又移师孟琏。滇南大多由各土司掌管地方，各土司有自己的军队和势力范围。虽然一些地方政府和土司已在清廷招抚下投降了清朝，但其中不少人还是将清军视为外来侵略者，内心并不认同清方的统治。李定国了解滇南的情况，驻扎在孟琏着手招揽地方土司，力求整合各地力量共同抗清。

　　元江府土司那嵩军队实力较强，不服清军统治。李定国铸造印信加升那嵩为云南巡抚，挂总督部院衔；任命那嵩之子那焘为元江知府，那嵩之弟那仑为佐明将军；远在缅甸的黔国公沐天波也命次子沐忠亮入赘为那嵩之婿。那嵩不负众望，积极行动，与总兵孙应科、赖世勋等秘密联络已降清的总兵高应凤、石屏总兵许名臣、延长伯朱养恩、土司龙赞阳（龙在田的重孙）等，准备起事。这年（1659）七月，那嵩等公开反清复明，随即攻克石屏、蒙自等地。驻扎在昆明的洪承畴、吴三桂、多尼等大为震动，紧急派固山额真卓罗与吴三桂部于九月底前往元江镇压。十月初一日，清军占领石屏，初九日重兵包围元江。吴三桂遣人城下喊话，劝那嵩、许名臣等投降，遭到严词拒绝。吴三桂随即下令强力攻城，城破，那嵩、那焘父子合家自焚而死，许名臣等自杀，高应凤、孙应科等被俘。

　　那嵩起事时，李定国本准备立即派兵来援，但孟琏南边的孟艮府土司不服李定国节制，趁机起兵从后面进攻定国部。定国首尾不能兼顾，只得回头打击孟艮土司。孟艮土司利用熟悉地形的优势全力周旋，最后定国擒获了孟艮土司，但救援元江府的时机已错过。直至那嵩等兵败身死，定国只能扼腕痛惜不已。

　　白文选和李定国木邦分手后，率部南下到达孟乃、雍会（娘瑞）一带。他派出两批使者与缅甸官方联络，欲接回永历帝，不料使者出发后都被缅方杀害。缅甸北部、东部一带历史上较长时间内被中国中央王朝视为藩属土司，与中国并无明确的“国界”。而白文选此时实际上已越过了边界附近的土司领地，深入到缅甸腹地，但他一心只想接回永历帝，并无意于与缅方发生战争。但缅方的看法不一样，他们认为白文选军队入侵了缅甸，对明军充满敌意，而且认为明军败逃至缅甸，一定是兵力疲弱。他们杀死明军使者后，再组织军队进攻明军。白文选大怒，指挥部队渡河战斗，在雍会附近大败缅军，杀死缅军上万人，挥师继续向阿瓦城进发。缅方始知明军实力很强，大为惊惧。

其实在永历帝等进入缅甸不久之后，缅甸方面即接到吴三桂的书信，要求交出永历帝，否则屠阿瓦城。缅方本想交出永历帝，但一方面想再观察一下天朝内部的局势，另一方面也知道明军还有不少军队在滇缅边境一带，手里有永历帝"奇货可居"，可以用朱由榔来制约明军，于是暂时没有答应吴三桂的要求。此时，朱由榔果然发挥了应有的"作用"。缅方找到永历帝，指责明军侵入缅甸，要求他写信阻止明军前进。懦弱可欺的朱由榔并不清楚白文选进兵的详情，听从缅方意见写了退兵敕谕给白文选。为阻断永历朝廷与白文选的信息沟通，缅方不允许永历朝廷派人送信，而是派缅人将敕谕送到文选营中。文选接敕谕后，不得不遵照永历帝指示撤兵回到孟乃一带。

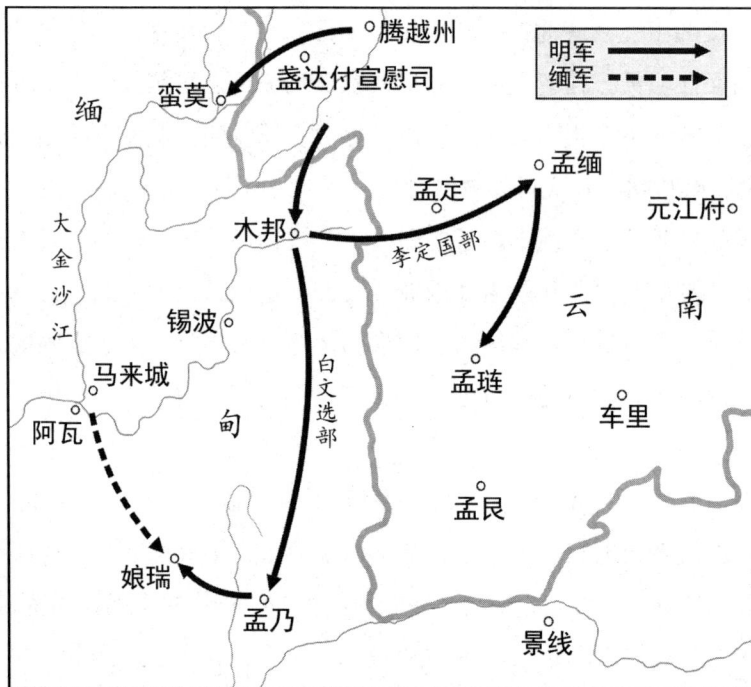

图 13-6　明军入缅迎驾永历帝未果

四月间，明将高文贵、吴子圣等也率一支兵马，从干崖土司、盏达付土司一带入缅，打算沿永历帝入缅的路线向南，接回永历帝。这支部队在蛮莫一带遭遇缅军阻截，大破缅军。缅方一看情况不妙，逼迫永历帝再次发敕令退兵。永历帝依缅方要求发出敕谕，高、吴只得退兵。

二

明军多次派人、派兵入缅迎驾，与缅方连续发生军事冲突，李定国、白文选十分担心永历帝的安危。永历帝则应缅方要求多次发敕谕退兵，甚至在马吉翔、李国泰的怂恿下给缅方各关隘守兵发敕谕说："朕已航闽，后有各营官兵来，可奋力剿歼"[1]。定国、文选明知朱由榔还在缅方控制之下，并未去福建投奔郑成功，一时间也无计可施。

次年（1660年，顺治十七年，永历十四年），为解决粮草问题，也可能考虑再开辟出一片根据地，驻扎在孟乃的白文选向清迈、景线一带进军，同时邀请李定国入缅一同迎驾。九月，李定国率部从孟艮出发，南下到景线一带与白文选会师，然后折而向西，经孟乃、雍会直逼阿瓦城。缅方一面调集各路军队阻击明军，一面再次逼迫永历帝写敕谕退兵。定国、文选接到朱由榔敕谕后，只得退兵回到雍会、孟乃一带。

这段时间内，清廷已同意吴三桂率军南下进攻缅甸，而在滇西等地活动的明将李如碧、高启隆、马惟兴、马宝、吴子圣、王会、杨成、马进忠之子马自德等群龙无首，对前途感到极度的悲观失望，先后率部向清军递表投降。文官投降的有东阁大学士张佐宸、户部尚书龚彝、兵部尚书孙顺等。次年（1661）年初又有明将杨武、祁三升等率部投降。先后跟随投降的明军至少三万人以上。形势对李定国、白文选十分不利。

1661年（顺治十八年，永历十五年）二月，李定国、白文选从孟乃引兵北上，大破缅军于锡波，渡过阿瓦河，兵临大金沙江东岸，距缅甸首都阿瓦

---

[1] 刘茝《狩缅纪事》，浙江古籍出版社，1986。

城不到百里。缅甸国王急令缅军在西岸布设大炮据守。阿瓦城三面临江，一面通陆。缅军在通陆一面挖渠引水为湖，湖边再筑木城。定国、文选合兵进攻，缅军据城死守，明军久攻不下。三月，定国、文选在另一面江上搭建浮桥，准备渡江强攻，但因浮桥被缅军砍断，明军渡河失败。此时明军粮草将尽，军中疫病发作，不得已放弃进攻阿瓦城，率部到达阿瓦城南部一带"就粮"。

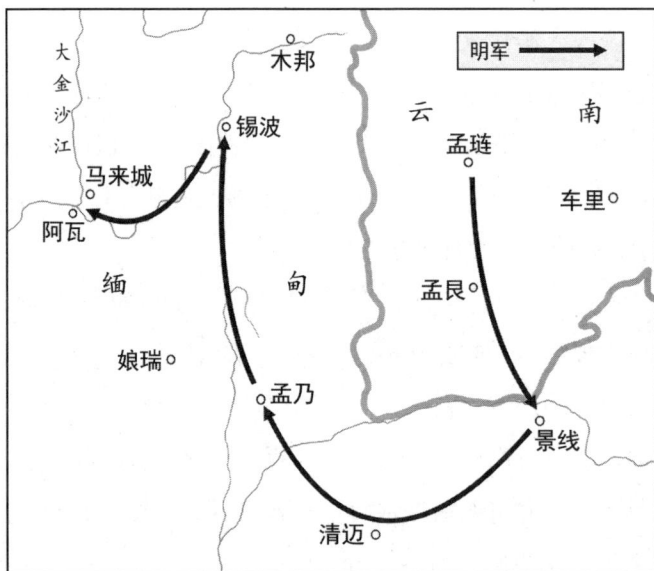

图 13-7　李定国、白文选进兵阿瓦城

再说清军方面。自 1659 年（顺治十六年，永历十三年）二月永历帝逃入缅甸、三月清军撤回昆明之后，清廷就一直在研究是否出兵缅甸捉回朱由榔。因滇南、滇西、缅甸一带地形复杂、气候恶劣，满洲兵将极不适应；且连年战乱，地方破坏严重，粮草筹集困难，大部分清军将领都不愿意南下，都想尽早班师回京休整。但清廷还是决定由吴三桂、固山额真卓罗等带领一支部队南下攻缅，由经略洪承畴统筹部署。洪承畴接清廷谕旨后，上疏报告说清军初到云南，粮饷和兵力都不足，而云南境内还有不少残明势力，地方还不稳定，建议本年内暂不出兵，集中精力先稳定地方。清廷采纳了他的意见，于是洪承畴一方面抓紧招抚云南各地，一方面写信给缅甸国王，要求交出永历帝、沐天波和李定国。

这年（1659）十月间，洪承畴因年老多病，获得清廷批准解除经略职务，回北京休养。次年（1660），清廷命吴三桂总管云南军民事务。三桂大权在握，很想效仿沐氏家族能够一直留镇云南，世袭独占一方。据说他在洪承畴回京之前，专门上门请教老师如何实现此愿望，洪承畴答曰："不可使滇一日无事也"，"三桂顿首受教"①。于是三桂决心不顾清朝连年用兵、财政困难等问题，极力鼓动清廷同意他出兵进攻缅甸。他向清廷上疏，提出了有名的"三患二难"，极力说明如果不继续追剿永历朝廷，清方将面临各种困难和风险。为了防止永历朝廷死灰复燃、再起烽烟，即便是募集粮饷和兵员面临困难，也要全力出兵缅甸，一劳永逸消灭永历残余势力。

清廷接到吴三桂上疏后，经反复慎重磋商，终于在这年（1660）八月十八日决定采纳其意见，任命内大臣爱星阿为定西将军，率八旗兵从北京出发，到云南会同吴三桂进兵缅甸。

三

1659 年至 1660 年这两年间，缅甸方面观察到清朝在中国的统治已逐渐稳固，而李定国、白文选等明军又多次与己方兵戎相见，结下了很深的仇怨，于是决定转而支持清方。1661 年（顺治十八年、永历十五年）正月初六日，缅甸国王彬达莱派使者来到云南晋见吴三桂，提出愿意交出永历帝，条件是清军帮助出兵消灭李定国、白文选等明军。吴三桂认为这是一个很好的机会，随即派人到缅甸，商定了出兵日期。三月，吴三桂派出的一支军队到达滇缅边境的勐卯（今云南瑞丽附近）。但因清军筹集粮饷兵员确实十分困难，一段时间内没有再前行，也没有后续大军跟上。

五月二十三日，缅甸国王的弟弟莽白发动宫廷政变，处死了老国王及其

---

① 刘健《庭闻录》卷三，上海书店，1985。

王妃、王子、王孙等，自立为新王。虽然缅甸政权发生了更迭，但新国王在对待永历朝廷的策略上却继承了老国王的想法，且更为激进地配合清朝。七月十六日，缅甸国王派人通知永历朝臣过江议事。因双方关系已十分紧张，永历朝臣都不敢去。十八日，缅方使者再来催促，说请永历朝臣过江是去"饮咒水"盟誓，以表明永历朝廷与缅甸合作的诚意。在缅方的坚持下，永历朝廷不得不同意前去。次日上午，沐天波、马吉翔、李国泰等大小官员乘船前往直梗的睹波焰塔准备"饮咒水"盟誓，永历帝身边仅留下宫眷、太子、宫女、太监和跛足总兵邓凯等。文武官员到达睹波焰塔后，立刻被三千名缅兵包围屠杀。缅军指挥官命人将沐天波拖出，有意放其生路，但为时已晚，沐天波、马吉翔、李国泰等共计四十二名主要官员均被杀死。

　　缅兵将这些官员统统杀光后，又蜂拥冲入永历朝廷的驻地抢劫杀掠。朱由榔惊慌失措，打算上吊自尽，在总兵邓凯的劝阻下才没有实施。缅兵将朱由榔、太后、皇后、太子等二十五人集中于一间小屋看管起来，对其他宫女、官员妻女则大肆凌辱，抢劫所有财物。宫女和官员妻女不忍其辱，纷纷自缢，尸体悬挂树间，"累累如瓜果"。

　　当时的永历朝廷驻地呼号震天，尸横遍野，惨不忍睹。永历帝所在居室及周边因尸体太多，无法居住，缅方将其暂时移至沐天波的居室住下。几日之后，缅方将其原居室打扫干净，又把他和宫眷移回原地居住，并送来一些衣被食物等。缅方派官员来假意解释说："缅王实无此意，盖以晋、巩两藩杀害地方，缅民恨入骨髓，因而报仇尔。"[1]这显然都是欺骗之词，目的不过是暂时稳住永历帝而已。经此杀掠，永历帝身边仅剩老弱妇孺三百余人，再无任何反抗之力，为缅方下一步献出永历帝做好了准备。

　　这一事件史称"咒水之难"。

　　咒水之难发生后，李定国、白文选得到消息，急忙于八月间派十六艘兵船渡江进攻缅军。因缅军早有准备，攻击失败，五艘船倾覆，定国、文选只

---

① 刘茝《狩缅纪事》，浙江古籍出版社，1986；邓凯《也是录》，《崇祯长编：外十种》，北京古籍出版社，2002。

能撤兵。撤兵途中，白文选的部将赵得胜、张国用对明军在缅甸的前景十分悲观失望，鼓动士兵撤回云南。某日夜间，赵、张闯入文选帐内，挟持他一起北撤。文选无奈，只得跟随所部军队北行。李定国得知白文选不告而别，心下狐疑，命儿子李嗣兴领兵尾随，专门交代不得动武。五天之后，赵得胜、张国用见李嗣兴穷追不舍，发炮阻击李军。嗣兴立即准备反击。正在此时，定国赶到，命令嗣兴停止战斗。他感慨万千地说道："吾昔同事者数十人，今皆尽矣！存者吾与文选耳，何忍更相残？且彼既背主他出，欲自为计，念已绝矣。吾所以使尔随之者，冀其生悔心，或为并力。今大义已乖，任彼所之，吾自尽吾事耳。"[1]定国父子随即率所部南下，后来到了景线一带。文选则随部队北上到达锡波暂驻。

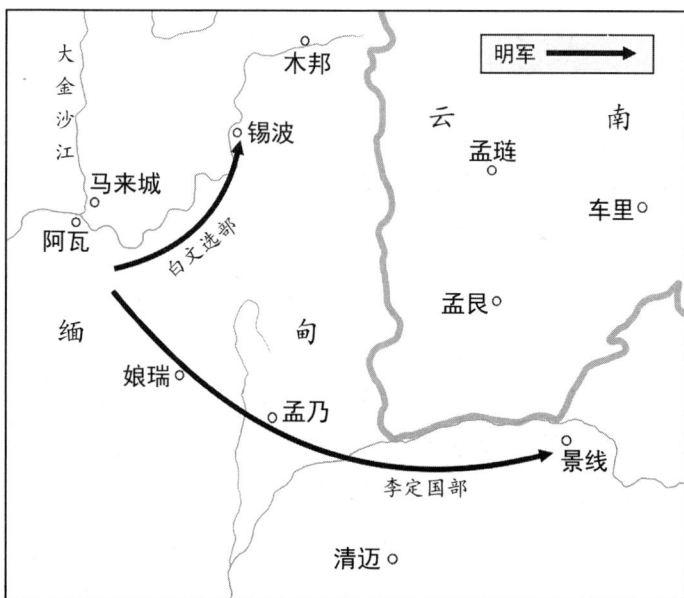

图 13-8　李定国、白文选分道扬镳

_____

① 温睿临《南疆逸史》卷五十二《李定国传》，中华书局，2010；邵廷采《西南纪事》卷十《李定国传》，《邵廷采全集》，浙江大学出版社，2018。

四

咒水之难的一个月后，1661 年（顺治十八年，永历十五年）八月二十四日，吴三桂、爱星阿率满汉军队由昆明分两路西进。十一月初，清军总兵马宁、副都统石国柱、降将马惟兴、马宝、祁三升、高启隆等率前锋到达木邦，擒获白文选部将冯国恩。吴三桂、爱星阿随即致书缅甸国王莽白，要求他立即交出永历帝。

白文选自与李定国分道而行后不久，遇到从孟定来的明将吴三省部。吴三省部马匹尽失，所有部众仍不辞劳苦，徒步长途跋涉而来寻求与李定国会合。文选等人见状十分感动，又听说一些明朝兵将降清后并未得到合适的待遇，赵得胜、张国用等也担心降清后得不到妥善安置，于是不再坚持降清，全军来到锡波驻扎。文选派人去与李定国联系，但过了一个多月仍未得到回音。

清军到达木邦后，继续南下到达锡波，与文选所部展开战斗。文选战败，率部向孟养方向撤退。吴三桂派总兵马宁和降将马惟兴、马宝、祁三升等领兵追赶白文选，两军在孟养一带相遇。白文选与马惟兴、马宝长期以来保持着深厚的友谊，双方不忍刀兵相见。马宝携带吴三桂的亲笔书信单骑进入文选军营，耐心劝说他投降。文选思虑良久，涕泪俱下，终于同意降清。跟随投降的官兵有四千三百余名，另有马三千二百六十匹、象十二头。文选于十二月中到达昆明，次年（1662 年，康熙元年）十一月，被清廷封为承恩公，此后再不见于史书。

白文选是南明末期果敢忠义的一员名将。他对永历朝廷忠心耿耿，在安龙府保护永历帝，以及后来击败孙可望叛军时都发挥了巨大作用。后来与李定国一道深入缅境，不辞劳苦，竭蹶救亡，为营救永历帝殚精竭虑，费尽心机，他的部队是永历朝末期最坚定而强大的两大主力之一。但永历帝的胆小懦弱和苟且偷生、李定国撤离昆明时的混乱布局，以及明军各地残余势力的群龙无首和各自为战，最终逼迫他失去了所有的希望和信念，选择了投降清朝，实在是令人扼腕！白文选的投降，更加速了滇缅一带抗清势力的瓦解。

再说深入缅地的清军。清军在锡波击败白文选后，继续南下，1661 年（顺治十八年，永历十五年）十二月初一日，抵达距缅甸首都阿瓦城六十里的旧晚坡。缅甸国王莽白之前早已决定献出永历帝，以避免卷入明、清战争。初二日，一队缅兵来到永历驻地，对永历帝说李定国大军又到了河对岸，要求缅方立即交出朱由榔。不待朱由榔问清详情，缅兵即七手八脚把他抬上大船，同时把太子朱慈煊、太后、皇后等也送上船，向对岸驶去。接近岸边时，因为船体较大，无法靠岸，对面当即过来一员身着明军服装的将领，背上永历帝涉水登岸。永历帝问这将领是谁，将领答道："臣平西王前锋章京高得捷也。"[1]朱由榔始知上当，但已无可奈何，只能默然无语，任人摆布。

朱由榔一行被送入吴三桂大营。十二月初九日，清军班师回滇，途中对永历帝一行严密看管。1662年（康熙元年）三月十二日，永历帝等被押回昆明。虽然朱由榔之前在昆明居住的时间并不长，但云南百姓在那段时间内总体上过着平安稳定的生活，因此对永历帝怀有感恩眷顾之情。见永历帝被清军押入昆明城，城内居民无不黯然涕下。同一天，清廷对全国颁布诏书，宣布已擒获永历帝。

本来永历帝应被押送至北京处置，但吴三桂担心押送途中再生变故，因此上疏清廷建议在昆明处死朱由榔，得到清廷批准。吴三桂打算对永历帝父子施以斩首，但遭到清方官员爱星阿、卓罗等人的反对，他们认为永历帝毕竟曾当过皇帝，应当予以一定尊重，保留个全尸。四月二十五日，吴三桂逼迫永历帝朱由榔、太子朱慈煊在昆明篦子坡[2]金蝉寺自缢而死。朱由榔时年三十九岁。随后永历帝父子尸首被运到城北门外焚化，就地草草掩埋。至此，明朝最后的皇室血脉完全断绝，南明国祚终止。篦子坡后被昆明居民改称为"逼死坡"。

永历帝朱由榔是中国历史上罕见的"流亡"皇帝。他1646年（顺治三年，隆武二年）十月在广东肇庆被南明势力拥立为监国，随后即皇帝位，当时年仅二十三岁，从此开始了他颠沛流离的皇帝生涯。永历朝初期，南明还据有江南、西南大片国土，东部沿海有郑成功、张名振的抗清势力，大顺军余部、大西军余部也先后决定扶明抗清，其间又有李成栋、金声桓、姜瓖等大规模的反清复明运动，南明曾经一度出现形势一片大好的时候。但由军阀势力拥立而生的永历小朝廷，先天就是个弱势的政府，既无能力统筹协调各

---

① 邓凯《求野录》，《崇祯长编：外十种》，北京古籍出版社，2002。
② 篦子坡在今天昆明市内翠湖东岸、华山西路附近，该处立有永历帝纪念碑文。

地抗清势力，朝廷内部还因争权夺利而一片混乱。面对来势汹汹的清朝大军，南明各派势力依旧钩心斗角、各自为战，懦弱胆小、缺乏政治能力和手腕的朱由榔对此毫无办法，只能在广东、广西、湖南等地来回逃亡。终于在1651年（永历五年，顺治八年）底，将两广、湖南等地丢失殆尽，永历帝于次年（1652）二月逃到贵州安龙府，此后数年即生活在孙可望的软禁和监视之下。1656年（永历十年，顺治十三年）初，李定国将朱由榔接到云南昆明，终于过上了两年相对安稳的日子。但好景不长，1658年（永历十二年，顺治十五年）起，清军开始大举进攻西南地区，1659年（永历十三年，顺治十六年）正月占领昆明。永历帝再次被迫逃亡，一直逃到缅甸都城阿瓦城附近，寄于缅甸国王篱下。1661年（永历十五年，顺治十八年）十二月，朱由榔被缅甸国王献给清平西王吴三桂，次年（1662）四月被处死于昆明。

纵观朱由榔这一生，虽然他名义上贵为皇帝，但实际上后半生都在东奔西逃、苦不堪言，最后还落得了个父子双双被处死的结局。永历帝之死，代表号召南明各部反清势力的正统、合法的旗帜彻底倒掉，南明朝廷灭亡。尽管部分地区还存在如夔东十三家、郑氏集团等反清力量，那也只是南明灭亡之后的尾声了。其中郑氏家族在之后的几十年内还一直秉持的永历年号，也只是一种象征而已。

从1583年（万历十一年）努尔哈赤辽东起兵到1662年南明最后一任皇帝朱由榔死亡，中国大地上烽烟四起、战火纷飞，乱世之中的人民百姓流离失所、家破人亡。终于，中国又完成了一次血流成河的改朝换代，芸芸众生的苦难暂时告一段落，这个过程正好历经了八十个年头。

永历帝被俘和被杀的消息先后传到滇缅边境，李定国痛心疾首，捶胸大哭，自知复兴明朝再无希望。六月二十七日，心力交瘁的他在景线病死，南明后期最有名望和成就的一代名将就此殒没，终年四十一岁。定国临终前，命儿子李嗣兴拜平阳侯靳统武为义父，叮嘱儿子宁死也不要降清。但不久后，靳统武也病死。定国的表弟马思良、刘文秀的儿子刘震等将领对前途也丧失了信心，率部降清。九月，李嗣兴向清方递交了降表，不久带领部众接受了吴三桂的改编安插，后来他还被清廷任命为陕西宁夏总兵等职。以大西军余部为主力的西南抗清运动到此基本结束。

第十四篇

大清一统天下

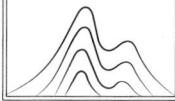

第一节　夔东十三家的败亡

一

永历帝被俘杀，南明朝廷灭亡，以大西军余部为主力的西南抗清势力先后被肃清，这时仍具一定规模的主要反清力量，仅剩东南沿海的郑成功集团、张煌言所部和聚集在川东、鄂西北一带的夔东十三家了。

夔东指的是四川东北夔州府东部，及湖北荆州府、郧阳府西部一带，大致相当于今天的长江三峡地区。此地处于川楚交界处，山高林密，地势险峻，江流深急，易守难攻，历来是土匪山贼聚居之地。早在张献忠入川之前，夔州府一带就是"摇黄十三家"等地方反叛武装的大本营。后来在陕西反清的贺珍，以及大顺军余部刘体纯、袁宗第、郝永忠、李来亨、党守素、塔天宝、马腾云等先后率部来到夔东，其他一些抗清武装如王光兴部也来到此处，还有如谭文、谭诣、谭弘等本来就驻守本地的一些明军部队，夔东地区一时间聚集了很多支来源不同的抗清队伍。这些队伍被称为"夔东十三家"，或称"西山十三家"，或称川东明军，原先的摇黄十三家的名号则逐渐被淡化了。

这些队伍中，刘体纯、袁宗第、郝永忠、李来亨等大顺军余部都久经沙场、人数众多，无疑是夔东十三家的主力。但是在1645年五月李自成意外死于湖北九宫山后，大顺军余部就一直未能形成一个有效的领导核心，刘体纯、袁宗第、李锦、郝永忠等都是各率其所部战斗，相互之间偶有配合，但谁也不归谁领导。即使是后来大顺军余部接受南明何腾蛟、堵胤锡等官员的节制共同拥明抗清，各支部队之间仍然保持着一种互不统属的关系。来到夔东地区之后，大顺军余部各部之间依然是这样的关系，类似于一种松散的武装联盟。他们都有相对固定的驻地，如刘体纯在巴东陈家坡，党守素在巴东县，塔天宝在巴东平阳坝，袁宗第在大昌，郝永忠在房县羊角寨，李来亨在兴山七连坪，贺珍在大宁等。

松散的武装联盟必然导致一种后果，即无法形成统一的战略思想和总体目标，各支部队也很难形成强大的军事合力。夔东地区地势险峻，易于驻守，但同时也存在生产困难、粮饷不足等问题，从战略上看并非是一个可以长期生存和发展的根据地。为了筹措粮饷，夔东十三家也经常组织力量外出作战，向东打到湖北郧阳、襄阳地区，向西打到重庆北部地区，但往往都是筹到粮饷即返回夔东，始终没有统一策划去寻找更广阔的根据地。相比之下，大西军余部在张献忠死后，迅速形成了以孙可望、李定国等为核心的领导集体，在统一指挥下迅速入滇，以云南为大后方收复贵州、湖南西南部等大片国土，成为了南明后期最主要的抗清势力，其战略态势远远好于大顺军余部。

大顺军余部在来到夔东之前，已经明确拥明反清，在湖南、湖北、广西等地多次与明军合作对抗清军，其主要将领基本都接受过永历朝的封号，如刘体纯是皖国公，袁宗第为靖国公，郝永忠为益国公，李来亨为临国公等。因此，他们虽然离开了永历朝廷的辖地，却依然奉永历年号。永历朝廷也看到了这一点：虽然夔东十三家已经不再听从朝廷指令，但他们毕竟还是一支不容小觑的反清力量，如继续加以笼络，将来也还有可能派上用场。

于是永历朝廷先后派出了首辅大学士文安之、御史洪育鳌、兵部右侍郎毛登寿、监军太监潘应龙等来到夔东，对夔东十三家和其他抗清势力将领给予封号和敕印。虽然这些官员事实上根本控制不了川东明军，但对于加强永历朝廷与夔东十三家的联络还是起了一定作用。

1658年（顺治十五年，永历十二年）清军大举进攻西南地区，李定国作战不利，永历朝廷紧急联络文安之等人，希望夔东十三家能攻击和牵制四川清军。文安之果然不负朝廷所望，于当年七月协调刘体纯、谭文、谭诣、谭弘等进攻重庆，可惜被吴三桂击败；十一月，川东明军再攻重庆，最终由于谭诣的叛变而再次大败，退回夔东。

到1662年（康熙元年）永历帝被杀、西南抗清运动失败，清廷终于可以腾出手来集中力量对付川东明军，长期以松散武装联盟形态存在的夔东十三家，就离最终的败亡不远了。

二

清廷最初想用招抚的手段收编夔东十三家。早在1656年（顺治十三年，永历十年），清宁南靖寇大将军阿尔津就奉清廷谕旨，招降郝永忠、刘体纯、李来亨、党守素等部，遭到拒绝。1661年（顺治十八年，永历十五年）八月，此时永历朝廷在缅甸已穷途末路，清廷再下诏书，要求川、陕、湖广、贵州等省督抚大力招抚夔东十三家。在此过程中，夔东十三家的一部分军官士兵选择了投降清朝，但降清的人数总体不多。刘体纯、袁宗第、郝永忠等众头领均坚决不投降。到1662年（康熙元年）永历帝被杀和李定国病死后，清廷在西南的心腹大患已除，对夔东十三家的策略就发生了变化，决定以武力剿杀这些抗清武装。

1662年（康熙元年）七月，清四川总督李国英上疏清廷，建议发动陕西、四川、湖广三省兵力会剿夔东十三家。清廷很快同意了李国英的建议，在九月中旬下令，由陕西提督王一正统兵二万五千人，再调配河南兵五千人，凑足三万人马，从陕西南下进剿；由湖广提督董学礼统兵三万，从湖广由东向西进剿；由四川总督李国英亲率所部自西向东进剿。这年年底，三路大军迫近夔东地区。

四川方面，李国英率军于这年十二月中旬从万县出发，一路向东，很快到达夔州府（今奉节县）。次年（1663）正月初三日，清军渡过大宁河，击败驻守在大昌县的袁宗第部，占领了大昌。袁部撤往茶园坪山寨。下旬，清军再次击败袁宗第部，明军损失惨重，将士阵亡二千五百余人，被俘三百余人，明新化伯冯启凤、总兵黄守库等降清。袁宗第带着残兵败将趁夜跳崖逃走，转移到巴东附近。清军进占巫山县。

大昌县北面不远是大宁县，岐侯贺珍所部驻扎此处。清军来犯之前贺珍已病死，由其子富平伯贺道宁统领部众。贺道宁见清军势大、袁宗第败走，吓得魂飞魄散，于正月十八日投降了李国英。大宁也落入清军之手。

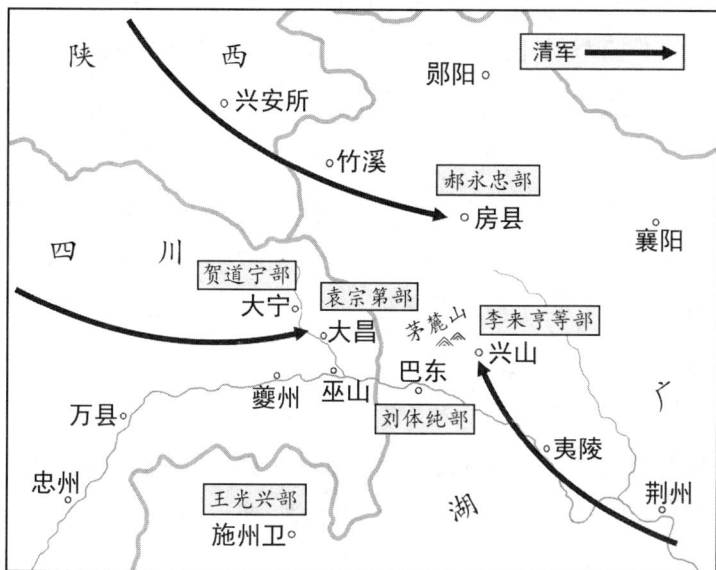

图 14-1　清三路大军围剿夔东十三家

湖北荆州府方面，这年（1663，康熙二年）正月五日，清湖广提督董学礼统兵到达兴山县李家店，与李来亨、党守素、马腾云所部一万多人相遇。明军大败，损失近半。三月，明清双方在兴山附近再次接战，明军再次战败，李来亨丢失了自己的根据地七连坪。

在与陕西接壤的湖北郧阳府方面，正月上旬，陕西提督王一正带领陕西、河南兵攻占了竹溪、竹山二县，逼近郝永忠部的大本营房县。二月，清军在房县附近的赤土坡、茅坪两次大败明军。六月下旬，郝永忠被迫率部转移，七月初十日到达巴东与刘体纯部会合。

清三路大军同时围剿夔东十三家，明军节节失利，活动地盘被压缩到巴东、兴山县一带，形势十分严峻。刘体纯、郝永忠、李来亨等商议，决定以攻为守，主动出击，先集中力量打击湖广清军。七月二十三日，刘体纯、郝永忠、李来亨三部联合大举反击，将董学礼部清军打得丢盔弃甲、损失惨重。湖广清军溃败东逃，一直跑到夷陵州（今湖北宜昌）才喘息稍定。

取得东线的胜利后，刘体纯、郝永忠、李来亨再联合袁宗第、党守素、塔天宝、马腾云等部，共计五万明军，转头西进，进攻驻守巫山的李国英部四川清军。八月二十四日，明军抵达巫山城下，次日开始强行攻城。巫山城是卡住长江三峡的重要关口，背山临江，地势险要，易守难攻。李国英深知守住巫山城的重要性，巫山如果失守，守城清军将逃无可逃，死无葬身之地。因此，他向清廷发出求援信的同时，亲自率部修筑城墙炮台，城外挖深坑、埋大桩，宣布对勇猛杀敌的将士给予极高的奖赏。在他的充分准备下，明军多日来采取架云梯、屯土城、挖地道等各种方式连续猛攻，竟然毫无效果。几天后，清军探得明军运粮通道，李国英即派出一支部队埋伏，出其不意击杀运粮明军，抢走粮草，并砍断了明军运粮架设的浮桥。明军粮道被截断，全军陷入饥饿恐慌之中。九月初七日，李国英指挥清军出城反攻明军，强弩之末的明军被打得大败，损失将士七千余名，刘体纯、李来亨等被迫率残部撤退。夔东十三家围攻巫山之役以失败告终。

三

在明军围攻巫山之时，清廷收到湖广清军战败、巫山守军求援的消息。为彻底消灭夔东十三家，清廷又派出两路大军增援，八月，清廷命都统穆里玛为靖西将军、都统图海为定西将军，率京师八旗禁军一万余人前往湖广，增援湖广清军；命西安将军傅喀禅、副都统杜敏带领驻防陕西的八旗兵由西安出发，经汉中南下，增援巫山。十一月底，西安八旗兵到达巫山，和李国英部汉军会合；十二月，穆里玛的八旗禁军到达房县，并向兴山一带推进。

在清朝几路大军日益迫近的强大压力下，部分明军官兵再也忍受不住穷困伤病的艰苦生活，对未来彻底丧失了信心，连续发生叛变降清。十月，驻守湖北施州卫（今湖北恩施）的、曾坚定抗清的明荆国公王光兴率部下七千余人降清；十一月，郝永忠所部总兵罗茂率部下官兵、家属近四百人降清；十二月上旬，袁宗第、郝永忠部共有大小将官六百九十二名、兵士三千余人、家属近三千人降清。部下大批投降，令袁宗第、郝永忠无以自存，只得带着剩下的百余人转移到巴东，投靠刘体纯部。

　　驻扎巫山的清军趁势向东推进。十二月二十三日，李国英、傅喀禅等率领的满汉大军逼近刘体纯的驻地巴东陈家坡，对明军发动连续猛攻。刘体纯部抵挡不住，退到天池寨，部下有总兵以下将领三百名、兵士三千五百余人、家属五千余人投降清军。清军乘胜追击，夺取老木崆隘口。刘体纯见大势已去，同家属一道自缢而死。二十六日，清军追至黄草坪，再次击败明军，袁宗第、郝永忠、永历帝委派的部院洪育鳌、随军的明东安王朱盛蒗被俘，监军太监潘应龙自缢而死。袁宗第、郝永忠、洪育鳌、朱盛蒗四人被押到巫山监禁，次年（1664）十月十二日按清廷谕旨被处死。夔东十三家中的刘体纯、袁宗第、郝永忠部被消灭。

　　刘体纯、袁宗第、郝永忠部曾经是大顺军余部里实力最强的几支部队，尤其是刘体纯，因资历老、威望高，曾有传说他是夔东十三家的“盟主”。他们的失败，对夔东十三家造成了极大的打击，剩余的几支抗清武装普遍都出现了信心动摇、军心不稳的情况。1664年（康熙三年）初，永历朝委派到夔东的总督部院毛登寿投降清朝；二月，原大顺军旧部的高级将领、夔东十三家的主要首领党守素、塔天宝、马腾云也率部众降清。这时，原夔东十三家的主力只剩下临国公李来亨仍坚守于湖北兴山县西北的茅麓山区。

　　李来亨是李自成的侄儿李过（即李锦、李赤心）的养子，他在大顺军余部联明抗清、转战于湖广及广西一带时才崭露头角。李过在广西南宁病死后，李来亨带领义父的余部，长途转战到了夔东地区，队伍也逐渐扩充起来，成为夔东十三家的一支重要主力。此时，李来亨得知十三家的各支部队或败或降，自己已成孤军，形势极为不利，但他依然以大无畏的勇气，决定将抗清进行到底。

　　茅麓山在湖北兴山县西北，亦作茅芦山，方圆占地一百五十余里，地势险峻，易守难攻。李来亨以山寨为据，屯兵约三万人，做好了随时迎击清军的准备。

　　1664年（康熙三年）初，清靖西将军穆里玛统兵抵达茅麓山下，指挥八旗兵对山寨发起猛攻。李来亨指挥明军凭借险要地势奋勇反击，大批清军纷纷坠崖而死，伤亡惨重，清副都统贺布索、穆里玛的第三子苏尔马等都被击毙。二月初，四川总督李国英等也领兵抵达茅麓山区。穆里玛、图海、李国英等观察山区地形，认为强攻很难取胜，于是决定合三省兵力约二十万人，长期围困明军山寨。他们在山下构筑木城，深挖壕沟，壕沟外埋设密密麻麻的木桩，以此切断明军与外界的一切联系。

双方相持了几个月，明军得不到外界补给，粮草逐渐耗尽。六月十五日和闰六月初九日，李来亨亲自率部两次突围，明军枪炮齐发，炮矢如雨，士兵奋勇杀敌，但终因寡不敌众、清军防守极为严密，最终突围失败。随后清军派人劝降李来亨，李来亨斩杀来使，以明坚决抗清的心迹。

到八月初，山寨中的粮食全部用尽，总兵陈经等部分兵将偷偷逃出山寨投降清军。八月初四日，来亨见山穷水尽，已无力回天，他忍住悲痛，先把爱妻杀死，烧毁了房屋，然后自缢而死。来亨余部"四散奔出"，都被清军俘虏或杀害。至此，夔东地区的抗清部队被全部消灭。《永历实录》称："来亨败没，中原无寸土一民为明者，唯诸郑（指郑成功余部）屯海外"[1]。清朝从1644年入关占领北京，经过整整二十年战争，终于实现了对中国大陆的统一。

茅麓山战役也让清军付出了巨大代价。清军调集近二十万人马，围困茅麓山区长达半年以上，其筑木城、挖壕沟、埋木桩，征缴了巨量的粮草、民夫及各类物资。虽然明军无法突围，但清军也寸步难进，面对明军的突围也损兵折将，苦不堪言。以至于直到嘉庆年间，京师中还流传有谚语："有其事险难者则曰'又上茅麓山耶'。"[2]

---

[1] 王夫之《永历实录》卷一五《李来亨传》，岳麓书社，1982。
[2] 昭梿《啸亭杂录》卷八，中华书局，1980。

第二节　郑成功收复台湾

一

1662 年（康熙元年）西南明军被消灭殆尽，大约两年后，夔东十三家又被完全消灭。这时，全国范围内较成规模的抗清势力，只剩刚刚收复和占据台湾的郑氏集团了。

1659 年（顺治十六年，永历十三年），郑成功趁清廷集中全国精锐兵力进剿西南明军之际，亲自率大军入长江进攻南京，却因骄傲轻敌遭到惨败。郑军被迫退回金门、厦门一带，其势已日渐窘迫。为给郑氏集团寻找一个长期稳定的大后方，郑成功把目光锁定在了被荷兰人侵占的台湾岛。

在明清嬗变更替的这数十年当中，多方势力的斗争焦点都集中在中国大陆，孤悬海外的宝岛台湾在此期间经历了明军、倭寇，以及西班牙人、荷兰人等西方入侵者的你来我往，长期饱受摧残，但一直没有受到大陆主要政治势力的关注。

台湾自古以来就是中国不可分割的一部分。早在数千年前，大陆的浙、闽、粤一带就与台湾地区保持着人口和货物的交流。公元 227 年，三国时期的东吴国主孙权派大将卫温率水师万人登陆台湾（当时称为"夷洲"），确立了台湾的归属。公元 607 年至 609 年，隋炀帝先后派大将何蛮和陈棱渡海东征台湾（当时称为"流求"），击败了岛上的少数民族部落，对台湾实行统治。宋朝时期，在台湾定居的大陆居民已形成一定规模。北宋时，中央政府第一次将台湾的人口"编户"，把台湾和澎湖列岛都划归福建晋江县管辖，台湾正式纳入中国大陆的行政区划。元朝初年，元太祖忽必烈两次派兵平定台湾，在当地设立巡检司。1297 年，台湾改名为"澎湖巡检司"。元末明初大陆连年战乱，越来越多的大陆居民迁到台湾岛。1368 年，明太祖朱元璋建立明朝，继承了元朝对台湾的统治，这时移居台湾的大陆居民已有万人之多。

从元朝中期开始，日本进入"战国时代"，诸侯互相攻伐，国内统治陷入一片混乱。大批日本强盗土匪趁机结伙出海，到中国沿海一带烧杀抢掠，以此"发家致富"，从此开启了延绵两百多年的倭寇之乱。澎湖列岛、台湾岛也因其地理位置的特殊性，成为各路倭寇、海盗经常"光顾"的地方。《元史》记载的第一次倭寇侵犯澎湖列岛，始于1353年（元至正十三年）。而元朝政府为了打击走私及倭寇，先后出台四次禁海令，客观上却促使一批不惜亡命的中国海商武装自己的商船，继续从事海外走私贸易。这批人之中有的仍是海商，有的则演变为海盗。他们与日本倭寇既有利益纠纷，有时也有合作，对东南沿海的社会经济生活造成了极大的影响。

虽然元、明以来大陆居民陆续移居台湾，但岛上人口仍是以少数民族部落为主。他们大多世代在山区居住，生产力极为低下，对外交流和贸易也很少。在大陆中央政府看来，台湾岛就是个不毛之地，对之一直未予足够重视。相比之下，台湾西面的澎湖列岛因为离金门、厦门较近，在海外通商、航海方面有一定价值，因此元、明的巡检司都设在澎湖。

倭寇和海盗抢劫和交易的主要目标是闽、浙、粤沿海一带，而澎湖和台湾则逐渐成为他们中转和补充食物、淡水的重要基地，在袭击大陆沿岸的前后经常到岛上侵扰。

明朝建立初期，国内尚未完全稳定，朱元璋考虑到应对倭寇的游击战太过耗费精力，对台湾这个贫穷落后地区也未足够重视，竟于1387年（明洪武二十年）下令裁撤澎湖巡检司，将台湾汉人居民迁至福建漳州、泉州安置，规定民间"片板不能下海"，日本只能从事明朝廷许可的官方贸易，以此禁绝走私及倭寇之乱。但他的禁海令并未取得预想的效果，倭寇势力在被压制一段时间之后，反而愈演愈烈，同时还使得台湾在此后的很长时间内，备受倭寇、海盗、西班牙人、荷兰人等各路匪盗的轮番侵扰之苦。

二

到明朝中后期，倭寇和海盗的成分发生了变化。

十四世纪至十五世纪，随着元王朝的灭亡，中亚、西亚地区原先成吉思汗西征建立的各个"蒙古汗国"，如察合台汗国、伊尔汗国、钦察汗国、窝阔台汗国等纷纷陷入战乱和分裂，中国通往西方的陆上丝绸之路基本断绝。这个时期，欧洲的工商业快速发展，他们有极强的意愿向外寻找新的资源，尤其是与东方的神秘大国建立贸易联系。陆路走不通，就从海上开辟新的道路，于是欧洲的大航海时代开启了。欧洲人航海发现了好望角，再有达伽马到达印度、哥伦布发现美洲、麦哲伦环游世界等重大事件陆续出现。1509年（明正德四年），葡萄牙人在征服了印度和马六甲的诸多国家后，终于来到了中国沿海。从此，大批西方人纷至沓来，中国东南沿海的局势日趋复杂。明朝嘉靖年间（1522年至1566年），倭寇之乱达到了新的"高潮"。此时的所谓倭寇，已不仅仅是日本人和中国海盗，还有东南亚人、葡萄牙人等，日本、葡萄牙等国的国家势力也参与其中。他们大量装备西方国家流入的佛郎机炮、火绳枪等先进武器，各派势力相互勾结，对中国东南沿海大肆侵扰，沿海以及台湾居民都深受其害。

明朝政府持续派兵打击这些"新型"倭寇，东南沿海抗倭战事不断。正是在此期间，出现了俞大猷、戚继光、沈有容等抗倭名将。1563年（明嘉靖四十二年），福建总兵官俞大猷在澎湖列岛打败海寇林道乾，在澎湖重设巡检司。1602年（万历三十年）十一月，觊觎台湾地区已久的日本德川家康，派出由正规军组成的七艘战舰的舰队，武力侵占澎湖。原戚继光部下、时任福建海坛把总的明将沈有容率船队渡海出征，于次年一月在台南安平海域全歼日本侵略军。日本侵略者遭遇惨败，但仍贼心不死，之后又多次侵袭台湾。

1604年（万历三十二年）七月十五日，由两艘巨型铁甲战舰组成的荷兰舰队突然出现在台湾海峡，趁明军换防之际强行占领了澎湖。荷兰于1581年从西班牙独立出来，是欧洲第一个资产阶级共和国。独立之后，荷兰的工商业快速发展，尤其是造船业和航海业，短短二十年已领先于全欧洲。据统计，十七世纪荷兰拥有各种船只一万五千多艘，水手八万多人，船只数量和水手人数超过了欧洲其他国家的总和。其海上的军事和商业的实力极为强大，被称为"海上马车夫"。荷兰人随着大航海时代的步伐，也很快来到了东方。1602年（万历三十年），荷兰在被其占领的印尼雅加达宣告成立荷兰东印度公司。两年后即派舰队进占澎湖列岛。

明朝方面仍是由沈有容出马。这时明朝的海军实力已经无法和荷兰相匹敌，沈有容只能带着临时拼凑起来的五十余艘小船来到澎湖。他不卑不亢地与荷兰舰队司令韦麻郎谈判，讲明朝廷政策，明确告知对方即使不惜一战明朝也不会允许与荷兰通商。韦麻郎左右权衡，迫不得已于这年十月率队撤离澎湖。

1622年（天启二年）7月11日，由荷兰海军名将雷耶斯率领的荷英联合舰队再次进抵澎湖列岛。此时又是中国驻军换防期，荷兰人再次兵不血刃占领澎湖，并在岛上修筑了军事要塞。1623年6月，荷兰人认为已在澎湖站稳了脚跟，居然向明朝政府发出外交照会，提出"未经荷兰允许，中国不得与其他任何国家贸易"，在明朝朝堂上引起了轩然大波。1624年1月，福建巡抚南居益派出四十艘战舰，围攻盘踞澎湖的荷兰舰队。面对荷兰人的铁甲战舰和堡垒的猛烈炮火，明军将士不顾生死、奋勇作战，南居益也亲赴前线指挥，明军战船也增加到一百多艘，士兵一万多人。荷兰人在重重围困之下，外无救兵，内无粮食，被迫于该年3月16日投降，在明军监督下自己拆除了军事设施，带着剩下的船舰狼狈离开澎湖。

在这次战争的后期，荷兰东印度公司任命宋克接任澎湖舰队司令。宋克在澎湖投降后，带领舰队返回印尼的巴达维亚，途中派出三艘战舰约二百四十人拐弯来到了台湾岛。他们在台湾南部的小岛屿一鲲身（今台湾台南市西安平镇附近）登陆，以欺骗手段占领了台南一部分地区，从此逐步开始了对台湾长达三十八年的非法占领和统治。

荷兰人在台湾登陆，立刻引起了台南少数民族部落的警惕，他们迅速包围了荷兰人。荷兰人露出狡猾和虚伪的一面，他们声称遇到风暴，无处落脚，乞求当地居民给予一块"牛皮大的土地"。当地少数民族十分淳朴，答应了他们的要求。但不久之后，荷兰人竟在安平一带修筑起一个城堡。面对当地居民的质询，荷兰人回答：我们是把牛皮剪成细条连接起来，用牛皮条圈了一块地，并未违反当初的协议。当地人自知上当，但暂时也没有办法。这个城堡，就是后来荷兰人的军事要塞热兰遮城堡（今安平古堡）。后来荷兰人又在台南新港社附近，以十五匹粗布骗取了另一块土地，修建了赤嵌城（普罗文查要塞）。

荷兰人在台湾岛站住脚跟后，趁明朝廷国内政治混乱、辽东及西北战火纷飞而无暇东顾之际，开始了对台湾岛的"统治"。他们收买了当地一些部落的长老，与当地居民开展贸易，逐步开始对居民征税和管理，对途经台湾岛的其他国家船只征税；甚至开办了几十所学校，名曰教育开化当地居民，实则进行不教中文、只教荷兰语及传教的洗脑教育。对于不听话、不交税的部落，则亮出屠刀血腥屠杀，先后发生过对新港社、麻豆社等部落居民的大屠杀事件。

三

在荷兰人非法占据和"统治"台湾的这个时期，中国大陆上正在发生翻天覆地的变化。辽东后金—清不断大规模袭扰明朝，各地农民起义风起云涌。明朝廷穷于应付内忧外患，从全国各地包括闽、浙沿海大量调动军队到北方抗清，或赴各地镇压起义军，本来已经实力落后的中国海防因此更加虚弱，已无力再出兵抗击侵占台湾的荷兰人。荷兰人理所当然地占据着台湾岛，在他们自己后来的一些笔记类的记载里，说是明朝把这块土地让给了他们，并且"许互市"。事实上，在明朝的官方记载中从未出现过割让台湾岛的字眼。

1626 年（天启六年），西班牙人也趁机侵占了鸡笼（今基隆），建立了据点，三年后占领沪尾，占据了整个台湾北部地区。

除荷兰人、西班牙人等这些新兴外来势力之外，中国东南海域还有一股强大的势力，就是长期活跃于这一带的、被中国官方称为"海盗""海匪"的中国海商。

中国东南沿海浙、闽、粤等地区的居民和商人，有天然的条件和需求进行海外贸易。但自元朝到明朝时断时续的禁海令，对他们造成了极大的打击和限制，一定程度上也正是朝廷逼迫他们武装了自己的船队，从事武装走私贸易，中国海商也因此成为了朝廷眼中的"海盗""海匪"。他们中的一些勾结倭寇、西班牙、荷兰等西方人，时常与明朝官军作对；一些直接转变为真的海盗；一些则在明军和海盗的夹缝中生存。随着时代变迁，一部分海商逐渐发展壮大了起来，他们拥有规模庞大的武装船队，武器装备十分精良，人脉资源极为广泛，在日本、中国台湾、东南亚一带都有据点，是东南海域不容忽视的一股力量。他们之中先后出现了一些叱咤风云的首领，如盘踞中国台湾和菲律宾一带的林凤、定居在日本平户的李旦、李旦的拜把子兄弟许心素、荷兰人的铁杆合作者刘香、"开台圣王"颜思齐、后期势力最强大的郑芝龙等。他们与各路海盗及西方人有时合作进行贸易，有时甚至联合攻击明军，如李旦、刘香等就曾多次配合荷兰人攻击明军；很多时候他们也会因为利益矛盾互相攻杀，有时也会攻击荷兰人、西班牙人等。

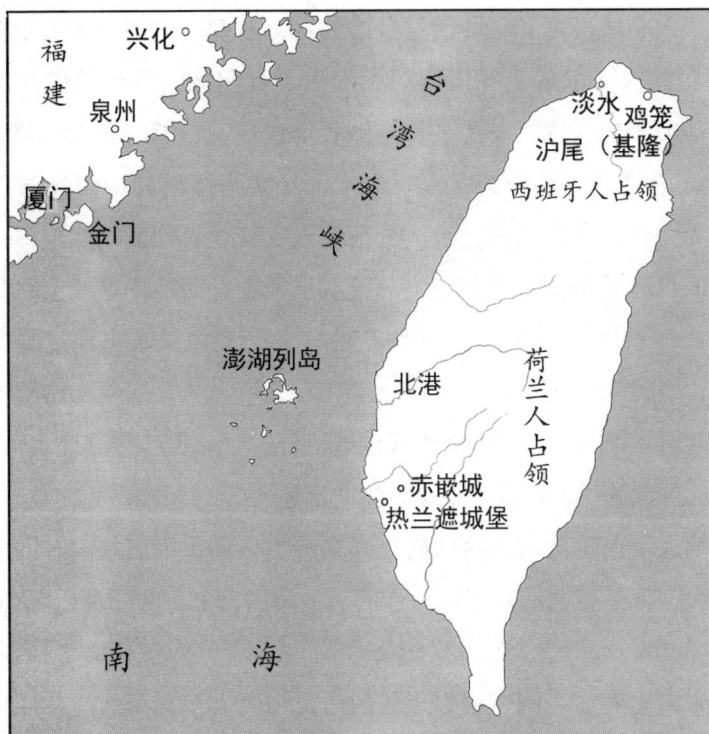

图 14-2　台湾被各方势力侵占情况

1624 年（天启四年），郑芝龙跟随结拜大哥颜思齐到台湾北港（今台湾云林县、嘉义县一带）避祸。也正是在这一年，侵占澎湖列岛的荷兰人被福建巡抚南居益的明军击败，其中三艘战船来到台南一带，以"牛皮骗土地"的手段逐步骗取和侵占了台湾南部。次年（1625），颜思齐和李旦病死，郑芝龙接收了他们的船队和部众，逐步成为中国海商中实力最为强大的一支船队。1628 年（崇祯元年），郑芝龙接受福建巡抚熊文灿的招抚，带领三万士兵和上千艘船只离开台湾，到福建任海防游击将军，摇身一变为朝廷官员，同时仍掌控着强大的海上军事力量。

郑芝龙率主力离开台湾之后，北港地区只留下普通居民和少数驻军。在之后的数十年内，北港地区居民还持续向郑芝龙缴税，这种情况一直延续到郑成功时代。但郑氏集团毕竟对北港的管理越来越弱化了，后来荷兰人逐步吞并了整个台湾南部。

1633 年（崇祯六年）七月，荷兰舰队大举进攻沿海南澳等地区，意图以军事实力逼迫明朝政府给予荷兰贸易最惠国待遇。游击将军郑芝龙受命与荷兰人的铁甲巨舰对战，以小船贴身火攻的战术，于十月二十二日在金门料罗湾大败荷兰舰队。之后连续追杀荷兰人的帮凶、海盗头目刘香，最终杀了这个当年的拜把子兄弟、现今的海上对手。郑芝龙借此机会进一步扩大了自己的海上霸权，垄断了中国澳门、马尼拉、中国台湾、日本一带几乎所有的航线。海上航行的船只，必须悬挂郑氏令旗才能确保安全。连荷兰人都不得不到日本辗转购买郑氏令旗，才能保证自己的船队不被打劫。而中国与荷兰的关系也因此在较长时间内保持了相对稳定。

荷兰人的势力被基本限定在台湾岛内。1643 年（崇祯十六年），荷兰人赶走了占据台湾北部的西班牙人，独占了台湾岛。

1646 年（隆武二年，顺治三年）十一月，郑芝龙跑到福州投降清朝，被清贝勒博洛挟持到北京。之后，郑芝龙的长子郑成功逐渐统一了郑氏集团各派势力，重新树起东南海域霸主的大旗，在继续应对海上多方势力的同时，成为南明时期东南沿海最强大的一支抗清力量。

四

1659年（顺治十六年，永历十三年）七月，郑成功北伐南京失败后，就已经产生了收复台湾的初步想法。

这年，一个叫何廷斌的汉人从台湾来投奔郑成功，带来了大量的台湾岛水道航线、荷兰人的军事布防等重要信息。何廷斌长期担任荷兰人通事，曾奉荷兰驻台湾长官揆一和评议会之命，赴厦门与郑成功洽谈往返台湾的船只的税收问题。1659年何廷斌被荷方控告勾结郑氏集团，私自征税。荷兰方面撤销了他一切职务，并处以极重的罚款。他负债累累，难以生存，遂渡海到厦门投奔了郑成功。郑成功之前已掌握了一些台湾水道航线的信息，何廷斌来投，对如何绕过荷兰炮台在鹿耳门登陆有了更详尽的描述，更增强了郑成功收复台湾的信心和决心。当年年底，郑成功即召开会议，讨论攻台事宜，提出了他的想法："议遣前提督黄廷、户官郑泰督率援剿前镇、仁武镇往平台湾，安顿将领官兵家眷。"[1]

次年（1660）正月，清廷派达素率兵入福建，进剿郑军。郑成功调集军队迎击清军，击败了达素的部队，但入台之事也因此被延误。1661年（顺治十八年，永历十五年）正月，郑成功再次召集会议，正式提出了他的战略构想："我欲平克台湾，以为根本之地，安顿将领家眷，然后东征西讨，无内顾之忧，并可生聚教训也。"[2]但大多数将领并不赞成攻占台湾作为将来的根本之地，他们有的是因为自己的家眷、家产都在厦门一带，留恋乡土，不愿意举家迁往台湾这个落后地区；有的对荷兰人的炮台火力、台湾的复杂水道心有顾虑。鲁监国一系的主要将领、兵部侍郎张煌言也极力反对入台，他的理由是郑成功面对清朝势力应当积极进取，以反清复明为大任，不能退缩到台湾而偏居一隅。他在给郑成功的上书中说："古人云：宁进一寸死，毋退一尺生。使殿下奄有台湾，亦不免为退步，敦若早返思明，别图所以进步哉！"[3]

---

① 杨英《从征实录》，又名《先王实录》，台湾文献丛刊，1958。

② 杨英《从征实录》，又名《先王实录》，台湾文献丛刊，1958。

③ 张煌言《张沧水集》之《上延平王书》，上海古籍出版社，1985。

事实上，以当时全国局势来看，清朝统治大陆的大局已定，郑军以金门、厦门一带狭小地区是很难得到足够的军需保障的。如果没有台湾这个大后方，郑氏集团不可能再独力抗清几十年。从这点上看，张煌言等诸将在大的战略思维上与郑成功有明显的差距。

赞成复台的将领有建威伯马信、参军陈永华、协理五军戎政杨朝栋等。虽然支持复台的人数偏少，但郑成功抓住时机，不顾众多反对者，下令准备攻台。他打算亲率水师攻台，同时在金门、厦门、南澳等沿海地区留下相当兵力，令世子郑经与洪旭、黄廷、陈永华、冯锡范等守厦门并居间协调；令户官郑泰、参军蔡协吉守金门；令忠勇侯陈霸守南澳；郭义、蔡禄、忠匡伯张进守铜山。

1661年（顺治十八年，永历十五年）三月二十三日，郑成功率领大批战舰出金门料罗湾，次日抵达澎湖。候风数日之后，四月初二日，舰队到达鹿耳门，绕过荷兰炮台，在当地中国人的协助下，数千士兵仅用了不到两小时即登上台湾土地。

当时荷兰在台湾的兵力只有一千多人，长官揆一和评议会带领约八百人驻热兰遮城堡，赤嵌城（普罗文查堡）有士兵四百多人，海面上有四艘主力战舰。虽然荷兰船少人少，但揆一等自恃巨型铁甲战舰武器精良、火力强大，士兵都配备当时最先进的枪械，并未把郑军放在眼里，于是指挥战舰和士兵先后在海上、陆上与郑军展开战斗。四月初三日海战开始，郑军派出六十艘战舰围攻荷兰四艘巨舰，双方火力全开，海面上炮声隆隆，烟尘漫天。荷兰每艘主力战舰配备数十门先进重炮，而郑军每艘战舰通常只有两门重炮。虽然郑军装备落后，但船舰数量众多，将士奋不顾身，船舰虽被击沉数艘，但余船仍勇往直前。突然，荷兰最大的赫克托号战舰的弹药库被击中，一连串巨响之后，赫克托号沉入海底。另一艘荷舰斯·格拉弗兰号也被击中燃烧，仓皇逃走。海战以荷兰惨败告终。

荷方陆上战斗由贝德尔上尉指挥，他带领二百四十名士兵出击。他错误地认为中国人都胆小如鼠，只要开枪打倒几个人，其他人就会四散而逃。出乎他们意料的是，郑军五百名士兵从正面沉着应战，毫不退缩；另有五百名藤牌兵从侧面夹攻，"箭如骤雨"向荷军袭来。荷兰兵抱头鼠窜，落荒而逃，贝德尔上尉及其士兵一百一十八人被击毙，其余八十余人仓皇逃回船上或热兰遮城堡中。

郑军初战告捷，随后迅速包围了热兰遮和赤嵌两城，切断了两城之间的联络。赤嵌城守军人数较少，且淡水储备不足。郑军切断了赤嵌城的水源，荷军司令描难实叮走投无路，于四月初四日率部下出城投降。五月，郑成功将赤嵌改名为东都，设一府二县，即承天府及天兴县、万年县。

四月底，郑成功指挥将士猛攻热兰遮城堡，但城堡极为坚固，荷兰守军的炮火也十分猛烈，攻城没有成功。为减少伤亡，郑成功决定采取长期围困方式，逼迫荷军投降。

五月底，巴达维亚的荷兰东印度公司得到赤嵌城投降、热兰遮城堡被郑军围困的消息，遂派出指挥官考乌带领七百名士兵，分乘十艘战船，往援热兰遮。考乌的船队航行了三十八天后到达台湾海域，见到密密麻麻的郑军舰队，吓得不敢靠岸，在海上徘徊了一个多月。到闰七月中旬，只有五艘舰船靠近热兰遮碇泊，结果其中一艘主力战舰还触礁沉没。不管怎样，援军的到来还是增强了荷军的信心。闰七月二十三日，荷军从水、陆两路开始反击。奈何双方规模悬殊太大，荷方一艘大船被郑军击碎，一艘被烧毁，三艘小船被俘，海战一败涂地；陆战也以失败告终。十月中旬，考乌见大势已去，谎称自己可以率船队去攻击厦门，引开围困热兰遮的郑军。评议会同意了考乌的"计策"，没想到考乌带着他的船队，根本没往厦门去，而是直接逃回了巴达维亚。

考乌带着他的援军逃走后，热兰遮城堡内的荷军士兵更加人心涣散，末日气氛笼罩着每个荷兰人。十月二十五日，一个荷兰军曹拉迪斯溜出城来投降了郑军，向郑成功报告了城内的实情和城堡的薄弱之处。十二月初六日，郑军集中大量炮火，猛轰热兰遮的制高点乌特利支圆堡，两小时内发炮二千五百发。圆堡南面被轰塌，郑军占据了这个制高点，居高临下向热兰遮城内发炮轰击。荷兰守军彻底绝望。公元 1662 年 2 月 6 日（顺治十八年，永历十五年十二月十八日），荷兰驻台湾长官揆一在评议会商议同意后，签字投降。荷方交出所有的城堡、武器、物资，由揆一带领剩下的人员撤离台湾。至此，被荷兰人侵占了三十八年的宝岛台湾，终于回到了中国人手中。

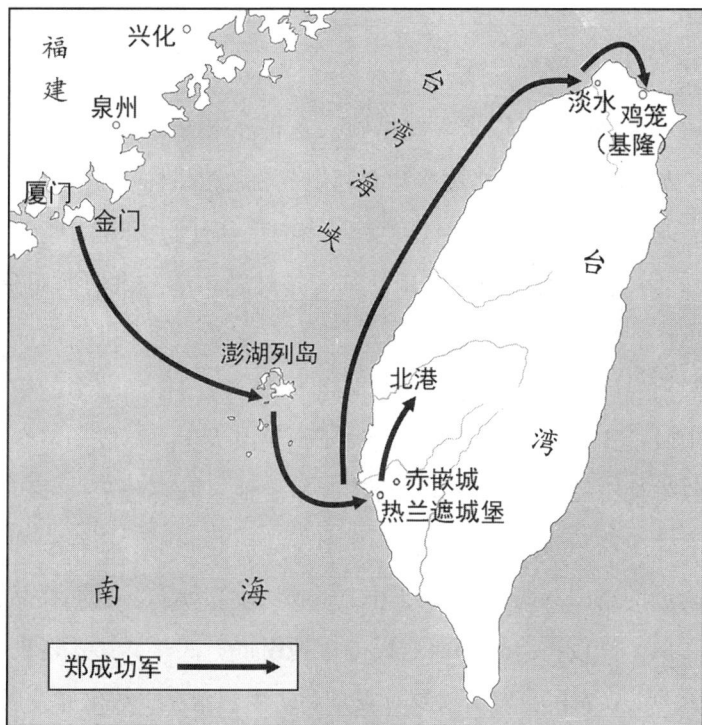

图 14-3　郑成功收复台湾

郑成功复台的本意是为郑军开辟一个新的大后方，但这次收复台湾的行动，不仅仅是为郑军找到了后方基地，解救了被荷兰长期非法统治的台湾人民，更是向全世界再次宣告中国对台湾不容置疑的主权，对后世乃至今天都具有极其重要的意义，堪称明清以来中国最伟大的历史事件之一。郑成功及其复台将士必因此彪炳史册，光照万世！这一点，恐怕郑成功当时也没有想到。

第三节　郑成功之死和郑经治理台湾

一

郑成功入台以后，采取了一些措施，发展台湾的政治和经济。其一是设置府、县并委派官员，在台湾逐步建立起规范的政权机构。其二是大力发展军屯，开垦土地。这项工作在围困热兰遮城堡时已经开始，既解决了军粮问题，对当地农业生产也有明显促进作用。其三是鼓励东南沿海的居民移居台湾，发展农业生产。清廷此前已开始实施"迁海"政策，把大批沿海居民迁往内地，沿海竖立界碑，严禁通行，寸板不能下海，意图掐断郑军的粮饷和军需来源。这项政策让大量沿海居民流离失所，无以为生。郑成功下令沿海各个据点，专收失地饥民，把他们运到台湾开垦土地，既解救了这些饥民，又发展了台湾农业生产。其四是团结台湾当地少数民族同胞。郑军刚到台湾没几天，赤嵌附近的高山族头人就来归附，郑成功设宴款待并赠送礼品，后来还专门下令军队不许侵占当地部落居民的土地财产。次年，郑军还向一些部落派遣有经验的汉族农民，发给铁犁等农具和耕牛，帮助少数民族发展生产。

为尽快加固根本，发展生产，郑成功下令把沿海据点官员和将士的家属都送来台湾。事后看，这一措施未免有点操之过急。在收复台湾的前一年，郑军在福建击退达素的清军，清廷最精锐的主力军队都集中于西南一带，东南沿海的局势在较长时间内都相对稳定，郑成功完全可以等台湾发展建设得稍好一点之后，再鼓励官员将士的家属逐步迁移过来。在收复台湾之前，郑氏集团的大多数将领都对复台持反对意见，很多人都不愿意放弃大陆沿海的家产和生活。此时郑成功严令他们的家属尽快赴台，在这些官员将领中再次引起很大的非议和抵触情绪。1662年（康熙元年）正月，郑成功迁眷谕令到达沿海岛屿，郑泰、洪旭、黄旭等重要官员将领都默默地抗命不从，甚至把前来传令的人员船只都扣住，一段时间内海上的信息传递因此而断绝。

郑成功急于强推迁眷政策，让整个郑军人心不稳，谣言四起。有传言说镇守南澳的忠勇侯陈霸因为不愿迁眷入台，已在与广东清军接洽投降。郑成功未弄清情况，就下令郑经和洪旭派兵前往南澳平叛。陈霸无法自证清白，干脆真的率部南下广东投降了清朝。

郑成功少年得志，年纪轻轻就是一方统帅，他一直以来都以治军严厉、说一不二而著称，何时受过被众多部下抵制的气？面对船坚炮利的荷兰人，他没有任何犹豫和胆怯，但众多官员将领的不配合却深深地打击了他，让他感到十分的郁闷和烦恼。恰在此时，又连接发生了几件令他极为痛苦、失望和气恼的事。

第一件事与其父郑芝龙有关。郑芝龙自 1646 年投降清朝、被贝勒博洛挟持到北京之后，清廷以为奇货可居，以郑芝龙及其家眷子侄为人质，十几年来一直努力招抚郑成功。到郑成功复台时，清廷认为全国大局已定，对招抚郑成功也已失去耐心，找了个借口，说郑芝龙家仆举报其意图谋反，于 1661 年（顺治十八年，永历十五年）十月初三日，把郑芝龙及其子侄十一口全部处死。尽管郑成功一直以来坚持不向清廷妥协，把其父的安危放在了次要位置，但当这一天真的来临，父亲和兄弟子侄被杀，他内心仍是十分悲痛的。

第二件事是 1662 年（康熙元年）四月，部下林英从云南逃回来，向郑成功汇报了永历帝被清军俘获、西南抗清势力已基本被全部消灭的情况。尽管从过去的所作所为来看，郑成功并非完全真心地想帮助永历朝廷恢复大明王朝，他更感兴趣的是利用明、清相斗的机会，以永历朝廷的旗号为号召，尽力扩大自己的势力范围，实现郑氏集团长久的割据自雄，顺便保住先世衣冠，但永历朝廷被消灭，也使他认识到自己成为了清朝最后一个战略打击的目标，内心承受的压力也是十分巨大的。

第三件事是压垮骆驼的最后一根稻草。世子郑经留守厦门，与四弟的乳母陈氏私通生了一个儿子，并向郑成功报告谎称与侍妾生了个儿子。郑成功不知详情，还为添孙而高兴，并给了一些赏赐。不料郑经的岳父向郑成功举报，称郑经有乱伦之举，"此治家不正，安能治国乎？"①郑成功闻讯大怒，命

---

① 江日升《台湾外纪》，福建人民出版社，1983。

人到金门找到族兄郑泰，令郑泰到厦门以治家不严之罪斩郑成功发妻、郑经之母董酉姑，并将郑经、乳母陈氏及其婴儿一并斩首。郑泰、黄廷、洪旭、陈辉等金门、厦门诸将闻令后大为震惊。他们商议后决定遵令杀了陈氏及婴儿，然后联名上书请求免除董氏、郑经死罪。但郑成功不允，坚持要杀了董氏和郑经。金门、厦门诸将再次商议，都认为郑成功此谕令太过乖张，于是写本回复郑成功，其中有"报恩有日，候阙无期"之语，明确表达了拒绝执行郑成功命令。郑成功阅信后，心中愤懑已极。

这几件事加到一起，终于让郑成功的心理负荷达到了极限。他身体已感到严重不适。1662 年（康熙元年）五月初八日，他胸闷无法呼吸，气噎而死，终年三十八岁。在收复台湾仅五个月后，郑成功撒手人寰。

郑成功二十三岁起兵，短短几年时间就在旗下聚集起十数万人马。在他的带领下，郑家军迅速发展壮大，他们不仅成为东南海域实力最强的一支武装力量，也成为当时全国最主要的抗清势力之一，成为清朝在东南沿海的心腹大患。郑成功坚持扶明抗清，反抗民族压迫，从未真正意义上地投降清朝；他力排众议，以高超的战略眼光决定收复台湾，带领大军打败了侵占台湾多年的荷兰侵略者，为中华民族立下不世功勋。从这个意义上来说，郑成功不愧是明末清初最杰出的一位政治家、军事家，是中国历史上最伟大的民族英雄之一。

但同时，郑成功也是明末清初最复杂的一位历史人物。论抗清，他总体上坚定不移，但中间多次与清朝和谈，接受清朝的封号。这些所为虽然可以被认为是对清朝虚与委蛇的策略，但作为当时最主要的抗清领袖之一，他的这些言行对全国抗清的思想和导向还是产生了不利影响。论扶明，他坚定地奉举永历旗号，但在李定国东西夹攻收复广东的战役中不积极配合，无所作为；永历帝死后，他宁愿遥奉已不存在的永历年号，也不愿拥立身边的鲁监国或其他明朝宗室继承国祚，使号召反清复明的旗帜处于虚悬状态。论复台，他睿智英明，勇敢果断，立下奇功，但他长期以来并未对侵占台湾的荷兰人动武，反而一直与他们保持贸易关系，直到南京战败、沿海势力范围被极度压缩之后，郑成功才考虑收复台湾作为后方基地。这些表现，无法不令人有所想：郑成功心中考虑比较多的，恐怕是怎样维护郑氏集团的独立性和现实利益。这很大程度上应该是源于他郑氏家族海商出身的背景，以及随之而产生的价值取向和思维方式。当然在当时特定历史时期下，他的思想受到这样的一些局限也很正常。

郑成功逝世后，康熙帝专门为他御赐挽联一副："四镇多二心，两岛屯师，敢向东南争半壁；诸王无寸土，一隅抗志，方知海外有孤忠。"[1]意思是：清朝统一全国的过程中，像刘良佐、刘泽清之类的弘光朝四镇总兵都心怀异志，临难而变，而仅据守几个岛屿的郑成功却忠贞不屈，甚至敢于主动出击，与清朝争夺半壁江山；明朝各残余势力都被完全地打败了，而郑成功依然对明朝忠肝义胆，矢志不渝。这样的忠义之士，值得所有人、包括对手的钦佩和尊重！

二

1662 年（康熙元年），南明抗清势力中的几个主要人物相继离世。四月，永历帝朱由榔及其太子被逼死；五月，郑成功病逝；六月李定国病逝；十一月，鲁监国朱以海病逝。曾经的几杆反清大旗在一年之内接踵倒掉，似乎昭示着南明确实气数已尽。

郑成功突然病故，谁来继承其王位和权力立刻成了郑氏集团的头等大事。张煌言率所属部众长期在浙江沿海的岛屿活动，他听说郑成功病故，立即提议再次拥立鲁监国朱以海为明朝正朔，以号召天下继续反清复明。可惜张煌言在郑氏集团中没有什么话语权，而郑氏诸将都各怀心事，并没有几个人像他一样真心对复明一事念念不忘，因此响应者寥寥，甚至连朱以海本人都也对此漠然了。朱以海自从寄居于郑成功篱下以来，一直过着被人监视的闲居生活，长期郁郁寡欢，当年的志向早已消磨殆尽，逐渐诸病缠身，这年十一月也就因"中痰"病故了，终年四十四岁。

---

① 这副挽联刻于福建省南安石井镇延平郡王祠的石柱之上。

郑成功的长子郑经是继承其爵位的当然人选。他是延平王世子，虽年仅二十岁，但已多次参加过郑成功的战事，政治、军事上已日趋成熟。他奉父命守厦门，与金门、厦门一带的郑氏将领都很熟悉。只是他与四弟乳母通奸一事，说起来也是郑成功病死的诱因之一。部分心存异念的郑氏将领抓住此事大做文章，意图借机夺取权力。郑成功病死的当月，在台的将领黄昭、萧拱宸等即伪造郑成功遗命，历数郑经罪状，拥立郑经的五弟郑袭为主。郑经闻讯后大怒，欲立即出兵进取台湾。偏巧此时清方也已得到郑成功病故、郑氏可能内乱的消息，从广东移镇福建的清靖南王耿继茂立即派人来厦门威逼劝降郑经。郑经两面临敌，不得不把攻台的事放一放，先对耿继茂虚与委蛇，以持续谈判的姿态暂时先稳住了清方（这一点倒确有乃父之风）。十月，郑经与洪旭、周全斌、冯锡范、陈永华等人率领所部水师，以赴台奔丧为名，杀奔台湾。黄昭在台湾组织力量抵抗，很快被郑经军队打败，黄昭被杀。郑经顺利攻入承天府，杀死萧拱宸等。十一月，郑经将其弟郑袭带回厦门软禁。

郑经攻入台湾时，搜获一批书信，其中有其伯父郑泰与黄昭的往来信函，因此而怀疑郑泰此前即有反己图谋。回到厦门的次年（1663）六月，郑经以议事为名邀请郑泰赴宴，席间以埋伏的甲士杀死了郑泰。郑泰死后，其弟郑鸣骏、其子郑缵绪即率所部至泉州降清。

清闽浙总督李率泰和靖南王耿继茂见郑军内部动荡，郑经也一直无投降诚意，遂决定勾结荷兰人趁机进攻金门、厦门。十月，耿继茂率百余艘战船，连同十四艘荷兰战舰，向金门、厦门发起进攻。经过动荡内讧的郑军力量已大不如前，很快不支，被清军击败。郑经只好放弃金门、厦门，率残部退守铜山。

退守铜山后，由于形势恶劣，郑军大批兵将叛逃，连大将周全斌都到漳州投降了清朝。郑经见形势难以支撑，于1664年（康熙三年）三月，与冯锡范、陈永华等率余部东渡台湾。至此，郑氏集团在大陆沿海的据点几乎被全部拔除，郑氏力量全部集中于台湾。

是年八月，李率泰上疏清廷，建议由郑氏降将、现任福建水师提督的施琅攻取台湾。次年（1665）四月，施琅率数百艘战舰出征台湾，还未到澎湖，飓风大作，战船纷纷漂散损毁，被迫引还。不久，施琅被召进京，解除了水师提督职务，清廷主动攻台的策略从此暂告一段落。

1664年（康熙三年），就在郑经率余部退回台湾的同时，另外两支抗清力量几乎同时走到了尽头。八月，夔东十三家最后的领导人李来亨在茅麓山自杀身死，夔东反清势力最终覆灭。在浙江沿海岛屿活动的张煌言本是最坚定抗清的将领，但他眼见郑成功、鲁监国接踵死去，抗清的旗帜已逐个消失，而郑氏集团又内斗不止，对反清复明终于彻底绝望。这年六月，他解散了自己的部队，只留下几个亲信隐居于人迹罕至的孤岛悬山花岙。七月，清浙江提督张杰探知了张煌言匿身之处，派兵突然登岛抓获了他，将他押解到宁波、杭州。张煌言被俘后，清方多次劝降，都被他断然拒绝。九月初七日，张煌言在杭州慨然就义，终年四十四岁。

三

长期以来，清廷对郑氏集团采取的是三种策略，一是招抚，二是进剿，三是"迁海"。

早在1655年（顺治十二年，永历九年）六月，清廷就下令沿海迁界，"严禁沿海省份，无许片帆入海，违者置重典"[1]，史称"迁海令"。但因清廷内部对此禁令有分歧，一部分官员认为迁海对民生和税收影响太大，不愿认真执行，因此这次迁海令收效不大。

1661年（顺治十八年，永历十五年）正月，顺治帝福临病死，年仅七岁（周岁）的皇子玄烨即位，即康熙帝。按顺治遗旨，索尼、苏克萨哈、遏必隆、鳌拜四人被封为顾命辅政大臣。其中鳌拜因资历老、军功卓著，为人又嚣张跋扈，逐渐压制了其他三位辅政大臣，掌握了清廷的真正实权。鳌拜等老派当权者并无什么海权的概念，在他们眼里，东南沿海的郑氏集团不过是一群海匪而已，只要限制他们来大陆侵扰，可以由得他去。于是，在玄烨即

---

[1]　蒋良骐《东华录》卷七，中华书局点校本，1980。

位的当年，清廷颁布了最严厉的全面迁海禁令。八月，清廷派出官员到沿海各地巡视"立界移民"，大规模地将沿海居民迁往内地。迁海的重点在福建、广东，浙江次之，江苏、山东则较为宽松。

按新的迁海令要求，沿海三十里内的居民都要迁入内地。实际执行过程中，依地势不同，有的把范围扩宽到四十里、五十里，甚至更多。清军用土墙、木城、木栅、壕沟等方式设立边界，派兵把守；边界外沿海居民的田地、产业全部放弃，房屋全部烧毁，如有私自跨出界者一律处死。

迁海令一定程度上确实限制了郑氏集团，但也造成了严重的不良后果：一是沿海的渔业、盐业等大量产业和田地被放弃，政府的税收收入受到巨大影响。清廷将损失的税收再加到内地居民头上，加重了内地居民的负担。二是让无数沿海居民颠沛流离，背井离乡，无以为生，在迁海过程中死难的百姓无以计数。三是沿海国际贸易遭受重大打击，中国与其他国家的贸易和交往受到严重影响。这一政策持续了二十年，沿海省份的百姓深受其害。

迁海令一定程度上也促使了郑成功下决心收复台湾。也正因为迁海令这样的保守思维，同时鳌拜等人还因忌惮汉人官员力量的增长而下令大幅度裁撤海军，使得郑经在退入台湾后的很长时间内，几乎不再受到清军的"骚扰"，可以更加集中精力经营台湾。

郑经的政治谋略、军事才能不如其父郑成功，也没有其父那样的刚毅勇敢，但他也没有郑成功性格偏狭、冲动易怒的弱点。在治理台湾的过程中，他展现出头脑清醒、沉稳睿智、用人得当的优点。在外交事务方面，更是显露出聪明狡黠的一面。

就在郑经退入台湾的前后，荷兰东印度公司任命波特为司令，率领两千六百名士兵，十六艘战舰，攻打并占领了基隆。同时，荷兰人在海上四处袭击郑氏商船，让郑氏在东南亚一带的贸易几乎瘫痪。荷兰人占领基隆后，向郑经提出必须割让东平等地，并且赔偿郑成功收复台湾时给他们造成的损失，才可以停战。如此无理要求，让郑军上下都愤愤不平。但郑经冷静分析局势，认为当前郑军最需要的是稳定下来，于是开始与荷兰人谈判，主动释放了数百名荷兰俘虏，向荷方示好。荷兰人对郑经的求和信号信以为真，放弃了乘胜追击，和郑经签了停战协议。

稳住荷兰人的同时，郑经加紧建章立制，建设台湾。在吏治方面，他重用陈永华、杨英、柯平、谢贤等一批能臣干吏，充分听取他们的政策建议；在发展生产方面，他认真细致地贯彻郑成功提出的屯田制度，制定保甲制度，施行大幅度减税政策，鼓励种植多种农作物，鼓励贸易，兴修水利工程；对外贸易方面，他大力发展与日本人、菲律宾人、西班牙人等的贸易合作，尤其注重拓展对日贸易，很快成为日本对外贸易最大的合作伙伴之一。

军事方面本来非他所长，但他抓住了英国人和荷兰人在海上争霸、互相大打出手的机会，主动交好英国人，加强与英国人的贸易，英国人则向他提供大量的火器、战船技术，双方合作对抗荷兰人。郑经通过购买和仿造武器、战船，很快拥有了一支三万人的新式海军。他的每艘主力战舰装配重达三千斤的巨炮一门，大型火炮二十门，中小型火炮一百门，堪称巨无霸战舰。鼎盛时期，郑军这种主力战舰超过五十艘，其规模和实力与当时的荷兰、英国的舰队相比毫不逊色。

1668年（康熙七年），实力已经很强大的郑经向基隆的荷兰人发出照会，勒令他们限期离开台湾。荷兰人起初不予回应。十月，郑经命刘国轩统水师进攻基隆。仗尚未开打，荷兰舰队司令波特见到郑军水师的浩大阵势，马上同意撤走。十月初八日，郑军收复基隆。

明郑政权再次完全统辖了台湾。郑经更加认真地治理和经营台湾，他"抚土民，通商贩，兴学校，进人才，定制度，境内大治"。台湾从原先的蛮荒之地，逐渐成为了一个物产丰富、丰衣足食、生机勃勃的宝岛。

第四节　施琅平定台湾

一

清朝在康熙早期的时候几乎不来进犯台湾，其原因除了鳌拜等人缺乏战略眼光外，还有一个重要原因是吴三桂、耿继茂、尚可喜三藩汉族王爷势力越来越大，颇有尾大不掉之势，清廷绝大部分的注意力都集中于此，对台湾实在是无暇顾及。清廷也并非没有清醒者，如担任过兵部侍郎的黄锡衮就坚决主张收复台湾，但他们的想法主要是通过招抚收降台湾。1667 年（康熙六年）八月，清廷命河南候补道孔元章前往台湾，提出"通商、入京、纳贡"三大条件招抚郑经。郑经此时正在实力快速上升的期间，断然拒绝了招抚。

而时任福建水师提督的施琅一直主张武力复台，在孔元章招抚失败后，他专门向清廷上了道著名的《边患宜靖疏》，说道："……伏思贼党盘踞台湾，沃野千里，粮食匪缺。上通日本，下达吕宋、广南等处，火药军器之需，布帛服用之物，贸易备具。兼彼处林木丛深，堪于采造舟楫。以致穷岛一隅，有烦南顾。为今之计，顺则抚之，逆则剿之。……且数年以来，沿边江、浙、闽、粤，多设水陆官兵，布置钱粮，动费倍增，皆为残孽未靖之故。如台湾一平，防兵亦可裁减，地方益广，岁赋可增，民生得宁，边疆永安；诚一时之劳，万世之逸也。"[1] 施琅力陈台湾的重要性，希望说服清廷尽快收复台湾。

施琅的这道奏疏对年少的康熙皇帝影响颇大，他读到奏疏后，立即传旨召施琅进京觐见，商讨平台事宜。但施琅的主张却引起了官场一片反对之声。一是他的想法和鳌拜等当权者相左，也与主张招抚台湾的一帮官员的想法不同；二是资深官僚们都看不起这个汉官降将，且施琅的性格又耿直暴躁，官场人缘很不好。他到京后，立刻招来一片骂声，有人说他是想找郑家公报私

---

① 施琅《靖海纪事》，王铎全校注，福建人民出版社，1983。

仇，还有人弹劾他"邀功贪占，置社稷于不顾"。少年皇帝面对汹汹舆情，手里又没有独断实权，无奈之下，只得罢免了他水师提督的职务，给了他一个内大臣的虚职。施琅从此闲居北京，这一闲就是十三年。

施琅闲居北京的这些年，生活一度十分贫苦。他收入不高，又没有其他财源，但他为了说服朝廷出兵收复台湾，不停地四处奔走游说，努力想打通朝廷的各个"关节"，甚至找人借钱，向一些官员送礼，但收效甚微。生活上，他省吃俭用，很多时候靠夫人接一些裁缝的活儿，才能勉强度日。即使这样，他也从来没有放弃收复台湾的心思。他一直让福建的朋友给他寄来沿海一带的水文、风向资料，认真记录研究，为将来的那一天做好准备。

1669 年（康熙八年）五月，十五岁的康熙帝突然行动，计擒权臣鳌拜，并快速剪灭其党羽，正式宣布亲政。清廷对台的政策，也从此转向。六月，康熙帝即派刑部尚书明珠为钦差大臣，率使团赴台招抚郑经。但郑经上一年刚刚赶走了荷兰人，台湾经济、生产、贸易等各方面欣欣向荣，正是信心满满的时候，于是再一次拒绝了清廷的招抚。

1673 年（康熙十二年）十月，清廷为了剪除三藩威胁，下令撤藩。平西王吴三桂为应对此事早已做了多年的准备，一得到撤藩的消息，立刻杀了云南巡抚朱国治，提出"兴明讨虏"的口号，宣布起兵，发兵进攻湖南、四川等地。清廷紧急调兵阻击吴军。同时，吴三桂联络邀约广东的平南王尚可喜和福建的靖南王耿精忠（耿继茂于 1671 年病死，长子耿精忠袭王位）一同起事。耿精忠于次年（1674）三月在福州起事响应，陕西提督王辅臣、广西将军孙延龄等也先后起兵响应。广东尚可喜对大清忠心耿耿，不愿随吴三桂造反，但他东面受到耿精忠攻击，西面受到孙延龄攻击，屡被击败，丢失了广东省近一半的地盘。1676 年（康熙十五年）二月，尚可喜的长子尚之信发动兵变，软禁其父，宣布反清。不久后尚可喜病死。平静了没几年的中国大地，再次烽烟四起、战火纷飞。这一场针对清朝的大规模反叛，史称"三藩之乱"。

在这场三藩之乱中，郑经也隆重出场，扮演了重要角色。

三藩之乱的初期，叛军势力十分强大。吴三桂几乎占领了湖南全境，四川全省投降了吴军。短短时间内，清廷丢失了滇、黔、湘、川、桂、闽六省和近一半的广东省。远在台湾的郑经此前已经和福建耿精忠有些私下往来。耿精忠造反时，邀约郑经一起出兵。郑经判断当下局势，认为三藩势力强大，清朝的西北还有噶尔丹的侵扰，北面有蒙古察哈尔王的威胁，清廷形势看起来岌岌可危，正是自己恢复和扩张大陆地盘的最佳时机，说不定还可以一举复兴明朝。1674年（康熙十三年）五月，郑经命世子郑克墼留守台湾监国，陈永华辅政，自己亲率大军向厦门进发。

　　起初的行动十分顺利。郑经攻占厦门后，又攻占了海澄、同安，而这两地此前已是耿精忠的势力范围，由此耿、郑盟友开始交恶。随后泉州、漳州、潮州三府陆续投靠"根正苗红"的郑军。耿精忠要求郑经归还泉州，郑经不允，双方终于大打出手。郑经派刘国轩领兵击败了耿精忠。后经吴三桂派人调停，耿、郑双方以枫亭（今仙游县枫亭镇）为界，暂时实现了和解。郑经随后指挥军队南下进攻广东，两次击败尚之信（当时尚之信还未兵变造反），夺得了惠州。这时，郑经已控制了泉州、漳州、潮州、惠州四府。

　　1676年（康熙十五年）五月，耿精忠的部下、汀州总兵刘应麟私下联络郑经，献上汀州城，投靠郑氏，而郑经也就慨然受之。这一下彻底激怒了耿精忠，双方在漳州、泉州一带再次展开大战。北面的清军见明军再起内讧，遂抓住机会大举进军福建，猛攻耿军。耿精忠两面受敌，极为窘迫。十月，他投降清朝，把清大将军康亲王杰书迎入福州城。

　　耿精忠所部兵将十分恼火郑军的"不仁义"，纷纷主动请战，愿做先锋攻打郑军。在清军的猛击之下，郑军连续战败，泉州、漳州、兴化等地陆续丢失，不得已又退回了厦门。清军继续南下广东。尚之信见形势逆转，于该年十二月也投降了清朝。

　　郑经因小失大，为争夺地盘不惜与盟友闹翻，结果自己不得不面对清军的直接攻击，而耿精忠、尚之信相继降清，让收缩于厦门的郑军成为了东南抗清的一支孤军。1678年（康熙十七年）二月，郑经命刘国轩统兵再次出击，连克漳州、海澄、同安等地，包围了泉州，东南大震。但这时郑军在战略上已处于劣势，一时的胜利改变不了整体战局。九月，清军组织强势反扑，郑军连续败退，夺得的漳州、同安等地又纷纷丢失。这期间清廷同时对郑经展开招抚，提出郑氏可以不剃发、不登岸、称臣入贡、郑氏可永据台湾等条件。但因设立互市等条件未谈妥，招抚一事搁置下来。

1678年（康熙十七年）四月，清廷任命颇有见地的姚启圣为福建总督，他对郑氏集团主张采取剿抚结合的策略。1680年（康熙十九年）正月，他命福建水师提督万正色率部进攻厦门。郑经命刘国轩、林陞等大将领兵迎敌，结果郑军连续战败。不少郑军兵将在姚启圣的招降下纷纷投降，郑军海澄守将陈昌献城降清。月底，郑经不得不放弃厦门，全军退回台湾。郑经利用三藩之乱反攻大陆的行动以失败告终。

二

郑经败回台湾之后，受到其母董酉姑的严厉批评，指责他"无略果断""不能任人"。从此他性情大变，整日沉迷于花天酒地，政事彻底荒废，身体也越来越差。1681年（康熙二十年）正月，郑经病故，终年三十九岁。

这时的三藩之乱已进入尾声。陕西王辅臣兵败降清，广西孙延龄被吴三桂之孙吴世璠所杀，叛军地盘大幅度萎缩。1678年（康熙十七年）三月，吴三桂在湖南衡州称帝，国号大周；八月，即病死衡州，终年六十六岁。其孙吴世璠继其"帝位"并回昆明驻守。1680年（康熙十九年）底，清军入滇围攻昆明，吴世璠自杀，余者出降，三藩之乱终告平定。

郑经死后，继承王位一事又引出一场风波。郑经的庶出长子郑克𡒉年已十八，是陈永华的女婿。在郑经西攻大陆的时候，克𡒉已受命任监国。郑经回台以后，克𡒉继续任监国。在陈永华长期调教下，郑克𡒉睿智果断，凡事井井有条，颇有其祖父郑成功之风，被时人称为"东宁贤主"。但他的老丈人陈永华于1680年病故，支持克𡒉的势力大为削弱。而郑经的次子郑克塽，年仅十一岁，是郑经最亲信的侍卫长冯锡范的女婿。冯锡范为人狡猾，觊觎郑氏实权。郑经死后仅三天，他就借口董酉姑召见，把郑克𡒉骗至董氏院内，以事先埋伏的手下将克𡒉残酷杀死，扶持郑克塽继承了延平王位。郑克塽年幼无知，大权实际上落入了冯锡范手中。在这次史称"东宁之变"的事件中，郑氏军队的最高首领刘国轩却自始至终沉默不语。他明知冯锡范要奸计夺权，但他是冯锡范父亲冯登世的养子，他选择了躲开是非，不与冯家翻脸，独自到澎湖整顿军队，加固要塞。

冯锡范独揽大权后，开始了一场血腥的大清洗，诸多原先支持郑克壓的官员将领被杀或被罢免；董酉姑被软禁，半年后病死；郑克壓的妻子自杀殉夫，台湾岛上一片恐怖气氛。冯锡范及其近臣开始圈占土地，强占商业，提高赋税，盘剥牟利。台湾出现了经济混乱、生产停滞、物价暴涨的情况，欣欣向荣的景象一去不复返。

台湾政变的当年（1681）五月，福建总督姚启圣就将台湾"文武解体、主幼国虚"的情况报告了清廷。十一月，他又上疏力荐施琅领兵攻取台湾。康熙帝采纳了他的意见，委任施琅为福建水师提督，领太子太保衔。多年来坚持武力攻取台湾又多年不受朝廷待见的施琅，终于等来了可以实现抱负的这一天。

1683年（康熙二十二年）六月十四日，六十二岁的施琅率领两万清军、五百三十艘战船，从铜山出发，东征台湾。此前，施琅已对台湾海峡的风向水文做了长时间的研究。他力排众议，选择在这个台风频发的季节出征，是想打郑军一个出其不意。十六日清晨，清军到达澎湖，立即开始了对郑军的攻击。刘国轩没有料到清军会在这个季节发动进攻，紧急安排应战。他在澎湖的苦心经营没有白费，依仗着十数个坚固堡垒，以猛烈炮火轰击清军。在炮火狂轰之下，清军损失惨重，阵亡两千多人，连施琅也眼睛受伤，清军首战以失败告终。之后的几天内，双方多次相互攻杀，互有胜负，但清军再未能前进一步，要突破澎湖防线的希望看起来十分渺茫。

二十二日，果然如施琅所料，海上风向大变，西南风骤起。施琅立即指挥舰队兵分四路，趁着风势快速进攻郑军据点。刘国轩下令郑军水师全体出击，打算以巨型主力炮舰阻挡和消灭清军战船。不料施琅突然改变阵势，下令每五艘战船围攻一艘郑军巨舰，借上风口的风势猛发火炮、火船。居于下风口的郑军舰队立刻被漫天的火炮烟雾覆盖，士兵目不能见物，主力战舰被一艘接一艘击沉。这次战斗极为惨烈，清军也伤亡惨重，多名将领重伤或阵亡，但清军仍坚持全力进攻。经过九个小时的激战，最终郑军舰队几乎全部被摧毁，连刘国轩的旗舰也被击沉，清军最终大获全胜。这一仗，清军击沉和俘虏郑军大小战船二百艘，歼敌一万两千人，俘虏五千余人。刘国轩仅带三十一艘小船败退台湾岛。曾经称霸东南海域的郑军水师主力，在此战中损毁殆尽。

三

战败的消息很快传回台湾，引起岛内一片恐慌。尤其是郑氏子孙，更是惊慌得手足无措。因为战前就听说，施琅攻台的目的是为他当年被郑成功所杀的父亲、弟弟报仇，誓要杀光所有郑家子孙。而台湾经过冯锡范等人的血腥清洗和乱搞，刘国轩又战败，台湾民心军心尽失，已不可能再有还手之力。就在明郑高层商议是逃往日本还是东南亚之时，又传来明宁靖王朱术桂携五妃自杀殉国的消息，恐慌和绝望的气氛更加浓郁。

而施琅采取的策略却出乎所有人意料。他攻下澎湖之后，并未急于攻台，而是在澎湖驻军休整。他厚待被俘的郑军将士，告诉他们"去留尊便"，要走的还发给路费。一些被放回台湾的士兵带回来了消息，说施琅并无屠戮台湾之意。同时，施琅上疏康熙请求招抚台湾，得到批准，随即他向明郑政权发送了招抚文告。他还特意放回了俘虏的刘国轩的亲兵，请他带话给刘国轩，表示不会与之为仇，如果刘国轩愿意投降，他甚至愿意和他结为儿女亲家。为表达诚意，施琅"折箭为誓"。

施琅的一系列举措收到了效果。掌握着台湾最后一支军队的刘国轩决心归顺，他劝说郑克塽投降。郑克塽同意了他的意见，一向善于弄权的冯锡范对此也提不出什么异议。

七月十五日，郑克塽代表台湾明郑政权上降表，愿意剃发降清。七月二十五日，康熙帝下谕旨接受台湾投降。1683年（康熙二十二年）八月十三日，施琅率一万清军经鹿耳门入台受降，郑克塽率台湾文武百官出城迎接。

施琅入城后，立即发布安民告示，明令军队不许劫扰百姓，对台湾居民必须秋毫无犯。几天后，他主动去拜祭国姓爷庙，对郑成功父子收复和经营台湾给予了高度评价，称他们所做的这些是为国为民尽职尽责，自己对郑成功再无仇怨。说完祭辞，他哽咽难言，老泪纵横！

随后施琅巡视台湾南北各地。十一月二十二日，清军班师回朝，将剃发归降的郑克塽及相关台湾官员护送至北京。最后的华夏衣冠从此彻底消失，而中国终于实现了真正的全面统一。

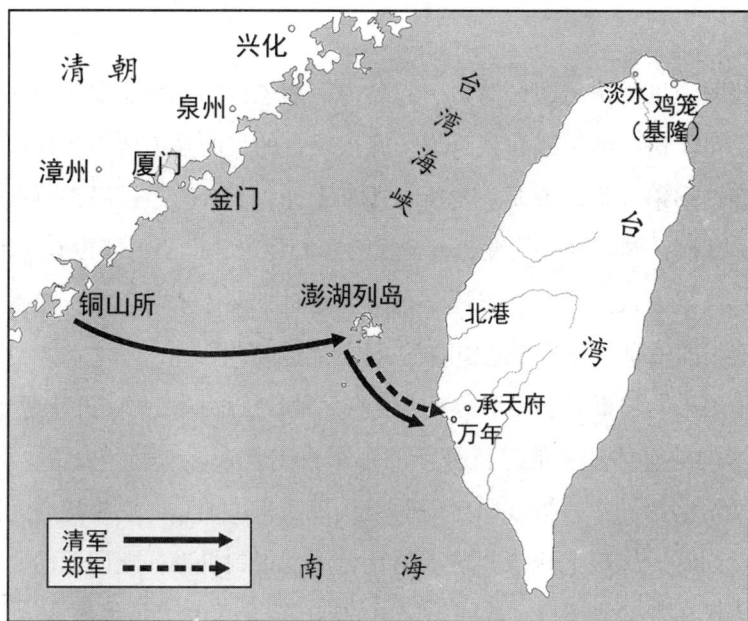

图 14-4　施琅收复台湾

然而，就在施琅胜利班师回朝的时候，朝堂上却刮起了"弃台论"的风潮。大批官员认为，台湾孤悬海外，经济落后，朝廷要管理起来还需投入大量的人力、财力，不如将岛内百姓都迁回大陆，台湾仅留存为一座荒岛。荷兰人、西班牙人要占就占去，只要纳贡称臣即可。这种论调在朝堂上占了主流地位，连康熙帝都受此影响，说道："台湾弹丸之地，得之无所加，弃之无所损。"

只有施琅、大学士黄锡衮、福建总督姚启圣等少数人坚持要保住台湾。施琅上了一道著名的《恭陈台湾弃留疏》，以自己数十年来的亲身经历和长期观察，陈述了台湾的重要性。他认为，台湾的地理位置十分重要，军事上，有巩固边防、稳定东南诸省的战略意义；经济贸易方面，占据黄金水道，联通日本、东南亚等各国，有极大的经济价值；农业生产方面，台湾沃野千里，生产的作物品种和数量越来越多，发展潜力巨大。最重要的是，施琅对西方殖民者的侵略本性十分了解。他说道，荷兰人、西班牙人、英国人、包括日本人长期对台湾垂涎三尺，如果任由他们占据台湾，台湾将成为他们进一步侵扰大陆、获取非法利益的基地，将严重影响内地的边防安全和经济生产。"台湾一地，虽属外岛，实关四省之要害……弃之必酿成大祸，留之诚永固边围"[①]。一句话，施琅表达了最根本的事实：台湾是中国领土不可分割、不容分割的一部分。

施琅对国家的忠诚和深思熟虑打动了康熙皇帝。1684 年（康熙二十三年）四月二十一日，康熙谕旨批示：依施琅奏议，在台湾设立台湾府，隶属福建省，下设台湾、凤山、诸罗三县。从此以后，台湾与大陆之间的经济、贸易、人口等交流越来越密切，大批内地居民逐渐迁往台湾，台湾物产远销内地各省。到清乾隆年间，台湾人口已达百万以上，经济生产等各方面都得到极大的发展。这个数千年来中国领土中的蛮荒之地，从此成为了与中国大陆密不可分的东南重镇。

在收复台湾、保留台湾的过程中，施琅居功至伟，被朝廷封为靖海侯，镇福建水师，管理台湾。为发展台湾，施琅广招人才，鼓励经济生产和贸易发展，努力争取取消海禁政策，总体上取得了很好的效果。虽然后来出现了施家垄断台湾贸易、掠夺土地田产的劣迹，但他的不世功勋仍值得后世尊重。著名明清史专家傅衣凌先生曾指出："郑成功的复台和施琅的复台虽各有具体原因，但是都隐藏着中华民族的大义。……两人的处境不同，征台的出发点不同，但是他们对台湾战略地位的重要性则有同样的认识，都坚定地主张保

---

① 施琅《靖海纪事》，王铎全校注，福建人民出版社，1983。

卫台湾。从他们两人对台湾的认识来说，我们说施琅不是郑成功的叛徒，而是他的继承者。"在施琅的故乡福建省晋江县施琅纪念馆中有一副对联："平台千古，复台千古；郑氏一人，施氏一人。"①这正是对郑成功和施琅伟大功绩最为客观、完美的评价。

<hr>

① 《施琅武力收复台湾始末》，载于《环球时报》2003 年 12 月 1 日第十一版。

大事年表

公历年份	年号	重 要 事 件
1583	万历十一年	☆ 努尔哈赤建州起兵
1588	万历十六年	☆ 努尔哈赤统一建州女真
1589	万历十七年	☆ 播州土司杨应龙叛乱（万历三大征之一），明朝派兵平叛，至1600年平息
1592	万历二十年	☆ 宁夏哱拜父子叛乱（万历三大征之二） ☆ 日本侵略朝鲜，明朝派兵援朝（万历三大征之三）。努尔哈赤申请参战，未获明朝批准。战争至1599年结束
1604	万历三十二年	☆ 顾宪成等发起东林大会，东林党逐渐成形
1606	万历三十四年	☆ 李自成、张献忠出生
1610	万历三十八年	☆ 朱由检出生
1616	万历四十四年 天命元年	☆ 努尔哈赤宣布建立"大金"
1618	万历四十六年 天命三年	☆ 努尔哈赤对明朝宣战，攻克抚顺、清河
1619	万历四十七年 天命四年	☆ 萨尔浒之战，明军战败 ☆ 后金军攻占开原、铁岭
1620	万历四十八年 天命五年	☆ 万历帝朱翊钧病死。明光宗朱常洛继位，一个月后病死。天启帝朱由校即位，阉党逐渐得势
1621	天启元年 天命六年	☆ 后金攻克沈阳、辽阳 ☆ 毛文龙绕道后金后方攻占镇江堡，次年进占皮岛
1622	天启二年 天命七年	☆ 后金军攻占广宁，熊廷弼等退回关内 ☆ 孙承宗、袁崇焕等构筑关宁防线
1624	天启四年 天命九年	☆ 杨廷枢等创立应社 ☆ 郑成功出生 ☆ 明军击败侵占澎湖的荷兰舰队，荷兰人登陆台湾岛

续表

公历年份	年号	重 要 事 件
1625	天启五年 天命十年	☆ 魏忠贤逮捕杨涟、左光斗、顾大章等，"东林六君子"被折磨致死
1626	天启六年 天命十一年	☆ 努尔哈赤进攻宁远，袁崇焕等坚守城池。后金军战败，袭击觉华岛 ☆ 努尔哈赤病死。皇太极继承汗位
1627	天启七年 天聪元年	☆ 皇太极进攻锦州、宁远，被袁崇焕等击败 ☆ 天启帝朱由校病死。崇祯帝朱由检即位，着手扫除阉党。魏忠贤上吊自尽。 ☆ 陕西澄城县民变
1628	崇祯元年 天聪二年	☆ 陕西王嘉胤、高迎祥、李自成、张献忠等起义
1629	崇祯二年 天聪三年	☆ 袁崇焕处死皮岛总兵毛文龙 ☆ 皇太极第一次绕道袭扰明朝（己巳之变） ☆ 崇祯下令逮捕袁崇焕 ☆ 复社牵头召开"尹山大会"
1630	崇祯三年 天聪四年	☆ 袁崇焕被寸磔处死
1631	崇祯四年 天聪五年	☆ 皇太极围攻大凌河堡，明军惨败，祖大寿诈降 ☆ 孔友德、耿仲明造反，攻占登州、莱州
1632	崇祯五年 天聪六年	☆ 后金第二次绕道袭扰明朝 ☆ 农民起义军攻入河南 ☆ 江南众多学社合并为一，定名复社
1633	崇祯六年 天聪七年	☆ 孔有德、耿仲明投降后金 ☆ 农民起义军突出包围，挺进中原，势力发展到晋、豫、鄂、川、皖等地 ☆ 料罗湾海战郑芝龙击败荷兰舰队
1634	崇祯七年 天聪八年	☆ 后金第三次绕道袭扰明朝 ☆ 尚可喜投降后金
1635	崇祯八年 天聪九年	☆ 后金统一漠南蒙古，第四次绕道袭扰明朝 ☆ 皇太极将女真各部统一定名为满洲
1636	崇祯九年 崇德元年	☆ 皇太极称皇帝，改国号为大清，年号崇德

公历年份	年号	重 要 事 件
1637	崇祯十年 崇德二年	☆ 清军攻克皮岛 ☆ 杨嗣昌实施"十面张网"围剿农民军
1638	崇祯十一年 崇德三年	☆ 多尔衮等率清军绕道袭扰明朝。孙承宗据守高阳县，城破后自杀身死。卢象升战死 ☆ 罗汝才、张献忠等农民军受抚投降 ☆ 李自成被官军击败，躲入商洛山区
1639	崇祯十二年 崇德四年	☆ 罗汝才、张献忠等农民军再度起义
1640	崇祯十三年 崇德五年	☆ 清军围攻锦州 ☆ 李自成复出，从湖北攻入河南
1641	崇祯十四年 崇德六年	☆ 松锦大战明军失败，洪承畴等被围困
1642	崇祯十五年 崇德七年	☆ 洪承畴被俘降清，祖大寿降清 ☆ 清军第七次绕道袭扰明朝 ☆ 李自成三围开封
1643	崇祯十六年 崇德八年	☆ 李自成在襄阳建立政权 ☆ 张献忠在武昌建立大西政权 ☆ 李自成杀罗汝才、贺一龙，年底控制陕西全境 ☆ 皇太极病死。顺治帝福临即位。多尔衮任摄政王 ☆ 荷兰人赶走西班牙人，独占台湾岛
1644	崇祯十七年 顺治元年 永昌元年 大顺元年	☆ 李自成正式建立大顺政权，发起东征总攻 ☆ 三月北京城破，崇祯帝自缢殉国 ☆ 四月山海关大战，李自成战败，吴三桂引清军入关 ☆ 五月多尔衮率清军进入北京 ☆ 李自成退回陕西，京畿、山西等地纷纷叛顺降清 ☆ 五月南京弘光朝廷成立 ☆ 七月左懋第出使北京 ☆ 张献忠入川，在成都立国，国号大西 ☆ 十月顺治帝福临在北京再次登极称帝 ☆ 十月高杰率部北征，次年初被许定国杀害

公历年份	年号	重 要 事 件
1645	顺治二年 弘光元年 隆武元年	☆ 李自成南下河南、湖北 ☆ 清朝东西两路大军南下，进取明朝，追击大顺军 ☆ 三月左良玉起兵东下，欲进取南京；四月左良玉病死 ☆ 四月清军攻克扬州，史可法遇难。清军大肆屠城 ☆ 西路清军在武昌、富池口等地连续击败大顺军 ☆ 五月东路清军进抵南京，弘光帝逃走后被俘，南京朝臣投降，弘光朝廷覆灭 ☆ 五月李自成在湖北九宫山遇难 ☆ 六月清廷下达最严剃发令 ☆ 江阴、嘉定等地掀起抗清起义高潮，被清军一一扑灭 ☆ 六月朱常淓在杭州任监国，不久后降清。唐王朱聿键等逃往福建，在福州建立隆武朝廷 ☆ 浙东爆发抗清起义，鲁王朱以海任监国 ☆ 大顺军余部拥明抗清，次年年初李锦等部被隆武帝授予"忠贞营"
1646	顺治三年 隆武二年 鲁监国元年	☆ 清军夺取浙江，鲁监国流亡海上 ☆ 清军攻占福建。 ☆ 八月隆武帝汀州遇难。十一月郑芝龙降清 ☆ 清军占领江西 ☆ 朱由榔在肇庆任监国，后即位称帝，年号永历 ☆ 朱聿𨮁在广州称帝，年号绍武 ☆ 十一月张献忠在四川西充凤凰山遇难，大西军余部南下贵州 ☆ 十二月李成栋部清军攻占广州，绍武朝廷灭亡
1647	顺治四年 永历元年 鲁监国二年	☆ 孙可望等率大西军余部入滇 ☆ 郑成功拉起自己的一支队伍 ☆ 清军占领湖南 ☆ 广东张家玉、陈邦彦、陈子壮等起兵抗清，当年被清军扑灭 ☆ 鲁监国福建再次起兵抗清
1648	顺治五年 永历二年 鲁监国三年	☆ 正月清江西总兵金声桓反正归明 ☆ 四月清两广提督李成栋反正归明 ☆ 大西军平定云南 ☆ 十二月清山西总兵姜瓖在大同反正归明

公历年份	年号	重　要　事　件
1649	顺治六年 永历三年 鲁监国四年	☆ 正月清军攻克南昌，金声桓自杀 ☆ 正月何腾蛟在湘潭被俘杀 ☆ 三月李成栋进攻赣州，战败淹死 ☆ 孙可望联络永历朝廷，提出封秦王之请 ☆ 八月姜瓖被叛将所杀，清军占领大同，山西起义被逐渐扑灭 ☆ 鲁监国、张名振部夺取舟山
1650	顺治七年 永历四年 鲁监国五年	☆ 清军攻占广州城 ☆ 清军攻破桂林，瞿式耜、张同敞死难 ☆ 永历帝逃至广西南宁 ☆ 孙可望出兵夺取贵州、遵义
1651	顺治八年 永历五年 鲁监国六年	☆ 清军攻占舟山，鲁监国南下福建，寄于郑成功篱下 ☆ 施琅被逼降清 ☆ 刘文秀出兵收取四川大部
1652	顺治九年 永历六年	☆ 永历帝逃至贵州安隆所（安龙府） ☆ 鲁监国朱以海放弃监国名义 ☆ 李定国收复湖南南部，攻占桂林，逼死清定南王孔有德 ☆ 李定国衡阳击杀清敬谨亲王尼堪 ☆ 刘文秀兵败四川保宁
1653	顺治十年 永历七年	☆ 李定国进攻广东肇庆失败 ☆ 清廷招抚郑成功，封其为海澄公
1654	顺治十一年 永历八年	☆ 张名振、张煌言等率部三入长江无功而返 ☆ 孙可望制造"十八先生案" ☆ 郑成功与清廷和谈破裂 ☆ 李定国再入广东，攻取新会失败
1655	顺治十二年 永历九年	☆ 刘文秀兵败常德
1656	顺治十三年 永历十年	☆ 李定国将永历帝接至昆明
1657	顺治十四年 永历十一年	☆ 孙可望发动内战进攻云南，失败后逃至湖南降清

公历年份	年号	重　要　事　件
1658	顺治十五年 永历十二年	☆ 刘文秀在昆明病逝 ☆ 清朝三路大军大举进攻西南地区，五月会师贵阳，年末攻入云南 ☆ 十二月永历朝廷撤离昆明 ☆ 十二月川东明军进攻重庆失败
1659	顺治十六年 永历十三年	☆ 正月清军占领昆明 ☆ 闰正月永历帝逃入缅甸，二月到达马来城 ☆ 七月郑成功北伐进攻南京失败
1660	顺治十七年 永历十四年	☆ 白文选、李定国等明军多次入缅接驾永历帝未果 ☆ 孙可望在北京病死
1661	顺治十八年 永历十五年	☆ 顺治帝福临病逝，康熙帝玄烨即位 ☆ 七月"咒水之难"，缅甸屠杀永历朝臣 ☆ 十一月吴三桂率清军进入缅甸 ☆ 十二月清军擒获永历帝
1662	康熙元年	☆ 郑成功收复台湾 ☆ 四月永历帝父子在昆明被清廷逼迫自尽 ☆ 五月郑成功病逝，不久后世子郑经继位 ☆ 六月李定国病逝 ☆ 十一月鲁监国病逝 ☆ 年底清三路大军进攻夔东地区
1664	康熙三年	☆ 夔东十三家被清军消灭
1669	康熙八年	☆ 康熙计擒鳌拜，正式亲政
1673	康熙十二年	☆ 吴三桂发动"三藩之乱"
1680	康熙十九年	☆ 清朝平定"三藩之乱"
1681	康熙二十年	☆ 郑经病故
1683	康熙二十二年	☆ 施琅渡海东征，于澎湖大败明军，明郑台湾投降，大清一统天下

主要参考书目

张廷玉等《明史》，中华书局点校本，1974。

《清太宗文皇帝实录》，中华书局影印本，1985。

《清世祖章皇帝实录》，中华书局影印本，1985。

赵尔巽等《清史稿》，中华书局点校本，1976。

《清史列传》，中华书局点校本，1987。

孔尚任《桃花扇》，夏清影校注，三秦出版社，2017。

郑亦邹《郑成功传》，陈支平主编：《台湾文献汇刊》，厦门大学出版社，2004。

施琅《靖海纪事》，王铎全校注，福建人民出版社，1983。

阎崇年《清朝开国史》，中华书局，2014。

吴晗《大明帝国兴衰史》，四川人民出版社，2019。

姚念慈《定鼎中原之路》，生活·读书·新知三联出版社，2018。

秦晖《鼎革之际》，山西出版传媒集团·山西人民出版社，2019。

李洁非《龙床：明六帝记》，人民文学出版社，2013。

李洁非《黑洞：弘光纪事》，人民文学出版社，2013。

李洁非《野哭：弘光列传》，人民文学出版社，2013。

黄仁宇《万历十五年》，生活·读书·新知三联出版社，2015。

黄仁宇《十六世纪明代中国之财政与税收》，生活·读书·新知三联出版社，2015。

黄仁宇《中国大历史》，生活·读书·新知三联书店，2007。

顾诚《明末农民战争史》，光明日报出版社，2012。

顾诚《南明史》，光明日报出版社，2011。

谭其骧《中国历史地图集》（第七册、第八册），地图出版社，1982，1987。

樊树志《大明王朝的最后十七年》，中华书局，2007。

樊树志《晚明大变局》，中华书局，2018。

李治亭《清史》，人民文学出版社，2020。

李治亭《吴三桂全传》，人民文学出版社，2015。

王宏志《洪承畴传》，人民文学出版社，2009。

南炳文《南明史》，故宫出版社，2012。

谢国桢《南明史略》，吉林出版集团有限责任公司，2009。

张培忠《海权战略：郑芝龙、郑成功海商集团纪事》，生活·读书·新知三联出版社，2013。

泉州市政协文化文史和学习委员会《民族英雄郑成功》，中国文史出版社，2020。

李洁非《天崩地解——黄宗羲传》，作家出版社，2014。

张嵚《台湾风云·1368-1683：大航海时代的失陷与收复》，天津人民出版社，2018。

张明扬《入关》，新星出版社，2023。

[美]魏斐德：《洪业：清朝开国史》，新星出版社，2017。

[美]司徒琳：《南明史：1644-1662》，上海人民出版社，2017。

后 记

明清易代之际的历史线索十分复杂。明朝在政治、思想、文化等方面的巨大变化，党派的兴起和贯穿始终的党争，后金—清的崛起和扩张，蜂拥而起的农民起义军，南明时期一个接一个的继统政权，占据各地的心思各异的各派地方势力，都有各自发展变化的线索。它们很多时候是同时发生，很多时候又相互交织，或者互为因果。要想把这些复杂线索梳理成为一个相对清晰、完整、连续的脉络，展示在读者面前，殊为不易。本书只是为此目的进行的一次尽力尝试，其中的难点问题比比皆是，通常也很难找到完美的解决方案。

首先遇到的难题是时间的表述方式。大多数中国古代史著作对时间的写法是皇帝年号加上某月某日，如"顺治十六年正月初三日"。这样写起来既规范又简单，但读者看起来就比较费劲了。主要是这段历史的时间跨度大，多个政权交替和同时存在的情况比较多，时间线也比较复杂。比如"顺治十六年"同时也是"永历十三年"，读者阅读时经常需要相互对照转换。1644年更加特别，同时存在四个年号：崇祯十七年、顺治元年、李自成的永昌元年、张献忠的大顺元年。如果叙事时单纯写各自政权的年号，全书的连续性、逻辑性必然难以保证，也会让读者在时间逻辑上产生混乱之感。

那么，把传统纪年转换为公历是否能解决这个问题呢？

一些汉学家（如美国的魏斐德）的确是把华历时间转换为公历来叙事的，而且是完全转换为公历的年、月、日。这样做，年份的转换问题不大，但月、日转换后，和中国自己的史料文献对应起来就会极其困难和麻烦，不利于读者做进一步的史料延伸阅读和对照阅读。

因此，本书尝试采用公历纪年备注朝廷年号，再加上华历月、日的方式，如前例即表述为"1659年（顺治十六年，永历十三年）正月初三"。这种写法看起来不够规范，但可以适当避免上述弊端，阅读起来的时间概念也更加清晰一些。当然这也有一定缺陷，比如在某一朝廷纪年的年底，公历实际上已经到了第二年，两者之间无法完全对应。为避免读者误解，碰到这类情况就暂以公历纪年、华历纪月、日，不再注明朝廷年号。

还有一个特殊情况：本书最后一部分的个别内容中，中国史料的具体时间记载或者极少，或者缺失，不得不采用当时西方人做的一些笔记类史料，而这些史料的时间几乎全是按公历的年、月、日记录。为便于对应原始史料及出处，本书就保持其原样，不再做转换。

第二个难题是关于地域和地名。明朝时期的本土、少数民族地区、藩属国的性质和构成比较复杂，当时疆域的概念也不像现代这样的清晰明确。比如，缅甸曾是明朝藩属国，但后来也不"入贡"了；而滇缅交界处很多都是土司地区，属于明朝管理还是缅方管理并不明确。再就是明清更替的这段历史涉及的古代地名非常多，地名变化也比较大，对于不熟悉古代地理的读者，读起来难免云里雾里；如果一个一个注明对应的现代地名，又会使全书的叙述累赘烦琐。

为尽量解决这个问题，笔者以谭其骧先生主编的《中国历史地图集》为基础范本，手绘了数十幅历史地图示意图。绘制这些示意图坚持重点突出、去繁从简的原则，主要体现与事件直接相关的地点、人群、军事动向等元素，希望对读者更直观地了解历史事件本身能有所帮助。

再有，从更宏观的视野来看，明亡清兴是非常多的内外部因素综合作用而导致，除本书提到的政治、军事、党派、文化等因素外，大航海时代的来临、全球贸易结构及货币流通的变化等也是很重要的推动力。这些因素的任何一方面，如果深度钻研，都是一个个宏大而有意义的专题。而笔者写作此书的本意，是希望以相对简明扼要的方式，把这段复杂纷乱的历史脉络尽量清晰准确地表达出来，这样就必须有所取舍，因而在经济、贸易、文化等一些方面的描述和分析就无法过于深入细致。

　　总之，以一部数十万字的小书把跨度百年的复杂历史表达出来，在高度浓缩提炼之下，一定会有不少错误和遗漏。尽管笔者已竭尽全力避免这类情况的发生，但仍然难免挂一漏万，衷心希望得到读者们的宽容、谅解和指导！

夏学同人

2024 年 1 月 16 日